国家金融安全研究报告（2020）

李建军　应展宇　主编

中国财经出版传媒集团
中国财政经济出版社

图书在版编目（CIP）数据

国家金融安全研究报告.2020／李建军，应展宇主编.--北京：中国财政经济出版社，2020.10
ISBN 978－7－5223－0038－2

Ⅰ.①国… Ⅱ.①李… ②应… Ⅲ.①金融风险－风险管理－研究报告－中国－2020 Ⅳ.①F832.1

中国版本图书馆 CIP 数据核字（2020）第 172907 号

责任编辑：杨 波 孙 琛　　　　　　　责任印制：党 辉
封面设计：北京兰卡绘世　　　　　　　责任校对：李 丽

国家金融安全研究报告（2020）
GUOJIA JINRONG ANQUAN YANJIU BAOGAO (2020)

中国财政经济出版社 出版

URL：http://www.cfeph.cn
E-mail：cfeph@cfeph.cn

（版权所有　翻印必究）

社址：北京市海淀区阜成路甲 28 号　邮政编码：100142
营销中心电话：010-88191522
天猫网店：中国财政经济出版社旗舰店
网址：https://zgczjjcbs.tmall.com
北京时捷印刷有限公司印装　各地新华书店经销
成品尺寸：185mm×260mm　16 开　26.25 印张　596 000 字
2020 年 10 月第 1 版　2020 年 10 月北京第 1 次印刷
定价：98.00 元
ISBN 978－7－5223－0038－2
（图书出现印装问题，本社负责调换，电话：010-88190548）
本社质量投诉电话：010-88190744
打击盗版举报热线：010-88191661　QQ：2242791300

前　言

对于中国而言，1978年12月中国共产党十一届三中全会所确立的改革开放路线无疑开启了"独立、解放"之后一个具有伟大意义的新时代，而这一时点也成为见证一场中华民族经济复兴伟大历程的新起点——大改革、大开放"使我国成功实现了从高度集中的计划经济体制到充满活力的社会主义市场经济体制、从封闭半封闭到全方位开放的伟大历史转折"（胡锦涛，2007），进而到了2017年，"经过长期努力，中国特色社会主义进入了新时代，这是我国发展新的历史方位。中国特色社会主义进入新时代，意味着近代以来久经磨难的中华民族迎来了从站起来、富起来到强起来的伟大飞跃，迎来了实现中华民族伟大复兴的光明前景；意味着科学社会主义在二十一世纪的中国焕发出强大生机活力，在世界上高高举起了中国特色社会主义伟大旗帜；意味着中国特色社会主义道路、理论、制度、文化不断发展，拓展了发展中国家走向现代化的途径，给世界上那些既希望加快发展又希望保持自身独立性的国家和民族提供了全新选择，为解决人类问题贡献了中国智慧和中国方案"（习近平，2017）。

与中国经济社会的伟大复兴相适应，中国金融从1979年开始也开启了从"大一统"金融（或银行）体制向现代金融体系的历史性转变，40年的时间里不仅实现了金融总量规模的迅猛增长和金融结构的市场化变迁，而且在宏观金融保持整体稳定的基础上，见证了金融业态的活跃创新和金融运行效率的提升——截至2019年年底，在中国银行业金融机构境内本外币资产总额达到了290万亿元人民币（约为当年GDP的293%，是1978年1876.5亿元的1545倍，年均增长速度为19.6%），上市公司总数3777家（是1990年的472倍），总股本达到6.17亿股（其中流通股本5.25亿股），上市公司总市值和流通股市值分别达到59.3万亿元和48.34万亿元，在占GDP的59.9%和48.8%的基础上，利率和汇率市场化进程显著推进，"货币政策+宏观审慎政策"的双支柱宏观调控框架初步构建。

现实地看，金融规模的扩张和结构的变化使其在中国经济运行中的重要性不断提升，已成为现代经济的核心，或者说"国之重器"。问题是，尽管当前的金融已然成为中国国家安全的关键引领，进而可视为国家安全建设的驱动器与稳定器，但考虑到中国银行体系不良贷款规模及其占比的周期反复、以股票为代表的有价证券价格过高的市场波动率以及迅猛扩张的影子银行体系等现实，由金融部门之间、金融要素之间、金融与实体经济之间发展的不平衡、不协调所致的金融体系部分功能紊乱、错位甚至丧失的（系统）风险似乎与金融发展如影随形，进而如何实现金融效率与稳定间的平衡成为一直困扰中国经济金融运行的难题之一。而近年来，在国际宏观经济金融环境发生巨大改变的同时，国内宏观杠杆率问题、地方政府债务问题和以互联网金融等为代表的一些新兴金融业态的"野蛮"发展问题也使得中国的金融稳定与安全问题面临着极为特殊的挑战，急需金融理论界就中国金融安全稳定问题进行深入系统的思考。

本书尝试以国家金融安全为切入点，初步构建了一个国家金融安全的理论分析框架体系，并结合 2019 年中国经济金融运行的实际数据，围绕着金融安全稳定展开了较为细致的实证分析。本书在界定金融安全的内涵及其影响因素的基础上，较为全面地分析了 2019 年以来中国金融运行所面临国内外环境，随后就以商业银行等为代表的正规金融机构体系、游离于监管边缘的影子银行体系和以股票、债券等为主体的金融市场体系的安全着眼，对中国金融体系主体架构部分的风险及安全问题进行了深入、系统的思考；并进一步对影响国家金融安全的金融科技安全、房地产市场安全、大宗商品市场、政府债务等诸多国内因素和以外部冲击为核心的国际因素进行了系统探讨。最后，为了更好地服务首都经济金融和对中国金融系统性风险总体状况给出评价，书中还设置了两章专题性研究内容。

本书是中央财经大学承担建设的北京市高精尖学科国家金融安全研究团队集体科研攻关的阶段性成果之一。在本书写作过程中，李建军教授、应展宇教授、王辉教授、黄志刚教授、姜富伟教授、刘向丽教授、张宁教授、尹力博教授、魏旭副教授、方意副教授、戴韡副教授、苟琴副教授、彭俞超副教授等参加了大纲的讨论，邀请了管理工程学院等相关领域教授加入写作团队。本书各章的作者是：第一章：彭俞超；第二章：黄志刚、霍佰琦（研究生）；第三章：方意、夏聪、李沁傲（研究生）、曾艳琪（研究生）、于渤（研究生）；第四章：王靖一和丁娜；第五章：姜富伟和刘向丽；第六章：张宁和戴韡；第七章：陈俊华；第八章：尹力博；第九章：陶坤玉；第十章：苟琴；专题1：魏旭和郭豫媚；专题2：王辉、朱家雲（研究生）、宁炜（研究生）。

在本书初稿完成之后，李建军教授和应展宇教授简略翻阅了各章的核心内容并提出了一些修改建议，中央财经大学金融学院罗卓笔老师为本书的编辑成稿做了大量繁杂的事务性工作。

作者
2020 年 9 月

目 录

第一章 金融安全：内涵、测度及影响因素 ……………………………………（ 1 ）
    第一节 金融安全的内涵 ……………………………………………………（ 1 ）
    第二节 金融安全的指标体系 ………………………………………………（ 4 ）
    第三节 中国金融安全的影响因素及其对策 ……………………………（ 11 ）

第二章 中国金融运行的国内外环境分析 ……………………………………（ 17 ）
    第一节 国际经济金融环境 …………………………………………………（ 17 ）
    第二节 中国经济金融运行 …………………………………………………（ 25 ）

第三章 中国金融机构安全分析 ………………………………………………（ 43 ）
    第一节 金融机构系统性风险评估框架 ……………………………………（ 43 ）
    第二节 金融机构系统性风险分析 …………………………………………（ 49 ）
    第三节 行业层面的系统性风险 ……………………………………………（ 55 ）
    第四节 系统重要性金融机构近年因子变动分析 …………………………（ 74 ）

第四章 中国影子银行体系安全分析 …………………………………………（ 79 ）
    第一节 传统影子银行分析 …………………………………………………（ 79 ）
    第二节 类金融机构影子银行安全分析 ……………………………………（ 97 ）
    第三节 新型影子银行业务 …………………………………………………（110）
    第四节 影子银行风险指数 …………………………………………………（122）

第五章 中国金融市场安全分析 ………………………………………………（124）
    第一节 理论与文献综述 ……………………………………………………（124）
    第二节 研究方法介绍 ………………………………………………………（127）
    第三节 基于高频数据的中国金融市场风险监测体系 ……………………（129）
    第四节 跨境金融市场风险传染研究 ………………………………………（136）
    第五节 基于宏观经济和投资者情绪的股票市场风险监测体系的构建 …（142）
    第六节 结论和政策建议 ……………………………………………………（160）

第六章 中国金融科技安全分析 (162)

第一节 金融科技安全概述 (162)

第二节 金融科技技术安全分析 (166)

第三节 金融科技信息安全分析 (177)

第四节 金融科技治理与安全保障 (186)

第五节 金融科技安全案例：量子计算的影响 (188)

第六节 本章小结 (191)

第七章 中国房地产市场安全分析 (192)

第一节 中国房地产市场供需形势分析 (192)

第二节 中国房地产市场价格分析 (204)

第三节 中国房地产开发投资状况分析 (210)

第四节 中国住房金融情况分析 (217)

第八章 中国大宗商品市场的系统性风险 (226)

第一节 中国大宗商品市场运行情况 (227)

第二节 中国大宗商品市场风险测度与国际比较 (249)

第三节 中国大宗商品市场系统性风险的影响 (260)

第四节 中国大宗商品市场系统性风险的防范 (284)

第九章 中国政府债务安全分析报告 (287)

第一节 中国政府债务安全的内涵与测度框架 (287)

第二节 中国政府债务的起源与特点 (291)

第三节 中国政府债务风险的测度 (297)

第四节 中国地方政府债务安全阈值的评估 (308)

第五节 中国政府债务安全的总结及其未来展望 (313)

第十章 外部冲击对中国金融安全的影响 (316)

第一节 中国对外经济与金融运行情况 (316)

第二节 全球金融稳定的主要挑战 (324)

第三节 跨境资本流动与中国金融安全 (328)

第四节 中美贸易摩擦与中国金融安全 (335)

第五节 外汇市场波动与中国金融安全 (341)

第六节 外部冲击对中国金融安全的综合影响及应对机制 (346)

专题一 首都金融安全分析 (350)

第一节 北京市宏观经济运行情况 (350)

第二节　北京市金融整体运行情况……………………………………………（358）
　　第三节　北京市金融机构运行情况……………………………………………（363）
　　第四节　各类金融产品交易情况………………………………………………（369）
　　第五节　北京市金融安全预警系统运行情况…………………………………（371）

专题二　中国系统性金融风险指数……………………………………………………（373）
　　第一节　中国金融压力指数……………………………………………………（373）
　　第二节　基于风险传染的中国系统性金融风险指数…………………………（385）
　　第三节　中国系统重要性金融机构的识别与监管……………………………（393）

参考文献………………………………………………………………………………（403）

第一章 金融安全：内涵、测度及影响因素

贯彻落实总体国家安全观，必须既重视外部安全，又重视内部安全，对内求发展、求变革、求稳定、建设平安中国，对外求和平、求合作、求共赢、建设和谐世界。金融安全是国家安全的重要组成部分，是经济平稳健康发展的重要基础。维护金融安全，是关系中国经济社会发展全局的一件带有战略性、根本性的大事。首先，本章先梳理了习近平总书记关于金融安全的若干思想，综述了已有研究关于金融安全的理解，并给出了本报告对金融安全的概念界定。其次，在对现有金融安全测度进行比较的基础上，提出新的金融安全指标体系，分维度构建了金融安全指数。最后，本章简要讨论了金融安全的影响因素及其传导机制。

第一节 金融安全的内涵

一、习近平总书记关于金融安全的思想

习近平指出，当前中国国家安全内涵和外延比历史上任何时候都要丰富，时空领域比历史上任何时候都要宽广，内外因素比历史上任何时候都要复杂，必须坚持总体国家安全观，以人民安全为宗旨，以政治安全为根本，以经济安全为基础，以军事、文化、社会安全为保障，以促进国际安全为依托，走出一条中国特色国家安全道路。贯彻落实总体国家安全观，必须既重视外部安全，又重视内部安全，对内求发展、求变革、求稳定、建设平安中国，对外求和平、求合作、求共赢、建设和谐世界；既重视国土安全，又重视国民安全，坚持以民为本、以人为本，坚持国家安全一切为了人民、一切依靠人民，真正夯实国家安全的群众基础；既重视传统安全，又重视非传统安全，构建集政治安全、国土安全、军事安全、经济安全、文化安全、社会安全、科技安全、信息安全、生态安全、资源安全、核安全等于一体的国家安全体系；既重视发展问题，又重视安全问题，发展是安全的基础，安全是发展的条件，富国才能强兵，强兵才能卫国；既重视自身安全，又重视共同安全，打造命运共同体，推动各方朝着互利互惠、共同安全的目标相向而行。[①]

金融是国家重要的核心竞争力，金融安全是国家安全的重要组成部分，金融制度是经济社会发展中重要的基础性制度。必须加强党对金融工作的领导，坚持稳中求进工作总基调，遵循金融发展规律，紧紧围绕服务实体经济、防控金融风险、深化金融改革三项任

---

① 习近平主持中央国安委首次会议强调建立集中统一高效权威国安体制，人民日报海外版，2014年4月16日。

务，创新和完善金融调控，健全现代金融企业制度，完善金融市场体系，推进构建现代金融监管框架，加快转变金融发展方式，健全金融法治，保障国家金融安全，促进经济和金融良性循环、健康发展。[①]

维护金融安全，是关系中国经济社会发展全局的一件带有战略性、根本性的大事。金融安全是国家安全的重要组成部分，是经济平稳健康发展的重要基础。维护金融安全，是关系中国经济社会发展全局的一件带有战略性、根本性的大事。金融活，经济活；金融稳，经济稳。必须充分认识金融在经济发展和社会生活中的重要地位和作用，切实把维护金融安全作为治国理政的一件大事，扎扎实实把金融工作做好。

维护金融安全，要坚持底线思维，坚持问题导向，在全面做好金融工作基础上，着力深化金融改革，加强金融监管，科学防范风险，强化安全能力建设，不断提高金融业竞争能力、抗风险能力、可持续发展能力，坚决守住不发生系统性金融风险底线。防止发生系统性金融风险是金融工作的永恒主题。要把主动防范化解系统性金融风险放在更加重要的位置，科学防范，早识别、早预警、早发现、早处置，着力防范化解重点领域风险，着力完善金融安全防线和风险应急处置机制。要把防控金融风险放到更加重要的位置，下决心处置一批风险点，着力防控资产泡沫，提高和改进监管能力，确保不发生系统性金融风险。

当前，世界经济变动对亚太金融市场、资金流动、汇率稳定带来挑战，增加了本地区经济金融风险。我们要注意防范风险叠加造成亚太经济金融大动荡，以社会政策托底经济政策，防止经济金融风险演化为政治社会问题。要加快并切实落实国际货币基金组织改革方案，加强全球金融安全网。金砖国家宣布成立开发银行和应急储备安排，亚洲20多个国家发起建立的亚洲基础设施投资银行，这是对国际金融体系的有益补充。要继续加强国际金融市场监管，使金融体系真正依靠、服务、促进实体经济发展。要建设稳定、抗风险的国际货币体系，改革特别提款权货币篮子组成，加强国际和区域金融合作机制的联系，建立金融风险防火墙。

二、现有研究对金融安全的界定

现有研究从不同的视角给金融安全下了定义。如梁勇（1999）从国际关系学的角度，认为金融安全是指一国能够抵御内外冲击保持金融制度和金融体系正常运行与发展，即使受到冲击也能保持本国金融及经济不受重大损害，如金融财富没有大量流失、金融制度与金融体系基本保持正常运行与发展的状态，维护这种状态与能力和对这种状态与维护能力的信心与主观感觉，以及这种状态和能力所获得的政治、军事与经济的安全。雷家骕（2000）对金融安全的概念也作了类似的表述。李怀珍（2000）认为，金融安全是指一国遵循一定的规律和规则，通过政府部门的主导和支持，监管当局的监督调控，金融主体的自我调节，使金融业保持较强的竞争力和防险、抗险能力，总体上处于稳健运行状态。金融安全机制是金融主体、监管当局以及政府三个基本部分的构造、功能、特性，依据规定、规则的匹配联动和有机结合。

---

① 2017年7月14日至15日，习近平在全国金融工作会议上的讲话。

刘沛和卢文刚（2001）指出，金融安全是指一国经济在独立发展道路上，金融运行的动态稳定状况。并强调了金融安全的七点特征：（1）金融安全状态是在经济主权独立的情况下才可以存在的；如果一国的经济金融发展已经受制于他国或其他国际关系行为体，那么，无论它如何快速发展，其金融安全隐患始终存在，也就无从谈起真正的金融安全。（2）金融安全与金融风险不同，两者不构成反义词。国内许多学者把金融安全认为是没有金融风险的状态，这种想法是错误的。（3）金融安全应当是一种动态均衡。（4）金融安全有广义和狭义之分。广义即在拥有国家主权的前提下，经济和金融领域的动态均衡；狭义主要是针对金融和货币领域的动态均衡状态。（5）金融安全的反义词是金融不安全，但决不是金融危机的爆发。（6）金融安全是特定意义上的金融稳定。侧重于强调一种动态的金融发展态势，包括对大的经济体制、结构调整变化的动态适应。（7）金融安全观应当是在特定的历史发展阶段才作为一个重要战略提出的，一方面，它是作为国家安全战略的一部分提出的；另一方面，其提出与当前世界经济金融发展的状况和实践有密切关系。

符莉（2002）认为金融安全包括三方面的内容：一是金融体系的安全，如金融资产的安全、金融机构的安全；二是金融发展的安全，如对整体经济、军事和政治安全起决定性作用的金融运行的安全；三是金融自控权的不受侵犯，其衡量标准主要包括：无明显的金融风险，无重大金融财产实际损失，金融市场稳定，金融机构健全，金融运行有序，金融监管主动有效，整个金融业稳健发展，未因客观经济金融因素使金融政策偏离既定目标，金融运行也未对政治、经济、军事等的安全造成负面影响。

刘锡良和孙磊（2004）从金融功能是否能正常履行的角度来认知金融安全，认为金融安全从微观层面来看，就是要考察金融机构是否能正常履行其提供流动性、降低交易成本等功能；从中观层面来看，就是看金融行业能否正常履行交易服务、交易中介和证券转换三大功能；从宏观层面来看，就是看中央银行能否正常履行货币政策职能，整个金融体系能否健康运转。王元龙（2004）认为，金融安全是指在金融全球化条件下一国在其金融发展过程中具备抵御国内外各种威胁、侵袭的能力，确保金融体系、金融主权不受侵害，使金融体系保持正常运行与发展的一种态势。金融安全，简而言之就是货币资金融通的安全，凡是与货币流通以及信用直接相关的经济活动都属于金融安全的范畴；一国国际收支和资本流动的各个方面，无论是对外贸易，还是利用外商直接投资、借用外债等都属于金融安全的范畴。金融安全是指在金融全球化条件下，一国在其金融发展过程中具备抵御国内外各种威胁、侵袭的能力，确保金融体系、金融主权不受侵害、使金融体系保持正常运行与发展的一种态势。

2008年全球金融危机之后，学术界一些研究结合全球化的背景，对金融安全给出了新的概念界定。叶莉等（2009）认为，金融安全是指在金融全球化条件下，一国在其金融发展及对外交往中，依靠有效的调控体系和组织体系实现对金融风险的防范和控制，维护本国金融利益，确保金融体系运行稳定而有活力的一种态势。吴婷婷（2011）认为，金融安全是指金融体系的风险承载力不但能应对系统自身内部风险的集聚，还足以抵御来自国际金融领域的外部冲击；金融安全是在金融国际化进程不断推进过程中的一种"动态"安全，而非"静态"的安全。张红力（2015）认为，金融安全的核心是利益，在国际国内两个层面共同实现国家利益最大化，是保障金融安全的根本要义。

三、本书对金融安全的内涵界定

金融安全是指，在经济发展的过程中，在受到国内外政治、经济、金融等各方面冲击的情况下，金融体系及有关经济主体仍能保持平稳运行的一种状态。金融安全不意味着没有金融风险，而是金融风险分散或者可控。金融安全有广义和狭义之分。广义即在拥有国家主权的前提下，经济和金融领域的动态均衡；狭义主要是针对金融和货币领域的动态均衡状态。金融安全是特定意义上的金融稳定。侧重于强调一种动态的金融发展态势，包括对大的经济体制、结构调整变化的动态适应。

具体地，本书将金融安全划分为机构、市场、基础设施、政府和外国部门五个大的方面。其中，机构指的是金融机构，尤其是银行类金融机构。由于中国形成的是银行主导型、间接融资为主体的金融体系，因此，银行类金融机构的安全是中国金融安全的核心。银行类金融机构的安全主要包括资本充足率要求、流动性风险管理、信用风险管理、系统风险防范等。证券机构、保险机构、互联网金融机构也应纳入到中国金融安全考虑的范围。此外，近年来，在正规金融体系之外，影子银行体系也经历了快速的发展。截至 2019 年 6 月，中国影子银行规模达到 23.5 万亿元。因此，我们在指标体系中也纳入了影子银行体系安全。

市场是指各类金融市场，既包括传统意义上的金融市场，即货币市场和资本市场，也包括房地产市场和大宗商品市场。金融市场价格的崩盘风险，也是引发系统性金融风险的重要原因之一。而且，金融市场能更加敏感的对国内外经济金融冲击作出反应。我们在指标体系中，主要考虑了中国金融市场安全、中国房地产与大宗商品市场安全两个方面的市场安全。

金融基础设施是指金融运行的硬件设施和制度安排，主要包括支付体系、法律环境、公司治理、会计准则、信用环境、反洗钱以及由金融监管、中央银行最后贷款人职能、投资者保护制度组成的金融安全网等。金融基础设施的安全关乎整个金融体系的平稳运行，是金融安全的基础保障。因而，我们在指标体系中纳入了金融基础设施安全。

近年来，随着美国政府债务问题和欧洲政府债务问题的日益凸显，政府金融安全逐渐被学术界所重视。中国长期采用积极的财政政策来刺激经济发展。那么，如何防控政府债务带来的金融风险，就是金融安全要考虑的重要问题。因此，我们在指标体系中纳入了政府债务安全。

最后，我们还纳入了外部冲击对中国金融体系安全的影响。随着经济全球化的不断加深，国内外经济金融联系日益紧密。外部经济金融形势的微小变化，也牵动着中国的经济金融发展。从美国频繁出现的"黑天鹅事件"，到中美贸易摩擦，都对中国金融安全形成了威胁。因此，本书在中国金融安全的内涵中，也纳入了外部冲击对中国金融体系的影响。

第二节 金融安全的指标体系

一、现有金融安全的测度及其优缺点

国内不少文献对金融安全指标体系进行了研究和实证分析，其中，比较有代表性的有

以下一些文献。

姜洪和焦津强（1999）从外债的角度，选择经常项目差额占 GDP 的比重、外汇储备可供支付进口的月数、偿债率（即债务国当年的偿债额占商品与劳务出口收汇额的比重）、偿息率（即债务国当年债务余额占当年商品与劳务出口收汇的比重）、负债率（即当年偿还外债总额与当年 GDP 之间的比率）构造了中国金融安全指标。其实证结果表明真正对国家金融安全产生直接而重大影响的是外债与国际储备之间的比例关系，尤其应当重视国际储备与外债总额之间的比率、当年还本付息与国际储备之间的比率、短期外债与国际储备之间的比率。他们认为，这三个指标能够有效地构成国家金融安全的预警指标体系。

陈松林（2002）从宏观、中观、微观三个层面构建了金融安全指标：宏观层面是与宏观经济运行安全密切相关的一些指标，中观层面反映区域金融安全，微观层面反映机构金融安全。指标系统反映国家宏观经济运行、银行安全、货币安全的国际收支、网络技术因素的信息安全、政策因素等指标，共计 5 个子系统 41 个指标。

刘锡良（2004）在考察中国经济转轨时期的金融安全状况时，提出了包含 24 个金融经济指标在内的核心评价指标集。这 24 个指标分别是：实际 GDP 增长率速度、总投资增长率、财政赤字增长率、周期指标、工资支出/财政支出、外债总额/GDP、债务率、偿债率、M2/GDP、贷款总额/GDP、物价波动率、股票市值/GDP、存贷比、活期存款比重、中长期贷款比重、综合赔付率、资本增长率、资本风险系数、不良资产比重、坏账准备金风险系数、证券抵押贷款比率、企业亏损面、企业负债率和企业增加值增长率。基于目前中国的数据可得性，他们在对中国 1991—2001 年的金融安全状态进行测度时，选择了前 16 个指标作为应用指标集。对于这 16 个指标数据，他们运用因子分析法，得到了货币、周期、投资和政府这 4 个主要因子，并进一步利用方差贡献率对这 4 个因子予以赋权，加权平均后得到了金融安全指数。该指数在 1991—2001 年这 11 年间的数值表明，中国的金融安全状态具有明显的波动性，但金融的稳定性特征正在逐步增强。

罗慧英和南旭光（2007）设计了一个涵盖 18 个指标的金融安全综合评价指标体系，该指标体系由国内经济系统、金融系统（包括金融监控、银行体系和资本市场三个子系统）、对外经济系统三大系统构成，共包含 18 个指标。反映国内经济系统状况的指标有：GDP 增长率、固定资产投资增长率、消费增长率、国债发行额/GDP；反映金融系统之金融监控子系统状况的指标有：货币化程度、M2 增长率、实际利率水平、外汇储备/M2；反映金融系统之银行体系子系统的指标有：信贷增长率、信贷量/GDP、居民储蓄增长率；反映金融系统之资本市场子系统的指标有：股票市值、市盈率、股指波动率；反映对外经济系统的指标有：负债率、实际利用外资增长率、贸易差额/GDP、实际有效汇率。他们还基于突变理论，构建了金融安全的非线性综合评价模型。运用指标体系和评价模型，他们度量了中国 1993—2005 年的金融安全度。结果表明：2001 年之前，中国金融体系的安全度处于相对较低的状态；2001 年之后，中国金融安全程度呈现不断上升的态势，2005 年达到这 13 年期间的峰值。

沈悦、谢勇和田嫄（2007）依据敏感性、权威性和可行性这三个原则，筛选出了 20 个能较好地反映中国金融安全运行状况的指标，包括反映宏观基本面的 5 个指标（GDP 增长率、CPI、M2 增长率、固定资产投资增长率、经常账户差额/GDP）、反映财政状况的 3

个指标（国债负担率、赤字率、国债依存度）、反映外汇市场状况的 4 个指标（债务率、短期外债/外汇储备、外汇储备/外债总额、实际升值幅度）、反映证券市场状况的 2 个指标（证券化率、市盈率）、反映信贷市场状况的 3 个指标（金融机构贷款增长率、实际利率、短期贷款/贷款总额）、反映金融机构状况的 3 个指标（金融机构存贷比率、国有银行不良贷款率、国有银行实收资本/总资产），并基于主观指标赋权法，合成了反映中国金融安全程度的综合指数（FSL）。他们运用这一指标体系对中国 1992—2005 年金融安全状况进行了测度，研究结论表明：虽然在这 14 年间中国金融安全状况有起伏，但总的趋势是向好的；2001—2005 年中国金融安全状况明显优于 1992—1995 年、优于 1996—2000 年并在 2004 年达到这 14 年内的最佳状态。这说明入世以后，中国的金融安全状况非但没有因对外开放的扩大而弱化，反而得到了较大的提升。同时，他们也指出随着中国金融业的进一步开放，对开放条件下潜在金融风险转化的可能性仍不能掉以轻心。

叶莉等（2009）把金融安全监测预警系统划分为国家宏观经济安全运行、金融机构安全运行、外部金融安全运行、金融软环境安全 4 个子系统，共 31 个监测指标（分别为 GDP 增长率、失业率、通货膨胀率、M2 增长率、利率敏感性比率、汇率波动率、固定资产投资增长率、财政赤字/GDP、资本资产比、不良贷款率、资产利润比、资本收益率、资产流动性比率、存贷比、备付金比例、股票市盈率、证券化率、房地产开发投资/固定资产、商品房销售面积/商品房竣工面积、综合赔付率、保险深度、保险密度、经常项目差额/GDP、外汇储备/年进口额、短期外债/外汇储备、短期外债/债务总额、外债负债率、外债偿债率、外债债务率、消费者信心指数、宏观景气预警指标）。该研究认为，最能直接衡量金融安全程度的是反映金融机构状况的微观审慎性指标组，也是国际上普遍通用的衡量金融风险的指标，并将其赋予的权重最大。而外部金融与宏观经济都是通过影响金融机构的安全运行来间接影响金融安全，其权重大小，根据不同时期对金融安全的影响程度确定。

蒋海和苏立维（2009）选择微观、宏观和国际市场三个大类 17 个金融经济指标（反映微观金融稳健经营状况的指标有：资本充足率、商业银行存贷比、资产收益率、内控机制；反映宏观经济运行状况的指标有：GDP 增长率、经济景气指数、财政盈余、外汇储备、经常账户差额、企业盈利水平、居民收入、房地产投资规模、监管及信息披露；反映国际金融市场状况的指标有：资本流入流出规模、美国道琼斯工业指数、伦敦金融时报指数、香港恒生指数），最终合成为金融安全指数，采用主观赋值与主成分分析法确定指标权重，对中国 1998—2007 年金融安全指数进行估算，并在此基础上，选择影响金融安全的主要风险变量对中国金融安全进行了实证分析，结果表明：银行的违约风险（不良贷款）和国际游资风险构成了中国金融安全的主要威胁，资本市场风险与中国金融安全状况同方向变动，而利率风险、汇率风险、通胀风险对中国金融安全的影响并不显著。

顾海兵和夏梦（2011）按照金融安全条件和金融安全能力框架，选择了 13 个经济指标：外资银行在华资产占中国银行业金融机构总资产的比重、外债偿债率、资本账户开放程度、国际热钱占中国金融机构信贷比重、实际利用外资占 GDP 比重、外资评级机构对中国五大评级机构的控制率、利率市场化程度、银行产权多元化程度、外资银行带来的竞争压力、商业银行不良贷款率、银行流动性资产比例、GDP 增长率和 CPI 增长率，构建了中国金融安全指标体系，但是没有进行实证分析。顾海兵、张安军和李彬（2012）从宏观经济运行、金融机构运行与外部金融风险3个维度构建了包括12个基础指标（GDP增长率、CPI增长波动率、M2增长率、商业银行不良贷款率、银行资产流动性比率、证券化率、保险程度、综合赔付率、短期外债/外债总额、外债偿债率、短期外债/外汇储备、汇率波动率）的中国金融安全监测评价指标体系，在通过层次分析法（AHP）确定指标权重与划分中国金融安全区间与警度区间的基础上，对1995—2009年中国金融安全指数进行了定量测度，结果发现：（1）近15年中国金融安全指数呈现出明显的周期逐渐缩短的波动状态，波动频率在逐步加大。（2）中国金融安全有3年处于轻警警度，其余年份均处于无警度，其中有5年处于高度安全状态。（3）1996—2000年、2001—2004年两时期中国金融安全状态处于平稳上升阶段，后阶段较前阶段上升速度更快。（4）2005年与2008年中国金融处于轻警警度的轻度不安全，后一时期主要为应对国际金融危机的国内经济刺激计划与积极鼓励出口政策，2009年金融市场运行恢复，经济增速回升，金融安全状态回升至高度安全状态。

何德旭和娄峰（2015）提出了包含微观金融机构安全指标、中观金融市场安全指标、宏观经济运行安全指标和国际外部风险冲击指标等四个维度的指标体系。其中，微观金融机构安全指标包括商业银行不良贷款率、商业银行资本充足率、商业银行资产收益率、商业银行存贷比、新增贷款增长率；中观金融市场安全指标包括利率风险（银行间债券市场拆借利率月均值标准差）、资本市场风险（股票市场价格指数月均值标准差）、外资银行在华资产占中国银行业、金融机构总资产比重、房地产开发投资额增长率、房地产开发投资额/全社会固定资产投资额、商品房销售面积/商品房竣工面积、货币化程度（M2/GDP）、国内信贷膨胀率；宏观经济运行安全指标包括GDP增长率、财政赤字占财政收入的比重、通货膨胀率、制造业盈利水平（工业企业年利润率）、固定资产投资增长率；国际外部风险冲击指标包括实际有效汇率风险（实际有效汇率月均值标准差）、外汇储备/进口总额、外汇偿债率、外汇负债率、外汇债务率、资本流入流出规模（资本和金融项目差额）/外汇储备、外贸依存度等指标。他们发现：（1）1985—2011年，中国的金融安全指数呈现明显的波动状态。（2）1994—1996年，中国金融安全指数快速上升，这主要是由于1994年中国启动汇率改革，进口增速较快，国家外汇储备快速增加，外债偿债率、外债负债率和外债债务率明显下降。（3）1998年为自1994年以来的第一个低谷，主要是因为1997年爆发泰国金融危机，危机在东南亚乃至亚洲地区迅速蔓延开来，中国香港受到较大的冲击。（4）2002年为自1994年以来的第二个低谷，可能的原因是，中国自2001年年底入世之后，在金融领域推出了一系列改革措施。（5）2008年为自1994年以来的第三个低谷，主要是因为2007年下半年美国爆发了次贷危机，并在2008年初开始向全球蔓延，而美联储采用的量化宽松货币政策，进一步加强全球流动性的泛滥。

二、国家金融安全指标体系构建

根据国家金融安全的内涵，本书拟从中国金融机构安全、中国影子银行体系安全、中国金融市场安全、中国金融科技安全、中国房地产安全、中国大宗商品市场安全、中国政府债务安全、外部冲击与中国金融体系八大方面构建了指标体系。

(一) 中国金融机构安全

防范系统性金融风险是防范金融风险的重中之重。金融系统性风险指的是由于金融体系（机构或市场）之间的内在联系或相关性，一家或一部分机构失败引起一连串机构失败，使整个系统或市场崩溃的可能性。

在金融机构安全方面，本书拓展已有文献的做法，将尾部依赖模型与结构模型进行融合，建立基于五个指标的五因子 $\Delta CoVaR$（条件在险价值）模型。这个五个因子分别是：基于实体经济杠杆因素、金融体系杠杆因素、机构规模因素、杠杆结构因素、机构关联性因素。这五个因子代表了系统性风险生成的全过程。五个因子代表了系统性风险的不同方面，且五个因子对系统性风险的生成存在一定的时间顺序。

冲击来源于资产，机构相对规模直接决定了冲击的大小。同样的资产价格下跌程度或者资产违约率，资产规模越大，风险敞口越大，从而冲击越大。杠杆率差异率对系统性风险的影响存在两种作用完全相反的效应——杠杆差异效应与杠杆相似效应。杠杆差异效应指的是，高杠杆银行的存在将导致杠杆差异率变高，遭受冲击之后，这些高杠杆的银行会抛售大量资产，进而导致较高的系统性风险。杠杆相似效应对应着网络连通度，与外部冲击大小紧密相关。在较大的外部冲击下，网络连通度越大，风险传染越严重，从而系统性风险越大。关联性与实体经济杠杆影响了网络传染的强度。其中，实体经济杠杆代表市场流动性，影响了抛售资产的跌价程度。金融部门杠杆影响了金融体系对抛售冲击的放大程度。同样规模的冲击，金融体系杠杆越高，体系受到冲击后的抛售量越大，呈倍数效应。

(二) 中国影子银行体系安全

中国影子银行体系近年来快速发展，具有了相当大的规模。影子银行的范围也越来越广泛，包括银行理财、信托理财、证券基金理财、财务公司业务等传统影子银行业务，融资租赁业务、私募股权业务、小额贷款业务、汽车金融业务等类金融机构影子银行业务，网络借贷公司、加密货币交易所等新兴影子银行业务等。

为了衡量影子银行在近年对于中国金融安全的影响，本书采用构建了按照行业领属，构建了正规金融影子银行、类金融公司影子银行、新兴影子银行三大类指标。选取每个业务的资产总额（或者贷款余额、资产价值）作为分项指标。先将每项业务做无量纲化，将每一具体业务的 2014 年值归一化为 100，之后逐年进行同尺度放缩。各个大类不同业务的加总权重，使用变异系数的方法。在三类指标合成完毕后，我们使用层次分析法（AHP）进行最终指数合成。

(三) 中国金融市场安全

在 2003 年"非典"、2008 年金融危机和 2015 年股灾中，中国金融市场都经历了剧烈的波动。2020 年 1 月中旬至今，由于新冠病毒肺炎全球肆虐和石油价格战，包括中国在内的全球金融市场经历了罕见的剧烈波动，给国家的金融安全和经济稳定带来巨大的负面影响，进一步说明开展金融市场安全研究的极端重要性。

本书使用高频数据对中国金融市场进行了全面的国内外金融市场风险溢出分析，构建了包含中国宏观经济波动指标、美国宏观经济波动指标、各国及世界经济政策不确定性指标、股票市场情绪综合指标、股票市场定价波动指标在内的基本面风险监测体系。

关于中国金融市场风险，主要基于已实现波动率，采用沪深 300 指数、上证 50 指数、中证 500 指数、上证国债指数、上证基金指数和沪深 300 股指期货、上证 50 股指期货、中证 500 股指期货、10 年期国债期货主力合约的 5 分钟高频数据来进行测算和分析。在溢出分析方面，主要采用 $\Delta CoVaR$（条件在险价值）模型进行分析和预测。

（四）中国金融科技安全

从金融科技技术的不同组成视角，我们可以看到有不同的金融科技安全的形式，但这些金融科技安全的分类依赖于组成视角，并不构成标准分类。鉴于金融科技技术安全的核心地位，在一定意义上，金融科技的技术安全构成了金融科技安全的核心和外延。

考虑金融科技技术安全要基于金融科技的融合特征——即金融和科技的融合；也要基于金融科技的创新特征——对金融相关形式的创新。基于这样的视角，金融科技的技术安全可以分为主动安全和被动安全。所谓主动安全是指金融融合科技的视角，来自于科技中的元素本身的安全（包括其特征、影响、发展）以及其对金融安全的冲击和影响。所谓被动安全是基于科技逐步融入到金融的视角，来自于科技的元素对金融自有安全体系的冲击。它的特点是考虑外部科技的力量、特征、元素，对既有金融安全的冲击，同时再考虑该冲击的特征以及该冲击的传递效应。

（五）中国房地产安全

防范国家金融风险以及促进房地产市场平稳发展是中国目前亟需关注的重点领域。一方面是因为金融风险对国家政治、经济的冲击和影响巨大。另一方面，房地产业作为中国经济支柱产业，具有促增长、稳民生的作用，是保证城市社会体系健康运作的重要组成部分。本书从中国房地产市场供需形势、市场价格、开发投资状况与住房金融情况四方面构建了指标体系，对房地产市场安全展开分析。

在房地产供给方面，我们主要采用已建成待售商品住房面积、在建商品住房存量面积、已供地尚未开工商品住房面积、各省保障性住房土地供给量面积、未来三年计划供应住宅用地建设的商品住房套数等指标。在房地产需求方面，我们主要采用住宅商品房销售面积、别墅、高档公寓销售面积、办公楼商品房销售面积等指标。关于供求均衡情况，考虑了出清周期这一重要的指标。

在房地产价格方面，我们主要分析了楼面地价、住房销售价格、新建商品住房价格等。并根据此分析了房价走势。

在房地产开发投资方面，我们考虑了总的房地产开发投资额，以及住宅、别墅及高档公寓、办公楼、商业营业用房、其他等不同目的的房地产开发投资额等多个指标，来分析房地产开发投资情况。关于土地，我们还采用了住宅土地开盘和竣工面积等指标。

关于房地产金融方面，我们采用了房地产行业资产负债率、有息负债/股东权益、房地产开发资金来源分布、个人住房贷款同比增速、住房贷款收入比等指标分析了房地产金融风险。

（六）中国大宗商品市场安全

作为同时兼具商品属性和金融属性的一类特殊资产，大宗商品已逐渐引起投资者的关注。大量资金在大宗商品市场和股票市场之间的流动,导致大宗商品市场与金融市场的关联性逐渐增加。中国大宗商品市场虽然起步晚但成长快,对宏观经济和金融市场的影响日益凸显。研究中国大宗商品市场的系统性风险,有助于深入和全面地了解大宗商品市场的运行规律,有助于进一步防范由大宗商品市场带来的商品市场和金融市场联动风险,更有助于规范中国商品市场,保证中国经济的持续稳定发展。

本书使用相对半方差(Relative Semi – Variance,简称 RSV)作为中国大宗商品市场风险的度量方法,以中国大宗商品期货市场为例,研究中国大宗商品市场风险现状。同时,我们与国际重要的大宗商品市场进行了比较。

(七) 中国政府债务安全

政府债务问题是目前理论界与各国政府普遍关注的问题,当今世界各国政府面临着日益加剧的财政风险,爆发了许多的政府债务危机。近年来,中国政府性债务问题引起了社会各界的广泛关注,主要体现在地方政府隐性债务的快速增长与风险隐患。

本书在分析中国政府债务风险形成及其传导机制的基础上,结合西方传统信用风险模型与中国经济特质,利用微观融资平台公司的财务数据,地方政府的财政收支信息,房地产市场的周期性与经济发展变量,构建多维度的地方政府债务风险评价体系。同时,从现状风险分析扩展到未来风险应对,针对地方政府在城镇化进程加速过程中较大的资金缺口问题,设计适合中国财政体制与经济发展所需的地方政府最适债务规模与结构的估算模型。

由于缺乏专门针对地方政府性债务的官方数据库,测算债务规模成为该领域实证研究的难点及关键点。基于前文对中国地方政府债务的构成与历史分析,我们借鉴已有研究,纳入隐形债务,对地方政府债务的口径进行了扩充。我们利用 WIND 数据库搜集了 2135 家地方政府融资平台公司。从数据的可得性看,地方政府融资平台发行城投债时披露的最近三年财务报表信息公开透明、易于获取;从数据的层级看,平台数据可加总至市、省、全国等层面,包含的信息更为丰富、便于开展微观实证研究。我们基于此获取了计算地方政府债务的原始数据,并采用三种代理变量对此进行衡量。

(八) 外部冲击与中国金融体系

中国金融市场开放时间较晚,发展迅速,存在运行机制不健全、法律体制不完善、操作工具不完备的问题,面临外汇市场波动等因素冲击时,难免会对整个金融体系产生作用,极易产生经济的连锁反应。建立应对外部冲击风险的防范和化解机制,是保持中国金融体系基本稳定,保持人民币汇率在合理均衡水平上基本稳定的重要保障。

本书基于 VAR 模型和方差分解模型估计来自主要经济体的外部冲击对中国金融市场安全的影响程度及重要性。基于数据可得性以及经济体的金融市场规模,主要选取美国、英国、加拿大、瑞士、法国、德国、日本、韩国、新加坡、澳大利亚 10 个经济体作为分析对象,以这些经济体金融市场风险作为该经济体冲击的代理变量,考察国别外部冲击对中国金融市场风险的影响程度。在基本模型中,我们以各经济体的主要股票市场指数收益率作为研究对象。基于 VAR 模型及方差分解模型,获得一个标准差的外部冲击对中国股票市场日收益率的脉冲影响。

第三节　中国金融安全的影响因素及其对策

一、国家金融安全的总体描述

总体而言，中国金融安全状况较为良好，金融风险水平总体平稳，但近两年呈现缓缓上升的趋势。金融风险上升的领域主要表现在金融机构风险、新兴影子银行风险、国外对中国金融体系的冲击等方面。大宗商品市场较为平稳，房地产市场经调控之后风险水平总体可控。

（1）金融机构系统性风险有抬头趋势。如图1-1所示，自2008年金融危机以后，中国金融机构系统性风险呈现V形曲线。在2017年以前，系统性风险总体得到较大的缓解，呈现明显的波动下降趋势。2016年起央行为稳定市场持续注入流动性，该阶段系统性风险总体得到较大的缓解，很好地缓解了系统性风险。但是，2018年起，随着中美贸易摩擦不断升级，贸易战有愈演愈烈的趋势，中国金融业风险再次上升。

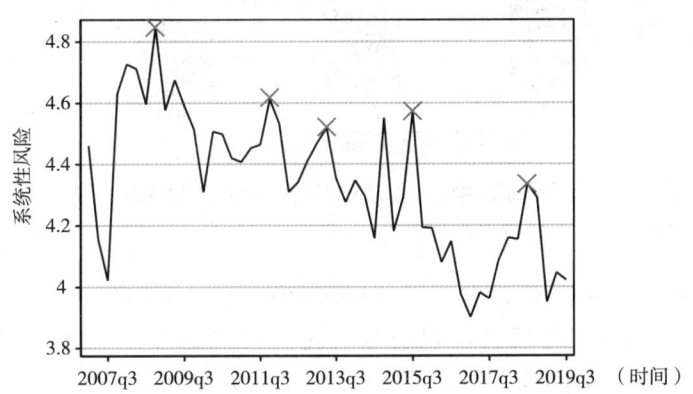

图1-1　金融机构系统性风险：2007—2019年

资料来源：本书第三章，作者根据相关资料绘制。

（2）新兴影子银行仍存在一定风险。如图1-2所示，正规金融机构的风险聚集速度，在2017年大资管新规后，迅速收紧，相关政策的效果十分明显；新兴影子银行业务在近年呈现出了最大的风险，在2017年随着数字货币币值激增、网贷余额增长呈现出爆发事态，国家在2017年9月对于数字货币的严管起到了作用，而对于网贷的相对滞后则让风险继续延续到了2018年。值得指出的是，新兴影子银行的风险与金融科技风险也存在着较紧密的关联。

（3）国外对中国金融体系的冲击逐渐上升。如图1-3所示，从2017年到2019年，国外金融市场对中国金融市场的溢出效应显著提升。其中，美国股票市场波动对中国股票市场波动的解释力从2%上升到12%，提高了5倍。由此可见，全球股市联动性上升，以及中美贸易争端等一系列经济政治问题，是影响中国金融安全的重要因素。

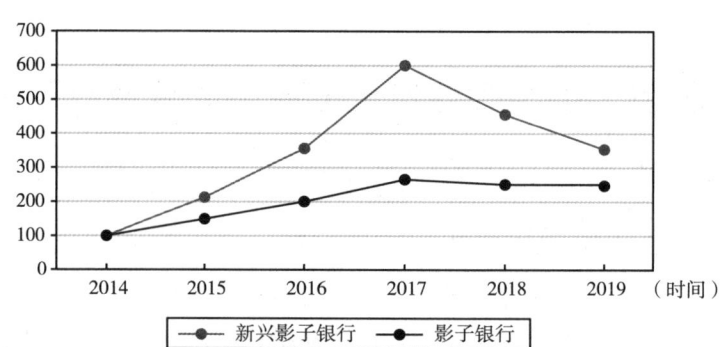

图 1-2　影子银行风险指数：2014—2019 年

资料来源：本书第四章，作者根据相关资料绘制。

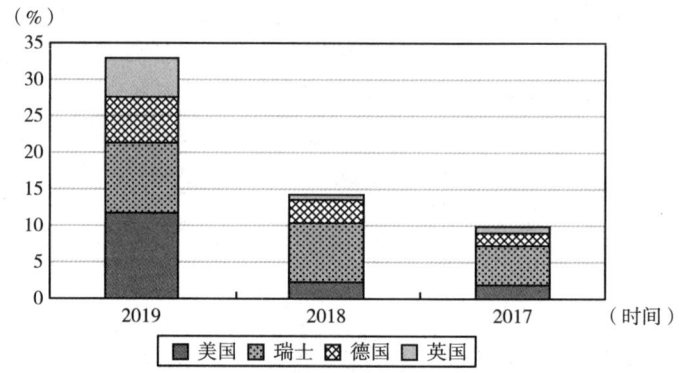

图 1-3　外国对中国股票市场的解释力 2017—2019 年

资料来源：本书第十章，作者根据相关资料绘制。

（4）地方政府债务风险仍需警惕。2009—2019 年，中国地方政府融资平台的偿债能力有波动，但从 2015 年之后又出现明显恶化。利用 2016 年的信息预测 2019 年（如图 1-4 所示），我们发现 60% 的地方政府融资平台违约风险较高。东部省份的地方政府融资平台数量较多，但形态相对健康。按地区划分的风险比率意味着，西部省份的地方政府债务状况要糟糕得多。

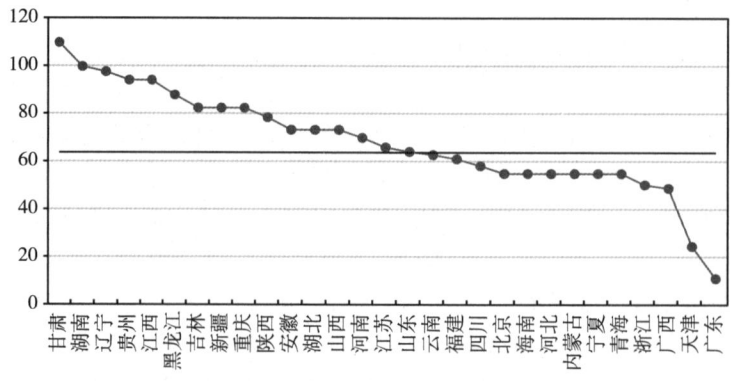

图 1-4　2019 年地方政府债务风险指数

资料来源：本书第九章，作者根据相关资料绘制。

二、影响国家金融安全的内外因素

当前国内外因素比历史上任何时候都要复杂。从外部看,中美贸易摩擦不断升级,摩擦有从贸易领域向货币领域和金融领域延伸的趋势。在新冠肺炎疫情的影响下,全球经济衰退和反华势力抬头,对中国的经济稳定和金融体系稳定都造成了潜在的威胁。从内部看,区块链与金融、互联网金融、智能投顾等一系列由信息技术驱动的金融创新方兴未艾,使得金融模式多样性增加,低素质金融参与者的比例上升,金融风险隐蔽性提高,金融监管难度大大提升。此外,地方融资平台受到四万亿政策的影响,仍然是导致地方政府债务风险的重要因素。

(一) 外部风险

2019年以来,全球经济增长动能偏弱,核心通胀低迷,欧洲、日本等主要发达经济体已进入负利率区间。整体来看,发达经济体普遍呈现通胀温和、失业率趋低的态势;新兴市场经济体表现相对分化,但亦出现放缓迹象。受贸易保护主义、地缘政治冲突等因素的影响,全球经济面临进一步下行风险。美国经济相对稳健但出现整体放缓迹象。美国2019年各季度国内生产总值(GDP)环比折年率增速分别为3.1%、2.0%、2.1%和2.1%,全年增长2.3%。2019年,金融市场一直受到贸易紧张局势起起伏伏和人们对全球经济前景日益担忧的冲击,整体来看,美元指数震荡上行,主要经济体国债收益率全年走势偏弱,股市呈现上涨趋势,国际主要大宗商品价格持续波动。

2019年,下行风险占据主导地位,不断发酵的美国关税行动、贸易伙伴的保护行为影响着全球贸易规模,英国退出欧盟的长期不确定性反复冲击着商业信心和市场风险偏好情绪,很多国家的内乱加剧了惨痛人道主义代价、邻国人口迁移压力,叠加地缘政治紧张局势也不断加剧大宗商品市场波动性风险。金融市场受到人们对全球经济前景日益担忧的冲击,市场收益率急剧下降,全球货币政策转向更加鸽派的立场,但与此同时,宽松的金融条件也进一步积累了金融体系的脆弱性。

(二) 内部风险

内部风险主要存在于金融科技驱动的新兴影子银行领域。以P2P网络借贷与现金贷为主要模式的现金贷自2013年以来经历了从迅猛发展到2019年轰然崩盘的迅速发展历程,其发展速度变化之迅速是人类金融史上所罕见的。网络借贷平台的退出相当频繁,相当数量的平台以问题平台的形式退出。问题平台包括跑路、网站关闭、经侦介入、提现困难、延期兑付,停业平台包括停业、转型、暂停发标。在2008年全球金融危机之后,系统性金融风险、影子银行等影响金融安全的重要风险因子被监管与学术界广泛提及,相关的研究、报道、政策与监管实践也相对较为成熟。而P2P网络借贷也在一个新的层面上提出了风险传播与控制的应注意事项。之前的风险传播途径多被认为以银行等大型金融机构间互持债权,而在互联网技术快速发展的现阶段,初创公司由于太过年轻而往往没有互持债权的连接,但是不同机构却可能在股权上发生联系。

全球虚拟货币的价值在2017年出现了井喷式的增长,同时在2018年急速下跌,这种巨大的波动性和其天然的匿名性与跨国流通,使得其对于中国金融安全构成了较大威胁。

交易所单独出风险可能性已经较低,需要注意的是加密货币与其他行业交叠,产生额外的不良反应。另外需要注意的风险是区块链领域的创新风潮。由于区块链作为一种底层技术,源起于加密货币,在 2019 年 10 月中央政治局集体学习区块链,并提出"积极推动区块链技术在教育、就业、养老、精准脱贫、医疗健康、商品防伪、食品安全、公益、社会救助等领域的应用"之后,区块链成为了一个炙手可热的概念。

三、维护金融安全的三大任务

金融是国家重要的核心竞争力,金融安全是国家安全的重要组成部分,金融制度是经济社会发展中重要的基础性制度。要化解金融风险,维护中国金融安全,我们必须坚持稳中求进工作总基调,遵循金融发展规律,紧紧围绕服务实体经济、防控金融风险、深化金融改革三项任务,创新和完善金融调控,健全现代金融企业制度,完善金融市场体系,推进构建现代金融监管框架,加快转变金融发展方式,健全金融法治体系,保障国家金融安全,促进经济和金融良性循环、健康发展。

(一)引导金融回归服务实体经济

金融与实体经济的关系是金融发展理论中的根本问题。金融是实体经济的血脉,是促进实体经济发展的润滑剂,而实体经济则是金融的本源。正确认识和处理好金融与实体经济的关系是推动金融与经济协调可持续发展的前提。任何国家随着经济发展水平的不断提高,金融在经济中的地位也不断增强,金融对实体经济的作用经历了"适应性""主动性"和"先导性"三个发展阶段。在金融不断发展的历史进程中,金融服务于实体经济发展的本源性质日益凸显。习近平立足中国经济发展的现实,总结了中国改革开放以来金融发展的历史经验,提出了"金融要回归本源"的论断,丰富和发展了马克思主义金融发展理论。

2008 年全球金融危机爆发后,在实体经济持续疲软而资产部门持续膨胀的背景下,中国经济呈现出了"脱实向虚"的趋势。有研究表明,国资委管理的 117 家央企中有 90 多家在不同程度上涉足金融投资,占比为 76%。经济"脱实向虚"的趋势引起了党和国家领导人的密切关注。习近平总书记在第七十届联合国大会上指出,"2008 年爆发的国际经济金融危机告诉我们,放任资本逐利,其结果将是引发新一轮危机"。实体经济是社会实物财富增长的源泉,经济"脱实向虚"不利于金融和经济的协调共同发展。资源过分流向"以钱生钱"的金融活动将造成虚拟经济的过度膨胀,引起经济系统的不稳定。当没有资金的流入来保证它的稳定状态的话,必然造成经济出现严重问题。资源较少流向创造物质财富的生产活动会导致实体经济萎缩,进而使居民的财富变得虚拟化,贫富差距也会加大。由此可见,防范经济"脱实向虚",促进金融向实体经济的理性回归至关重要。针对经济发展的环境和金融发展的现实,习近平强调,金融是实体经济的血脉,为实体经济服务是金融的天职,是金融的宗旨,也是防范金融风险的根本举措。金融要回归本源,服从服务于经济社会发展,成为中国金融工作的出发点和落脚点,也成为中国加强金融治理的核心环节。

如何让金融回归本源?习近平论述了四个方面的具体政策措施。第一,要贯彻新发展理念，树立质量优先、效率至上的理念，更加注重供给侧的存量重组、增量优化、动能转换。要创新金融调控思路和方式，继续实施稳健的货币政策，保持货币信贷适度增长和流动性基本稳定，不断改善对实体经济的金融服务。第二，要把发展直接融资放在重要位置，形成融资功能完备、基础制度扎实、市场监管有效、投资者合法权益得到有效保护的多层次资本市场体系。要增强资本市场服务实体经济功能，积极有序发展股权融资，提高直接融资比重。第三，要改善间接融资结构，推动国有大银行战略转型，发展中小银行和民营金融机构。要促进保险业发挥长期稳健风险管理和保障的功能。第四，要建设普惠金融体系，加强对小微企业、"三农"和偏远地区的金融服务，推进金融精准扶贫，鼓励发展绿色金融。要加强对创新驱动发展、新旧动能转换、促进"双创"支撑就业等的金融支持，做好对国家重大发展战略、重大改革举措、重大工程建设的金融服务。

（二）防控金融风险

习近平对金融监管的重视，与中国当前不断积聚的金融风险密切有关。首先，银行间同业拆借市场规模的扩大，中小银行同业负债率的大幅攀升，使中小银行承担风险的能力大幅下降。因银行间同业业务而产生的影子银行活动、金融空转等问题，值得监管层的密切关注。一旦银行间同业拆借市场出现违约，将迅速波及整个金融体系。其次，效率低下、以不断"借新还旧"维持生存的"僵尸企业"是中国当前经济中的重要问题。一些国有、产能过剩的企业"僵而不死"，不仅占用了大量的金融资源，也成为了银行资产负债表中的"定时炸弹"。最后，金融资源"脱实向虚"，流向房地产、股票等资本市场，引起资产价格泡沫，是危害金融体系的另一个重要的风险点。房地产价格快速上涨，挤占了实体经济的资源，不利于实体经济的发展。若房地产价格出现大幅下跌，又可能引起房地产开发贷款和房地产消费贷款的大面积违约，引发系统性金融风险。

面对中国的经济金融形势，习近平提出要求，要守住不发生系统性金融风险底线。他强调，要把主动防范化解系统性金融风险放在更加重要的位置，科学防范，早识别、早预警、早发现、早处置，着力防范化解重点领域风险，着力完善金融安全防线和风险应急处置机制。要推动经济去杠杆，坚定执行稳健的货币政策，处理好稳增长、调结构、控总量的关系。要把国有企业降杠杆作为重中之重，抓好处置"僵尸企业"工作。各级地方党委和政府要树立正确政绩观，严控地方政府债务增量，终身问责，倒查责任。要坚决整治严重干扰金融市场秩序的行为，严格规范金融市场交易行为，规范金融综合经营和产融结合，加强互联网金融监管，强化金融机构防范风险主体责任。

（三）深化金融改革

要坚持金融深化改革和市场导向。习近平强调，要坚持深化金融改革，必须优化金融机构体系，完善国有金融资本管理，完善外汇市场体制机制；完善现代金融企业制度，完善公司法人治理结构，优化股权结构，建立有效的激励约束机制，强化风险内控机制建设，加强外部市场约束。显然，深化金融改革是和市场导向紧密联系在一起的。习近平指出，"中国将按照市场化、法治化方向稳步推进金融改革，培育公开透明和长期稳定健康发展的资本市场，完善风险管理，稳定市场预期，放宽民间资本进入金融领域的限制，更好支持实体经济发展"。

坚持深化金融改革，首先要坚持市场在金融资源配置中起决定性作用。市场在资源配置中起决定性作用，是市场经济的一般规律，社会主义市场经济体制的健全和完善必须要遵循这条规律。市场在资源配置中起决定性作用，实际上讲的就是经济效率问题，是推动资源配置依据市场规则、市场价格、市场竞争实现效益最大化和效率最优化。金融资源是货币形态的资本，是经济发展中最重要的要素之一，其配置过程也要服从市场的决定性作用。

其次要抓住市场配置资源的核心手段即市场价格。在任何一个社会中，资源都是稀缺的，"经济发展就是要提高资源尤其是稀缺资源的配置效率，以尽可能少的资源投入生产尽可能多的产品、获得尽可能大的效益"。金融资源的价格就是利率，利率是引导资金跨行业、跨地区流动的最重要的指挥棒。当某一个行业的生产率较高时，边际资本回报率较高，资金在这个行业也相对更稀缺，该行业融资所能够承担的利率也就较高。这时，利率就会引导资金流向该行业，直至该行业的边际资本回报率下降到与市场利率相同。这就是市场配置金融资源的过程。还必须看到，价格能够真实地反映供给需求关系是市场能够有效配置资源的前提条件。也就是说，市场中应当具有良好的价格发现机制。在过去较长的一段时间中，中国的存贷款利率受到政府管制。在这种情况下，市场不能有效地配置资源。针对这一现实，习近平强调，"要消除价格、利率、汇率等经济杠杆的扭曲，强化风险投资机制，发展资本市场"。2015 年，随着存贷款利率上限的放开，中国在形式上完成了利率市场化进程，但是，由于经济中存在着国有银行治理结构不合理、国有银行与国有企业之间的政治关联等问题，市场在配置资源的过程中仍然受到阻碍。银行对不同所有制的企业存在着一定的融资歧视，国有企业享受到了更加廉价的金融资源供给，而民营企业融资更加艰难。因此，为了进一步提高市场配置资源的效率，就要完善现代金融企业制度，完善公司法人治理结构，建立有效的激励约束机制，使金融机构转变为市场化的机构。

第二章 中国金融运行的国内外环境分析

2019 年，全球经济由分化走向同步放缓，单边主义和贸易保护主义抬头、地缘政治冲突频发，主要国家央行货币政策以宽松为主。在全球经济放缓的背景下，中国经济整体保持平稳，宏观指标运行稳定，经济结构持续优化，三大攻坚战取得关键进展，精准脱贫成效显著，居民收入稳步增长，人民生活持续改善，但未来发展也面临内外部的双重挑战，中美经贸摩擦反复，社会经济发展方式转型攻关，经济下行压力加大。下一步，要全面贯彻落实党中央、国务院决策部署，坚持稳中求进工作总基调，统筹推进稳增长、促改革、调结构、惠民生、防风险、保稳定工作，确保全面建成小康社会和"十三五"规划圆满收官，保持经济持续健康发展和金融市场稳定。

第一节 国际经济金融环境

一、主要经济体经济形势

2019 年以来，全球经济增长动能偏弱，核心通胀低迷，欧洲、日本等主要发达经济体已进入负利率区间。整体来看，发达经济体普遍呈现通胀温和、失业率趋低的态势；新兴市场经济体表现相对分化，但亦出现放缓迹象。受贸易保护主义、地缘政治冲突等因素的影响，全球经济面临进一步下行风险。

（一）美国经济（见图 2-1）

美国经济相对稳健但出现整体放缓迹象。美国 2019 年各季度国内生产总值（GDP）环比折年率增速分别为 3.1%、2.0%、2.1% 和 2.1%，全年增长 2.3%。通胀整体低迷，除了 4 月和 11 月小幅修复到 4% 外，其余月份均低于美联储 2% 的通胀目标水平；剔除波动性较高的能源、食品后，同期核心 CPI 呈波动上升态势，至 2019 年 8 月、9 月达到 2.4% 的高点后，出现小幅回落，全年保持略高于 2% 的水平。劳动力市场延续 18 年态势，持续改善，全年失业率低位下行，除年初略升至 4.0% 之外，在 9 月和 11 月降至 3.5%。

（二）欧元区经济（见图 2-2）

欧元区经济增长继续放缓。2019 年各季度欧元区 GDP 季调同比分别为 1.4%、1.2%、1.2% 和 0.9%；全年增长 1.1%，低于 2018 年的 1.9%。通胀水平总体较为低迷，呈现先上升后下降的趋势，在 4 月份到达最高点 1.7% 后快速回落，至 10 月份下降至 0.7%，虽

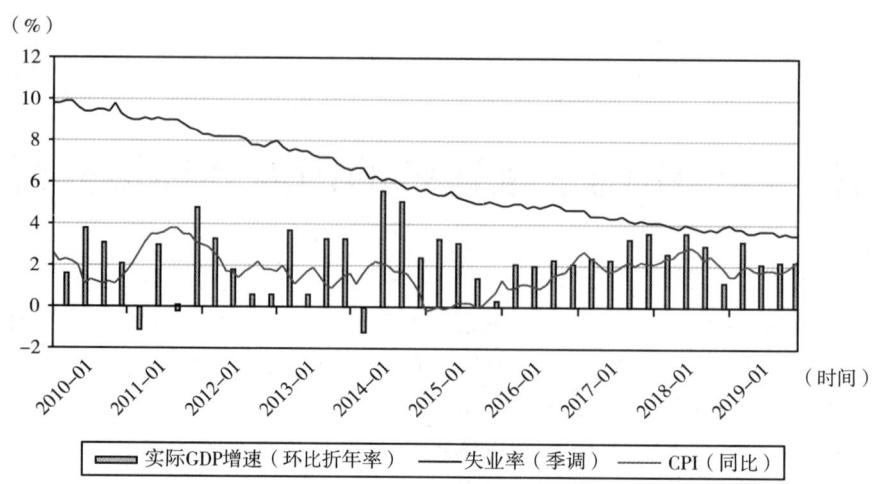

图 2-1　美国主要经济金融指标

资料来源：美国经济分析局、美国劳工统计局、美联储。

然之后有小幅回升，但依旧远低于欧央行目标；核心 CPI 同比涨幅全年徘徊在 1.0% 左右。失业率保持低位，由 2018 年年末的 7.8% 降至 2019 年年末的 7.4%。

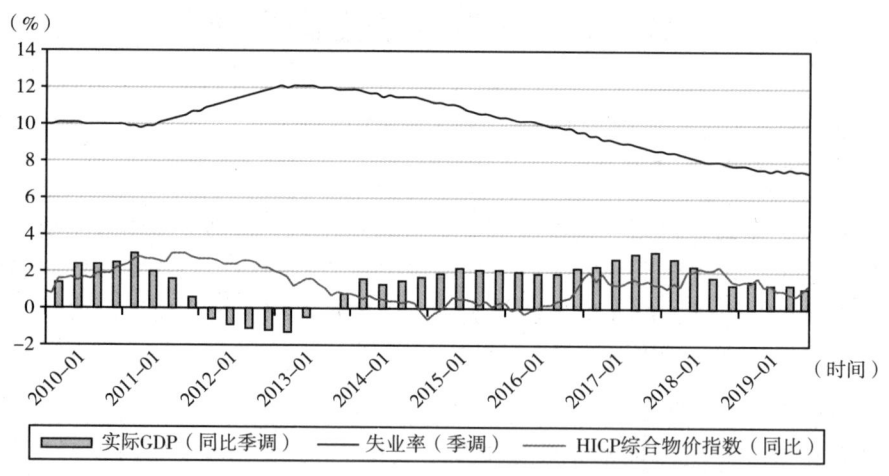

图 2-2　欧元区主要经济金融指标

资料来源：欧盟统计局、欧央行。

（三）日本经济（见图 2-3）

日本经济持续低迷。2019 年各季度 GDP 环比折年率增速分别为 2.6%、1.9%、0.5% 和 -6.3%，全年增长 1.1%。通胀仍然疲软，CPI 同比增速中位仅为 0.5%，全年不足 1%，呈现先升后降的趋势，从年初的 0.2% 升至 4 月份的 0.9%，之后持续回落至 10 月份的 0.2%。劳动力市场表现平稳，全年失业率在 2.2%—2.5% 的区间波动。

（四）新兴市场和发展中经济体

新兴市场经济体表现亦呈疲软趋势。巴西经济增速放缓，2019 年四季度 GDP 同比增

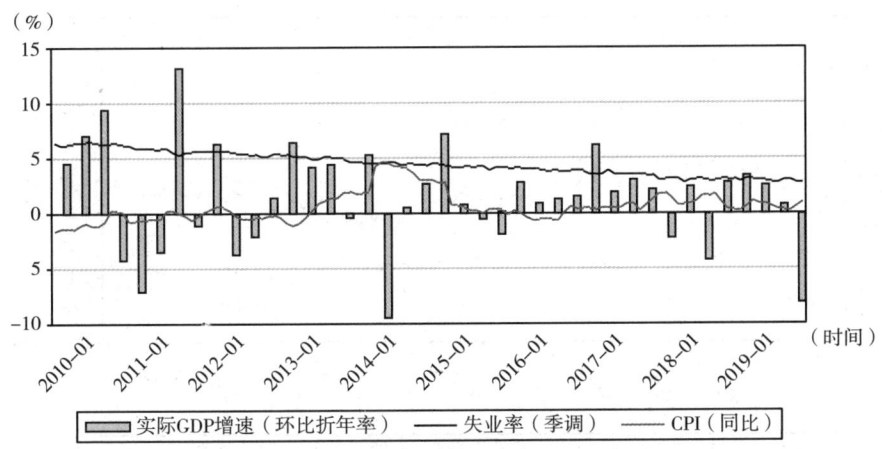

图 2-3　日本主要经济金融指标

资料来源：日本内阁府、日本统计局、日本银行。

长率为 0.59%、1.08%、1.20% 和 1.67%，全年增长 0.9%，CPI 上升 3.27%，均不如 2018 年的表现。俄罗斯经济经历了 2018 年的增长之后出现了下行，2019 年四季度 GDP 同比分别增长 0.4%、1.1%、1.5% 和 2.1%，全年增长 1.34%，CPI 上升 3.5%，全年增速呈现持续下行的态势。印度经济增速下滑，2019 年各季度 GDP 同比增速为 5.83%、5.00%、4.55% 和 4.3%，全年增长 5%，CPI 上升 5.54%，通胀压力增加。南非经济增速全年表现分化，一季度 GDP 同比增速仅为 0.02%，二季度冲高至 0.9% 后，三季度又回落到 0.11%，年末失业率为 29.1%，仍处于高位。阿根廷经济增速尽管有所反弹，但仍处在较低水平，全年为负增长。

二、国际金融市场形势

2019 年，金融市场一直受到贸易紧张局势起起伏伏和人们对全球经济前景日益担忧的冲击，整体来看，美元指数震荡上行，主要经济体国债收益率全年走势偏弱，股市呈现上涨趋势，国际主要大宗商品价格持续波动。

（一）主要货币汇率（见图 2-4）

美元指数呈现震荡上行态势，多数经济体汇率处于平稳区间。截至 2019 年年末，美元指数收于 96.4481，较 2018 年年末上涨 0.374。欧元收于 1.1217 美元/欧元，较 2018 年年末下降 2.17%。英镑收于 1.3252 美元/英镑，较 2018 年年末上涨 3.88%。日元收于 108.66 日元/美元，较 2018 年年末下降 0.84%。新兴市场经济体方面，阿根廷比索、土耳其里拉、巴西雷亚尔、印度卢比、巴基斯坦卢比兑美元较 2018 年年末分别上涨 58.43%、3.57%、12.9%、2.12% 和 11.51%。

（二）主要经济体国债收益率

主要经济体国债收益率全年走势偏弱。截至 2019 年年末，美债 10 年期国债收益率收于 1.88%，较 2018 年年末下降 0.81%。英国 10 年期国债收益率收于 0.85%，较 2018 年年末下

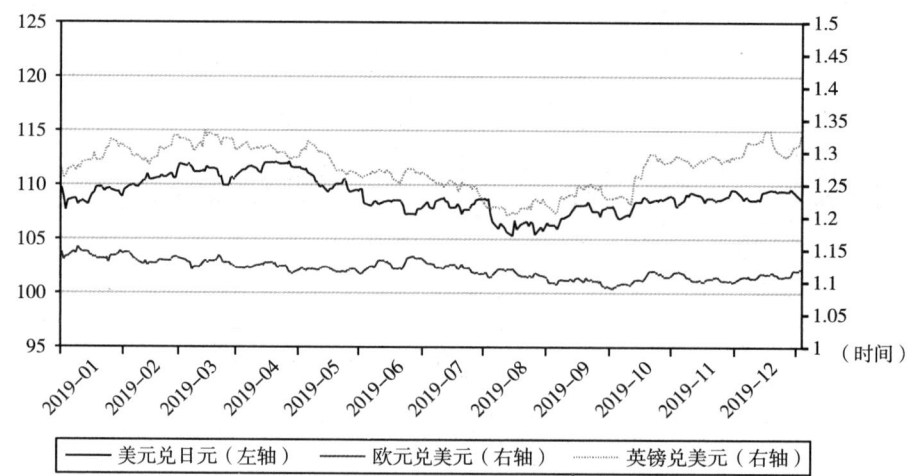

图 2-4 主要货币汇率走势

资料来源：Wind。

降 48 个基点。德国 10 年期国债收益率收于 -0.24%，较 2018 年年末下降 49 个基点。日本 10 年期国债收益率收于 -0.011%，较 2018 年年末下降 4.8 个基点（见图 2-5）。新兴市场经济体方面，土耳其、俄罗斯、印度的长期国债收益率全年分别下降 3.52%、2.39% 和 0.81%。

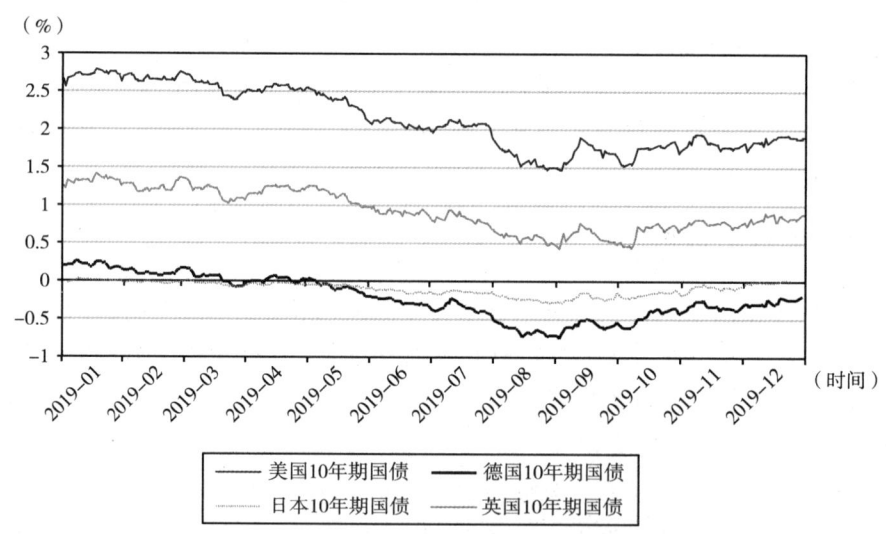

图 2-5 主要发达经济体国债收益率走势

资料来源：Wind。

（三）主要经济体股市

主要发达经济体和新兴市场经济体股市都呈现上涨趋势。截至 2019 年年末，美国道琼斯工业平均指数较 2018 年年末上涨 5317.8 点。日本日经 225 指数、德国法兰克福 DAX 指数、欧洲 STOXX50 指数、英国富时 100 指数分别较 2018 年年末上涨 3822.95、2778.15、675.48、916.77 点（见图 2-6）。新兴市场经济体中，巴西 BOVESPA 指数、阿根廷 BUSE MERVAL 指数、印度 SENSEX 指数、墨西哥 MXX 指数和俄罗斯 RTS 指数全年分别上涨 11378.86、27758.04、5185.41、1900.75、480.2 点。

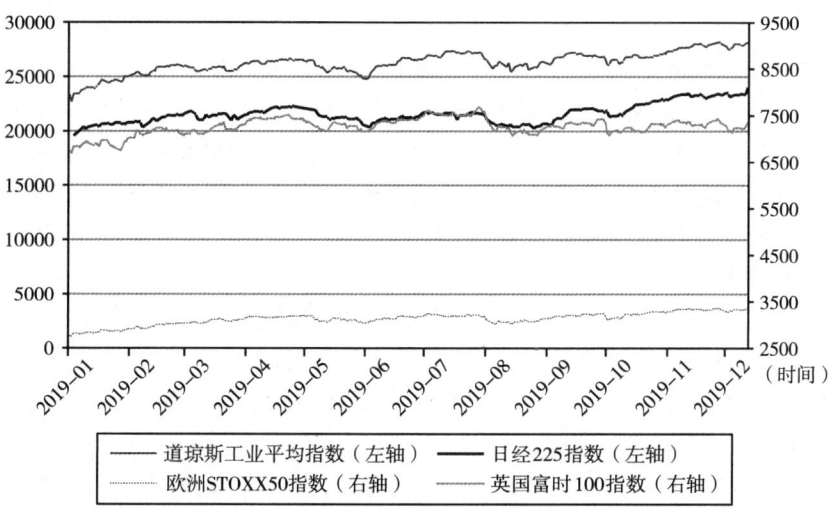

图 2-6 主要股指走势

资料来源：Wind。

（四）国际主要大宗商品价格

黄金期货价格上涨，原油期货价格波动较大（见图 2-7）。截至 2019 年年末，美国商品调查局（CRB）现货综合指数报收 401.58，较上年年末下降 7.59 点。原油价格先涨后跌，波动性较大，伦敦布伦特原油期货和纽约轻质原油期货价格分别为 66 美元/桶和 61.06 美元/桶，较上年年末分别上涨 22.68% 和 34.46%。黄金价格全年呈现上涨态势，四

图 2-7 国际黄金、原油价格走势

资料来源：Wind。

季度有小幅回落，2019年年末黄金期货价格为1523.1美元/盎司，较上年年末上涨18.87%。

三、主要经济体货币政策

面对日益上升的经济下行压力，全球主要国家央行向宽松方向调整货币政策。美联储自2019年5月以来已经降息三次，联邦基金利率目标区间下调至目前的1.5%—1.75%水平，欧元区将存款便利利率从-0.4%下调至-0.5%，重启大规模资产购买计划。日本危机后实施的QQE计划始终没有退出，每月仍进行大规模的国债购买。除此之外，韩国、新西兰、澳大利亚等发达国家和印度、泰国、南非、菲律宾、印度尼西亚等新兴市场也相继降息以应对经济下行压力。

美联储年内三次降息。在经历2018年四次升息之后，美联储于2019年7月、9月和10月进行三次连续降息，联邦基金利率区间下调至目前的1.5%—1.75%水平。停止缩表时间从2019年10月提前至8月，重启正回购和短期国债购买，扩大资产负债表。

欧央行加码宽松货币政策。欧央行9月的议息会议宣布下调存款便利利率10个基点至-0.5%，并重启资产购买计划，自11月1日起每月购买200亿欧元的欧元区债券。12月，欧央行新任行长拉加德在议息会议上宣布维持基本利率不变，维持之前的资产购买计划规模（QE）不变，并重申只要有必要就继续购买债券，直至下次加息前，以增强宽松效果。

日本央行维持货币政策宽松程度。日本央行继续维持现行超宽松货币政策不变，短期利率维持-0.1%的水平，并持续购买长期国债，使长期利率维持在零左右，以超低利率企图刺激国内经济增长。

新兴经济体为提振经济、缓解外部冲击继续放宽货币政策。巴西央行年内连续四次降息，关键利率降至历史低点4.5%；俄罗斯银行年内连续五次降息，并表示由于通胀率继续低于目标水平，将考虑在明年上半年采取更多行动；印度央行年内将回购利率下调了135个基点；土耳其、乌克兰、马来西亚、菲律宾等国家也纷纷下调基准利率，以支持经济复苏。

更加宽松的货币政策将有助于缓解风险厌恶情绪，改善风险资产价格表现，缓和经济下行压力。但当前宽松的货币政策正面临较大挑战，在应对全球经济下行风险中能够发挥的作用将受到较大限制：

第一，宽松的货币政策也无法解决贸易摩擦和地缘政治等风险事件带来的不确定性。本轮贸易摩擦对全球经贸、投资甚至政治格局都将产生深远影响，在贸易摩擦风险消失或者新的格局秩序不能趋于明朗之前，企业对扩大生产和增加投资都可能会持相对谨慎的态度。

第二，当前全球利率水平已经处于历史低位，欧日等经济体尚未退出上一轮危机后实施的非常规货币政策，未来应对经济下行的政策空间相对有限。美国本轮降息的主要目的是为了防范未来经济下行采用的预防式降息，在经过年内三次降息后，美联储在12月议息会议上暗示将短期暂停进一步降息，未来美联储可能会采用更加相机抉择的方式根据经济实际表现来采取货币政策行动。

第三，经过2008年全球金融危机后央行资产负债表规模迅速扩张，宽松货币政策对经济增长的刺激效应已大幅下降，反而可能会进一步抬升全球居高不下的债务风险。从

2010年年底到2019年第一季末,美国非金融企业债务占GDP的比重从66.9%上升到74.9%,同期欧元区非金融企业债务占GDP的比重从101%上升到104.8%,新兴市场非金融企业债务占GDP的比重从71.5%上升到100.6%。

四、风险与挑战

回顾2019年,下行风险占据主导地位,不断发酵的美国关税行动、贸易伙伴的保护行为影响着全球贸易规模,英国退出欧盟的长期不确定性反复冲击着商业信心和市场风险偏好情绪,很多国家的内乱加剧了惨痛人道主义代价、邻国人口迁移压力,叠加地缘政治紧张局势也不断加剧大宗商品市场波动性风险。金融市场受到人们对全球经济前景日益担忧的冲击,市场收益率急剧下降,全球货币政策转向更加鸽派的立场,但与此同时,宽松的金融条件也进一步积累了金融体系的脆弱性。

(一)贸易保护主义抬头

自2018年3月美国启动"301调查",中美贸易战开始打响之后,2019年中美贸易局势更加反复,美国年内多次加征对华商品关税,而中国也不断采取反制措施。中美贸易局势的紧张给全球经济带来很大的负面冲击,美国国债收益率曲线出现近十年来的首次倒挂,恐慌情绪导致股票市场大幅波动;外贸依赖度高的日本因为中美贸易战导致其出口严重下滑,外贸缩减已经拖累日本经济增长;而中美作为其两大主要贸易伙伴的德国,也首当其冲,以-0.1%的二季度GDP环比增速排在整个欧元区最末。根据国际货币基金组织的预测,中美经贸摩擦以及未来摩擦升级的可能性将对全球经济造成总共4550亿美元的损失,相当于让2020年的全球经济总量减少0.5%。除此之外,美国还对欧盟加征飞机和农产品关税、对日本加征汽车关税,而同属东亚的日本与韩国也突发贸易冲突,先后将对方"剔出"贸易白名单。贸易保护主义的蔓延使得企业缩减投资计划,出现减产,导致一些国家面临外部需求放缓的冲击,经济出现下滑。

(二)英国脱欧一再延期

根据英国与欧盟的协议,英国原本于2019年3月29日正式脱欧,但受困于多方矛盾,年内英国脱欧日期3次后延,10月29日,欧盟27国同意接受英国方面"弹性脱欧"延期至2020年1月31日的请求。受脱欧进程延期的影响,英国2019年二季度出现了7年以来首次经济萎缩,国内产出下降0.2%,而漫长的脱欧之路不仅对英国的政治经济产生冲击,还打击了全球市场信心,削弱投资,扰乱全球供应链,同时也加重了欧洲一体化深化的困境。作为世界多极化格局中的重要一极,欧盟主张多边主义和合作主义,在多边贸易、气候变化、发展援助等领域发挥重要作用,英国脱欧冲击了世界区域一体化的进程,对欧洲地区和世界政治格局产生了复杂的影响。

(三)地缘政治冲突频发

委内瑞拉政局动荡,土耳其对叙利亚的冲突持续,智利由于地铁票涨价引发街头抗议活动,黎巴嫩因政府征税行为在全国内爆发大规模游行,伦敦、纽约、华盛顿也因气候变化问题出现游行抗议……地缘政治的动荡冲击着全球经济,市场不安情绪升温,黄金和大宗商品价格受其影响加大波动风险。

（四）全球金融体系脆弱性加剧

经济活动减弱和下行风险加剧推动全球货币政策转向更加鸽派的立场，与此同时，市场收益率急剧下降，负收益率债券规模不断扩张。宽松的货币政策为经济提供了支撑，但宽松的金融条件也鼓励了金融冒险行为，导致部分部门和国家的脆弱性进一步积累。国际货币基金组织发布的《金融稳定报告》显示，全球金融体系脆弱性加剧，若干系统重要性经济体的企业部门脆弱性已处于较高水平，而极低的利率水平也促使投资者配置风险更高且流动性更差的资产来实现目标收益，同时发达经济体的低利率也促使资本流入新兴市场，使新兴市场和前沿经济体更加依赖外部借款。

五、展望

2019年10月，国际货币基金组织（IMF）发布《世界经济展望》（World Economic Outlook），更新了对全球经济增长的预期，预计2019年全球经济增长3%，较7月预测下调了0.2个百分点，其中新兴市场经济体预计增长3.9%，较7月预测下调了0.2个百分点，发达经济体预计增长1.7%，较7月预测下调0.2个百分点。展望2020年，全球经济可能面临以下风险：

（一）全球经济增长势头乏力，政策应对空间有限

当前全球经济虽然维持了增长态势，但微观数据显示未来经济增长预期在下降，投资者悲观情绪上升，一旦全球经济转入衰退，各国政策应对空间有限。货币政策方面，美联储已于2019年三次下调联邦基金利率，欧央行、日本银行将基准利率维持在接近0的负利率水平，未来降息空间不足；财政政策方面，多数发达经济体财政赤字与政府债务保持高位，限制了财政政策的扩张。

（二）贸易保护主义升级，中美贸易谈判依旧存在不确定性

贸易保护措施违反世界贸易组织规则，损害多边贸易体制，严重干扰全球产业链和供应链，损害市场信心，将对全球经济复苏带来严峻挑战，对经济全球化形成重大威胁。自2018年以来，美国对其前十大贸易伙伴不同程度施加关税壁垒，与中国的贸易摩擦更是一度升级，使得企业缩减投资计划，出现减产，导致一些国家面临外部需求放缓的冲击，经济出现下滑。2019年12月13日，中美贸易谈判达成第一阶段文本协议，对全球市场形成利好，但还未签署正式文件，因此仍存有不确定性。

（三）部分主要经济体脆弱性持续增加

2008年，国际金融危机后长期宽松的金融环境导致主要经济体企业债务积累、经济整体脆弱性上升，一些国家的投资级别债券和杠杆贷款借款人信用水平开始恶化。美国顺周期的财政政策导致公共债务上升，欧元区意大利等国主权债务风险凸显，被称为欧洲经济"火车头"的德国经济增速仅为0.6%。一些新兴市场经济体（如阿根廷和土耳其）正在经历艰难的宏观经济调整过程。一旦金融环境突然收紧，上述脆弱性将可能转化为风险，加剧偿债及再融资风险，引发全球风险偏好迅速转向。

（四）多种不确定性交织，可能放大潜在的脆弱性

金融科技迅猛发展，在提高金融服务便利性的同时，也带来了新的风险，对传统金融

体系和金融监管构成挑战。英国 2019 年 12 月 12 日进行大选，保守党获胜，有望于 2020 年 1 月份脱欧，如果脱欧顺利，届时将对欧元、英镑汇率产生较大影响。美国将于 2020 年进行总统大选，选举结果将对国际市场产生较大冲击。地缘政治冲突时有发生，可能进一步加剧外部环境复杂性，增加全球经济不确定性。

第二节 中国经济金融运行

2019 年特别是下半年以来，受世界经济增长放缓、保护主义和单边主义上升等因素影响，中国经济也面临一定下行压力，但面对错综复杂的经济金融形势，有关部门严格落实党的十九大作出的战略部署，坚持稳中求进工作总基调，按照高质量发展要求，深入推进供给侧结构性改革，加大改革开放力度，稳妥应对国内外挑战，人民生活持续改善，保持了经济持续健康发展和社会大局稳定。

一、宏观经济运行

在多重挑战面前，中国宏观经济的表现较为积极。具体来看，主要宏观经济指标运行稳定，经济增速保持在合理期间，消费拉动经济增长的"主引擎"作用更加凸显，内需对经济增长的贡献率进一步提升，投资缓中趋稳，就业总体稳定，物价上涨结构性特征明显。

（一）经济增速缓中趋稳，总体保持在合理区间（见图 2-8）

国家统计局初步核算，2019 年中国 GDP 为 99.09 万亿元，按可比价格计算，同比增长 6.1%，与 2018 年相比下降 0.5 个百分点，各季度增速分别为 6.4%、6.2%、6.0% 和 6.0%，保持在较为平稳的区间内。

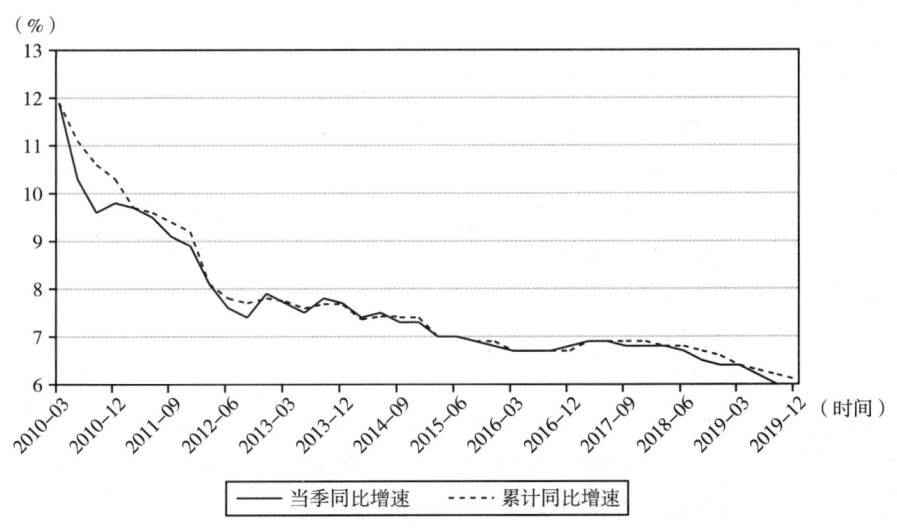

图 2-8 中国经济增长情况

资料来源：国家统计局。

(二) 产业结构不断优化,三大产业均保持平稳增长 (见图 2-9)

2019 年,中国产业结构不断优化,三大产业继续呈现增长态势,农业生产形势稳定;工业生产有所放缓,工业企业利润增速逐渐企稳;服务业增速同比略有放缓,但仍是拉动 GDP 增长的主要力量。

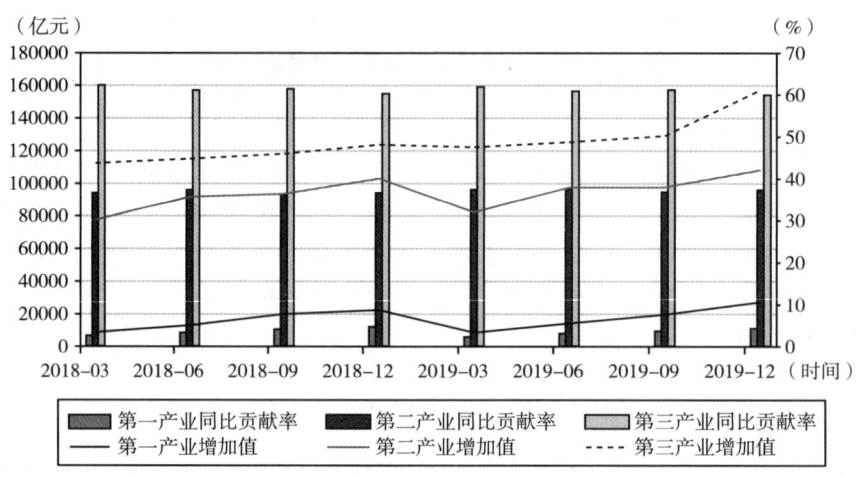

图 2-9 三大产业增加值及对 GDP 同比贡献率

资料来源:国家统计局。

农业生产形势稳定。2019 年,中国第一产业增加值 7.05 万亿元,同比实际增长 3.1%,增速较去年相比回落 0.4 个百分点;第一产业对 GDP 增长的贡献率为 3.8%,较去年相比回落 0.4 个百分点。

工业生产有所放缓。2019 年,中国第二产业增加值 38.62 万亿元,同比实际增长 5.7%,增速较去年相比增加回落 0.1 个百分点;第二产业对 GDP 增长的贡献率为 36.8%,较去年相比增加 0.7 个百分点。从产业结构来看 (见图 2-10),采矿业增加值同比增长 5.0%,增速较去年相比有所增长;制造业增加值同比增长 6.0%,增速较去年相比有所下降,其中汽车制造业工业增加值回落为主要原因;电力、燃气及水生产和供应业增加制同比增长 7.0%,增速较去年相比有所下降,高技术产业和战略性新兴产业增加值较上年相比有所放缓,但仍保持较快增速,工业生产结构持续优化。2019 年,全国规模以上工业企业实现利润总额余额 6.20 万亿元,同比下降 3.3%,全年呈现逐渐企稳态势。

服务业仍是推动经济增长的重要动力。2019 年,中国第三产业增加值 53.42 万亿元,同比实际增长 6.9%,增速较去年相比回落 0.7 个百分点;第三产业对 GDP 增长的贡献率为 59.4%,较去年相比回落 0.3 个百分点。分行业看,信息传输、软件和信息技术服务业、租赁和商务服务业,交通运输、仓储和邮政业、金融业、住宿和餐饮业均保持 5% 以上的较快增速,合计对经济增长的贡献为 31.06%,较去年降低 0.64 个百分点。受年初以来商品房销售增速走低影响,房地产业增加值同比增速为 16.35%。

(三) 需求结构持续优化,消费对经济增长贡献上升 (见图 2-11)

2019 年,最终消费支出对经济增长的贡献率为 57.8%,比上年回落 18.4 个百分点;

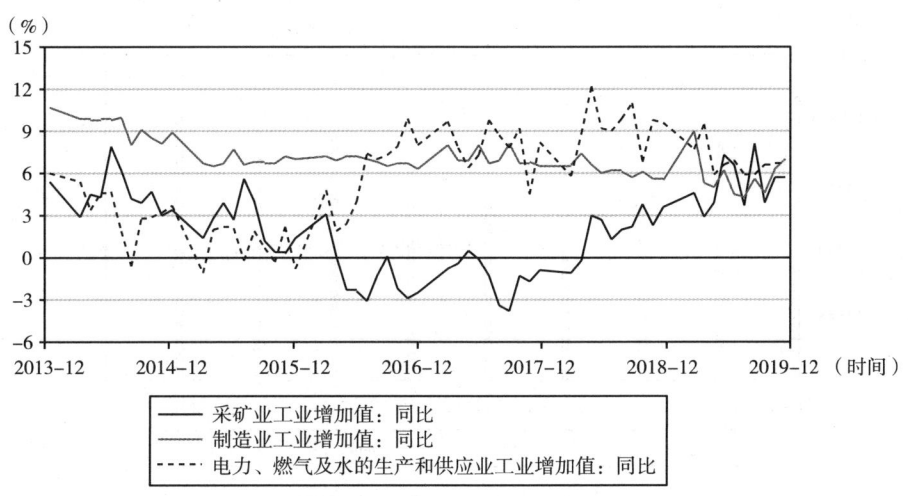

图 2-10 工业产业结构

资料来源：国家统计局。

资本形成总额对经济增长的贡献率为 31.2%，比上年回落 1.2 个百分点；货物和服务净出口对经济增长的贡献率为 11%，比上年增加 19.6 个百分点。

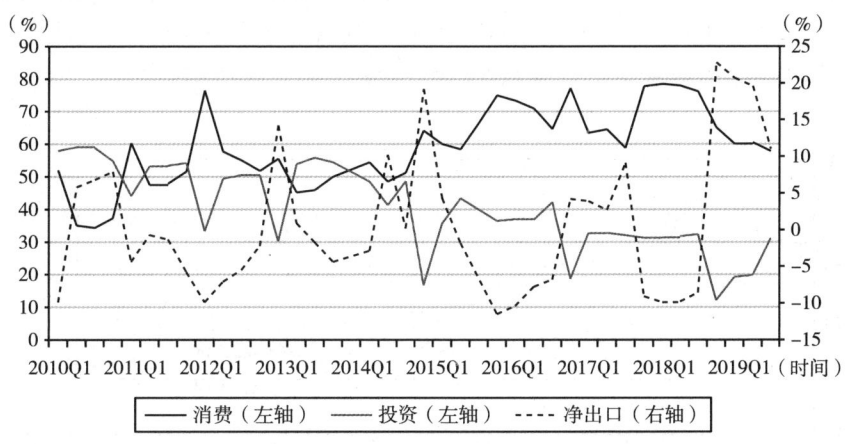

图 2-11 三大需求对经济增长贡献情况

资料来源：国家统计局。

居民收入平稳增长，消费对经济增长贡献上升。2019 年全国居民人均可支配收入为 30733 元，同比名义增长 8.9%，扣除价格因素实际增长 5.8%，与经济增长基本同步。收入分配结构持续改善，农村居民收入增速持续高于城镇。城乡居民人均收入倍差 2.64 倍。最终消费支出对经济增长的贡献率为 57.8%，社会消费品零售总额为 41.16 万亿元，同比增长 8.0%（见图 2-12）。乡村消费品零售额增长快于城镇，比城镇高 1.1 个百分点。网上零售保持较快增长，2019 年全国网上零售额 10.6 万亿元，同比增长 16.5%。

固定资产投资缓中趋稳，基建投资增速回升（见图 2-13）。2019 年，全国固定资产投资（不含农户）为 55.15 万亿元，同比增长 5.4%。其中，受中美贸易摩擦及全球经济

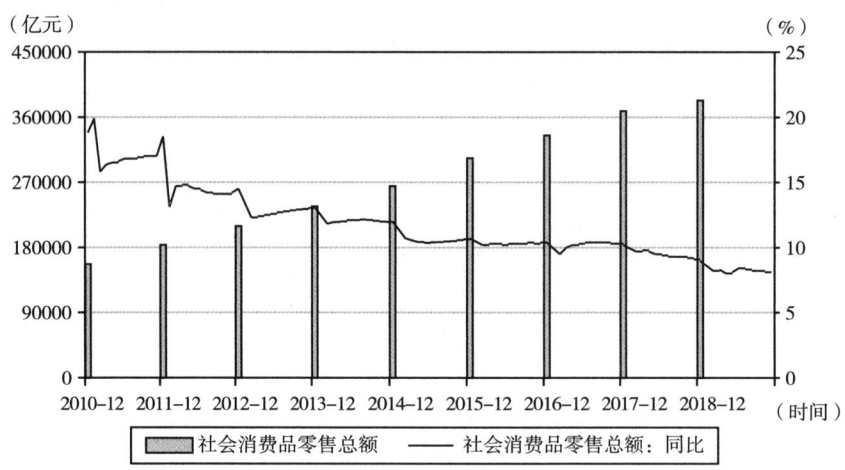

图 2-12 社会消费品零售总额

资料来源：国家统计局。

同步放缓影响，制造业投资增速有所放缓，全年增速为 3.1%，比 2018 年低 6.4 个百分点；基建投资增速与上年持平，全年增速为 3.8%；房地产投资增速总体平稳，全年增速为 9.9%，比 2018 年小幅提高 0.4 个百分点。从投资主体看，民间投资增速放缓，全年增速为 4.7%，比 2018 年低 4.03 个百分点；国有及国有控股投资增速大幅回升，全年增速为 6.8%，较 2018 年提高 4.9 个百分点。

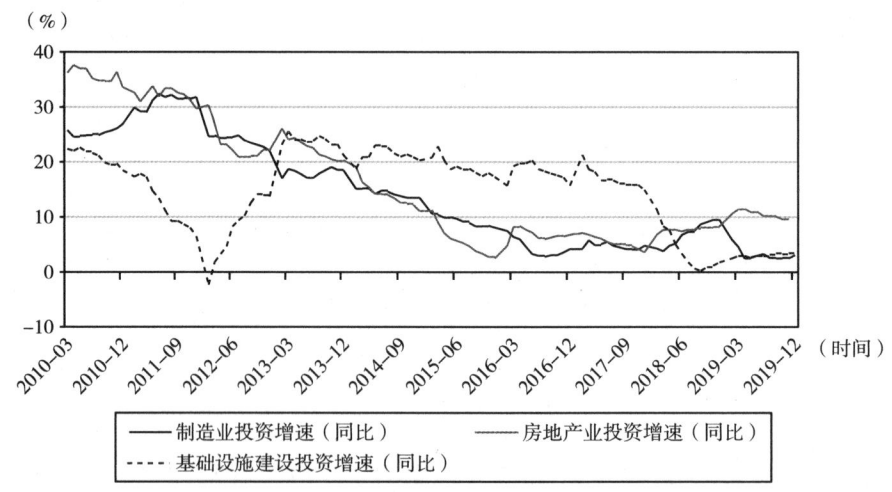

图 2-13 固定资产投资增速

资料来源：国家统计局。

进出口增速放缓（见图 2-14），国际市场布局多元化。2019 年中国进出口总额为 31.54 万亿元，全年增长 3.4%。受中美贸易摩擦冲击，进出口增速放缓，其中，出口 17.23 万亿元，同比增速为 5.0%；进口 14.31 万亿元，与 2018 年相比增加 1.6%。顺差 2.92 万亿元，同比扩大 25.39%。贸易结构进一步优化，一般贸易比重提升，占进出口总额的比重为59.01%，比上年同比提高1.19个百分点。出口商品进一步向价值链高端迁移。机电产品出口增长-0.1%，占出口总额的比重为8.47%。民营企业主体活力增强，出口增长13%，占比提高3.7个百分点至51.65%。规模以上工业企业实现出口交货值12.42万亿元，同比增长1.3%。民营企业主体活力增强，进出口增长11.4%。国际市场布局更加多元化，对欧盟、东盟、美国、日本进出口分别增长8%、14.1%、-10.7%和0.4%，对"一带一路"沿线国家进出口9.27万亿元，增长10.8%。

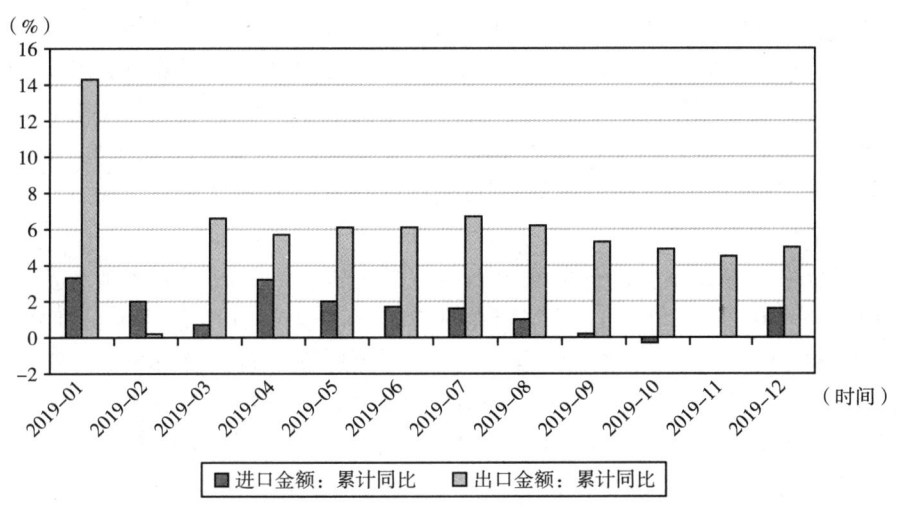

图2-14 进出口金额同比增速

资料来源：国家统计局。

利用外资同比增长，对外投资行业结构持续优化（见图2-15）。2019年全国新设立外商投资企业超过4万家；实际利用外商直接投资1318.4亿美元，同比增长2.4%，增速

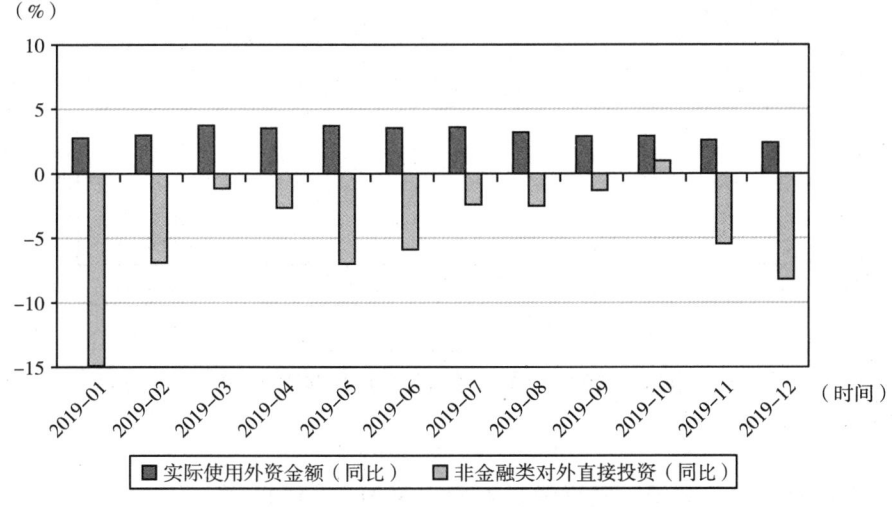

图2-15 外资使用及对外投资情况

资料来源：国家统计局。

较 2018 年下降 0.6 个百分点,保持第二大外资流入国地位。2019 年境内投资者非金融类对外直接投资 1106 亿美元,同比下降 8.2%;其中对"一带一路"沿线国家新增投资 150 亿美元,占对外投资总额的 13.6%,占比提升 0.6 个百分点。对外投资主要流向租赁和商务服务业、制造业、批发和零售业等领域。

(四) CPI 呈结构性上涨,PPI 涨幅由正转负(见图 2-16)

居民消费价格涨幅上升,结构性特征突出,主要受食品价格推动。2019 年,CPI 同比涨幅 2.9%,涨幅比上年扩大 0.8 个百分点,其中各季度分别上涨 2.3%、2.7%、3.0% 和 4.5%。分类来看,食品价格上涨 9.2%,涨幅比上年提高 7.4 个百分点,其中猪肉价格上涨为主要推动力,受非洲猪瘟影响,全年猪肉价格上涨 42.5%,叠加鲜果等供给较往年偏紧,带动食品价格同比涨幅扩大;非食品价格上涨 1.4%,涨幅比上年缩窄 0.8 个百分点;消费品价格上涨 3.6%,涨幅比上年提高 1.7 个百分点;服务品价格上涨 1.7%,涨幅比上年回落 0.8 个百分点。

生产资料价格下降拖累生产价格涨幅回落,由正转负。2019 年,工业生产者价格指数(PPI)同比上涨 -0.3%,涨幅比上年回落 3.8 个百分点,其中各季度分别上涨 0.4%、0%、-1.2% 和 -0.5%。分类来看,生活资料价格走势小幅上涨 0.9%,涨幅比上年高 0.4 个百分点;生产资料价格走势回落,上涨 -0.8%,涨幅比上年低 5.4 个百分点。工业生产者购进价格指数(PPIRM)上涨 -0.7%,涨幅比上年下降 4.8 个百分点,其中各季度涨幅分别为 0.2%、-0.3%、-1.7% 和 -1.3%。中国人民银行监测的企业商品价格(CGPI)同比下降 0.2%,涨幅比上年低 3.2 个百分点。分产品来看,初级产品和最终产品价格同比涨幅扩大,中间产品价格同比持续负增长。

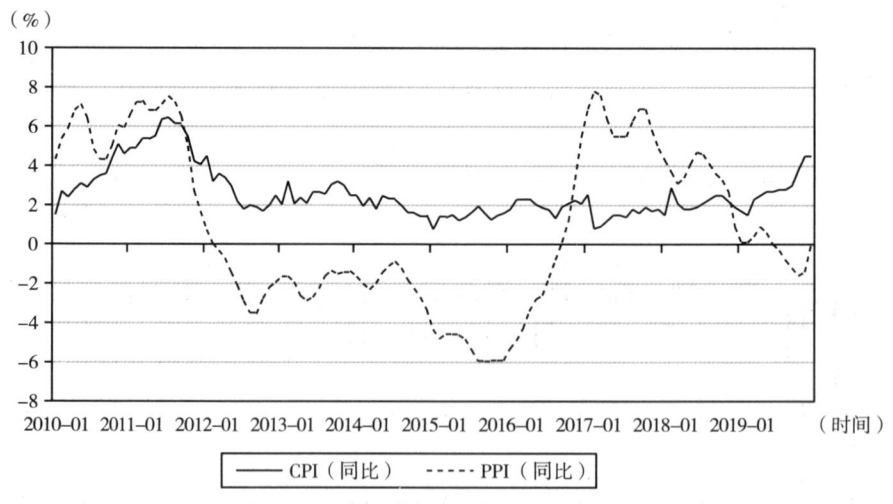

图 2-16 主要物价指数月度同比走势

资料来源:国家统计局。

(五) 财政收入增长放缓,支出增长平稳(见图 2-17)

2019 年,国家大力推进减税降费政策实施,激发民营、小微企业创新活力,根据政府工作报告内容,全年通过减税降费减轻企业税收和社保缴费负担近 2 万亿元,受政策实施影响，财政收入增速放缓，但运行在合理区间，财政支出虽承压，但力度不减，增速仍保持稳健。

财政收入增长放缓。2019年，全国一般公共预算收入190382亿元，同比增长3.8%，受减税降费政策影响，增速比上年回落2.4个百分点。其中，税收收入157992亿元，同比增长1%；非税收入32390亿元，同比增长20.2%。国内增值税、国内消费税同比分别增长1.3%、18.2%，企业所得税同比增长5.6%，个人所得税同比下降25.1%。

财政支出增长平稳。2019年，全国一般公共预算支出238874亿元，同比增长8.1%，增速比上年低0.6个百分点。从支出结构来看，与基建投资相关的支出明显增长，城乡社区支出、科学技术支出、节能环保支出分别同比增长16.1%、14.4%和18.2%。

2019年，全国政府性基金预算收入84516亿元，同比增长12%。其中土地出让收入同比增长11.4%。全国政府性基金预算支出91365亿元，同比增长13.4%。

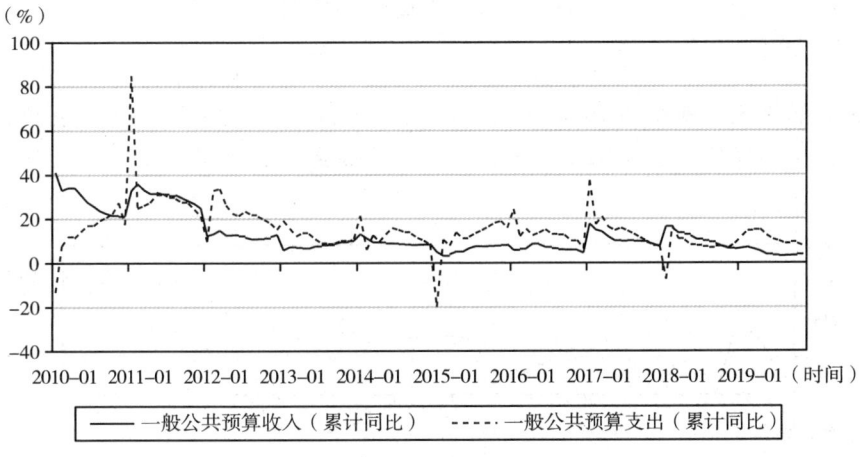

图2-17 财政收入和支出增长情况

资料来源：国家统计局。

（六）就业形势总体稳定（见图2-18）

2019年，全国城镇调查失业率为5.2%，全年各月城镇调查失业率保持在5.0%—5.3%的区间。城镇新增就业1352万人，连续7年保持在1300万人以上，明显高于1100万人以上的预期目标，完成全年目标的122.9%。2019年各月全国城镇调查失业率保持在5.0%—5.3%之间。2019年年末全国就业人员77471万人。全年农民工总量29077万人，比上年增加241万人，增长0.8%。四季度人民银行城镇储户问卷调查显示：居民就业感受指数为44.5%，比上季回落0.9个百分点；对下季度，居民就业预期指数为51.9%，比上季回落0.7个百分点。

（七）国际收支保持基本平衡（见图2-19）

根据国家外汇管理局初步统计，2019年中国经常账户顺差1775亿美元。其中，货物贸易顺差增长，服务贸易逆差缩小。资本和金融账户中，直接投资净流入591亿美元，证券投资顺差约600亿美元。截至2019年年末，外汇储备余额为31079亿美元，较2018年

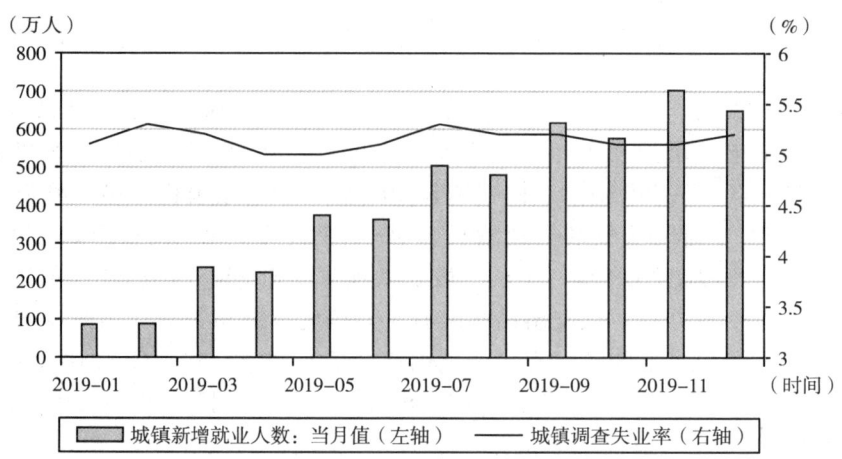

图 2-18 城镇就业情况

资料来源：国家统计局。

年末增加 352 亿美元。截至 2019 年年末，中国全口径（含本外币）外债余额为 20573 亿美元。其中，短期外债余额为 12053 亿美元，占外债余额的 59%。

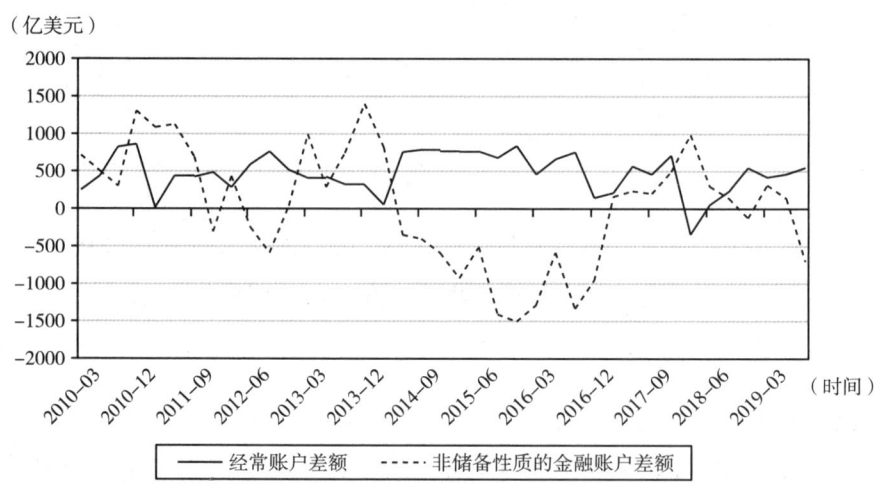

图 2-19 国际收支差额

资料来源：国家外汇管理局。

（八）房地产销售增速继续放缓，房地产贷款增速平稳回落（见图 2-20）

2019 年以来，中央层面始终坚持"房住不炒"定位，稳定楼市态度坚决，从两会政府工作报告到中央政治局会议，再到 12 月的中央经济工作会议，中央多次重申"房住不炒"，房地产调控政策从严，"一城一策"稳步落实，同时大力发展住房租赁市场，推进住房制度改革。受持续调控政策影响，2019 年全国楼市回温明显，房地产销售增速放缓，房地产贷款增速下降，房地产开发投资与新开工面积增速也平稳回落。

房地产销售增速继续放缓。2019 年全国商品房累计销售 17.16 亿平方米，同比增长

-0.1%，较2018年回落1.4个百分点；其中住宅累计销售15.01亿平方米，同比增速1.5%，较2018年回落了0.7个百分点，受"房住不炒""限售""限购"等政策影响，商品房与住宅销售额均延续了2018年的放缓态势，同比增速较上年分别低5.7和4.4个百分点。据国家统计局数据，2019年70个大中城市中，一线城市新建商品住宅价格同比平均上涨4.33%，涨幅上升3.9个百分点；二手住宅价格同比平均上涨0.48%，涨幅回落0.19个百分点。二线城市新建商品住宅价格同比平均上涨10.45%，涨幅上升2.92个百分点；二手住宅价格同比平均上涨6.44%，涨幅上升0.65个百分点。三线城市新建商品住宅价格同比平均上涨9.67%，涨幅较上年上升1.86个百分点；二手住宅价格同比平均上涨6.66%，涨幅扩大0.77个百分点。

房地产贷款增速平稳回落，房地产开发贷款增速下滑。截至2019年年末，中国房地产贷款余额44.41万亿元，同比增长14.8%，增速较2018年回落5.2个百分点。其中，房地产开发贷款余额11.22万亿元，占各项贷款余额的29%；住房开发贷款8.4万亿元，同比增长14.6%，增速较上年下降17.3个百分点；全国个人住房贷款余额30.2万亿元，同比增长16.7%，增速较上年回落1.1个百分点；房地产开发贷款余额为1.28万亿元，同比下降7.1%，增速较上年年末回落11个百分点。

房地产开发投资平稳增长，新开工面积增速有所回落。2019年，全国房地产开发投资累计完成13.22万亿元，同比增长9.9%，增速较上年上升0.4个百分点。全国房屋新开工面积22.72亿平方米，累计同比增长8.5%，增速较上年回落8.7个百分点。全国房屋施工面积89.38亿平方米，累计同比增长8.7%；竣工面积9.59亿平方米，累计同比增长2.6%。

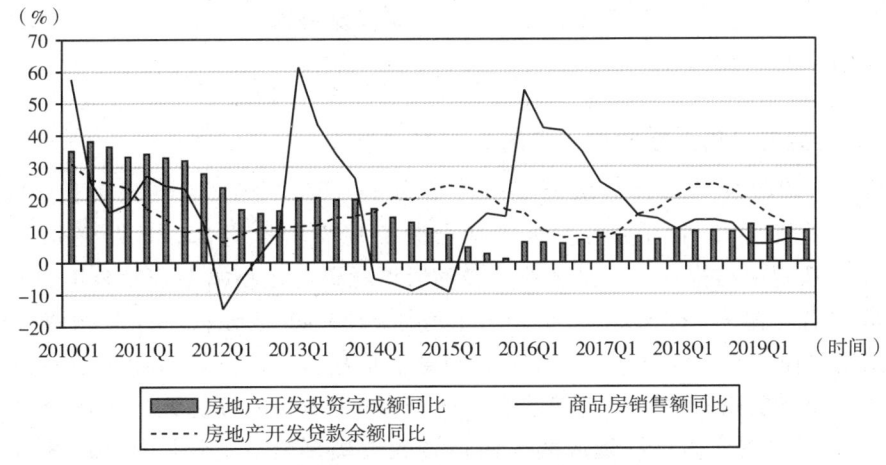

图2-20 房地产行业状况

资料来源：国家统计局。

二、货币金融运行

2019年，面对复杂多变的国内外经济形势，中国实施稳健的货币政策，适时适度进行逆周期调节，为稳增长和供给侧结构性改革营造中性适度的货币金融环境，总体来看，稳健货币政策取得了较好效果,银行体系流动性合理充裕,货币信贷和社会融资规模平稳较快增长,利率水平低位运行,货币金融环境基本稳定。

(一) 货币总量保持平稳增长 (见图 2-21)

截至 2019 年年末,广义货币 (M2) 余额 198.65 万亿元,同比增长 8.7%,增速比上年年末高 0.6 个百分点;狭义货币 (M1) 余额 57.6 万亿元,同比增长 4.4%,增速比上年年末高 2.9 个百分点;流通中货币 (M0) 余额 7.72 万亿元,同比增长 5.4%,增速比上年年末高 1.8 个百分点;全年净投放现金 3216 亿元,同比多投放 571 亿元。全年货币数量总体增长较为平稳,银行体系流动性保持合理充裕。

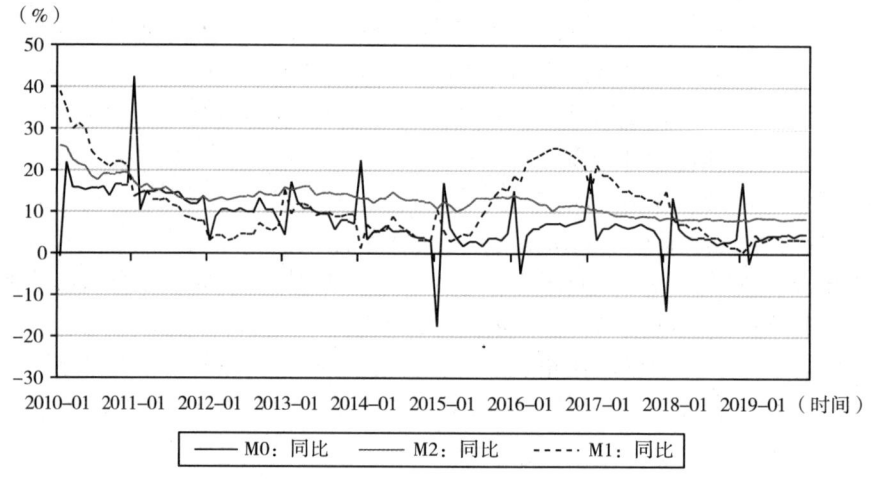

图 2-21 货币总量同比增速

资料来源:中国人民银行。

(二) 社会融资规模适度增长 (见图 2-22)

初步统计,2019 年年末社会融资规模存量为 251.31 万亿元,同比增长 10.69%,增速比上年年末提高 0.43 个百分点。全年社会融资规模增量为 25.58 万亿元,同比增加 3.09 万亿元。从增量结构看,一是企业债券和股票融资占比小幅上升。全年非金融企业境内债券和股票合计融资 36067.8 亿元,同比增加 6153.41 亿元;占社会融资规模增量的 14.1%,同比增加 0.8 个百分点。二是委托贷款、信托贷款和未贴现银行承兑汇票同比减少。全年实体经济委托贷款和信托贷款合计融资减少 4860.2 万亿元,占社会融资规模增量的 -5.1%。三是对实体经济发放的人民币贷款大幅多增,全年增加 16.88 万亿元,同比多增 1.21 万亿元,占同期社会融资规模比重为 66%。四是政府债券融资同比少增。五是存款类金融机构资产支持证券融资少于上年,贷款核销同比多增。

(三) 金融机构贷款平稳较快增长,贷款利率低位稳定运行

贷款较快增长,信贷支持实体经济力度增强。2019 年年末,金融机构本外币贷款余额 158.60 万亿元 (见图 2-23)。全年人民币贷款增加 153.11 万亿元,同比增加 12.34%;全年外币贷款 7869.24 亿美元,同比减少 0.99%。信贷结构进一步优化,普惠小微贷款快

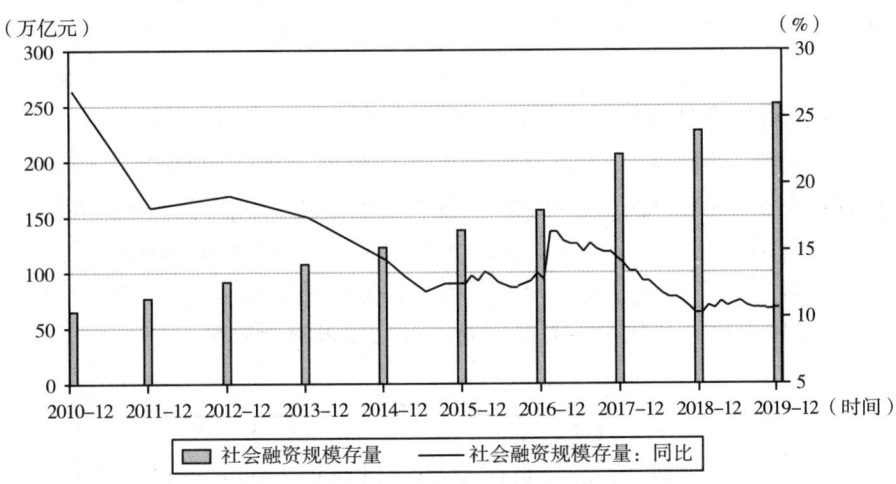

图 2-22　社会融资规模存量

资料来源：中国人民银行。

速增长。2019 年普惠小微贷款新增 2.1 万亿元，是上年增量的 1.7 倍，年末余额增速为 23.1%，比上年年末提高 7.9 个百分点。住户贷款增速放缓，2019 年年末为 15.5%，比上年年末低 2.7 个百分点。非金融企业及机关团体贷款同比多增。中长期贷款比年初增加 11.3 万亿元，同比多增 7986 亿元，占同期贷款增量的 67.3%，较上年提高 2.3 个百分点。

贷款加权平均利率低位运行。2019 年年初至 7 月，新发放企业贷款加权平均利率在 5.30% 附近波动，LPR 改革后贷款利率下降明显，12 月新发放企业贷款加权平均利率为 5.12%，较 LPR 改革前的 7 月下降 0.2 个百分点，为 2017 年第二季度以来最低点。

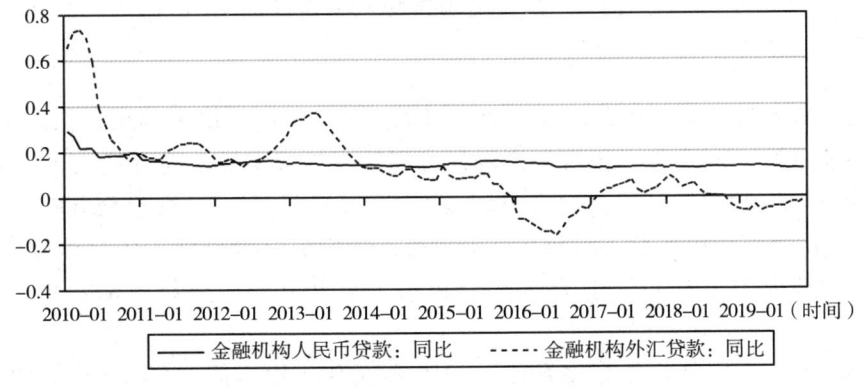

图 2-23　金融机构本外币贷款

资料来源：中国人民银行。

三、金融市场运行

2019 年，金融市场整体运行平稳。货币市场利率维持较低水平，市场交易活跃。债券现券交易量、发行量上升，收益率曲线趋于平坦。股票市场指数波动上涨，成交量增加。

外汇市场成交量活跃,人民币汇率整体保持稳定。黄金价格大幅上涨。衍生品市场交易活跃。

(一) 货币市场利率维持较低水平,市场交易活跃

银行体系流动性合理充裕,货币市场利率维持较低水平(见图 2-24)。银行间同业拆借 7 天加权利率全年在 2.5%—4.0% 区间呈现震荡趋势,最低水平出现在 2 月 2 日,为 2.33%,之后峰值出现在 5 月 31 日,达到 3.9896%,与 2018 年相比,利率中枢基本持平,但波动幅度有所收窄。银行间质押式回购 7 天加权利率全年在 2.0%—3.5% 的区间低位运行,与 2018 年相比,利率中枢有所下行,波动幅度有所收窄。

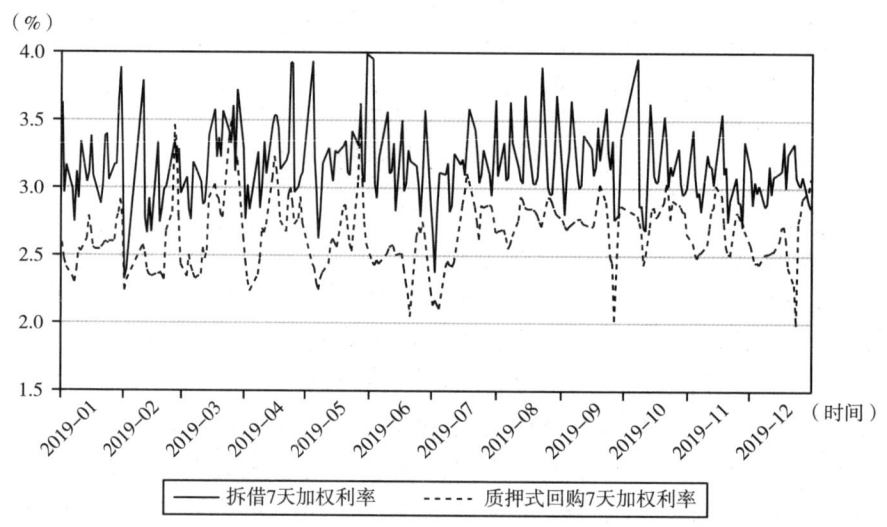

图 2-24 货币市场利率走势图

资料来源:中国人民银行。

银行间回购和拆借交易活跃,大中型银行资金融出量同比增速回落,保险业机构融入资金保持快速增长。2019 年,银行间市场债券回购累计成交 819.6 万亿元,日均成交 3.3 万亿元,同比增长 14.3%;同业拆借累计成交 151.6 万亿元,日均成交 6065 亿元,同比增长 9.7%。从期限结构来看,回购和拆借隔夜品种的成交量分别占各自总量的 85.2% 和 91.4%,占比分别较上年同期上升 3.6 个和 1.3 个百分点。交易所债券回购累计成交 238.9 万亿元,同比上升 3.4%。

同业存单和大额存单业务有序发展。2019 年全年,银行间市场发行同业存单 2.8 万只,发行总量为 17.9 万亿元,二级市场交易总量为 145 万亿元,年末同业存单余额为 10.7 万亿元。2019 年全年,3 个月期同业存单发行加权平均利率为 2.97%,比同期限 Shibor 高 14 个基点。金融机构全年发行大额存单 5.04 万期,发行总量为 12.0 万亿元,同比增加 2.8 万亿元。

票据融资、承兑业务快速增长。2019 年,企业累计签发商业汇票 20.4 万亿元,同比上升 11.6%;期末商业汇票未到期金额 12.7 万亿元,同比上升 15.3%。票据承兑余额持续快速增长,年末较年初增加 1.7 万亿元,较上季度末增加 2919 亿元。由中小微企业签发的银行承兑汇票占比 70.2%。2019 年，金融机构累计贴现 34.3 万亿元，同比上升 25.5%。12 月末，票据融资余额 7.6 万亿元，同比上升 31.8%，占各项贷款的比重为 5.0%，同比增加 0.7 个百分点。全年票据市场利率震荡下行。

（二）债券市场现券发行量、交易量上升，收益率曲线趋于平坦

债券市场发行规模持续增加。2019 年，债券市场共发行人民币债券 45.3 万亿元，同比增长 3.90%。非金融企业债券融资工具和公司债发行较多。年末国内各类债券余额 99 万亿元，同比增长 15.1%；债券市场托管余额为 1115.4 万亿元，同比增长 15.75%（见图 2-25）。

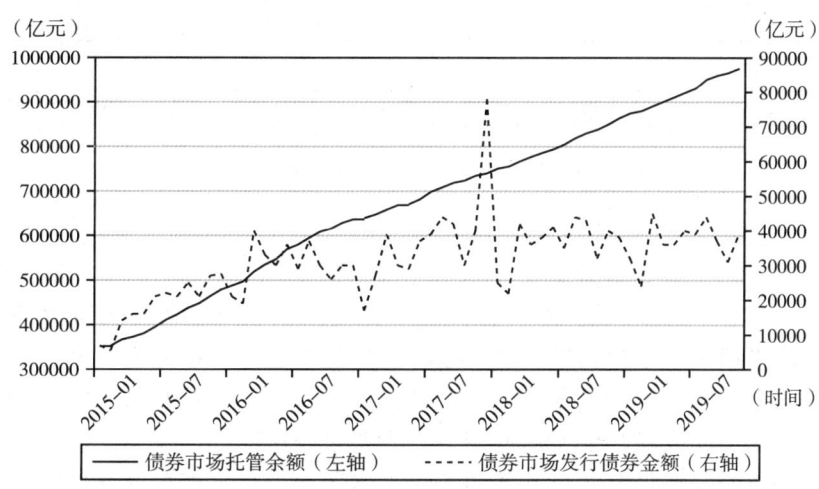

图 2-25　债券市场发行债券金额和托管余额

资料来源：中国货币网。

现券成交量同比大幅增长，债券指数有所上升。2019 年，银行间债券市场现券交易 213.7 万亿元，日均成交 8550 亿元，同比增长 42.9%。交易所债券现券成交 8.2 万亿元，同比增长 29.4%。截至年末，银行间市场债券指数 197.80 点，较年初上升 4.38%；交易所市场国债指数达 193.69 点，较年初上升 3.48%。

债券市场窄幅区间震荡，收益率曲线趋于平坦（见图 2-26）。2019 年，受国内外经济、政治环境影响，债券市场波动加大，国债收益率曲线趋于平坦，较 2018 年年末整体下移。2019 年年末，1 年期、3 年期、5 年期、7 年期和 10 年期国债收益率曲线较 2018 年年末分别下降 0.2369 个、0.1367 个、0.0779 个、0.1288 个和 0.09 个百分点。10 年期国债收益率全年走势可大致分为三个阶段：年初到 4 月末，受全球经济预期降温叠加国内逆周期政策提前发力等因素影响，10 年期国债收益率由年初的 3.06% 上行至 4 月份的 3.43%；5 月初至 8 月末，受中美贸易摩擦、国内经济数据不及预期以及包商银行被托管事件等因素影响，收益率下行显著，从年内高点回落至 8 月份 3% 的较低位置；三季度之后，受中国稳增长政策加码、猪价上涨使得 CPI 超预期上行及央行的逆周期调节政策等影响，10 年期国债收益率在 3.0%—3.3% 之间窄幅震荡，波动区间较前期收窄。

（三）股票市场指数波动上涨，成交量增加（见图 2-27）

股票市场在年初大幅上涨后波动企稳。2019 年年末，上证综合指数收于 3050.12 点，

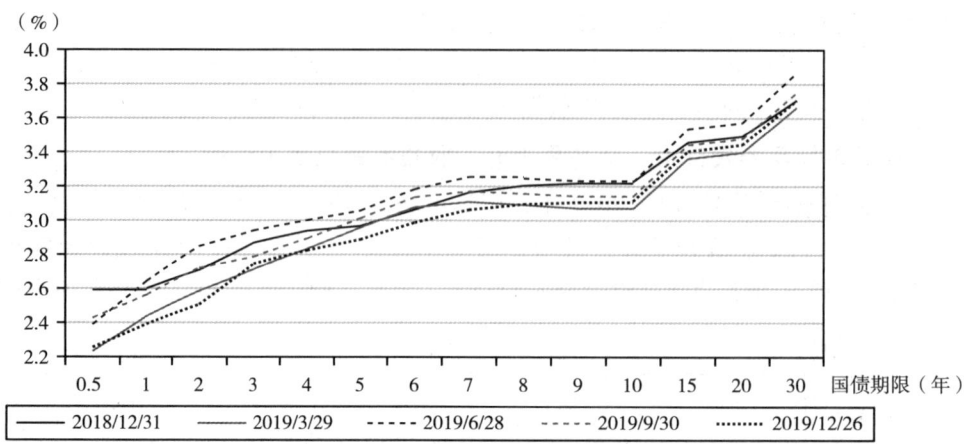

图 2-26 债券市场收益率

资料来源：中债估值中心。

较 2018 年年末上涨 22.30；深证成份指数收于 1430.77 点，较 2018 年年末上涨 44.08%；创业板指数收于 1798.12 点，较 2018 年年末上涨 43.79%。2019 年股票市场各季度运行趋势主要受以下因素影响：年初社融存量增速回升叠加宏观经济指标超预期，市场风险偏好修复，股市大幅上涨；二季度以来，受宏观经济承压和中美贸易摩擦影响，股市阶段性出现明显回调；三季度随国内政策逆周期调节，股票市场再次进入反弹阶段；四季度市场在通胀上行超预期及专项债提前发行不及预期等因素影响下呈现弱势震荡格局。全年沪市 A 股加权平均市盈率为 14.28 倍，较 2018 年上升 1.78 倍，深市 A 股加权平均市盈率为 26.25 倍，较 2018 年上升 5.09 倍。

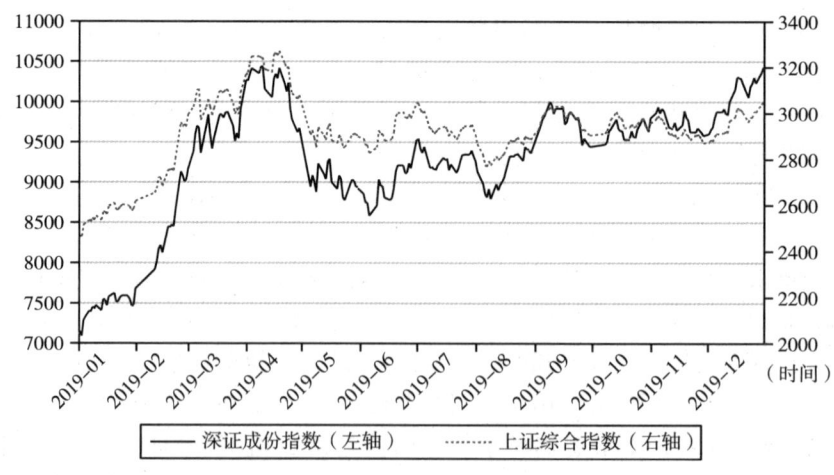

图 2-27 上证综指和深证成指走势

资料来源：上海证券交易所、深圳证券交易所。

股票市场成交量明显增加。2019 年，沪、深股市累计成交 12749.03 万亿元，日均成交 52.25 万亿元，同比增长 40.25%。2019 年年末，沪、深股市流通市值为 529.24 万亿元,同比增长 7.89%;创业板流通市值为 40.12 万亿元,同比增长 17.40%。

股票市场筹资额同比增加。2019 年 A 股筹资 6148 亿元,同比增加 11.2%。

(四) 外汇市场成交活跃,人民币汇率总体稳定 (见图 2-28)

外汇市场成交持续活跃。2019 年,银行间外汇市场共成交 172.18 万亿元,同比增长 4.34%。从产品结构来看,外汇即期成交 78.32 万亿元,同比增长 6.56%;外汇远期成交 2.63 万亿元,同比下降 26.01%。

人民币汇率总体稳定。受中美贸易谈判扰动,人民币兑美元汇率突破"7",但并未出现恐慌性贬值,外汇供求相对稳定。整体来看,年内在岸、离岸人民币汇率基本运行在 7.2 以内,12 月 13 日,中美贸易谈判就第一阶段文本协议达成一致,人民币汇率小幅企稳,截至年末人民币兑美元汇率收报在 6.9762 元/美元,较 2018 年年末同比上涨 1.65%。

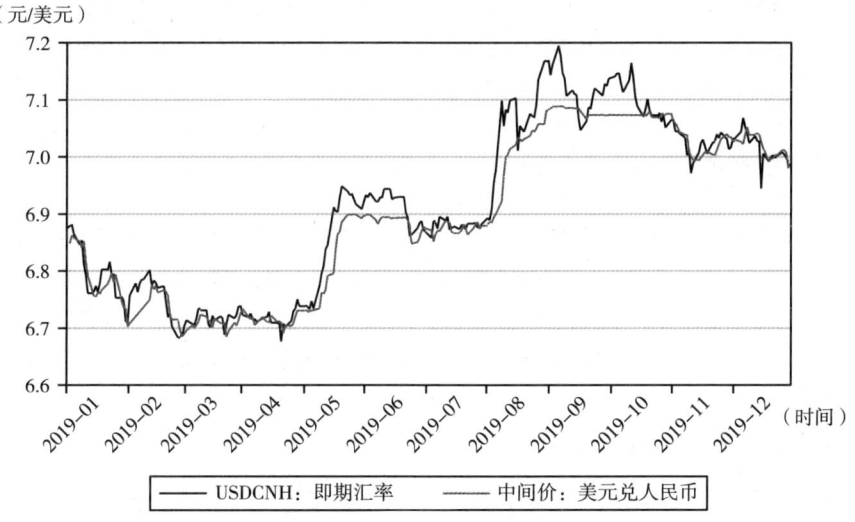

图 2-28 人民币汇率走势

资料来源:中国人民银行。

(五) 黄金价格大幅上涨,交易规模平稳增长

2019 年,黄金价格大幅上涨。国际黄金价格最高 1555.4 美元/盎司,最低 1269.8 美元/盎司,年末收于 1516.9 美元/盎司,同比上涨 18.07%。上海黄金交易所黄金 Au9999 最高价 357.2 元/克,最低价 278.5 元/克,年末收盘价 340.8 元/克,同比上升 19.75%。

上海黄金交易所黄金交易规模平稳增长。2019 年,上海黄金交易所全年黄金累计成交 2.60 万吨,同比增长 36.78%;成交金额 8.15 万亿元,同比增长 57.94%。

(六) 期货成交规模大幅上升,价格波动上涨

期货成交规模大幅上升,商品期货仍占据市场主导。2019 年期货上市 14 个新品种,截至 2019 年年末,境内期货市场共有期货品种 75 个。全年境内期货市场期货成交量 39.62 亿手,同比增长 30.81%;成交金额 290.61 万亿元,同比增长 37.85%。

期货价格波动上涨。截至 2019 年年末,中国商品期货指数收于 162.54 点,较上年末上涨 7.64%；农产品期货指数收于 134.44 点，较上年末上涨 7.77%；工业品期货指数收于 187.98 点，较上年末上涨 18.12%。金融期货呈现波动上涨的态势。截至年末，上证 50 指数期货主力合约报收 3074.8 点，较上年末上涨 34.47%；沪深 300 指数期货主力合约报收 4109.4 点，较上年末上涨 37.16%；中证 500 指数期货主力合约报收 5269.8 点，较上年末上涨 27.90%。5 年期国债期货主力合约报收 99.95 点，较上年末上涨 0.55 元；10 年期国债期货主力合约年末报收 98.14 元，较上年末上涨 0.41 元。

（七）人民币利率衍生品市场

利率互换交易活跃。2019 年全年，人民币利率互换市场达成交易 23.77 万笔，同比增长 26%；名义本金总额 18.1 万亿元，同比减少 16%。从期限结构来看，1 年及 1 年期以下交易最为活跃，名义本金总额达 11.12 万亿元，占总量的 61.27%。人民币利率互换交易的浮动端参考利率主要包括 7 天回购定盘利率和 Shibor，与之挂钩的利率互换交易名义本金占比为 72% 和 26.4%。LPR 形成机制改革后，以 LPR 为标的的利率互换成交开始增加，全年共交易 654 笔，名义本金 751 亿元。

四、风险与挑战

2019 年，中国正处于转变发展方式、优化经济结构、转换增长动力的攻关期，面临着来自内外部的双重挑战。防范金融风险加大企业资金压力，民营小微企业仍面临融资难、融资贵的问题，制造业和民间投资增速下滑，创新研发投入有待提高，经济内生增长动力不足，新旧动能转换下三大红利逐渐消退，与美国的经贸摩擦一波三折，影响着市场预期。

（一）防范金融风险加大企业资金压力

在去杠杆、治理金融乱象、规避金融风险等严监管措施之下，金融机构在放贷时更趋于谨慎，而民营小微企业因其天然存在的高成本、高风险成为主要承压者，此外，金融体系的顺周期性行为也放大了小微企业融资难、融资贵的问题。目前中国正处于经济结构转型的调整期，宏观经济承受了较大的下行压力，而在经济下行期，信贷收缩，风险偏好下降，小微企业难以获得信贷资源。2019 年，政府陆续出台了一系列金融举措降低小微企业融资成本，但小微企业融资及经营环境仍面临着较为严峻的挑战。

（二）经济内生增长动能不足

2019 年以来，受中美贸易摩擦和国内经济下行风险影响，国内企业生产投资趋于谨慎，制造业和民间投资增速下滑，投资的内生动力偏弱，制造业 PMI 指数全年低位运行，大多数月份处在 50% 的荣枯线以下。同时在供给侧结构型改革下，工业企业产成品存货累计同比增速全年下滑，在 3 月和 11 月达到了 0.3% 的低点位置。创新驱动也是中国实现经济转型升级和高质量发展的关键。2019 年企业创新研发投入增加，但是总体来看还是处于较低水平，中国在创新动能的培育方面还有很长的路要走。

（三）新旧动能转换下的人口红利逐渐消退

中国在改革开放之后，受到计划生育政策的影响，人口抚养比持续下降，而青壮劳动力的数量持续上升，从 1978 年到 2013 年，劳动力人口总数从 5.6 亿人升至 10.06 亿人，年均增幅约为 2%，拉动了经济的高速增长；到了 2013 年之后，中国劳动力人口总数开始下降，截至 2019 年年末中国劳动力人口总数已经下降至 82.56 亿人。当前中国已经进入人口老龄化快速发展的时期，中国人口的预期寿命从 20 世纪 80 年代初的 68 岁已经提高到了 78 岁。根据预测，中国将在 2021 年进入深度老龄化，2031 年进入超老龄化社会，总抚养比将从当前的 0.41 上升到 2030 年的 0.51、2040 年的 0.68 和 2050 年接近 0.8，这意味着到 2050 年，平均一位劳动力需要抚养 0.8 个老人或小孩。

（四）中美贸易摩擦反复影响市场预期

中美经贸摩擦既是两国重大战略利益的冲突，更是价值观和意识形态的对立，对中国的经济发展有着十分深远的影响。2019 年，美国分别在 5 月和 8 月宣布对中国商品加征关税，期间还采取手段打压中国高科技产业，贸易摩擦除了给人民币贬值造成了一定的压力，也对进出口业务产生了一定影响，使得部分企业缩减生产规模，除此之外，贸易战也打击了投资者信心，股票市场出现连续下跌，风险情绪急剧上涨。当前的中美贸易协议文本的达成可能只是漫长贸易摩擦的转折点，而绝对不是经贸争端的结束，预计未来中美经贸摩擦将是一场旷日持久的交锋和博弈。

五、展望

当前中国经济形势总体缓中趋稳，经济运行保持在合理区间，三大攻坚战取得关键进展，精准脱贫成效显著，金融风险有效防控，供给侧结构性改革继续深化，科技创新取得新突破，就业形势保持稳定，居民收入稳步增长，人民生活持续改善。但与此同时，中国经济运行也面临着内外部的双重挑战。全球经济增长放缓，主要经济体货币政策转向宽松，地缘政治风险依然较大，外部不确定不稳定因素增多。国内企业生产投资趋于谨慎，制造业投资和民间投资增长有所放缓，外需减弱对出口增长形成压力，经济内生增长动力有待进一步增强。

展望未来，2020 年是全面建成小康社会和"十三五"规划的收官之年，要实现第一个百年奋斗目标，为"十四五"发展和实现第二个百年奋斗目标打好基础。在这个承上启下的重要历史节点，要全面贯彻落实党中央、国务院决策部署，坚持稳中求进工作总基调，坚持以供给侧结构性改革为主线，坚持以改革开放为动力，推动高质量发展，坚决打赢三大攻坚战，全面做好稳增长、促改革、调结构、惠民生、防风险、保稳定工作，保持经济运行在合理区间。

（一）继续实施稳健的货币政策和积极的财政政策

稳健的货币政策要灵活适度，结合多种货币工具，加大逆周期调节力度，保持流动性合理充裕，重点是要从供需两端夯实疏通货币政策传导机制，平衡好总量和结构之间的关系，使货币政策更好更有效地传导至实体经济，缓解局部性社会信用收缩压力，解决中小企业和民营企业融资难融资贵的问题。积极的财政政策要提质增效，与经济高质量发展相匹配，核心在于优化结构，坚决压缩一般性支出，实施导向更为精准的财政政策，做好重点领域保障，支持基层保工资、保运转、保基本民生，服务国家经济稳增长。

（二）深化金融供给侧结构性改革，健全具有高度适应性、竞争力、普惠性的现代金融体系

加强金融领域制度建设，增强金融业治理能力。坚决贯彻落实新发展理念，强化金融服务功能，以服务实体经济、服务人民生活为本，以金融体系调整优化为重点，优化融资结构和金融机构体系、市场体系、产品体系，构建多层次、广覆盖、有差异的银行体系。持续深化大型商业银行和其他大型金融企业改革，提高经营管理水平和风险控制能力。深化中小银行改革，健全适应中小银行特点的公司治理结构和风险内控体系，从根源上解决中小银行发展的体制机制问题。继续推动全面落实开发性金融机构、政策性银行改革方案，完善治理体系和激励机制。进一步扩大金融业对外开放，放宽银行、证券、保险业的市场准入。

（三）坚决打好防范化解重大金融风险攻坚战

目前，中国金融系统总体健康，未来要在继续推进金融供给侧结构性改革、平稳有序处置高风险金融机构、整顿金融秩序，应对金融市场波动风险和补齐制度短板的工作基础上，合理适度调整宏观经济杠杆率的内部结构，既不能大力去杠杆，又不能大水漫灌加杠杆，要压实各方责任，保持宏观杠杆率基本稳定。坚持在推动高质量发展中防范化解风险，有序推进结构性去杠杆，防范金融市场异常波动风险，精准有效处置重点领域风险。进一步补齐监管制度短板，强化金融机构防范风险的主体责任。

（四）深入推进经济体制改革，推动经济高质量发展

对内深化改革，对外加大开放，一方面，要通过供给侧结构性改革和一系列创新驱动战略，增强微观经济主体活力，提升全要素生产率，实现经济结构优化升级；另一方面，要加强对外资的引入和保护，全面实行外商投资负面清单制度，降低关税总水平，发挥好自贸区和"一带一路"的作用。此外，改革开放还要与创新驱动相结合，培养数字经济、先进制造业等新的经济增长点，为经济发展提供新动能，推动经济高质量稳增长。

第三章 中国金融机构安全分析

习近平在 2017 年主持中共中央政治局就维护国家金融安全进行第四十次集体学习时指出,"金融安全是国家安全的重要组成部分"。同年在第五次全国金融工作会议上,习近平进一步提高并强化了金融安全的重要地位,指出"金融是国家重要的核心竞争力,金融安全是国家安全的重要组成部分,金融制度是经济社会发展中重要的基础性制度",并在 2019 年中共中央政治局第十三次集体学习时对这一论断作了进一步强调。

金融风险与金融安全具有密不可分的关系。金融风险是金融活动的一种常态,当金融风险积累或放大到一定程度,并在特定条件下造成损失,甚至使金融体系受到根本性破坏和威胁时,金融安全也随之被破坏。因此可以认为,金融安全的对立面就是金融风险。金融风险可以用来解释和衡量金融安全程度,金融风险越大,金融安全程度越低。及时识别并防范金融风险有助于维护金融安全。

防范系统性金融风险是防范金融风险的重中之重。Steven L. Schwarcz(2008)提出,金融系统性风险指的是由于金融体系(机构或市场)之间的内在联系或相关性,一家或一部分机构失败引起一连串机构失败,使整个系统或市场崩溃的可能性。由此可见,系统性风险有危害程度大、影响范围广的特点,一旦风险爆发,将对经济产生巨大伤害。习近平总书记指出:"防范化解金融风险特别是防止发生系统性金融风险,是金融工作的根本性任务。"

本部分即从金融机构风险的角度出发,通过对金融机构系统性风险的测算衡量金融体系安全性。

第一节 金融机构系统性风险评估框架

一、指标构建原理

现有研究对系统性风险的度量可大致分为两类:一类为尾部依赖模型,利用金融时间序列方法度量相关指标在极端情况下的依赖度,具有高频、动态等优势,是系统性风险监测的优良指标;另一类为结构模型,此类模型大多以金融机构的业务数据为基础,准确厘清系统性风险的生成机理,具有扎实的理论分析基础。

尾部依赖模型方面,Adrian 和 Brunnermeier(2016)在单个机构在险价值(VaR)指标的基础上提出 CoVaR 概念,考察了特定金融机构、市场、产品陷入困境时其他金融机构、市场、产品的系统性风险。CoVaR 不仅继承了 VaR 计算简易的特征,而且可以捕捉到其他金融机构的风险对某金融机构的外溢效应，这是 VaR 无法实现的。另外，CoVaR 利用金融市场上的高频数据，且充分考虑了金融市场内部的联动性和传染性，因此得到了广泛运用。并且 CoVaR 可以衡量机构之间的直接关联性和间接关联性。

结构模型方面，杠杆、资产关联性、规模、实体经济杠杆、金融体系杠杆是银行体系内嵌风险生成机理中的典型代表（Greenwood 等，2015；Duarte 和 Eisenbach，2015），五者综合作用决定了银行体系的脆弱性水平。其中，Duarte 和 Eisenbach（2015）利用改进的持有共同资产模型，提出了系统重要性指标 SB，该指标包含了结构模型所归纳的影响系统性风险的所有经典因子，即实体经济杠杆、金融体系杠杆、规模、杠杆结构以及关联性。①

$$SB_i = \frac{a}{w} \times (b+1)b \times \alpha_i \times \beta_i \times \sum_k m_k^2 l_k^* \mu_{ik} \quad (3-1)$$

对公式两边取对数，可得：

$$\text{Log}(SB_i) = \text{Log}\left(\frac{a}{w}\right) + \text{Log}(b+1)b + \text{Log}(\alpha_i) + \text{Log}(\beta_i) + \text{Log}\left(\sum_k m_k^2 l_k^* \mu_{ik}\right) \quad (3-2)$$

其中，$a = \sum_i^N a_i$ 为系统总资产，w 为潜在购买者财富，用 GDP 替代，$\frac{a}{w}$ 表示实体经济杠杆。$b = \dfrac{\sum_i^N a_i}{\sum_i^N e_i}$ 为系统平均杠杆，表示金融体系杠杆，其中，分子为系统内各机构规模总和，分母为系统内各机构权益总和。$\alpha_i = \frac{a_i}{a}$，是机构资产与系统总资产的比值，表示机构规模因素。$\beta_i = \frac{b_i}{b}$，是机构杠杆与系统平均杠杆的比值，表示杠杆结构因素。$m_k = \dfrac{\sum_i^N a_i m_{ik}}{a}$，是第 k 类资产在系统总资产中的占比，l_k 是第 k 类资产的流动性，$\mu_{ik} = \frac{m_{ik}}{m_k}$，是第 i 各机构资产中第 k 类资产的占比与 m_k 的比值，$\sum_k m_k^2 l_k^* \mu_{ik'}$ 表示机构由于持有相似资产而产生的关联性。

然而，从 $\sum_k m_k^2 l_k^* \mu_{ik'}$ 的构造可知，SB 指标在计算机构关联性时对财务数据要求较高：首先，需要对机构资产进行分类。其次，不同机构的分类标准需要统一。对于不同类型机构难以实现。另外，该指标要求评估各项资产的流动性，但流动性的确定复杂且缺少客观标准；最后，该指标依赖于（至多）季度频率的资产负债表数据，不利于高频监测，具有滞后性。

鉴于 $\Delta CoVaR$ 指标具有高频监测、计算简易等优点，且充分考虑了金融市场内在的

---

① 出于可读性，指标未标注时间。

联动性，可作为机构关联性的代替指标。因此，我们将尾部依赖模型与结构模型进行融合，基于 $\Delta CoVaR$ 对公式（3-1）进行改进，具体而言，包括两个步骤：第一步，将公式（3-1）中的关联性因子 $\sum_k m_{k'}^2 l_{k'}^* \mu_{ik'}$ 替换为 $\Delta CoVaR$；第二步，由于 $\Delta CoVaR$ 可能为负，不符合对数函数的定义域，因此在原来 $\Delta CoVaR$ 的基础上加 1。得到的机构系统性风险指标如下：

$$CoVaR - SB_{i,t} = Lever_t^{finance/economy} + Lever_t^{finance} + Asset_{i,t} + Lever_{i,t} + Connection_{i,t} \quad (3-3)$$

其中，$Lever_t^{finance/economy} = \text{Log}\left(\dfrac{a_t}{w_t}\right)$ 表示实体经济杠杆因素，$Lever_t^{finance} = \text{Log}((b_t+1)b_t)$ 表示金融体系杠杆因素，$Asset_{i,t} = \text{Log}(\alpha_{i,t})$ 表示机构规模因素，$Lever_{i,t} = \text{Log}(\beta_{i,t})$ 表示杠杆结构因素，$Connection_{i,t} = \text{Log}(1 + \Delta CoVaR_{i,t})$，表示机构关联性因素。

对于金融机构行业风险，以机构市值与机构所在行业市值总和之比为权重，将行业中各个机构的系统重要性指标加权求和，得到行业系统性风险指标：

$$CoVaR - SB_t^{industry} = Lever_t^{finance}_{economy} + Lever_t^{finance} + \dfrac{\sum_i^N mv_{i,t} Asset_{i,t}}{mv_t^{industry}} + \dfrac{\sum_i^N mv_{i,t} Lever_{i,t}}{mv_t^{industry}} + \dfrac{\sum_i^N mv_{i,t} Connection_{i,t}}{mv_t^{industry}} \quad (3-4)$$

其中，$mv_{i,t}$ 表示 t 时期机构 i 的总市值，$mv_t^{industry}$ 表示 t 时期该行业所有样本机构总市值的和。

对于金融机构部门风险，以机构市值比去金融部门市值总和为权重，将所有机构的系统重要性指标加权求和，得到金融机构部门系统性风险指标：

$$CoVaR - SB_t^{system} = Lever_t^{finance}_{economy} + Lever_t^{finance} + \dfrac{\sum_i^N mv_{i,t} Asset_{i,t}}{mv_t^{system}} + \dfrac{\sum_i^N mv_{i,t} Lever_{i,t}}{mv_t^{system}} + \dfrac{\sum_i^N mv_{i,t} Connection_{i,t}}{mv_t^{system}} \quad (3-5)$$

其中，$mv_{i,t}$ 表示 t 时期机构 i 的总市值，mv_t^{system} 表示 t 时期金融系统中所有样本机构总市值的和。

我们认为五个因子代表了系统性风险生成的全过程。五个因子代表了系统性风险的不同方面，且五个因子对系统性风险的生成存在一定的时间顺序。以下是系统性风险生成机理的简要表述。具体如图 3-1 所示。

首先，冲击来源于资产。机构相对规模直接决定了冲击的大小，是系统性风险生成的第①个环节。同样的资产价格下跌程度或者资产违约率，资产规模越大，风险敞口越大，从而冲击越大。从而，资产规模直接是系统性风险生成的第①个环节（见图 3-1 中的三箭头，标号为①）。

其次，杠杆率差异率对系统性风险的影响存在两种作用完全相反的效应——杠杆差异

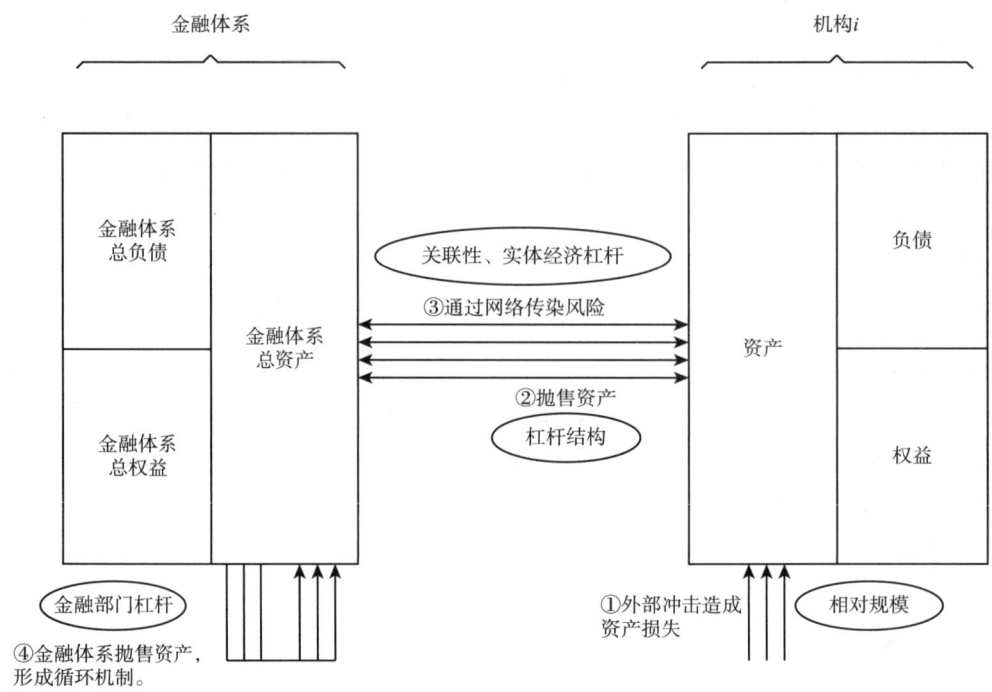

图 3-1 金融系统性风险生成机理

效应与杠杆相似效应。杠杆差异效应指的是，高杠杆银行的存在将导致杠杆差异率变高，遭受冲击之后，这些高杠杆的银行会抛售大量资产，进而导致较高的系统性风险。因此，杠杆差异效应表明杠杆率差异率与系统性风险为正相关关系。杠杆相似效应对应着网络连通度，与外部冲击大小紧密相关。杠杆差异率越小，也即银行间的杠杆大小越接近，银行存活在网络中的时间差异越小，从而网络连通度越大。在较大的外部冲击下，网络连通度越大，风险传染越严重，从而系统性风险越大。在较小的外部冲击下，网络连通度越大，风险分担作用越大，从而系统性风险越小。

再次，关联性与实体经济杠杆影响了网络传染的强度。其中，实体经济杠杆代表市场流动性，影响了抛售资产的跌价程度。实体经济杠杆越高，市场流动性越差，环节的传染强度越大；关联性有两类：直接关联性和间接关联性。其中，直接关联性是一家银行机构的负债与另一家银行机构的资产产生联系，间接关联性是一家银行机构的资产与另一家银行机构的资产产生联系。这两个联系越强，由第③环节放大的冲击对其他机构带来的风险传染越强。

最后，金融部门杠杆影响了金融体系对抛售冲击的放大程度。同样规模的冲击，金融体系杠杆越高，体系受到冲击后的抛售量越大，呈倍数效应。

二、指标构建数据描述

本部分对金融机构系统性风险测算相关数据进行描述性统计。本章借鉴中信行业分类，将金融机构为银行机构、证券机构、保险机构、信托机构、租赁机构以及其他金融机构六大类（见表 3-1）。基于数据可得性，样本时间为 2007 年第 1 季度至 2019 年第 3 季度。

表 3-1　　　　　　　　　　　　　样本机构

银行	平安银行、宁波银行、江阴银行、张家港行、浦发银行、华夏银行、民生银行、招商银行、无锡银行、江苏银行、杭州银行、南京银行、常熟银行、兴业银行、北京银行、上海银行、农业银行、交通银行、工商银行、光大银行、成都银行、建设银行、中国银行、贵阳银行、中信银行、苏农银行
证券	申万宏源、吉林敖东、东北证券、锦龙股份、国元证券、国海证券、广发证券、长江证券、山西证券、国盛金控、西部证券、国信证券、第一创业、华西证券、中信证券、国投资本、国金证券、华创阳安、西南证券、五矿资本、华鑫股份、辽宁成大、海通证券、哈投股份、华安证券、东方证券、招商证券、太平洋、财通证券、东兴证券、国泰君安、中原证券、兴业证券、东吴证券、华泰证券、光大证券、浙商证券、中国银河、方正证券
保险	天茂集团、西水股份、中国平安、新华保险、中国太保、中国人寿
信托	陕国投 a、经纬纺机、江苏国信、安信信托
租赁	渤海租赁、江苏租赁
其他	民生控股、中油资本、越秀金控、中航资本

这部分主要给出计算金融机构关联性相关数据的描述性统计。

由指标构建部分可知，计算 $\Delta CoVaR$ 需要用到机构收益率和系统收益率。然而，利用股市收盘价计算出的收益率指标不仅包含金融体系风险，还包含了股市风险，直接使用其计算 $\Delta CoVaR$，进而衡量金融体系系统性风险，结果将有所偏差。因此，我们分别将金融机构收益率和沪深 300 金融指数收益率与沪深 300 指数收益率进行回归，用回归得到的残差项序列，即超额收益率，作为金融机构收益率、金融系统收益率的代理变量，以计算 $\Delta CoVaR$。

表 3-2 列出了测算机构超额收益率相关数据的描述性统计。

表 3-2　　　　　　　　　　　　超额收益率相关变量

变量	均值	最小值	最大值	标准差	观测数
金融机构收盘价	14.24	1.58	146.20	11.20	34855
沪深 300 金融指数收盘价	4860.25	2434.57	9193.87	1354.04	607
沪深 300 指数收盘价	3192.19	1663.66	5737.22	771.74	607
金融机构超额收益率	(0.03)	(61.69)	371.31	6.29	34855
金融部门超额收益率	(0.06)	(7.92)	9.69	1.87	607

表 3-3 列出了测算金融机构关联性相关变量的描述性统计。

表 3 - 3 关联性相关变量

变量	均值	最小值	最大值	标准差	观测数
金融部门收益率	0.16	(16.50)	20.91	4.45	607
国债到期收益率（3 个月）	2.58	0.80	5.11	0.76	607
国债到期收益率（10 年）	3.61	2.67	4.65	0.46	607
SHIBOR（3 个月）	3.74	1.20	6.39	1.15	607
企业债到期收益率（AAA 级，10 年）	4.94	3.36	6.41	0.65	607
房地产部门收益率	0.26	(21.70)	21.01	5.29	607
沪深 300 指数收益率	0.16	(15.01)	16.21	3.85	607

注：(1) $VaR_{95\%}$ 和 $VaR_{50\%}$ 分别表示 95% 置信水平和 50% 置信水平下银行的在险价值；(2) $\hat{\beta}_{95\%}$ 代表 95% 置信水平的压力状态下，各国银行与该国银行系统的尾部关联性，银行在该银行系统中的系统重要性；(3) $\Delta CoVaR_{95\%}$ 是银行的关联性指标。

表 3 - 4 列示了计算公式 (3 - 3) 所需的描述性统计结果。

表 3 - 4 测算指数权重所需变量的描述性统计

变量	均值	最小值	最大值	标准差	样本数量
$Lever^{finance/economy}$	1.89	1.20	2.12	0.16	2940
$Lever^{finance}$	5.12	4.70	5.34	0.11	2940
$Asset$	(6.62)	(12.08)	(1.02)	2.65	2940
$Lever$	(1.34)	(6.02)	4.29	1.36	2940
$Connection$	0.20	(1.97)	1.34	0.46	2940

三、金融机构系统性风险的基本特征分析

这部分主要展示和分析金融机构系统性风险的基本特征。根据风险走势，我们将金融机构系统性风险分为四个阶段，进行分析：

(一) 第一阶段（2007 年第 1 季度至 2008 年第 4 季度）

该阶段系统性风险快速累积，并于 2008 年第 4 季度达到整个样本期内的最高点。

2007 年第 3 季度及之前，受人口红利、制度红利以及出口红利等因素影响，中国经济增长较为迅速，金融业资产质量较高，盈利能力较强，从而系统性风险水平较低。2007 年第 4 季度国际金融危机开始浮现，受此影响，中国经济增长、金融市场均受到较大的直接影响，系统性风险居高不下。

(二) 第二阶段（2009 年第 1 季度至 2015 年第 3 季度）

第二阶段是 2009 年第 1 季度至 2015 年第 3 季度。该阶段系统性风险总体呈下降趋势，

局部波动较大,并在 2011 年、2013 年及 2015 年到达三个小高峰。

2008 年年底中国启动四万亿经济刺激计划,在一定程度上缓解了经济下滑压力,系统性风险增长有所缓解。2010 年以来,欧债危机爆发,中国对外贸易、金融市场以及人民币汇率受到直接影响,金融市场震动加剧,系统性风险升高。2013 年 6 月,中国银行业爆发"钱荒"事件,在经济下行叠加过度的金融杠杆,市场流动性紧缺,金融系统风险攀升。2015 年,中国股市经历了"过山车"式的快速攀升与下跌,这种股市表现与股票市场的快速加杠杆和去杠杆紧密相关。而且,加杠杆和去杠杆过程与银行业资金(银行理财)有紧密的关系(Bian 等,2017)。因此,股票市场过度波动对银行部门造成溢出效应,进而形成过度波动的银行业系统性风险。

(三) 第三阶段 (2015 年第 4 季度至 2017 年第 1 季度)

第三阶段是 2015 年第 4 季度至 2017 年第 1 季度,该阶段系统性风险总体得到较大的缓解。2016 年起央行为稳定市场持续注入流动性,令该阶段系统性风险总体得到较大的缓解,很好地降低了系统性风险。

(四) 第四阶段 (2017 年第 2 季度至 2019 年第 3 季度)

第四阶段是 2017 年第 2 季度至 2019 年第 3 季度。该阶段系统性风险总体出现反弹。并在 2018 年第 3 季度出现小高峰。2018 年中美贸易摩擦不断升级,贸易战有愈演愈烈的趋势。8 月 23 日,美国对从中国进口的约 160 亿美元商品加征 25% 的关税。受此影响,中国金融业风险再次上升。具体如图 3 - 2 所示。

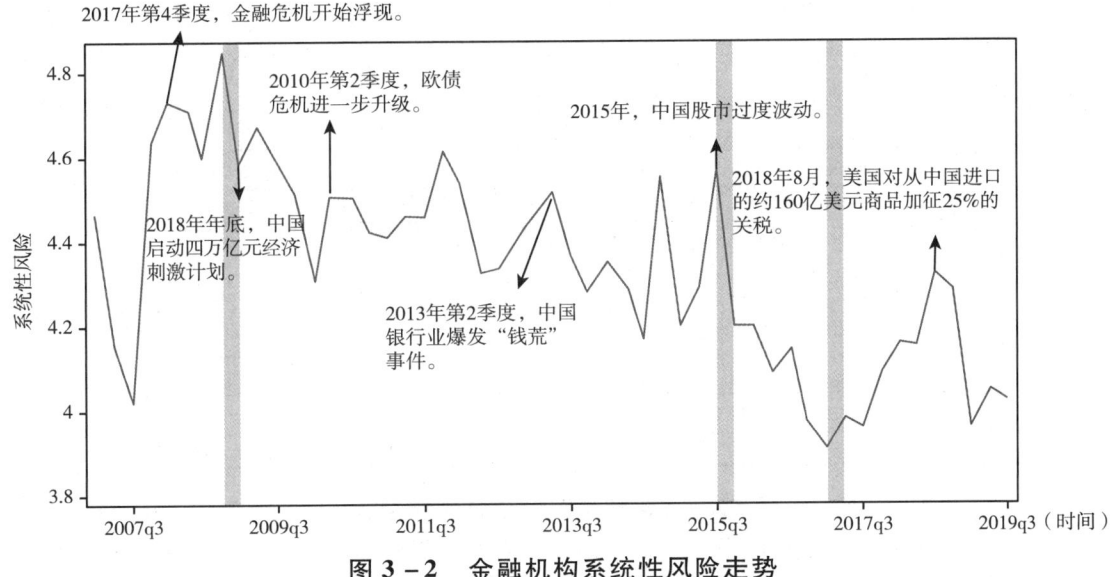

图 3 - 2 金融机构系统性风险走势

第二节 金融机构系统性风险分析

本部分针对中国金融机构系统的系统性风险进行分析,通过从行业和风险因子两个角度进行分析,利用不同行业的系统性风险时序变动以及风险因子的时序变动,解释中国金融机构系统的系统性风险如何变化。本部分先讨论三个行业的系统性风险在四个阶段内同金融机构系统系统性风险的关系,然后讨论四个阶段不同时期的重要行业和重要因子对系统性风险的主导作用,并且在每个部分针对分析结果分别得出结论。

一、行业因素对金融机构系统性风险的影响

各行业中机构经营状况、所占比重及风险来源等方面具有特异性,因此对金融机构的系统性风险的贡献也不同。因此,本部分将探究机构在行业层面的因素对金融机构的系统性风险的影响。

图 3-3 描述了 2007 年第一季度至 2019 年第三季度各行业系统性风险走势,各行业的系统性风险水平分别为各行业的权重与其系统性风险走势的乘积。由图 3-3 可知,各行业系统性风险水平和风险走势差距较大,这说明各行业风险对系统性风险的贡献是不同的。

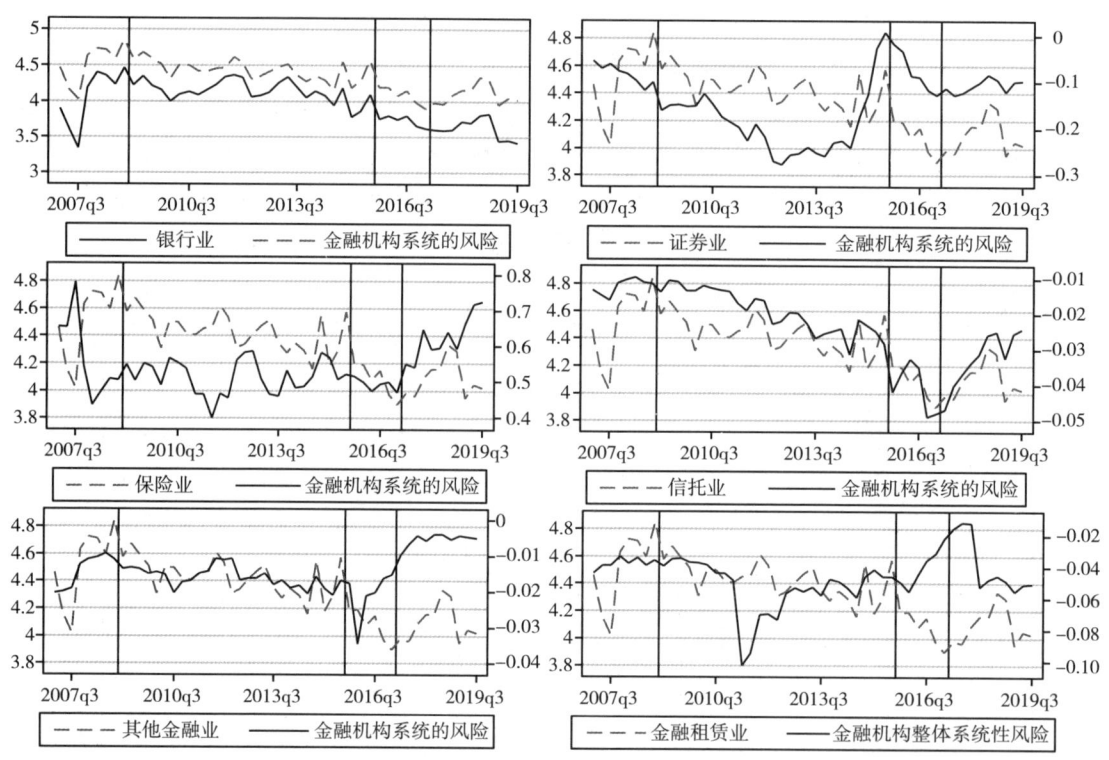

图 3-3 各行业系统性风险的走势

注:(1)横坐标轴为季度时间,纵坐标轴为各金融行业的系统性风险数值。由于除银行业外其余行业风险水平与金融业整体水平相差较大,因此制图时均采取了双坐标。其中左侧坐标轴为金融机构整体系统性风险,右侧为各行业系统性风险。(2)阶段线分别为系统性风险变动阶段,第一阶段为 2007q1—2008q4,该阶段系统性风险上升;第二阶段 2009q1—2015q3,该阶段系统性风险波动较大,但整体呈下降趋势;第三阶段 2015q4—2017q1,该阶段金融系统性风险快速下降;第四阶段为 2017q2—2019q3,金融系统性风险下降。(3)图中取负值的系统性风险是对系统性风险水平进行了对数处理。

从风险水平上来说，银行业对系统性风险的贡献较大，保险业次之，而证券业，信托业，金融租赁业及其他金融业对系统性风险的贡献较小。这是因为从规模的角度来看，银行业规模较大，保险业次之，证券业规模相对较小，而其余的金融机构所占的市值更小。金融行业的规模大会带来不确定性的上升，进而导致行业系统性风险的上升，从而增大对金融机构整体风险的贡献。

各行业系统性风险走势也有显著的区别。从整体上看，银行业的走势波动与整体系统性风险走势最为一致，其余各阶段则在某些阶段与系统性风险走势一致。为了更直观地分析各行业与系统性风险在各阶段的关系，本部分计算了各行业与系统性风险的相关系数。

表3-5给出了分阶段的相关性计算结果。综合对比各阶段各行业与系统性风险相关性指标可知：在各阶段银行业与系统性风险的相关性都为正，而金融租赁业与金融系统性风险则为负相关。其他行业则在不同阶段与系统性风险的相关系数其正负并不确定。分阶段来看：

表3-5　　　　　　　　各阶段行业与系统性风险相关系数

	银行业	证券业	保险业	信托业	其他金融业	金融租赁业
Ⅰ	0.98	-0.79	0.57	-0.65	-0.47	-0.47
Ⅱ	0.18	-0.09	-0.33	0.43	-0.49	-0.52
Ⅲ	0.99	0.91	-0.31	-0.92	-0.84	-0.87
Ⅳ	0.40	0.02	0.36	0.58	0.20	-0.27

1. 在第Ⅰ阶段，银行业与系统性风险相关性最强。该阶段金融机构系统整体风险快速上升的阶段。该阶段国际金融危机逐渐爆发，而在中国最先受其影响的是银行业，国际金融危机造成了银行业风险的快速上升。由表3-5可知，在该阶段，除银行业和保险业外，其余行业与金融机构系统整体风险之间均为负相关。而保险业整体系统性风险水平较低，可以推知银行业在该阶段对金融机构系统的风险上升作出了较大的贡献。

2. 第Ⅱ阶段，信托业与金融系统性风险相关性最大。该阶段是系统性风险波动性较强，整体呈下降趋势的阶段。由表3-5可知，该阶段银行业与金融系统风险的相关性较低。这是由于在该阶段，引起整体系统性风险波动的原因多样化。因此银行业虽然在风险水平上贡献较大，但是在波动性上贡献较小。而信托业所占市值较小，风险水平也较低，因此在该阶段，本书认为信托业受到系统风险的影响较大。由图3-3可以看到，在该阶段，信托业风险的波动性较大，本书认为这是由于系统性风险对信托业产生了较大的影响。

3. 在第Ⅲ阶段，银行业与金融系统性风险的相关性最大。在该阶段内系统性风险快速降低，在较短时间内大幅下降。这是因2016年起央行为稳定市场持续注入流动性，该政策在很大程度上缓解了银行业压力，进而降低了整体的系统性风险。值得注意的是，在该阶段证券业与整体系统性风险水平的正相关性也较强。由此可以看出注入流动性政策也在很大程度上缓解了证券业的风险。

4. 第Ⅳ阶段，信托行业与系统性风险相关系数最大。该阶段由于受到中美贸易摩擦的影响，金融业整体系统性水平有所回弹，但尚未达到国际金融危机期间的水平。在该阶段几乎所有行业与整体系统性风险都为正，这说明中美贸易摩擦几乎导致了所有金融行业风险的升高。而信托业系统性风险与整体系统风险相关性最强的原因，本书认为与第二阶段类似，均是因为信托业所占市值较小，更容易受到系统性风险波动的影响。

由于其他金融业和金融租赁业机构数量较少，所占市值较低，本书并未对其进行过多的分析。但是值得注意的是，金融租赁业与系统性风险的相关系数在各阶段均为负值，其他金融业除第四阶段外与整体系统性风险的相关系数也为负数。本书认为这是由于金融租赁业与其他金融业的系统性风险水平较低，机构数量较少（其中金融租赁业在第四阶段前只有一家机构），因此很难对系统整体产生较大的影响。另外，这两个行业的由于经营模式和业务范围的特殊性，对风险的敏感性不如其他行业，即存在一定的滞后性。本书认为由于上述两个原因造成了两个行业与整体风险相关系数的特殊性。

综上所述，从行业对金融机构系统性风险影响的角度可以得出以下重要结论：

1. 中国金融机构整体的系统性风险水平主要由银行业贡献。这与中国金融业中银行业所占的主导地位是一致的。银行业规模最大，中国央行政策也主要通过银行业实施，因此银行业风险水平的变化在很大程度上导致了整体系统性风险水平的变化。与此同时，金融机构整体系统性风险水平的变化也会影响到其他市值较低的行业。

2. 中国金融机构整体的系统性风险波动在不同阶段受到不同因素的驱动。从波动性的角度来看，不同的政策和风险事件冲击的行业不同，因此也导致了波动性在各阶段受到不同行业的驱动。在波动率较大的阶段，各行业的波动性均呈现出增大的趋势。

二、风险因子因素对金融机构系统性风险的影响

图 3-4 和表 3-6 分别是中国金融机构体系系统性风险和五个风险因子的时间序列图以及在四阶段的相关系数矩阵。从图 3-4 和表 3-6 我们可以清晰地发现，对于整个金融机构系统而言，四个阶段中各个因子的作用是不同的，同一个风险因子可能在不同的阶段和系统风险具有正向或者负向的相关关系，也就是在不同阶段同一个风险因子可能起到增加系统性风险或者抑制系统性风险的增加的作用。

整个时期，关联性因子是系统最正相关因子，金融体系杠杆因子和系统性风险相关性很弱，实体经济杠杆因子和杠杆结构因子负相关性较弱，机构规模因子负相关性较强。从数值看，金融体系杠杆因子值整体都最高，实体经济杠杆因子和机构规模因子比较高，关联性因子值比较小，杠杆结构因子值最低。

根据表 3-6，在第一阶段，金融体系杠杆因子作为系统最正相关因子起到了最主要的正向影响系统性风险的作用，实体经济杠杆因子起到了较强的正向影响系统性风险的作用，关联性因子起到了较弱的正向影响系统性风险的作用，机构规模因子起到了很弱的负向影响系统性风险的作用，杠杆结构作为系统最负相关因子起到了最强的负向影响系统性风险的作用。这个阶段受到 2008 年美国金融危机影响，实体经济杠杆因子、机构规模因子均上升在 2015 年达到最高点，金融体系杠杆因子保持稳定后在 2015 年发生震动，杠杆结构因子保持稳定后在 2015 年达到低点，关联性因子缓慢下降后在 2015 年反弹。

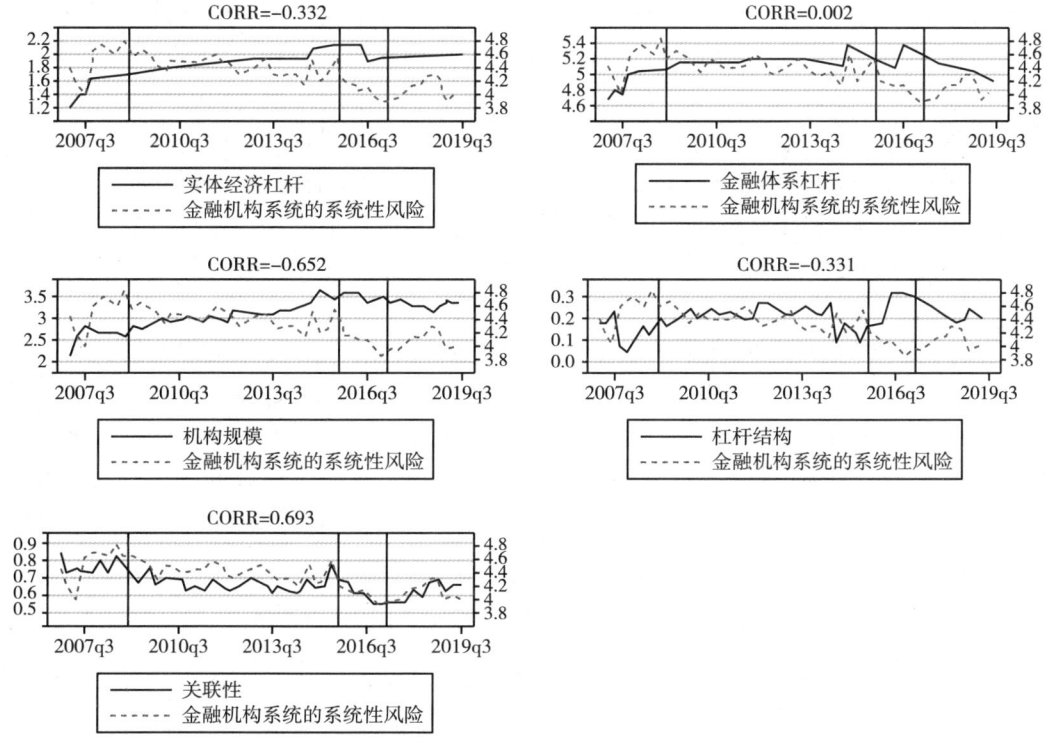

图 3-4 中国金融机构系统系统性风险和风险因子时序

表 3-6 中国金融机构系统风险因子和系统性风险四阶段的相关系数表

	阶段 1	阶段 2	阶段 3	阶段 4
实体经济杠杆	0.662	-0.414	0.535	0.250
金融体系杠杆	**0.723**	-0.092	-0.386	-0.129
机构规模	-0.065	**-0.596**	0.226	**-0.973**
杠杆结构	**-0.759**	-0.453	**-0.666**	-0.752
关联性	0.290	**0.675**	**0.945**	**0.630**

注：表最左侧一列为风险因子名称，表第一行为阶段名称，表格中数据为因子在每个阶段和系统性风险的相关系数。加粗正数为该阶段正相关系数最大的因子，加粗负数为该阶段负相关系数最大的因子。

在第二阶段，关联性因子作为唯一正相关因子起到了主要的正向影响系统性风险的作用。金融体系杠杆因子起到了比较弱的负向影响系统性风险的作用。其他因子均起到了较强的负向影响系统性风险的作用，其中作为系统最负相关因子的机构规模因子负向影响作用最强。这个阶段，实体经济杠杆因子、金融体系杠杆因子、机构规模因子和杠杆结构因子在积极的财政政策和货币政策之下保持稳定，关联性因子缓慢下降。

在第三阶段，关联性因子作为系统最正相关因子，和实体经济杠杆因子因子都起到了较强的正向影响系统性风险作用，机构规模的正向影响作用比较弱。杠杆结构因子作为系统最负相关因子起到了较强的负向影响系统性风险的作用，而金融体系杠杆因子起到了稍弱的负向影响作用。这个阶段实体经济杠杆因子和金融体系杠杆因子发生震动，机构规模因子较为稳定，杠杆结构因子上升，关联性因子下降。

在第四阶段，关联性因子作为系统最正相关因子起到了较强的正向影响系统性风险的作用，实体经济杠杆因子起到了稍强的正向影响作用。机构规模作为系统最负相关因子，和杠杆结构都起到了较强负向影响系统性风险的作用，金融体系杠杆的负向影响作用较弱。这个阶段在国家稳定杠杆、防范风险的指引下，实体经济杠杆因子维持稳定，关联性因子小幅上升，其他因子均下降。但是机构规模因子和关联性因子在2018年贸易战爆发后反弹。

图3-5是2018年和2019年中国金融机构体系风险因子变动对比雷达图，可以发现2019年相比2018年机构规模因子小幅上升，金融体系杠杆因子小幅下降，其他因子维持稳定。由此可以推断2019年相比2018年中国金融机构系统的系统性风险变动主要来源是机构规模因子和金融体系杠杆因子，而且变动都比较小，总体维持稳定。

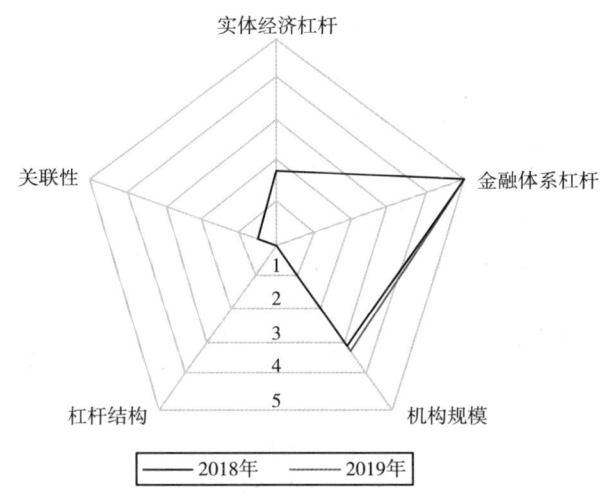

图3-5　2018年、2019年中国金融机构系统风险因子变动对比雷达图

综上所述，可以得到如下结论：

1. 阶段的风险因子重要性以及相关性都会发生变化，因子波动很容易导致风险的震动。监测中国金融机构系统的系统性风险、预测潜在的危机需要我们对时变的系统性风险以及因子波动保持即时的观测，维持宏观审慎的即时性。

2. 从整体看，2008年之后关联性因子作为系统相关性最强的因子，在全阶段都和系统性风险具有较强的正相关关系，在预测系统性风险上具有一定价值。

3. 从2018年到2019年，由于风险因子相比之前年份波动很小，中国金融机构系统的系统性风险相比之前年份基本稳定。我们需要把现阶段的稳定杠杆、防范化解金融风险的策略继续贯彻下去。

4. 五个系统性风险因子很容易受到例如美国次贷危机、贸易战等外生冲击以及财政政策和货币政策的影响。我们必须在制定财政货币政策上保持审慎，同时时刻警惕外界风险对中国金融机构安全的冲击。

第三节　行业层面的系统性风险

在分析了中国金融机构系统的整体风险之后，本部分我们对构成中国金融机构系统的三个最主要的行业系统——银行行业系统、证券机构行业系统和保险公司行业系统的系统性风险进行分析。本部分的三节分别对银行行业系统、证券机构行业系统和保险公司行业系统的系统性风险进行分析，每一节首先对每个行业先从系统重要性机构驱动行业系统性风险的角度进行分析，再从因子时序变动驱动行业系统性风险的角度进行分析，以此判断系统重要性机构以及行业重要性因子时序变动是如何驱动三个行业的系统性风险为何在四个阶段会产生相应的波动。

本部分首先我们将选取行业内对本行业影响最大的金融机构进行分析，主要是选取各个行业中系统性风险排名靠前的几家机构进行分析（银行业、证券业前九家机构，其余行业为其全部上市企业）。在机构的选取上，综合2019年第一季度的系统性风险和2018年系统性风险排名进行选取。这是因为排在前9名的机构属于高风险机构，系统重要性较强。其次本部分我们将采取第一章讨论模型的五个风险因子，讨论其和系统性风险的影响。

一、银行行业系统系统性风险分析

（一）银行机构对银行业系统性风险的贡献

图3-6为全部银行机构每年风险分布的热图。由图3-6可以清晰直观地看出各年份各银行机构系统风险的变化。

银行	农业银行	工商银行	建设银行	中国银行	交通银行	兴业银行	浦发银行	招商银行	民生银行	光大银行	中信银行	平安银行	北京银行	上海银行	华夏银行	江苏银行	宁波银行	南京银行	杭州银行	贵阳银行	成都银行	无锡银行	常熟银行	苏农银行	张家港银行	江阴银行	年份
	NA	6.02	6.64	5.74	5.08	4.75	5.12	4.36	4.78	NA	3.67	3.77	2.99	NA	3.34	NA	1.98	1.24	NA	NA	NA	NA	NA	NA	NA	NA	2007年
	NA	6.19	6.39	6.06	5.31	4.72	5.34	4.87	5.04	NA	3.68	3.82	3.09	NA	3.65	NA	1.54	1.02	NA	NA	NA	NA	NA	NA	NA	NA	2008年
	NA	6.30	6.32	6.01	5.45	4.90	5.42	5.02	5.00	NA	3.85	4.03	3.12	NA	3.77	NA	2.00	1.38	NA	NA	NA	NA	NA	NA	NA	NA	2009年
	NA	6.30	6.34	6.05	5.42	4.90	5.14	4.96	4.87	NA	4.11	3.80	3.20	NA	3.75	NA	2.55	1.72	NA	NA	NA	NA	NA	NA	NA	NA	2010年
	NA	6.26	6.43	6.26	5.29	4.75	5.00	4.88	4.97	5.62	4.18	3.64	3.43	NA	3.54	NA	2.17	1.84	NA	NA	NA	NA	NA	NA	NA	NA	2011年
	NA	6.33	6.22	6.10	5.28	5.16	5.16	4.98	5.23	6.75	4.20	4.02	3.58	NA	3.63	NA	2.40	2.08	NA	NA	NA	NA	NA	NA	NA	NA	2012年
	NA	6.28	6.11	5.94	5.14	5.14	5.20	4.93	4.88	5.04	4.23	4.22	3.58	NA	3.71	NA	2.73	2.26	NA	NA	NA	NA	NA	NA	NA	NA	2013年
	9.37	6.37	6.26	6.09	5.25	5.19	5.11	5.11	5.20	4.81	4.50	4.31	3.79	3.82	2.98	2.63	NA	NA	NA	NA	NA	NA	NA	NA	NA	NA	2014年
	7.69	6.29	6.05	5.92	5.10	5.29	5.18	5.11	5.04	4.69	4.42	4.29	3.75	3.79	2.98	2.75	NA	NA	NA	NA	NA	NA	NA	NA	NA	NA	2015年
	7.06	6.16	6.02	5.72	5.14	5.24	5.16	5.01	5.13	5.30	4.57	3.73	3.69	3.69	3.08	2.42	1.70	NA	0.50	0.16	0.15	NA	NA	NA	NA	NA	2016年
	6.78	6.06	5.97	5.66	5.06	5.11	5.00	4.90	4.90	4.56	4.10	3.61	3.63	3.65	3.09	2.99	2.56	1.91	NA	0.40	0.11	-0.07	0.02	NA	NA	NA	2017年
	6.72	6.10	5.91	5.71	5.03	5.06	4.95	4.92	4.93	4.37	4.19	4.18	3.69	3.64	3.40	3.10	2.97	2.38	1.92	1.15	0.29	0.07	-0.25	-0.13	NA	NA	2018年
	6.53	5.99	5.74	5.56	4.96	4.95	4.83	4.81	4.65	4.28	4.12	4.10	3.62	3.53	3.44	3.35	2.91	2.91	2.32	1.77	1.16	0.29	-0.00	-0.08	-0.18	NA	2019年

图3-6　各银行机构系统性风险

注：（1）图中机构顺序从左到右依次为按照2019年系统性风险水平由高到低的顺序。（2）图中数值为每个机构每年第四季度的风险水平值。

从图 3-6 中可以直观的看出各个机构风险的风险水平及其变化以及各个银行机构风险水平之间的差别。从图中可以看出，本部分所选取的银行系统重要性机构的风险水平明显高于其他银行机构。

图 3-7 为银行业的高风险机构系统性风险走势。

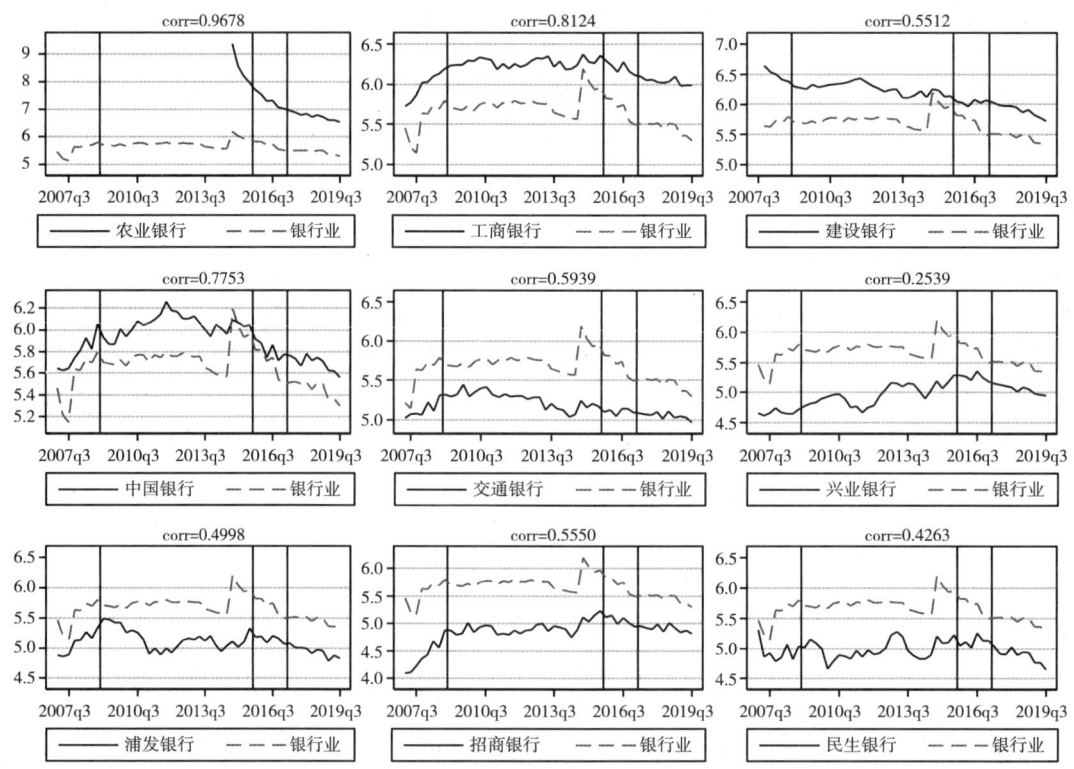

图 3-7 银行业高风险机构风险走势

注：（1）横坐标轴为季度时间，纵坐标轴为系统重要性机构及行业的系统性风险数值；（2）阶段线与图 3-3 含义一致，均表示系统性风险的不同阶段；（3）图中子图标题为整个统计期间各机构与行业系统性风险的相关系数。

图 3-7 为银行业系统性重要性机构系统性风险走势图。从风险水平上看，农业银行、工商银行、建设银行、中国银行的风险水平高于银行业系统性风险水平，其余系统重要性机构的风险也较高，这符合我们用系统性风险水平排序进行选择的标准。表 3-7 为各阶段系统性重要性机构与行业系统性风险的相关系数。

表 3-7 中黑体数字部分为该阶段与行业风险相关性最强的机构。对于银行业来说，在机构层面上，系统重要性机构实际上在大多数情况下都对风险水平有正向的影响，对行业系统性风险贡献较大。

表 3-7 中显示，在各阶段与行业相关性最强的机构依次为浦发银行、农业银行、和民生银行。农业银行在第二阶段阶段和第三阶段对行业系统性风险相关性最强，在这两个阶段风险快速下降。与上文分析类似，在这两个阶段由于银行业整体风险降低，而农业银

表 3-7　　银行业各阶段系统重要性机构与银行业风险相关系数

	农业银行	工商银行	建设银行	中国银行	交通银行	兴业银行	浦发银行	招商银行	民生银行
Ⅰ	—	0.82	-0.76	0.85	0.69	0.51	**0.91**	0.82	0.05
Ⅱ	**0.97**	0.57	0.08	0.36	0.12	0.36	-0.04	0.68	0.53
Ⅲ	**0.94**	0.83	-0.08	0.80	0.01	0.61	0.65	0.87	-0.18
Ⅳ	0.90	0.81	0.88	0.91	0.77	0.93	0.88	0.82	**0.94**

注：表中"—"代表在该阶段该机构未上市，无法计算相关系数。

行本身系统性风险较大，对行业影响较大，因此在这两个阶段农业银行对风险下降有较大的贡献。第一阶段和第三阶段，浦发银行和民生银行则分别在风险上升的阶段贡献了最大的波动性水平。

（二）因子对银行系统性风险的驱动

图 3-8、表 3-8 是中国银行业系统性风险和五个金融因子的时间序列波动图以及在四个阶段的相关系数矩阵，我们可以清晰地发现，对于银行业而言，四个阶段中各个因子的作用是不同的，同一个风险因子可能在不同的阶段和系统风险具有正向或者负向的相关关系，也就是在不同阶段同一个风险因子可能起到增加系统性风险或者抑制系统性风险的增加的作用。

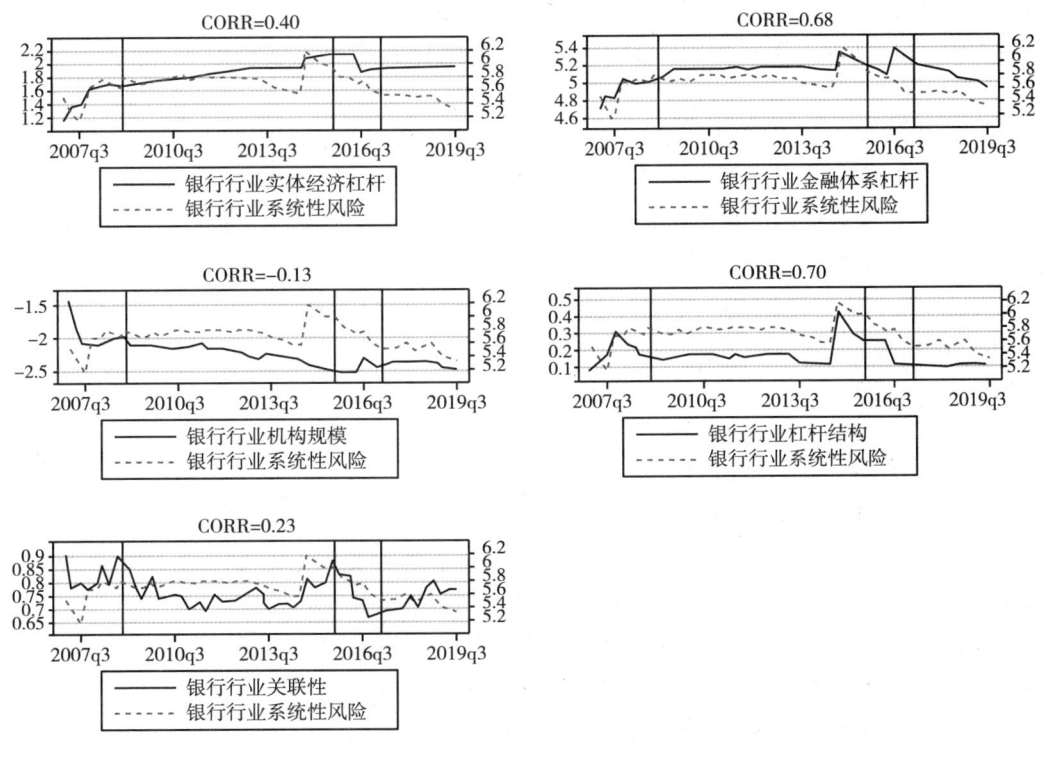

图 3-8　银行系统性风险以及因子时序

表 3-8　银行行业系统的四个阶段的系统性风险和因子相关系数矩阵

	阶段 1	阶段 2	阶段 3	阶段 4
实体经济杠杆	0.715	0.572	0.624	**−0.695**
金融体系杠杆	**0.771**	0.877	−0.490	0.818
机构规模	**−0.189**	−0.513	−0.223	**0.910**
杠杆结构	0.471	**0.953**	0.736	0.045
关联性	0.332	0.574	**0.943**	−0.301

注：表最左侧一列为风险因子名称，表第一行为阶段名称，表格中数据为因子在每个阶段和系统性风险的相关系数。加粗正数为该阶段正相关系数最大的因子，加粗负数为该阶段负相关系数最大的因子。

整个时期，杠杆结构因子是系统正相关性最强因子，金融体系杠杆因子和系统风险的正相关性较强，实体经济杠杆因子和关联性因子的相关性正较弱。从因子绝对值来看，金融体系杠杆因子值最高，机构规模因子次之，实体经济杠杆因子再次，关联性因子和杠杆结构因子值较低。综合考虑，银行行业系统重要性因子是金融体系杠杆因子。

根据表 3-8，考察每个阶段各个因子和系统性风险的关系。

第一阶段金融体系杠杆因子是系统最正相关因子，实体经济杠杆因子、杠杆结构因子和关联性因子正相关性较强，和机构规模因子是唯一的系统负相关因子。

第二阶段杠杆结构因子是系统最正相关因子，机构规模因子是唯一的系统负相关因子，金融体系杠杆因子正相关性较强，实体经济杠杆因子和关联性因子具有一定的正相关性。

第三阶段关联性因子是系统最正相关因子，金融体系杠杆因子是系统最负相关因子，实体经济杠杆因子和关联性因子正相关性较强，机构规模因子负相关性较弱。

第四阶段机构规模因子是系统最正相关因子，实体经济杠杆因子是系统最负相关因子，金融体系杠杆因子和杠杆结构因子具有一定的正相关性，关联性因子具有一定的负相关性。

图 3-9 是 2018 年和 2019 年银行业风险因子变动对比雷达图，可以发现 2019 年相比 2018 年机构规模因子微弱上升，金融体系杠杆因子微弱下降，其他因子维持稳定。由此可以推断 2019 年相比 2018 年中国银行业的系统性风险变动主要来源是机构规模因子和金融体系杠杆因子，而且变动都十分微弱，总体很稳定。

综合以上分析，我们可以得到如下对于银行行业系统系统性风险的结论：

1. 不同阶段的风险因子重要性以及相关性都会发生变化，因子波动很容易导致风险的震动。监测银行业的系统性风险、预测潜在的危机需要我们对时变的系统性风险以及因子波动保持即时的观测，维持宏观审慎的即时性。

2. 从整体来看，2008 年之后杠杆结构因子作为系统相关性最强的因子，在全阶段都和系统性风险具有较强的正相关关系，在预测系统性风险上具有一定价值。但是考虑到因子值的水平，金融体系杠杆因子是银行业的系统重要性因子。

3. 从 2018 年到 2019 年，由于风险因子相比之前年份波动十分微弱，银行业的系统性风险相比之前年份基本稳定。

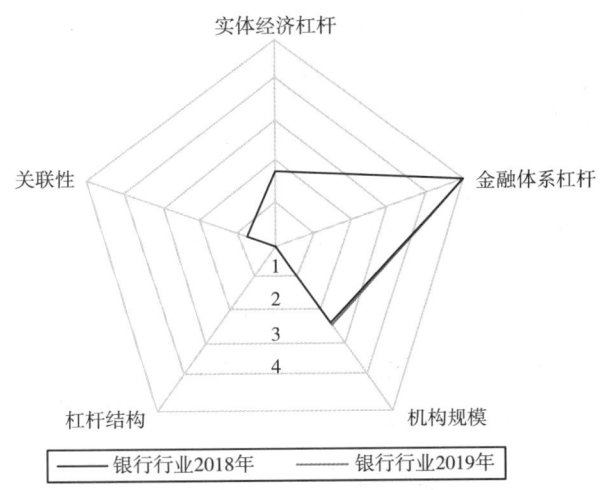

图 3-9　2018 年、2019 年银行行业系统风险因子对比雷达图

二、证券机构行业系统系统性风险分析

（一）证券机构对证券业系统性风险的贡献

图 3-10 为各年度证券机构的风险水平的热图。

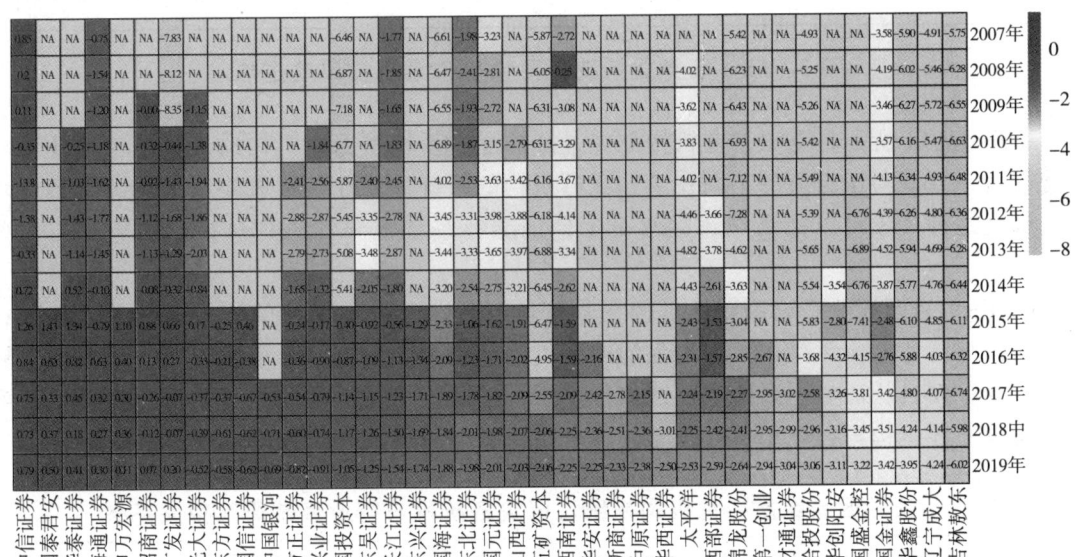

图 3-10　各证券业机构系统性风险水平

注：（1）图中机构顺序从左到右依次为按照 2019 年系统性风险水平由高到低的顺序。（2）图中数值为每个机构每年第四季度的风险水平值。

从图 3-10 中可以直观的看到证券业各个机构风险的风险水平及其变化以及各个证券机构风险水平之间的差别。从图 3-10 中可以看到，本部分所选取的证券业系统重要性机构的风险水平明显高于其他银行机构。

证券业系统重要性机构的风险走势如图3-11所示：

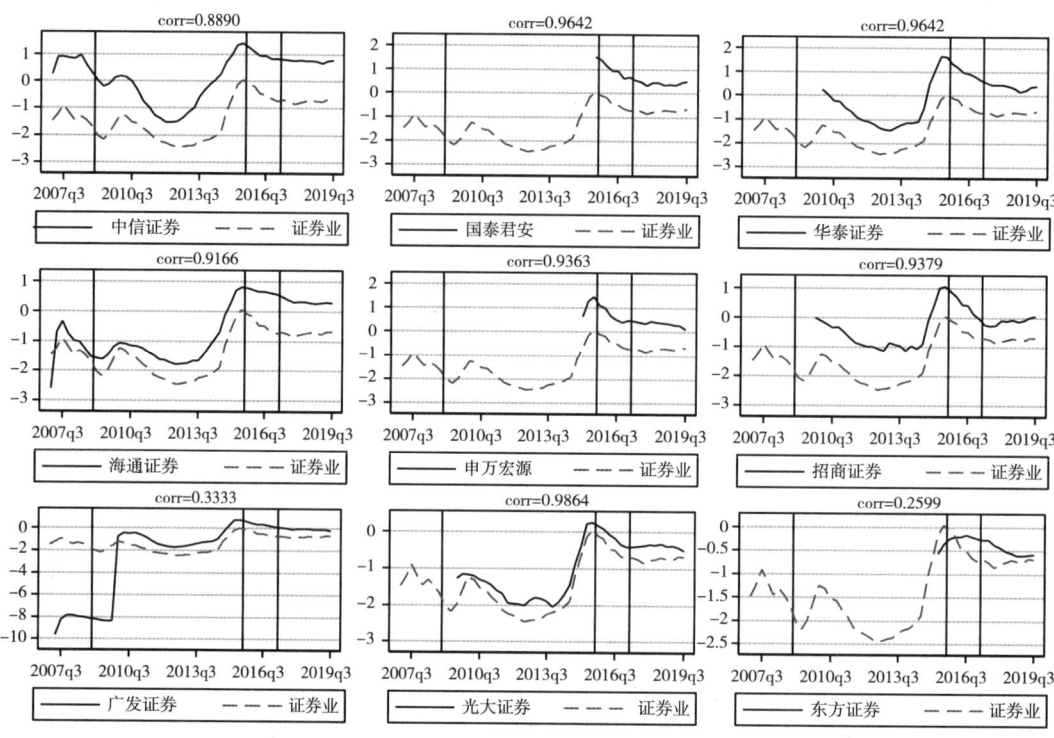

图3-11 证券业系统重要性机构系统性风险走势

如图3-11所示，与银行业机构类似，证券业各系统重要性机构的走势也与行业风险走势较为一致。与银行业的不同在于，证券机构的系统重要性机构风险水平均高于行业水平。通过这种现象可以推测在风险水平上，证券业系统重要性机构对行业的贡献相对要更大。

表3-9为证券业系统重要性机构在各阶段与行业系统性风险的相关系数。证券业在四个阶段与行业整体风险相关性最强的四个机构分别为中信证券、申万宏源、华泰证券和招商证券。而且从证券业系统重要性与行业系统性风险相关系数的水平来讲，整体上证券业系统重要性机构与行业相关性较高。这说明证券业的风险受到较多机构的共同驱动。

表3-9 证券业系统重要性机构系统性风险各阶段与行业系统风险相关系数

	中信证券	国泰君安	华泰证券	海通证券	申万宏源	招商证券	广发证券	光大证券	东方证券
第一阶段	0.72	—	—	0.69	—	—	-0.20	—	—
第二阶段	0.86	—	0.99	0.94	0.99	0.97	0.33	0.98	0.99
第三阶段	0.98	0.97	0.99	0.98	0.97	0.99	0.97	0.99	-0.16
第四阶段	0.26	0.49	-0.05	0.09	-0.38	0.59	-0.14	-0.50	-0.33

注：表中"—"代表在该阶段该机构风险数据不足，无法计算相关系数。

(二) 因子对证券机构行业系统系统性风险的驱动

图3-12、表3-10是中国证券机构行业系统性风险和五个金融因子的时间序列波动图以及在四个阶段的相关系数矩阵,我们可以清晰地发现,对于证券机构行业而言,四个阶段中各个因子的作用是不同的,同一个风险因子可能在不同的阶段和系统风险具有正向或者负向的相关关系,也就是在不同阶段同一个风险因子可能起到增加系统性风险或者抑制系统性风险的增加的作用。

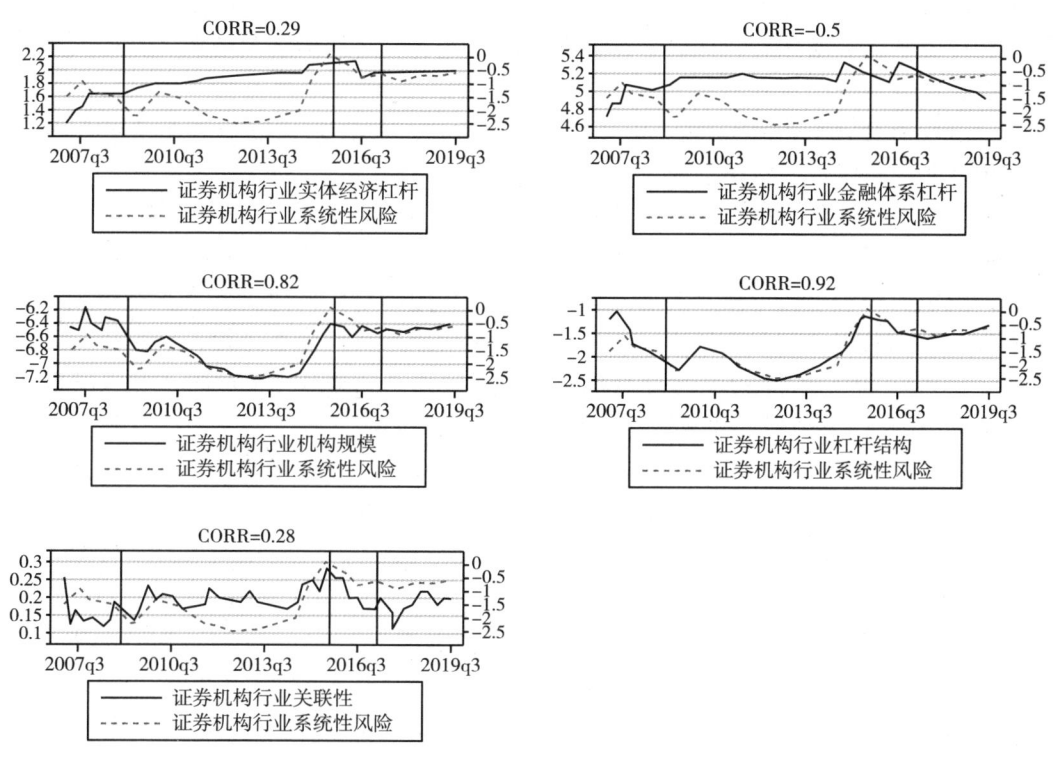

图3-12 证券机构行业系统性风险以及风险因子变动时序图

表3-10　　　　证券机构行业系统性风险和因子相关性矩阵

	阶段1	阶段2	阶段3	阶段4
实体经济杠杆	-0.263	0.476	0.747	0.277
金融体系杠杆	-0.326	0.413	**-0.623**	**-0.400**
机构规模	**0.727**	0.828	0.396	**0.903**
杠杆结构	0.638	**0.981**	0.923	0.518
关联性	**-0.374**	0.693	**0.969**	0.826

注:表最左侧一列为风险因子名称,表第一行为阶段名称,表格中数据为因子在每个阶段和系统性风险的相关系数。加粗正数为该阶段正相关系数最大的因子,加粗负数为该阶段负相关系数最大的因子。

整个时期,杠杆结构因子是系统正相关性最强因子,机构规模因子和系统风险的正相关性较强，实体经济杠杆因子和关联性因子的相关性正较弱，金融体系杠杆因子具有一定的负相关关系。从因子绝对值看，机构规模因子最高但是实际值为正，金融体系杠杆因子绝对值其次，实体经济杠杆因子值再次，杠杆结构因子值的绝对值较低但是为负，关联性因子值最低。综合考虑，证券机构行业系统重要性因子是机构规模因子，负的机构规模因子在影响证券机构行业的方式是较小的规模减轻了系统性风险。

具体而言，根据表3-10，考察每个阶段各个因子和系统性风险的关系。

第一阶段机构规模因子是系统最正相关因子，其次是相关性较高的杠杆结构因子。实体经济杠杆因子、金融体系杠杆因子和关联性因子具有一定的负相关关系，其中关联性因子负相关系数较高。

第二阶段所有因子和系统性风险均为正相关关系，杠杆结构因子是系统最正相关因子，其他因子中关联性和机构规模正相关性比较强。

第三阶段关联性因子是系统最正相关因子，金融体系杠杆因子是系统最负相关因子，实体经济杠杆因子和杠杆结构因子正相关性比较强，机构规模因子正相关性比较弱。

第四阶段机构规模因子是系统最正相关因子，金融体系杠杆因子是系统最负相关因子也是唯一的负相关因子。关联性因子的正相关性比较强，其他因子正相关性比较弱。

图3-13是2018年和2019年证券机构行业风险因子变动对比雷达图，可以发现2019年相比2018年杠杆结构因子和金融体系杠杆因子小幅下降，其他因子维持稳定。由此可以推断2019年相比2018年证券机构行业的系统性风险变动主要来源是杠杆结构因子和金融体系杠杆因子，而且变动都比较小，总体维持稳定。

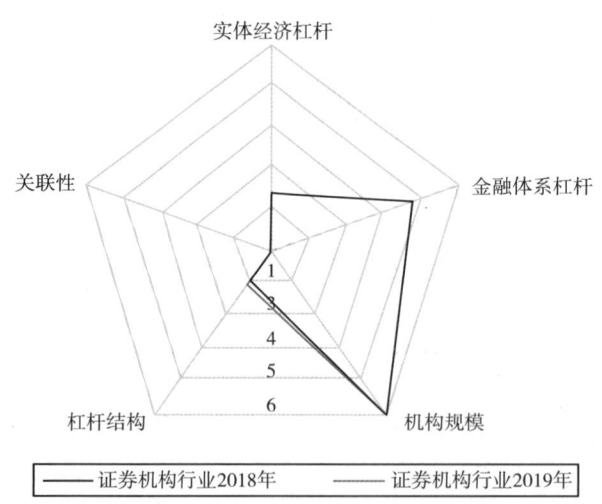

图3-13　2018年、2019年证券机构风险因子变动对比雷达图

综上所述，我们可以得出如下针对证券机构行业系统系统性风险的结论：

1. 不同阶段的风险因子重要性以及相关性都会发生变化，因子波动很容易导致风险的震动。监测证券机构行业的系统性风险、预测潜在的危机需要我们对时变的系统性风险以及因子波动保持即时的观测，维持宏观审慎的即时性。

2. 从整体来看，2008年之后杠杆结构因子作为系统相关性最强的因子，在全阶段都和系统性风险具有较强的正相关关系,在预测系统性风险上具有一定价值。机构规模因子是系统重要因子,需要高度关注。

3. 从 2018 年到 2019 年,证券机构行业系统性风险主要来源是机构规模因子和金融体系杠杆因子;各因子波动较小,证券机构行业的系统性风险相比之前年份基本稳定。

三、保险公司行业系统系统性风险

(一) 保险机构对行业系统性风险的影响

图 3-14 为各年度保险机构风险水平的热图。

中国平安	中国人寿	中国太保	新华保险	天茂集团	西水股份	年份
2.73	3.02	NA	NA	NA	NA	2007年
3.20	3.19	2.19	NA	NA	NA	2008年
3.48	3.31	2.17	NA	NA	NA	2009年
3.53	3.28	2.02	NA	NA	NA	2010年
3.67	3.24	2.07	2.25	NA	NA	2011年
4.42	3.51	2.36	2.35	NA	-3.03	2012年
4.54	3.52	2.30	2.40	NA	-3.09	2013年
4.72	3.55	2.45	2.62	NA	-1.96	2014年
4.67	3.37	2.37	2.35	NA	-0.16	2015年
4.58	3.56	2.37	2.36	-1.32	0.90	2016年
4.53	3.51	2.43	2.23	-0.97	0.36	2017年
4.67	3.50	2.58	2.11	-0.81	-1.09	2018年
4.57	3.48	2.58	2.00	-0.84	-2.16	2019年

图 3-14 保险业机构历年风险水平

由于保险业机构较少,因此几乎行业内所有的机构对风险水平的影响都较大。因此在保险业系统重要性机构的选取上本部分选取了所有保险机构。

由图 3-15 可知,中国平安、中国人寿保险的系统性风险水平高于行业,而其他机构的风险水平则相对较低。因此在风险水平上,中国平安、中国人寿保险贡献水平较高。而天茂集团和西水股份的风险水平较低,因此对行业主要贡献了波动性。

保险业四个阶段主要的驱动机构分别为中国平安(1 阶段)和中国太保(2/3/4 阶段)(见表 3-11)。值得注意的是在第一阶段,中国太保与行业相关系数显著为负,即在该阶段,中国太保的系统性风险下降。且在整个阶段内,中国太保的风险水平较低。因此在整体上,中国太保对系统性风险起到了稳定作用。

(二) 因子对保险公司系统性风险的驱动

图 3-16、表 3-12 是中国保险公司行业系统性风险和五个金融因子的时间序列波动图以及在四个阶段的相关系数矩阵。我们可以清晰地发现,对于保险公司行业而言,四个阶段中各个因子的作用是不同的,同一个风险因子可能在不同的阶段和系统风险具有正向或者负向的相关关系,也就是在不同阶段同一个风险因子可能起到增加系统性风险或者抑制系统性风险的增加的作用。

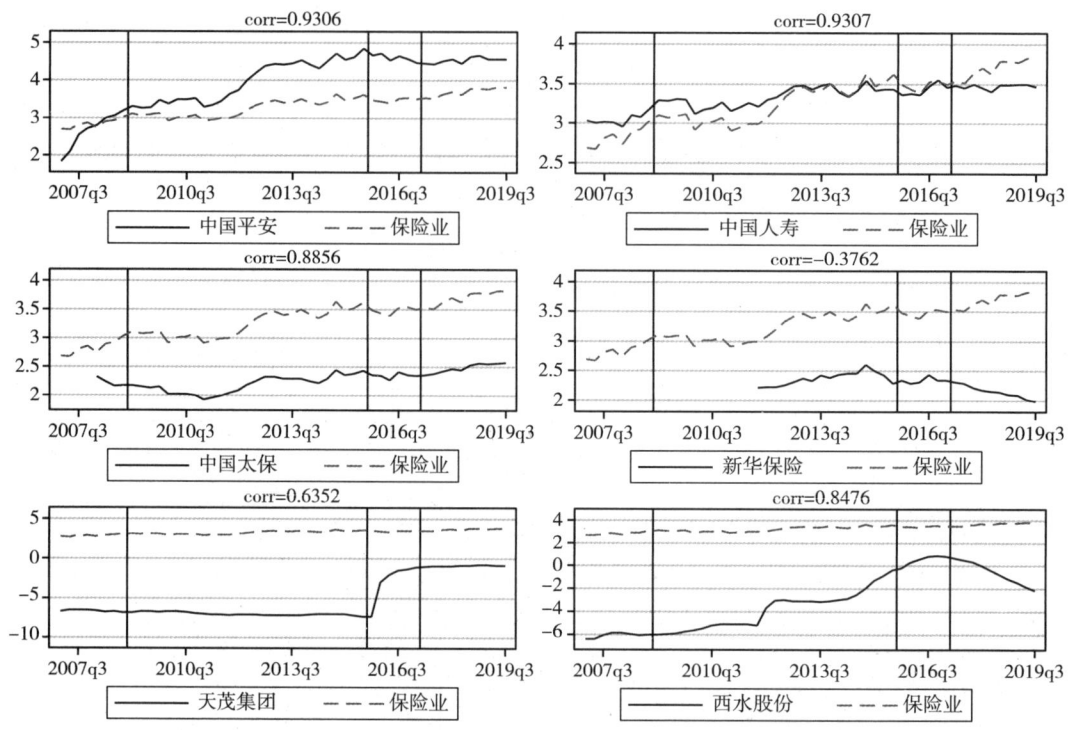

图 3-15 保险业系统重要性机构系统性风险走势

表 3-11 保险业各阶段系统重要性机构系统性风险与行业系统风险相关系数

	中国平安	中国人寿	中国太保	新华保险	天茂集团	西水股份
第一阶段	0.87	0.82	-0.90	—	-0.64	0.51
第二阶段	0.96	0.94	0.97	0.68	-0.58	0.89
第三阶段	-0.01	0.81	0.84	0.70	0.16	0.38
第四阶段	0.86	0.42	0.98	-0.93	0.74	-0.91

整个时期，杠杆结构因子是系统正相关性最强因子，实体经济杠杆因子和系统风险的正相关性较强，金融体系杠杆因子的相关性正较弱，机构规模和关联性因子具有很弱的负相关关系。从因子绝对值看，金融体系杠杆因子值最高，机构规模因子次之，实体经济杠杆因子值和再次，关联性因子和杠杆结构较低。综合考虑，银行行业系统重要性因子是实体经济杠杆因子和金融体系杠杆因子。

具体而言，根据表 3-12，考察每个阶段各个因子和系统性风险的关系。

第一阶段金融体系杠杆因子正相关性最强，实体经济杠杆因子也很强，机构规模因子负相关性最强，杠杆结构因子负相关性较弱，关联性因子正相关性一般。

第二阶段杠杆结构因子正相关性最强，实体经济杠杆因子正相关性也很强，机构规模因子负相关性最强，杠杆结构和关联性因子正相关性一般。

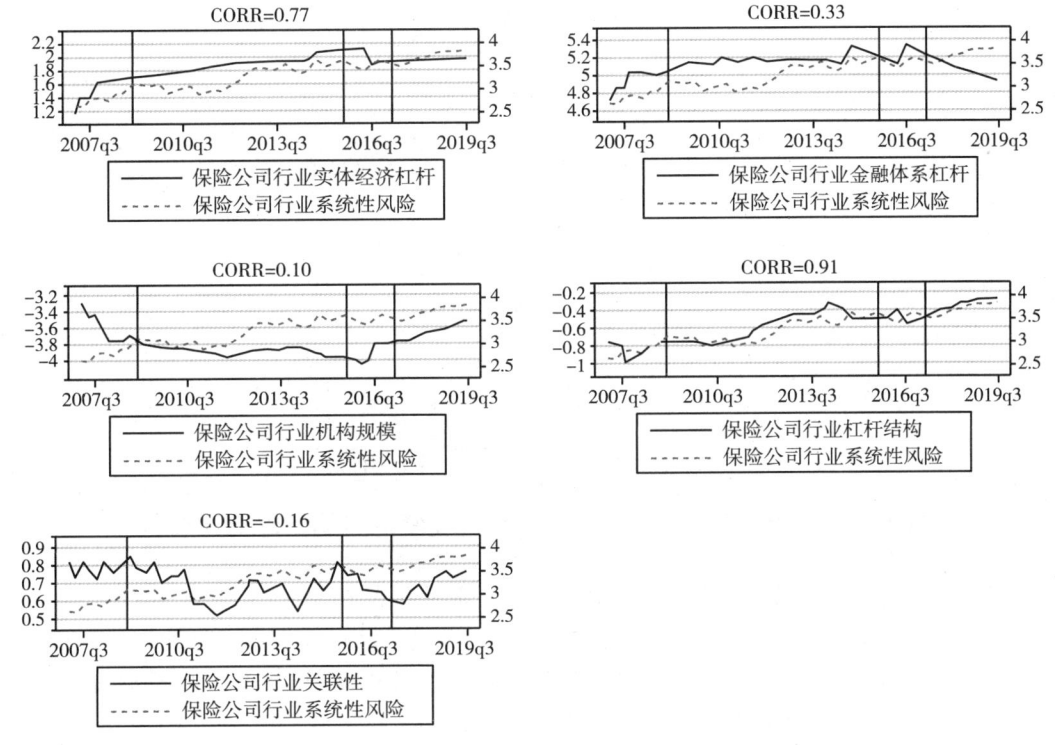

图 3-16 保险公司系统性风险以及风险因子变动

表 3-12　　　　　　保险公司系统性风险和因子相关性矩阵

	阶段 1	阶段 2	阶段 3	阶段 4
实体经济杠杆	0.739	0.811	-0.857	0.824
金融体系杠杆	**0.743**	0.529	**0.905**	**-0.927**
机构规模	**-0.639**	-0.311	0.854	0.940
杠杆结构	-0.101	**0.821**	**-0.875**	0.951
关联性	0.281	0.122	-0.355	**0.980**

注：表最左侧一列为风险因子名称，表第一行为阶段名称，表格中数据为因子在每个阶段和系统性风险的相关系数。加粗正数为该阶段正相关系数最大的因子，加粗负数为该阶段负相关系数最大的因子。

第三阶段金融体系杠杆因子正相关性最强，机构规模因子正相关性也很强，杠杆结构因子负相关性最强，实体经济杠杆因子负相关性也很强，关联性因子负相关性一般。

第四阶段关联性因子正相关关系最强，金融体系杠杆因子负相关性最强，其他因子正相关性也很强。

图 3-17 是 2018 年和 2019 年保险公司行业风险因子变动对比雷达图，可以发现 2019 年相比 2018 年杠杆结构因子小幅上升，金融体系杠杆因子和机构规模因子小幅下降。由此可以推断，2019 年相比 2018 年中国金融机构系统的系统性风险变动主要来源是杠杆结构因子、机构规模因子和金融体系杠杆因子，而且变动都比较小，总体维持稳定。

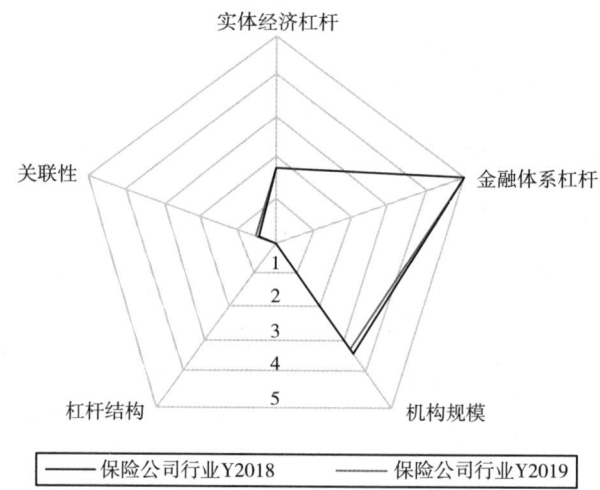

图 3-17 2018 年、2019 年底保险公司系统风险因子变动雷达图

综上所述,我们可以得出以下针对保险公司行业系统的结论:

1. 不同阶段的风险因子重要性以及相关性都会发生变化,因子波动很容易导致风险的震动。监测保险公司行业的系统性风险、预测潜在的危机需要我们对时变的系统性风险以及因子波动保持即时的观测,维持宏观审慎的即时性。

2. 从整体来看,2008 年之后杠杆结构因子作为系统相关性最强的因子,在全阶段都和系统性风险具有较强的正相关关系,在预测系统性风险上具有一定价值。实体经济杠杆因子和金融体系杠杆因子是保险公司行业的系统重要性因子,需要保持高度关注。

3. 从 2018 年到 2019 年,引起保险公司行业系统性风险变动的主要来源是杠杆结构因子、机构规模因子和金融体系杠杆因子,中国金融机构系统的系统性风险相比之前年份基本稳定。

四、信托行业、租赁公司及其他金融机构的系统性风险

(一) 信托机构、租赁公司及其他金融机构对系统性风险的驱动

除银行、证券和保险行业外,本书还对信托业,租赁业和其他金融业进行分析。由于这些行业上市机构少,风险水平低,对系统风险的影响较小,因此在本部分对其进行合并分析。

由图 3-18 可知,这三个行业中信托业风险相对较低,其次为其他金融业,金融租赁业风险相对较高。表 3-13 为三个行业中各机构与行业的相关系数。

由表 3-13、表 3-14 可知,信托业风险上升阶段(一、四阶段)风险主要由安信信托驱动。风险下降阶段(二、三阶段)主要由陕国投 A 驱动。其他金融业在风险上升阶段主要由中油资本驱动,在第二阶段由中航资本驱动,第三阶段由越秀金控驱动。而租赁业由于江苏租赁上市晚,前三个阶段的租赁业风险就是渤海租赁的风险,因此相关系数为 1,在江苏租赁上市后,风险仍由渤海租赁主要驱动。

NA	-5.32	-4.72	-4.87	-5.56	NA	-6.25	-8.43	-5.60	NA	2007年
NA	-5.89	-4.68	-5.26	-6.53	NA	-6.38	-9.48	-6.06	NA	2008年
NA	-6.39	-4.70	-5.40	-5.86	NA	-6.35	-9.08	-5.51	NA	2009年
NA	-6.79	-4.12	-5.94	-5.60	NA	-6.11	-8.75	-5.14	NA	2010年
-3.96	-7.13	-3.92	-6.76	-5.44	NA	-5.87	-8.63	-3.93	NA	2011年
-4.36	-7.40	-4.31	-7.58	-5.16	-2.59	-6.04	-9.86	-2.94	NA	2012年
-4.11	-7.34	-4.45	-7.88	-5.54	-1.68	-6.18	-9.75	-1.82	NA	2013年
-3.55	-7.00	-4.42	-7.80	-5.71	-1.46	-6.38	-10.29	-1.38	NA	2014年
NA	-6.89	-4.34	-7.34	-6.15	-1.31	-6.85	-9.30	-1.19	NA	2015年
-2.61	-5.91	-3.83	-6.95	-0.72	-0.93	-3.01	-8.94	-0.32	NA	2016年
-3.60	-5.35	-3.94	-6.55	-0.47	-0.81	-2.26	-10.76	0.36	NA	2017年
-3.72	-4.76	-4.27	-6.60	0.24	-0.55	-2.12	-12.00	-0.18	-1.87	2018年
-3.75	-4.36	-4.65	-6.72	0.22	-0.35	-1.97	-12.40	-0.60	-1.94	2019年
江苏国信	安信信托	经纬纺机	陕国投A	中油资本	中航资本	越秀金控	民生控股	渤海租赁	江苏租赁	

图 3-18 信托业、租赁业及其他金融业的历年风险水平

表 3-13　　　　　　信托业各企业与行业风险各阶段相关系数

信托业	江苏国信	安信信托	经纬纺机	陕国投 A
第一阶段		**0.99**	-0.49	0.96
第二阶段	0.01	0.69	0.16	**0.86**
第三阶段	1.00	0.90	0.93	**0.93**
第四阶段	-0.63	**0.81**	-0.76	0.02

表 3-14　　金融租赁机构、其他金融业机构与行业风险各阶段相关系数

其他金融/租赁	中油资本	中航资本	越秀金控	民生资本	渤海租赁	江苏租赁
第一阶段	**0.81**	—	-0.09	0.83	**1.00**	—
第二阶段	-0.13	**0.96**	-0.38	-0.80	**1.00**	—
第三阶段	0.78	0.74	**0.80**	-0.35	**1.00**	—
第四阶段	**0.95**	0.88	0.93	-0.73	**0.81**	0.12

各行业系统重要性机构的走势与行业系统性风险的走势类似。从相关系数上来看，保险业系统重要性机构总体上来看相关系数最高，证券业次之，银行业最低。保险行业机构较少，系统重要性机构较少，因此对行业的影响更大。与保险机构类似，信托业、租赁业、及其他金融业由于上市机构较少，因此各机构在行业内都起到较大的作用。整体上来看，系统重要性机构与行业的相关系数较高。说明系统重要性机构对行业系统性风险影响较大。

首先，行业内系统重要性机构对行业系统性风险有较强的驱动作用。整体来讲，行业

系统性风险与各机构的相关系数大多数为正，但有个别机构也可能在某阶段与系统性风险相关性为负，即机构风险走势与行业走势相反。这是由于各机构经营实践不同，会出现个体的风险事件。

其次，不同阶段，行业内起到主导系统风险作用的机构可能不同。在不同阶段，由于机构的异质性，对行业系统风险的作用也不同。对行业系统性风险的作用可以分为在水平上和波动性上的风险进行分析。通常情况下，正相关性较高的机构在水平和波动率方面都有贡献，负相关性的机构则主要贡献在波动性上做出贡献。

（二）因子对信托行业系统性风险的驱动

图 3-19、表 3-15 是中国信托行业系统性风险和五个金融因子的时间序列波动图以及在四个阶段的相关系数矩阵，我们可以清晰地发现，对于信托业而言，四个阶段中各个因子的作用是不同的，同一个风险因子可能在不同的阶段和系统风险具有正向或者负向的相关关系，也就是在不同阶段同一个风险因子可能起到增加系统性风险或者抑制系统性风险的增加的作用。

整个时期，机构规模因子是系统正相关性最强因子，杠杆结构因子、关联性因子和系统风险的正相关性较强，实体经济杠杆因子和金融体系杠杆因子存在一定负相关关系。从因子绝对值看，机构规模因子值最高但是为实际值为负，金融体系杠杆因子值其次，实体经济杠杆因子和杠杆结构因子绝对值较低并且杠杆结构因子实际值为负，关联性因子值最低。综合考虑，银行行业系统重要性因子是机构规模因子。

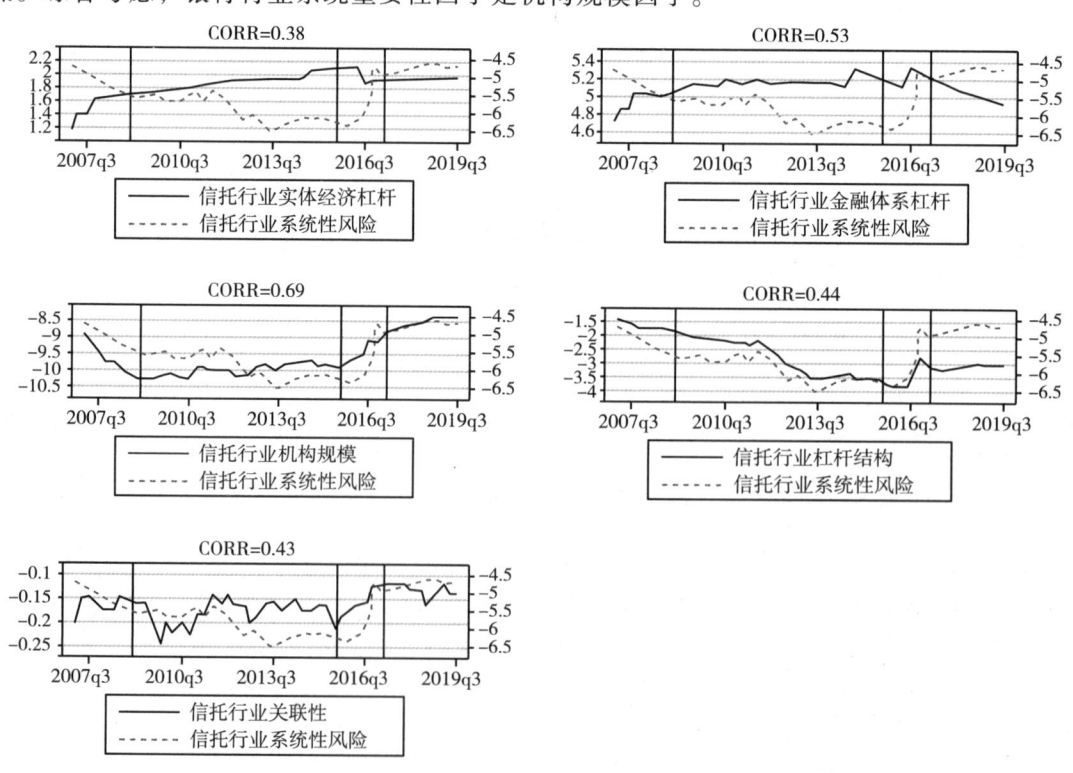

图 3-19　信托公司系统性风险以及风险因子变动时序图

具体而言，根据表 3-15，考察每个阶段各个因子和系统性风险的关系。

第一阶段机构规模因子和系统性风险正相关关系最强，杠杆结构因子正相关性比较强，实体经济杠杆因子负相关性最强，金融体系杠杆因子和关联性因子具有较高的负相关性。

表 3-15　　　　　　　信托公司系统风险和因子相关性矩阵

	阶段 1	阶段 2	阶段 3	阶段 4
实体经济杠杆	**-0.880**	-0.716	-0.739	0.764
金融体系杠杆	-0.859	-0.374	0.641	**-0.813**
机构规模	**0.973**	-0.615	0.890	**0.974**
杠杆结构	0.886	**0.937**	0.953	0.942
关联性	-0.544	-0.296	**0.959**	-0.740

注：表最左侧一列为风险因子名称，表第一行为阶段名称，表格中数据为因子在每个阶段和系统性风险的相关系数。加粗正数为该阶段正相关系数最大的因子，加粗负数为该阶段负相关系数最大的因子。

第二阶段杠杆结构因子正相关性最强，实体经济杠杆因子负相关性最强，机构规模因子负相关性比较强，金融体系杠杆因子和关联性因子负相关性一般。

第三阶段关联性因子正相关性最强，实体经济杠杆因子负相关性最强，其他因子具有较强的正相关性。

第四阶段机构规模因子正相关性最强，金融体系杠杆因子负相关性最强，杠杆结构因子和实体经济杠杆因子正相关性比较强，关联性因子负相关性比较强。

图 3-20 是 2018 年和 2019 年信托行业系统性风险因子变动对比雷达图，可以发现 2019 年相比 2018 年几乎所有风险因子都维持稳定，由此可以判断因子的稳定导致了 2019 年相比 2018 年信托行业系统性风险的稳定。

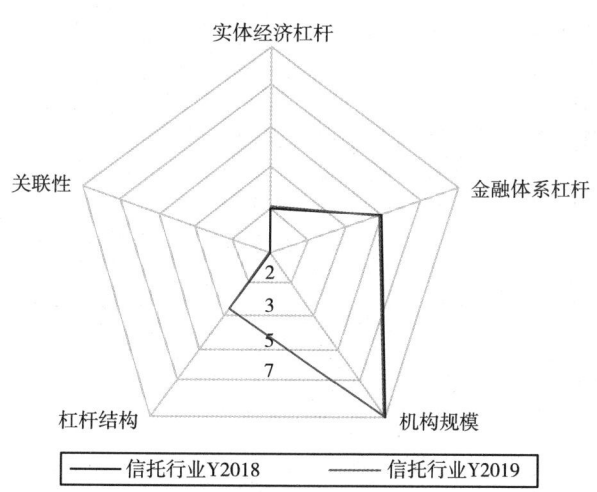

图 3-20　信托公司系统风险因子变动雷达图

综上所述，我们可以得出以下针对信托行业系统的结论：

1. 不同阶段的风险因子重要性以及相关性都会发生变化，因子波动很容易导致风险的震动。监测中国金融机构系统的系统性风险、预测潜在的危机需要我们对时变的系统性风险以及因子波动保持即时的观测，维持宏观审慎的即时性。

2. 从整体看，2008 年之后机构规模因子作为系统相关性最强的因子，在全阶段都和系统性风险具有较强的正相关关系，在预测系统性风险上具有一定价值。同时机构规模因子也是系统重要性因子，需要保持高度关注。

3. 从 2018 年到 2019 年，由于风险因子基本保持不变，信托行业的系统性风险相比之前年份基本稳定。

（三）因子对其他金融机构系统性风险的驱动

图 3-21、表 3-16 是中国其他金融机构的系统性风险和五个金融因子的时间序列波动图以及在四个阶段的相关系数矩阵，我们可以清晰地发现，对于其他金融机构而言，四个阶段中各个因子的作用是不同的，同一个风险因子可能在不同的阶段和系统风险具有正向或者负向的相关关系，也就是在不同阶段同一个风险因子可能起到增加系统性风险或者抑制系统性风险的增加的作用。

整个时期，杠杆结构因子是系统正相关性最强因子，实体经济杠杆因子、机构规模因子和系统风险的正相关性较强，关联性因子的正相关性一般，金融体系杠杆因子的相关性正较弱。从因子绝对值看，机构规模因子值最高但是为负，金融体系杠杆因子值其次，实体经济杠杆因子和杠杆结构因子再次但是杠杆结构因子值为负，关联性因子值最低。综合考虑，其他金融机构行业的系统重要性因子是机构规模因子。

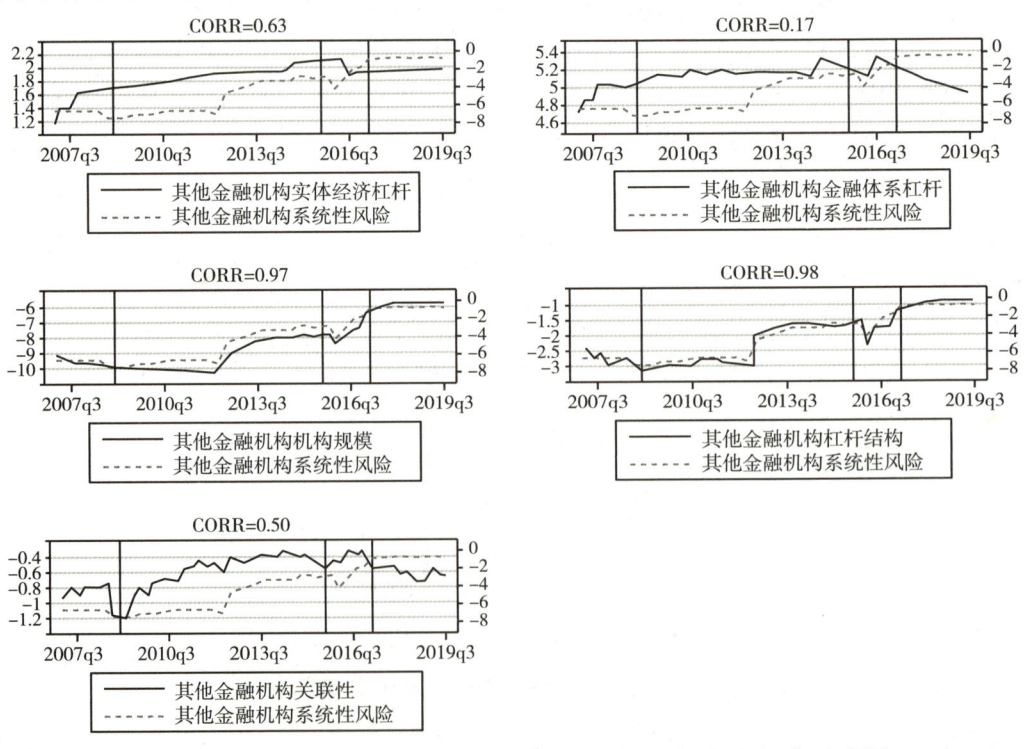

图 3-21 其他金融机构系统性风险以及风险因子变动时序图

具体而言，根据表 3-16，考察每个阶段各个因子和系统性风险的关系。

第一阶段关联性因子是正相关性最强的因子，机构规模和杠杆结构因子也有较高的正相关性。金融体系杠杆因子是负相关性最强的因子，实体经济杠杆因子也有一定的负相关性。

第二阶段所有因子都有较高的正相关性，其中杠杆结构因子正相关性最强。

第三阶段机构规模因子正相关性最强，杠杆结构因子正相关性也比较强，金融体系杠杆因子正相关性一般。实体经济杠杆因子负相关性最强，关联性因子负相关性较弱。

第四阶段机构规模因子正相关性最强，实体经济杠杆因子和杠杆结构因子正相关性较强，关联性因子相关性较低，金融体系杠杆因子负相关性较强。

表 3-16　　其他金融机构系统风险和因子相关性矩阵

	阶段 1	阶段 2	阶段 3	阶段 4
实体经济杠杆	-0.502	0.862	**-0.629**	0.588
金融体系杠杆	**-0.504**	0.509	0.522	**-0.456**
机构规模	0.606	0.985	**0.976**	**0.783**
杠杆结构	0.688	**0.993**	0.939	0.607
关联性	**0.701**	0.742	-0.232	0.010

注：表最左侧一列为风险因子名称，表第一行为阶段名称，表格中数据为因子在每个阶段和系统性风险的相关系数。加粗正数为该阶段正相关系数最大的因子，加粗负数为该阶段负相关系数最大的因子。

图 3-22 是 2018 年和 2019 年中国金融机构体系风险因子变动对比雷达图，可以发现 2019 年相比 2018 年，金融体系杠杆因子和关联性因子小幅下降，其他因子维持稳定。由此可以推断 2019 年相比 2018 年中国金融机构系统的系统性风险变动主要来源是关联性因子和金融体系杠杆因子，而且变动都比较小，总体维持稳定。

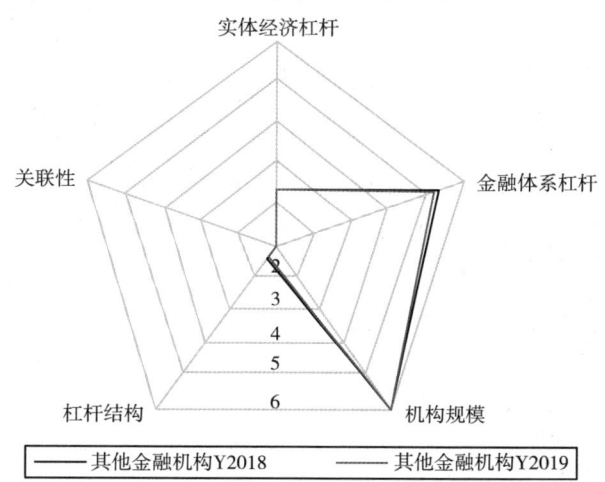

图 3-22　2018 年、2019 年年底其他金融机构系统风险因子变动雷达图

综上所述，我们可以得出以下针对其他金融机构系统的结论：

1. 不同阶段的风险因子重要性以及相关性都会发生变化，因子波动很容易导致风险的震动。监测中国金融机构系统的系统性风险、预测潜在的危机需要我们对时变的系统性风险以及因子波动保持即时的观测，维持宏观审慎的即时性。

2. 从整体来看，2008年之后杠杆结构因子作为系统相关性最强的因子，在全阶段都和系统性风险具有较强的正相关关系，在预测系统性风险上具有一定价值。机构规模因子是系统重要因子，需要高度关注。

3. 从2018年到2019年，系统性风险变动主要来源是关联性因子和金融体系杠杆因子，而且变动都比较小，其他金融机构行业的系统性风险相比之前年份基本稳定。

（四）因子对租赁机构系统性风险的驱动

图3-23、表3-17是中国租赁行业系统性风险和五个金融因子的时间序列波动图以及在四个阶段的相关系数矩阵，我们可以清晰地发现，对于租赁行业而言，四个阶段中各个因子的作用是不同的，同一个风险因子可能在不同的阶段和系统风险具有正向或者负向的相关关系，也就是在不同阶段同一个风险因子可能起到增加系统性风险或者抑制系统性风险的增加的作用。

整个时期，机构规模因子是系统正相关性最强因子，实体经济杠杆因子、杠杆结构因子和系统风险的正相关性较强，金融体系杠杆因子、关联性因子的正相关性较弱。从因子绝对值看，机构规模因子值最高但是为负，金融体系杠杆因子值其次，实体经济杠杆因子和杠杆结构因子值再次但是杠杆结构因子值为负，关联性因子值最低但是为负，杠杆结构

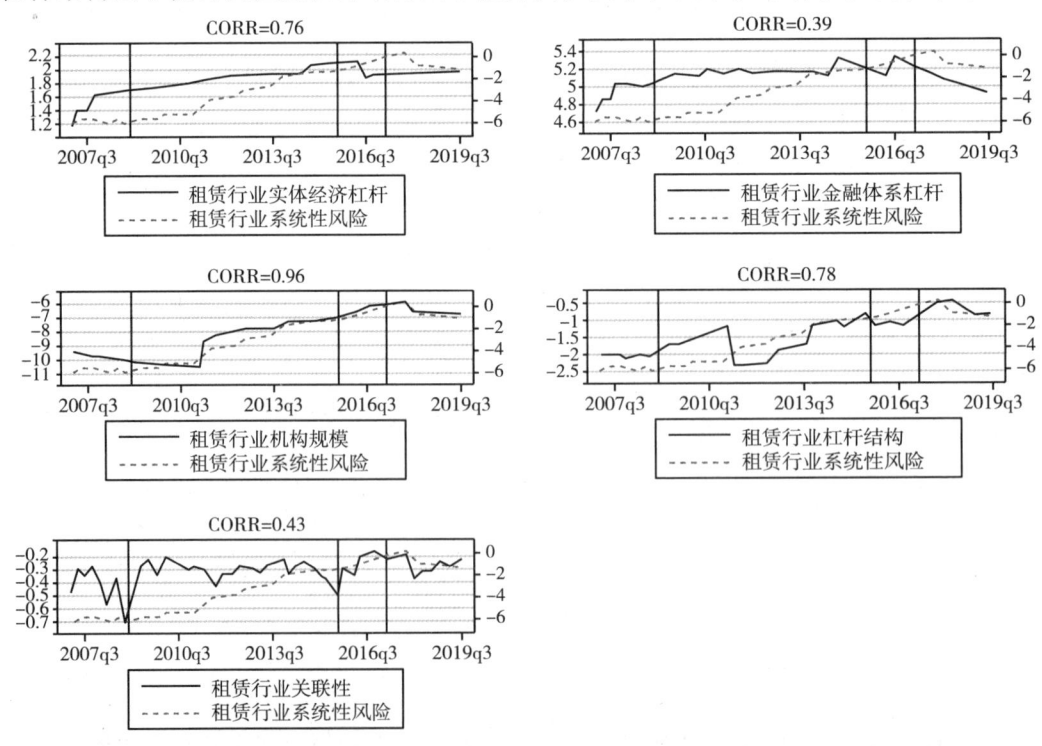

图3-23 租赁机构系统性风险以及风险因子变动时序图

因子值最低。综合考虑，银行行业系统重要性因子是机构规模因子。

具体而言，根据表3-17，考察每个阶段各个因子和系统性风险的关系。

第一阶段关联性因子正相关性最强，杠杆结构因子负相关性最强，其他因子有较弱的正相关性。

第二阶段机构规模正相关性较强，关联性因子负相关性较弱，其他因子均有显著的正相关性。

第三阶段、第四阶段都是机构规模正相关性最强，实体经济杠杆因子正相关性最弱，其他因子均有显著正相关关系。

表3-17　　　　　　租赁机构系统风险和因子相关性矩阵

	阶段1	阶段2	阶段3	阶段4
实体经济杠杆	0.128	0.927	-0.806	**-0.860**
金融体系杠杆	0.103	0.553	0.679	0.901
机构规模	0.114	**0.945**	**0.986**	**0.976**
杠杆结构	**-0.546**	0.470	0.794	0.598
关联性	**0.900**	-0.146	0.803	0.432

注：表最左侧一列为风险因子名称，表第一行为阶段名称，表格中数据为因子在每个阶段和系统性风险的相关系数。加粗正数为该阶段正相关系数最大的因子，加粗负数为该阶段负相关系数最大的因子。

图3-24是2018年和2019年中国金融机构体系风险因子变动对比雷达图，可以发现2019年相比2018年杠杆结构因子小幅上升，其他因子维持稳定。由此可以推断2019年相比2018年中国金融机构系统的系统性风险变动主要来源是杠杆解构因子，而且变动比较小，总体维持稳定。

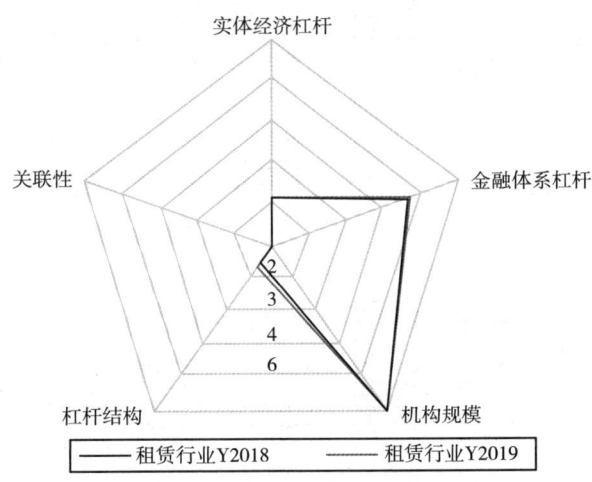

图3-24　2018年、2019年年底租赁机构系统风险因子变动雷达图

综上所述，我们可以得出以下针对租赁机构行业系统的结论：

1. 不同阶段的风险因子重要性以及相关性都会发生变化，因子波动很容易导致风险的震动。监测中国金融机构系统的系统性风险、预测潜在的危机需要我们对时变的系统性风险以及因子波动保持即时的观测,维持宏观审慎的即时性。

2. 从整体看,2008 年之后机构规模因子作为系统相关性最强的因子,在全阶段都和系统性风险具有较强的正相关关系,在预测系统性风险上具有一定价值。同时机构规模因子也是系统重要因子,需要高度关注。

3. 从 2018 年到 2019 年,租赁行业系统性风险变化的主要来源是杠杆结构因子的变动,但是变动幅度有限,租赁行业的系统性风险相比之前年份基本稳定。

第四节 系统重要性金融机构近年因子变动分析

在讨论了中国金融机构系统和三个行业的系统性风险是如何变动、并且寻找影响系统性风险的主导因素之后,本部分分别对 2018—2019 年三个行业的的系统重要性金融机构的机构风险因子波动进行了对比,并且得出了系统重要性金融机构的风险因子在近年是如何变动的结论。

本部分我们从机构层面分析系统性风险以及风险因子在近年（2018—2019 年）的变动情况。图 3 – 25 至图 3 – 30 分别是系统重要性银行、系统重要性证券机构、系统重要性保险公司、系统重要性信托公司、系统重要性其他金融公司、系统重要性租赁公司的行业系统的风险因子在 2018 年和 2019 年的对比图。其中 0 轴上下部分分别表示因子值为正和负。

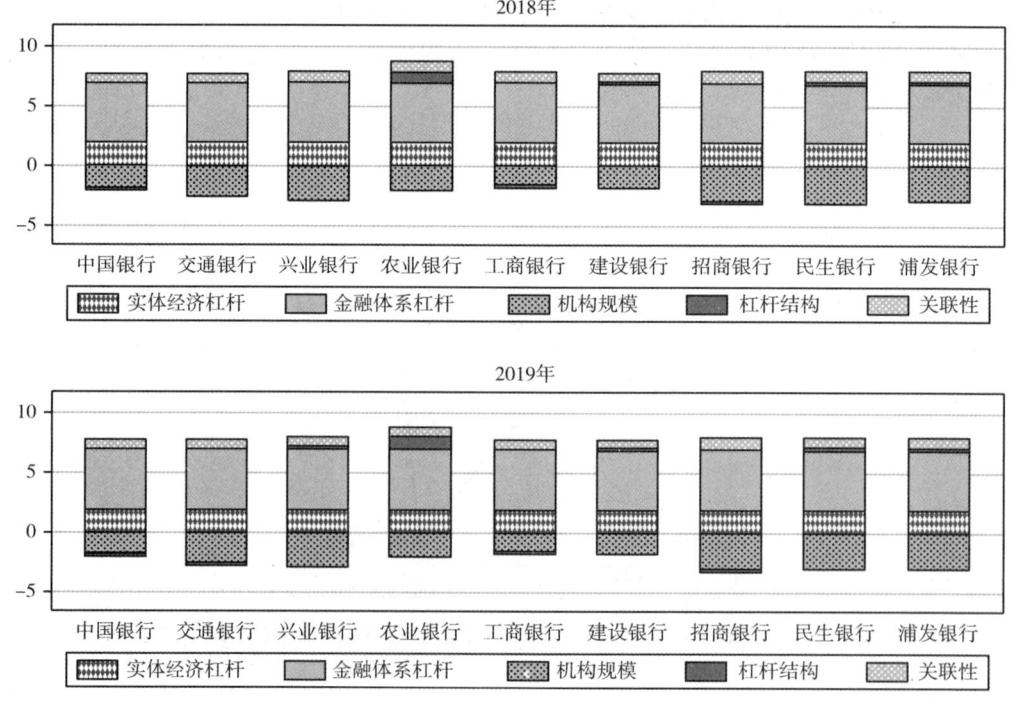

图 3 – 25 系统重要性银行风险因子对比图

通过图 3-25 我们可以判断，银行业系统重要机构的系统性风险中，最重要的因子是金融体系杠杆因子，其次是机构规模因子，再次是实体经济杠杆因子，关联性因子影响较低，杠杆结构因子仅对农业银行有一定影响。造成系统重要性银行系统性风险差异的主要因子是机构规模因子。从 2018 年到 2019 年各家机构的因子值以及比重基本稳定。

通过图 3-26 我们可以判断，证券机构行业系统重要机构的系统性风险中，最重要的因子是机构规模因子，其次是金融体系杠杆因子，再次是实体经济杠杆因子和杠杆结构因子，关联性因子影响较低。造成系统重要性证券机构系统性风险差异的主要因子是机构规模因子和杠杆结构因子。从 2018 年到 2019 年各个机构风险因子的值以及比重基本稳定。

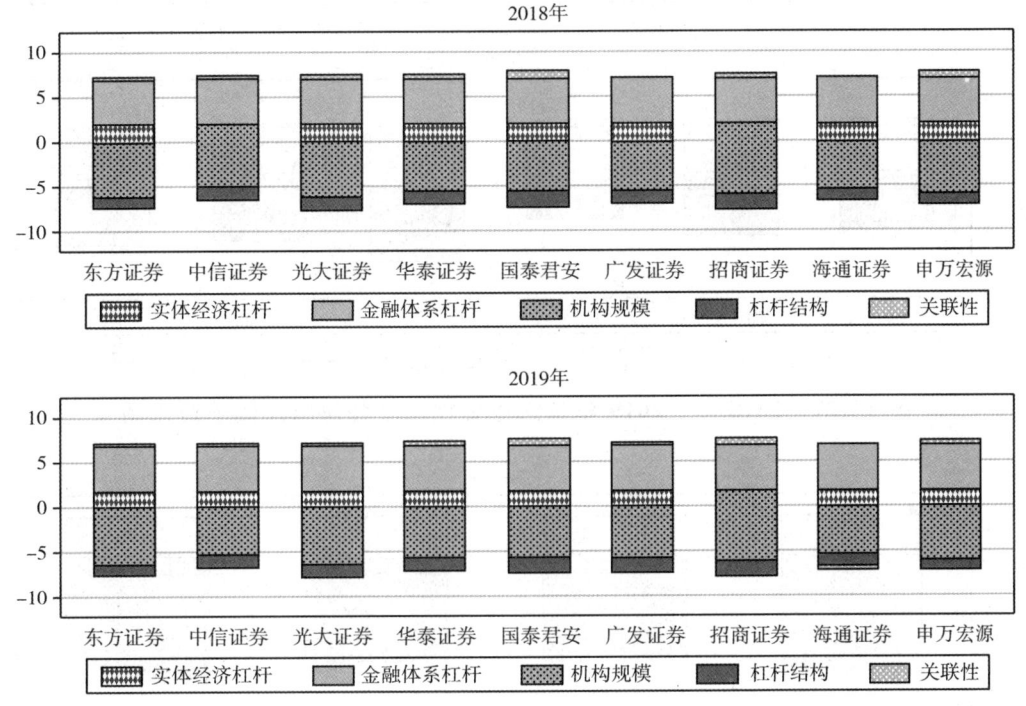

图 3-26　2018 年、2019 年系统重要性证券机构风险因子对比图

通过图 3-27 我们可以判断，保险公司行业系统重要机构的系统性风险中，最重要的因子是机构规模因子和金融体系杠杆因子，其中机构规模因子对天茂集团和西水股份的系统性风险影响较大，金融体系杠杆因子对中国平安影响较大；其次是实体经济杠杆因子；关联性因子和杠杆结构因子影响较低。造成系统重要性保险公司系统性风险差异的主要因子是机构规模因子，杠杆结构因子对天茂集团的系统性风险有略高影响。从 2018 年到 2019 年各个机构风险因子的值以及比重基本稳定。

通过图 3-28 我们可以判断，信托行业系统重要机构的系统性风险中，最重要的因子是机构规模因子，其次是金融体系杠杆因子，再次是杠杆结构因子，实体经济杠杆因子和关联性因子影响较低；其中杠杆结构因子对安信信托和陕国投 A 的影响比较高。造成系统重要性信托公司系统性风险差异的主要因子是机构规模因子和杠杆结构因子。从 2018 年到 2019 年各个机构风险因子的值以及比重基本稳定。

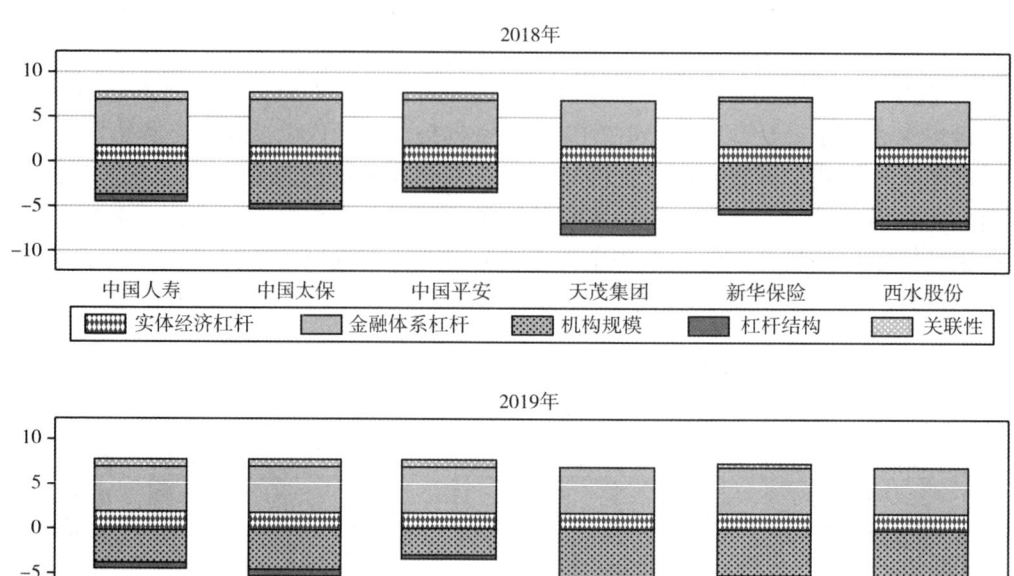

图 3-27　2018 年、2019 年系统重要性保险公司风险因子对比图

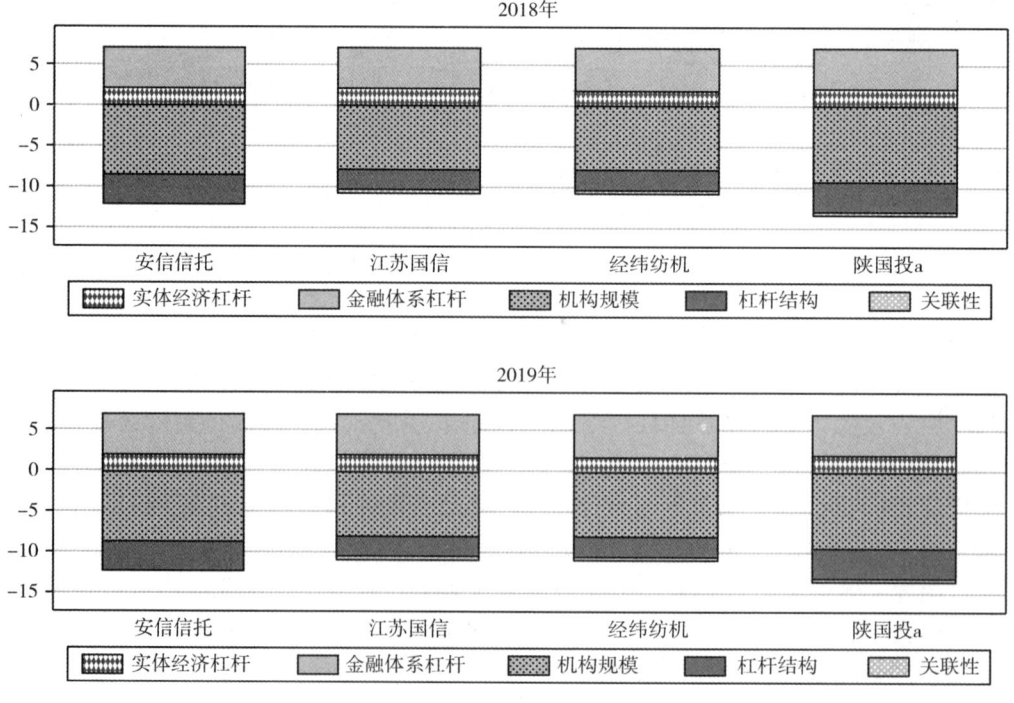

图 3-28　系统重要性信托公司风险因子对比图

通过图 3-29 我们可以判断，其他金融机构系统重要机构的系统性风险中，最重要的因子是机构规模因子，除了民生控股的杠杆结构因子有比较大的影响外，其他的机构次重要的因子都是金融体系杠杆因子，实体经济杠杆因子和关联性因子影响比较低。造成系统重要性其他金融机构系统性风险差异的主要因子是机构规模因子和杠杆结构因子。从 2018 年到 2019 年各个机构风险因子的值以及比重基本稳定。

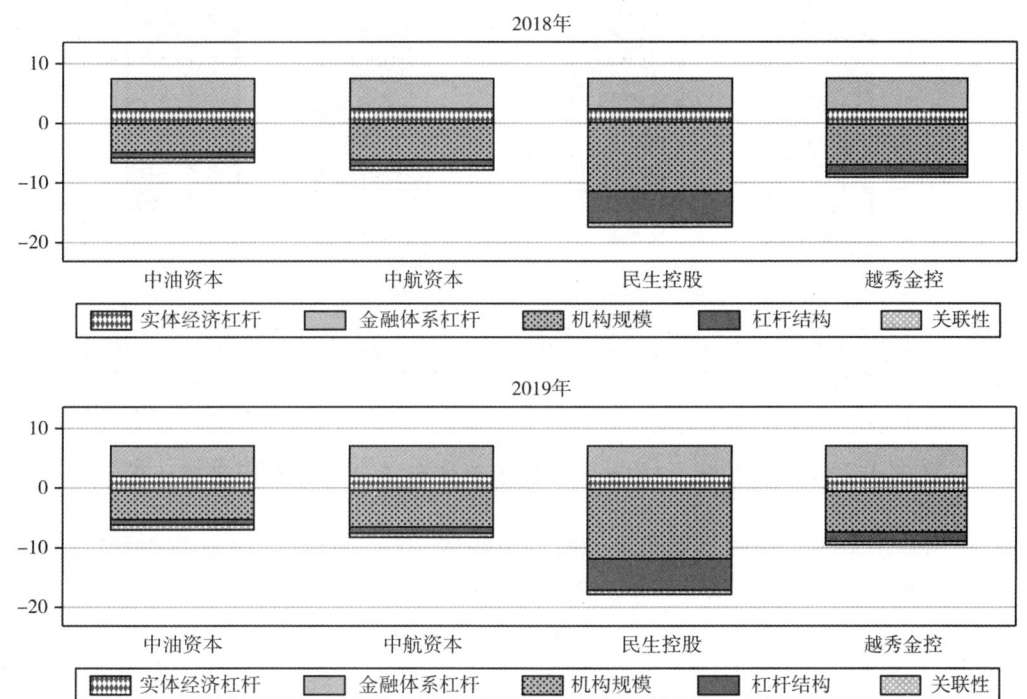

图 3-29　2018 年、2019 年系统重要性其他金融机构风险因子对比图

通过图 3-30 我们可以判断，租赁行业系统重要机构的系统性风险中，最重要的因子是机构规模因子，其次是金融体系杠杆因子，再次是实体经济杠杆因子，杠杆结构因子和关联性因子影响较低。造成系统重要性租赁公司系统性风险差异的主要因子是机构规模因子。从 2018 年到 2019 年各个机构风险因子的值以及比重基本稳定。

综上所述，我们可以得出如下关于系统重要性机构的结论：

1. 资本金规模巨大的系统重要性银行主要系统性风险来源是金融体系杠杆因子，而资本金规模较小的信托公司、其他金融公司以及租赁公司系统性风险主要来源是机构规模因子。同一行业内也有规模越大的公司机构规模因子影响越小、进而总的系统性风险越小的特点。对此我们需要做大做强核心枢纽型金融机构，增强其风险对抗能力。

2. 关联性因子在所有行业中影响普遍较低，说明中国金融机构体系尚未形成高关联度的复杂网络。我们需要维持金融机构相互关联关系在合理的范围，防止关联性成为风险传播渠道。

3. 对于信托行业和其他金融机构，这两个行业杠杆结构因子比较高。对此我们需要在这些行业重点推进各种改革，避免复杂的杠杆结构加剧风险。

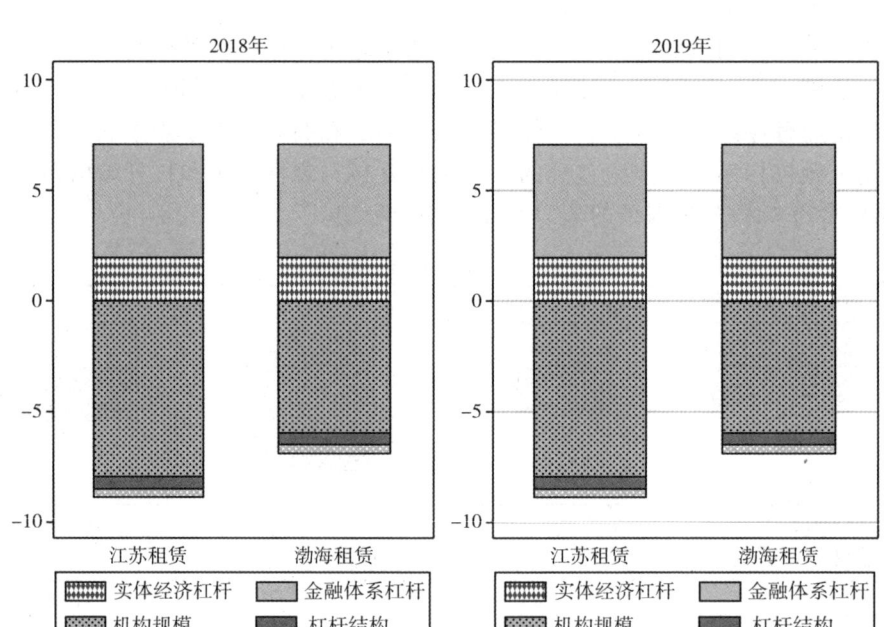

图 3–30　2018 年、2019 年系统重要性租赁公司风险因子对比图

4. 中国各个金融行业的系统重要性机构风险因子在 2018—2019 年维持稳定，我们需要贯彻目前的稳杠杆政策、以应对潜在的系统性风险。

第四章 中国影子银行体系安全分析

第一节 传统影子银行分析

一、银行理财业务

(一) 银行理财历史沿革

1. 银行理财产品的起步探索阶段（2005—2008年）。这一阶段为银行理财产品的发展初期。作为新诞生的金融创新产品，银行理财产品种类较为单一，以期次型封闭式产品为主，一个产品对应一个资产投向。产品数量较少，根据数据统计，2005年全年各家银行共发行631只理财产品发行规模2000亿元。资金投向主要为央行票据和政策性金融债等固定收益型资产。产品定价基本以资产收益率为基础决定，定价缺乏连贯性，产品定价差异大、跳跃性强，同业缺乏可比性。

2. 银行理财产品的快速发展阶段（2008—2013年）。这一阶段银行理财产品出现爆发性增长，迅速成为银行重要的负债来源和规避监管的工具。在经历金融危机的洗礼后，该阶段银行理财产品以低风险产品为主。此外，在该阶段，银行理财业务与商业银行表内资产负债业务出现了紧密的联系互动，通过理财业务腾挪信贷规模、竞争存款的现象比较普遍。该阶段的银行理财产品类型更加丰富，从期限类型、品种、投资方向等方面均取得了极大的增长，各家发行理财产品的银行基本实现了滚动发售。投资业务模式上以资产池类的集约运作模式为主，产品定价脱离标的资产进行分离定价，对整个资产池的收益率和成本统一管理，类似表内的净息差管理模式。由于产品数量更多，期限更加丰富，在产品定价时不再进行单期的产品定价，而是主要依据同业竞争、资产组合配置及收入目标等整体来确定收益率曲线，并体现一定合理的风险溢价。这一阶段开始，银行理财产品的同业可比性强，呈现出规范统一的市场局面。

3. 银行理财产品逐渐向资产管理本质回归阶段（2014年至今）。这一阶段，银行理财产品发展逐步规范，向资产管理本质回归。2014年银监会发布《关于完善银行理财业务组织管理体系有关事项的通知》文件后，根据要求各家银行在总行层面陆续成立单独的资产管理部一级部门，管理银行理财产品的发行、资金投资运作和风险控制，在商业银行内部将自有资金业务和代客理财业务隔离开来，建立起规范的业务发展和运作机制。同时，2015年央行取消存款利率上限，利率市场化改革走完最后一步，银行理财产品作为存款替代品的属性和意义开始消失,银行理财产品逐渐向真正意义上的资产管理产品回归。①

(二)银行理财的业务规模

1. 总体规模:经历快速增长后趋于平缓。总体而言,截至 2018 年 12 月,银行理财产品资金余额 32.1 万亿元人民币较 2016 年、2017 年同期缓慢增加。2007 年以来的数据如图 4-1 所示。从整体趋势来看,银行理财余额在 2007—2015 年经历了一个较为快速的增长,年均增长百分比在 40% 以上。2016 年之后,增势趋于平缓。

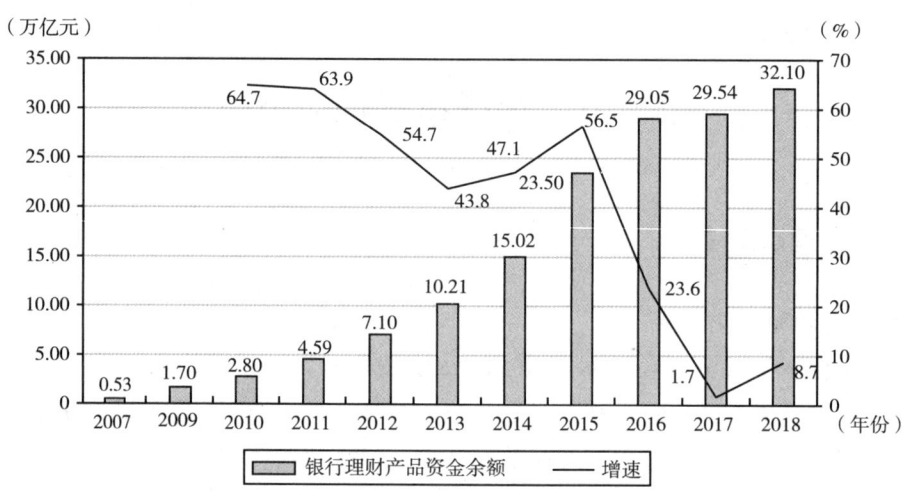

图 4-1　银行理财产品资金余额与年增长率

资料来源:Wind 数据库。

2. 发行机构:国有银行与大型股份制银行占据主导。截至 2019 年 6 月末,国有大型银行非保本理财产品存续余额为 8.13 万亿元,同比增长 3.77%,市场占比 36.68%;全国性股份制银行非保本理财产品存续余额为 9.08 万亿元,同比增长 7.53%,市场占比 40.94%;城市商业银行非保本理财产品存续余额为 3.85 万亿元,同比增长 9.64%,市场占比 17.37%;农村中小银行非保本理财产品存续余额为 0.99 万亿元,同比增长 4.97%,市场占比 4.45%。

而从历史发展来看,自 2015 年开始,国有大型银行、全国性股份制银行的存续占比始终占据主导地位。城商行、农村金融机构作为有机补充,呈现了一个先升后降的趋势。外资银行的存续额始终很小,基本在 1000 亿元人民币以下。

3. 理财产品收益情况:稳中有降,保持相对合理水平。2019 年上半年,非保本理财产品累计兑付客户收益 4801 亿元。其中,公募产品累计兑付客户收益 4556 亿元,占全部非保本理财产品累计兑付客户收益的 94.90%;分机构类型来看,国有大型银行累计兑付客户收益 1585 亿元,占比 33.01%;全国性股份制银行累计兑付客户收益 2068 亿元,占比 43.08%。具体如图 4-2 所示。

2019 年上半年,封闭式非保本产品按募集金额加权平均兑付客户年化收益率为

---

① 资料来源:曹沁. 中国银行理财产品对金融运行和宏观经济的影响研究 [D]. 中央财经大学,2018.

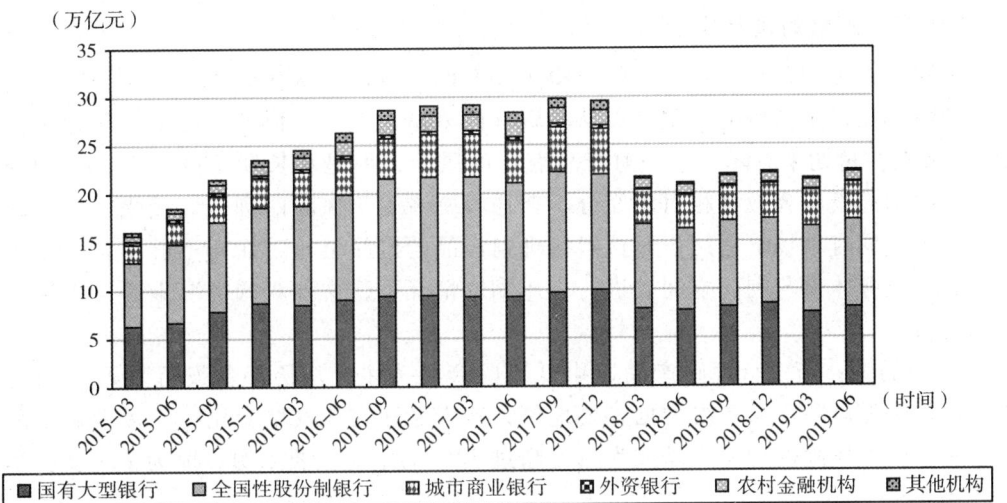

图 4-2 不同类型银行机构理财产品存续余额情况①②

资料来源：Wind 数据库、中国理财网。

注：①国有大型银行包括：中国工商银行、中国农业银行、中国银行、中国建设银行、交通银行和邮政储蓄银行；全国性股份制银行包括：中信银行、光大银行、华夏银行、民生银行、招商银行、兴业银行、广发银行、平安银行、浦发银行、恒丰银行、浙商银行和渤海银行；其他机构包括：国家开发银行等。

②由于数据口径变更，2017 年及以前的数据为理财产品存续额，来自 Wind 数据库，数据库声明来自中国理财网；2018 年及以后数据为非保本理财产品存续额，作者手工整理自中国理财网。

4.61%，同比下降约 34 个基点。2017 年下半年以来，封闭式非保本理财产品加权平均兑付客户收益率大致呈先上升、后下降的态势，与债券市场利率走势大致相符。从长期趋势来看，理财产品收益率处于一个较为平稳的水平，没有出现较大幅度的波动。具体如图 4-3 所示。

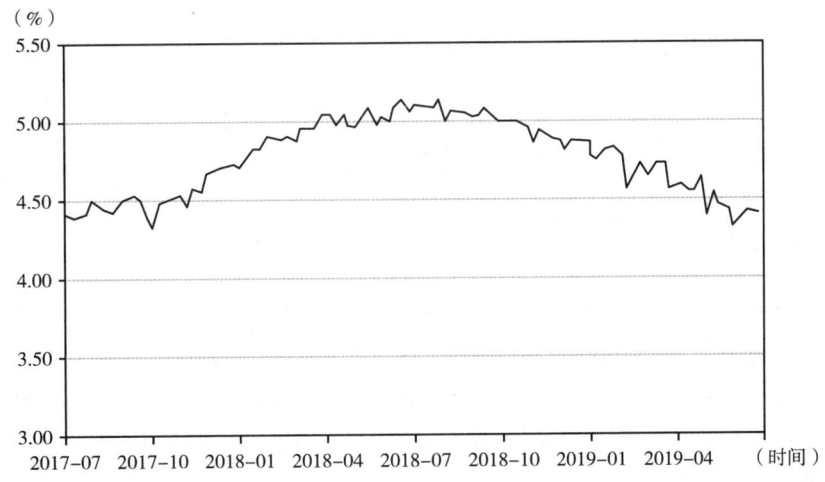

图 4-3 已终止的封闭式非保本理财产品加权平均兑付收益率走势

资料来源：中国理财网。

(三) 银行理财的风险特征

整体而言，中国银行理财潜在的风险主要有两个方面：从募资类型角度而言，主要的新发行理财产品以中低风险为主；而从投资标的来看，债券、债基占据了主导地位。这种"双低"虽然在短期来看降低了理财产品潜在的风险，但是从长期角度来看，这种分布恰恰说明了中国的投资者教育相对不充分，普通投资者对于风险的理解、接受、抵消能力相对而言不足，同时市场上适用于对接银行理财产品的产品也相对而言不够丰富。在长期银行传统表内业务体量与利润空间被进一步压缩的情况下，这种双低情况未必可以满足银行的利润需求。

1. 募资类型：新发行理财产品以中低风险产品为主。从历年新发行理财产品的风险类型来看，中低风险产品始终占据主要地位，特别是在政策发生变化、一级理财产品发行削减之后，中低风险的理财产品成为占比超过70%的绝对主要来源，成为最重要的募资渠道（见表4-1）。

表4-1 2014—2019年银行理财募资产品风险等级

		一级（低）	二级（中低）	三级（中）	四级（中高）	五级（高）	合计
2014年	募集金额（万亿元）	31.49	64.23	17.59	0.48	0.18	113.97
	占比（%）	28.00	56.36	15.43	0.42	0.16	100
2015年	募集金额（万亿元）	42.37	94.42	20.75	0.75	0.12	158.41
	占比（%）	26.75	59.60	13.10	0.47	0.08	100
2016年	募集金额（万亿元）	41.81	95.82	29.81	0.34	0.15	167.93
	占比（%）	24.90	57.06	17.75	0.20	0.09	100
2017年	募集金额（万亿元）	10.87	96.01	20.06	0.21	0.07	127.22
	占比（%）	8.55	75.47	15.77	0.17	0.05	100
2018年	募集金额（万亿元）	10.53	87.92	19.44	0.17	0.03	118.09
	占比（%）	8.92	74.44	16.46	0.14	0.03	100
2019年上半年	募集金额（万亿元）	6.26	40.40	8.85	0.07	0.01	55.59
	占比（%）	11.26	72.66	15.92	0.12	0.03	100

资料来源：中国理财网。

2. 投资资产情况：债券与非标债权产品占据主要比重。从资产配置情况来看，截至2019年6月末，非保本理财共持有资产余额25.12万亿元。其中，存款、债券及货币市场工具的余额占非保本理财产品投资余额的66.87%。债券是理财产品重点配置的资产之一，在非保本理财资金投资各类资产中占比最高，达到55.93%（见图4-4）。

非保本理财持有的债券资产中，国债、地方政府债券、中央银行票据、政府机构债券和政策性金融债券占非保本理财投资资产余额的7.84%；商业性金融债券、同业存单、企

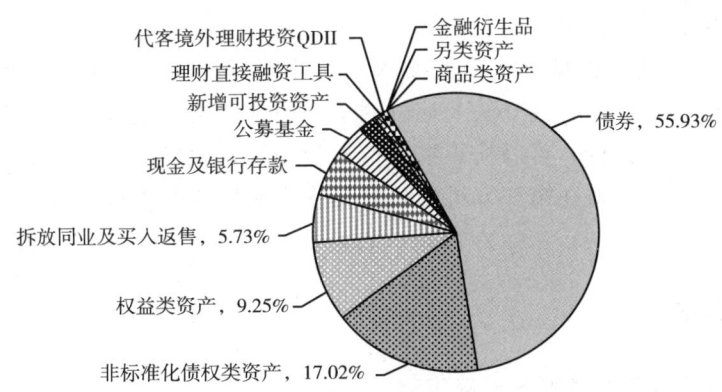

图 4-4　2019 年非保本理财产品资产配置情况

资料来源：中国理财网。

业债券、公司债券、企业债务融资工具、资产支持证券和外国债券占非保本理财投资资产余额的 48.09%。

（四）银行理财的下一步发展趋势

时下，对于银行理财业务发展影响最为深远的事件，当属 2018 年 4 月发布的《关于规范资产管理业务的指导意见》（市场称：资管新规）。该规定不仅对各类资产管理业务提出了统一明确的监管要求，更将过去银行理财赖以生存的重要基石：保本理财业务予以彻底否定，可以预见到，现有的银行理财业务，在资管新规要求下，将进行重大的转型变革，在打破刚性兑付、产品净值化转型、成立独立资管子公司、非标投资限制等方面都要进行重大转变。

1. 进一步打破"刚性兑付"，保本产品全面取消，产品净值化、多样化。按照资管新规要求，银行理财产品均名义上不再许诺本息保障。但是由于市场惯性，特别是投资者认知的延续，银行的理财产品还有相当部分"擦边球"宣传成分，而在操作之中，由于业绩挂钩因素，在一线实践中常常出现理财经理过度宣传、代客进行风险评估等不规范操作。

而随着政策的执行进一步深入，行业发展转变以及公众对于风险认知能力的提高，实质刚兑的理财产品由于无法满足银行进行高利润投资的需要，也不能满足更成熟投资者对于回报的要求，必将逐步退出市场。随之而来的是，产品走向净值化、多样化，让投资者根据自身对于回报的要求与风险承担能力，选择偏好的产品。

2. 产品运作规范化，充分利用互联网等数字技术。产品运作规范化主要是体现在四个方面：首先，期限拉长，缓解期限错配带来的流动性风险；其次，产品种类进行明确细分与风险昭示，对投资者进行充分、真实的风险介绍与风险评估；再次，资金投资运作避免多层嵌套，降低系统性金融风险和监管难度；最后，一线操作正规化，进一步区分理财产品与存款、大额存单业务的区别，调整合理的激励方式，避免激励不相容带来的业务执行扭曲。

而互联网等数字技术的应用，蚂蚁金服、微信等互联网公司以及易方达等基金公司已经有了一个比较好的实践。经过多年打磨，银行的 App 等数字终端也有了较好的体验，未来更多的理财产品宣传、操作应当在这些新兴平台完成，而不是再单纯地依靠线下推广。

投资人群的年轻化、小额化也将成为趋势。

3. 理财业务独立化。根据资管新规要求，商业银行开展理财业务，要建立起独立合规的组织机构，应当设立具有独立法人地位的子公司开展资产管理业务，具有证券投资基金托管业务资质的商业银行，可以托管本银行子公司发行的资产管理产品，没有托管资质的银行所发行的理财则必须在第三方机构独立托管，实现商业银行自营业务和代客理财业务的彻底分离。

二、信托理财

（一）改革开放后信托理财的发展历程

从信托起源和发展来看，信托功能与商品经济发展水平和市场制度的完善有着密切关系。中国信托制度的再次引进使中国信托业迅速发展，同时，特殊的国情又使中国信托业在不断"纠错"中艰难的成长。

1. 恢复与扩张（1979—1993 年）。1979 年 10 月，改革开放后的中国第一家信托机构——中国国际信托投资公司宣告成立，直属国务院领导，可以办理国际信托投资和金融业务。它的成立标志着中国开始恢复信托制度，是中国改革开放的产物，是在特定时期中国金融改革与制度创新的产物。1980 年 6 月，中国人民银行根据国务院关于银行要试办信托投资公司的指示，正式开办信托业务。从 1980 年到 1982 年底，全国各类信托投资机构已有 620 多家。

到了 1984 年，中国信托业发展又出现了一次高潮。但是，信托业务的内容和方式并未体现现代信托业的特征，基本上还在行使银行功能，是银行存贷款业务的重复。截至年底，针对当时经济过热造成货币投放和信贷规模双重失控现象，中国宏观经济采取紧缩性政策，信托业再一次开始全国性整顿，暂停办理新的信托贷款和投资业务，对存贷款加以清理。

在 1986 年以后，中国经济出现过热，导致资金需求过大，引发了信托业的迅速膨胀和再次扩张。1988 年，中共中央、国务院发出清理整顿信托公司的文件。同年 10 月，人民银行开始对信托业进行整顿。第二年，国务院针对各种信托投资公司发展快，管理较乱的情况，对其进行了进一步的清理整顿。至 1992 年，中国信托业一直处于发展的低潮阶段。

2. 整顿阶段（1993—2001 年）。1993 年，为治理金融系统存在的秩序混乱问题，开始全面清理各级人民银行越权批设的信托投资公司。到 1993 年，全国的信托投资公司达到 389 家（不含各地越权审批的机构），总资产规模近 4300 多亿元。

1995 年，又进行了全国非银行金融机构的重新登记和国有商业银行与所办信托投资公司的脱钩工作。到 1997 年年末，全国共有信托机构 242 家，资产规模约为 4600 亿元。

1999 年为防范和化解金融风险，决定对当时的 239 家信托投资公司进行全面的整顿撤并，按照"信托为本，分业管理，规模经营，严格监督"的原则，重新规范业务范围，把银行业和证券业从信托业中分离出去，同时出台严格的公司设立条件。

2000 年 10 月，中国人民银行召开了信托投资公司清理工作会议，其中，特别强调了保留的信托投资公司的条件是不得有逾期外债、不得有个人债务、不得有分支机构、不得有资金缺口、资本金在按有关规定冲销呆账、坏账和投资损失,并弥补历年累计经营亏损后,不得低于人民币现金 3 亿元等。

3. 规范发展阶段（2002 年至今）。从监管角度来看,2003 年,随着金融机构改革的深入,原中国人民银行的货币政策和监管职能进行了分离,成立了银监会,承担原人民银行对银行和非金融机构监管等职能,信托投资公司由银监会直接监管。

从业务角度来看,2002 年 7 月 18 日,上海爱建信托投资公司发售了首只信托产品,这也被业内人士称之为信托公司回归主业的开端。

2007 年 3 月 1 日起,新的《信托公司管理办法》《信托公司集合资金信托计划管理办法》等法规正式施行,对信托公司的经营范围和业务定位做出了新的规定。信托公司根据新规要求进行实业投资清理、存续业务的整改,以申请进行重新登记或执行过渡期政策。截至 2008 年 2 月,正常经营的 54 家信托公司中已有 34 家获准换发新的金融许可证。

2010 年,全国范围内共有 55 家信托公司正常经营。共成立了 2337 只集合信托产品。总规模达到 2579 亿元。随后几年信托业迎来了爆发式的增长。行业规模从 2011 年的 4 万多亿元,在短短的 6 年时间。突破到 2017 年的 26.25 万亿元。其数量也增加到现在的 68 家。随着政府对信托牌照的限制。国内信托公司的数量目前稳定在了 68 家。[①]

（二）信托市场规模

1. 整体而言,信托资产与资金信托业务在近两年发展趋缓。回顾 2010 年以来发展趋势,与银行理财相似,信托在 2018 年随着资管新规的出台,增长速度呈现出一个断崖式下降（见图 4-5）。

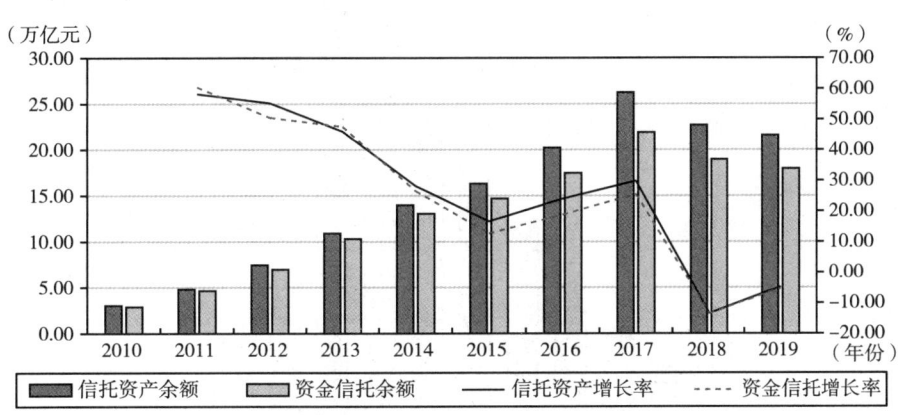

图 4-5　2010 年以来信托资产与资金信托发展趋势

资料来源：Wind。

2. 资产信托业务类型：增长点主要来自管理财产信托。按余额资金区分,近年来集合资金信托发展速度较快,显著高于其他两类（见图 4-6）。

3. 信托资金类型,按运作方式主要为贷款。从图 4-7 中,我们不难发现,按照运用方式划分,资金信托占比最大,同时也是增长最为明显的是贷款业务。

---

① 梳理汇总自 http://www.yanglee.com/Research/Details.aspx?i=44525。

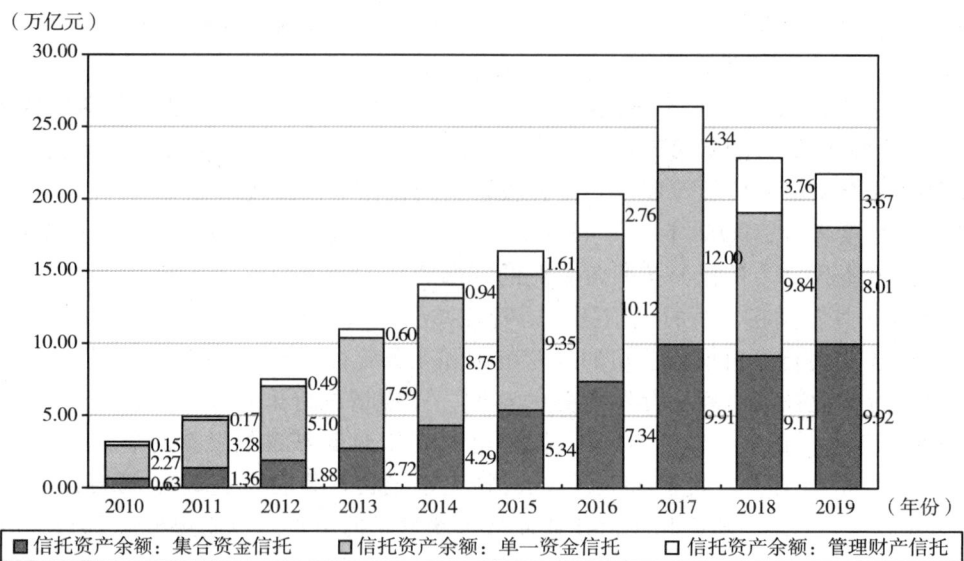

图 4-6 信托资产余额，按资金分类

资料来源：Wind。

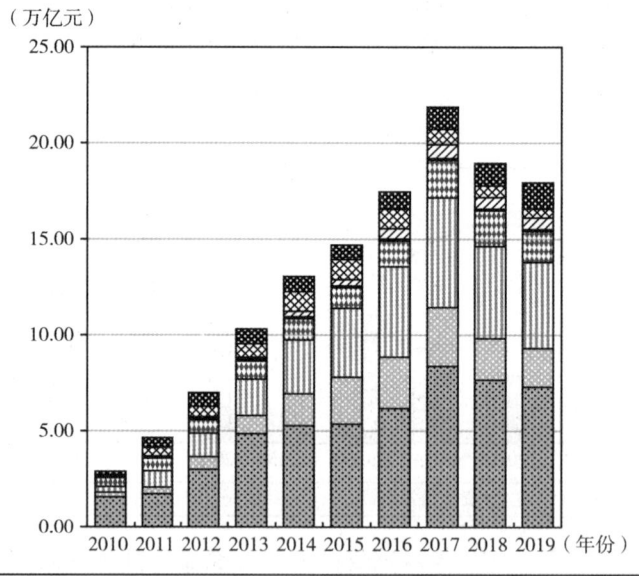

图 4-7 资金信托余额，按资金运用方式区分

资料来源：Wind。

（三）信托主要风险来源

中国信托业协会数据显示，2018 年年末，信托行业风险项目资产规模创 2014 年以来新高，风险压力较大。在 2019 年经济增长放缓的背景下，依赖信托贷款融资的高杠杆借款人的经营风险及违约风险或将加剧，信托公司资产质量不容乐观。

1. 信托资产余额，主要集中在事务管理类之中，投融资增长不足。而按照余额管理方式区分，近年得到较大增长的，则是事务管理类。具体如图 4-8 所示。

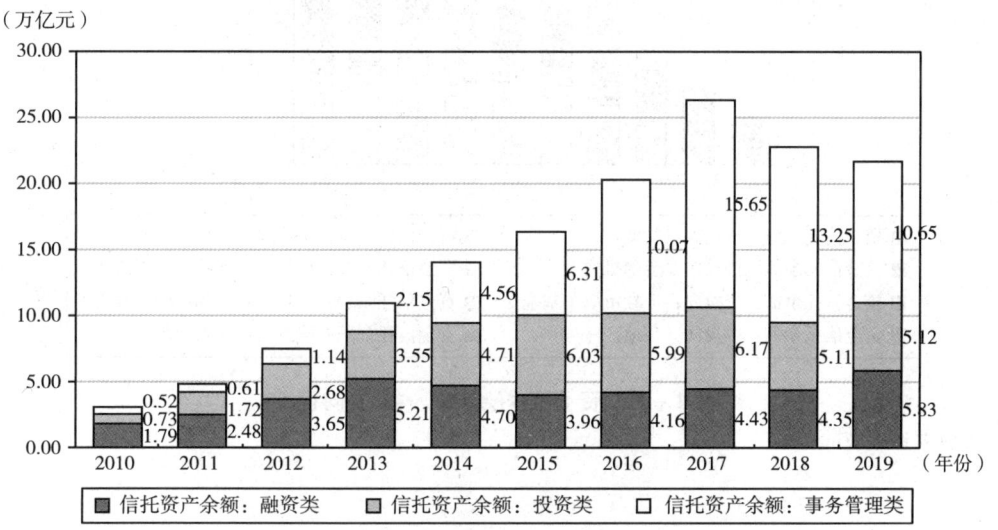

图 4-8 信托资产余额，按资金类型区分

资料来源：Wind。

2. 从资金信托投向来看，比重不尽合理。如图 4-9 所示，资金投向的大头进入了金融机构和工商企业，具有较大的不确定性；直接进入金融市场（债权、股票、基金）的比例较少，同时需要警惕的是，2017 年后，投入房地产的比重突然攀升，但这并不是一个非常合适的时机。

3. 从信托合作机构来看，相对单一。从信托资产合作类型来看，信托公司与银行的合作占到了绝对主导的比重（见图 4-10）。这种单极化的权重分配一方面不利于信托行业自身的发展，另一方面也对于银行的风险有一定累积、放大的威胁。

（四）信托发展

私募金融服务市场与公募金融市场及银行都是储蓄转化为投资的重要渠道，信托制度的自身优势决定它是私募金融市场的最佳服务商。既然信托公司已成为私募金融市场的领导者，而信托公司服务介入又对分流投资渠道、规范引导民间金融行为、稳定金融秩序有重要作用，那么通过必要的政策将信托公司定位为私募金融市场的排他性金融服务提供商，不仅对信托业的发展具有现实必要性，也对中国金融体系的完善有着重大的积极意义。

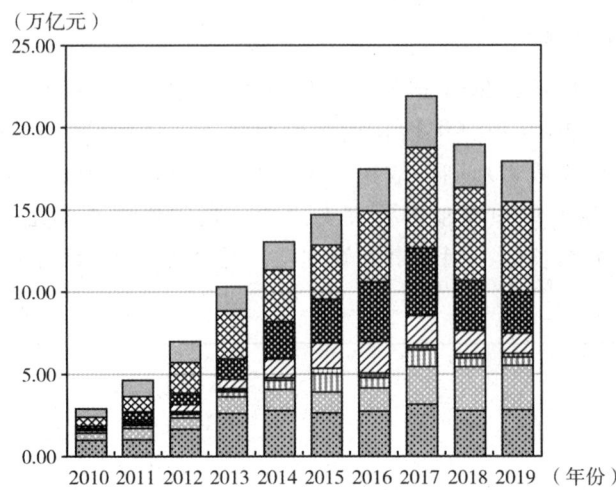

图 4-9 资金信托余额，按投向区分

资料来源：Wind。

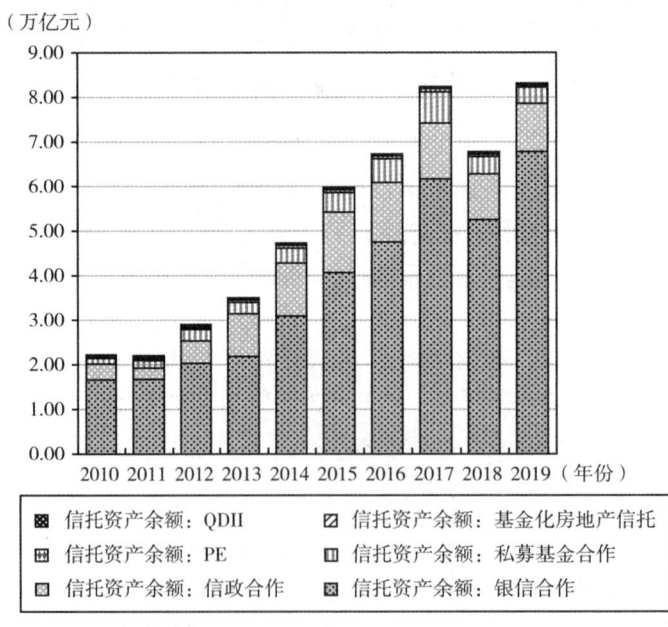

图 4-10 信托资产余额，按合作类型

资料来源：Wind。

此外，信托制度衍生的金融服务功能可以定位为信托业的排他性主营业务。资金与信用经营活动中有信托制度安排都应该由信托公司专营，但对国务院另有规定的应该排除在外，如基金管理公司，是依据信托制度而建立、以公募性证券投资为专营业务的金融机构。对于银行在经营理财业务时涉及信托制度应该要有明确界定。笔者认为，银行业除以黄金、外汇、债券等为对象的投资理财业务可以继续经营外，其他理财业务不得涉足，这也符合目前国际金融体系改革的大趋势。

三、证券与基金理财

（一）证券理财的发展历史

1. 萌芽和早期发展时期（1985—1997年）。在20世纪80年代末，一批由中资或外资金融机构在境外设立的"中国概念基金"相继推出。20世纪90年代初期，在境外"中国概念基金"与中国证券市场初步发展的影响下，在地方政府和当地人民银行的支持下，国内基金开始发展，在1992年前后形成了投资基金热。

在这一时期，中国人民银行作为基金主管机关，进行基金的审批设立以及运作监管。这一阶段成立的基金数量共有79只，总资产90多亿元，投资者约120万户，大部分是在1992年前后成立的。相对于1997年《证券投资基金管理暂行办法》实施以后发展起来的证券投资基金，习惯上将1997年以前设立的基金称为"老基金"。

2. 试点发展阶段（1998—2002年）。1997年11月当时的国务院证券委员会颁布了《证券投资基金管理暂行办法》，为中国证券投资基金业的规范发展奠定了法律基础，1998年3月27日，经中国证监会批准，新成立的南方基金管理公司和国泰基金管理公司分别发起设立了规模均为20亿元的两只封闭式基金——"基金开元"和"基金金泰"，由此拉开了中国证券投资基金试点的序幕。

基金试点的当年，中国共设立了5家基金管理公司，管理封闭式基金5只（单只基金的规模同为20亿元），基金募集规模100亿份，年末基金净资产合计107.4亿元。

在封闭式基金成功试点的基础上，2000年10月8日，中国证监会发布并实施了《开放式证券投资基金试点办法》，由此揭开了中国开放式基金发展的序幕。2001年9月，中国第一只开放式基金——华安创新诞生，到2001年年底，中国已有华安创新、南方稳健和华夏成长等3只开放式基金，2002年年底开放式基金迅速发展到17只，规模566亿份。

3. 快速发展期（2003—2008年）。2003年10月28日，十届全国人大常委会第五次会议审议通过《中华人民共和国证券投资基金法》并于2004年6月1日施行，基金业的法律规范得到重大完善。《证券投资基金法》共12章103条，对基金活动的基本法律关系，基金管理人，基金托管人，基金的募集，基金份额的交易，基金份额的申购与赎回，基金的运作与信息披露，基金合同的变更、终止与基金财产清算，基金份额持有人权利及其行使，监督管理，法律责任等涉及基金运作的各个环节都作出了明确的法律规范。良好的基金立法和严格的基金监管是促进基金业健康发展的必要条件。《证券投资基金法》的出台为中国基金业的发展奠定了坚实的法律基础，在此基础上，中国证券投资基金业走上了一个更快的发展轨道。这一阶段基金发展的主流品种是开放式基金，自2002年8月银丰基金发行成功后直到2007年7月，中国一直未发行新的封闭式基金。2006—2007年受益于股市繁荣，中国证券投资基金得到有史以来最快的发展。

4. 行业平稳发展及创新探索阶段（2008年至今）。2008年以后，由于全球金融危机的影响、中国经济增速的放缓和股市的大幅调整，基金行业进入了平稳发展时期，管理资产规模停滞徘徊，股票型基金呈现持续净流出态势。面对不利的外部环境，基金业进行了积极的改革和探索。

主要采取了以下六大措施：
（1）"放松管制、加强监管"；
（2）基金管理公司业务和产品创新，不断向多元化发展；
（3）互联网金融与基金业有效结合；
（4）股权与公司治理创新得到突破；
（5）专业化分工推动行业服务体系创新；
（6）混业化与大资产管理的局面初步显现①。

（二）证券基金市场规模

从市场规模来看，近年来基金管理公司股资金的净值保持了一个增速回落但稳定向上的增长趋势，截至2018年年末，整体规模为13.03万亿元。而证券公司的资管业务，则受到了较大程度的冲击，在2017年、2018年两个年度呈现出负增长。截至2018年年底，规模为13.36万亿元人民币（见图4-11）。

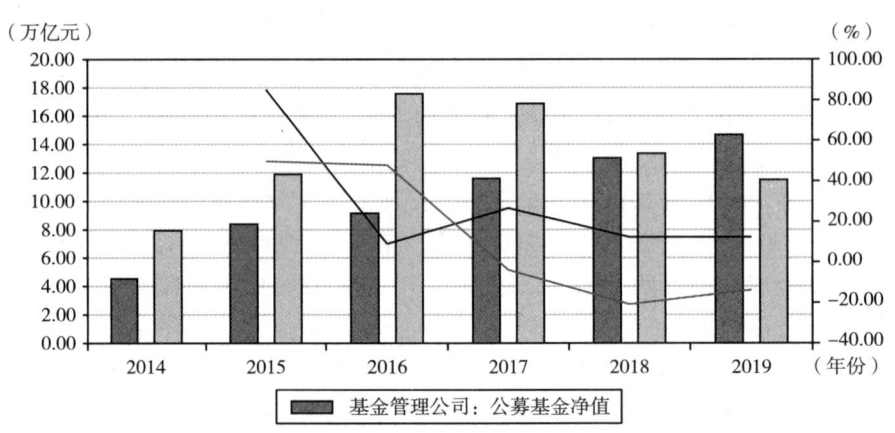

图4-11 证券公司资产管理业务与基金公司公募基金净值

资料来源：Wind。

（三）证券基金风险特征

1. 基金公司净值组成：货币基金占比过高且在增加。从图4-12可知，基金公司的净值主要集中在货币基金，且近年来依然保持增长趋势，这一方面与互联网金融兴起、余额宝等货币基金兴起相关，另一方面，则是银行等资金端对于低风险、中低风险标的的需求导致的。虽然以货币基金为主在短时间内看是对于风险的一种有效抑制，但是长期而言，随着市场发展，可能出现不利于市场走向更为成熟、多样化的趋势。

---

① 整理自 http://www.xuexilicai.com/jijin/1940.html。

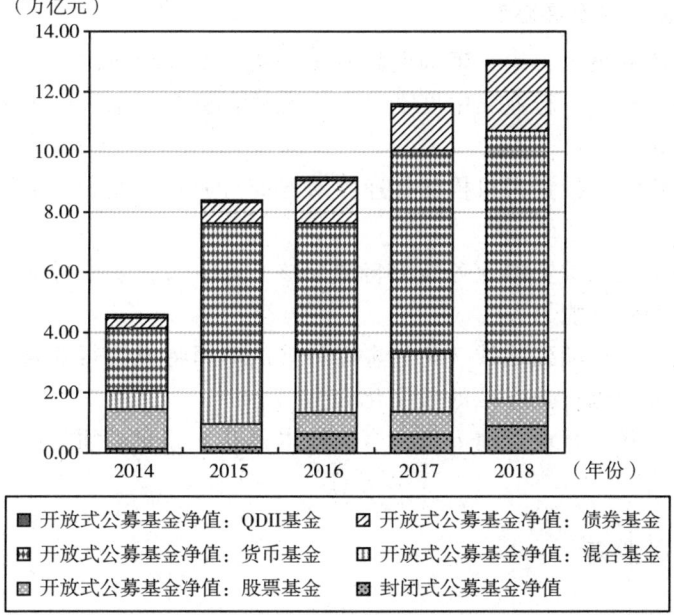

图 4-12 公募资金净值组成

资料来源：Wind。

2. 证券公司资管组成：过分依赖定向资管。从图 4-13 我们可以明显看出，证券公司的资产管理业务，定向资管占据了绝对的主导地位，这种单一化的占比走向，对于风险控制带来了较大的风险。

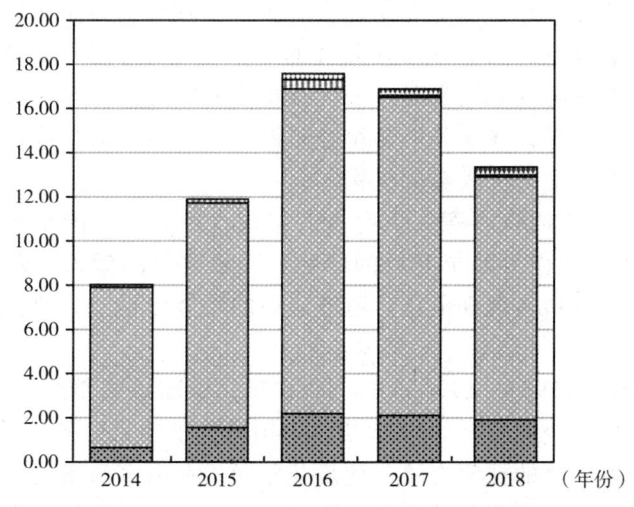

图 4-13 证券公司资产管理业务净值组成

资料来源：Wind。

（四）证券基金未来发展趋势

根据麦肯锡的研究报告，未来证券业将有五大主要发展趋势：

趋势一行业分化整合：行业集中度上升，出现整合机会，未来将形成大型全能券商与特色精品券商共存格局；

趋势二客户机构化：投资者机构化提速，对券商行业专业度和产品服务的丰富多样性提出了更高要求；

趋势三业务资本化：重资本业务能力将成为核心竞争力，要求券商具备更强的资产获取、风险定价和主动管理能力；

趋势四全面数字化：端到端数字化和金融科技的应用将成为行业常态，要求券商从组织、人才、理念等方面进行全方位的数字化转型；

趋势五运营智能化：行业业绩下滑，合规成本上升，券商必须持续降本增效，推进运营智能化。

四、财务公司业务

（一）中国财务公司历史沿革

1. 财务公司定义。对于财务公司的定义，因其在不同国家依据的法律体系有所差异，从而导致不同国家对于财务公司的金融制度有所不同，因而不同国家对于财务公司定义不一致，经营业务范围也有所差异。为了有别于其他国家所定义的财务公司，突出中国财务公司在探索国家大型企业集团产融结合道路中的重要作用，因此将中国的财务公司称为"企业集团财务公司"。目前实行的《企业集团财务公司管理办法》中明确界定了财务公司的定义及功能定位，即"以加强企业集团资金集中管理和提高企业集团资金使用效率为目的，为企业集团成员单位提供财务管理服务的非银行金融机构"。中国财务公司是企业集团改革背景下的产物，与其他国家财务公司有本质上的区别。它在行政上从属于企业集团，受企业集团的垂直领导；在业务上要符合非银行业金融机构标准，受银监会监督和管辖；在属性上，是一个独立的法人金融机构①。

2. 财务公司历史。自1987年第一家财务公司设立以来，中国企业集团财务公司历经了30余年发展。财务公司作为改革开放的产物，随着改革的深入、政策法规的演变，正在探索与实践的道路上逐步实现规范化。财务公司的发展历程，大致可以划分为以下四个阶段：

（1）积极探索阶段（1987—1991年）。1986年，伴随着经济体制改革，中国开始成立跨区域、跨行业的大型企业集团。1987年，中国成立了首家财务公司——东风汽车财务公司，由此开启了产融结合的探索之路。此后几年间，在国家政策的支持下，企业集团的数目飞速增多，自办金融的潮流蓬勃兴起，这导致出现了非企业集团设立财务公司以及未经人民银行批准私设财务公司的情况。为了改变这些现状，规范发展财务公司，1990年6月，中国人民银行发布了《关于清理整顿财务公司的通知》，该文明确将财务公司的经营

---

① 资料来源：郑文. 企业集团财务公司风险管控研究［D］. 福州大学，2018。

范围规定在企业集团内部。通过清理整顿，财务公司确定了业务经营范围，明确了企业集团发展财务公司的方针。在这期间，中国人民银行共探索性地批准设立了18家财务公司。总的来说，这个阶段，财务公司行业规模小，组织形成不规范，监管措施有限。

（2）快速发展阶段（1992—1996年）。1991年12月14日，国务院批转的《关于选择一批大型企业集团进行试点的请示》，正式将设立财务公司作为开展大型企业集团试点的辅助政策。1992年11月13日，为配合国务院推进大型企业集团财务公司发展，国家体改委、计委、经贸委和人民银行联合出台了《国家试点企业集团设立财务公司的实施办法》，首次官方对财务公司的机构性质、设立条件、业务范围以及金融监管进行了规定。从此财务公司数目及资产总额快速增长，5年内中国人民银行共批准设立了48家财务公司。但由于中国经济大环境和财务公司自身原因，在快速发展过程中，财务公司出现了违规、经营失败等新情况。为了进一步规范财务公司的发展，1994年《公司法》颁布后，要求新设的财务公司建立现代企业制度。1996年，中国人民银行出台了《企业集团财务公司管理暂行办法》，首次以法规的形式规范财务公司的运作。自此，财务公司行业开始了规范化发展的道路。总的来说，这个阶段，财务公司数量及资产规模增长较快，发展中带有一定盲目性。

（3）分业调整阶段（1997—2003年）。随着金融监管法律法规的陆续出台，各种金融机构的业务分工越来越明晰，分业格局已初具规模。1997年8月，34家已设立证券营业部的财务公司按照中国人民银行要求完成了让渡工作。自此，财务公司行业完成分业经营。自1997年起，中国人民银行取消了对财务公司贷款额度管理，逐步实行资产负债率综合管理。但是，一些财务公司出现自营贷款过多、大量拆借发放贷款等情况。为了防御金融风险，继续强化对财务公司的监管，国家出台了一系列调整及整顿性文件。这期间，除非极特殊情况，没有新的财务公司获得批准。2000年6月30日，中国人民银行发布第一部有关财务公司正式法规——《企业集团财务公司管理办法》，重新定位财务公司的职能，突出财务公司风险管控，并对财务公司提出全面的监管要求。2000年，《管理办法》实施后有5家财务公司获得批准。总体而言，现阶段财务公司处于职能和业务调整时期，虽然这拖慢了行业的发展，但为规范财务公司行业的发展奠定了初步基础。

（4）规范发展阶段（2004年至今）。2004年7月，中国银行监督管理委员会总结了财务公司业务与管理实践，研究了中国金融业的新变化、新形势，重新界定了财务公司在中国金融体系中的地位作用，发布了新的《企业集团财务公司管理办法》。新《管理办法》把财务公司的职能定位调整为资金集中管理以及为企业集团成员单位提供财务管理服务，削弱了财务公司的投融资功能，提升了对财务公司风险管理能力的要求。2006年12月，根据社会市场环境变化，中国银行监督管理委员会监会再次修订了该管理办法，使之更加符合财务公司发展实际。同时，为了更加完善对财务公司的风险监督，中国银行监督管理委员会监会综合考虑国内实际情况以及财务公司发展需要，2006年出台了《企业集团财务公司风险监管指标考核暂行办法》，2007年又发布了《企业集团财务公司风险评价和监管指引》，建立起较为科学的财务公司风险监管体系。中国银行监督管理委员会监会还出台了《企业集团财务公司监管评级与分类监管办法》《企业集团财务公司行业评级办法》等若干监管办法，有效加强了对财务公司行业的监管力度。自2004年以来，中国银行监督管理委员会开始每年批准设立 4—5 家财务公司，并创新性地批准设立了中外合资财务公司以及外资财务公司。同时，中国银行监督管理委员会还开展了行业重组，减少高风险财务公司的数量。总的来说，这一阶段，在银监会的推动下，财务公司的规模、实力都得到快速提高，整体行业步入规范发展的正规①。

（二）财务公司市场规模

1. 财产规模。2014—2018 年，中国财务公司行业资产规模实现稳步快速增长（见图 4-14）。年末全行业资产总额 6.15 万亿元，较年初增长 7.55%。

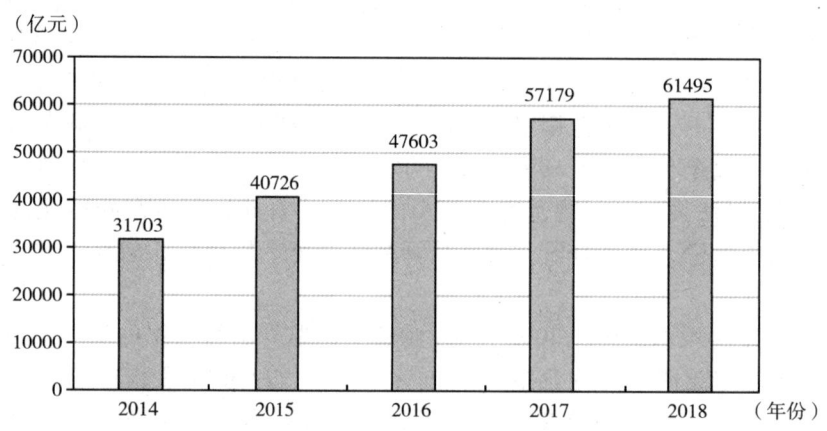

图 4-14 财务公司行业资产规模

资料来源：中国财务公司协会。

2. 负债规模。与资产规模变化趋势一样，2014—2018 年，中国财务公司行业整体负债逐年增加（见图 4-15）。2014 年，财务公司负债规模为 2.72 万亿元；到 2018 年年末，行业负债规模已达 5.26 万亿元，较 2014 年增长了 93%。

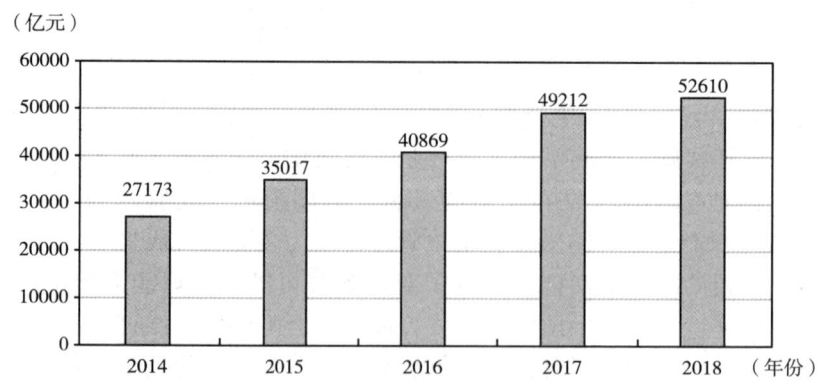

图 4-15 财务公司行业负债规模

资料来源：中国财务公司协会。

---

① 资料来源：郑文. 企业集团财务公司风险管控研究 [D]. 福州大学，2018.

3. 盈利情况。近年来，中国财务公司行业盈利状况持续向好（见图4-16）。2014年，中国财务公司行业实现利润总额696亿元，实现净利润536亿元；2018年，中国财务公司行业实现利润总额1002亿元，较2014年增长43.97%；实现净利润758亿元，较2014年增长41.42%。

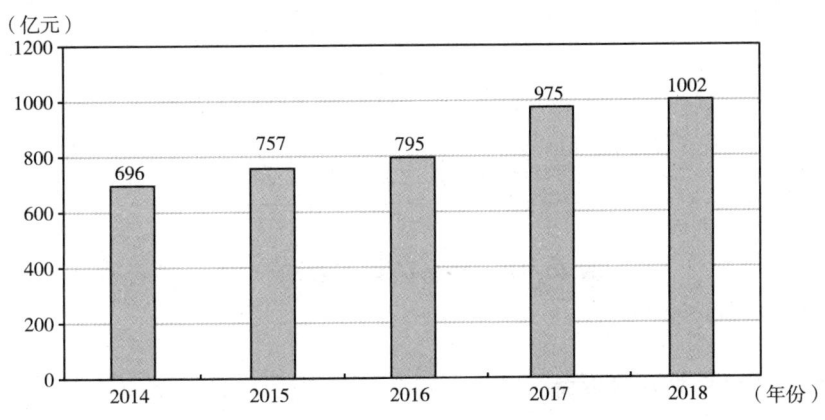

图4-16 财务公司行业盈利规模

资料来源：中国财务公司协会。

（三）财务公司风险特征分析

2014年以来，中国财务公司行业资本充足率呈略微下降趋势，但基本稳定在21%左右（见图4-17）。截至2018年，财务公司行业资本充足率为20.77%，较2017年年底下降了0.15个百分点。可见，整个行业的资本充足率并没有伴随着资产规模的增加而增加，这在一定程度上暗示行业发展存在的风险。

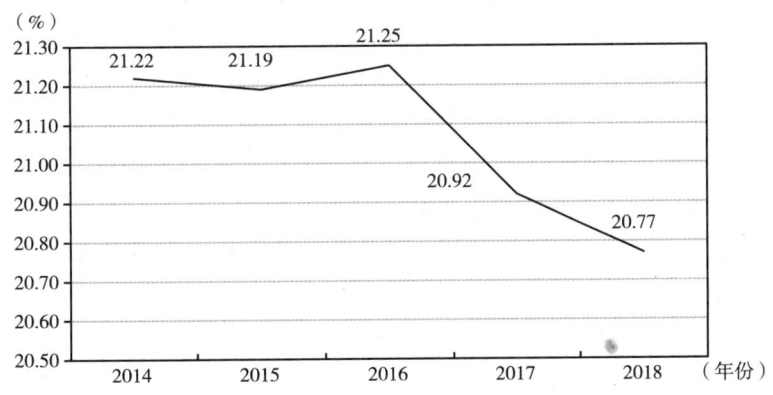

图4-17 财务公司资本充足率

资料来源：中国财务公司协会。

从不良资产率的角度来看，2014—2017年，中国财务公司行业不良资产率逐年下降。2017年，财务公司行业的不良率继续保持在低位水平0.03%。然而，2018年年底，行业不良资产率突增至0.46%，该数据表明近期行业风险较大（见图4-18）。

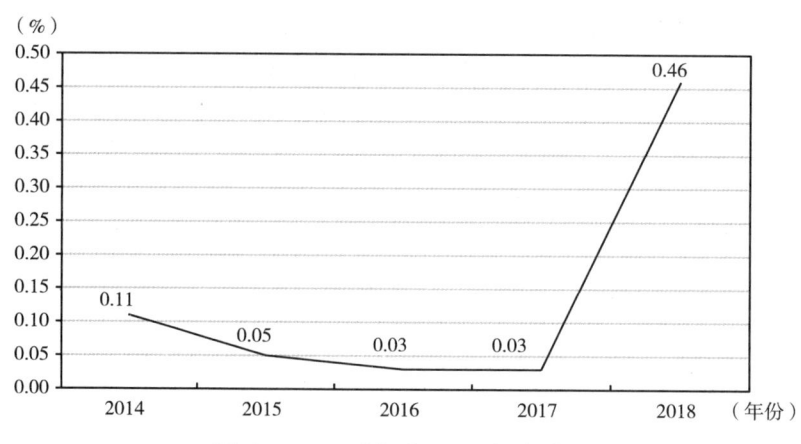

图 4-18 财务公司不良资产率

资料来源：中国财务公司协会。

（四）财务公司未来发展方向

在整个金融业转型升级的背景下，财务公司作为特殊的金融机构，也面临着新的机遇和挑战。如何在保证自身功能定位的前提下寻求长远发展，已成为当前讨论的核心问题[①]。

1. 确定财务公司的存在目的和发展定位。受限于财务公司的初衷，短期内很难改变其对所属集团的依赖。在这种情况下，财务公司的发展应从两个方面进行：明确自身的职能定位，提高企业集团基金的使用效率，降低企业集团资金的运营成本。发挥企业集团的产业优势，并根据企业集团的行业特点进行业务创新，开发适合其需求的金融服务。

2. 提升服务能力，优化金融供给。财务公司的管理水平和金融服务能力关系到财务公司对集团的贡献，间接决定着财务公司未来的发展。同时，目前金融企业与外部环境的联系相对较少，但在未来的发展趋势中，管理水平和金融服务能力将成为金融企业的核心竞争力。因此，在今后财务公司的发展和经营中，重点应是：实施科学的人力资源管理战略，提高企业人员素质；加快电子金融建设，建立电子数据处理系统，提高信息水平和金融服务效率；建立健全内部控制机制，提高风险控制能力。

3. 不断进行创新发展。在市场经济发达国家，财务公司的经营范围很广，在整个金融体系中也有很强的竞争力和话语权。尽管中国财务公司面临环境的约束，但在保证财务公司"服务型"功能的前提下，多元化、全面发展是财务公司未来的发展趋势。一方面，企业集团，特别是管理层，应该充分认识到，财务公司不仅有利于集团的发展和壮大，而且可以为集团创造更多的利益。因此，企业集团应加大对财务公司的支持力度，减少行政干预。另一方面，财务公司应制定明确的发展战略，努力确立合适的发展路径，进行多元化的业务改革和创新，以适应未来发展的需要。

---

① 资料来源：刘永芳. 企业集团财务公司现状及发展方向分析［J］. 企业改革与管理，2019（07）：158+163。

第二节　类金融机构影子银行安全分析

一、融资租赁业务

（一）中国融资租赁历史沿革

融资租赁（financial lease）是指出租人根据承租人（用户）的请求，与第三方（供货商）订立供货合同，根据此合同，出租人出资向供货商购买承租人选定的设备。同时，出租人与承租人订立一项租赁合同，将设备出租给承租人，并向承租人收取一定的租金。[①]

现代融资租赁产生于第二次世界大战之后的美国。第二次世界大战以后，美国工业化生产出现过剩，生产厂商为了推销自己生产的设备，开始为用户提供金融服务，即：以分期付款、寄售、赊销等方式销售自己的设备。由于所有权和使用权同时转移，资金回收的风险比较大。于是有人开始借用传统租赁的做法，将销售的物件所有权保留在销售方，购买人只享有使用权，直到出租人融通的资金全部以租金的方式收回后，才将所有权以象征性的价格转移给购买人。这种方式被称为"融资租赁"。

中国现代租赁行业发端于20世纪80年代，结合行业整体发展速度、重要监管政策出台时点、行业重大事件等因素，可以划分为五个阶段，起步期（1981—1987年）、调整期（1988—1998年）、活力恢复期（1999—2010年）、快速增长期（2011—2016年）、增长放缓期（2017年至今）。

起步期，租赁主要用来引进外资、国外机械设备等。20世纪80年代末，由于制度建设不完善，行业出租人风险意识差等原因，行业出现普遍欠租问题，直接导致行业发展在后续十年内基本停滞。

1999年至2010年，进入活力恢复期。租赁行业的制度建设逐步跟进：《公司法》《合同法》《企业会计准则》相继设立。商务部开始批准外商独资开设融资租赁公司；内资融资租赁公司试点企业也放开；银监会允许商业银行设立金融租赁公司，行业再现生机。

至2016年，租赁行业发展得到政府层面政策的大力支持，迎来快速增长期。2011年1月发布的中央一号文件《中共中央国务院关于加快水利改革发展的决定》首次提到融资租赁业务："探索发展大型水利设备设施的融资租赁业务"；同一年，商务部首次出台融资租赁行业"十二五"规划指导意见。外部环境方面，2012年以来，各类金融创新产品、方式在金融自由化浪潮驱动下层出不穷，通道业务崛起，对租赁公司融资和业务发展都带来利好；基础设施建设、固定资产投资等持续增长，行业需求旺盛。国内租赁行业迎来爆发式增长，市场持续扩容。

2017年以来，随着监管环境转向，经济下行压力带来的信用风险凸显，行业进入增长放缓期。其中，2017年，国务院金融稳定发展委员会成立，随后资管新规等出台，金融行

[①] 资料来源：申艳玲. 国际贸易理论与实务［M］，清华大学出版社，2008。

业扩张迎来分水岭；于此同时传统行业如基建等领域企业面临的信用风险也在不断上升，而国内租赁行业投资主要集中在这些领域；近两年企业的融资成本也在上升。多方面因素影响下，不少租赁公司在业务上主动或被动采取了压缩规模、调整结构的举措，不再盲目追求规模扩张。①

（二）融资租赁市场规模

从融资租赁企业数量来看，近几年从事融资租赁业务的企业逐年递增（见图4-19），截至2019年上半年，全国现有的融资租赁企业数量达到12027家，相比2014年的2202家，增长了将近4.5倍。可见，该行业正处于稳定发展并逐步扩张的阶段。

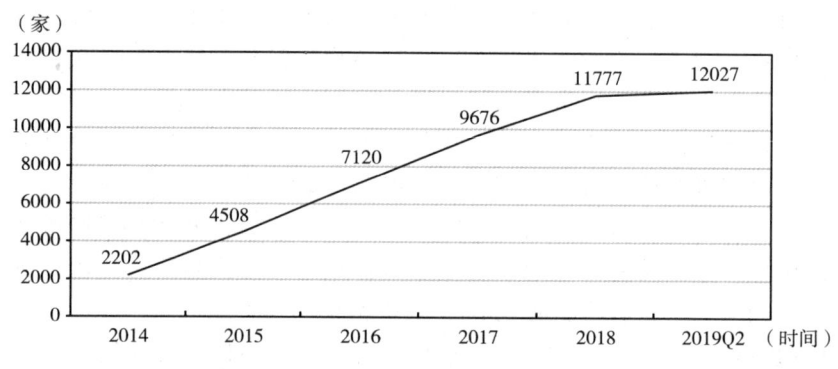

图4-19 全国融资租赁企业数量

资料来源：中国租赁联盟、联合租赁研发中心和天津滨海融资租赁研究院。

从融资租赁合同余额角度来看，伴随着从业企业数量的增长，行业合同余额也在逐年上升（见图4-20）。截至2019年上半年，融资租赁行业合同余额规模达到67000亿元人民币，是2014年年底合同余额的1.91倍。

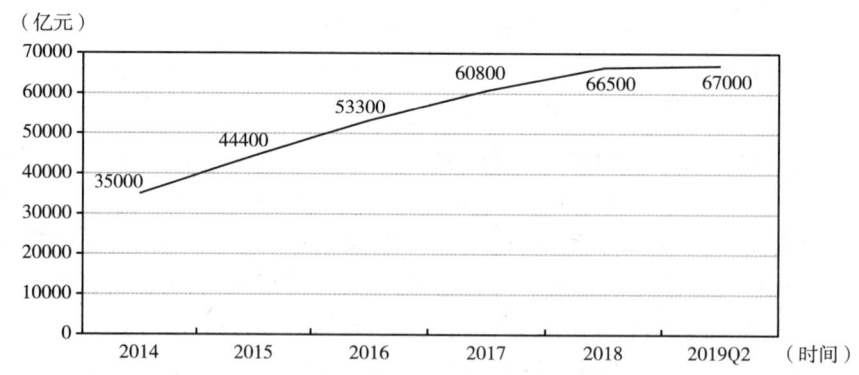

图4-20 融资租赁行业合同余额

资料来源：中国租赁联盟、联合租赁研发中心和天津滨海融资租赁研究院。

---

① 资料来源：https://mp.weixin.qq.com/s/63ezfDZpAzMo80pqONTePg。

（三） 融资租赁风险特征分析

融资租赁主要有以下四方面的风险：

1. 产品市场风险：凡是把资金用于技术改造或添置设备，首先应考虑用租赁设备生产的产品的市场风险，比如产品市场的发展趋势、产品的销路、市场占有率和占有能力、消费者的心态能力以及消费结构。如若未能进行细致调查，将可能加大市场风险。

2. 金融风险：由于融资租赁的金融属性，金融方面的风险存在于整个业务活动始终。对出租人来说，承租人还租能力是最大的风险，其直接影响租赁公司的经营和生存。货币支付也会有风险，特别是国际支付，支付方式、支付日期、时间、汇款渠道和支付手段选择不当，都会加大风险。

3. 贸易风险：因融资租赁具有贸易属性，贸易方面的风险从定货谈判到试车验收都存在着风险。由于商品贸易在近代发展得比较完备，社会也相应建立了配套的机构和防范措施，如信用证支付、运输保险、商品检验、商务仲裁和信用咨询都对风险采取了防范和补救措施，但由于人们对风险的认识和理解的程度不同，有些手段又具有商业性质，加上企业管理的经验不足等因素，这些手段未被全部采用，使得贸易风险依然存在。

4. 技术风险：融资租赁的好处之一就是先于其他企业引进先进的技术和设备。在实际运作过程中，技术的先进与否、先进的技术是否成熟、成熟的技术是否在法律上侵犯他人权益等因素，都是产生技术风险的重要原因。严重时，会因技术问题使设备陷于瘫痪状态。其他还包括经济环境风险、不可抗力，等等。

（四） 融资租赁行业发展趋势

1. 行业将加速清理和集中。随着租赁行业利差的缩小和杠杆率的下降，持续扩大业务规模和增厚收益的发展方法越来越受到限制，特别是对于资本成本较高的商业租赁公司而言。叠加了当前严格的行业监管趋势，总体而言，该行业的发展将从高速增长转向更高质量的增长。预计该行业的竞争格局将加速差异化。总体而言，金融租赁公司的竞争力将更加明显。商业租赁公司内部也将呈现强者更强的局面。对于租赁公司，他们需要探索更多的业务收入来源，并提高其所在领域的专业服务能力。

2. 融资环境总体宽松，但难以从严格的监管中受益，资产侧控制更为重要。考虑到经济下行压力的增加，预计国内货币政策将保持稳定并将偏向宽松。偏暖的大环境将缓解租赁公司融资成本上升的压力，但是在行业经历了野蛮的增长之后，总体监管将变得更加严格，融资方将从整体融资环境的宽松中受益。但是，预计行业资产方的资产质量将继续承受压力，租赁公司仍将面临更大的行业信用风险，优质资产将稀缺，业务规模可能会继续被动缩小。在当前阶段，租赁公司发展的关键是控制资产方面的风险。在防风险和防踩雷的基础上，挖掘优质资产是租赁公司的基础。整个行业的发展将更加注重专业能力，不同类型的租赁公司的发展也会更加差异化。

3. 短期面临一定压力，但长期租赁行业整体渗透率提升空间仍很大。随着国内经济结构转型升级、工业化与城镇化推进，在工业装备、交通运输、医疗、教育等领域，融资租赁需求空间大。考虑到当前经济环境，信贷政策收紧等趋势，根据中国租赁智库研究中心及天津滨海融资租赁研究院测算，预计2021年之前整个融资租赁行业增长速度会在

15%—25%，市场规模将达到10万亿—16万亿元。

4. 售后回租占比降是趋势，经营租赁、直租占比将提升。美国租赁学家苏迪尔·阿曼波将融资租赁行业发展划分为五个阶段，分别是，简单融资租赁阶段、灵活变通的融资租赁发展阶段、经营性租赁阶段、融资租赁与金融创新相结合阶段、融资租赁市场成熟阶段。整体看，相比发达国家，中国租赁业发展仍处于第二阶段向第三阶段过渡，部分公司在加快拓展经营性租赁，国内经营租赁发展的各项政策制度正在建立完善。随着盈利空间（息差）压缩，税收、监管等政策导向，以售后回租为主的租赁行业，将加速回归行业本源，在发挥融资功能同时，更加重视融物特征，有利于提升经营性租赁、直接租赁业务比例，也有利于优化目前行业内企业较为单一的收入结构。①

二、私募股权业务

（一）中国私募股权历史沿革

1986年诞生了中国第一家本土的私募股权投资机构——中国创业风险投资公司，创立之初的目的是扶植各地高科技企业的发展。1992年，美国太平洋风险投资公司开始在中国发展业务。之后，随着中国IT业和互联网的快速发展，大批外资风险投资机构进入中国投资，并通过新浪、搜狐、网易、亚信等在美国的成功上市获取丰厚回报。

2004年，伴随着深圳中小板推出，为私募股权投资机构带来新的机遇。2006年《新合伙企业法》通过，大力推动了私募股权行业的发展。

2009年深圳创业板推出，企业上市门槛降低和高新股发行市盈率为股权投资提供了绝佳的退出平台，一批投资机构借助创业板平台获取高额回报。4万亿元刺激政策使得有限合伙人手中的可投资金充足，大批私募股权机构成立，行业开始井喷式增长。

2013年A股IPO暂停一年，私募股权的上市退出渠道严重受阻，行业进入调整期。

2014年，A股IPO开放，私募股权机构上市退出通道打开，多家机构通过企业IPO退出。伴随着大众创业、万众创新的热潮，行业再次进入快速发展期②。

（二）私募股权市场规模

从管理资金规模来看，近年来，市场管理资金逐年稳步增长。截至2019年年底，私募股权市场管理的资金达到11.23万亿元人民币，相较2018年的9.99万亿元增长了13.43%（见图4-21）。可见，整个私募股权市场仍处于资金充足的阶段。

从基金募集角度来看，自2014年至2017年年底，国内私募股权基金募集的金额逐年攀升，2017年达到顶峰，募集了将近1.8万亿人民币。随着2018年行业资本寒冬的到来，2018年与2019年募集基金的金额有所降低，2019年共募集金额1.2万亿人民币（见图4-22）。结合市场资本管理规模的统计，可以看出，近两年私募股权市场不再疯狂追求投资数量，投资更加谨慎，主要用于支持优质创业项目。

从私募股权投资行业数量来看，2019年，IT行业获取了26%的投资，其次是互联网

---

① 资料来源：https://mp.weixin.qq.com/s/63ezfDZpAzMo80pqONTePg。
② 资料来源：http://guba.eastmoney.com/news,licai,721052581.html。

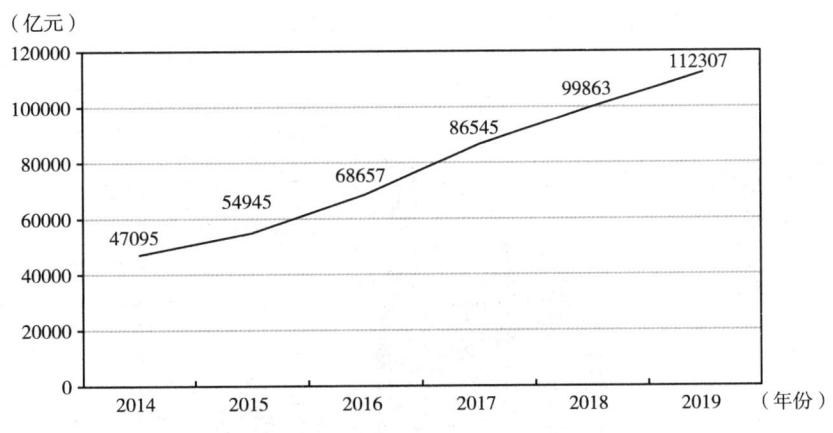

图 4-21　私募股权市场资本管理量

资料来源：清科研究中心。

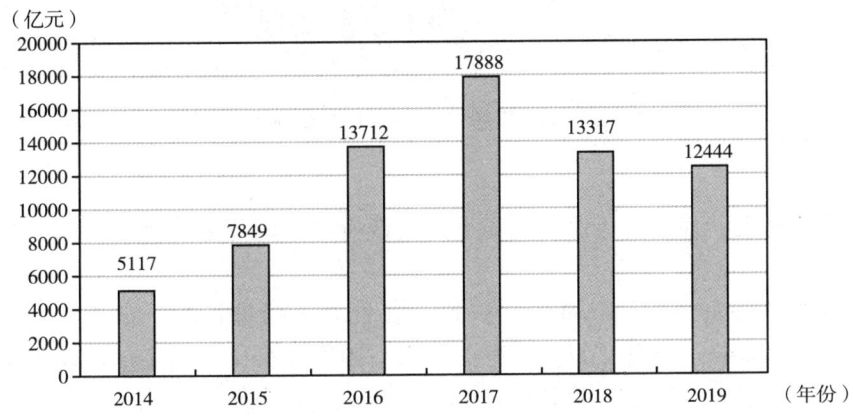

图 4-22　私募股权市场基金募集金额

资料来源：清科研究中心。

行业，获得的投资占总案例数的 15%，排名第三的是生物技术与医疗健康行业。私募股权基金的投资行业分布也与中国近几年鼓励人工智能、生物技术等高科技行业发展的战略部署有关。具体如图 4-23 所示。

(三) 私募股权风险特征分析

当前环境下，中国私募股权行业面临的风险主要包括[①]：

1. 政策法规风险。这是指国家法律法规的不完善及变化与频繁调整给私募股权投资所造成的无法控制的不良后果。由于中国资本市场处于发展初期，法律法规不完善问题尤为严重，西方国家的资本市场发展时间长，各项软件措施齐全，十分成熟，西方国家所面临的风险自然比中国所面临的要小得多，作为新兴的金融市场，不成熟主要表现在监管手段不先进且监管力度不强，运行过程不能公开化且缺少法律的支持等。私募股权投资市场

---

① 资料来源：柳妞. 中国私募股权投资风险管理研究 [D]. 武汉理工大学，2012。

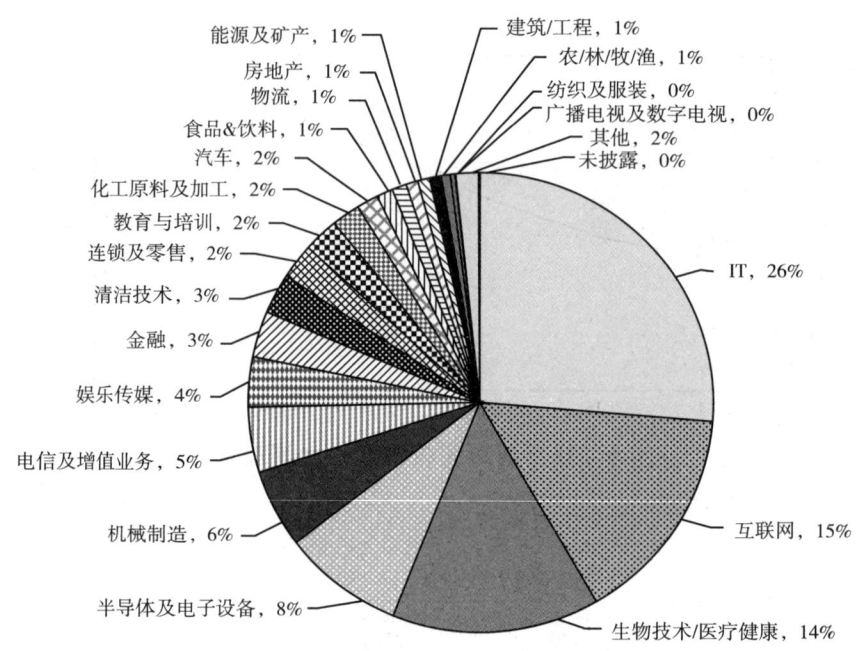

图 4-23 私募股权投资行业案例数分布

资料来源：清科研究中心。

的发展需求快速增大，现今的法律法规支持以及政府的手段与力度将无法满足日益增大的需求。

2. 金融与资本市场风险。私募股权投资是在资本市场进行的，涉及一系列的金融问题，金融市场证券价格的升降，银行利率的波动、国家外汇储备的增加以及汇率的变动等都会影响私募股权投资的实施，给其带来不利影响，在有国外资本注入的私募投资中，汇率的不规则波动必将给私募股权投资带来深刻的影响，这就是投资中面临的市场风险。

3. 经济风险。经济风险即购买力风险，指市场经济在运行过程中可能产生的给私募股权投资带来的不确定性，通货紧缩、通货膨胀的发生以及经济进步与衰退等等会为私募股权投资带来风险。一方面，一些企业由于自身技术与信息渠道的限制，急需获取来自社会或者政府的帮助，可是中国政府以及民间还未形成较为系统的面向社会的技术支持机构，这将导致企业由于专业人才和信息的缺乏而面临风险。另一方面，经济的进步与衰退、货币的升值与贬值是私募投资过程中必须关注的问题，因为会影响的资金的供应问题，由于中国加入了WTO，中国经济已不再是个个体，世界经济的波动必然会造成中国经济的波动，所以我们必须关注世界经济的走向，把握经济的发展趋势。另外，产品是企业的生命，只有满足大众需求并被大众接受的优质产品才能被市场接受，不致被淘汰。

4. 私募股权投资的操作风险。操作风险指在私募股权投资执行过程中主要由于管理层个人素养、技术水平以及公司内部管理体制的缺失而形成的风险。产品是企业的生命，被市场接受的具有竞争优势的产品才能实现盈利，使用了不科学的风险模型、无法有效准确判断市场的增长需求和未来趋势等，都会引起操作风险。一方面，技术和管理、未来市场等方面都存在着具大的不确定性；另一方面，也可能高估被投资项目的市场价值，从而所拥有被投资公司股权也被高估，那么，过高的评估价值会导致投资收益率下降，这将给私募投资企业造成极大损失。

5. 私募股权投资的道德风险。由于投资方具体的投资执行人有投资的压力，或者被投资方给出的种种好处所诱惑，往往在尽职调查过程中不能完全尽职。虽然这样的道德风险不是独有，但是有进一步增加的趋势。

被投资方为了获取投资隐蔽不良信息，提高不实信息。迫于企业发展需要急需融资或者利益诱使，被投资企业利用信息不对称，隐蔽不良信息，伪造企业良好运营状态的假象哄骗私募股权投资机构，误导其选择判断能力，以获取融资机会达到融资的目。如对成本的转移或者隐瞒，利用不实数据提高对将来收益的预测，或者是设立体外公司承担经营成本，达到提高公司的估值的目的。

（四）私募股权发展趋势

未来 3—5 年，中国私募股权投资行业可能呈现如下的发展趋势①：

1. 政府对基金业的引导扶持力度加大。优化私募股权基金环境，是促进投资市场持续健康发展的必要保障。因此，在多个行业的产业规划中，都提到对私募股权基金的鼓励和认可。包括国家发改委在内的各部门大力推进私募股权投资的制度建设，相应地，各级地方政府陆续出台了众多的针对私募股权基金的优惠政策，以促进股权投资类企业的发展。这些优惠扶持政策包括政府建立产业引导股权投资基金、完善公平税收政策、放宽机构投资者准入、政府出资引导机制、支持长期投资等方面。

2. 市场对基金业的参与度进一步加强。完善市场化的运作形式能保证私募股权基金的资金使用效率，在最近的实践中，中国各地方政府引入私募股权投资基金，来吸引社会优秀创投团队、战略性新兴产业的落户。引导基金最能体现出对社会资本的吸引力。目前在产业引导股权基金上，引导基金实行市场化运作模式俨然已经成为一大鲜明的特色。引导基金实行专业化的管理，"募、投、管、退"各个环节实行市场化运作。扶持产业发展"市场化"，不仅给政府减轻负担，还提高基金使用效率。使市场发挥在资源配置中的决定性作用。

3. 基金投资转移重点逐渐向早期投资转移。创业企业开始爆发式的增长，创投机构向早期和细分领域倾斜。行业出现 PE（私募股权投资）向 VC（风险投资）发展，VC 往天使发展的趋势，而天使开始出现机构化的变化方向。多家研究机构的统计数据显示，投资事件中，处于早期阶段的占投资事件的 50% 以上。而在这些投资事件中，将早期投资作为重点的投资机构不乏大公司的投资部门以及红杉资本等行业翘楚的综合机构。很多私募股权基金是通过设立天使基金、直接介入天使阶段公司和投资成为天使基金 LP（有限合伙人）等方式来向投资转移的。就投资环境而言，除私募基金外，其他投资机构更是把投资重点向早期倾斜，互联网公司的战略方案也包括向早期投资倾斜，如早期创业公司，建立创新工场和创投基金等。

4. 行业投资重点逐步以七大行业为主。国务院在 2014 年 11 月 26 日印发《关于创新重点领域投融资机制鼓励社会投资的指导意见》，着重在于激发市场主体活力和发展潜力，意在促进调结构、惠民生。根据文件精神，着重对生态环保、农业水利、市政设施、交

---

① 资料来源：http://www.shennanvc.com/news/article/44/995。

通、能源设施、信息和民用空间设施、社会事业等 7 个重点领域提出了吸引社会投资的措施。在政策层面，按照国务院的部署，各地区发改委以及相关部门加快这七大类重点建设。出台系列措施的原因，首先，是对于上述领域，民间资本进入壁垒高，社会资本缺乏活跃度。其次，这些领域关于公共安全、公共产品和公共服务，在经济社会发展中处于薄弱环节。此外，伴随着新型冠状病毒在全球的蔓延，医疗健康行业将在未来几年得到私募股权投资更多的关注。

5. 并购投资成为基金业重要的投资方式。注册制改革、新三板发展等宏观政策环境变化，并购市场成为新兴领域。清科创投报告显示，仅 2013 年第一季度，中国创投市场并购交易额度达到 316.37 亿美元，新三板市场、股权分散的金融、地产以及商业股并购和国企混合所有者改革都为私募带来很大空间。在新三板上市的公司被主板或创业板上市公司收购是一种趋势，国有资本管理方式向市场化探索，国有资本运营公司和国有资本投资公司的建立，都对股权并购有很大操作空间。

三、小额贷款业务

（一）小额贷款历史沿革[①]

小额贷款主要是针对低端客户（包括低收入者和一些微型企业）解决资金短缺问题，这些客户在传统银行中往往无法获得贷款。小额贷款的主要实现形式是信用贷款，即无需要抵押，因此需要在控制风险的情况下降低贷款额度。按照中国人民银行试点方案的定义，小额贷款是单笔贷款额在贷款机构注册资金的 5% 以下的小额贷款。国内现行政策对小额贷款公司的定义是"由自然人、企业法人与其他社会组织投资设立，不吸收公众存款，经营小额贷款业务的有限责任公司或股份有限公司"。

2005 年 12 月 27 日，山西省的日升源小额贷款公司和晋源泰小额贷款公司同时挂牌成立，这一事件是中国小额贷款公司试点工作正式启动的标志。作为中国金融体系中的一股新生力量，小额贷款公司的兴起有着深厚的经济背景。长期以来，中国农村领域和全国的中小以及微型企业的融资难问题不能得到有效解决，中央也一直关注这一问题。自 2004 年以来，中央的一号文件都有关于探索建立小额信贷机构，解决农村和中小以及微型企业的融资难问题的相关指示。小额贷款公司应运而生。

20 世纪末期，联合国国际农业发展基金（IFAD）在内蒙古 8 个旗（县）开展北方草原与畜牧发展项目，标志着中国小额信贷项目的开始，直到 1993 年以前，中国的小额信贷项目，绝大多数是和国际援华扶贫项目有关。1993 年，中国社会科学院农村发展研究所引入国外小额信贷模式，成立了单纯具有扶贫性质的"易县信贷扶贫合作社"从那以后的 10 余年中，中国小额信贷发展经历了四个阶段：

1. 萌芽阶段（1993—1996 年）。这一阶段，中国的小额信贷走的是福利主义道路，以扶贫作为经营理念，服务穷人，受到国际资金和技术的大力支持和帮助，很大一部分资金来自国际组织的优惠贷款或是资金捐赠。操作主体是非政府组织或半政府组织。

[①] 资料来源：王莉. 中国小额贷款公司可持续发展问题研究 [D]. 辽宁大学，2014.

2. 特殊使命阶段 (1996—2000年)。这一阶段的小额信贷机构的资金来源是国家财政资金和扶贫贴息贷款,采用孟加拉乡村银行传统的小组联保模式,目的是发展政策性小额信贷扶贫项目。

3. 正规发展阶段 (2001—2005年)。在促进"三农"发展的政策背景下,农村信用社、农村商业银行和农村合作银行等政府的惠农政策主导银行,向农村的产业性项目发放"农户联保贷款"和"小额信用贷款",这正是中国农村金融机构大规模介入小额信贷领域的开端,也标志着中国小额信贷的经营目标和客户对象都发生转变,从单纯的扶贫式运作扩展到为一般农户以及微型企业服务,这一时期,中国的小额信贷数量大规模增加,覆盖范围大面积扩大。

4. 稳定发展阶段 (2006年至今)。现阶段,中国的小额信贷市场基本走商业化道路,信贷产品与客户需求接轨,贷款利率与市场的供需水平接轨,中国政府和小额贷款公司正在小额信贷的商业化道路上做积极探索。2008年以后,小额贷款公司试点的规模、数量和服务形式进一步扩大。

(二) 小额贷款市场规模

从小额贷款机构的数量来看,近年来中国小额贷款机构数量波动不大,始终保持在8000家左右(见图4-24)。自2014年到2015年,中国小额贷款机构数量从8791家小幅度增加至8910家,自2015年至2018年,中国小额贷款机构数量逐步下降,2018年比高峰期的2015年减少了4.9%。

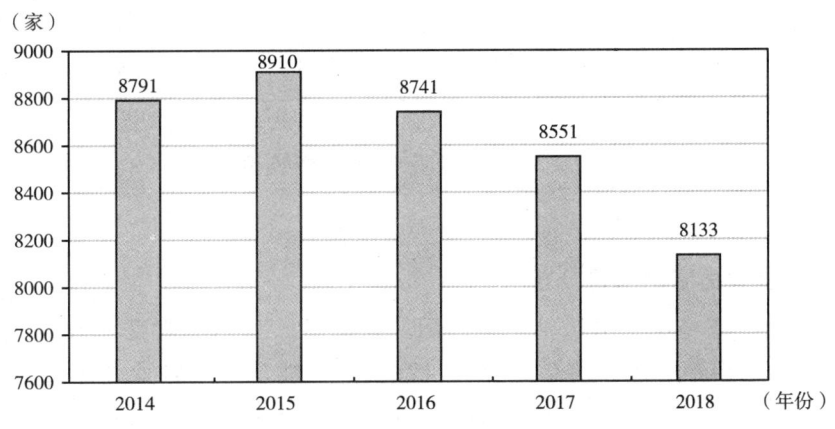

图 4-24 小额贷款机构数量

资料来源:国泰安数据库。

与小额贷款机构数量变化一致的,该行业的从业人员数量也呈现出相同的趋势(见图4-25)。即2015年,行业人数达到顶峰11.7万人,后逐年减少,2018年,该行业的从业人数为9.1万人左右。

从小额贷款行业余额来看,尽管近两年行业机构及从业人员数量有所减少,但是贷款余额自2017年达到巅峰之后仍旧居高不下,说明前期发放的贷款中,还款比例较低,整个行业存在一定的风险(见图4-26)。

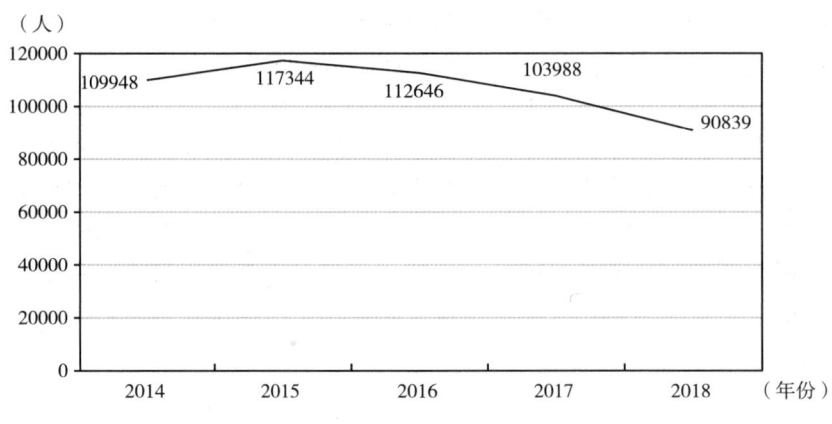

图 4-25 小额贷款行业从业人数

资料来源：国泰安数据库。

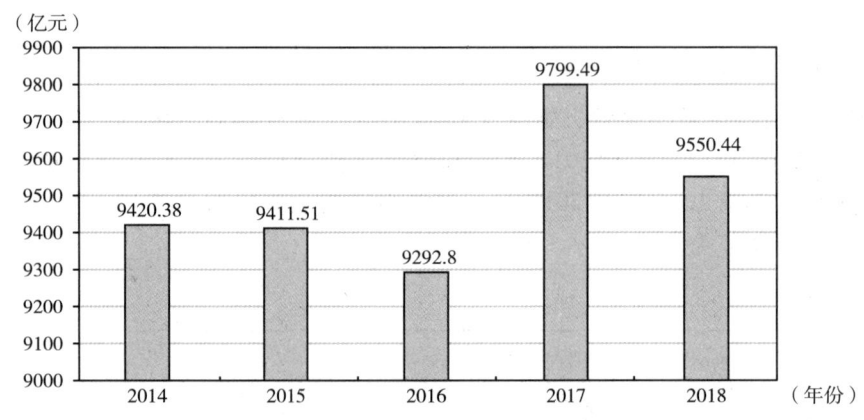

图 4-26 小额贷款行业贷款余额

资料来源：国泰安数据库。

（三）小额贷款面临的风险分析

1. 监管体系不完善带来的风险。在中国，小额贷款公司的监管主体不明确。中国银行业的专门监管机构是中国银监会，小额贷款公司虽然从事金融业务，但是没有金融许可证，不是真正意义上的金融机构，因此银监会对其进行监管于法无据。根据《关于小额贷款公司试点的指导意见》，当前小额贷款公司的风险处置和日常监管由各省金融办或者相关机构全面负责，但各省金融办和相关机构并不具有行政主体资格，不能独立地行使监管权力承担监管责任。而且"相关机构"具体是指哪些机构，应当履行哪些监管职责等均缺乏明确的法律规定，导致实践中对小额贷款公司的监管容易流于形式。

另外小额贷款公司的监管内容不明确。目前中国小额贷款公司监管制度基本处于空白状态，没有统一的行业标准和行业规范。虽然银监会对小额贷款公司的运营没有监管职责，但是小额贷款公司的贷款利率和资金流向仍由中国人民银行进行监管。然而实践当中，央行主要侧重于对小额贷款公司的宏观监管，对其贷款利率和资金流向的微观监管显得力不从心。小额贷款公司的运营监管主要是由地方政府负责,而地方政府在监管时往往只注重注册资本审查和股东资格审查等审核工作,对小额贷款公司日常经营活动的监管明显不足,从而导致监管的虚拟化、无序化和效率低下。

因为监管的缺失,导致小额贷款行业在野蛮增长之后,各类违法违规现象层出不穷,制约着行业进一步扩张,带来较大的风险和不确定性。

2. 风险控制机制不健全。小额贷款公司在运营过程中普遍缺乏系统的风险防控机制。目前,中国征信体系尚未建立健全,许多小额贷款公司风险意识不强,没有建立起必要的风险评估、预警和控制等方面的规章制度,往往只有简单的贷款操作流程规范放贷行为。小额贷款公司难以全面了解客户信用状况,经营风险增加。

还有一些小额贷款公司片面追求收益率和贷款规模,重扩张、轻管理,对贷款的贷前审查不严格,贷中、贷后的跟踪管理不到位,导致贷款过于随意,甚至存在通过个人社会关系进行贷款的问题,也使得小额贷款公司的经营风险远远高于传统商业银行。

(四) 小额贷款发展趋势

未来 3—5 年,小额贷款行业将面临以下几方面的趋势[①]:

1. 借款区域由大中城市向中小城市扩散。目前一线城市的竞争已经非常激烈,北京、上海、深圳的 P2P 贷款网站数目均超过 20 家,广州也在 10 家以上。大部分平台正在二、三线城市抢夺增长点。近年来以及接下来的发展将会有更多的 P2P 贷款网站会介入三、四线城市市场。

2. 借款者由个人向企业扩散。P2P 借钱方一般为普通个人或个体工商户、小微企业主,单笔借贷金额低,信用评估主要针对个人。从 2012 年开始,部分 P2P 贷款网站开始向中小型企业主提供贷款。2014 年,这一趋势得到明显增强,成立了一些专门向中小企业主提供贷款的平台(称为 P2B 模式),信用评估主要针对企业,单笔借款额达到数百万乃至数千万人民币,业务增长率显著高于整个行业。此后,这样的趋势愈演愈烈,一些老平台也开始介入此项业务。不论是第三方支付公司、担保公司还是机构投资者都对该业务表现出强烈的关注。

3. 市场细分与整合两种趋势并存。信用风险是一切借贷业务的核心风险之一,在中国的现实国情下,为预防该风险,P2P 贷款网站经常需要承担线下销售与尽职调查工作,造成极高的运营成本。为降低该项成本,一些新平台将对市场进行细分,专门为某一区域、行业或特征的人群提供借贷服务,利用对该类人群的良好了解、经验积累和更具针对性的信贷技术,实现更具性价比的风险管理效果。

4. 领先的 P2P 贷款网站发力征信技术,向正规化发展。同样,为有效应对信用风险,打造核心金融能力,领先的 P2P 贷款网站将着力强化征信技术,包括征信渠道的多样化、征信数据的综合化、信用评估的自动化,并强化风控流程的各个环节,形成正规化的金融队伍,获得真正的产品设计能力。

---

① 资料来源:https://www.zhmf.com/zixun/22856.html。

四、汽车金融业务

（一）汽车金融业务历史沿革

国外的汽车金融业务起源于20世纪初，汽车制造商向用户提供的汽车销售分期付款。当时汽车还属于奢侈品，因而银行不愿意向汽车消费发放贷款。这给汽车购买者和销售商造成了障碍，致使很多数消费者买不起汽车。但制造商提供的分期付款却大大占用了制造商的生产、运营资金，为解决这个问题，20世纪20年代初，美国的汽车公司开始组建自己的金融公司，从而开始了汽车信贷消费的历史。整体来看，汽车金融基本经历了起步、发展和成熟三个阶段，这三个阶段体现了汽车金融发展的一般规律和不同的运行模式。

1. 泛化模式。这是汽车金融发展的初期形态，是以增强汽车消费市场的成长性、拓展汽车消费市场的总量、助长消费能力为直接目标的信贷融资模式。其实质是以信贷工具为基本手段来达到汽车消费量的扩张。

2. 深化模式。既包含针对消费融资的金融工具的丰富和深化，也包含对汽车厂商提供相关咨询服务的能力和自身制度体系、运作管理体系等的完善和发展。

3. 混合模式。这是一个相对完备、成熟的形态，是建立在以实现汽车产业金融化为目标的汽车金融的"泛化"与"深化"有机统一的形态。同时是汽车金融从横向和纵向的角度对汽车产业全面扩展、渗透与深化的过程。"混合模式"实现了量和质的统一，是以汽车产业全面金融资本化为标志的①。在汽车成熟市场中，整车制造和新车销售的利润占比不到30%，约70%的利润来自于汽车金融、售后、二手车等后市场环节。对标成熟市场，中国汽车行业的利润重心目前还主要集中在产业链前端。未来，随着汽车消费市场增速放缓、政策不断推动、行业逐渐成熟，汽车产业链的利润点从前端的整车销售环节向汽车后市场倾斜，汽车相关的多元化服务迎来重要发展机遇，如二手车、汽车金融、保险、售后维修、租赁、物流、零配件、零部件再制造、报废回收、废料回收等。其中，汽车金融是成为连接整车销售和后市场服务的重要一环②。

（二）汽车金融业务市场规模

近年来，中国伴随着中国经济飞速增长，居民生活水平逐步提升，汽车市场规模逐步扩大。与此相应，汽车金融行业规模也逐步扩大。自2014年至2018年，汽车金融行业的资产规模由3403亿元增加至8932亿元，足足增长了162.5%。行业正处于稳步扩大的阶段（见图4-27）。

（三）汽车金融业务风险特征分析③

1. 汽车市场下行风险。鉴于基数较大，中国汽车市场已经进入微增长阶段，预计今后较长时期增幅将长期维持在5%以下，到2022年预计销量达到2700万台。在整体汽车消费信心不足、需求不振时，也会对汽车金融市场带来一定负面影响。因此汽车金融机构一方面需要拓展业务领域，如在贷款业务的基础上，探索直租等业务，扩大消费者受众

---

① 资料来源：https://wiki.mbalib.com/wiki/%E6%B1%BD%E8%BD%A6%E9%87%91%E8%9E%8D。
②③ 资料来源：2018中国汽车金融报告。

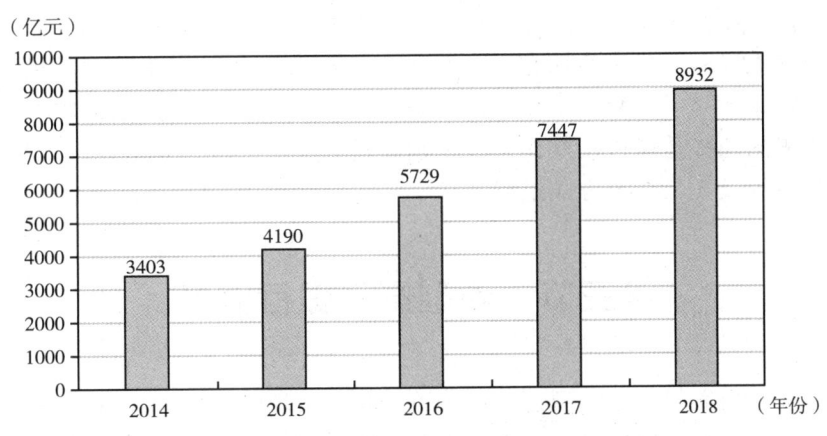

图 4-27 汽车金融行业资产规模

资料来源：前瞻产业研究院。

面。同时，可布局二手车金融、S2B 多种服务赋能，借力二手车市场和汽车后服务市场的增长潜力。

2. 渠道管理挑战严峻。传统的汽车金融机构大多利用 SP，即 Service Provider，在汽车金融领域特指在汽车市场为金融机构揽客输送分期业务订单的金融掮客。他们往往对接多个金融机构并与汽车经销商保持良好关系以获得为其购车客户推荐金融产品的机会。金融机构则为每一笔推荐的订单向 SP 支付佣金。但该模式容易滋生 SP 的道德问题，例如，帮助客户修改美化贷款申请资料，甚至与骗贷机构勾结一同进行诈骗。因此金融机构逐渐开始要求 SP 为其推荐的借款人提供担保，而担保行为则对 SP 的风控能力提出了较高要求。

（四）汽车金融业务发展趋势[①]

1. 网约车直租模式。网约车司机群体庞大，据不完全统计，截至 2018 年 5 月，仅滴滴平台注册司机就达到 4000 万人。由于网约车为经营性质车辆，因此采取直租形式可匹配成本与收入的现金流，缓解司机资金压力，并且由于直租模式可将车辆退回，增加了网约车司机对车辆使用和选择的灵活性。

2. 资金来源拓展。在资金退潮的情况下，对于规模及资信一般的机构冲击较大，而一些资信较好的机构则抓住这次机会进一步优化资金结构。债权融资作为标准化的直接融资已经成为越来越多科技金融企业获得资金来源的重要渠道。汽车金融服务商并运用京东、百度等互联网公司开发的云平台提升债券发行的效率及公信力，全方位增强自身融资能力。此外，股权融资也逐渐进入汽车金融公司视野。除一级市场融资外，由于融资渠道和杠杆的收紧，多家汽车金融公司完成二级市场 IPO。

3. 科技手段赋能。由于汽车贷款的标的金额较高，驱动骗贷机构伪造资料或哄骗无信用记录人通过分期购车的形式获得车辆，再将汽车通过非法途径进行转让。某些骗贷机构甚至与车商勾结，直接骗取金融机构放款。因此对于无信用记录购车人的反欺诈风险识别成为目前风险控制的主要难点。

---

① 资料来源：2018 中国汽车金融报告。

目前从风险控制效果而言，最佳选择是结合大数据算法、借助人力，通过电访、面签结合业务人员个人经验方式进行防范。从数据角度而言，部分企业通过手机运营商数据、社交关系等大数据建立了一套反欺诈识别系统，但由于数据使用合规性要求，该方式也有一定限制。未来的趋势是通过反欺诈系统识别高风险水平申请，并由线下地推团队进行进一步判别，即系统及人工结合方式进行。

第三节 新型影子银行业务

本节讨论那些新兴的业务类型，其显著特点是，出现时间较晚、发展极快，体量上对于金融安全并不能产生直接风险，但因为其强大的触达能力，可能引起群体性事件而需要我们高度关注

一、网络借贷公司

以 P2P 网络借贷与现金贷为主要模式的现金贷自 2013 年以来经历了从迅猛发展到 2019 年轰然崩盘的迅速发展历程，其发展变化之迅速是人类金融史上罕见的。虽然其巅峰时期贷款余额不过刚刚超过 1 万亿人民币，与整体社融相比相去甚远，但是一方面其牵扯人数众多，另一方面其社会影响之广泛，都值得我们从其发展变化中总结经验教训，以免历史重演。

（一）历史沿革

P2P 网贷的发展历史大体可以如图 4-28 所示：

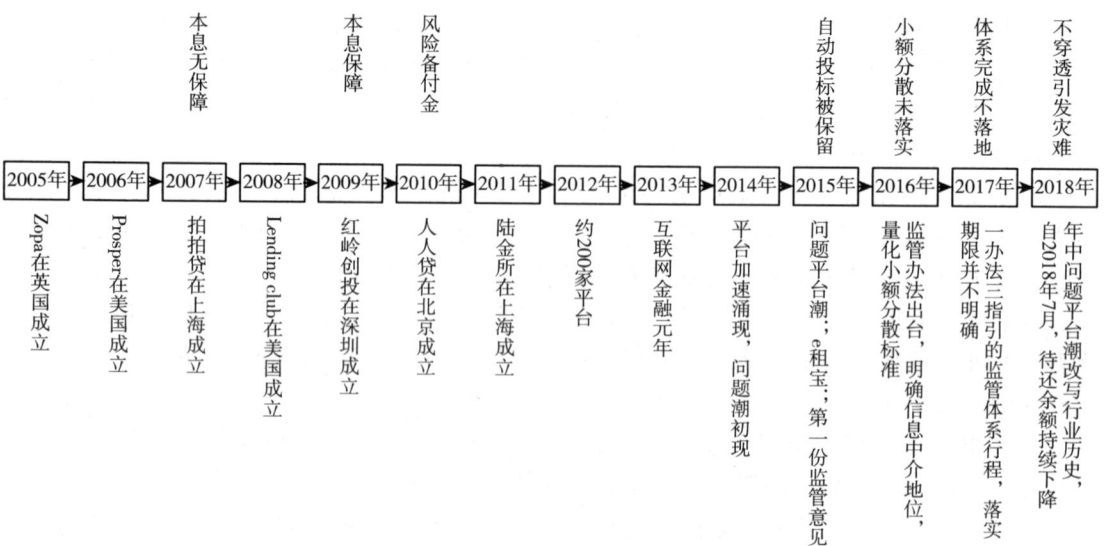

图 4-28 网络借贷发展大事记

资料来源：作者自制。

2005 年，世界上第一家 P2P 网络借贷公司 Zopa 在英国成立，P2P 即 Peer－to－Peer，原本是一种互联网用语，是指在系统中存在若干平等的节点，节点之间进行数据、信息的共享以提高网络的效率，我们熟悉的 torrent 种子文件便是这种技术的应用之一。而在借贷中，P2P 是将多个借款人的需求与多个出借人的资金进行打散，每个出借人只将很小一部分钱借给某个借款人，达到风险分散的目的，单个借款人的违约只会给每个出借人带来小部分的损失，这一创新有赖于信息技术的发展使得陌生人之间的交流与信任成为可能。在之后几年，类似模式的平台陆续出现在美国（Lending Club、Prosper）和中国（拍拍贷），此阶段平台仅仅是进行撮合的信息中介，不涉及担保相关领域，平台通过收取信息服务费获取盈利。平台上借款人的资金用途，也基本是几万人民币以下的个人需求为主，而在欧美，则更为精确化到信用卡债务再融资。

事情发展到 2009 年，影响中国 P2P 网贷的一件大事发生，红岭创投在深圳成立并推行本息保障的模式，即对于出借人投入的资金进行全额担保。同时借款人也不再局限于个人小额，在红岭创投，大型民营企业借贷以不动产借贷数亿元的案例并不罕见，而由于远高于银行理财产品的利息与本息保障的诺言以及其创始人的传奇履历与口碑，让红岭创投获得了爆发式增长。在之后成立的平台，变相"本息保障"成为了一种标配，即便不是如此简单直白地进行许诺，也会以风险备付金、平台先行垫付出现。在当时的环境下，居民个人拥有大量无法获得高额回报的闲散资金，而被银行拒之门外的中小企业一方面拥有现实的融资需求与抵押不动产，另一方面却面临着线下高利贷高达 36% 或以上的高利盘剥，P2P 网贷平台介入在出借人与借款人之间赚取至少 10% 以上的息差，如此生意，自然是赚得盆满钵满的。

经过 2011—2014 年的飞速发展，网贷行业在 2014 年面临了第一次挑战。2014 年年中开始陆续出现平台跑路等恶性事件，至年底 e 租宝的"暴雷"让 P2P 网贷一度与庞氏骗局与非法集资划上等号。12 月底，关于 P2P 网络借贷的第一份监管意见征求意见稿出炉。征求意见稿中业界保留呼声最高的便是"自动投标"。正如前文所述，P2P 网贷存在的底层逻辑便是小额分散使得风险分散，单个借款人违约的损失降低。而在实际操作之中，出借人不可能将几万元的可投资金人工转成几百份每份一两百元的资金进行投资，于是平台便开发出了自动投标工具，即出借人可以设定一些标准，待这些标的出现之后便自动进行投资。自动化的核心技术支撑便是平台预先对借款申请人进行风险评估，并对达到一定风险等级的标的进行担保，当这部分人群出现违约时，平台会补偿损失，即保本保息。更进一步地，相当数量的平台将自动投标理财产品化，用户将资金投入该产品获得一个许多的本息回报，而不知道自己的资金以何种利率借给了何种人。在几番征集后，自动投标作为一种"技术创新"被监管政策豁免存在。虽然自此之后的多项监管政策均将 P2P 网贷平台定位为信息中介，而自动投标技术却一直被保留。这在实质上造成了 P2P 网络借贷始终是信用中介而非信息中介。

2016 年开始，网络借贷领域的监管政策陆续出台，表 4－2 将政策进行了梳理：

需要注意的是，虽然这些政策在多个角度对网络借贷建立了较为全面的监管体系，但是"一办法三指引"的监管体系是由中央牵头、地方实行的两层设计，而地方金融办往往无力监管这些跨地区、跨行业经营的互联网公司，虽然最后一份监管意见在 2017 年 8 月出

表4-2 网络借贷相关监管政策一览表

日期	政策名	发布机构	政策重点
2015/7/18	关于促进互联网金融健康发展的指导意见	中国人民银行 工业和信息化部 公安部 财政部 工商总局 法制办 银监会 证监会 保监会 国家互联网信息办公室	1）鼓励创新，政策放宽 2）分类指导，明确监管职责，提及支付、网络借贷（明确信息中介定位）、股权众筹、互联网基金销售、互联网保险、互联网信托与互联网消费金融 3）健全制度，规范互联网金融市场秩序，提及第三方资金存管
2015/12/28	P2P监管细则暂行办法（征求意见稿）	银监会 工业和信息化部 公安部 国家互联网信息办公室	1）负面清单规定了业务边界，列出十二不准，不得设立资金池，不得保本保息 2）明确了地方金融办的监管职责 3）是P2P行业第一份监管意见
2016/3/25	中国互联金融协会成立		央行牵头，多家龙头参与，行业协会充当监管中间层
2016/4/15	关于加强校园不良网络借贷风险防范和教育引导工作的通知	教育部办公厅 中国银监会办公厅	1）各高校要建立校园不良网络借贷日常监测机制，联合银监局等相关部门密切关注网络借贷业务在校园内的拓展情况 2）建立校园不良网络借贷应对处置机制
2016/8/1	互联网金融信息披露标准——P2P网贷（征求意见稿）	中国互联网金融协会	首提信息披露并细化规则，涉及从业机构信息、平台运营信息、项目信息三方面，涉及强制披露65条，鼓励性披露21条
2016/8/25	网络借贷信息中介机构业务活动管理暂行办法	银监会 工业和信息化部 公安部 国家互联网信息办公室	1）明确平台需向当地金融办备案，各地备案制度由当地金融监管部门制定 2）首提小额分散，量化指标，自然人单一平台20万元，全网100万元；法人为100万元、500万元 3）提出银行存管，事实上拉高入门门槛 4）信息披露与协会自律监管 5）继续强调信息中介定位，不得设立资金池 6）地方金融部门要求整改，整改期不超过12个月

续表

日期	政策名	发布机构	政策重点
2016/10/13	互联网金融风险专项整治工作实施方案	国务院办公厅	列出四项重点 1) P2P网络借贷与股权众筹,不得逾越信息中介定位 2) 互联网资管与跨境金融服务业务 3) 第三方支付不得挪用备付金,不得开展跨行清算,不得无证经营 4) 互联网金融广告不得虚假宣传
2016/10/28	互联网金融信息披露 个体网络借贷	互金协会	96项披露指标
2016/11/28	网络借贷信息中介机构备案登记管理指引	银监会 工业和信息化部 工商总局	为备案指明方向 1) 新老平台区分管理,既有平台按照《专项整治》先进行分类处置 2) 银行存管、增值电信业务许可成为备案的前置硬性指标 3) 明确备案所需登记材料 4) 备案不可被视为增信
2017/2/22	网络借贷资金存管业务指引	银监会	1) 规定存管人必须为在中国境内依法设立并取得企业法人资格的商业银行,第三方支付等非银机构没有存管资格 2) 规定存管人对账户资金履行安全保管责任,不得外包、委托第三方,否定了第三方等机构参与的联合存管 3) 给出6个月整改期
2017/4/14	关于开展"现金贷"业务活动清理整顿工作的通知		现金贷的首份监管关注
2017/8/25	网络借贷信息中介机构业务活动信息披露指引	银监会	1) 明确了网贷平台需要进行披露,圈定披露的条目、披露的方式 2) 给出6个月整改期
2017/9/4	关于防范代币发行融资风险的公告	中国人民银行 中央网信办 工业和信息化部 工商总局 银监会 证监会 保监会	1) 将代币定义为一种未经批准非法公开融资的行为 2) 即日起停止代币发行,已发行者进行清退 3) 即日起清退交易所

续表

日期	政策名	发布机构	政策重点
2017/9/5	P2P存管规范征求意见稿	互金协会	可执行性标准与操作指南
2017/12/1	关于规范整顿"现金贷"业务的通知	互联网金融风险专项整治、P2P网贷风险专项整治工作领导小组办公室	1）严格禁止年化利率超过36%的借贷产品 2）禁止网络借贷资金流入现金贷 3）暂停新的网络小贷审批与跨省经营小贷
2018/3/28	通过互联网开展资产管理业务整治力度及开展验收工作的通知	互联网金融风险专项整治工作领导小组办公室	依托互联网销售资产管理产品须立即停止，存量业务应当于2018年6月底前压缩至0

资料来源：作者自制。

台并给出了6个月的整改时间，但是由于市场未准备好（2018年3月）市场暴雷（2018年8月）国庆维稳（2019年夏）新冠肺炎疫情（2020年初）等一系列因素，监管仍旧未在全国范围内完成落地。

2018年7月一系列的平台集中爆发问题，这一次的问题平台潮与2015年区别显著。一方面倒闭平台许多都是规模较大、科技含量较高的大平台，另一方面，这次问题平台潮使得整个行业陷入衰退：自2018年7月开始，网贷行业贷款余额单调下降，每个月的成交额也趋于下降。而究其原因，很大程度上是由于2017年年底的大资管新规出台，使得市场资金突然变紧，大量依靠循环借贷的公司无法继续更新其债务。而资金抽干引发了连环反应，最终P2P网贷平台持有的债权违约率陡然升高，而长期以来网贷平台处于实质上的金融中介地位，使得平台本身承担了贷款人无力偿还的风险。之后的2019年行业下行的趋势没有得到改变，而在2020年，由于新冠肺炎疫情的影响，微贷网、爱钱进等行业龙头宣布暂停发表，市场只剩下300家左右的平台，与历史总计的6000多家相去甚远。

（二）影子银行判断

虽然在官方定义口径之下，P2P网络借贷等网络借贷的身份定位一直是信息中介而非信用中介，如果不是信用中介，自然不具有影子银行的基本特征；但是从其发展到消亡的历史回顾之中我们可以发现，在各个环节中，都充分体现着其信用中介、影子银行的本质特征。

P2P网络借贷的发展壮大源自于本息保障的模式。这在一个风险较低、居民投资渠道不畅、企业发展平稳且资金缺口较大的情况下，本息保障其实是一个平台、出借人、贷款者三方共赢的局面。在发展中期、监管逐渐介入的过程中，自动投标的保留使得监管要求与行业现实成为两层皮，在官方口径上的信息中介逐渐成为一个美好的愿望而自动投标让平台依旧以一个信用中介的方式进行运营。直至最终的崩盘，债权的不穿透也是最终在风险集中爆发时，平台无力承担作为信用中介应承担的风险压力。

故而，将事实上成为信用中介的P2P网络借贷认定为影子银行，是一件较为显而易见的事情。由于国家相关规定并未对网贷平台的注册资本与实缴比例做出具体规定,故而绝大多数平台的待还余额与资本量相比,倍率极高。期限错配则是在出借人普遍要求灵活赎回或者偏向短期借贷的情况下,而借款人的需求期限则相对较长,这一长一短的矛盾之下,期限错配也不可避免地存在。P2P 网络借贷事实成为了影子银行。

需要额外说明的是,国内部分研究者的一种观点是,P2P 借贷异化为信用中介是一种国内特有现象,原始的 P2P 网贷采用纯信息中介的方式运营,不应存在相关风险,基于此,这部分研究者认为欧美的 P2P 网贷仍是纯信息中介,中国可以参照这种方式改回去。但事实上,据北京大学数字金融研究中心团队调研,美国的 P2P 网络借贷事实上也发挥了信用评估、信贷整售(wholesale)等信用中介的作用。2013 年,美国证券交易委员会也对网络借贷平台进行统一的重新审批,平台需要在各个州相关监管机构进行申请,各州分别审批该平台能否在本州开展借贷、募资业务。故而,即便是借鉴国外经验或有可取之处,也不是简单地定位为信息中介或者不顾国情地采取各省属地管理。

(三) 市场规模与风险判断

图 4-29 展示了 2014 年 1 月至 2019 年 12 月以来的 P2P 网络借贷每月的成交量与贷款利率。需要说明的是,这里的贷款利率是指平台回报出借人的平均利率,而不是借款人承担的利率。

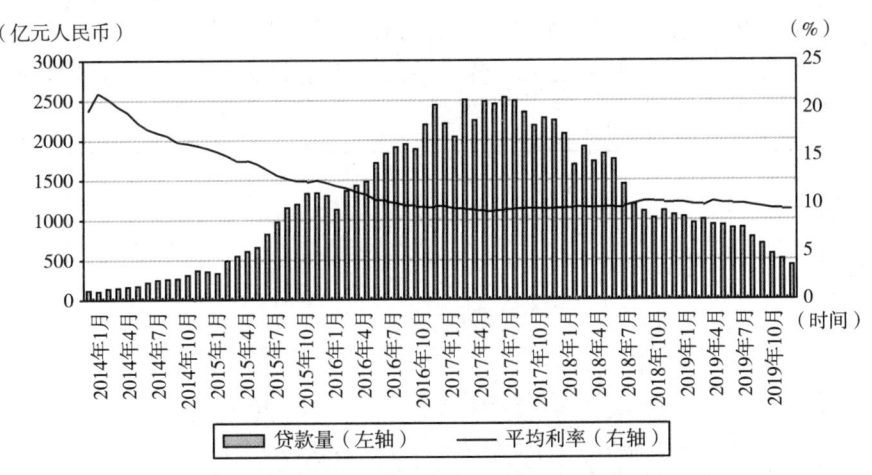

图 4-29 网络借贷贷款量与平均利率

资料来源:网贷之家。

从图中我们不难看出,一方面 P2P 网络借贷的逐月成交量呈现出了一个明显的先升后降的周期性现象,在巅峰时期,每月的新增贷款在 2500 亿元人民币的水平。同时我们也看到另外的一个明显现象,平均利率从初期的 20% 作用下降到 8%-10% 的水平。虽然这是汇报给出借人的利率而不是对于借款成本的直接度量,但是考虑到行业竞争,借款人与出借人之间的利差在样本期内呈现下降趋势,从这个角度而言,网络借贷具有一定意义上的普惠性。

图 4-30 展现了 P2P 网络借贷的待还余额与涉及人数的发展变化图。

从图 4-30 中我们可以看出,在 2018 年春节前后,P2P 网络借贷待还余额达到高峰,

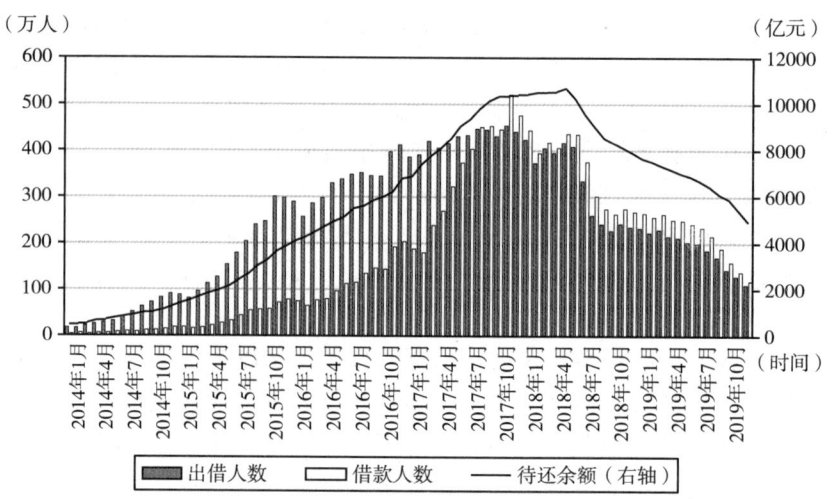

图 4-30 网络借贷牵扯人数与待还余额

资料来源：网贷之家。

但也仅仅是一万亿元人民币的规模，相较于社融的整体规模仍较小，单纯论及体量并不能引起我们的过多担忧。但是从另外一个角度而言，P2P 网络借贷牵扯了数百万规模的出借人与借款人，一旦爆发问题，很容易造成群体性事件等恶性结果。

图 4-31 展示了 2014 年 1 月以来，各月份问题平台数量与停业平台的数量变化。

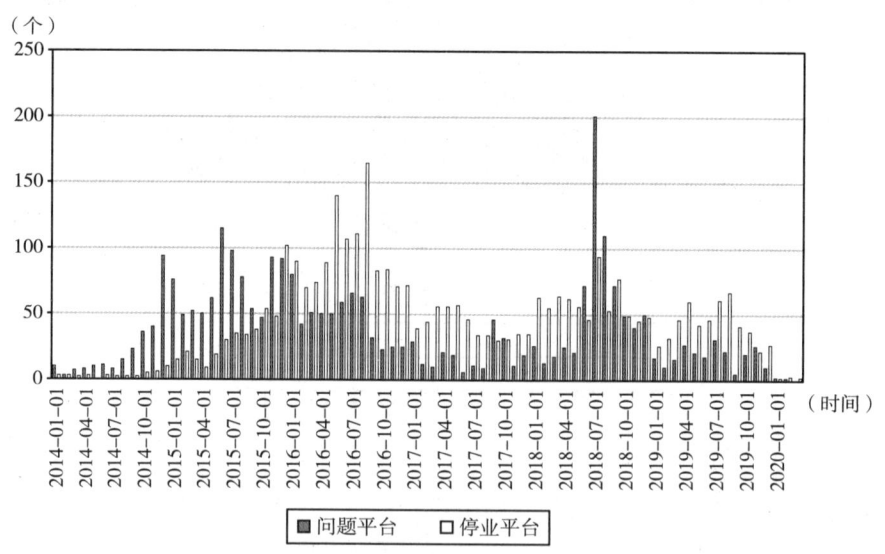

图 4-31 网络借贷问题平台与停业平台数量

资料来源：网贷之家。

正如前文所述，网络借贷平台的退出相当频繁，相当数量的平台以问题平台的形式退出。问题平台包括跑路、网站关闭、经侦介入、提现困难、延期兑付，停业平台包括停业、转型、暂停发标。相较而言以停业的方式退出市场，是一种对于出借人有着较小冲击，引发较小外部风险的方式。从时间趋势上看，停业平台自 2016 年中监管明确、标准提高后，停业平台数量增多。正如前文所述，单个平台的规模与整个行业的体量相较于其他影子银行而言小得多，但是单个平台往往涉及几千上万的出借人，因为债务纠纷爆发群体性事件的例子数见不鲜。

（四）教训与经验

P2P 网络借贷可以认为是一场发展迅速、代价显著却可以承担的金融社会实践。它向我们揭露了新技术、新概念、新业态层出不穷的新阶段，影子银行带来的风险挑战。总结相关的教训与经验，我们认为以下几点是 P2P 网络借贷在影子银行等金融安全相关领域，对我们的启示。

首先，注重金融业务的严肃性与专业性，技术进步带来的提升不能改变金融的本质。在网络借贷发展初期，不少从业者抛出颠覆论，认为银行是一个过去式的产品；在问题初步爆发、监管出台之后，从业者依旧炫耀技术与数据，将自动投标保留；直至走向清盘的最后阶段，仍有从业者抱怨，应当放松 36% 利率上限的法律红线。金融行业与一般行业不同，本身具有的高风险性与吸纳民众资金的社会性，使得金融行业并不能够像团购行业那样经得起百团大战或者出行行业的烧钱大战。这一点自然有市场相对不成熟、从业者缺乏素养与敬畏的原因，但也和监管相对滞后、被动有关，如果监管部门可以更早地、更主动地出台相关规定并切实执行，对于整体风险与行业健康发展都是有积极意义的。

其次，注重民众基本金融认知的培养，这使得影子银行产品有很大概念空隙可乘，威胁整体金融安全。在 P2P 网贷的发展、衰落之中，充分暴露的另外一点便是，中国普通民众对于金融认知的不足，甚至缺乏最基本的收益与风险成正比的认知。P2P 网贷得以飞速发展的转折点便是保本保息的运作模式让普通民众按照对于银行存款的认知去理解其风险，2013 年后余额宝等"宝宝类"理财产品则进一步混淆了低风险理财产品与存款之间的区别。而在真正出了风险之后，平台无力如约兑付，民众只能去责怪政府，引发不必要的社会性事件。缺乏金融认知同样还体现在借贷端，平台采用日利率、月费率等具有迷惑性的字眼进行利率表述，在监管加强之后转而以回租回购等更具隐蔽性的方式操作。民众金融认知的不足使他们对于利率缺乏一个清晰的认识，导致因利滚利引发的悲剧数见报端。

最后，注意新环境下的新风险形式与新风险特征。在 2008 年全球金融危机之后，系统性金融风险、影子银行等影响金融安全的重要风险因子被监管与学术界广泛提及，相关的研究、报道、政策与监管实践也相对较为成熟。而此番 P2P 网络借贷也在一个新的层面上提出了风险传播与控制的应注意事项。之前的风险传播途径多被认为以银行等大型金融机构间互持债权，而在互联网技术快速发展的现阶段，初创公司由于太过年轻而往往没有互持债权的连接，但是不同机构却可能在股权上发生联系。我们的研究也已经在初步证明了，股权同样可以成为重要的风险传播途径。同时，之前我们往往将行业的体量看做其引发风险的一个上限估计，那些体量不足的行业确实无力在根本上动摇一国的金融安全，但当他们牵扯到许多普通人时，其引发的群体性事件的等社会风险，依然值得我们注意。在考虑余额等金融总量指标的同时，也应考虑其牵扯人员等社会总量。

二、加密货币交易所

(一) 定义与发展变化

虚拟货币交易所,维基百科的定义如下:加密货币交易所是一种业务,允许客户将加密货币与其他资产进行交易,例如传统的法定货币或其他加密货币。加密货币交易所可以是市场庄家,将买卖价差作为服务的交易佣金;或者作为纯粹收取佣金的配对平台。

而加密货币交易所的发展历程划分,大概可以认为是四个阶段。在第一阶段,交易所发挥的功能较为单一,如其名称,只是单纯地作为交易中介,让需要进行加密货币与法币互换的双方进行撮合。在第二阶段,由于比值波动、价格升高、币种增加,寻找交易对手成为一件较为困难的事情,同时又有越来越多的非专业玩家想要入局加密货币,技术屏障与资金局限的双重作用之下,交易所逐渐转变为囊括钱包开发、余额管理、汇兑在内的坐市商,大多数人不再为零散交易寻找交易对手,而是直接与平台进行汇兑。在第三阶段,交易所引入了新的金融工具:衍生品。这些动辄高达 20 倍率的杠杆产品,一方面满足了部分投机者在加密货币本身波动趋缓情况下的投机需求,另一方面,也为平台本身带来了丰厚的利润。在第四阶段,交易所发行自己平台的代币,用以让平台使用者支付管理费、交易费,并充当跨平台转账的交易媒介。发行代币并且允许币值波动,使得平台可获得利润成倍增长。

如图 4-32 所示,全球虚拟货币的价值在 2017 年出现了井喷式的增长,同时在 2018 年急速下跌,这种巨大的波动性和其天然的匿名性与跨国流通,使得其对于中国金融安全构成了较大威胁。

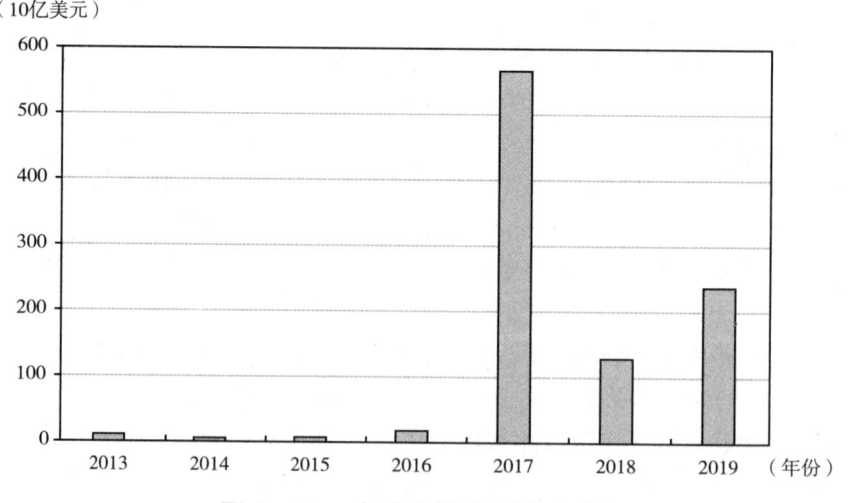

图 4-32 全球虚拟货币总市值

资料来源:statista.com。

需要特别说明的是,2017 年 9 月 4 日,人民银行等七部委联合下发《关于防范代币发行融资风险的公告》,其中着力强调暂停初次代币募集(ICO)与关停中国境内的加密货币交易所。这两点直击了最关键的风险集中之处,但是这并不意味着在中国境内持有、私人间交易比特币成为非法,被禁止的只是交易所。而那些原来发源在中国的大型交易所,只是将注册地更改为其他国家或者地区,自身并未受到本质上影响。截至 2020 年 3 月 20 日,中国的比特币交易仍然存在,以网络活跃节点计算,中国约占世界的 2.41%,排名全部国家地区的第九位(见表 4-3)。

表 4-3　　　　　　　　　　比特币全球节点数与占比

排名	国家	节点数(占比)
1	美国	2066(20.77%)
2	德国	1797(18.07%)
3	不可识别	1584(15.92%)
4	法国	591(5.94%)
5	荷兰	458(4.60%)
6	加拿大	313(3.15%)
7	新加坡	281(2.82%)
8	英国	259(2.60%)
9	中国	240(2.41%)
10	俄罗斯	225(2.26%)

资料来源:BitNodes。

(二)交易所的功能与风险

加密货币的定价过程则是一个发展变化的过程。在最初,比特币并没有一个通行的"法定"价格,每一笔交易都是发生在个人之间,交易的规模、价格都是由交易参与的双方协商而定。之后随着比特币交易者的增多与价格的上升,一个可以被参考的公允价格被得以统计。而随着交易更加频繁、价格进一步上升,个人之间的交易不能满足如此庞大的需求,交易所便应运而生。交易所的发起者往往是本身就持有大量数字货币的人,因为数字货币交易所在承担一如现实世界交易所的交易中介之外,数字货币的交易所实际上还有一个额外的角色,数字货币世界里的坐市商。坐市商意味着想要买卖数字货币的人,不需要苦苦寻找买卖的对手,只需要像在与基金公司买卖开放基金那样实现数字货币与法币的兑换。这样,数字货币交易所事实上成为了数字货币价格的重要决定者之一。交易所的出现使得交易比特币等数字货币的效率提高,门槛降低以及费用减免。

首先,和现实世界中的交易所一样,数字货币世界的交易所同样减少了个人间交易寻觅买卖对手的时间成本与机会成本,数字货币得以像现实世界中许多资产一样,可以被高效地以一个相对公允价格发生交易。

其次,交易所降低了比特币交易的技术门槛。持有比特币远非银行开户或者开通微信支付、支付宝那样容易,在最初,持有比特币需要一定的编程基础,懂得如何生成自己的比特币钱包及进行公钥(相当于账户)私钥(相当于密码)的管理。而交易所的出现使得账户管理变得方便,买卖比特币宛如买卖股票或者在基金 App 上购买一笔基金。

最后,交易所使得比特币交易的资金门槛与成本降低。当比特币价格飙升,一般个人投资者出于资本限制与对比特币价格波动的顾虑，往往只购买数个乃至不足1个；同时前文已经提及，每秒可以被记录进区块链的交易只有7笔，而矿工为了记账消耗大量的金钱，其获得的收益是每个区块的挖掘奖励与这个区块中所有交易的交易费和。在比特币开采难度升高、费用飙升、区块奖励减少的现今和未来，交易费较少的交易很可能长时间不被矿工记录：因为总有许多愿意支付更高手续费的交易。交易费虽然是由交易的发起者自愿支付，但小额的比特币投资人所购买的比特币可能只有几枚甚至不到1枚，这种交易能够负担的手续费往往也低的可怜，并不足以让矿工选择记录——因为比特币的交易费按照笔收取，所以那些交易额小的零散交易显然处于劣势。

所以，大多数后来的、小额的投资者，可能因为技术的有限与投资额的不足，他们并不能够真正在区块链上完成比特币的交易，而只是在交易所的账户中用法币兑换了比特币，故而，他们持有的比特币也许在比特币自身交易记录中从未真正存在，这种持有仅仅是在平台账户上实现。对于许多投资者来说，是否真正持有比特币并不重要，因为他们并不是因为对于 one – CPU – one – Vote 的去中心化愿景有所憧憬抑或对于比特币的匿名交易有特别的需求，他们更多的只是在寻求投机收益。

然而，这种基于平台账户的"伪持有"对于零散的投资者可能并无所谓，但是长此已久的积累使得大量比特币事实上沉积在平台账户上——而从操作上而言，如果一个人计划将持有的比特币在平台上出售，他们需要先在区块链上完成向平台的转账——而持有大量比特币的账户，往往具有一定操纵币值的能力。

加密货币交易所的影子银行风险主要来自于它开发的杠杆产品。2019年以来，比特币从最低点4000美元左右，只波动到了最高点12000美元，这对于"币圈一天，人间一年"的加密货币玩家而言，并不能使人满足。而交易所则很贴心地推出了5倍、10倍乃至20倍的杠杆工具，稍有金融常识的人便会知道，20倍杠杆的看涨期权，在币值下跌超过5%时便会爆仓，即投资者会颗粒无收。然而，许多加密货币投资人并没有这样的风险认知能力与他们所购买的产品并不相配，对于风险并没有足够的认知。而Gandal等（2018）的论文，则分析出，比特币平台确实存在币值操控的行为。从金融上讲，比特币交易平台既是坐市商，又是交易所，既销售超高倍率杠杆金融工具又没有受到SEC等机构的监管，这种体量与形态的怪胎，是人类金融史上从未有过的。

故而，也许比特币最初建立的构想是伟大的，其发展历程也是波澜壮阔令人兴奋的，但是它不稳定的币值并不是一个优质货币该具有的，而交易所的存在让投资这种资产更像是一种投机。由此而言，中国在2017年关闭境内数字货币交易所并终止ICO的做法，十分明智而正确。

（三）未来风险的判断与应对

交易所单独出风险可能性已经较低。在国内对于交易所的坚决态度、网络监管与跨境资本流动的三重压力下，居民去投机加密货币已经成为了一种零星的、强自我导向的个人行为，其量级决定着其很难掀起风波。

然而，需要注意的是加密货币与其他行业交叠，产生额外的不良反应。其中最值得注意的便是网络借贷。由于国家目前对于网络借贷的清退要求较为严格，如果平台管理者无法与出借人达成和解，那么将面临刑事处罚。而在某种程度上讲，加密货币投机与P2P借贷存在一定的共通性与人群交叠，网络借贷的从业者很可能摇身一变成为区块链、数字货币领域的领航人，继续圈钱。

另外，需要注意的风险是，区块链领域的创新风潮。由于区块链作为一种底层技术，源起于加密货币，在2019年10月中央政治局集体学习区块链，并提出"积极推动区块链技术在教育、就业、养老、精准脱贫、医疗健康、商品防伪、食品安全、公益、社会救助等领域的应用"之后，区块链成为了一个炙手可热的概念。但是需要注意的是，中央所提及的各个领域，并没有包含金融。而我们如果将截至2019年年底的区块链相关公司的业务进行细分，则发现了如下趋势：

图4-33展示了全部由融资记录的涉区块链公司的业务类型，我们发现其中最大的一部分，26家公司将业务核心定位于最终通过ICO（初次代币募集）发行属于自己的加密货币。而如果我们将ICO这一部分继续进行细分，则发现如图4-34的结果，最大比例的公

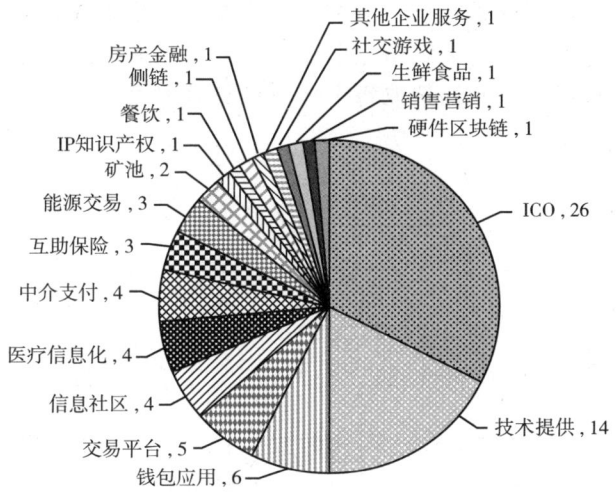

图4-33　区块链获得投资公司业务一级分类

资料来源：IT桔子。

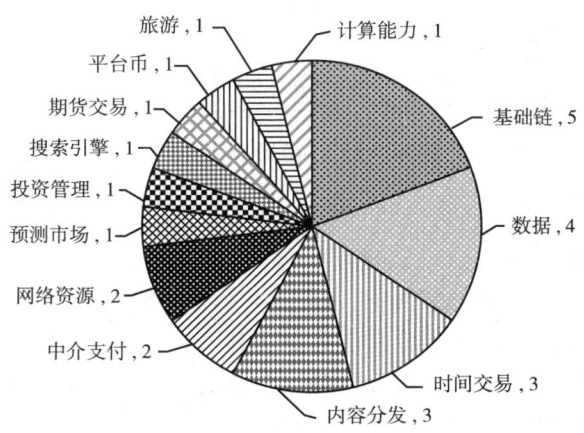

图4-34　区块链获得投资公司业务中从事ICO二级分类

资料来源：IT桔子。

司将自身业务定位于基础链，即作为类似于比特币、以太坊那样的基础性价值流通媒介，也就是某种意义上的"货币"。所以，从中我们不难看出，无论是从业者还是投资者，依旧对于金融有着极高的热情，而随之而来的风险，值得我们高度警惕。

第四节 影子银行风险指数

一、指数的编制方法

为了衡量影子银行在近年对于中国金融安全的影响，我们将本节数据进行汇总、指数化。从指标选择而言，如图4-35，按照行业领属，我们将指数分为正规金融影子银行、类金融公司影子银行、新兴影子银行三大类，各子类下具体业务详见图中。这些业务的基本情况与影子银行相关的判别、关键信息已在前文列出。考虑到数据的可比性、含义的稳定性与统计的准确、及时性，我们选取每个业务的资产总额（或者贷款余额、资产价值）作为指标。

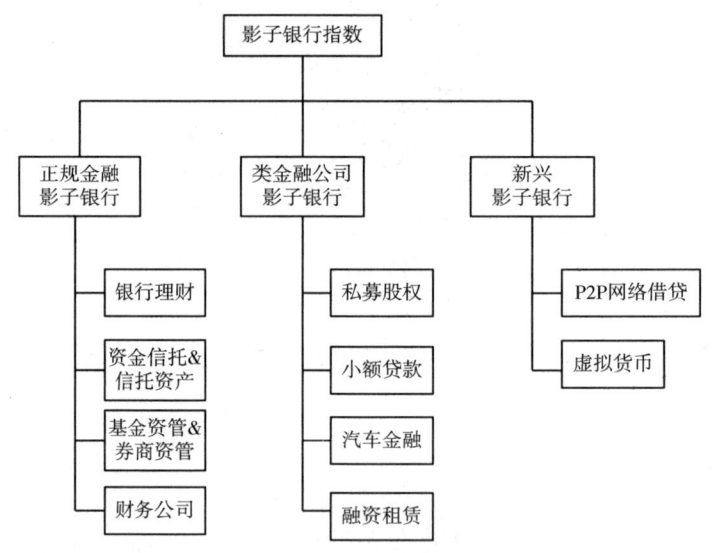

图4-35 指数构建框架

资料来源：作者自制。

指数的编制方法如下：

首先，我们将每项业务做无量纲化，将每一具体业务的2014年值归一化为100，之后逐年进行同尺度放缩。由于不同业务间的体量天然有巨大差别，对于风险产生较大影响的并不是体量本身而是体量变动值，所以这种操作具有合理性。特别地，由于虚拟货币波动巨大，我们预先采取自然对数的方法进行放缩。

其次，各个大类不同业务的加总权重，使用变异系数的方法，变异系数是一种常用的指数权重构造方法，其优点是利用数据本身的分布进行权重分配，让数据自己表达。

最后，在三类指标合成完毕后，我们使用层次分析法（AHP）进行最终指数合成。层次分析法的优点是，我们可以采用较为主观的方法进行权重分配，同时，这种主观分配又由于算法的加入具有一定的科学性与稳定性；研究者需要的是给出几项指标之间的重要性相对比例，而不需要直接给出比例。结合中国经济的实际，我们认为三类业务的相对重要性如表4－4所示：

表4－4　　　　　　　　　　　指数合成权重

	正规金融	类金融机构	新兴影子银行
正规金融	1	2	3
类金融机构	1/2	1	2
新兴影子银行	1/3	1/2	1
最终权重	54%	30%	16%

资料来源：作者自制。

二、指数的结果

指数的结果如表4－5所示：

表4－5　　　　　　　　　　　指数结果

年份	正规金融机构	类金融机构	新兴影子银行	总指数
2014	100.00	100.00	100.00	100.00
2015	146.56	121.44	212.45	149.56
2016	179.41	155.90	356.16	200.64
2017	205.98	194.67	600.80	265.76
2018	204.09	226.04	456.63	251.08
2019	208.33	260.58	353.66	247.26

资料来源：作者自制。

从表4－5我们不难看出，正规金融机构的风险聚集速度，在2017年大资管新规后，迅速收紧，相关政策的效果十分明显；新兴影子银行业务在近年呈现出了最大的风险，在2017年随着数字货币币值激增、网贷余额增长呈现出爆发事态，国家在2017年9月对于数字货币的严管起到了作用，而对于网贷的相对滞后则让风险继续延续到了2018年。

第五章 中国金融市场安全分析

本章对中国金融市场安全进行了较全面的影响因素分析。我们构建了包含中国宏观经济波动指标、美国宏观经济波动指标、各国及世界经济政策不确定性指标、股票市场情绪综合指标、股票市场定价波动指标在内基本面风险监测体系。我们还使用高频数据对中国金融市场进行了全面的国内外金融市场风险溢出分析。实证结果表明，本章所构建的股票市场风险监测体系能有效地对中国股票市场的风险进行监测和预测。这说明在进行金融市场风险分析时，不仅要考虑到国内宏观经济基本面的影响，还要考虑到世界经济的冲击，不仅要考虑到市场本身的特征指标，还要考虑到非理性的情绪冲击，不仅要考虑国内金融市场风险溢出的影响，还要考虑到国外金融市场风险溢出的影响。

第一节 理论与文献综述

金融市场安全是金融安全和经济安全的基石。随着金融一体化和经济全球化的发展，影响金融市场安全因素日趋复杂化和多样化，金融市场风险给中国的金融和经济稳定发展带来了越来越巨大的安全威胁，金融市场安全管理的重要性愈加突出。习近平总书记也多次强调，金融是现代经济的核心，是资源配置和宏观调控的重要工具，是推动经济社会发展的重要力量。金融安全是国家安全的重要组成部分，是经济平稳健康发展的重要基础。金融活，经济活；金融稳，经济稳。习近平总书记强调，防范化解金融风险特别是防止发生系统性金融风险，是金融工作的根本性任务。

在 2003 年"非典"、2008 年金融危机和 2015 年股灾中，中国金融市场都经历了剧烈的波动。2020 年 1 月中旬至今，由于新冠病毒肺炎全球肆虐和石油价格战，包括中国在内的全球金融市场经历了罕见的剧烈波动，给国家的金融安全和经济稳定带来巨大的负面影响，进一步说明开展金融市场安全研究的极端重要性。中国政府及金融监管部门、金融机构和组织以及大型企业都需要了解和监控金融市场安全，并对金融市场安全进行有效度量、精确预警和管理。做好金融市场安全，就需要我们做出及时、准确的金融市场风险测度与预警，也需要我们做好基础理论研究，开展学科交叉，结合大数据和人工智能，研究能准确反映金融市场安全的因素，开展理论分析和数据建模。

一、宏观经济与金融市场风险

资产价格波动风险一直是金融研究中的重要方面，而且会受到多个方面因素的影响。从宏观经济因素来讲，经典的基于消费的资本资产定价模型（CAPM）建立了资产价格和宏观经济变量之间的联系，超额收益和宏观经济变量贝塔成正比例关系。在此基础上，Bansal 和 Yaron（2004）提出了长期风险模型，该模型认为消费增长率包含了持续可预测的长期风险成分，当消费增长率受到外部冲击时，需要多个时期消化该冲击。这一观点将资产价格与宏观经济波动相联系，而且在美国等发达国家市场得到验证，即资产价格风险受到宏观经济波动的影响。陈国进等（2014）研究发现，中国的资产价格波动同样反映了宏观经济变量长期风险和波动风险。当宏观经济基本面较好时，消费者会增加消费提高效用，企业会在不断增加的消费中受益，通过更多的增加投资获得更大的收益，进而带来企业价值的提升。而不确定的宏观经济会抑制消费者消费和企业投资，从而导致企业价值的下降，资产价格波动率提高。Corradi 等（2013）发现美国股票市场的波动率很大程度上可以由宏观经济波动率来解释，寇明婷等（2018）发现中国股票市场波动率会显著受到宏观经济信息的影响。

资产价格的波动风险不仅受到国内宏观经济基本信息的影响，国际经济冲击同样会导致资产价格风险的变化。Chen 等（2016）研究了美国宏观经济变量的时变特征对中国股票市场波动率的影响，研究结果发现美国的股息收益率和工业产值能够显著预测中国股票市场未来的波动率，在控制中国宏观经济变量时这种预测能力仍然显著，说明美国宏观经济信息能够对中国宏观经济的信息进行补充，有效地说明了中国资产价格波动一定程度上会受到美国宏观经济的冲击。

此外，宏观经济政策同样是影响资产价格的重要因素。以货币政策为例，货币政策可以通过实际货币余额、贴现率和预期等渠道影响资产价格。实际货币余额渠道是指，扩张型货币政策增加货币供应量，提高实际货币余额，提升金融资产需求，从而带动资产价格上涨。贴现率渠道是指当扩张型货币政策降低利率时，贴现率也会降低。根据资产定价公式，资产的价格是资产预期未来现金流的净现值。贴现率的降低提高了资产预期未来现金流的净现值，推动资产价格上涨。预期渠道是指扩张型的货币政策会使投资者产生未来经济转好的预期，提高了对风险资产的投资需求，资产价格上涨。当经济政策存在不确定性时，这种不确定性会通过预期效应影响微观主体的消费和投资行为，进而引起股票风险的上升。刘昌义等（2015）探讨了不确定性条件下的贴现理论与主观贴现因子，说明了不确定性是造成贴现因子波动的主要原因。根据股利贴现模型，股价取决于公司未来现金流与贴现因子，因此，政策不确定性可以通过上述两类因素提高股票风险。

二、情绪与金融市场风险

除了传统的金融理论，越来越多的研究开始关注非理性投资者行为，例如情绪等。市场情绪指的是对上市公司未来现金流或折现率过于乐观或悲观的有偏预期。凯恩斯在他的名著《通论》里就强调了情绪对资产价格和实体经济的重要性。De Long 等（1990）建立了著名的 DSSW 噪音交易者模型，认为噪音交易者容易受非理性情绪影响，过度乐观（悲观）情绪的投资者倾向于过度买入（卖出）股票，从而推高（拉低）现期资产价格。同时由于套利成本，理性套利者不能完全消除情绪对资产价格的影响。最终，随着理性信息逐步反映到资产价格，资产价格在未来反而将会下跌（上涨），导致资产价格过度波动。因此，DSSW 理论预测高（低）情绪伴随着低（高）未来股票收益。目前，学术界对投资者情绪的测量方法主要包括两大类：直接法和间接法。直接法是指直接衡量投资者情绪，例如通过问卷调查获得和分析投资者情绪，通过文本分析提取出媒体信息中投资者的情绪反应并度量其乐观或悲观程度；间接方法是通过代理变量或与投资者情绪相关的指数间接反映投资者情绪水平，并可以在此基础上构建综合情绪指数。BW指数是目前为止应用最广泛的复合情绪指数，由Baker和Wurgler（2006）利用主成分分析法根据以下六个变量得到的，包括交易量、封闭式基金折价率、IPO活跃度、首日收益率、股票发行和股利溢价。易志高等（2009）利用主成分分析法把交易量、封闭式基金折价、公开上市发行量及首日收益率、A股市场新增开户数、消费者信心指数五个变量合成一个复合情绪指数CIC-SI指数。黄德龙等（2009）利用交易量、A股新增开户数、封闭式基金折价进行主成分分析构造了复合情绪指数。王镇和郝刚（2014）通过实证检验证明了偏最小二乘法构造CIS情绪指数的效果优于主成分分析法的效果。

三、已实现波动率与金融市场风险

已实现波动率（Realized Volatility）是使用高频数据计算得出的波动率，也是刻画金融市场风险特征的典型方法。1980年，Merton最早提出了将某一时间段收益率平方和用以估计该时间段内独立同分布的随机变量的方差，如果在该时间段内的样本频率可以达到一定的水平，那么这种估计的准确率将大大提高，但在当时的情况下，高频数据较难储存、获取难度高，只有利用资产一个月每日收益率平方和作为方差，证实了Merton的理论。后来，在Anderson和Bollerslev（1988）将外汇市场交易日以5分钟为单位时间分割，并估计分割后的每一段收益率平方和，并用当天分割后的全部时间段的收益率平方和作为该天的收益率方差，即为当天的波动率。

已实现波动率不需要进行模型分布假定、有较好的稳健性、计算公式简单便捷且是实际波动率的一致估计量，被推广并广泛应用于中国金融市场研究。有的学者基于此研究单个市场的风险预测情况，如邓芳程（2016）研究发现中国沪深300股指期货过去的已实现波动率对未来一天的已实现波动率总体上具有较好的解释作用。更多的学者研究了不同市场之间的风险相关与溢出情况。例如，杨东晓（2015）基于沪深300股指期货高频数据，研究股指期货与股指现货之间价格发现与波动溢出效应研究。刘庆富和华仁海（2012）从日间交易信息和隔夜信息的角度对沪深300股指期货和沪深300指数的关系进行研究，发现风险传递是双向的。王运琦（2018）研究发现中国债券市场的波动对于中国股票市场的波动具有长期溢出性。李学成（2018）对中国金融市场系统下各市场之间的风险关联关系进行研究，发现股票市场与基金市场的风险呈现出高度关联性的特征。

四、条件在险价值与金融市场风险溢出

$CoVaR$由Adrian和Brunnermeier提出，与传统的VaR方法不同，$CoVaR$可以反映一定概率水平下，当某一资产在未来特定时间内的损失等于VaR时，其他资产或投资组合的最大可能损失。以此为基础，Adrian和Brunnermeier定义了一个部门的$\Delta CoVaR$，它表示金融系统在该部门处于高风险时的条件在险价值与金融系统在该部门处于正常风险等级时的

条件在险价值之差。CoVaR 方法最初被应用到银行系统的风险度量中，比如白雪梅和石大龙利用 CoVaR 考察了包括证券、基金等公司在内的金融机构，结果表明，中国银行业金融机构对风险的贡献较大，证券期货业金融机构对风险贡献最小。刘志洋、宋玉颖基于 CoVaR 方法，运用分位数回归测度商业银行时变的风险贡献度序列，然后将之与财务信息进行回归来分析商业银行流动性风险对银行风险贡献度的影响。近年来越来越多的学者将 CoVaR 方法运用到证券市场之中，比如陈忠阳、刘志洋基于 CoVaR 方法使用股票收益率的相关性测度风险。曾裕峰、温湖炜、陈学彬基于 White 等（2015）提出的多元分位数回归模型构建适用于分析证券市场的新 CoVaR 模型框架，结合 SAV 模型构造了适用于分析证券市场尾部风险溢出的新模型框架，同时新建 Wald 统计量来检验风险传染的显著性，并以此测算了中国加入 WTO 以来 9 个代表性境外证券市场对中国 A 股市场的尾部风险传染大小，对比了它们的系统重要性排名。综合之前学者对 CoVaR 方法的研究，表明使用 CoVaR 方法度量金融市场间的风险溢出具有良好的效果。

第二节 研究方法介绍

一、已实现波动率（RV）

根据 Anderson 和 Bollerslev（1988）的理论，假设连续时间下，股票的对数价格 p_t 的随机过程为：

$$dp_t = \mu_t dt + \sigma_t dW_t, 0 \leq t \leq T \tag{5-1}$$

（5-1）式中 p_t 为金融资产 t 时的对数价格，W_t 为标准的布朗运动，$\mu_t dt$ 是漂移项，$\sigma_t dW_t$ 是扩散项，μ_t 和 σ_t 分别为金融资产的瞬时收益率和瞬时波动率。

考虑时间区间 $[t-h, t]$（$0 \leq h \leq t$），那么股票的对数收益为：

$$r_{t,h} = p_t - p_{t-h} = \int_{t-h}^{t} \mu_\tau d\tau + \int_{t-h}^{t} \sigma_\tau dW_\tau \tag{5-2}$$

其对应的二次变差为：

$$QV_{t,h} = \int_{t-h}^{t} \sigma_\tau^2 d\tau \tag{5-3}$$

可以看到，上式没有出现漂移项 $\mu_t dt$，因为漂移项是 dt 的高阶项，可以忽略。当我们考虑时间 $[t-h, t]$ 离散路径，即将时间间隔分割为 n 份，即 $\left\{ t-h+\dfrac{j}{n}, j=1,2,\cdots,n \right\}$ 时，将金融资产的已实现波动率定义为：

$$RV_{t,h}^{(n)} = \sum_{j=1}^{n \times h} r_{t-h+\frac{j}{n}, \frac{1}{n}}^2 \tag{5-4}$$

后来 Andersen（2003）通过定理的形式证明，当间隔 n 趋近于无穷时，（5-4）式中已实现波动率（RV_t）收敛于二次变差 $QV_{t,h} = \int_{t-h}^{t} \sigma_\tau^2 d\tau$，并进一步证明当时间间隔无限缩小且忽略价格跳跃和市场微观结构干扰时，已实现波动率是真实波动率的无偏、有效且一致估计量。

本书中，已实现波动率（RV_t）是当日日内收益率的平方和，其表达式为：

$$RV_t = \sum_{i=1}^{M} r_{t,i}^2 \tag{5-5}$$

其中，$r_{t,i}$ 表示第 t 天的第 i 个日内收益（该天内总计有 M 个日内收益率，$i=1,2,\cdots,M$）。

二、条件在险价值（CoVaR）

VaR 即在险价值，代表了在一定条件下某一金融资产或证券组合的最大损失，其本质是一种分位数。VaR 的数学表达式为：

$$P(R^i \leq VaR_q^i) = q \tag{5-6}$$

而根据 Adrian 和 Brunnermeier 的定义，CoVaR 表示当某一机构陷入困境时（即该机构收益率达到 q 分位数时），系统整体的在险价值，其本质依然是一种分位数，只不过附加了一个机构 i 的条件，CoVaR 的数学表达式为：

$$P(R^s \leq CoVaR_q^{s|i} \mid R^i = VaR_q^i) = q \tag{5-7}$$

$CoVaR_q^{s|i}$ 表示在机构 i 的收益率为 VaR_q^i 的条件下，系统整体收益率的 q 分位数。同时 Adrian 和 Brunnermeier 定义了 $\Delta CoVaR$ 指标，表示机构 i 对系统的风险贡献程度。$\Delta CoVaR$ 的数学表达式为：

$$\Delta CoVaR_q^i = CoVaR_q^{s|i=VaR_q^i} - CoVaR_q^{s|i=VaR_{50\%}^i} \tag{5-8}$$

即 $\Delta CoVaR$ 等于系统收益率在机构 i 收益率等于 VaR_q^i 时的 q 条件分位数减去系统收益率在机构 i 收益率等于 $VaR_{50\%}^i$ 时的 q 条件分位数，$VaR_{50\%}^i$ 表示机构 i 正常的收益率。

分位数回归的基础概念是分位数，随机变量 X 的 τ 分位数被定义为 $Q_\tau = inf\{x: F(x) \geq \tau\}$，其中 $F(x)$ 是随机变量 X 的累积分布函数，即 $F(x) = P(X \leq x)$，满足 $F(x) \geq \tau$ 的最小 x 值就是随机变量 X 的 τ 分位数。

假设给定一组解释变量 $X = \{x_1, x_2, \cdots, x_n\}$ 和被解释变量 $Y = \{y_1, y_2, \cdots, y_n\}$，满足：

$$Y_i = \alpha + X_i^T \beta + \varepsilon, i = 1, 2, \cdots, n \tag{5-9}$$

其中，ε 是误差项，最小二乘回归是求得使残差平方和最小的参数值，即求得：

$$\min_\beta \left[\sum (Y_i - X_i^T \beta - \alpha)^2 \right] \tag{5-10}$$

β 即为参数向量，而线性分位数回归是求得：

$$\min_\beta \left[\sum \tau |Y_i - X_i^T \beta - \alpha| + \sum (1-\tau) |Y_i - X_i^T \beta - \alpha| \right] \tag{5-11}$$

其中，τ 正是所要估计的分位点，因此对应不同的分位点，参数向量 β 的估计值有所不同。因此与最小二乘法回归估计侧重于数据的平均信息不同，分位数回归更注重与极端位置的数据信息。同时，最小二乘法假设残差服从正态分布，而分位数回归没有这个假设，当残差不服从正态分布时，分位数回归更有效。分位数回归的另一个优点是可以根据分位点的不同，解释自变量由于分布不同而对因变量的影响。

根据 Adrian 和 Brunnermeier 的定义，为了求得 $\Delta CoVaR$ 值，首先应求得机构的 VaR_q^i

值，然后以此求得机构的 $CoVaR$ 值。由于 VaR_q^i 是一个分位数，因此可以通过分位数回归的方法计算 VaR_q^i 值。构建模型：

$$R_t^i = \alpha^i + \beta_1^i M_{1,t-1} + \beta_2^i M_{2,t-1} + \cdots + \beta_k^i M_{k,t-1} + \varepsilon_t^i \tag{5-12}$$

其中，R_t^i 表示机构 i 在 t 时期的收益率，α 和 β 是待求的回归系数，$M_{j,t-1}$ 代表状态变量在 $t-1$ 时期的值，其中状态变量 M_i 代表描述市场情况的变量。用（5-4）式分别做 5% 和 50% 分位数回归，分别得到回归系数 $[\hat{\alpha}_{q=0.05}^i, \hat{\beta}_{j,q=0.05}^i]$ 和 $[\hat{\alpha}_{q=0.5}^i, \hat{\beta}_{j,q=0.5}^i]$，可以得到 5% 条件下的在险价值：

$$VaR_{t,5\%}^i = \hat{\alpha}_{q=0.05}^i + \hat{\beta}_{1,q=0.05}^i M_{1,t-1} + \hat{\beta}_{2,q=0.05}^i M_{2,t-1} + \cdots + \hat{\beta}_{k,q=0.05}^i M_{k,t-1} \tag{5-13}$$

和正常状态下的在险价值：

$$VaR_{t,50\%}^i = \hat{\alpha}_{q=0.5}^i + \hat{\beta}_{1,q=0.5}^i M_{1,t-1} + \hat{\beta}_{2,q=0.5}^i M_{2,t-1} + \cdots + \hat{\beta}_{k,q=0.05}^i M_{k,t-1} \tag{5-14}$$

同时对总体收益率构建出回归方程：

$$R_t^s = \alpha^s + \beta_1^s M_{1,t-1} + \beta_2^s M_{2,t-1} + \cdots + \beta_k^s M_{k,t-1} + \theta R_t^i + \varepsilon_t^i \tag{5-15}$$

其中，R_t^s 是 t 时期系统整体的收益率，与（5-12）式相比，（5-15）式中多了机构 i 的收益率作为自变量，这样可以计算在机构 i 收益率给定的条件下的系统收益率的条件分位数。对（5-15）式进行分位数回归，得到系数 $[\hat{\alpha}_{q=0.05}^s, \hat{\beta}_{j,q=0.05}^s]$，并结合（5-13）式、（5-14）式的结果代入（5-15）式，可以得到机构 i 带给系统的风险溢出：

$$\Delta CoVaR_{0.05,t}^i = CoVaR_{0.05}^{s|i=VaR_{0.05}^i} - CoVaR_{0.05}^{s|i=VaR_{50\%}^i} = \hat{\theta}(VaR_{0.05}^i - VaR_{50\%}^i) \tag{5-16}$$

第三节 基于高频数据的中国金融市场风险监测体系

一、数据说明

在已实现波动率的实际应用当中，虽然已实现波动率在理论上数据的频率越高越好，但实际中受到市场微观结构的影响，直接采用最高频率的数据计算的已实现波动率会有较大误差。Zhang 等（2005）也发现，已实现波动率会随着采样频率的降低而增大，这种趋势在采样频率降低到 5 分钟左右才稳定下来。目前在计算已实现波动率时，广泛且普遍的做法是采用 5 分钟高频数据。本报告也将采用 5 分钟高频数据。

我们在计算波动率时采用的金融数据有沪深 300 指数、上证 50 指数、中证 500 指数、上证国债指数、上证基金指数和沪深 300 股指期货、上证 50 股指期货、中证 500 股指期货、10 年期国债期货主力合约的 5 分钟高频数据。收益率方面，本书采用的是上述指数的日度收益数据。

股票期货市场方面，每天对于标的资产为沪深 300 股指、上证 50 股指、中证 500 股指的期货合约，中国金融期货交易（CFEEX）均有当月、下月和随后两个季月交割的 4 份合约进行交易，但往往交易最活跃的合约均是临近交割日最近的合约，本书选用该合约作为期货市场的交易数据。债券期货市场方面，选用 10 年期国债期货当季连续数据。

债券市场方面，研究的难点是如何选择合适的债券或者指数数据来对债券市场进行风险测度。中证指数有限公司编写和发布了中证债券净价指数的日度数据，但是该数据不存在日内高频信息。本书选用上证国债指数的 5 分钟高频交易数据，其选样为在上海证券交易所上市的国债且剩余期限为一年以上，按照样本国债的发行量为权重进行加权计算而得的全价指数。

基金市场方面，上证基金指数样本选取了所有在上海证券交易所上市交易的证券投资基金，按照报告期样本基金的调整市值进行计算而得，可以反映在沪市基金价格的整体变动情况，因此本书选用该指数数据反映基金市场交易。

在计算公式（5-12）的状态变量 M_i 根据对不同产品的分析，分别选择使用已实现波动率（RV）计算而来的上证 50 指数波动率、中证 500 指数波动率、沪深 300 期货波动率、中证 500 期货波动率、上证 50 期货波动率、10 年期国债期货波动率、上证基金指数波动率和上证国债指数波动率，公共部分状态的变量为流动性利差、期限利差、信用价差和短期国债利差。其中各产品波动率使用由高频数据求得的每日已实现波动率；流动性利差（ld）由上海银行间 3 个月的 SHIBOR 值减去 3 个月国债到期收益率计算而来；期限利差（qx）由 10 年期国债到期收益率减去 3 月期国债到期收益率计算而来；信用价差（xy）由 10 年期国债到期收益率减去 10 年期 AA 级企业债到期收益率计算而来；短期国债利差（dq）由 3 月期国债到期收益率减去昨日 3 月期国债到期收益率计算而来。

公式（5-15）中的状态变量 M_i 选择沪深 300 指数波动率、流动性利差、期限利差、信用价差和短期国债利差，沪深 300 指数波动率为沪深 300 指数高频数据求得的每日已实现波动率。

考虑到数据的可得性，本书样本区间为 2017 年 3 月 14 日到 2019 年 12 月 31 日，共计 686 个交易日数据。数据来源于 Wind 数据库。由于期货合约比股票市场早开盘和晚收盘，交易时段存在不重合阶段，为了满足测算需要，与华仁海和刘庆富（2010）的做法类似，将期货在股票市场非交易时段数据删除。

本部分所用的指标定义如下：

RV_hs300：沪深 300 股指已实现波动率；

RV_sz50：上证 50 股指已实现波动率；

RV_zz500：中证 500 股指已实现波动；

RV_szgz：上证国债指数已实现波动率；

RV_szjj：上证基金指数已实现波动率；

RV_if_hs300：沪深 300 股指期货已实现波动率；

RV_if_sz50：上证 50 股指期货已实现波动率；

RV_if_zz500：中证 500 股指期货已实现波动；

RV_if_10ygz：10 年期国债期货当季连续合约已实现波动率；

Hs300：沪深 300 指数收益率；

Sz50：上证 50 指数收益率；

Zz500：中证 500 指数收益率；

Hs300qh：沪深 300 期货收益率；

Zz500qh：中证 500 期货收益率；
Sz50qh：上证 50 期货收益率；
Gzqh：10 年期国债期货收益率；
Szjj：中证基金指数收益率；
Szgz：上证国债指数收益率；
Ld：流动性利差（上海银行间 3 个月的 SHIBOR 值减去 3 个月国债到期收益率）；
Qx：期限利差（10 年期国债到期收益率减去 3 月期国债到期收益率）；
Xy：信用价差（10 年期国债到期收益率减去 10 年期 AA 级企业债到期收益率）；
Dq：短期国债利差（3 月期国债到期收益率减去昨日 3 月期国债到期收益率）。

二、基于已实现波动的中国金融市场的风险分析

（一）中国金融市场风险性描述

图 5-1 是通过已实现波动率计算出的中国金融市场已实现波动率时间序列图，包含了沪深 300 指数、上证 50 指数、中证 500 指数、上证国债指数、上证基金指数和沪深 300 股指期货、上证 50 股指期货、中证 500 股指期货、10 年期国债期货主力合约。从图 5-1 中我们可以发现：第一，就三个股指的期现货市场而言，现货市场的波动率均低于对应的期货市场波动率，考虑到这是因为股指期货市场相比现货市场交易，杠杆率更高，且实行 T+0 交易机制，因此交易更频繁，风险相对更高。第二，就市场而言，债券市场波动率非常低是各市场波动率均值中最低的，考虑到是债券市场相比股票、基金、期货市场交易，市场参与者较少，交易不活跃所致。第三，从三个指数市场的波动可以发现，沪深 300 股指波动出现的尖峰更多，中证 50 股指波动尖峰相对较少，但三者波动率趋势基本一致，且三者在报告期内的 2017 年 7 月 17 日，2018 年 2 月 9 日，2018 年 8 月 16 日，2019 年 2 月 26 日，均呈现一个较大的波动率。第四，从债券市场与基金市场的波动可以看出，

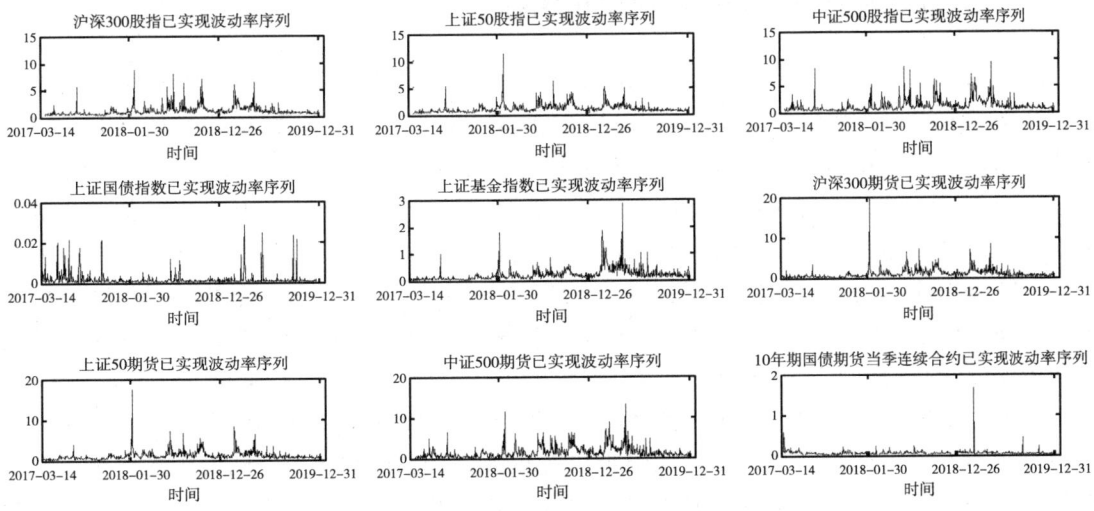

图 5-1 中国金融市场已实现波动率时间序列图

资料来源：作者计算。

相对于股票市场，债券市场和基金市场的波动率明显小很多，在 2019 年之前基本没有大的波动。从波动尖峰来看，基金市场的波动尖峰时点与股票市场相对一致，而债券市场的尖峰点存在一定的超前性。

此外，本报告通过各个市场波动的相关性统计发现股票市场不同指数之间，股票市场与期货市场，股票市场与基金市场之间的波动率相关性呈现出较强的波动相关性，但债券市场与其他市场的波动相关性非常弱。

（二）重大波动交易时点说明

2017 年 7 月 17 日：当日，上证指数开盘 3219.79 点，收于 3230.35 点，涨跌 -45.95 点，涨跌幅 -1.43%；沪深 300 股指当日已实现波动率 5.3584（$\times 10^{-4}$）是样本期波动率的近 6 倍。考虑到 2017 年 7 月 14—15 日，全国金融工作会议在京召开，会议明确了未来金融工作的思路，会议强调了做好金融工作的四项原则：回归本源、优化结构、强化监管、市场导向。受强化监管政策的影响，在 2017 年 7 月 17 日（周一）市场整体波动较大。

2018 年 2 月 9 日：当日，上证指数开盘 3172.85 点，收于 3129.85 点，涨跌 132.20 点，涨跌幅 -4.05%；沪深 300 股指当日已实现波动率 8.5317（$\times 10^{-4}$）是样本期波动率的 9.4 倍。考虑到进入 2 月之后，美国原油库存逐步累积，淡季效应开始显现，加之美元指数反弹，美国股市大跌等综合因素影响，油价开启了下滑的步伐。油价的跌势导致了当天较大的市场波动。

2018 年 8 月 16 日：当日，上证指数开盘 2691.43 点，收于 2705.19 点，涨跌 -18.07 点，涨跌幅 -0.66%；沪深 300 股指当日已实现波动率 6.0179（$\times 10^{-4}$）是样本期波动率的 6.7 倍。考虑到受中美贸易关系的影响，市场避险情绪严重，当天股市交易大幅低开，创历史新低。

三、各市场对股票市场的风险溢出指标

以公式（5 - 12）对各市场收益率进行 0.05 分位数回归，求得各市场的 $VaR_{0.05}$ 值序列和 $VaR_{0.5}$ 值序列，然后以公式（5 - 15）对沪深 300 指数收益率进行分位数回归，可求得各市场对沪深 300 的风险溢出 $\Delta CoVaR$ 序列，如图 5 - 2 所示。

由图 5 - 2 可以看到，国债类市场的风险溢出相对于其他市场小很多，而其他市场的风险溢出序列整体上具有相同的趋势，对各市场的 $\Delta CoVaR$ 序列进行描述性统计发现各市场的风险溢出序列也呈现出尖峰厚尾的分布特征，且均不符合正态分布的特点。国债类市场的 $\Delta CoVaR$ 平均值的绝对值相比其他市场小很多，且波动率也小很多，整体来讲国债类市场对沪深 300 指数的溢出较小。

此外，由图 5 - 2 可以看到，在 2017 年 7 月份，2018 年 2 月份，2018 年 7 月份和 2019 年 5 月份，股指期货类市场的风险溢出有较大提升，这和相应时间发生的股市重要事件相对应。2017 年 7 月，全国金融工作会议在北京召开，会上习近平强调了防范系统性金融风险的重要议题，引发了市场对监管层的担忧，加之创业板公司纷纷出现问题，导致 7 月 17 日股市发生了暴跌，各股市场的风险溢出大幅上升。2018 年 2 月，受美股影响，和

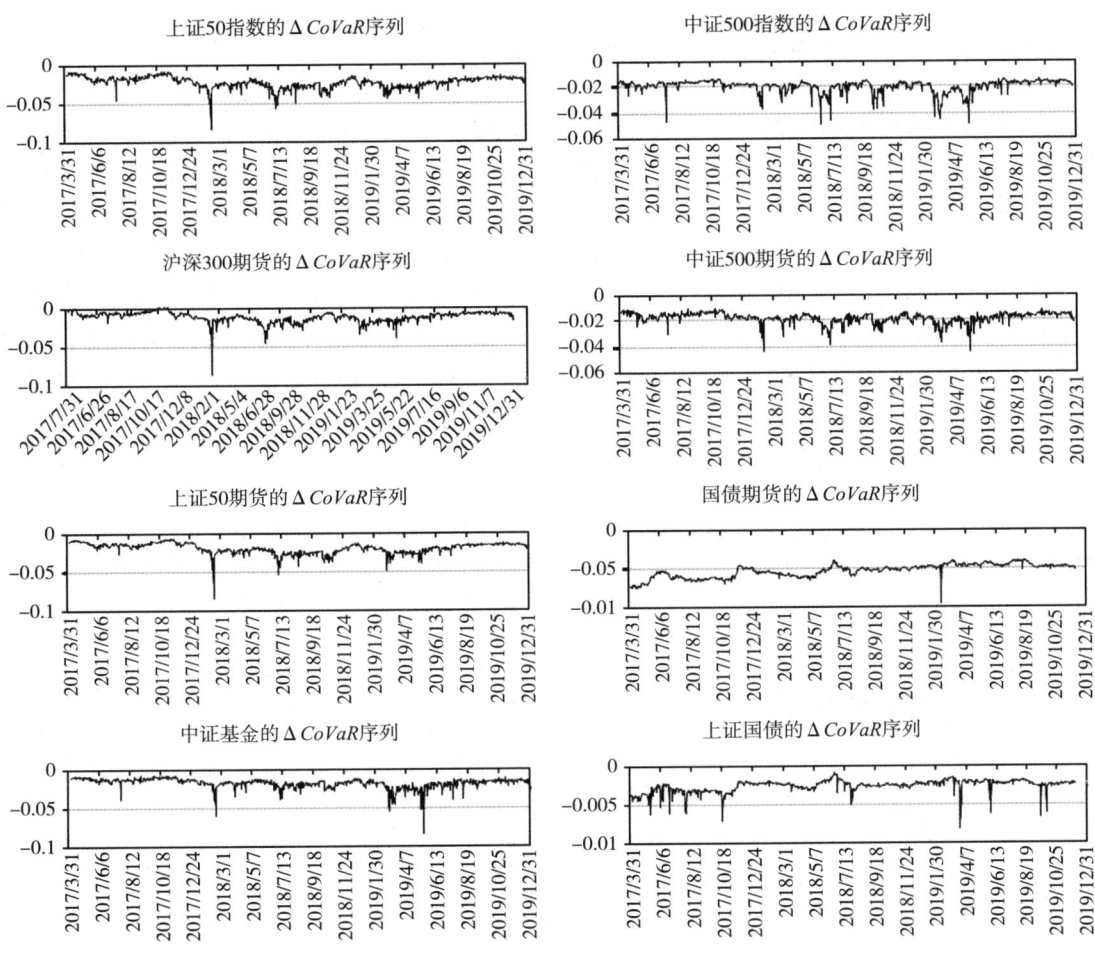

图 5-2　各国内市场的风险溢出序列

资料来源：作者计算。

近期一个多月时间内金融去杠杆政策出台的影响，以及大量上市公司 17 年年报的公布，大量公司业绩低于预期，引发投资者悲观预期，股市出现大幅下跌。2018 年 7 月，受美国关税政策的影响，宣布对中国 2000 亿美元商品加征关税，导致市场预期下降，股市大幅动荡。2019 年 5 月，依然是受到美国贸易政策的影响，股市产生大幅动荡，股市暴跌。

整体来看，对沪深 300 指数收益率风险溢出最高的是上证 50 指数，其次是中证 500 指数、上证 50 期货和中证基金，因此，在构建综合风险指标时，股指类、期货类和基金类指标的权重要大一些，国债类指标的权重小一些。

对各市场的 $\Delta CoVaR$ 序列进行相关性分析发现各市场的风险溢出序列具有强相关性，其中股指、期货类市场和基金市场的风险溢出具有显著的正相关关系，而股指、期货类市场和国债类市场的风险溢出具有显著的负相关关系，基金市场和上证国债的风险溢出则没有显著的相关关系。因此，股指、期货类市场和基金市场对沪深 300 指数的风险溢出具有相同的趋势，而与国债类市场具有相反的趋势。

四、各市场对股票市场的风险溢出监测效果

为了更好地利用风险溢出指标监测股票市场风险,我们需要对现有的 8 个风险溢出变量进行筛选以提高预测效果。使用单变量预测性回归分析模型分别检验各经济指标对股票市场风险的预测能力:

$$Vol_{t+1} = a + bx_t + e_{t+1} \tag{5-17}$$

其中,Vol_{t+1} 是沪深 300 指数已实现波动率,x_t 代表单一预测变量,即各市场的风险溢出,e_{t+1} 是残差项。我们一般使用公式中 b 的最小二乘估计对应的 t 统计量来判断潜在预测变量对股票市场波动的预测能力。原假设是 $b=0$,即各经济指标没有预测能力;备择假设是 b 不等于 0,即包含的信息可以用来预测股票市场风险。

使用 PCA 和 PLS 方法,得到表 5-1。

表 5-1　中国金融市场风险溢出指标的 PCA 和 PLS 估计方程系数

变量	PCA 系数	PLS 系数
上证 50 指数	0.954	0.417
中证 500 指数	0.814	0.364
沪深 300 期货	0.922	0.403
中证 500 期货	0.943	0.414
上证 50 期货	0.939	0.412
国债期货	-0.505	-0.208
中证基金	0.880	0.387
上证国债	-0.220	-0.088

基于不同方法得到的国内金融市场风险溢出指标情况如图 5-3 所示。可以看出,PLS 方法和 PCA 方法构建的指标走势比较一致,说明金融市场风险溢出变量中包含的与股票市场有关的信息较多,噪音较少,因而 PCA 和 PLS 对股票市场情绪变量的处理结果比较一致。

我们利用 PCA 方法和 PLS 方法估计了金融市场风险溢出指标的测度。在本部分的监测指标效果检验中,我们使用标准预测回归方法,检验估计得到的中国金融市场风险溢出指标的预测能力。回归方程如下:

$$Vol_{t+1} = a + bMarkEco_t + e_{t+1} \tag{5-18}$$

其中,$MarkEco_t$ 是我们构建的预测股票市场风险的中国金融市场风险溢出的指标,包括 PCA 方法和 PLS 方法,并利用最小二乘估计方程(5-18)。此外,我们还考虑到当回归方程设定误差导致随机干扰项之间存在未知形式的自相关或者异方差,常规的 t 统计量不再具有标准正态的极限分布,而是一个厚尾的极限分布。随机干扰项的自相关或者异方

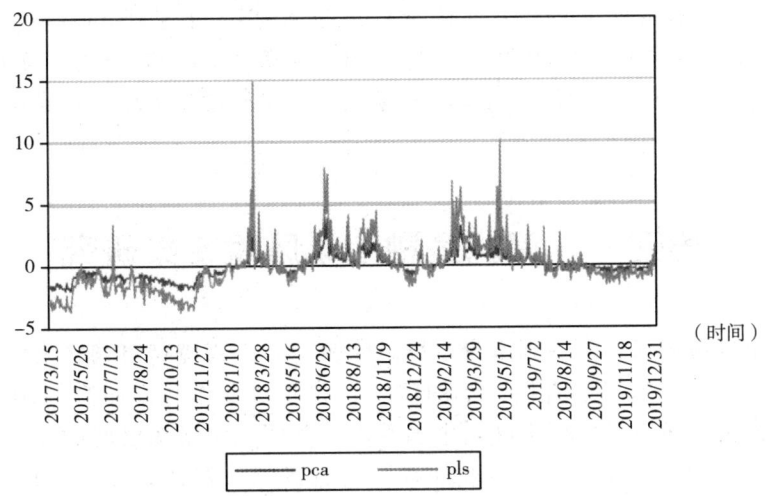

图 5-3　基于不同方法构建的中国金融市场风险溢出指标比较

资料来源：作者计算。

差可以用 Neway – West（1987）提出的异方差 – 自回归一致估计法（HAC）对 t 统计量的标准误进行修正，以减少伪回归的概率。表 5 – 2 中给出了 OLS 估计方法（HAC 估计方法）得到的构建的中国金融市场风险溢出指标对股票市场风险预测的回归系数 b、OLS 估计的 T 统计量（Newey – West T 统计量）、P 值、拟合优度 R^2。

表 5 – 2　中国金融市场风险溢出指标预测能力检验

预测变量	b	T 值	P 值	R^2	Method
PCA	0.525	17.48	0.000	31.4	OLS
PLS	0.259	17.81	0.000	32.2	OLS
PCA	0.525	10.81	0.000	31.4	HAC
PLS	0.233	11.09	0.000	32.2	HAC

注：列 b 代表单变量预测模型的系数，T 值代表 OLS 估计的 T 值或者 Newey – West T 值，R^2 代表回归方程拟合 $R^2 \times 100$ 的结果。

表 5 – 2 回归结果说明，我们构建的金融市场风险溢出指标能够有效地预测股票市场风险，随着金融市场风险溢出的增大，股票市场的风险也在加大。PCA 和 PLS 方法估计得到的金融市场风险溢出指标的系数都为正，说明随着金融市场风险溢出的提高，股票市场的风险也在增加，对应的 T 值分别为 17.48 和 17.81，影响在 1% 的水平上显著，而且在考虑异方差自回归方法之后仍然显著，对应的 Newey – West T 统计量分别为 10.81 和 11.09。这一发现与我们经验观察一致，如果金融市场风险溢出较大，而股票价格同样也会表现出较大的波动风险。因此，在股票市场风险分析中，金融市场风险溢出是需要重视的一个因素。

从比较不同估计方法的角度来看，基于 PLS 方法构建的指标预测效果更好，不论是系数大小、T 统计量（Newey – West T 统计量）还是 R^2 都好于基于 PCA 方法构建的指标。PLS 的预测 R^2 为 32.2，虽然 PCA 预测 R^2 也达到了显著 31.4，但仍然不及前者影响显著。因此，我们选择基于 PLS 方法估计的金融市场风险溢出测度作为中国金融市场风险溢出的代理预测指标。

第四节 跨境金融市场风险传染研究

中国大陆金融市场风险除受到本身市场风险驱动外，跨境跨市场之间的风险溢出性也值得关注，这方面也得到了学者们广泛的研究，如西村友作和孙便霞（2009）基于 2008 年金融危机的冲击，研究了中国大陆，中国香港和美国三个市场之间的波动溢出性，发现三个金融市场的波动溢出性在危机后会加强。封思贤等（2010）发现中国香港 H 股指数期货的波动会溢出到 A 股市场，但是新加坡新华富时 A50 指数期货对 A 股市场尚没有明显的波动溢出效应。杨瑞杰和张向丽（2015）基于沪深 300 指数、恒生指数高频数据研究了"沪港通"对中国大陆、中国香港股票市场波动溢出的影响。郑丽娟（2016）研究发现中国大陆股票市场与中国香港股票市场的已实现波动率的波动联动性很强，并且具有显著的波动溢出效应。

一、数据说明

本书选取的是境外金融市场比较有代表性的指数数据作为衡量境外金融市场市场风险指标，选取的指数有标普 500 指数（美国）、纳斯达克指数（美国）、富时 100 指数（英国）、法国 CAC40 指数（法国）、德国 DAX 指数（德国）、恒生指数（中国香港）、日经 225 指数（日本）和韩国综合指数（韩国）。

考虑到数据的可得性，各个指数的时间跨度并不一致，最长时间跨度为日经 225 指数，样本区间从 2018 年 3 月 14 日—2019 年 12 月 31 日，共 416 个交易数据；最短的时间跨度是法国 CAC40 指数，样本区间从 2019 年 2 月 13 日—2019 年 12 月 31 日，共 213 个交易数据。由于各国交易时间不一致，我们均选取当地时间作为交易的日期。数据来源于 Wind 数据库。本部分所用的指标定义如下：

RV_hs300：沪深 300 股指已实现波动率；

RV_sp&500：标普 500 指数已实现波动率；

RV_NASD：纳斯达克指数已实现波动率；

RV_fs100：富时 100 指数已实现波动率；

RV_hs：恒生指数已实现波动率；

RV_CAC40：法国 CAC40 指数已实现波动率；

RV_DAX：德国 DAX 指数已实现波动率；

RV_Kor：韩国综合指数已实现波动率；

RV_Jap225：日经 225 指数已实现波动率；

Bp：标普 500 收益率；

NASD：纳斯达克收益率；
Fs100：富时100指数收益率；
CAC40：法国CAC40指数收益率；
DAX：德国DAX指数收益率；
HS：香港恒生指数收益率；
Jap225：日本日经225指数收益率；
Kor：韩国综合指数收益率。

二、基于已实现波动的境外金融市场的风险分析

图5-4是沪深300股指与境外金融市场波动序列图。考虑到中国大陆与境外法定节假日的不同，剔除了一国股票市场交易而另一国休盘的交易数据。从图5-4中可以看出：第一，中国大陆股票市场风险略大于境外市场；第二，中国大陆股票市场风险与境外金融市场风险有一定的相关性，但相关性相对于境内市场要弱。

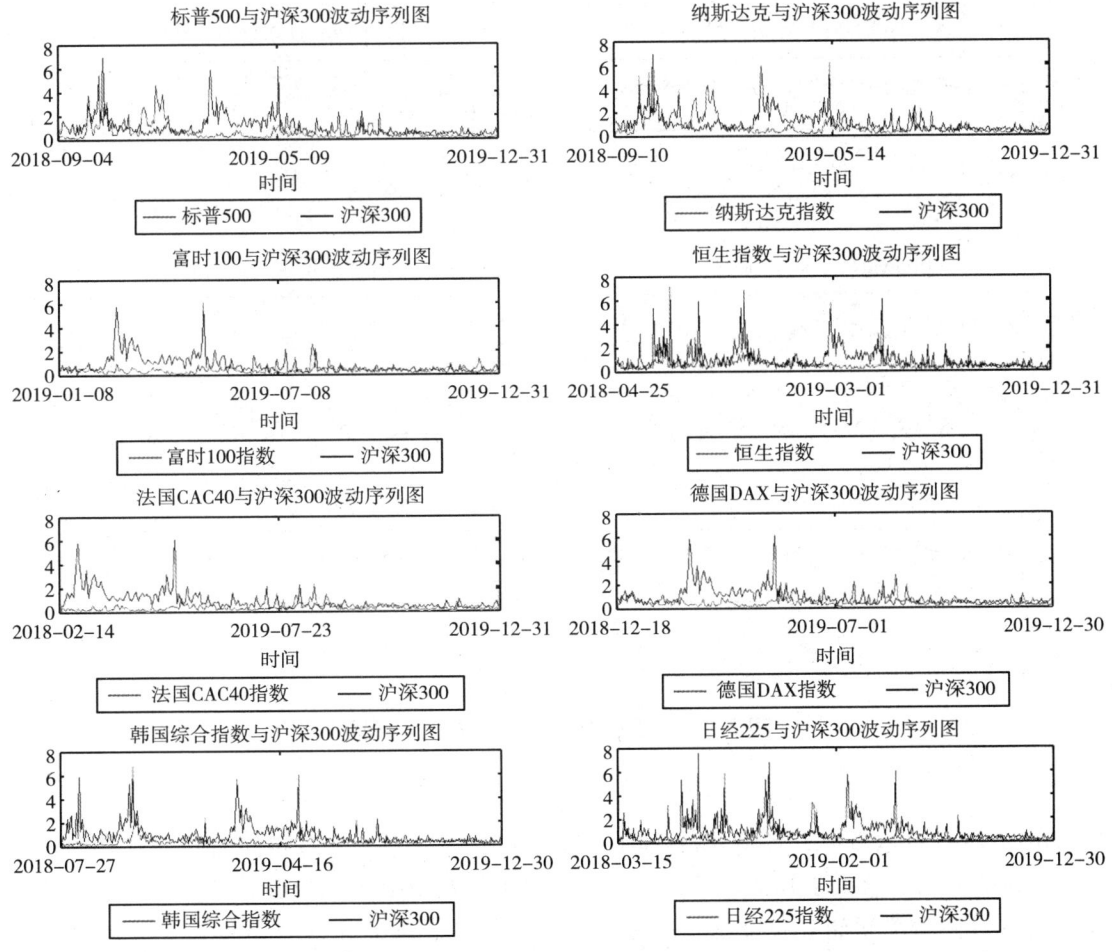

图5-4 沪深300股指与境外金融市场波动序列图

资料来源：作者计算。

三、境外金融市场对中国大陆市场的风险溢出指标

首先对各市场收益率进行分位数回归,求得各市场的$VaR_{0.05}$值序列和$VaR_{0.5}$值序列,可以发现,各大国外市场指数收益率波动大致相同,欧美市场的趋势要更加一致,而亚洲市场的走势则相似度更高。

以公式(5-15)对沪深300指数收益率进行分位数回归,可求得各境外市场对沪深300的风险溢出$\Delta CoVaR$序列,如图5-5所示。

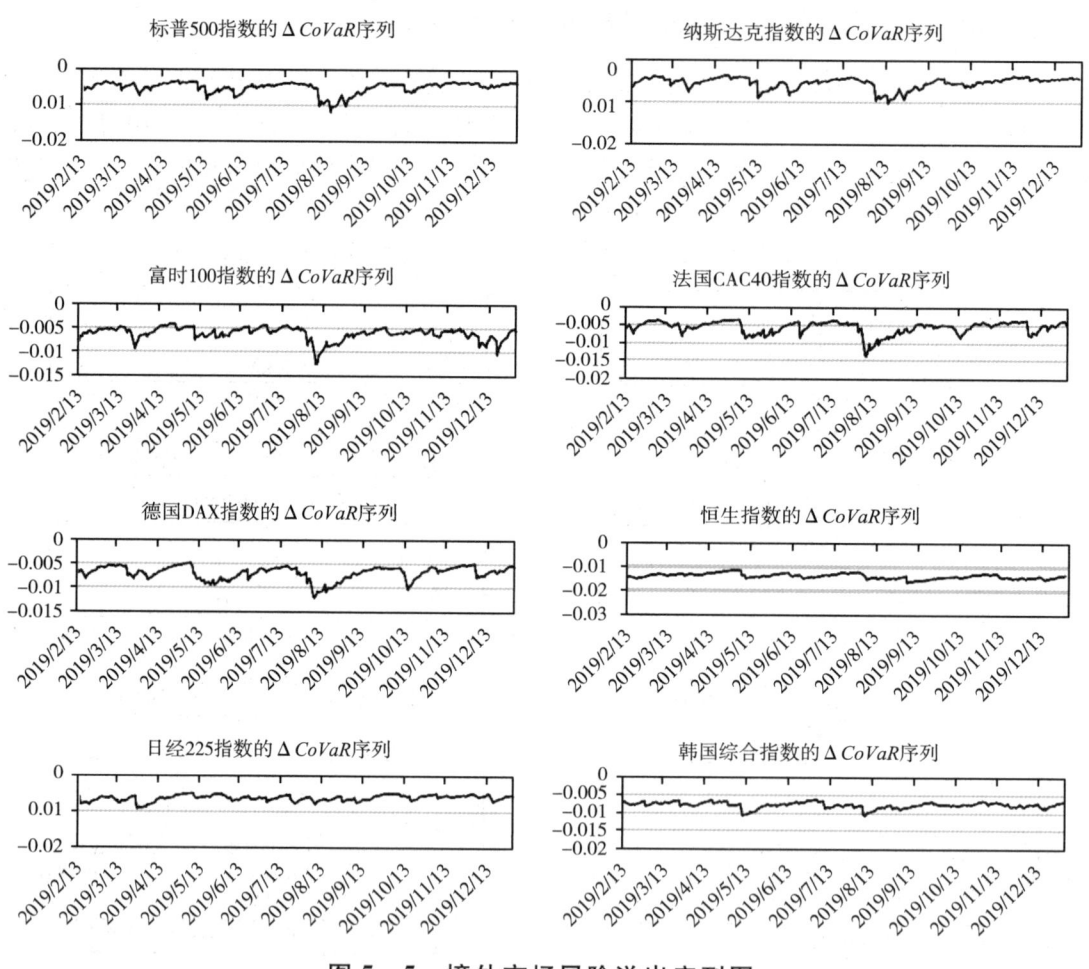

图5-5 境外市场风险溢出序列图

资料来源:作者计算。

由图5-5可以看到,各境外市场的风险溢出序列整体上具有相同的趋势,其中恒生指数的风险溢出显著大于其他市场,其中各境外市场在2019年8月风险溢出有显著提高。2019年8月随着美联储宣布降息,美国股市全线大跌,随着全球经济低迷和避险情绪升温,全球市场均出现大幅下跌的情况。

对各境外市场的$\Delta CoVaR$序列进行描述性统计,发现各市场的风险溢出序列也呈现出

尖峰厚尾的分布特征，且均不符合正态分布的特点。整体来看，对沪深 300 指数收益率风险溢出最高的是恒生指数，其次是韩国综合指数和德国 DAX 指数，亚洲市场 $\Delta CoVaR$ 平均值的绝对值相比其他市场大很多，且波动率也小很多，表明亚洲市场对中国大陆股市的风险溢出要更大一些，欧美市场对中国大陆股市的风险溢出要相对更小一些。

对各境外市场的风险溢出序列进行相关性检验发现，各市场的风险溢出序列均具有强正相关性，且都在 1% 水平下显著。因此，各境外市场对沪深 300 指数的风险溢出具有相同的趋势。

四、境外金融市场对中国大陆市场的风险溢出监测效果

为了更好地利用风险溢出指标监测股票市场风险，我们需要对现有的 8 个境外风险溢出变量进行筛选以提高预测效果。使用单变量预测性回归分析模型分别检验各经济指标对股票市场风险的预测能力：

$$Vol_{t+1} = a + bx_t + e_{t+1} \tag{5-19}$$

其中，Vol_{t+1} 是沪深 300 指数已实现波动率，x_t 代表单一预测变量，即各市场的风险溢出，e_{t+1} 是残差项。我们一般使用公式中 b 的最小二乘估计对应的 t 统计量来判断潜在预测变量对股票市场波动的预测能力。原假设是 $b=0$，即各经济指标没有预测能力；备择假设是 b 不等于 0，即包含的信息可以用来预测股票市场风险，单变量预测结果在表 5-3 中给出。

表 5-3　　　　　境外股票市场风险溢出指标单预测结果

变量	b	T_b	a	T_a	R²
标普 500	41.027	2.660	0.731	6.825	3.1
纳斯达克指数	53.138	2.503	0.662	4.877	2.7
富时 100	50.998	2.993	0.605	4.489	3.8
法国 CAC40	56.075	3.342	0.602	4.837	4.8
德国 DAX	56.863	2.799	0.518	3.032	3.4
恒生指数	110.807	1.920	-0.621	-0.750	1.6
日经 225	157.609	4.173	-0.192	-0.678	7.2
韩国综合指数	111.956	3.358	-0.006	-0.020	4.8

注：列 b 代表单变量预测模型的系数，T_b 代表预测变量的 T 值，a 代表截距项，T_a 代表截距项的 T 值，R^2 回归方程拟合 $R^2 \times 100$ 的结果。

从单变量预测结果可以看出，8 个境外股票市场指标对股票市场的预测能力都是显著的。因此对全部 8 个指标使用主成分分析（PCA）和偏最小二乘法（PLS）构建能够预测股票市场风险的金融市场风险溢出信息进行测度。表 5-4 给出了 PCA 和 PLS 方程系数。

表 5-4　境外金融市场风险溢出指标的 PCA 和 PLS 估计方程系数

变量	PCA 系数	PLS 系数
标普 500	0.978	0.312
纳斯达克指数	0.968	0.294
富时 100	0.969	0.350
法国 CAC40	0.970	0.389
德国 DAX	0.972	0.328
恒生指数	0.743	0.227
日经 225	0.867	0.480
韩国综合指数	0.927	0.391

基于不同方法得到的境内金融市场风险溢出指标情况如图 5-6 所示。可以看出，PLS 方法和 PCA 方法构建的指标走势比较一致，说明境内股票市场风险溢出变量中包含的与股票市场有关的信息较多，噪音较少，因而 PCA 和 PLS 对股票市场情绪变量的处理结果比较一致。

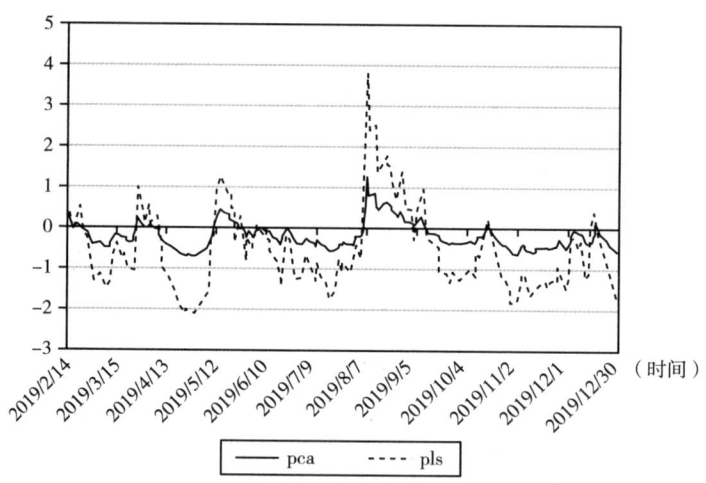

图 5-6　基于不同方法构建的中国大陆金融市场风险溢出指标比较

我们利用 PCA 方法和 PLS 方法估计了境外股票市场风险溢出指标的测度。在本部分的监测指标效果检验中，我们使用标准预测回归方法，检验估计得到的境外股票市场风险溢出指标的预测能力。回归方程如下：

$$Vol_{t+1} = a + bFMarkEco_t + e_{t+1} \tag{5-20}$$

其中，$FMarkEco_t$ 是我们构建的预测股票市场风险的境外股票市场风险溢出的指标，包括 PCA 方法和 PLS 方法，并利用最小二乘估计方程（5-20）。此外，我们还考虑到当回归方程设定误差导致随机干扰项之间存在未知形式的自相关或者异方差，常规的 t 统计量不再具有标准正态的极限分布，而是一个厚尾的极限分布。随机干扰项的自相关或者异方差可以用 Neway–West（1987）提出的异方差–自回归一致估计法（HAC）对 t 统计量的标准误进行修正，以减少伪回归的概率。表 5–5 中给出了 OLS 估计方法和 HAC 估计方法得到的构建的境外股票市场风险溢出指标对股票市场风险预测的回归系数 b、OLS 估计的 T 统计量（或 Newey–West T 统计量统计量）、P 值、拟合优度 R^2。

表 5–5　　　　　　　　境外股票市场风险溢出指标预测能力检验

预测变量	b	T 值	P 值	R^2	Method
PCA	0.198	3.25	0.001	4.5	OLS
PLS	0.081	3.39	0.001	4.8	OLS
PCA	0.198	3.44	0.000	4.5	HAC
PLS	0.081	3.71	0.000	4.8	HAC

注：列 b 代表单变量预测模型的系数，T 值代表 OLS 估计的 T 值或者 Newey–West T 值，R^2 代表回归方程拟合 $R^2 \times 100$ 的结果。

表 5–5 回归结果说明，我们构建的境外股票市场风险溢出指标能够有效地预测股票市场风险，随着境外股票市场风险溢出的增大，中国大陆股票市场的风险也在加大。PCA 和 PLS 方法估计得到的金融市场风险溢出指标的系数都为正，说明随着境外股票市场风险溢出的提高，股票市场的风险也在增加，对应的 T 值分别为 3.25 和 3.39，影响在 1% 的水平上显著，而且在考虑异方差自回归方法之后仍然显著，对应的 Newey–West T 统计量分别为 3.44 和 3.71。这一发现与我们经验观察一致，如果境外股票市场风险溢出较大，而境内股票价格同样也会表现出较大的波动风险。因此，在股票市场风险分析中，境外股票市场风险溢出是需要重视的一个因素。

从比较不同估计方法的角度来看，基于 PLS 方法构建的指标预测效果更好，不论是系数大小、T 统计量（Newey–West T 统计量）还是 R^2 都好于基于 PCA 方法构建的指标。PLS 的预测 R^2 为 4.8，高于 PCA 预测的 R^2。因此，我们选择基于 PLS 方法估计的金融市场风险溢出测度作为境外股票市场风险溢出的代理预测指标。

基于高频数据的有效预测股票市场风险的监测体系，本书发现：一方面，境内金融市场风险溢出指标是使用 PLS 方法对 8 个国内金融市场的风险溢出序列进行估计得到的，经筛选发现 8 个境内金融市场的风险溢出序列对沪深 300 指数的日内已实现波动率均有着显著的解释能力。值得注意的是，尽管使用 PCA 方法也能够得到有效的监测股票市场市场风险指标，但是 PLS 方法估计得到的指标在预测能力和显著程度上明显优于 PCA 方法，PLS 方法得到的预测 R^2 为 32.2，而 PCA 方法的预测 R^2 只有 31.4。所以，我们使用有监督的机器学习方法整合境内金融市场的风险溢出信息，并能够有效预测未来的股票市场波动风险。当前境内金融市场的风险溢出越大，未来的股票市场波动风险就越高。另一方面，境外金融市场风险溢出指标是使用 PLS 方法对 8 个境外金融市场的风险溢出序列进行估计得到的，经筛选发现 8 个境外金融市场的风险溢出序列对沪深 300 指数的日内已实现波动率均有着显著的解释能力。同样值得注意的是,尽管使用 PCA 方法也能够得到有效的监测股票市场市场风险指标,但是 PLS 方法估计得到的指标在预测能力和显著程度上明显优于 PCA 方法,PLS 方法得到的预测 R^2 为 4.8,而 PCA 方法的预测 R^2 只有 4.5,这表明虽然境外金融市场风险溢出指标显著性很高,但是解释能力不强。所以,我们使用有监督的机器学习方法整合境外金融市场的风险溢出信息,并能够有效预测未来的股票市场波动风险。当前境外金融市场的风险溢出越大,未来的股票市场波动风险就越高。

第五节 基于宏观经济和投资者情绪的股票市场风险监测体系的构建

为了全面、系统、有效地分析中国金融市场风险的经济学机制,我们搜集了五类不同的指标 100 多个变量,包括国内宏观经济波动指标、美国宏观经济波动指标、经济政策不确定性指标、股票市场情绪指标和股票市场定价波动指标,使用大数据和机器学习算法筛选和构建分类别的风险监测指标,并检验各监测指标的预测效果。进一步地,我们再次使用主成分分析和偏最小二乘算法从分类别的风险监测指标构建股票市场的综合风险监测指标。因此,我们构建的股指风险监测体系包括五个分类别的风险监测指标和综合风险监测指标。

我们选择上证综指作为研究对象,并以其波动率作为股票市场风险的代理指标。我们选择上证综指作为研究对象的原因包括两个方面。第一,上海证券市场层次丰富、行业广泛,能在很大程度上代表中国的股票市场情况。第二,上证综指所含股票样本较为全面,更具有代表性,且编制时间早,完整经历过 2008 年金融危机和 2015 年股灾,为我们验证指标体系的预测能力提供了一个特征事实,更有利于构建更加有效的风险监测指标体系。因此我们有理由认为,上证综指的波动情况可以较好地代表中国股票市场的波动情况。

在上证综指波动率的计算上,我们使用上证综指日对数收益进行计算,得到了上证综指日对数收益的月波动率。计算公式如下:

$$Vol_t = \sqrt{\frac{\sum_{i=1}^{M}(r_{t,i} - \bar{r}_t)^2}{M}} \tag{5-21}$$

其中,$r_{t,i}$ 代表上证综指第 t 月第 i 天的对数收益率,M 代表当月交易日天数,$\bar{r}_t$ 为上证综指第 t 月的对数收益率均值,Vol_t 代表 t 月波动率,以此得到了上证综指月度波动率的测度指标来测度股票市场市场风险,上证综指在 2004—2019 年的波动情况由图 5-7 中给出。

一、国内宏观经济波动指标

经济基本面是资产价格变化的基础。因此本报告在构建股票市场风险监测体系中首先考虑了国内宏观经济对股票市场风险的影响和预测能力。

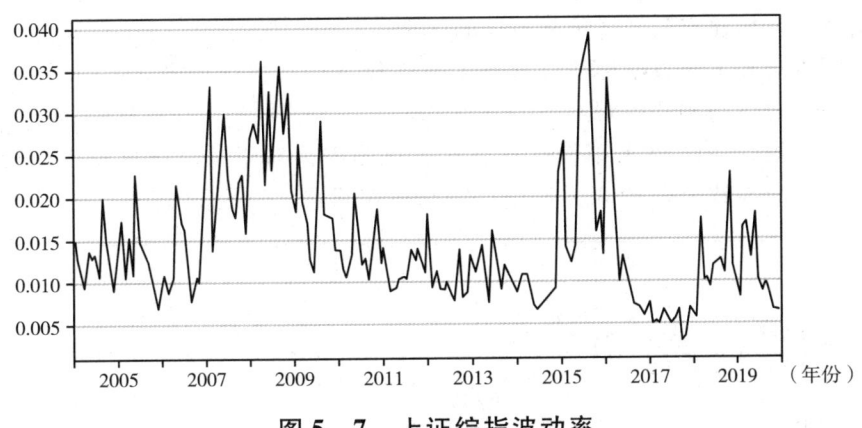

图 5-7 上证综指波动率

资料来源：作者计算。

（一）数据说明

在本报告中，我们利用总计 109 个宏观经济指标来测度中国宏观经济基本面，以避免只使用少数几个宏观经济指标测度经济基本面可能导致的异质波动率过大的问题。数据来源于 wind 和 CEIC 数据库。为了提高预测精度和效率，我们在对数据进行初步整理后，以相关系数和平稳性为标准，对不同类别的宏观经济变量指标进行了不同的处理方式。最后，我们计算了上述变量近 12 个月的滑动波动率，并进行了标准化处理。

（二）宏观经济变量筛选

与相关文献一致（姜富伟等，2011；Jiang 等，2019），我们首先使用单变量预测性回归分析模型分别检验各经济指标对股票市场风险的预测能力：

$$Vol_{t+1} = a + bx_t + e_{t+1} \tag{5-22}$$

其中，Vol_{t+1} 是上证综指的波动率，x_t 代表单一预测变量，e_{t+1} 是残差项。在本报告中，x_t 代表中国 109 个宏观经济指标，来检验各指标的预测能力。我们一般使用公式中 b 的最小二乘估计对应的 t 统计量来判断潜在预测变量对股票市场波动的预测能力。原假设是 $b=0$，即各经济指标没有预测能力；备择假设是 b 不等于 0，即包含的信息可以用来预测股票市场风险。从单变量预测结果可以看出，有 61 个变量对股票市场有显著的预测能力是显著的，而其他宏观经济指标的预测显著性偏弱，说明其包括的预测信息较少。我们参考 Bai 和 Ng（2008）对宏观经济变量进行了筛选。由于具有显著预测能力的宏观经济变量较多，因此筛选的标准是预测变量 t 值的绝对值大于 2，这样我们保留了 61 个显著的宏观经济变量。对筛选后的指标使用主成分分析（PCA）和偏最小二乘法（PLS）构建能够预测股票市场风险的宏观经济波动信息进行测度。同时，为了便于比较，我们仍然使用了包含 104 个宏观经济变量的集合进行 PCA 和 PLS 估计。

（三）指标估计

在指标估计方法上，我们选择了 PCA 和 PLS 来估计宏观经济波动指标。鉴于我们对使用的宏观经济指标进行了筛选，我们在进行 PCA 和 PLS 估计指标时进行了筛选集的 PCA 估计、全集的 PCA 估计、筛选集的 PLS 估计和全集的 PLS 估计，分别检验不同的方法和不同信息集合构建宏观经济预测指标的区别。

基于不同方法和不同数据集估计得到的宏观经济波动情况如图 5-8 所示。相比 PCA 方法，依据 PLS 方法得到的宏观经济的波动性更大，说明这一方法在捕捉特征事实方面更有效。基于不同集合估计 PCA 结果存在差别，这是因为对于预测信息较少的变量会存在更多的噪音，从而导致全集 PCA 方法估计结果存在问题。

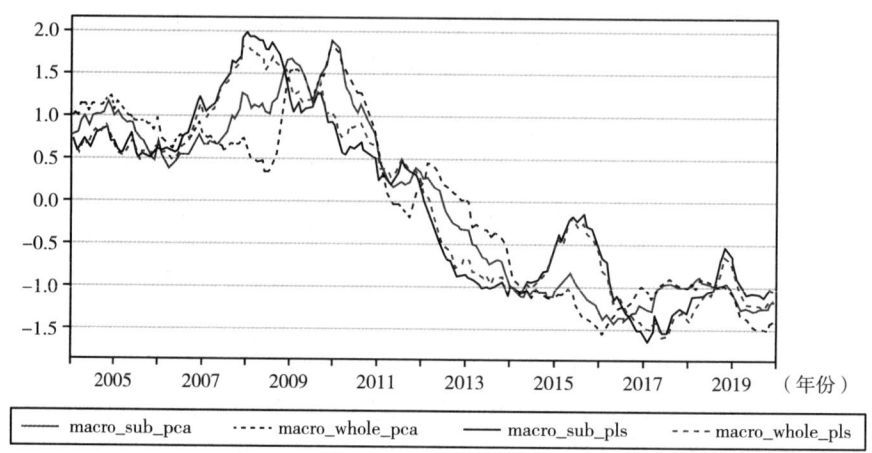

图 5-8 基于不同方式构建的中国宏观经济波动指标比较

注：macro_sub_pca、macro_whole_pca、macro_sub_pls、macro_whole_pls 分别代表筛选集 PCA 方法、全集 PCA 方法、筛选集 PLS 方法和全集 PLS 方法估计得到的股票市场波动的宏观经济预测指标。

（四）监测指标效果检验

我们利用 PCA 方法和 PLS 方法估计了基于筛选集和全集的宏观经济波动的测度。在本部分的监测指标效果检验中，我们使用标准预测回归方法，检验估计得到的中国宏观经济波动指标的预测能力。回归方程如下：

$$Vol_{t+1} = a + bMacroEco_t + e_{t+1} \qquad (5-23)$$

其中，$MacroEco_t$ 是我们构建的预测股票市场风险的中国宏观经济波动的指标，包括筛选集 PCA 方法、全集 PCA 方法、筛选集 PLS 方法和全集 PLS 方法，并利用最小二乘估计上述方程。此外，我们还考虑到当回归方程设定误差导致随机干扰项之间存在未知形式的自相关或者异方差，常规的 t 统计量不再具有标准正态的极限分布，而是一个厚尾的极限分布。随机干扰项的自相关或者异方差可以用 Neway – West（1987）提出的异方差 – 自回归一致估计法（HAC）对 t 统计量的标准误进行修正，以减少伪回归的概率。表 5-6 中给出了 OLS 估计方法（HAC 估计方法）得到的构建的宏观经济波动指标对股票市场风险预测的回归系数 b、OLS 估计的 T 统计量（Newey – West T 统计量统计量）、P 值、拟合优度 R^2。

表 5-6 回归结果说明，我们构建的宏观经济波动指标能够有效预测股票市场风险，而且随着宏观经济波动的提高，股票市场风险也在加大。具体来看，筛选集 PCA 方法、全集 PCA 方法、筛选集 PLS 方法和全集 PLS 方法估计得到的宏观经济波动指标的系数都为正，说明随着宏观经济波动风险的提高，股票市场的风险也在增加，对应的 T 值分别为

表 5-6　　中国宏观经济波动指标的预测能力检验

预测变量	b	T 值	P 值	R^2	method
筛选集 PCA	0.0025	5.0050	0.0000	11.7027	OLS
全集 PCA	0.0016	3.0608	0.0025	4.7229	OLS
筛选集 PLS	0.0042	9.6304	0.0000	32.9180	OLS
全集 PLS	0.0040	8.9316	0.0000	29.6808	OLS
筛选集 PCA	0.0025	4.8436	0.0000	11.7027	HAC
全集 PCA	0.0016	3.0958	0.0020	4.7229	HAC
筛选集 PLS	0.0042	10.7466	0.0000	32.9180	HAC
全集 PLS	0.0040	9.8247	0.0000	29.6808	HAC

注：列 b 代表单变量预测模型的系数，T 值代表 OLS 估计的 T 值或者 Newey – West T 值，R^2 代表回归方程拟合 $R^2 \times 100$ 的结果。

5.0050、3.0608、9.6304 和 8.9316，影响在 1% 的水平上显著，而且在考虑异方差自回归方法之后仍然显著，对应的 Newey – West T 统计量分别为 4.8436、3.0958、10.7466 和 9.8247。这一发现与我们经验观察一致，如果宏观经济波动较大，而经济基本面决定的资产价格同样也会表现出较大的波动风险。因此，在股票市场风险分析中，宏观经济基本面风险是需要重视的一个因素。

从比较不同估计方法的角度来看，基于 PLS 方法构建的指标预测效果更好，不论是系数大小、T 统计量（Newey – West T 统计量）还是 R^2 都好于基于 PCA 方法构建的指标。例如，筛选集 PLS 对股票市场波动率预测的系数为 0.0042 大于筛选集 PCA 的 0.0025 的系数，最重要的是前者的预测 R^2 为 32.9180，虽然后者预测 R^2 也达到了显著 11.7027，但仍然不及前者影响显著。在比较不同集合来看，筛选集 PCA 和全集 PCA 对股票市场风险的预测能力存在一定差别，筛选集 PCA 的表现更好。这表明我们对宏观经济变量的筛选有效提高了对股票市场风险的预测能力。而筛选集 PLS 和全集 PLS 的预测能力相差不大，且都比 PCA 方法的预测能力要强，这说明 PLS 方法对于测度宏观经济波动和预测股票市场风险更加有效，而且仅用相对少数的变量便能够构建有效的监测股票市场风险的测度指标。因此，我们选择基于筛选集 PLS 方法估计的宏观经济波动测度作为中国宏观经济的代理预测指标。

二、美国宏观经济波动指标构建

美国经济在全世界占据主导地位，其经济情况的变化会导致整个世界经济的波动，而且鉴于中美两国特殊的经济贸易，其宏观经济基本面的波动对中国资产价格的影响也不容忽视。因此，在构建股票市场风险监测体系时，我们将美国宏观经济形势纳入体系范围，代表国际宏观经济风险，从而更好探究股票市场风险潜在的影响因素，提高预测精度。

（一）数据说明

参考 Huang 等（2019），我们使用了衡量美国宏观经济形势的 12 个宏观经济指标，以从更加广泛的角度测度美国宏观经济波动。所有的指标都来自于 FRED 数据库。为了测度各经济指标的当月变化情况,我们计算了当月水平和 12 个月移动平均水平的差,以此作为当月该宏观经济指标变化的测度。

(二) 美国宏观经济变量筛选

与对国内宏观经济变量处理一致,我们在使用 PCA 和 PLS 构建美国宏观经济波动指标之前同样进行美国宏观经济指标的筛选,以提高预测的精度和效率。在进行筛选之前,我们检验了每个宏观经济指标对中国股票市场波动率的预测结果。整体来说,美国单个宏观经济指标对中国股票市场波动率的预测效果不如国内单个宏观经济变量的预测效果显著,相应的 R^2 也较小。12 个宏观经济变量中,只有 AAA、INDPRO 和 UNRATE 的预测 R^2 大于 1,相应预测的系数也相对较大,分别为 0.0008、-0.0009 和 0.0021,其他宏观经济指标所包括的股票市场波动率的信息更少。

我们将预测变量 T 值绝对值大于 1 的美国宏观经济变量作为筛选后的变量集合,包括 Aaa 级债券收益率 (AAA)、芝加哥联储国家经济活动指数 (CFNAI)、芝加哥联储国家经济活动的个人消费和住房指数 (CANDH)、芝加哥联储国家经济活动的就业、失业和工时指数 (EUANDH)、芝加哥联储国家经济活动指数的销量、订单和存货指数 (SOANDI)、个人消费支出 (PCE)、工业产值指数 (INDPRO)、居民失业率指数 (UNRATE),并对得到的变量使用 PCA 和 PLS 进行股票市场风险预测的美国经济波动冲击指标的构建。同时,为了便于比较,我们仍然使用了包含 12 个宏观经济变量的集合进行 PCA 和 PLS 估计。

(三) 指标估计

在指标估计方法上,我们选择了 PCA 和 PLS 来测度预测中国大陆股票市场风险的美国宏观经济波动指标,以构建更加有效的股票市场风险监测体系。鉴于我们对使用的美国宏观经济指标进行了筛选,指标我们在进行 PCA 和 PLS 估计时包括筛选集的 PCA 估计、全集的 PCA 估计、筛选集的 PLS 估计和全集的 PLS 估计,分别检验不同的方法和不同宏观经济指标构建的美国宏观经济波动冲击的差异。

基于不同方法和不同数据集估计得到的预测中国大陆股票市场波动风险的美国宏观经济波动情况如图 5-9 所示。

(四) 监测指标效果检验

在本部分的监测指标效果检验中,我们使用标准预测回归方法,检验估计得到的美国宏观经济波动指标的预测能力。回归方程如下:

$$Vol_{t+1} = a + bUSEco_t + e_{t+1} \tag{5-24}$$

其中,$USEco_t$ 是我们构建的中国宏观经济波动的指标,包括筛选集 PCA、全集 PCA、筛选集 PLS 和全集 PLS 构建的指标,并使用 OLS 和 HAC 估计上述方程。表 5-7 中给出了 OLS 估计方法和 HAC 估计方法得到的构建的美国宏观经济波动指标对股票市场风险预测的回归系数 b、OLS 估计的 T 统计量 (或 Newey-West T 统计量)、P 值、拟合优度 R^2。

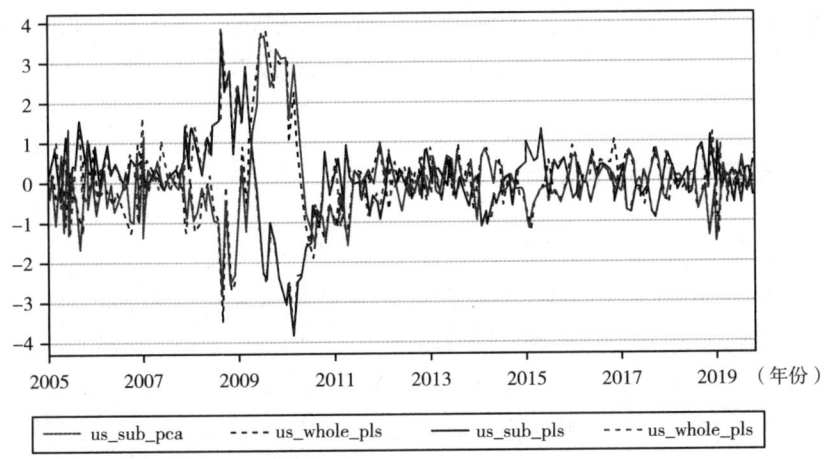

图 5-9 基于不同方式构建的美国宏观经济波动指标比较

注：us_sub_pca、us_whole_pca、us_sub_pls、us_whole_pls 分别代表筛选集 PCA 方法、全集 PCA 方法、筛选集 PLS 方法和全集 PLS 方法估计得到的美国宏观经济预测指标的测度。

表 5-7　　　　　　　　　美国宏观经济波动指标预测结果

预测变量	b	T 值	P 值	R^2	Method
筛选集 PCA	-0.0010	-1.8349	0.0681	1.7503	OLS
全集 PCA	-0.0007	-1.3809	0.1689	0.9989	OLS
筛选集 PLS	0.0022	4.2417	0.0000	8.6920	OLS
全集 PLS	0.0022	4.2344	0.0000	8.6648	OLS
筛选集 PCA	-0.0010	-1.6907	0.0909	1.7503	HAC
全集 PCA	-0.0007	-1.2932	0.1959	0.9989	HAC
筛选集 PLS	0.0022	3.7288	0.0002	8.6920	HAC
全集 PLS	0.0022	3.7311	0.0002	8.6648	HAC

注：列 b 代表单变量预测模型的系数，T 值代表 OLS 估计的 T 值或者 Newey-West T 值，R^2 代表回归方程拟合 $R^2 \times 100$ 的结果；为了统一量纲，我们对美国宏观经济指标都进行了标准化处理。

从回归结果可以看出，采用 PCA 方法和 PLS 方法所得指标的预测检验结果与现实中的表现较一致，即两种方法所得指标的预测方向相反。PCA 的筛选集和全集指标的回归系数都为负，认为美国宏观经济波动程度增大，有利于降低股票市场波动，这与我们的经验事实不符。事实上，当美国经济波动较大时说明当前世界经济情况面临较大的不确定性。投资者为了降低不确定性带给自己的损失，会通过不断调整头寸规避风险，表现在股票市场上就是波动率的提高。PLS 的筛选集和全集指标的回归系数为正，与经验事实比较相符。且 PLS 的筛选集和全集的回归系数都在 1% 的水平上显著，即使考虑异方差，所得的 T 值（Newey-West T 值）为 3.7288 和 3.7311，仍在 1% 的水平上显著，R^2 也相对较大。而使用 PCA 得到的筛选集和全集指标的回归系数的显著性较弱，R^2 也较小。因此我们选择使用筛选集 PLS 得到的指标作为美国宏观经济变动的的代理指标。但是也应当注意，PCA 和 PLS 方法所得结果的差异表明，美国宏观经济波动指标对中国股票市场风险的预测效果可能并不稳健。

三、经济政策不确定性指标

（一）数据说明

本书使用了来自 BBD EPU index 数据库的经济政策不确定性指数。共使用了 12 个经济政策不确定性指数，包括全球经济政策不确定性（Global_epu）、澳大利亚经济政策不确定性（Australia_epu）、英国经济政策不确定性（UK_epu）、俄罗斯经济政策不确定性（Russia_epu）、日本经济政策不确定性（Japan_epu）、美国经济政策不确定性（US_epu）、加拿大经济政策不确定性（Canada_epu）、中国经济政策不确定性（China_epu）、欧洲经济政策不确定性（Europea_epu）、德国经济政策不确定性（German_epu）、意大利经济政策不确定性（Italy_epu）、法国经济政策不确定性（France_epu）。其中，各国经济政策不确定指数都是按照 Baker 等（2016）所提出的衡量经济政策不确定性的方法，对各国的主要报纸按经济术语进行搜索，计算出与经济政策不确定性有关的文章占总文章的比例，来构建经济政策不确定性指数，这样能较好地衡量政策不确定性的连续性变化。而全球经济政策不确定性指数是取 21 个国家/地区 EPU 指数的当前价格 GDP 加权平均值构建而成的。这些国家包括：澳大利亚、巴西、加拿大、智利、中国、哥伦比亚、法国、德国、希腊、印度、爱尔兰、意大利、日本、墨西哥、荷兰、俄罗斯、韩国、西班牙、瑞典、英国和美国。其中，全球经济政策不确定性指数中的中国的经济政策不确定性指数是基于《南华早报》的平均指数和基于中国大陆报纸的平均指数构建而成的。我们使用的中国的经济政策不确定性指数是基于《南华早报》的平均指数。

从以上指标中可以看出，我们不仅考虑了本国和其他重要国家经济政策不确定性对中国股票市场波动的影响，而且还考虑了世界整体的经济政策不确定性对中国股票市场的影响，这将使得我们构建的经济政策不确定性指标包含的信息更加全面。

（二）经济政策不确定性指标筛选

与上文一致，我们在使用 PCA 和 PLS 构建经济政策不确定性指标之前同样进行指标筛选，以提高预测的精度和效率。在进行筛选之前，我们检验了每个经济政策不确定性指标对中国股票市场波动率的预测结果。不同于上文中中国和美国的单个宏观经济变量的预测结果，经济政策不确定性指标对中国股票市场波动的预测效果并不显著，相应的 R^2 也较小。12 个宏观经济变量中，只有 Russia_epu 的预测 R^2 大于 1。其他经济政策不确定性指数所包括的股票市场波动率的信息更少。为此，我们放宽了筛选标准，将预测变量 T 值绝对值大于 0.5 的经济政策不确定性指数作为筛选后的变量集合，包括全球经济政策不确定性（Global_epu）、澳大利亚经济政策不确定性（Australia_epu）、英国经济政策不确定性（UK_epu）、俄罗斯经济政策不确定性（Russia_epu）、欧洲经济政策不确定性（Europea_epu）、德国经济政策不确定性（German_epu）、法国经济政策不确定性（France_epu）。对得到的变量使用 PCA 和 PLS 进行股票市场风险预测的经济政策不确定性指标的构建。同时，为了便于比较，我们仍然使用了包含 12 个经济政策不确定性指数的集合进行 PCA 和 PLS 估计。

（三）指标估计

在指标估计方法上，我们选择了 PCA 和 PLS 方法来测度预测中国股票市场风险的经济政策不确定性指标，以构建更加有效的股票市场风险监测体系。与上文一致，我们分别对筛选集和全集进行了 PCA 估计和 PLS 估计并对其分别进行检验。基于不同方法和不同数据集估计得到的预测中国股票市场波动的经济政策不确定性指标情况如图 5-10 所示。从图 5-10 中可以看出，筛选集 PCA 所得的经济政策不确定性指标与其他三种方式所得的指标趋势相反，推测是由于本来各变量之间、各变量与中国股票市场波动之间的相关性不强，包含较多噪音，因此给 PCA 和 PLS 方法估计造成了一定困难。

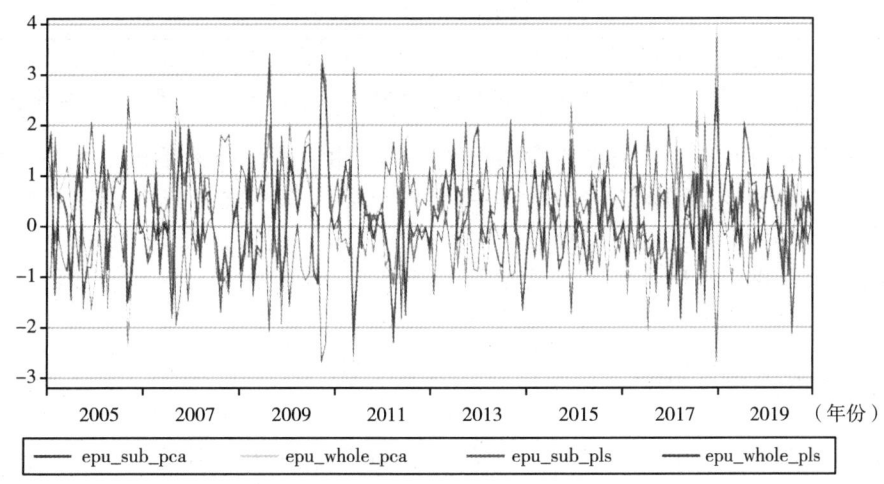

图 5-10 基于不同方式构建的经济政策不确定性指标比较

注：epu_sub_pca、epu_whole_pca、epu_sub_pls、epu_whole_pls 分别代表筛选集 PCA 方法、全集 PCA 方法、筛选集 PLS 方法和全集 PLS 方法估计得到的经济政策不确定性指标的测度。

（四）监测指标效果检验

在本部分的监测指标效果检验中，我们使用标准预测回归方法，检验估计得到的经济政策不确定性指标的预测能力。回归方程如下：

$$Vol_{t+1} = a + bEPU_t + e_{t+1} \tag{5-25}$$

其中，EPU_t 是我们构建的经济政策不确定性指标，包括筛选集 PCA、全集 PCA、筛选集 PLS 和全集 PLS 构建的指标。同样地，我们使用 OLS 和 HAC 方法估计上述方程。表 5-8 中给出了 OLS 估计方法和 HAC 估计方法得到的构建的经济政策不确定性指标对股票市场风险预测的回归系数 b、OLS 估计的 T 统计量（或 Newey-West T 统计量）、P 值、拟合优度 R^2。

回归结果表明，在回归系数上，全集 PCA、筛选集 PLS、全集 PLS 得到的回归系数都大于 0，即经济政策不确定性越强，中国股票市场的波动越大。这可能是因为随着各国以及世界整体的经济政策不确定性增强，股票市场避险情绪增加，投资者会根据自己的判断

表 5-8　　　　　　　　经济政策不确定性指标预测结果

预测变量	b	T 值	P 值	R^2	Method
筛选集 PCA	-0.0006	-1.216	0.2255	0.7763	OLS
全集 PCA	0.0005	0.9587	0.3390	0.4839	OLS
筛选集 PLS	0.0011	2.0924	0.0377	2.2641	OLS
全集 PLS	0.0012	2.1932	0.0295	2.4819	OLS
筛选集 PCA	-0.0006	-1.221	0.2218	0.7763	HAC
全集 PCA	0.0005	0.9483	0.3430	0.4839	HAC
筛选集 PLS	0.0011	1.9745	0.0483	2.2641	HAC
全集 PLS	0.0012	2.0886	0.0367	2.4819	HAC

注：列 b 代表单变量预测模型的系数，T 值代表 OLS 估计的 T 值或者 Newey – West T 值，R^2 代表回归方程拟合 $R^2 \times 100$ 的结果；为了统一量纲，我们对经济政策不确定性指标都进行了标准化处理。

不断做出交易行为的调整，从而加剧股票市场波动。由于经济政策不确定性与中国股票市场波动的关系并不明显，因此各指标回归系数的显著性都不强。其中表现最好的是全集 PLS 所构建的经济不确定性指数，回归系数较大，为 0.0012，且在 5% 的水平上显著，R^2 也是最大的。所以我们选择全集 PLS 构建的经济政策不确定性指标来作为经济政策不确定性的代理指标。

四、股票市场情绪指标

De Long, Shleifer, Summers 和 Waldmann（1990）建立了著名的 DSSW 噪音交易者模型，认为噪音交易者容易受非理性情绪影响，过度乐观（悲观）情绪的投资者倾向于过度买入（卖出）股票，从而推高（拉低）现期资产价格。同时由于套利成本，理性套利者不能完全消除情绪对资产价格的影响。最终，随着理性信息逐步反映到资产价格，资产价格在未来反而将会下跌（上涨），导致资产价格过度波动。因此，我们在股票市场风险监测体系中考虑了股票市场情绪的变量。

（一）数据说明

我们使用的构建股票市场情绪的指标与现有文献一致，参考 Baker 和 Wurgler（2006，2007）利用交易量、封闭式基金折价率、IPO 活跃度、首日收益率、股票发行和股利溢价进行主成分分析得到综合情绪指数。考虑到数据的可得性和现有文献的做法（易志高和茅宁，2009；魏星集等，2014；刘学文，2019），我们使用封闭式基金折价率、A 股 IPO 首日收益率、A 股 IPO 数、股票市场新增开户数、上月市场换手率和上月消费者信心指数构建股票市场情绪指数。此外，我们还对构建的情绪指数与现有文献中提出的中国股票市场投资者情绪指标 ISI 和 CICSI 进行了比较，数据来源国泰安数据库。我们在计算之前对所有的股票市场情绪指标计算了三期移动平均水平，并对其进行了标准化处理。

（二）指标估计

同样地，我们分别使用 PCA 和 PLS 对现有的 6 个股票市场情绪指标进行估计。此外，我们将构建的基于 PCA 方法和 PLS 方法得到的股票市场情绪指标与现有文献构建的情绪指标进行比较，比较结果如图 5-11 所示。从图 5-11 中可以看到，首先，PLS 方法和 PCA 方法所得的两个股票市场情绪指标的走势比较一致，这说明股票市场情绪变量中包含的与股票市场有关的信息较多，噪音较少，因而 PCA 和 PLS 对股票市场情绪变量的处理结果比较一致。其次，PLS 方法和 PCA 方法构建的股票市场情绪指标的波动比 ISI 和 CICSI 指数的波动更大，且在 2008 年金融危机、2015 年股灾前后，前两者的指标波动更大，这说明我们使用 PCA 和 PLS 构建的股票市场情绪指标能够比 ISI 和 CICSI 包含更多信息，更全面地反映股票市场情绪。

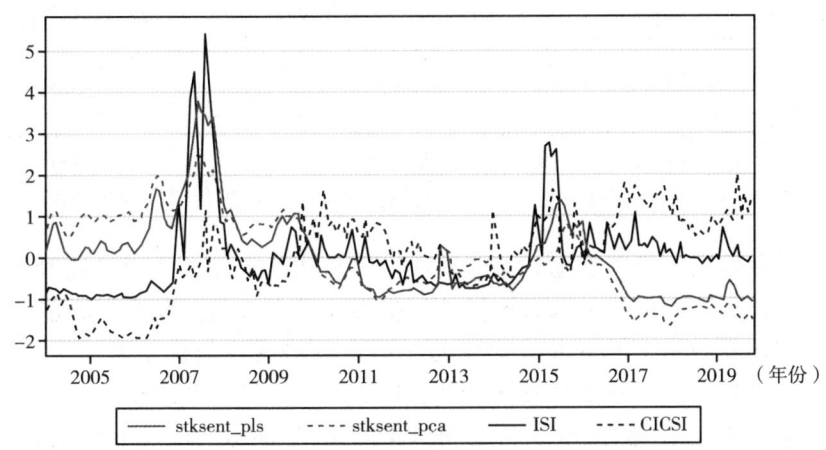

图 5-11　基于不同方式构建的股票市场情绪指标比较

注：stksent_pls 线是基于 PLS 方法计算的股票市场情绪指标，stksent_pca 线是基于 PCA 方法构建的股票市场情绪指标，ISI 线和 CICCI 线分别代表现有文献中构建的情绪指标。

（三）监测指标效果检验

为了进一步确定能够监测股票市场风险的股票市场情绪指标，我们同样使用预测回归方法比较我们构建的股票市场情绪和现有情绪指标。回归方程如下：

$$Vol_{t+1} = a + bStockSent_t + e_{t+1} \qquad (5-26)$$

其中，$StockSent_t$ 是股票市场情绪指数，包括基于 PLS 方法（stksent_pls）和 PCA 方法（stksent_pca）构建的股票市场情绪指数以及现有的股票市场情绪指数 ISI 和 CICSI。表 5-9 中给出了 OLS 估计方法和 HAC 估计方法得到的构建的股票市场情绪指数对股票市场风险预测的回归系数 b、OLS 估计的 T 统计量（或 Newey-West T 统计量）、P 值、拟合优度 R^2。

我们发现除了 CICSI 指数，我们构建的股票市场情绪指数和 ISI 指数都能够显著预测股票市场市场的波动率，而且随着情绪的提高股票市场的波动率也会加大，而且这种预测能力在使用异方差自相关稳健标准误时仍然显著。具体来讲，基于 PLS 方法、基于 PCA 方法和 ISI 对股票市场波动率的预测系数分别为 0.0040、0.0035 和 0.0026，都在 1% 的水平上是显著的，即使考虑异方差自回归文件标准误也仍在 1% 的水平上显著，R^2 分别为 30.4617、22.4551 和 12.2672，预测效果显著。说明随着股票市场情绪的提高，投资者对资

表 5-9　基于不同方式构建的股票市场情绪指标的预测结果

预测变量	b	T 值	P 值	R^2	Method
stksent_pls	0.004	9.0990	0.0000	30.461	OLS
stksent_pca	0.0035	7.3979	0.0000	22.4551	OLS
ISI	0.0026	5.1407	0.0000	12.2672	OLS
CICSI	-0.001	-1.734	0.0845	1.5663	OLS
stksent_pls	0.0040	7.8864	0.0000	30.4617	HAC
stksent_pca	0.0035	8.2016	0.0000	22.4551	HAC
ISI	0.0026	4.9548	0.0000	12.2672	HAC
CICSI	-0.001	-1.862	0.0626	1.5663	HAC

注：列 b 代表单变量预测模型的系数，T 值代表 OLS 估计的 T 值或者 Newey – West T 值，R^2 代表回归方程拟合 $R^2 \times 100$ 的结果；为了统一量纲，我们对每个情绪指标都进行了标准化处理。

产价格的认识存在偏误，投资者也会不断地通过交易调整头寸，从而导致股票市场价格的高的波动率。因此，我们构建的股票市场情绪指标能够有效预测股票市场市场的风险。

此外，我们还发现基于 PLS 方法构建的股票市场情绪指数优于基于 PCA 方法构建的情绪以及现有的 ISI、CICSI 指数。具体来看，PLS 方法构建的情绪指数对股票市场波动率的预测系数为 0.0040，比基于 PCA 方法和 ISI 的系数都大，而且不论是 OLS 估计还是 HAC 估计方法得到的 T 值都明显大于后二者的系数。从预测效果来看，PLS 方法预测的 R^2 达到 30.4617，也大于后二者的 22.4551 和 12.2672。不论从哪个方面来讲，我们构建的基于 PLS 方法的股票市场情绪能够显著地预测股票市场市场风险。因此，我们把基于 PLS 方法构建的股票市场情绪指数作为股票市场风险监测的重要指标之一。

五、股票市场定价波动指标

考虑到股票市场的定价与股票市场的收益密切相关，因而股票市场定价波动很可能会带来股票市场的收益波动，因此我们构建了股票市场定价波动指标，来探究股票市场定价波动与股票市场波动的关系。

（一）数据说明

在变量的选取上，我们首先参考了 Fama 的三因子模型（1993），选取了 A 股市场的市场溢酬因子（Rmrftmv）、市值因子（Smbtmv）、账面市值比因子（Hmltmv），并加入了和股票估值密切相关的市场市盈率变量（PeRatioM）用于加权的公司数（ComNum），来构建股票市场定价波动指标。数据来源于锐思数据库。我们在进行指标估计之前对市场溢酬因子、市值因子、账面市值比因子、市场市盈率做了一阶差分处理，对公司数做了对数一阶差分处理，并计算了这些指标 12 个月的滑动波动率，最后对其进行了标准化处理。

（二）指标估计

同样地，我们分别使用 PCA 和 PLS 对 5 个股票市场定价波动变量进行估计，不同方法估计得到的预测中国股票市场波动风险的股票市场定价指标如图 5-12 所示。从图中可以看出，采用 PCA 和 PLS 方法构建的两种指标相差不大。

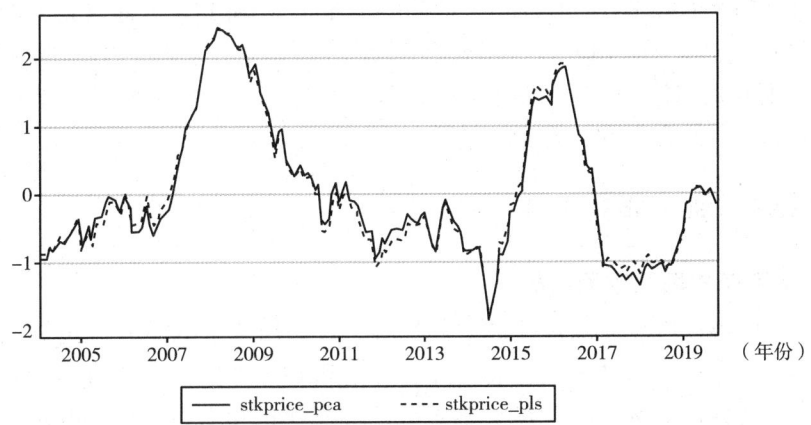

图 5-12　基于不同方式构建的股票市场定价波动指标的比较

注：stkprice_pls 线是基于 PLS 方法计算的股票市场定价水平指标，stkprice_pca 线是基于 PCA 方法构建的股票市场定价波动指标。

（三）监测指标效果检验

在本部分的监测指标效果检验中，我们使用标准预测回归方法，检验估计得到的股票市场定价指标的预测能力。回归方程如下：

$$Vol_{t+1} = a + bStockPrice_t + e_{t+1} \tag{5-27}$$

其中，$StockPrice_t$ 是股票市场定价指标，包括基于 PLS 方法（stksent_pls）和 PCA 方法（stksent_pca）构建的股票市场定价指标。表 5-10 中给出了 OLS 估计方法和 HAC 估计方法得到的构建的股票市场定价指标对股票市场风险预测的回归系数 b、OLS 估计的 T 统计量（或 Newey-West T 统计量）、P 值、拟合优度 R^2。

表 5-10　　　　　　　股票市场定价波动指标的预测结果

预测变量	b	T 值	P 值	R^2	Method
全集 PCA	0.0042	9.8195	0.0000	33.7824	OLS
全集 PLS	0.0044	10.2456	0.0000	35.7084	OLS
全集 PCA	0.0042	9.0935	0.0000	33.7824	HAC
全集 PLS	0.0044	9.2846	0.0000	35.7084	HAC

注：列 b 代表单变量预测模型的系数，T 值代表 OLS 估计的 T 值或者 Newey-West T 值，R^2 代表回归方程拟合 $R^2 \times 100$ 的结果；为了统一量纲，我们对每个股票市场定价指标都进行了标准化处理。

回归结果说明，我们构建的股票市场定价指标能够有效预测股票市场风险，而且随着股票市场定价指标的提高，股票市场风险也在加大。具体来看，全集 PCA 方法和全集 PLS 方法估计得到的股票市场定价指标的系数都为正，说明随着股票市场定价指标水平的提高，股票市场的风险也在增加，对应的 T 值分别为 9.8195 和 10.2456，影响在 1% 的水平上显著，而且在考虑异方差自回归方法之后仍然在 1% 的水平上显著，对应的 Newey – West T 统计量分别为 9.0935 和 9.2846。此外，采用 PCA 和 PLS 方法所得的股票市场定价指标预测能力相差甚微，但 PLS 方法仍略胜一筹，具体表现为 PLS 方法的 R^2 和 T 值都略大于 PCA 方法所得的 R^2 和 T 值。因此，我们选择采用 PLS 方法估计的股票市场定价指标作为中国股票市场定价水平的代理预测指标。

六、综合风险监测指标构建

（一）分类别期货风险监测指标

为了构建股票市场市场波动风险的监测体系，我们构建了五个基于不同角度的股票市场市场风险监测指标，包括基于筛选后的经济变量和 PLS 方法构建的监测股票市场风险的中国宏观经济波动指标（Macro）、基于筛选后的经济变量和 PLS 方法构建的监测股票市场风险的美国宏观经济波动指标（MacroUS）、基于筛选后的经济变量和 PLS 方法构建的监测股票市场风险的经济政策不确定性指标（EPU）、基于 PLS 方法构建的监测股票市场风险的股票市场情绪指标（StkSent）和基于 PLS 方法构建的监测股票市场风险的股票市场定价波动指标（StkPrice）。

图 5 – 13 中给出了五个监测指标序列图示。从图 5 – 13 中可以看出，在使用 PLS 方法构建股票市场市场风险监测指标时，我们构建的中国宏观经济波动指标、美国宏观经济波动指标、股票市场情绪指标和股票市场定价指标都包括了股票市场市场波动率信息，因此更能够有效预测股票市场市场风险。

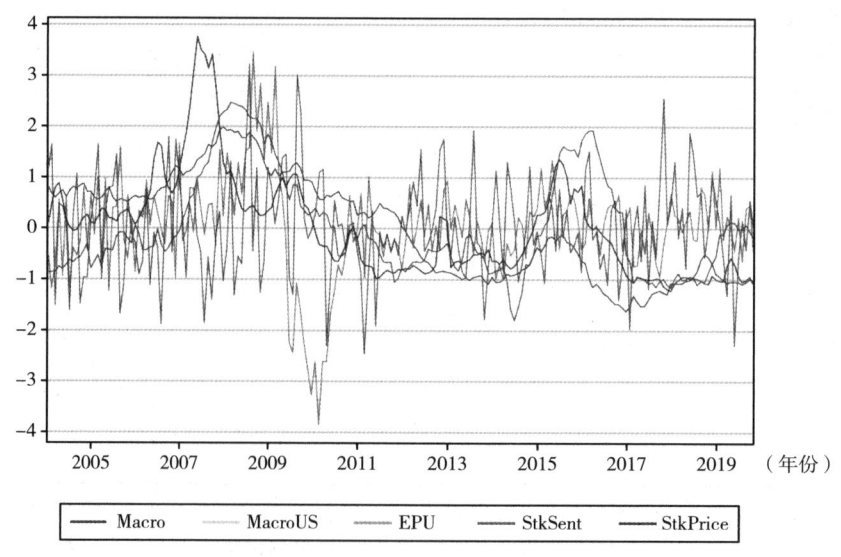

图 5 – 13　五类风险监测指标

为了进一步比较五个监测指标对股票市场波动率的预测能力，我们构建了多元预测回归，回归方程如下：

$$Vol_{t+1} = a + bMacro_t + cMacroUS_t + dEPU_t + dStkSent_t + fStkPrice_t + e_{t+1} \quad (5-28)$$

其中，$Macro_t$ 为中国宏观经济波动指标，$MacroUS_t$ 为美国宏观经济波动指标，EPU_t 是综合的经济政策不确定性指标，$StkSent_t$ 代表股票市场情绪指标，$StkPrice_t$ 代表股票市场定价波动指标。这里我们使用异方差－自回归一致估计法（HAC）来解决可能存在的随机干扰项的自相关或者异方差问题，从而得到了 Newey – West T 统计量。表 5 – 11 中给出了 HAC 估计的股票市场风险监测指标的回归系数、Newey – West T 统计量、P 值和调整的 R^2。

表 5 – 11　　　　　　　　股票市场风险监测体系预测效果检验

变量	回归系数	T 值	P 值
Macro	0.2758	3.6287	0.0003
MacroUS	0.1328	2.6203	0.0088
EPU	0.1459	3.2654	0.0011
StkSent	0.1406	1.8978	0.0577
StkPrice	0.3049	4.5075	0.0000
R^2	51.0182	调整的 R^2	49.6944

注：为了便于比较各变量之间的相对重要性，我们对回归系数进行了标准化，方法是各原系数值与五个指标回归系数和的比；回归系数代表各指标的预测方程系数，T 值代表 Newey – West T 值，R^2 代表回归方程拟合 $R^2 \times 100$ 的结果。

研究发现，这五个指标都可以显著预测股票市场波动，其中宏观经济波动指标、美国宏观经济波动指标、经济政策不确定性指标、股票市场定价波动指标都在 1% 的水平上显著，股票市场情绪指标在 5% 的水平上显著，预测的 R^2 也达到了 51.0182，这说明不同的指标包括的信息可以相互补充。从回归系数来看，这五个指标的回归系数都为正值，表明中国股票市场风险与中国宏观经济波动指标、美国宏观经济波动指标、经济政策不确定性、股票市场情绪和股票市场定价波动都成正相关关系。具体来看，股票市场定价水平波动对股票市场风险的影响是最大的，系数达到 0.3049，且在 1% 的水平上是显著的。股票市场情绪对股票市场风险的影响最弱，系数为 0.1406，但仍在 5% 的水平上显著。

从预测结果看出，股票市场波动受到股票市场定价水平波动的影响最大，其次就是中国宏观经济基本面的影响较大。虽然股票市场情绪指标的显著水平相对较弱，但它的回归系数和经济政策不确定性、美国宏观经济波动的回归系数相当，因此我们应当注意股票市场的情绪对股票市场交易的驱动作用。此外，结果表明国际经济冲击同样也能够有效预测中国股票市场风险，因此在股票市场风险管理时，世界经济形势同样需要注意。

（二）综合风险监测指标估计

在使用五个指标预测股票市场市场波动率时，我们发现五个指标所包括的信息是互相补充的。因此，我们在这五个指标的基础上进一步使用 PCA 和 PLS 方法估计整合五个不同指标体系的信息，构建监测股票市场风险的综合指标。PCA 和 PLS 方法估计得到综合指标方程系数在表5-12给出，两种综合指标的比较在图5-14基于不同方式构建的综合指标比较中给出。从图中可以看出，在五个指标的基础上使用PCA或者PLS方法得到综合指标走势基本一致，说明不论是PCA还是PLS在五个指标信息整合的结果是一致的。因此，我们也得到了有效预测和监控股票市场风险的综合指标，这一指标整合了中国宏观经济波动、美国宏观经济波动、经济政策不确定性、股票市场情绪和股票市场定价波动。

表5-12　　　　　基于PCA和PLS方法估计综合指标方程系数

变量	PCA 系数	PLS 系数
Macro	0.5514	0.7849
MacroUS	0.2425	-0.7943
EPU	-0.0034	-1.5716
StkSent	0.5805	0.6613
StkPrice	0.5479	0.9197

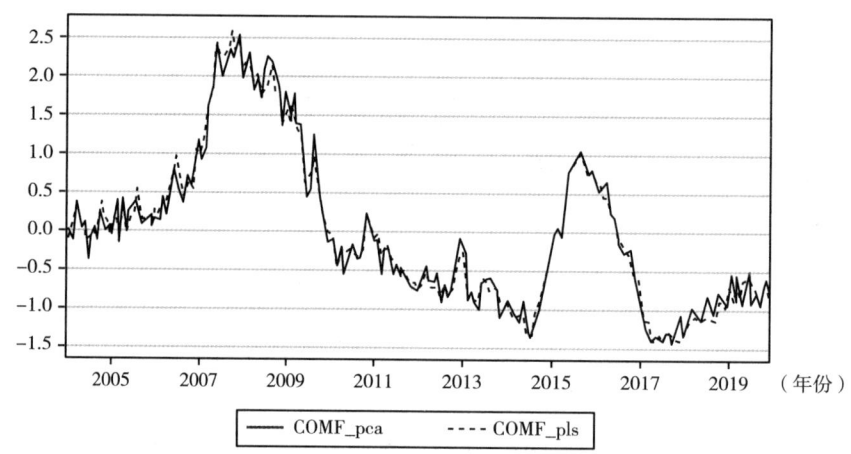

图5-14　基于不同方式构建的综合指标比较

注：COMF_pca线代表PCA方法得到的综合指标，COMF_pls线代表PLS方法得到的综合指标。

（三）综合风险监测指标预测效果

为了进一步检验我们构建的监测股票市场风险的综合指标的预测效果，我们使用预测回归对其进行了检验，标准预测回归方程如下：

$$Vol_{t+1} = a + bComFactor_t + e_{t+1} \qquad (5-29)$$

其中，$ComFactor_t$是指综合指标，包括PCA方法和PLS方法构建的综合指标。我们使用OLS和HAC估计上述方程，估计结果在表5-13列出。表5-13中给出了OLS估计方法和HAC估计方法得到的构建综合指标对股票市场风险预测的回归系数b、OLS估计的T统计量（或Newey-West T统计量）、P值、预测R^2。

表 5-13　　　　　　　　　　　综合指标的预测表现

变量	b	T 值	P 值	R^2	Method
COMF_pca	0.0050	13.0932	0.0000	47.5629	OLS
COMF_pls	0.0052	13.6774	0.0000	49.7436	OLS
COMF_pca	0.0050	12.3015	0.0000	47.5629	HAC
COMF_pls	0.0052	13.1262	0.0000	49.7436	HAC

注：COMF_pca 是基于 PCA 方法构建的综合指标，COMF_pls 是基于 PLS 方法构建综合指标；列 b 代表单变量预测模型的系数，T 值代表 OLS 估计的 T 值或者 Newey - West T 值，R^2 代表回归方程拟合 $R^2 \times 100$ 的结果。

正如表 5-13 所示，基于 PCA 和 PLS 估计得到的综合指标表明，PCA 方法和 PLS 方法估计的综合指标在预测股票市场波动率风险的效果和显著性基本一致，系数分别为 0.0050 和 0.0052，T 值分别为 12.3015 和 13.1262，都是在 1% 的水平上显著，预测 R^2 也都达到了 47 以上。而且，综合指标与五个指标共同的预测 R^2 基本一致，这说明我们使用 PCA 和 PLS 方法构建的综合指标有效地包括了五个预测指标的有效信息。最需要注意的是，我们构建的综合指标能够有效预测股票市场市场的波动率，预测 R^2 达到 49.7436，这为我们有效监测股票市场波动率提供了有效的预警和监测指标。

七、样本外检验

本小节将研究各类指标的样本外预测表现。Goyal 和 Welch（2008）等人认为，样本外检验在实际评估真实收益可预测性与投资者和从业者更为相关。在常数据生成过程（constant data-generating）的假设下，样本内预测分析提供了更有效的参数估计，也能得到更精确的收益预测。然而，Goyal 和 Welch（2008）等人认为这种假设在实践中是不正确的。此外，相对于样本内检验来说，样本外检验较少受到计量问题的影响，如过度拟合、小样本扭曲和斯坦博偏差（Stambaugh bias）。进行样本外预测的关键是，在 t 时刻，我们最多只能使用到 t 期的信息来预测 $t+1$ 股票市场风险。参照 Goyal 和 Welch（2008）等人的做法，本书对每个滞后指标进行了样本外的递归预测回归，

$$\hat{R}_{t+1}^m = \hat{\alpha}_t + \hat{\beta}_t S_{1:t:t}^k \tag{5-30}$$

其中，$\hat{\alpha}_t$ 和 $\hat{\beta}_t$ 是 $\{R_{s+1}^m\}_{s=1}^{t-1}$ 对常数及递归估计的预测指标 $\{S_{1:t:s}^k\}_{s=1}^{t-1}$ 进行回归的 OLS 估计量。此外，Timmermann（2006），Rapach 等（2010）发现在一个更加现实、复杂且不断发展的数据生成过程的环境下，简单的组合预测通常优于使用复杂的最佳估计参数预测。

令 p 作为初始样本估计所选择的固定数，那么所以可以在时间 $t=p+1, p+2, \cdots, T$ 时估计未来的预期收益。因此，共有 $q(=T-p)$ 个样本外评估期，也就是说，我们有 q 个样本外预测值：$\{\hat{R}_{t+1}^m\}_{t=p}^{T-1}$。具体来说，2004 年 1 月到 2010 年 12 月作为初始估计期间，2011 年 01 月至 2019 年 11 月则作为预测评估期间。样本内估计期间的时间长度要保证具有足够的观察值来准确估计初始参数，并且采用相对较长的样本外区间进行预测评估。

本书利用广泛使用的 Campbell 和 Thompson（2008）R_{OS}^2 统计量来评估样本外预测表现。R_{OS}^2 统计量度量的是预测回归的均方预测误差（MSFE）相对于历史平均基准降低比例：

$$R_{OS}^2 = 1 - \frac{\sum_{t=p}^{T-1}(R_{t+1}^m - \hat{R}_{t+1}^m)^2}{\sum_{t=1}^{T-1} I_t^c (R_{t+1}^m - \bar{R}_{t+1}^m)^2} \quad (5-31)$$

其中 $\bar{R}_{t+1}^m$ 代表与常预期收益模型（$R_{t+1}^m = \alpha + \varepsilon_{t+1}$）相对应的历史平均基准收益：

$$\bar{R}_{t+1}^m = \frac{1}{t}\sum_{s=1}^{t} R_s^m \quad (5-32)$$

Goyal 和 Welch（2008）研究表明，历史平均水平是非常严格的样本外基准，单个经济变量表现通常不能超过历史平均水平。R_{OS}^2 统计量的取值区间为 $(-\infty, 1]$，如果 $R_{OS}^2 > 0$，则说明以 MSFE 标准来看回归预测模型的 $\hat{R}_{t+1}^m$ 好于历史均值法的 $\bar{R}_{t+1}^m$。

本书使用 Clark 和 West（2007）调整的 MSFE 统计量检验零假设，即历史平均的 MSFE 小于或等于预测回归的 MSFE，对应的单侧备择假设是历史平均的 MSFE 大于预测回归的 MSFE（$H_0: R_{OS}^2 \leq 0, H_A: R_{OS}^2 > 0$）。Clark 和 West（2007）的研究结果显示，与采用嵌套模型进行预测相比，这种检验方法服从渐近正态分布。在常预期收益模型生成数据的原假设下，回归预测模型的预测结果比使用历史均值基准进行预测产生了更多的噪音信息，原因是在估计斜率时，其假设总体均值为零。因此，本书期望在原假设成立的条件下，基准模型的 MSFE 小于回归预测模型的 MSFE。调整的 MSFE 统计量代表了在原假设成立条件下，历史平均 MSFE 和预测回归 MSFE 之间的负期望差异。因此即使 R_{OS}^2 统计量为负，也可以拒绝原假设。预测变量的样本外检验结果在表 5-14 中给出。

表 5-14　　样本外检验结果

变量	样本外 R^2（%）	MSFE-adj	P_value
Macro	14.8050	8.8702	0.0000
MacroUS	3.6680	1.8593	0.0315
EPU	-0.3735	0.8087	0.2094
StkSent	44.9120	10.4193	0.0000
StkPrice	27.9435	6.0532	0.0000
COMF_pca	49.7427	11.3503	0.0000
COMF_pls	50.1392	11.2970	0.0000

从表 5-14 的结果可以看出，我们构建的五个分市场预测指标中，经济政策不确定性指标的预测表现较差，R^2 小于 0，P 值也不显著。其他四个预测指标及综合因子（COMF_pls 和 COMF_pca）都有较好的样本外预测表现，并且都是显著的。其中，我们构建的综合指标样本外预测 R^2 高达 50%，说明我们构建的股票市场风险监控体系能够有效预测未来的股票市场风险。

八、稳健性检验

(一) 子样本检验

为了进一步检验综合指标的预测能力,我们以 2015 年股灾为时间节点,将样本区间划分为股灾前和股灾后。2015 年股灾的发生促使监管者意识到了一些监管漏洞,并采取相应的措施维持市场平稳运行,抑制过度投机行为。因此,我们利用子样本检验股灾前后综合指标的预测能力,我们同样比较了五个预测指标的预测表现作为比较。

表 5-15 的预测表明,我们构建的股票市场风险监测指标在股灾前后都有较好的预测表现。对于综合指标而言,股灾前后的预测回归的系数分别为 0.0048 和 0.0074,股灾前综合指标的系数小于股灾后,Newey-West T 值分别为 11.2114 和 5.3749,股灾前的预测 R^2 为 53.8225,也明显高于股灾后的 46.0333。对于单个预测指标来说,经济政策不确定性指标在股灾后的预测表现并不显著,Newey-West T 统计量由 2.1453 变为 0.6288。而中国宏观经济波动、美国宏观经济波动、股票市场情绪和股票市场定价波动在股灾前后的预测表现更加显著和稳定。

表 5-15 股票市场监测指标子样本预测表现

预测变量	2015 年股灾前			2015 年股灾后			全样本		
	b	T 值	R^2	b	T 值	R^2	b	T 值	R^2
Macro	0.0050	9.0400	41.2980	0.0150	6.9297	59.0600	0.0042	10.7466	32.9180
MacroUS	0.0020	3.6522	11.9065	0.0049	2.3741	9.8024	0.0022	3.7288	8.6920
ComEPU	0.0013	2.1453	4.2727	0.0006	0.6288	0.4064	0.0012	2.0886	2.4819
StkSent	0.0032	6.9840	23.7503	0.0076	5.5872	49.0744	0.0040	7.8864	30.4617
StkPrice	0.0048	11.2134	49.9697	0.0034	3.3353	18.2170	0.0044	9.2846	35.7084
COMF_pca	0.0048	10.5274	50.7055	0.0073	5.3823	45.2925	0.0050	12.3015	47.5629
COMF_pls	0.0049	11.2114	53.8225	0.0074	5.3749	46.0333	0.0052	13.1262	49.7436

注:列 b 代表预测变量系数,T 值代表 Newey-West T 值,R^2 代表回归方程拟合 $R^2 \times 100$ 的结果;简略起见,我们只报告了基于 PLS 方法构建的综合指标,并用 COMF 代表。

这一结果说明,若要有效监测和预测股票市场波动风险,单一指标无法有效地捕捉到影响股票市场波动风险的所有因素,有可能无法保证预测能力的稳定,例如,经济政策不确定性指标在股灾后的预测能力并不像其在全样本中的预测表现稳定。因此,我们需要从多角度去获取可能影响股票市场波动率的信息,运用大数据和机器学习算法,例如,偏最小二乘法,才能够得到更加有效的监测股票市场风险的指标。

(二) 股票市场风险的多期预测

为了进一步检验股票市场监测指标的预测能力,我们进行了多周期的预测检验,预测方程如下:

$$Vol_{t+h} = a + bComFactor_t + e_{t+h} \qquad (5-33)$$

其中，$ComFactor_t$ 是指综合指标，包括 PCA 方法（COMF_pca）和 PLS 方法（COMF_pls）构建的综合指标，Vol_{t+h} 表示 h 期之后的股票市场波动率。我们使用异方差-自回归稳健一致估计法估计上述方程，估计结果在表 5-16 列出。表 5-16 中给出了 HAC 估计方法得到的构建综合指标对股票市场风险预测的回归系数 b、Newey-West T 统计量、P 值、拟合优度 R^2。

表 5-16　　股票市场风险监测体系多期预测表现

预测周期	COMF_pca 综合指标			COMF_pls 综合指标		
	b	T 值	R^2	b	T 值	R^2
h = 1	0.0050	12.3015	47.5629	0.0052	13.1262	49.7436
h = 2	0.0047	10.9971	41.8454	0.0048	11.3854	42.6024
h = 3	0.0046	11.1491	39.9932	0.0047	11.4239	40.8176
h = 4	0.0044	10.8601	36.6907	0.0044	10.7110	36.7038
h = 5	0.0043	10.3205	34.7972	0.0042	9.7427	33.1162
h = 6	0.0042	9.3443	32.4864	0.0042	9.2487	31.8509
h = 7	0.0040	8.5568	28.7309	0.0039	8.4883	28.2708
h = 8	0.0037	7.6632	24.8571	0.0036	7.5688	24.3726
h = 9	0.0034	6.5511	20.9245	0.0033	6.2194	19.9272
h = 10	0.0030	5.5104	16.9980	0.0029	5.1054	15.4176
h = 11	0.0028	4.7379	13.8522	0.0026	4.4611	12.5691
h = 12	0.0025	4.2896	11.6958	0.0024	4.1256	10.9378

注：COMF_pca 是基于 PCA 方法构建的综合指标，COMF_pls 是基于 PLS 方法构建综合指标；列 b 代表单变量预测模型的系数，T 值代表 Newey-West T 统计量，R^2 代表回归方程拟合 $R^2 \times 100$ 的结果。

多期预测结果表明，我们构建的股票市场综合监测指标可以显著预测未来 12 期的股票市场波动率。虽然随着预测期 h 的增加，预测的系数、Newey-West T 统计量和预测 R^2 逐渐降低，但当 $h = 12$ 时，基于 PCA 和 PLS 方法构建的综合指数预测系数的 Newey-West T 统计量为分别为 4.2896 和 4.1256，仍然在 1% 的水平上显著，预测 R^2 分别为 11.6958 和 10.9378，仍表现良好，这表明我们构建的综合指数有较高的持续性，能够对未来多期的股票市场波动率进行预测。

第六节　　结论和政策建议

为了有效监测中国金融市场安全，我们还搜集了国内和国外宏观经济、经济政策、市场情绪以及国内和国外金融市场的日度收益率和 5 分钟的高频收益率数据，构建出中国各个金融市场安全风险测度指标,并使用机器学习方法进行金融市场安全预警和监测体系。我们研究发现,国内和国外金融市场的风险溢出指标、国内和国外宏观经济、国内和国外经济政策不确定性、国内和国外投资者情绪等对中国沪深 300 指数的日内已实现波动率均有着显著的解释能力。我们还发现使用有监督的机器学习方法对金融市场安全风险具有更强的预测能力,能够整合国内外金融市场和宏观经济的预测信息,有效预测未来的股票市场安全风险。

第六章 中国金融科技安全分析

金融科技安全包括金融科技信息安全和金融科技技术安全。金融科技安全是金融基础设施安全的一部分①，在金融基础设施中广义的金融科技涵盖了相关金融功能的信息、技术和创新。本章金融科技安全分析包括金融科技信息安全和金融科技技术安全。

第一节 金融科技安全概述

一、金融科技概述

（一）金融科技的定义与内涵②

按照国际金融稳定理事会（FSB）于2016年3月发布的关于金融科技的专题报告，"金融科技"被定义为：金融科技（FinTech）是指技术带来的金融创新，它能创造新的业务模式、应用、流程或产品，从而对金融市场、金融机构或金融服务的提供方式造成重大影响。该定义属于描述性定义，基本肯定了金融科技所带来的影响。中国人民银行发布的《金融科技（FinTech）发展规划（2019—2021年）》定义金融科技是技术驱动的金融创新，旨在运用现代科技成果改造或创新金融产品、经营模式、业务流程等，推动金融发展提质增效。两个定义非常相似，随着金融科技的发展，该定义还将不断被修正。

而关于金融科技的内涵，无论是国际金融稳定理事会还是中国人民银行，都认为金融科技本质上是一种金融创新，由技术驱动，却不等于技术。更进一步地，在金融科技所覆盖的范围与领域方面，巴塞尔银行监管委员会区分出四个核心应用领域："存贷款与融资服务""支付与清结算服务""投资管理服务"以及"市场基础设施服务"。

由于中外的金融监管环境与社会环境存在一定差异，中外金融科技概念的发展与演变也存在较大的区别。就美国而言，其语境上的FinTech公司以初创型企业为主，大部分是经营移动支付、财富管理、网贷等业务。而中国更多是强调前沿技术对持牌合规的金融业务的辅助、支持和优化作用，技术的运用仍需遵循金融业务的内在规律、遵守现行法律和金融监管要求，侧重点在"市场基础设施服务"。

---

① 基础设施涵盖范围较广，它指金融运行的硬件设施、制度安排以及技术支撑，主要包括支付体系、法律环境、公司治理、会计准则、信用环境、反洗钱以及由金融监管、中央银行最后贷款人职能、投资者保护制度组成的金融安全网以及技术创新等。

② 来自于李建军教授等主编的《金融科技学》，高等教育出版社，即将出版。

(二) 金融科技的范畴

金融科技的范畴有不同的视角，不同的视角产生了金融科技不同的细分领域，同时也产生了不同的金融科技安全问题。

1. 从业务角度。从业务角度，金融科技可分为支付结算、网络借贷、数字货币、股权众筹、智能投顾、市场设施。这些细分业务所产生的安全问题也在逐步凸显。金融科技业务角度的分类所关系到的安全问题常常集中于传统金融风险的传递（传染）、放大和缓冲。

2. 从机构角度。金融科技的参与机构主要分为三类，分别是：科技公司、持牌金融机构、部分互联网金融公司、网络小贷公司。可以看到参与机构与传统的金融参与机构有很大的不同，相当多的科技公司参与其中。这使得金融体系因为金融科技的原因，而与互联网行业、科技行业充分链接：一方面，这样的链接促使金融体系更加规范、高效、公平；另一方面，这样的链接也使得科技行业的风险被传导到金融行业中，形成技术风险。

3. 从技术角度。金融科技的技术支撑包括大数据、云计算、人工智能、区块链、移动互联网、物联网、量子计算、生物医学健康科技、安全多方计算等。这些技术被引入到不同的金融场景和业务中，目的是提升金融的效率、公平和可达性。同时应该看到，技术角度的金融安全问题往往集中在主动安全问题和被动安全问题：主动安全是指这些逐步和金融融合的技术本身存在安全缺陷，进而这些缺陷是否会影响到金融的安全；被动安全是指金融系统自身的安全是否会被这些新技术所影响。

二、金融科技安全定义与内涵

(一) 金融科技安全的定义和分类

金融科技在金融系统中承担了信息获取、提升效率和技术创新的功能，其整体模式形成了如下的系统框架（见图 6-1）：

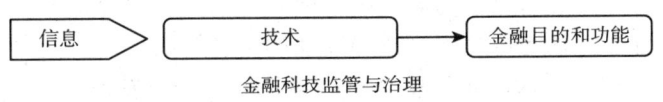

金融科技监管与治理

图 6-1 金融体系中的金融科技框架

该框架中，信息通过技术处理最终完成金融的目的和功能，这里可以是完成全新的金融目的和功能，也可以是对既有传统金融方案和业务的补充和提效；同时监管机构进行全过程的金融科技监管和治理。应该看到，信息和技术作为传统金融风险因素之外的因素，在实现金融目的和功能过程中会带来新的风险、影响金融系统的稳定性。这个过程中如果金融科技监管和治理没有进行相应的应对和处置，则会产生风险，影响金融自身的安全和金融系统的稳定。

例如：

大数据技术通过提供信息和部分技术方法，实现对金融功能的支撑，如更快速的信用结果输出、更高效的实时行情提供、更直接的信用对接等。

人工智能技术服务于金融的不同功能（如选股、信用评级、保险定损、欺诈识别等），通过利用不同范围的金融内部信息（数据）以及外部的信息，综合给出结果。

区块链技术是通过对既有金融信息的重新组织、并施加密码学操作，提供给金融"分布式信用"的一种新的实现形式，服务于信用交易（货币）、合约既定（智能合约）或者信用中介。

对应的，中国人民银行在2019年印发了《金融科技（FinTech）发展规划（2019—2021年）》（银发〔2019〕209号），在该文中强调"金融科技应用先进可控。金融与行业数据规范融合应用水平大幅提升，金融创新活力不断激发，安全、可控、先进、高效的金融科技应用体系全面建成"。这表明中国监管机构在鼓励金融科技发展的同时，也对金融科技应用的安全可控进行了布局，体现了金融科技安全方面的监管和治理应对。

按照此框架，金融科技安全可以分为金融科技信息安全、金融科技技术安全和金融科技治理部分。这三者相互作用，共同组成了金融科技安全的体系：

- 金融科技信息安全是金融科技安全的前提和基础，同时也是金融科技先进可控的出发点。
- 金融科技技术安全是金融科技先进性的体现，同时也是金融科技安全可控的核心。
- 金融科技治理是金融科技安全的重要保障，金融科技信息安全和金融科技技术安全通过金融科技治理来实现。

所谓金融科技安全是指在金融科技治理的框架下，金融科技信息和技术应用自身的安全性。和金融安全相比，它更关注于安全而非稳定；由于其最终服务于金融的目的和功能，其对金融系统的稳定通过其作用结果而体现。

（二）金融科技安全的内涵

1. 金融科技信息安全是金融科技安全的前提和出发点。金融业本质上是基于信息运作的行业，无论是业务的入口还是业务流程，都需要信息的提供、信息的高效率流动、信息的安全交换。而因为金融在整个国民经济中起到了融通和血脉的作用，其与实体经济以及其他行业之间也通过信息进行交互。按照互联网经济学的原理，金融业与其他行业的关联属属于"重信息"模式，这决定了整个金融科技安全的出发点。

简而言之，金融科技安全从金融科技信息安全开始，金融科技信息安全的程度决定了整个金融科技安全的路径和方向。

2. 金融科技技术安全是金融科技安全的核心。技术角度的安全是金融科技安全的核心，这是因为：

第一，金融科技的技术安全是金融安全的一个全新成员，金融安全自身已经经历了相关理论和实践的磨练，形成了较充分的分析框架和应对策略，而技术安全则是一个全新的组成部分，其分析框架和应对策略并不成熟，且更多地受到科技发展的影响。

第二，金融科技的业务安全和金融科技机构安全所关注的对象往往是局部的，而金融科技安全往往是全局的，当金融科技技术被诸多业务和机构广泛采用，其技术安全的影响将同时扩散到不同的业务和机构，形成影响广泛的安全事件。

第三，金融科技安全具有明显的外部特征。金融科技安全所关注的问题通常是科技和金融相互作用的领域，其本身安全问题的解决也不能仅仅依靠金融系统自身的能力，同样业务安全和机构安全也被这样的外部性所主导。

3. 金融科技治理提供金融科技安全的保障。金融科技技术安全和金融科技信息安全是金融科技融合过程中的内在安全性，而金融科技治理则是金融监管和治理中的分支，它根据金融科技融合的过程和阶段进行对应的安排，并对风险进行处置，根据新的方式、特征不断进化。

4. 金融科技信息安全和金融科技技术安全相辅相成、缺一不可。金融科技信息为金融科技技术提供相关的入口，同时金融科技技术最终产生作用、实现金融功能都是通过信息实现的。在整个金融科技体系中，如果只实现了金融科技技术的安全，其作用的信息（入口）和应用的信息（出口）的"非安全"将最终影响金融体系的安全，对金融科技来说，这是一种外因接口安全问题；反过来，如果只是金融科技信息安全，其技术出现较大"非安全"，则其为金融提供服务和创新将被扭曲。对金融科技来说，这是一种内因关联安全问题。

5. 金融科技安全是一个动态的安全。无论金融科技信息、金融科技技术还是金融科技治理都是不断变化的，金融科技信息的范畴不断扩大、数量实时增加、更多信息被采集和涵盖，同时金融科技的技术不断随着科技进步和标准的变化而进步升级，这使得对应的安全也是动态的。静止地看待金融科技安全会形成"降维陷阱"和"样本陷阱"。

6. 金融科技安全是金融安全的重要组成部分，它通过不同方式影响金融安全。金融科技是金融的重要组成，它通过不同功能映射形成了金融各分支的技术应用和创新，成为金融中的重要元素。与其他金融安全的关注元素一样，金融科技安全同时关联到金融安全。

三、金融科技安全指数分析结果

金融科技安全指数通过金融科技信息安全指数、金融科技技术安全指数以及金融科技治理水平指数构建得出，三者都是正向指数。具体的指数来源于本章第二节（金融科技技术安全分析）、第三节（金融科技信息安全分析）和第四节的金融科技治理水平指数。

其中金融科技技术安全指数如表 6-1 所示。

表 6-1　　　　　　　　　　金融科技技术安全指数

	大数据	人工智能	区块链	技术安全指数
全行业	81.04	76.10	79.13	78.76
银行业	80.40	75.00	80.00	78.47
保险业	82.20	77.50	82.33	80.68
信托业	81.00	75.00	73.33	76.44
证券业	86.60	80.50	80.00	82.37
租赁业	75.00	72.50	80.00	75.83

另外两个指数为：金融科技信息安全指数 70.59，金融科技治理水平指数 72.99。由此汇总为金融科技安全指数，图 6-2 给出了 2019 年中国金融科技安全的雷达图。

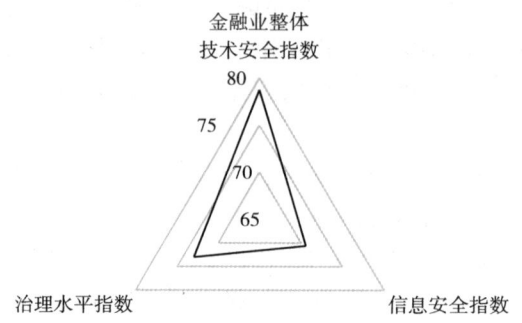

图 6-2　中国金融科技安全的雷达图

第二节　金融科技技术安全分析

一、金融科技技术安全概述

（一）金融科技技术安全的标准分类

从金融科技技术的不同组成视角，我们可以看到有不同的金融科技安全的形式，但这些金融科技安全的分类依赖于组成视角，并不构成标准分类。鉴于金融科技技术安全的核心地位，一定意义上，金融科技的技术安全构成了金融科技安全的核心和外延。

考虑金融科技技术安全要基于金融科技的融合特征——即金融和科技的融合；也要基于金融科技的创新特征——对金融相关形式的创新。

基于这样的视角，金融科技的技术安全可以分为主动安全和被动安全。

所谓主动安全（FAS，Fintech Active Security），也可以称为融合安全（FBS，Fintech Blending Security），是指金融融合科技的视角，来自于科技中的元素本身的安全（包括其特征、影响、发展）以及其对金融安全的冲击和影响，这里的主动性是指金融在融合科技的过程中，应该基于金融体系的安全架构和应对措施考虑所引入的科技技术在实施金融功能中的安全性，考虑其所引发的风险，考虑其所引发的风险的传递性。其所形成的安全问题以及安全问题的影响，应该共同被考虑为金融安全要素的一部分，其测度模式应该一致。

如果考虑金融科技融合安全，则测度金融科技技术融合风险（FBR，Fintech Blending Risk）等价于获取一个联合概率密度分布。

所谓被动安全（FPS，Fintech Passive Security），也可以称为链接安全（FLS，Fintech Linked Security），是基于科技逐步融入到金融的视角，来自于科技的元素对金融自有安全体系的冲击。它的特点是考虑外部科技的力量、特征、元素对既有金融安全的冲击，同时再考虑该冲击的特征以及该冲击的传递效应。

如果考虑金融科技技术被动风险（Fintech Passive Security），则度量金融科技被动风险（FPR，Fintech Passive Risk）等价于获取一个条件概率联合分布。

（二）金融科技技术安全的定义

基于以上金融科技技术安全的核心以及分类，我们可以从金融科技安全定义出发来定义金融科技技术安全。

所谓金融科技技术安全是指金融科技融合中的安全，它的主要安全风险因素为技术驱动的风险以及技术驱动的金融创新风险，其分别对应于金融科技被动安全和金融科技主动安全，其最终影响的是金融安全中货币资金融通的安全和整个金融体系的稳定。

一般来讲，对于金融安全所关注的资金融通安全和金融体系稳定，金融科技主动安全和被动安全对其影响是不同的：

1. 对于资金融通安全来说，金融科技主动安全相关的因素关联较少，更多的是来自于金融科技被动安全的因素，例如，相关技术攻击和子空间操作等。

2. 对于金融体系稳定来说，金融科技被动安全相关的因素关联较少，更多的是来自于金融科技主动安全的因素，例如，由于衍生品定价的并行计算加速所引发的市场波动等。

具体来说，金融科技技术安全按照技术特征可以分为：大数据技术安全、人工智能技术安全、区块链技术安全和以量子计算为代表的其他技术安全。我们将分别介绍。

（三）金融科技技术安全的目标

1. 金融科技的硬件基础设施安全可控。实际上金融体系中的信息相关硬件都可以看作金融科技的硬件，在这里我们主要是指基于互联网、云计算、人工智能、大数据相关的硬件基础设施。这些的硬件基础设施包括计算硬件、存储硬件、通信硬件和安全硬件。

硬件是金融科技的基础，对于硬件基础设施安全来说，基本延续信息安全领域的安全定义，即安全可控。安全是指技术安全，符合规范；可控是国产化程度较高。

2. 金融科技的软件基础设施符合标准、逻辑公开透明、推动开源的合理使用。软件是相应金融科技融合的支撑，也是金融科技的灵魂，无论是大数据、人工智能还是区块链，其最终的服务方式是通过软件实现的。对于软件来说，一方面坚持软件系统符合国家标准、其核心逻辑公开透明，另一方面还需要在保证安全的前提下推动开源软件的合理使用，逐步建立起自我的技术壁垒。

3. 金融科技的数据确保安全，充分容错。数据是金融科技的核心资源，其安全性要能够保证。

4. 金融科技的标准面向金融，并充分借鉴金融和计算机或者信息科技的既有标准且以它们最完备和最小的小子集为基础。

5. 金融科技的实施过程严格有序，具备回溯能力。

6. 金融科技实施目的面向金融。

7. 金融科技的更替和升级合理、合规并能够公开透明。

二、金融科技中的大数据技术安全

（一）大数据技术安全的背景：网络安全问题越发突出

20世纪90年代以来，随着计算机互联网技术的迅速发展和普及，互联网逐渐渗透进经济、政治、娱乐等众多领域。We Are Social 和 Hootsuite 联合发布的2019年数字报告显示，全球人口数76.76亿人，其中手机用户51.1亿人，网民43.9亿人，有34.8亿人活跃在社交媒体上，网民人数已超过全球人口的57%，其中中国有8.29亿网民。人们在享受互联网技术为日常生活和商业活动带来便利的同时，网络安全也成为重要的社会和经济议题。

网络安全风险被称为"21世纪风险"。《The Hiscox Cyber Readiness Report 2017》显示：近年来，网络安全危机出现上升趋势，2016年全球因遭到网络攻击而造成的损失总计已达4500亿美元。据劳合社2017年统计，每发生一场重大网络风险，平均可造成46亿到530亿美元不等的损失。在众多的网络安全风险事故中，数据泄露事故因其影响范围广泛，成为最严重的网络安全事故之一。全球最大的网络安全公司金雅拓2018年发布的数据泄露水平指数调查报告显示，2013年以来全球至少有150亿条数据泄露，2018年上半年，每天有超过2500万条数据遭到入侵或泄露，其中进行过加密的数据占比低于百分之一。根据报告统计，56%的数据泄露事件原因为外部人员恶意活动，9%的数据泄露事件原因为意外损失。此外，2019年上半年曾发生多起重大数据泄露事故，包括黑客公开窃取7.73亿个电子邮件地址和近2200万个密码，及领英网站1亿5900万用户敏感数据泄露。

在中国，自《网络安全法》2017年6月1日正式实施以来，网络安全法律法规政策保障体系日益完善，网络安全治理日见成效，但仍然面临着严峻挑战。根据中国网络安全产业联盟发布的《2019年中国网络安全产业分析报告》，中国网络安全主要面临以下问题：

第一，勒索类网络软件对重要行业的关键信息基础设施威胁加剧。2018年，国家互联网应急中心（CNCERT）捕获近14万个勒索软件，且部分勒索软件一直在快速更新迭代，对中国医疗、教育等行业造成严重攻击，比如 GlobeImposter 等勒索软件变种曾攻击中国多家医疗机构，导致医院信息系统运行受到严重影响。

第二，云平台成为发生网络攻击的重灾区。云平台存储大量企业运营的数据信息，使用便捷可靠且成本较低，而云网络流量的复杂性有利于攻击者隐藏真实身份，可以使攻击者更多地利用云平台设备作为跳板机或控制端发起网络攻击。根据 CNCERT 监测数据，国内主流云平台使用的 IP 地址数量占中国境内全部 IP 地址数量的7.7%，但云平台上被篡改、被植入后门的网站数量占比均超过50%。

第三，虚假和仿冒移动应用增多且成为网络诈骗新渠道。近年来出现了网络投资、网络交友、网购返利等新型网络诈骗手段，比如大量虚假的贷款 APP 利用软件骗取用户的隐私信息和钱财，不提供真实贷款业务，被骗取个人隐私信息的用户超过150万人，且有大量用户支付上万元"手续费"等费用。

第四，个人信息和重要数据危害程度上升。2018年，中国发生了几十亿条快递公司用户信息、2.4亿条连锁酒店入住信息等重大数据泄露事件，泄露数据包含大量个人隐私信息，如姓名、身份证号、家庭住址等，为民众人身及财产安全带来重大的安全隐患。犯罪分子在未来可能利用大数据等数据手段，形成对用户的精准画像，因此其所产生的危害会更加严重。

由此可以看到，从海外及中国近年来网络安全状况来看，网络安全形势日渐严峻，黑客逐渐具备组织形态的现状，企业及个人信息泄露事件数量显著上升。为应对网络安全风险，许多企业开始采取应对措施，比如积极加强企业IT安全、提高员工网络安全意识的培训并建立专业化的网络安全防控队伍等。

在这种背景下，大数据技术安全需要持续被关注，其影响可能不仅仅包含金融业，尤其要看到金融业链接的其他行业所引发的技术风险。

（二）大数据技术安全的风险处置：预防与保险手段

从风险管理的角度而言，人类对风险的处理方式可分为避免、自留、预防、抑制和转嫁，根据风险发生频率及风险损失严重程度可采取不同的处理手段。网络安全风险具备风险发生频率低，风险损失严重程度高的特征，适用于风险转嫁这一手段。风险转嫁是指一些单位或个人为避免承担风险损失，有意识地将损失和损失有关的财务后果转嫁给另一单位或个人去承担的一种风险管理方式，主要包含非保险转嫁和保险转嫁。其中，非保险转嫁分为出让转嫁和合同转嫁；保险转嫁是指向保险公司投保，以交纳保险费为代价，将风险转嫁给保险人承担。因此，网络安全保险是现代企业防范网络安全风险的有效手段。

对于新兴企业而言，能够在发展时期有较为可靠的网络安全保障是至关重要的。企业对网络风险认知较为有限，即便企业受到网络攻击，可能也无法有效识别或估计损失。而保险公司可以为企业进行网络安全状况评估，根据企业的风险状况提供专业建议，弥补企业面临信息泄露时的巨额损失，帮助企业迅速恢复信息技术体系建设，因此网络安全险的未来前景十分客观。据Allianz估计，目前全球范围内的网络保险保费约为20亿美元，其中美国市场约占总保费的90%。到2025年，全球网络保险保费预计将达到200亿美元。

虽然网络安全保险前景可观，但是其目前仍属于新兴的险种，即使是在已有20年发展历史的美国，网络安全险发展仍远低于预期，在中国更属于起步阶段，尚无较为成熟的网络安全保险形态，这与网络风险的复杂性、高度相关性和人为性有密不可分的关系。由于现有保险行业对网络安全风险认知的局限，不能准确地模拟网络事故可能带来的损失，为网络安全险的设计带来了诸多困难，因此现有的网络安全险存在尚未实现标准化、高费低保等问题，其向企业提供的风险转移作用较为有限。当前，部分企业已经关注到此类情景对行业风险的影响以及由此孕育的保险市场。随着相应数据和技术的进步，这些风险的影响将会被更好的度量，从而产生有针对性的保险产品，从而使得对应风险在金融市场内部得以消化和吸收，并降低该类风险对其他行业的影响。

三、金融科技中的人工智能技术安全

人工智能被称为"第四次工业革命"，其安全不但影响到金融业也影响到其他行业。金融科技中人工智能（含机器学习）的使用越来越频繁，其安全性已经到了必须要重视的阶段。

人工智能技术安全涉及到四个角度，分别是人工智能算法模型安全、人工智能数据和隐私安全、人工智能基础设施安全、人工智能应用安全。

（一）算法模型安全

算法模型是人工智能的核心，其中的安全隐患会给人工智能系统带来致命的后果，而在金融中应用这样的系统，也会最终形成对金融科技的安全隐患，进而扩大为整个金融体系的安全隐患。

1. 算法模型需要保持鲁棒性平衡，避免数据依赖。

（1）模型的准确性与鲁棒性要达到平衡。人工智能算法模型普遍依赖于概率统计模型部件，在准确性和鲁棒性之间存在着零和博弈，既往研究表明，从对抗样本攻击下的视角看，准确度越高的模型，普遍鲁棒性越差，分类错误率的对数和模型可控性存在着线性关系。

（2）数据集对模型准确度影响能够被控制。目前，人工智能仍处于海量数据驱动知识学习的阶段，数据集的数量和质量是决定模型质量的关键因素之一，模型应用可能出现预料之外的情况，而训练数据可能难以覆盖这类情况，最终导致与预期不符的甚至有害于应用的结果。正常的环境变化也可能会产生数据集的噪声，对模型的可靠性产生威胁，例如，光照强度、角度、对比度以及环境变化的仿射变换，这些对视觉模型的预测，就会产生不可预期的结果。

（3）可靠性保证。实时性较高的应用场景（例如，自动驾驶，金融支付中的人脸识别）要求算法模型随时可用，如果当数据进入人工智能核心模块前受到一些特定的干扰或者是恶意干扰将会导致即时错误判断，产生较大风险。

2. 避免算法潜藏偏见或者歧视，控制结果偏差和处理不当的发生概率。偏见其实是指由于算法的设计者或开发人员对事物的认知存在主观上的某种偏见，或者使用了有偏差的训练数据集等原因，造成了模型的准确度下降或者对应的分类错误。甚至，在模型使用中会产生带有歧视性的结果。一般来说，训练数据集的偏差通常是由于不正确的应用或未考虑统计方法和规则，比如当主观而非客观的选择了数据，或选择了非随机性的数据，就会产生选择偏差，当假设条件可能被相关信息所证实的时候，就会产生确认偏差。如果偏见存在于算法当中，经深度学习之后，这种偏见便可能在算法中得到进一步加强。这时如果将对应的人工智能系统应用于信用贷款、雇佣、评估等关系到人身利益的场合，最终歧视就会严重威胁个人利益，这在金融系统中是一定要避免的。

3. 打破人工智能算法决策的黑箱，使得结果逐步具备透明性和可解释性。深度学习在很多复杂任务上取得了前所未有的进展，但是深度学习系统通常拥有数以百万甚至10亿级的参数，开发人员难以用可解释的方式对一个复杂的神经网络进行标注。这使得对应的人工智能系统，成为了一个名副其实的黑箱。

（1）基于神经网络的人工智能算法，具有涌现性和自主性，容易造成算法的黑箱。涌现性及智能是一种由算法底层的简单规则生成的复杂行为，算法行为不是边界清晰的单个行为，而是集体行为的演化，行为效果既不由单一行为所决定，也不由其前提完全决定。而自主性是指当前弱人工智能的智能行为的自组织性。深度学习算法，可以在没有程序员的干预下，从海量无标注的大数据中自我学习、自我进化。但这样结果仍然会导致黑箱的特征。

（2）在行业中应用人工智能要面临着可解释性障碍的问题。当前人工智能在金融、医疗、交通等有关人身财产安全的重点行业领域应用时，人类对算法的安全感、信赖感、认同度，可能取决于司法透明性和可借鉴性。此外还应该看到，除了人工智能模型本身的透明性，下载数据、数据处理活动方面也可能存在透明性。具体到金融领域，由于金融系统是一个受到严格监管的行业，当前黑箱性质的人工智能和整个的金融体系融合有一定的障碍。要保证金融系统的安全，保证金融科技的安全，相应的人工智能系统要逐步解决对应的黑箱特征，提供逐步递进的透明性以及可解释性。

（二）数据和隐私安全

1. 数据采集安全。当前数据采集安全面临这样一些挑战，分别是：

（1）过度采集数据。数据采集范围常常超过了业务所需要的范畴，这导致企业和机构更多关注于数据采集而缺少对数据应用的长期规划；同时未经授权的过度采集数据还给隐私保护和数据安全带来了挑战。

（2）数据采集与用户的授权不一致。部分企业和机构在采集数据时超过用户授权范围，提前备付所谓的"可用数据"。该现象在相关网站、APP 等常有出现。

（3）个人敏感信息采集不合规。当前中国相关法规对个人敏感信息采集的管理还存在一些薄弱环节。部分企业和机构延续"不追究即合理"的错误思维，违规进行个人敏感信息采集。2019 年 5 月 28 日，国家互联网信息办公室发布了《数据安全管理办法（征求意见稿）》，该办法的实施将会大大改变这样的现象。

（4）数据质量得不到保证。数据质量是数据应用的前提。在当前数据采集中，规范和方法存在差异，标准存在衔接困难等问题，这导致数据质量得不到保证。

（5）用户退出权难以保障。在欧盟推出的《通用数据保护条例》（General Data Protection Regulation，简称 GDPR）中，用户退出权被明确提出。该退出权是指用户可以要求数据采集机构和责任法人删除自己数据并保证数据不会被使用和传播。当前，国内的用户退出权明确定义尚存在争议，具体实施中也存在诸多困难。

2. 数据使用安全。在数据使用安全方面，当前存在这样一些问题。

（1）匿名化数据被重识别。它的含义是指：即使数据被匿名化了，恶意攻击者或者使用者仍然可以利用方法和模型推测出其数据的真实所有人。

（2）数据标注安全隐患和不合规。数据标注安全隐患是指监督学习中使用的数据进行标注时可能由于经验、习惯、行业等不同而导致标注与大众认知不同，这可能导致模型被错误训练，形成安全隐患；数据标注不合规主要是指标注过程和标注手段的不合规。

（3）自动化决策隐私不合规。自动化决策过程在减少了人为干扰后可能存在隐私不符合既有法律法规的情况。

3. 其他阶段的数据安全隐患。在这方面，也存在一些问题：

（1）数据存储安全隐患。人工智能系统的数据通常存储在云端数据数据仓库等相应的系统，或者以文件形式存储在观测设备。数据存储，存在着安全漏洞，或者相应的存储文件被破坏，都属于对应的安全隐患。2019 年 2 月，深网视界被曝泄露超过 250 万人的人脸识别信息,原因就是数据库存储密码安全出了问题。

(2)数据共享安全隐患。数据使用的各方超过约定的共享权限进行了"不合理"的数据获取和使用。

(3)数据传输安全隐患。数据传输中可能存在多种安全问题,例如被窃听、盗取和伪造等。

(三)基础设施安全隐患

基础设施是人工智能产品和应用普遍依赖的软硬件,如软件框架、计算设施、智能传感器等。其中软件框架是通用算法模型组件的工程实现,为人工智能应用开发提供集成软件包和算法调用接口。基础设施为人工智能提供计算资源,通常来源于智能芯片、智能服务器或者观测设备的边缘计算能力等。在这方面,也存在着一些风险。主要包括:开源安全风险、软件框架安全风险、传统软硬件安全风险、系统复杂性和不确定性风险、系统行为难以预测、人机交互风险等。

(四)应用安全隐患

人工智能产品应用是指按人工智能技术对信息进行收集、存储、传输、交换处理的硬件软件、系统和服务,如智能机器人、自动驾驶、银行信息采集设备等。行业应用则是人工智能产品服务在行业领域的应用,如智能制造、智慧医疗、智能交通等。这方面的安全隐患也很多,主要包括:接口过多增加被攻击机会、过度滥用、特征识别被用于攻击、隐私窃取、违反监管措施等。

四、金融科技中的区块链技术安全

区块链技术安全主要包括区块链应用安全和区块链底层技术安全。

1. 区块链应用安全。

(1)区块链对货币发行和流通的影响有限。从当前的情况看,区块链没有构成对货币发行和流通的影响。这主要是由于如下的一些原因:首先,世界各国对涉币区块链进行了较严格的限制;其次,对应的区块链货币本身没有较好的货币经济学发行机制;最后,区块链货币和实体经济的链接以及资本市场的融合情景还受限,没有办法提供对应的真正流通的信用职能。

在当前的监管环境和经济状态下,该类风险对体系安全影响有限。

(2)区块链对于资本市场的影响有限。首先,根据相关的数据,当前投资于区块链货币的资本还相对有限;其次,区块链自身的价格的大幅波动也天然的会拒绝一些相应的投资者;最后,区块链自身的交易特征也影响了投资者的情绪和热情。

(3)区块链对于资金流动、外汇安全的影响逐渐凸显。借助于区块链的货币无关的特征,相关人员通过其进行跨国资本流动,影响国家外汇安全,逐渐成为披着新兴科技外衣的"地下钱庄"。这方面的安全隐患逐渐突出,应该予以重视。

2. 区块链技术安全。

(1)区块链存储层正在面对来自环境的安全威胁。区块链存储层通常结合分布式数据库,关系、非关系型数据库,文件系统等存储形式,存储上层应用运行过程中产生的过多的交易信息等各类数据。在这样的环境中，存储层可能存在的安全风险有基础设施安全风险、网络攻击威胁、数据丢失和泄露等。在基础设施安全风险主要来自于区块链存储设备自身以及所处环境的安全风险，例如，未经授权的区块链存储设备的访问和入侵或者存放存储设备的物理运行和访问环境中的对应安全风险；在网络攻击威胁包括 DDOS 攻击，利用设备软硬件漏洞进行攻击，病毒木马攻击、DNS 污染、路由、广播劫持等传统的网络安全攻击技术都会对区块链产生威胁；在数据丢失和泄露中，有多种原因可能导致这样的结果，例如窃取破坏、误操作、系统故障管理不善等。

（2）协议层面临核心机制的安全缺陷。在区块链的协议层结合了共识机制，p2p 网络、密码机制等，他们共同实现区块链用户网络的构建和安全机制的形成。这里面对应的安全缺陷，包括协议漏洞、流量攻击以及恶意节点的威胁。

在协议漏洞方面，目前已经有针对共识机制漏洞的算力攻击、侦察攻击、女巫攻击以及利用协议缺陷进行网络攻击等手段。

在流量攻击方面，攻击者可通过 BGP 劫持、窃听、TCP Flood 攻击等多种手段，接管区块链网络中一个或多个节点的流量，达到迫使区块链网络分割、交易延迟、用户隔离、欺诈交易等攻击目的。

在恶意节点威胁方面，完全公开透明的区块链——公有链对加入其中的用户不设任何访问授权机制，恶意节点可在加入后刻意扰乱区块链运行秩序、破坏正常业务；而私有链、联盟链中尽管设置了不同等级的访问权限控制机制，也可能存在恶意节点通过仿冒、漏洞利用等手段非法获取或提升权限进而开展攻击，或节点间联合作恶的情况发生。

（3）扩展层方面，成熟度不高的代码会出现安全漏洞。这方面主要包括合约开发漏洞和合约运行安全。合约处理逻辑正确和完备时扩展层应用的基础，但就像法律规则也存在漏洞一样，合约的开发者能力以及安全编码水平都会导致漏洞频出，给安全带来隐患。进一步地，尽管当前区块链 2.0 中合约运行安全采用了虚拟机环境，但是虚拟机自身也存在编码和执行安全问题，进而影响合约执行安全，这也是扩展层安全缺陷之一。

（4）应用层方面，各类传统隐患集中显现。传统安全隐患会在应用层体现，这包括私钥管理安全、账户窃取、旁路攻击、应用软件漏洞、环境漏洞、操作系统权限攻击等。

（5）区块链技术的核心部分开始面临量子计算快速发展的威胁。量子计算发展到一定程度后，基于量子计算的超并行特征，量子计算机可以攻击包括区块链核心技术在内的多种密码体系，这也是区块链技术的系统性风险。根据目前量子计算的发展，该类风险的集中体现还需要 5—10 年的时间。

五、金融科技技术安全评估

任何技术评价因为没有最终的比对对象而往往采用专家打分方法，对于金融科技来说尤其如此：一方面金融科技的融合刚刚开始，许多技术和业务的结合还在探索期；另外一方面技术在企业中创造的价值还无法有效测算，而其技术安全所相关的数据反应更是无从获得。

在这里我们通过行业报告、企业调查和行业专家打分方法对 2019 年金融科技技术安全进行量化评估。其中，对于大数据技术，根据前述内容，选择了软件系统、硬件设施、数据保护、业务支撑、更新机制五个维度;对于人工智能技术,根据前述内容,选择了算法模型、数据隐私安全、人工智能基础设施、应用安全四个维度;对于区块链技术,根据前述内容以及后面第五节内容,选择了区块链应用、区块链技术、量子计算影响程度三个维度。评价中的关于熵模型方法请参考相关文献①,因为篇幅所限这里从略。

（一）分行业、分技术的技术安全评估结果

图 6-3 给出了大数据技术安全情况。从该图可以看出,金融的 5 个细分行业中,技术安全最薄弱的都是软件系统,这具体体现在软件自主化程度不高、软件闭环管理不足、软件融洽机制缺失以及合规对接方面有缺陷等。其次是业务支撑。业务支撑在 5 个角度中得分较低是预期中的,因为金融传统业务的经典数据使用方式和大数据支撑方式的差异,其业务支撑还存在诸多安全问题,这表现在数据流程不可控、数据来源不合规、业务数据精准管理缺失等多方面。而这种情况很难通过单纯的信息监管和金融监管来实现,而是需要将金融监管和信息安全监管融合起来,从数据链条进行安全合规引导和监管。

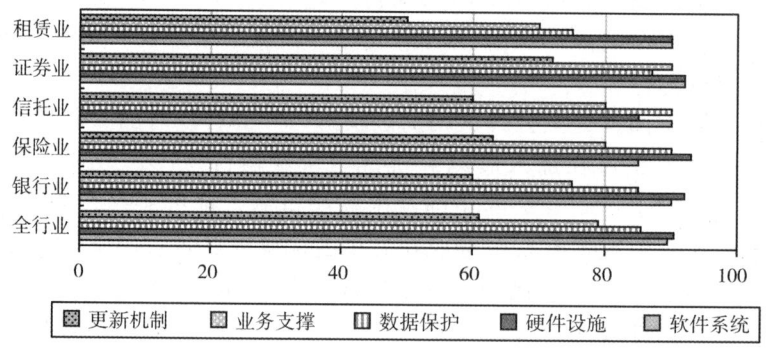

图 6-3 大数据技术安全情况

图 6-4 给出了人工智能技术安全情况。从其中可以看到人工智能技术安全的四个维度在金融不同行业中有较大差异,总体来看其在租赁业和证券业得分普遍较高,但是在信

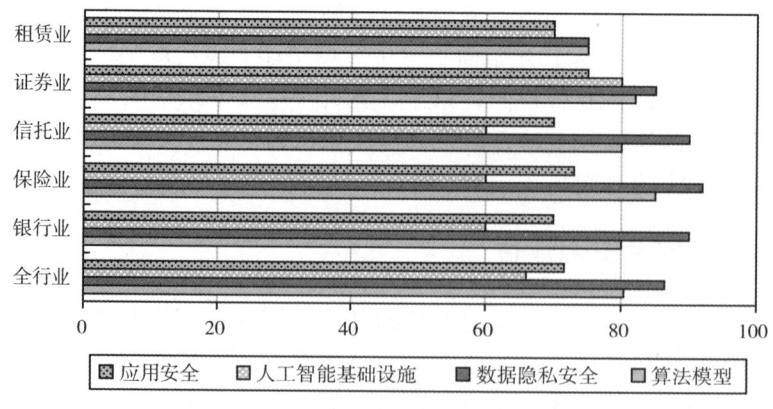

图 6-4 人工智能技术安全情况

---

① 张宁. 保险公司 2013 年度信息披露质量评估研究 [J],保险研究,2013,7 (303):1-11。

托、保险、银行业则分化较严重。租赁业其自身应用人工智能技术较扎实,其技术主要用于具体业务的效率提升,同时其业务与相关联行业技术应用存在可迁移性,这保证了整体人工智能技术的安全。证券业则是较早使用人工智能技术的行业,特别是量化投资程序应用广泛。在所有技术得分当中,数据隐私安全得分都较高,这比2018年的情况有了巨大提升,一方面是由于监管政策开始加码人工智能训练数据的隐私保护,另外一方面是金融科技行业分工得到充分细化,金融企业和金融科技公司的交互越来越规范,数据和数据结果的质量得到第一步保证。

图6-5给出了区块链技术安全情况。在其中量子计算的影响情况普遍分数为60分,该分数仅限于"及格水平",反映了其本质的超并行计算特征对当前区块链的核心技术来说是无解的,随着越来越多后量子时代的密码学技术引入,该结果有可能提升;但技术进展往往快于理论进展,本报告认为,随着量子计算机的发展,量子计算安全级别可能仍然会下降。在区块链应用方面,信托业的安全性值得关注;同时保险业则在区块链技术方面有更好的安全性。

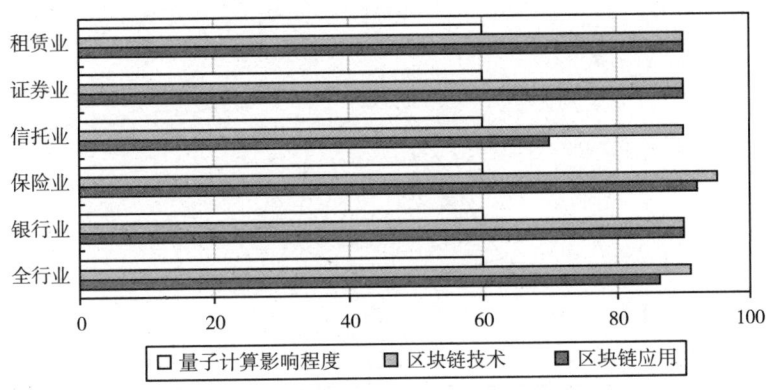

图6-5 区块链技术安全情况

(二) 分行业综合技术安全评估结果

图6-6给出了分行业的总体技术安全结果。

从评价结果来看,证券业在结果中普遍得分较高,而相对来说,银行业、信托业以及租赁业得分较低,这些较低的得分反应在不同的技术上,例如,对于租赁业来讲,人工智能技术安全性值得关注和加强;对于银行业来说,同样是人工智能技术安全性需要加强;对于信托业来讲,区块链技术安全性和人工智能技术安全性都应该关注和加强。

从全行业来看,人工智能技术安全性都应该关注;而从所有的技术来看,大数据技术在各行业都获得了较高分值,这也意味着大数据技术逐渐成为金融行业的基础性信息技术——和其他行业的发展过程类似,在这个过程中,大数据技术安全有了长足的进步。

不同行业的技术安全性可以通过图6-7的雷达图表示出来,人工智能围成的面积最小,也反映了人工智能技术在整个行业的技术安全中处于需要特别关注的位置。进一步的细分比较如图6-8所示。

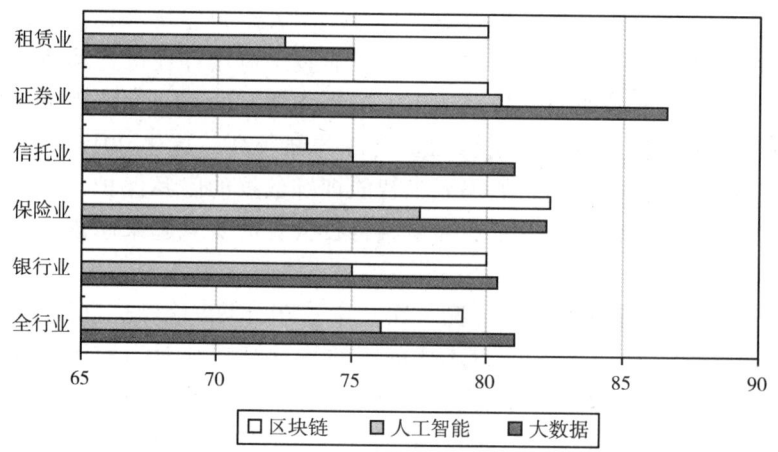

图 6-6 分行业技术安全情况

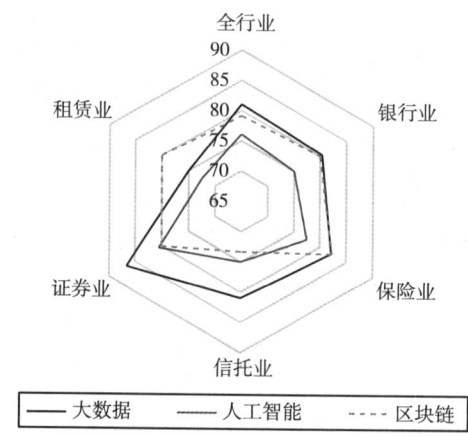

图 6-7 技术安全在不同行业的雷达图对比

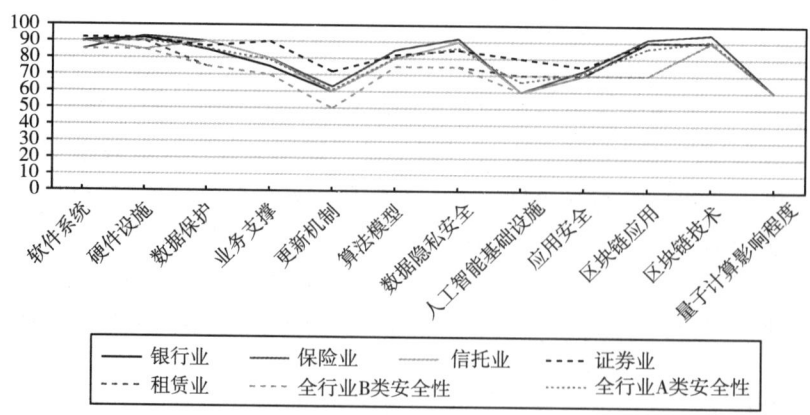

图 6-8 细分项目上各行业安全性对比

具体的各技术分项对应的结果通过图 6-8 展示。

为了进一步说明不同行业的技术安全,并且能够获得行业之间的相对情况,我们使用了熵权法进行了评价,并得到对应各角度的熵权(见图 6-9)以及最终的结果(见图 6-10)。

	软件系统	硬件设施	数据保护	业务支撑	更新机制	算法模型	数据隐私安全	人工智能基础设施	应用安全	区块链应用	区块链技术	量子计算影响程度
银行业	0.018	0.019	0.016	0.014	0.016	0.016	0.019	0.013	0.012	0.018	0.014	0.017
保险业	0.010	0.020	0.020	0.017	0.018	0.022	0.020	0.013	0.020	0.019	0.027	0.017
信托业	0.018	0.010	0.020	0.017	0.016	0.019	0.013	0.012	0.010	0.014	0.017	
证券业	0.021	0.019	0.018	0.023	0.022	0.018	0.016	0.025	0.025	0.014	0.017	
租赁业	0.018	0.016	0.010	0.012	0.011	0.011	0.012	0.018	0.014	0.017		

图 6-9 熵权结果

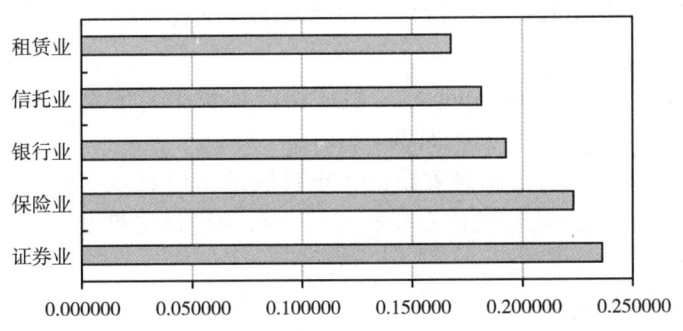

图 6-10 不同金融行业相对技术安全情况

结果表明,得分最高的是证券业,其次是保险业,然后是银行业,最后是信托和租赁业。

第三节 金融科技信息安全分析

一、信息安全概述

(一)信息安全的定义与内涵

信息安全这个概念的起源早在计算机之前,在 20 世纪初更早的时候,在通信科技刚发展起来的时候,我们就开始关注信息的传输过程中的保密性。这段时间的信息安全可以称为是通信安全阶段,它的研究侧重点也都集中在密码学这个学科上。随着计算机和网络的发展,信息安全逐渐拓宽到计算机网络的信息服务的安全性上,对外表现的形式主要是病毒和杀毒软件的对抗、防火墙和黑客入侵的对抗、漏洞的发现和补丁、加密和解密对抗等。所谓的信息安全问题已经拓宽到更多的目标，保护数据的保密性、完整性、可用性等成为新的安全目标，其核心包括保密性、完整性、可用性、可控性、不可否认性、可审计性、可鉴别性等（赵洪彪，2004）。

1. 保密性（Confidentiality）是指阻止非授权的主体阅读信息。它是信息安全一诞生就具有的特性，也是信息安全主要的研究内容之一。更通俗地讲，就是说未授权的用户不能够获取敏感信息。对纸质文档信息，我们只需要保护好文件，不被非授权者接触即可。而对计算机及网络环境中的信息，不仅要制止非授权者对信息的阅读。也要阻止授权者将其访问的信息传递给非授权者，以致信息被泄漏。

2. 完整性（Integrity）是指防止未经授权的信息篡改。它强调保持信息原始的状态，使信息保持其真实性。如果这些信息被蓄意地修改、插入、删除等，形成虚假信息将带来严重的后果。

3. 可用性（Availability）是指授权主体在需要信息时能及时得到服务的能力。可用性是在信息安全保护阶段对信息安全提出的新要求，也是在网络化空间中必须满足的一项信息安全要求。

4. 可控性（Controlability）是指对信息和信息系统实施安全监控管理，防止非法利用信息和信息系统。

5. 不可否认性（Non-repudiation）是指在网络环境中，信息交换的双方不能否认其在交换过程中发送信息或接收信息的行为。

6. 可审计性（Audiability）信息安全的可审计性是指信息系统的行为人不能否认自己的信息处理行为。与不可否认性的信息交换过程中行为可认定性相比，可审计性的含义更宽泛一些。

7. 可鉴别性（Authenticity）信息安全的可鉴别性是指信息的接收者能对信息的发送者的身份进行判定。它也是一个与不可否认性相关的概念。

随着互联网金融、金融科技等新兴互联网生态的发展，网络安全的内涵和外延也都在不停的改变，因此我们有必要围绕新的发展，进一步扩充信息安全的范畴。

（二）信息安全在未来的挑战

1. 生物识别技术。随着刷脸支付、指纹解锁、虹膜识别、掌纹识别、步态识别等生物识别技术的出现，随着金融科技的发展，这项身份认证技术正逐步融入人们购物、就医、出行等生活的各个方面。如何在使用各类识别技术的同时保护好个人隐私信息安全，对于个人健康、家庭和谐、社会进步来讲意义重大。

一般来讲，个人生物识别信息难以或不可能发生变化、与个人密切绑定且不同人的信息不一致。正因为个人生物识别信息难以或不可能发生变化、与个人密切绑定，其一旦出现被泄漏、被窃取等安全事件，很容易给个人信息主体造成财产损失、名誉损失等严重后果。而对生物识别信息的收集、共享等进行规范，就能在一定程度上降低因滥用、盗用个人信息而带来的风险。

在这方面中国刚发布《信息安全技术个人信息安全规范》，将个人生物识别信息保护提到了一个新高度。

2. 第五代传输通信技术。随着5G移动通信的快速发展，移动互联网产业正在爆发式增长，越来越多地渗透到人们生活、工作的各个领域，正逐渐成为用户信息数据的主要入口和核心载体。

5G 开放的业务能力与通用的互联网协议带来了新的安全风险，面向产业互联网的应用也使网络安全面临更为严峻的后果。

5G 将会在多层次上增加安全防御能力。5G 带来的高速传输减少了对压缩数据的需求，因此可以把更多的空间让位给加密数据的需求，从而得到更高的信息安全性。但是，5G 更低的延迟也会使得加密计时攻击成为可能。所以在 5G 的通信标准中，对于安全也有了新的界定。

在 5G 时代个人信息的保护，从传统的密码口令转变为生物技术和人工智能的结合，数据的维度更高，因此授信的机制也将会发生改变，需要一套更完善的个人信息管理体系。

3. 智慧城市模式。随着智慧社会和智慧城市的发展，我们更多利用信息设备直接作用到人，比如穿戴式设备等各种智能化的设备如果遭受攻击的话，可能直接导致人身的伤害。现在的自动驾驶，如果车辆控制系统被破坏、被控制，那可能就会导致很严重的后果。智慧社会、智慧城市的建设是以信息化为支撑的，那么这里面就有一系列的安全问题，比如信息的采集，要做到有效的控制，不被滥用，而且保证采集信息是真实的、准确的。比如前些年发生的基于摄像头这样的智能终端对 DNS 系统的攻击，实际上是破坏了对信息采集设备有效的控制造成的（郑建华，2018）。

智慧城市可以抽象地分为几个层次，一是感知层，感知层是由各类传感器构成的，它负责完成信息的采集。二是传输层，比如通过物联网最后到骨干网络，它是完成数据的汇聚和传输。三是数据层，智慧城市很重要的就是数据驱动，通过大数据的分析进行决策和管理，数据层主要的任务就是做智能的分析和协同。四是应用层，就是提供有效的服务和进行有效的控制和管理。

对网络安全要解决身份的识别和认证，这里面包括人的识别认证和设备的识别认证这样一些关键的环节。在数据保护方面，怎样解决它的传输和存储过程中的安全，既要做到可控，做到真实，还要做到数据可追溯。尤其是智慧城市离不开云计算，这样的计算环境靠大数据支撑做服务和协同，这里面云安全、大数据的安全都是非常重要的。最后一个非常重要的环节就是要做到服务和控制的安全，比如智慧交通，各种传感器采集的道路信息、车辆信息，还有各种信号的控制和管控，直接影响到每一个人的安全。

4. 物联网技术。随着云计算物联网大数据技术的成熟，信息化和工业化进行了深度的融合，也带来了工业控制系统网络安全问题，工业控制系统和设备大量的暴露在互联网上，其信息安全问题不再仅仅是信息泄露，还有可能对社会安全稳定，经济健康发展等造成更大的影响。

相比于互联网，物联网更是把安全覆盖到了整个现实体系结构，包括设备、网络、物联网平台、分析和应用，但是要想保障安全却并不容易，而且安全环境是动态变化的，所以安全不仅要有技术手段，同时也需要管理手段。

近年来，针对消费物联网的安全威胁事件日益增多，如英国某医疗公司推出的便携式胰岛素泵就被黑客远程控制，黑客完全可以控制注射计量，而这直接影响使用者的生命安全。2017年，日本国内出现多起针对智能电视的勒索病毒事件。中国国内也出现了多起家用摄像头被黑客控制，黑客利用非法获取的敏感视频对用户进行敲诈的情况。

此外，在物联网方面，目前在监管机构出台相关法律法规前，厂商缺少动力将安全置于整个产业链中。

5. 新的加密技术。近年来，加密技术的发展也给信息安全提供了更多的理论基础，也提出了更多的挑战（中国密码学会，2019）。

基于非线性反馈移位寄存器（Non‐Linear Feedback Shift Register，NLFSR）的序列密码算法由于具有设计新颖、安全强度高和硬件实现效率突出等优点，近年来获得了国际密码学界的广泛关注和青睐。从欧洲 eSTREAM 工程公开征集序列密码算法以来，尽管国际密码学界对基于 NLFSR 的序列密码算法给予了高度关注，但分析方法的相关研究成果相对较少，对代表密码算法的安全性分析也进展缓慢。

作为第三次 IT 技术革命的核心，云计算在为社会各领域带来便利的同时也产生了许多安全问题。云数据安全存储作为云计算安全的重要研究内容，伴随着云计算的普及越来越受到学术界与工业界的关注。当前云计算中外包数据可验证存储研究进展，并对基于对称可搜索加密技术的密文检索技术、可验证数据库外包技术以及基于客户端的跨用户安全数据去重技术等方面有了显著的进步。

随着量子计算的快速发展，传统公钥密码体制面临前所未有的挑战，因此研究抗量子计算的密码协议被提升到一个前所未有高度。目前抗量子计算的密码协议设计大体可以分为两大类：一类是基于潜在抗量子计算困难数学问题的经典密码协议；另一类是基于物理学中量子不可测原理的量子密码协议。

基于格的密码体制是近 30 年来逐步建立并走向实用化的密码体制，由于潜在的抗量子计算特性与在全同态加密体制中的广泛应用，其已成为当前国际密码研究机构和研究人员重点关注的热点领域。

密码体制的可证明安全理论一直是理论密码学研究的核心内容。适应性选择密文攻击不可区分性（简称 IND‐CCA）是当前密码学界认可的公钥加密方案的安全性标准。在该模型中，攻击者可以观察密码算法的输入/输出，但是无法访问或修改算法运行的内部状态。近年来，随着侧信道攻击技术的出现，攻击者不仅可以获得密钥的部分信息，甚至还可以篡改算法的密钥并观察在不同密钥下的运行结果。

二、中国信息安全现状

（一）主要特点

中国的信息产业技术要落后于欧美国家，因此真正意义上的信息安全，只有几十年的发展历史，大概可以分为 2005 年之前的萌芽阶段、2005—2010 年的增长阶段以及 2010 年之后的普惠阶段。其发展轨迹和金融科技高度类似，也可以说是互相促进。近几年来，尤其是贸易战以后，国内各行业企业，政府部门对于信息安全的建设已经得到了深度认识，几乎所有行业部门都自觉地对信息安全展开部署，信息安全的投资力度不断加大，规模化和系统化的解决方案得到了具体的应用。随着信息安全产业不断的壮大，方案更新迭代，成本不断降低，中小企业也都开始重视信息安全的部署，信息安全已经成为企业信息化建设的必要条件，中国的信息安全已经步入普惠阶段。

当前中国的信息安全行业已经发展为一个拥有众多细分行业的大类，包含硬件安全，软件安全和安全服务三个细分业务。其中硬件安全下面包含安全令牌智能卡、生物认证、防火墙、入侵检测、入侵防御等多个子业务；安全软件则包含公钥基础设施、认证管理、单点登录、事件管理、脆弱性管理、合规管理、网络安全、终端安全、消息安全等方向；安全服务则包含咨询服务、实施服务、维护服务、培训服务等。目前，中国自主可控的安全信息产品市场占有率达50%，安全信息生产企业近千家，其中20多家企业产值超过一个亿（顾建国，2019）。然而，与美、日等国家相比，中国信息安全投入仍有较大增长空间。根据预测，国内信息安全市场规模预计到2020年达到69亿美元。与美、日等国家相比，中国信息安全投入仍有较大增长空间（智研咨询集团，2017）。

根据《2019中国信息安全回顾和展望》报告（顾建国，2019），我们总结2019年中国的信息安全问题如下：

（1）安全漏洞的数量明显增多，软件安全漏洞报告5990个，每天超过15个，较上年增长58.47%。

（2）网络病毒的传播能力非常突出。新病毒总量达到72836个，比上年增长一倍多。通过及时工具传染的病毒高达270万次，间谍软件感染率剧增到90%。

（3）网络攻击事件频发。全年有22万台境外主机对中国大陆发起攻击，被篡改网站总数达到13653个，其中政府网站被篡改的数量占14.8%。

（4）僵尸网络成为新的安全威胁。总共发现67个较大规模的僵尸网络，平均每天发现3万多个活跃的僵尸程序。

（5）利用互联网侵犯财产类案件较为突出，占总案数的22.3%，整体处在上升阶段。以病毒\木马非法侵入形式的作案明显增加，其中7.1%的案件发生在党政机关、教育科研、金融等重要信息系统。

此外，移动互联网的数据安全也逐渐成为中国的信息安全的关注点。APP用户个人信息安全相关投诉量急剧上升，严重侵犯用户权益，影响产业发展，甚至威胁国家安全。2019年11月、12月12321网络不良与垃圾信息举报受理中心共收到用户APP投诉4900余条，投诉内容涉及个人信息收集使用规则、权限申请、个人信息收集、个人信息使用、个性化服务、账号注销等多个方面，其中几类问题尤为突出，账号注销难比例高达到30%，私自共享给第三方比例为21%，不给权限不让用比例为14%，超范围收集个人信息比例为11%，私自收集个人信息比例为7%，过度索取权限比例为7%，频繁申请权限比例为1%。

（二）中国金融企业信息安全

中国金融行业信息安全很早就得到了重视，党和国家领导人多次就金融行业信息安全作出重要指示，要求金融业研究和把握又好又快的发展规律，努力提高信息安全保障水平，坚决打击危害金融信息安全的犯罪活动。2012年国家发展改革委发布《国家发展改革委办公厅关于组织实施2012年金融领域安全IC卡和密码应用专项有关事项通知》，对金融领域安全IC卡和密码相关关键产品的产业化予以重点支持。2013年国家发展改革委发布《国家发展改革委办公厅关于组织实施 2013 年国家信息安全专项有关事项通知》，对金融信息安全领域内的金融领域智能入侵检测产品，面向电子银行的漏洞扫描产品等给予重点支持。在 2013 年，人民银行发布了《中国人民银行办公厅关于开展重要信息系统信息安全等级保护测评整改工作通知》，启动了全行范围的重要信息系统等级保护测评整改工作测评范围为反洗钱中心、征信中心、清算总中心和金融信息中心的 18 个重要信息系统。据测评机构统计，通过测评各单位发现了 4284 项安全问题，整改完成了 3451 项，通过测评整改，各单位普遍增强了信息安全意识和工作技能，信息系统安全管理水平，安全防护能力得到显著提高。

2018 年 5 月 21 日，中国银行保险监督管理委员会发布了银保监发〔2018〕22 号文件：《中国银行保险监督管理委员会关于印发银行业金融机构数据治理指引的通知》，引导银行业金融机构加强数据治理，提高数据质量，充分发挥数据价值，提升经营管理水平，由高速增长向高质量发展转变。《指引》包括总则、数据治理架构、数据管理、数据质量控制、数据价值实现、监督管理和附则等七章，共五十五条。

2018 年 12 月 19 日，证监会发布《证券基金经营机构信息技术管理办法》，自 2019 年 6 月 1 日起实施。明确治理、安全、合规三条主线。在传统信息安全监管基础上，针对信息技术治理、数据治理、业务合规提出监管要求。

全国金融标准化技术委员会于 2018 年发布了《支付信息保护技术规范（征求意见稿）》，2019 年修订为《个人金融信息保护技术规范》再次征求意见，已于 2020 年初正式发布。《个人金融信息保护技术规范》（以下简称《规范》）主要从安全技术和安全管理两个维度，以《网络安全法》和《信息安全技术个人信息安全规范》为基础，对收集、传输、使用、存储、共享、删除、销毁等个人金融信息生命周期中的保护措施提出了具体要求。《规范》的出台，加强个人金融信息安全管理，指导各金融机构规范处理个人金融信息，最大程度保障个人金融信息主体的合法权益。

《规范》对个人金融信息做了严格的定义和分类，《规范》指出，个人金融信息（personal financial information）是指金融业机构通过提供金融产品和服务或者其他渠道获取、加工和保存的个人信息，包括账户信息、鉴别信息、金融交易信息、个人身份信息、财产信息、借贷信息及其他反映特定个人某些情况的信息。给出了个人金融信息的生命周期定义，包括对个人金融信息进行收集、传输、存储、使用、删除、销毁等处理的整个过程，每个环节都要有相应的安全保护措施，规范明确要求金融机构与合作方签约时，约定针对敏感数据应仅使用不留存的数据安全条款，在个人金融信息的多个生命周期环节中，明确要求金融业机构适当采用脱敏技术，以提升个人金融信息的安全并降低泄露的风险。

（三）信息安全指数

常见的信息安全风险评估，是参照风险评估标准和管理规范，对信息系统的资产价值、潜在威胁、薄弱环节、已采取的防护措施等进行分析，判断安全事件发生的概率以及可能造成的损失，提出风险管理措施的过程。风险评估从早期简单的漏洞扫描、人工审计、渗透性测试这种类型的纯技术操作，逐渐过渡到目前普遍采用国际标准的 BS7799、ISO17799、国家标准《信息系统安全等级评测准则》等方法，充分体现以资产为出发点、以威胁为触发因素、以技术/管理/运行等方面存在的脆弱性为诱因的信息安全风险评估综合方法及操作模型。

依据 GB/T 20984—2007《信息安全技术信息安全风险评估规范》,可以通过对风险评估项目的实施,对信息系统的重要资产、资产所面临的威胁、资产存在的脆弱性、已采取的防护措施等进行分析,对所采用的安全控制措施的有效性进行检测,综合分析、判断安全事件发生的概率以及可能造成的损失,判断信息系统面临的安全风险,提出风险管理建议,为系统安全保护措施的改进提供参考依据。

然而,在数据相对缺乏的情况下,我们采用替代指标来描述金融机构的信息安全程度,采用《证券公司分类监管规定(征求意见稿)》的"信息技术投入考核值",这个指标 2019 年做了新调整,其调整为"信息系统建设投入占营业收入的比例"。根据各金融机构 2019 年报,分别计算了头部银行和券商的信息技术投入考核值,头部银行业的数据展示如图 6-11 所示,具体数据如表 6-2 所示。

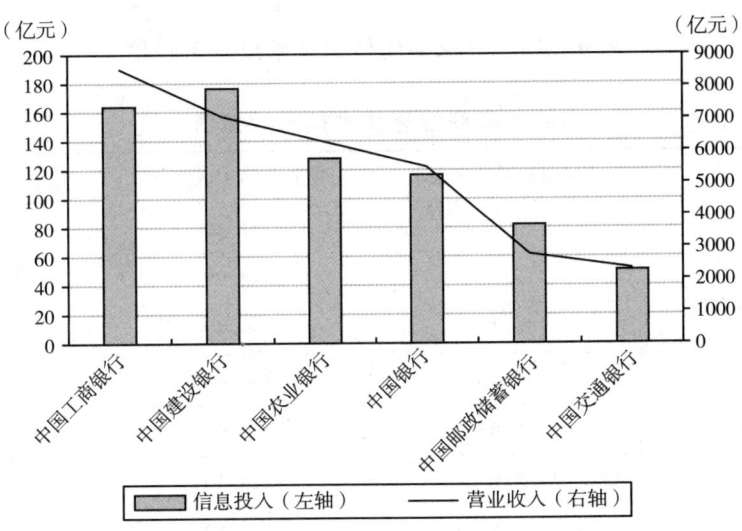

图 6-11　头部银行信息技术投入考核值

表 6-2　　　　　　　　　头部银行信息技术投入考核值

银行名称	信息投入(亿元)	营业收入(亿元)	信息技术投入考核值
中国工商银行	163.74	8551.64	0.019147205
中国建设银行	176.33	7056.29	0.024989052
中国农业银行	127.90	6272.68	0.020390009
中国银行	116.54	5491.82	0.021220652
中国邮政储蓄银行	81.80	2768.09	0.029551062
中国交通银行	50.45	2324.72	0.021701538

头部证券业的数据展示如图 6-12 所示,具体数据如表 6-3 所示。

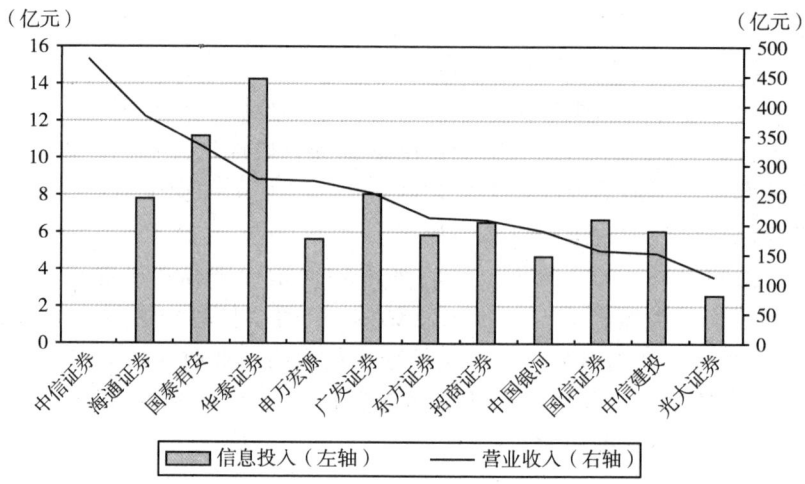

图 6–12 头部券商信息技术投入考核值

表 6–3 头部券商信息技术投入考核值

券商名称	信息投入（亿元）	营业收入（亿元）	信息技术投入考核值
中信证券	—①	431.40	—
海通证券	7.8	344.29	0.02265532
国泰君安	11.17	299.49	0.037296738
华泰证券	14.25	248.63	0.057314081
申万宏源	5.63	245.93	0.022892693
广发证券	8.05	228.10	0.035291539
东方证券	5.85	190.52	0.030705438
招商证券	6.53	187.08	0.034904854
中国银河	4.7②	170.41	0.027580541
国信证券	6.69	140.93	0.047470375
中信建投	6.06	136.93	0.044256189
光大证券	2.58	100.57	0.025653773

注：①未见披露。
②资料来源于新浪财经媒体采访，非年报数据。

对我们计算的信息技术投入考核值求平均得到，平均的信息技术投入比例为 0.0308 ± 0.0108，即其期望 e 为 0.0308，方差 σ 为 0.0108，并应用线性变换函数：

$$f(x) = \min\left\{\frac{x}{e+\sigma}, 1\right\} \times 100$$

将其换算为 0—100 之间的分数值，得到各个机构的分数如下图 6–13，以此标准化后的数值作为信息安全指数。我们得到整体的信息安全指数为70.59，具体机构数据如表6-4所示。

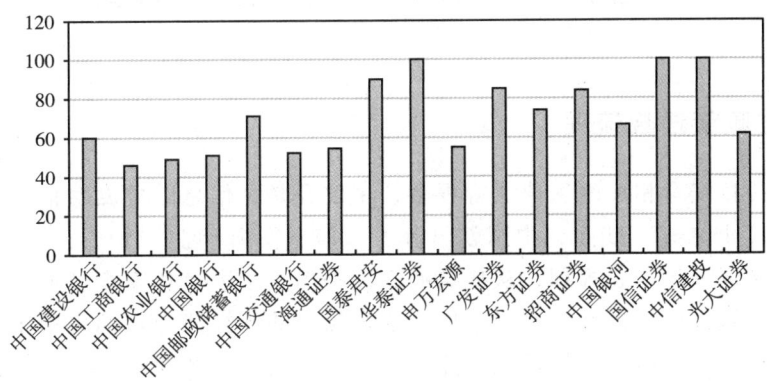

图6-13 银行和券商信息安全指数图

表6-4 信息安全指数

机构名称	信息安全指标
中国建设银行	60.14131722
中国工商银行	46.08170353
中国农业银行	49.07276866
中国银行	51.07188282
中国邮政储蓄银行	71.12073672
中国交通银行	52.2292354
海通证券	54.52470737
国泰君安	89.7623051
华泰证券	100
申万宏源	55.0959955
广发证券	84.93637945
东方证券	73.89897977
招商证券	84.00574148
中国银河	66.37827025
国信证券	100
中信建投	100
光大证券	61.74110605

第四节　金融科技治理与安全保障

一、过往政策法规梳理

中国金融科技安全相关的法律法规很多，主要还是从信息的角度对信息安全做出相应的规定。早在"十二五"期间，中国就出台了《信息安全产业"十二五"发展规划》，首次对安全行业制定五年发展规划，从战略的高度提出了中国信息安全产业，要努力完成促进信息安全产业做大做强提升，对国家信息安全保障的支撑能力这两大历史任务。对信息安全产业发展，提出了由产业规模、产业结构、技术创新、产业组织四大具体目标组成的产业发展目标体系。在2014年2月27日，中央网络安全和信息化领导小组召开第一次会议，习近平总书记作为小组组长，提出"没有网络安全就没有国家安全，没有信息化就没有现代化网络，安全和信息化是一体之两翼驱动之双轮，必须统一谋划，统一部署，统一推进"。

在"十三五"期间，中国更加重视信息技术变革对社会的影响，并已规划从信息安全等多个方面提升信息技术，牢牢把握信息技术变革趋势，实施网络强国战略，推动信息技术与经济社会发展深度融合，加快推动信息经济发展壮大。"十三五"规划纲要明确提出：要完善国家网络安全保障体系，保障国家信息安全。全国人民代表大会常务委员会于2016年11月7日发布《中华人民共和国网络安全法》，自2017年6月1日起施行。《网络安全法》是中国第一部全面规范网络空间安全管理方面问题的基础性法律，是中国网络空间法治建设的重要里程碑，是依法治网、化解网络风险的法律重器，是让互联网在法治轨道上健康运行的重要保障。《网络安全法》将近年来一些成熟的好做法制度化，并为将来可能的制度创新做了原则性规定，为网络安全工作提供切实法律保障。

在2018年11月1日，《公安机关互联网安全监督检查规定》正式实施。根据规定，公安机关根据网络安全防范需要和网络安全风险隐患的具体情况，可以进入互联网服务提供者和联网使用单位的营业场所、机房、工作场所监督检查，对互联网服务提供者和联网使用单位履行法律、行政法规规定的网络安全义务情况进行的安全监督检查。

二、2019年法规梳理

2019年，在信息安全方面，中国出台了《信息安全等级保护管理办法》，制定了等级保护工作相关技术标准，调查了6.5万个单位，掌握了11.7万个信息系统基本情况涉及13个省市，11个行业，34个信息系统和3个涉密信息系统。国家税务总局、中国人民银行、国家电网国家信息中心等20多个单位展开了风险评估，试点工作，出台了《关于开展信息安全风险评估工作的意见》。此外，出台了《关于网络信任体系建设的若干意见》《电子认证服务管理办法》《非经营性互联网信息服务备案管理办法》《互联网IP地址备案管理办法》《互联网著作权行政保护办法》《互联网新闻信息服务管理规定》《互联网安全保护技术措施规定》等（顾建国，2019）。

在金融科技方面，中国人民银行印发了《金融科技（FinTech）发展规划（2019—2021年）》，对金融科技的发展形势进行了研判，提出了"加强金融科技战略部署、强化金融科技合理应用、赋能金融服务提质增效、增强金融风险技防能力、加大金融审慎监管力度、夯实金融科技基础支撑"六个发展任务。此外，还有国家互联网信息办公室发布《区块链信息服务管理规定》、中国人民银行《关于印发证券期货保险机构反洗钱执法检查数据提取接口规范的通知》等，这些都有力地支撑了中国金融科技在监管方面的力度，进一步提升了金融科技的安全性（详见表6-5）。

表6-5 2019年金融科技相关法律法规

2019-01-10	中国人民银行 中国银行保险监督管理委员会 中国证券监督管理委员会	《关于金融行业贯彻推进〈互联网协议第六版（IPv6）规模部署行动计划〉的实施意见》
2019-01-10	国家互联网信息办公室	《区块链信息服务管理规定》
2019-01-25	中央网信办、工业和信息化部、公安部、市场监管总局	《关于开展App违法违规收集使用个人信息专项治理的公告》
2019-01-29	银保监会	《银行业金融机构反洗钱和反恐怖融资管理办法》
2019-03-12	中国人民银行	《关于印发证券期货保险机构反洗钱执法检查数据提取接口规范的通知》（银发〔2019〕63号）
2019-03-23	中国人民银行	《关于进一步加强支付结算管理防范电信网络新型违法犯罪有关事项的通知》（银发〔2019〕85号）
2019-04-09	最高人民法院 最高人民检察院 公安部 司法部	《关于办理"套路贷"刑事案件若干问题的意见》
2019-08-22	中国人民银行	《金融科技（FinTech）发展规划（2019—2021年）》（银发〔2019〕209号文印发）

资料来源：中国人民银行、中国银行保险监督管理委员会、中国证券监督管理委员会、中国互联网金融协会[①]。

与往年相比，2019年关于金融科技方向的法律法规明显增多，考虑三个子指标：(1) 实际治理情况，(2) 法规增加比例，(3) 相关公告的全年占比，通过问卷，取平均后得到专家主观打分为 (63, 90, 85)。应用AHP层次分析法，结合专家打分得到如下的指标重要性矩阵：

---

① 中国人民银行 http：//www.pbc.gov.cn；中国银行保险监督管理委员会 http：//www.cbirc.gov.cn；中国证券监督管理委员会 http：//www.csrc.gov.cn；中国互联网金融协会 http：//www.nifa.org.cn。

$$\begin{bmatrix} 1 & 2 & 5 \\ 1/2 & 1 & 2 \\ 1/5 & 1/2 & 1 \end{bmatrix}$$

计算得对应的三个子指标的权重为（0.606，0.265，0.129），以此权重计算主观打分得到加权平均分，即得到金融科技治理指数为72.99。

三、2020 年治理展望

2020 年 3 月 6 日，《信息安全技术个人信息安全规范》国家标准正式发布，该标准将于 2020 年 10 月 1 日正式实施。此时颁布的《信息安全技术个人信息安全规范》，将个人生物识别信息保护提到了一个新高度。《信息安全技术个人信息安全规范》指出，在收集个人信息时，要经过授权同意。收集个人生物识别信息前，应单独向个人信息主体告知收集、使用个人生物识别信息的目的、方式和范围，以及存储时间等规则，并征个人信息主体的明示同意。其中，个人生物识别信息包括个人基因、指纹、声纹、掌纹、耳廓、虹膜、面部识别特征等。此外，个人信息保护法、数据安全法等相关法律也提上制定日程。

中国人民银行则对应发布了《做好个人金融信息保护技术管理工作的通知》和《个人金融信息保护技术规范》（JR/T 0171—2020）金融行业标准。

国家互联网信息办公室等部门联合发布《网络安全审查办法》，进一步明确审查重点，适用范围聚焦国家安全优先事项，审查主体调整——突出关键信息基础设施运营者的主体责任。

这些法律法规的有序推进，进一步增强了中国在信息安全和金融科技安全方面的法律保障。这些方法办法的推出，将成为中国的金融数据安全的新标杆。

第五节 金融科技安全案例：量子计算的影响

可以预计，在未来，量子计算也会加入到金融科技的大家庭中，成为金融计算中的一个重要力量。但在这里，我们主要分析一下量子计算对金融安全的影响，并把它当作金融科技安全的一部分。

当前，在可预见的范围，量子计算对金融安全的影响主要体现在两个方面：金融信息安全以及区块链安全，它们都是来自于量子计算的超并行特征。

所谓量子计算，它是一种遵循量子力学规律调控量子信息单元进行计算的新型计算模式。对照于传统的通用计算机，其理论模型是通用图灵机；通用的量子计算机，其理论模型是用量子力学规律重新诠释的通用图灵机。从可计算的问题来看，量子计算机只能解决传统计算机所能解决的问题，但是从计算的效率上，由于量子力学叠加性的存在，某些已知的量子算法在处理问题时速度要快于传统的通用计算机。

一、量子计算机的发展

量子计算机的发展可分为四个阶段，分别是：

第一阶段是 1990 年之前。这个时期属于理论探索阶段，以可行性探索为核心。20 世纪 70 年代，在量子力学的理论基础上，量子计算理论诞生，此后的十多年，量子计算一直处于基础理论探索阶段。1982 年，Benioff 提出量子计算机概念，Feynman 也提出利用量子系统进行信息处理的设想。1985 年，Deutsch 算法首次验证了量子计算并行性。

第二阶段是 1990—2000 年。这个时期属于算法实践阶段，以编码算法为研究核心。这个阶段中，最著名的事件就是 Shor 在 1994 年提出了著名的 Shor 算法，该算法可以在多项时间内进行整数质因子分解，随后在 1996 年，Grover 提出了 Grover 搜索算法可以对未建立完整关系的数据进行有效搜索。由于它们针对的问题在计算机科学中属于基础性问题，这也表明量子计算在特定问题上将会展现出优于经典算法的巨大优势，由此引起了科学界对量子计算的真正重视。

第三阶段是 2000—2018 年。这个时期是量子计算机起步阶段，该阶段主要以技术验证和原型机研制为核心，参与者是大量的科技企业。2000 年，DiVincenzo 提出建造量子计算机的判断。此后，加拿大 D-Wave 公司率先推动量子计算机商业化，IBM、谷歌、微软等科技巨头也陆续开始布局量子计算。2018 年，谷歌发布了 72 量子位超导量子计算处理器芯片。

第四阶段是 2018 年之后。这个时期是量子计算机发展阶段，该阶段逐步确立了量子计算机发展的路径和方向。2019 年，IBM 发布最新 IBM Q System One 量子计算机，提出衡量量子计算进展的专用性能指标——量子体积，并据此提出了"量子摩尔定律"，即量子计算机的量子体积每年增加一倍。2019 年 9 月，谷歌的研究人员声称已经实现量子霸权，这意味着最新的量子计算机能力已经达到了目前最为强大的超算也无法企及的程度。该论文后来在 10 月 23 日由《自然》杂志正式发表，作者表示，在一项对量子电路产生的随机数字进行采样的任务中，其量子计算机在 200 秒内完成的任务，目前最强的传统计算机 Summit 需要 1 万年才能实现。在此阶段，世界各国纷纷加码量子计算的研发投入，形成了量子计算竞争。

图 6-14 展示了当前量子计算机发展的现状。图 6-15 展示了不同国家量子计算有关 SCI 检索论文的分布情况。

机构	规模	两比特门精度	技术优势
Google + UCSB	72（22）比特	99%	有较好的微加工及软硬件支撑，技术累积较好
MIT + MIT LINCOLN LABORATORY	5（5）比特	99%	有较好的微加工及软硬件支撑，技术累积较好
IBM	50（20）比特	96%	有较好的微加工及软硬件支撑
TUDelft + intel	49（8）比特	96%	有较好的微加工及软硬件支撑
Yale University	4（4）比特	99%	有较好的微加工及软硬件支撑，主要集中在腔量子比特研究
rigetti	50（20）比特	95%	有较好的微加工及软硬件支撑

图 6-14　截至 2019 年 6 月部分量子计算机（来自于中国科学技术大学）

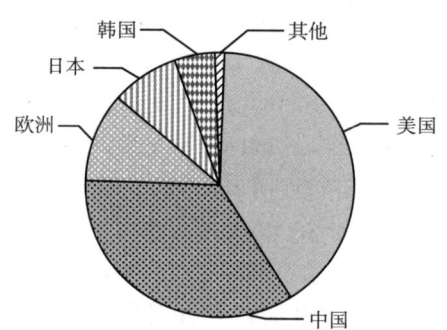

图 6-15　不同国家量子计算 SCI 检索论文比例

二、量子计算对金融信息安全的影响

金融信息传输是金融功能的基础支撑，从功能上看，金融要起到资金融通的作用就需要进行货币交换和信息交换。但因为金融相关交易信息关系到"财富"和"资产"，同时决定了金融系统流通中的广义货币，所以金融信息传输的安全就是核心中的核心。

一般来讲，金融信息传输的安全性是通过密码学来保证的，密码学的体系包括公钥密码和私钥密码。这两种都是金融信息传输安全的基础工具。

公钥密码又称为非对称密码，拥有公钥密码的用户分别拥有加密密钥和解密密钥。它的特点是通过加密密钥不能得到解密密钥，并且加密密钥是公开的。公钥密码中的密码就是基于这一原理而设计的，将辅助信息（陷门信息）作为秘密密钥。这类密码的安全强度取决于它所依据的问题的计算复杂度。常见的公钥密码有基于数学困难问题的公钥密码经典算法：RSA 密码、ElGamal 密码、椭圆曲线密码等；当前也衍生了一些新公钥密码算法：格密码、多变量公钥密码等。

私钥密码则是用单个私钥来加密和解密数据。由于具有密钥的任意一方都可以使用该密钥解密数据，因此必须保护密钥不被未经授权的代理得到。私钥加密又称为对称加密，因为同一密钥既用于加密又用于解密。私钥加密算法非常快（与公钥算法相比），特别适用于对较大的数据流执行加密转换。

在金融系统中，几乎所有的金融功能都需要基于金融信息传输实现①，例如，支付、资本市场操作、股权转移、国际贸易、公开市场操作等，为了保证这些信息传输安全，一般依据于场景采用公钥和私钥密码体系。

由于量子计算具有超并行的特征，基于著名肖尔算法量子计算机可以对当前金融中的密码学体系进行快速的破解。尽管当前量子计算机还没有发展到可以快速破解高位数密码的水平，但是相应的研究都已经表明，量子计算是可行的，并且越来越多的国家和跨国企业都在发展量子计算机。一旦量子计算机达到有效位数，其对金融信息的传输和安全将产生巨大挑战。由于信息在金融中无处不在，信息安全是金融系统最核心的安全之一，所以

---

① 2016 年 12 月 23 日，国家密码管理局发布了《金融数据密码机检测规范》等 8 项密码行业标准。该批标准主要涉及密码产品检测规范和密码设备管理规范。

这种风险或者这种安全一定是系统性的。

针对这种安全风险许多国家都已经开始研究和发展后量子时代的体系和技术措施。

三、量子计算对区块链的影响

区块链在金融中越来越重要。金融中的许多领域都已经深入和区块链融合。但是由于区块链的核心技术仍然是密码学，相关的公钥体系还有摘要算法都在量子计算的面前存在着重大安全风险。类似于区块链对金融信息安全的影响，当量子计算机发展到有效位数后，区块链的核心技术基础将受到影响。可以相信，到那时，区块链所构建的货币、或者是相应的智能合约，可以被轻易的复制和窃取。

这一块安全风险应该被提前关注。

第六节　本章小结

本章主要对金融科技安全进行分析。金融科技安全包括金融科技信息安全和金融科技技术安全。在金融科技信息安全中，我们要看到一方面新兴的 5G 技术、物联网、生物识别技术、智慧城市等技术都会对信息安全提出新的要求，尤其是和金融数据相结合的信息安全问题尤为突出；另一方面相关的法律法规和技术也都在蓬勃发展健全中，对个人金融数据的保护已经提到了一个新的层面。当前，从国家社会到个人都形成了共识，即金融科技时代的信息安全是根本性、重要的工作。

在金融科技技术安全当中，智能技术、大数据技术、区块链技术都存在着不同程度的安全隐患。同时，我们还应该注意到，随着量子计算的发展，相应的金融信息还有区块链技术都会被影响。基于本章内容，我们建议整个金融系统应该对相应的安全隐患做充足准备、采取相应的措施或者进行系统的安排和提前预防。

第七章　中国房地产市场安全分析

防范国家金融风险以及促进房地产市场平稳发展是中国目前亟需关注的重点领域。一方面是因为金融风险对国家政治、经济的冲击和影响巨大。另一方面，房地产业作为中国经济的支柱产业，具有促增长、稳民生的作用，是保证城市社会体系健康运作的重要组成部分。尤其中国进入经济与社会转型的深水区后，由于前期发展积累的潜在国家金融风险以及过去十年房地产市场的较大波动使得社会经济可持续发展受到挑战。面临较为严峻的形势，更加需要政策制度。在总结住房市场化改革 20 多年发展经验的基础上，党的十九大报告对中国的住房制度做出了新的重要制度论断，"坚持房子是用来住的、不是用来炒的定位，加快建立多主体供给、多渠道保障、租购并举的住房制度，让全体人民住有所居"。这标志着中国的住房制度改革已经逐步由需求侧管理转向供给侧改革，从关注住房数量供给转向重视住房供给效率。在经历过去十年房价快速上涨后，中国房地产业进入严格调控期。房地产市场安全关乎经济与社会的稳定发展，本章将从中国房地产市场供需形势、市场价格、开发投资状况与住房金融情况四方面对房地产市场安全展开分析。

第一节　中国房地产市场供需形势分析

房地产市场安全与供需关系密切相关。从房地产上游产业角度而言，一方面，供需不平衡会导致建设住房所需要的材料、技术等价格波动明显，尤其在供不应求的情况下，住房总成本不断增加，房地产市场价格高企。另一方面，过去几年来，房地产市场成为日益复杂的经济体系，其金融风险在持续累积。供需关系急剧不平衡可能导致金融机构资产质量恶化、引发地方财政风险甚至系统性金融风险。住房供给结构与社会发展水平的不匹配以及与住房实际需求的不匹配，导致投资过热，投机过盛，从而导致社会资本错配，贷款负债过高，金融杠杆居高不下，金融风险暗潮涌动（见图 7-1）。因此关注房地产供需形势，平抑过热发展，防范金融风险，具有重要的意义。本节从中国房地产供给形势、需求形势与供需关系三方面进行分析。

一、住房供给形势分析

房地产市场的住房供给是指向住宅投资者和住宅消费者提供所需的住宅存量与住宅服务流量的过程。中国的房地产市场从 1994 年城镇住房制度改革以来，经过多轮市场化改革，虽然目前依旧留有部分历史遗留的已购公房，但已经基本确立了以商品房为主、保障性住房为辅的城镇住房供应制度。因此，中国目前的住房供给来源主要有两大类：一是市

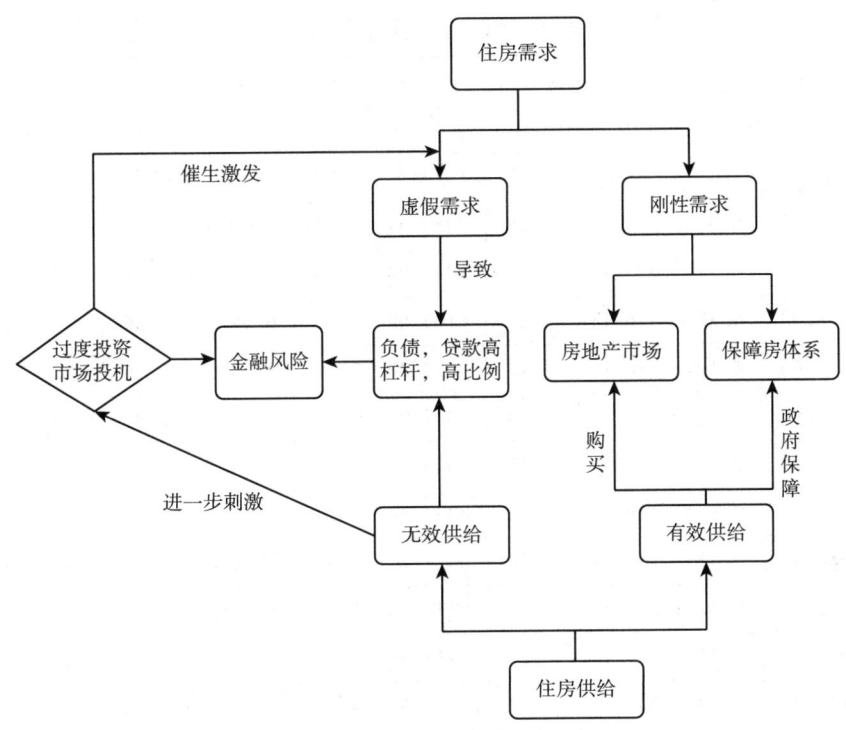

图 7-1 房地产市场供需关系与金融风险

场性供给，在住房制度下由开发商提供，包括出售性供给以及租赁性供给，这类供给目前是中国房地产市场的主要供给类型；二是保障性供给，在房地产保障制度下，包括廉租房、经济适用房以及政策性的公共租赁住房等。

（一）商品住房存量分析

已建成待售商品住房存量下降明显、在建商品住房存量地区有差异。表 7-1 描述了商品住房供给基本情况。第 1 列和第 2 列给出了 2015 年和 2016 年的已建成待售商品住房，可知：(1) 从总体时间趋势看，全国大部分主要城市已建成待售商品住房面积存量下降明显。例如，北京的总量从 2015 年的 867 万平方米下降到 2016 年的 834 万平方米，这可能部分反映了住房需求依旧旺盛。(2) 城市差异明显。2016 年人均已建成待售商品住房最高的 5 个城市是：银川、大连、沈阳、海口和哈尔滨。第 3 列和第 4 列给出 2016 年和 2017 年的在建商品住房情况。从数据看，一线城市人均在建住房面积低于二三线城市。2017 年，人均在建住房面积最高的 5 个城市是：西安、银川、郑州、昆明和海口；人均在建住房面积最少的 5 个城市是：北京、深圳、哈尔滨、石家庄和上海。最后 1 列描述了截至 2018 年的已供地尚未开工商品住房。该指标的公式是：2008—2018 年的住宅建设面积增量 - 2017 年的住宅施工面积 - 2015—2017 年的竣工面积总和。由于竣工面积和供给建设面积在时间上的不匹配，这个测量有一定误差。例如，2015 年的竣工土地可能是多年前供给的土地。由于这个原因，个别城市出现了负值，代表该地区土地供给得到了充分的建设使用。所以该指标只能定性地反映各城市尚未开工商品住房情况。由于数据问题，我们只包括了招拍挂方式出让的土地，没有包括划拨和协议转让的土地。

表 7－1　　　　　　　　分城市商品住房供给基本情况

城市	已建成待售商品住房（2015 年）		已建成待售商品住房（2016 年）		在建商品住房存量（2016 年）		在建商品住房存量（2017 年）		已供地尚未开工商品住房（2018 年）	
	总量	人均	总量	人均	总量	人均	总量	人均	总量	人均
北京	867.03	0.40	834.51	0.38	5857.61	2.70	5390.89	2.48	2502.18	1.15
上海	903.83	0.37	675.13	0.28	8073.94	3.34	8013.80	3.31	881.23	0.36
广州	418.52	0.30	376.18	0.27	6105.68	4.35	6399.47	4.56	-253.84	-0.18
深圳	231.66	0.19	140.17	0.12	3079.28	2.59	2964.67	2.49	-2214.06	-1.86
成都	533.94	0.34	369.78	0.23	11831.95	7.43	11261.57	7.07	13768.37	8.65
杭州	597.24	0.65	415.49	0.45	6005.42	6.53	5944.15	6.47	5630.58	6.13
武汉	396.50	0.37	239.79	0.22	8334.84	7.74	8419.85	7.82	20746.38	19.26
天津	684.48	0.44	461.74	0.30	6311.70	4.04	5911.03	3.78	11665.65	7.47
南京	335.45	0.41	282.30	0.34	5247.76	6.35	5395.02	6.52	3737.89	4.52
重庆	1003.88	0.33	874.70	0.29	17932.69	5.88	16747.92	5.49	44022.63	14.44
西安	176.34	0.20	204.76	0.23	10448.32	11.83	10846.77	12.28	5550.67	6.29
长沙	697.52	0.91	486.07	0.64	6215.82	8.13	6180.33	8.08	11975.64	15.65
青岛	418.51	0.45	359.91	0.39	5905.53	6.42	6255.55	6.80	10998.40	11.95
沈阳	838.50	1.01	725.44	0.88	4970.33	6.00	4920.09	5.93	20943.14	25.26
大连	870.49	1.25	767.46	1.10	3414.12	4.88	3319.06	4.75	14328.40	20.50
厦门	95.48	0.24	76.28	0.19	1953.07	4.98	2017.81	5.15	289.03	0.74
宁波	419.00	0.53	362.20	0.46	3501.94	4.44	3758.08	4.77	7089.23	9.00
福州	274.14	0.36	218.84	0.29	4919.79	6.50	5070.58	6.70	3487.58	4.61
合肥	94.48	0.12	41.36	0.05	4680.41	5.95	4854.62	6.17	6683.04	8.49
郑州	315.28	0.32	199.31	0.21	9603.74	9.88	11231.26	11.55	15642.47	16.09
哈尔滨	863.57	0.81	978.73	0.92	3225.70	3.03	2994.68	2.81	10062.38	9.44
济南	86.49	0.12	93.14	0.13	5254.90	7.27	5336.74	7.38	10971.09	15.17
昆明	401.40	0.60	374.01	0.56	5867.14	8.72	6262.71	9.31	10992.28	16.33
南昌	130.78	0.24	178.69	0.33	3575.61	6.66	4202.43	7.83	4637.03	8.64
南宁	246.89	0.35	157.35	0.22	4034.47	5.71	4034.47	5.71	6149.88	8.71
石家庄	179.46	0.17	91.18	0.08	2804.15	2.60	3058.82	2.84	7278.68	6.75
长春	336.68	0.45	397.91	0.53	4295.59	5.70	4395.42	5.84	7701.94	10.23
贵阳	188.73	0.40	133.96	0.29	3838.08	8.17	3578.17	7.61	8838.26	18.80
海口	154.33	0.69	157.73	0.70	1971.74	8.80	2083.62	9.30	-348.14	-1.55

续表

城市	已建成待售商品住房（2015年）		已建成待售商品住房（2016年）		在建商品住房存量（2016年）		在建商品住房存量（2017年）		已供地尚未开工商品住房（2018年）	
	总量	人均	总量	人均	总量	人均	总量	人均	总量	人均
乌鲁木齐	128.07	0.36	179.35	0.51	2470.86	7.02	2470.86	7.02	5071.31	14.41
太原	101.22	0.23	118.38	0.27	4085.60	9.41	3903.83	9.00	4822.02	11.11
西宁	98.86	0.42	82.90	0.35	1258.80	5.33	1258.80	5.33	3081.65	13.06
兰州	107.36	0.29	128.37	0.35	2736.27	7.38	2720.47	7.33	5197.44	14.01
呼和浩特	201.12	0.65	126.43	0.41	3490.50	11.30	2729.47	8.83	2321.16	7.51
银川	386.21	1.76	404.81	1.85	2650.21	12.10	2650.21	12.10	3277.44	14.97

资料来源：《房地产统计年鉴》、中国指数研究院。在建商品住房存量指的是住宅施工面积。城市人口用的是2016年城市常住人口。人口和土地统计口径是全市整个行政区。住宅建设面积只包括招拍挂方式出让的土地。中指网提供的协议和划拨土地只有土地面积，没有规划建设面积。总量单位是万平方米，人均单位是平方米。

（二）保障性住房供给分析

保障房土地供给总量有所下降，但存在省份差异。表7-2为中国各省份经济适用房、廉租房与公共租赁房的土地供给量。可以看出，2017年保障房土地供给总量较前两年有明显的下降趋势。三年内，接近一半的省份土地供给量在2016年达至最高，上海、江苏、浙江等经济发达地区大幅降低保障性住房土地供给。一方面，这一现象可能说明了中国住房困难人群的减少，政府不再大幅增加保障房供给。另一方面，地方政府对土地财政的依赖性较高，而保障性住房具有社会福利性质，一定程度上会降低土地总收益。地方政府对以划拨为主要土地供应方式的保障性住房建设可能缺乏投资动力。

表7-2　　　　　　　　各省份保障性住房土地供给量

地区	土地供应量（公顷）			地区	土地供应量（公顷）		
	2015年	2016年	2017年		2015年	2016年	2017年
北京	137.74	415.38	236.655	湖北	973.75	1313.20	463.84
天津	450.89	648.34	289.53	湖南	1208.79	1307.58	1106.51
河北	402.57	519.39	319.75	广东	164.84	212.60	138.51
山西	270.08	384.03	290.36	广西	401.33	645.25	454.16
内蒙古	457.86	384.55	262.37	海南	101.66	110.02	120.52
辽宁	431.54	141.46	48.815	重庆	499.09	426.46	299.5
吉林	348.43	175.69	145.3	四川	1167.32	957.80	540.51
黑龙江	759.87	495.38	448.17	贵州	479.52	765.04	428.37

续表

地区	土地供应量（公顷）			地区	土地供应量（公顷）		
	2015 年	2016 年	2017 年		2015 年	2016 年	2017 年
上海	98.41	196.35	68.34	云南	577.70	216.89	299.21
江苏	2303.99	2466.02	1834.63	西藏	205.21	137.58	136.73
浙江	2201.59	1595.68	1477.84	陕西	996.69	458.32	655.45
安徽	2830.76	1563.28	1014.25	甘肃	482.53	512.43	334.48
福建	22.91	30.39	34.58	青海	106.75	126.81	152.35
江西	632.80	504.03	462.12	宁夏	459.04	638.38	230.34
山东	1014.86	837.21	540.48	新疆	1988.37	2197.10	1280.9
河南	826.76	894.78	533.24				

资料来源：《中国国土资源统计年鉴》。

（三）全国未来供给规划

未来三年计划供应住宅用地建设的商品住房套数：一线城市租赁比例高、二三线城市有增有减。表7-3收集并估算了未来三年主要城市的住宅供给情况。(1) 一线城市未来租赁和保障房数量占比增加。例如，今后五年（2017—2021年）北京全市住房建设计划安排150万套，其中产权类住房100万套、租赁住房50万套。上海"十三五"规划提出预计新增供应各类住房约170万套，其中市场化住房约115万套，包括商品住房约45万套和租赁住房约70万套，保障性住房约55万套。(2) 二三线城市住宅土地供给计划差异性比较大。沈阳市住宅用地供应逐年递减：中期规划（2017—2021年）面积为2377.91公顷，三年滚动计划（2017—2019年）面积为1321.55公顷，而2000—2001年，只有1000公顷。宁波住宅供应面积逐年递增：2017—2021年6277公顷，其中2017年1028公顷，2018年1131公顷，2019年1244公顷。

表7-3　　　　　　　　全国重点城市未来住房供给规划

一线城市	相关文件的原文	文件来源
北京	今后五年全市住房建设计划安排150万套，其中产权类住房100万套、租赁住房50万套。产权类住房中定向安置住房计划供地1230公顷、自住型商品房计划供地1020公顷、普通商品房计划供地2450公顷、租赁住房计划供地1300公顷。	北京市2017—2021年及2017年度住宅用地供应计划
上海	"十三五"时期，住房用地供应5500公顷，其中，商品住房用地2000公顷，租赁住房用地1700公顷，保障性住房用地1800公顷，住房用地供应总量较"十二五"增加20%。预计新增供应各类住房12750万平方米、约170万套，其中市场化住房8250万平方米、约115万套，包括商品住房4000万平方米、约45万套和租赁住房4250万平方米、约70万套，租赁住房供应套数占新增市场化住房总套数超过60%；保障性住房4500万平方米、约55万套。	上海市住房发展"十三五"规划

续表

一线城市	相关文件的原文	文件来源
广州	2017—2021年,全市计划供应住宅用地3200公顷,年平均计划供应住宅用地640公顷,以保障建设75万套住房用地需求。	广州市国土资源和规划委员印发《广州市2017—2021年住宅用地供应计划》的通知
深圳	"十三五"期间,深圳计划新增住房有效供应65万套。其中,新建商品住房批准预售与现售30万套,保障性住房和人才住房(以下简称"保障房")供应35万套。	深圳市城市建设与土地利用"十三五"规划
二线城市	相关文件的原文	文件来源
成都	未来三年成都全市计划出让经营性建设用地49200亩,其中商品住宅用地27000亩,可建约40万套普通商品住宅,满足约130万人住房需求。具体为,2017年计划出让经营性建设用地16000亩,其中商品住宅用地8800亩;2018年计划出让经营性建设用地16400亩,其中商品住宅用地9000亩;2019年计划出让经营性建设用地16800亩,其中商品住宅用地9200亩。	成都市2017—2019年经营性建设用地供应计划
杭州	2017—2019年三年,杭州市区计划出让631宗土地,总出让面积3.5万亩,其中住宅用地354宗,总面积2.42万亩。	2017—2019年杭州市区供应三年滚动计划汇总表
武汉	未来3年,我市拟供应住宅用地近3577万平方米。同时,2016年审批房地产项目规模将较去年增长20%以上。	武汉市2017—2019年住宅用地供应计划
天津	根据当前土地市场运行情况,为保障我市住宅用地市场长期健康有序发展,研究制定了天津市2017—2019年三年商品住宅用地供应计划,具体为2017年560公顷、2018年550公顷、2019年540公顷,三年合计1650公顷,为今后三年住宅用地市场供应提供较为充足的土地,同时也为今后全市商品住宅持续不断上市奠定基础。	2017—2019年住宅用地供应三年滚动计划
南京	2016年确保全年工地500公顷,明后两年逐年加供,分别计划供地530公顷和560公顷。	2016—2018年商品住宅用地供应计划
重庆	2017—2021年,主城区计划供应住宅用地9.5万亩,充分保障今后五年主城区各类住宅用地需求。2017—2019年计划供应5.8万亩(其中:2017年1.8万亩、2018年2万亩、2019年2万亩);2020—2021年计划供应3.7万亩。	重庆市主城区住宅用地供应中期规划及三年滚动计划
西安	西安市2017—2021年住宅用地供应计划为:2017年租赁型保障房(含安置房)3933亩,商品住宅10980亩;2018—2021年租赁型保障房(含安置房)16801亩,双限房15456亩,商品住宅45022亩。	西安市2017—2021年住宅用地供应计划

续表

三线城市	相关文件的原文	文件来源
青岛	2017年住宅用地计划供应量为800公顷、2018年住宅用地计划供应量为765公顷、2019年住宅用地计划供应量为765公顷,三年合计2330公顷,具体以各年度出让计划为准,并将根据土地市场情况适时调整。	青岛市2017—2019年住宅用地供应三年滚动计划
沈阳	沈阳市住宅用地供应中期规划（2017—2021年）面积为2377.91公顷,三年滚动计划（2017—2019年）面积为1321.55公顷。	沈阳市2017年国有建设用地供应计划沈阳市住宅用地供应中期规划（2017—2021年）和三年滚动计划（2017—2019年）
宁波	住宅供应面积为,2017—2021年6277公顷,其中2017年1028公顷、2018年1131公顷、2019年1244公顷。	宁波市住宅用地供应中期（2017—2021年）规划和三年（2017—2019年）滚动计划
石家庄	计划范围包括：桥西区、新华区、长安区、裕华区、高新区,具体为2017年350公顷、2018年330公顷、2019年320公顷,三年合计1000公顷。	石家庄市内区2017—2019年三年商品住房用地供应计划
福州	2018—2019年按照房地产市场运行预期,计划按照10%增速安排,2018年计划供应347公顷、2019年计划供应381公顷、2020年计划供应418公顷、2021年计划供应458公顷,今后2017—2021年市本级供应住宅用地约1920公顷。	福州市本级住宅用地供应中期（2017—2021年）规划及三年（2017—2019年）滚动计划
济南	2017—2019年,济南市市本级计划年均供应住宅用地7000亩左右。	关于公布济南市市本级2017—2019年住宅用地供应计划的公告
南昌	2017—2021年住宅用地计划供应量分别为500公顷、460公顷、450公顷、430公顷、430公顷,五年规划合计2270公顷,折合2270万㎡。其中,普通商品住房用地计划供应量分别为340公顷、330公顷、320公顷、310公顷、310公顷；保障性住房用地计划供应量分别为160公顷、130公顷、130公顷、120公顷、120公顷。	南昌市本级住宅用地供应三年滚动计划和五年中期规划
郑州	2017年计划供应840公顷（折合12600亩）；2018年计划供应780公顷（折合11700亩）；2019年计划供应780公顷（折合11700亩）；三年合计2400公顷（折合36000亩）。	郑州市区2017—2019年住宅用地供应滚动计划

续表

三线城市	相关文件的原文	文件来源
南宁	南宁市本级（含武鸣区）2017—2021年住宅用地供应情况为：2017年4832亩，2018年4849亩，2019年4894亩，2020年4946亩，2021年5080亩，五年共24601亩。	南宁市住宅用地供应三年滚动计划和中期五年规划（2017—2021年）
合肥	商品房供应大概每年10万套，基本满足市民需求。	合肥市城市近期建设规划（2016—2020年）

三四线城市	相关文件的原文	文件来源
苏州	2017—2021年苏州市区（不含吴江区）商品住房用地计划为：2017年390公顷（5850亩）、2018年400公顷（6000亩），2019—2021年中期商品住房三年计划为1260公顷（18900亩）左右，按年度结合市场情况均衡供地。	苏州市区2017—2021年商品住房用地供地计划
无锡	2017—2019年，预计每年供应商品住宅用地180公顷，具体以年度出让计划为准，并将根据土地市场情况适时调整。	无锡市2017—2019年住宅用地滚动供应计划
温州	2017—2021年，全市计划供应住宅用地3700公顷，其中主城区计划供应住宅用地1450公顷，充分保障今后五年各类住宅用地需求。2017—2019年计划供应住宅用地2450公顷，其中主城区计划供应住宅用地980公顷。	温州市住宅用地供应中期（2017—2021年）规划和三年（2017—2019年）滚动计划

二、住房需求形势分析

（一）分省商品房需求分析

东部省份商品房需求量下降，中西部省份需求有所上升。表7-4为中国分省份各类商品房销售情况。由表7-4可知，近三年东部大部分省份的住宅商品房、别墅与高档公寓、办公楼、商品房等销售面积均有所下降，如北京、天津等。过去几年，东部地区经济高速发展，房地产市场存在过度投资、投机，导致实体经济发展失衡，房地产泡沫扩大，金融风险增加。但近年来，中央提出综合运用金融、土地、财税、投资、立法等手段进行房地产市场调控，并研究建立了相应的房地产发展长效机制。其中，尤其以"资金"和"土地"两大方面的政策措施最为根本，针对性也最强。而在金融、资本方面，2018年中国在资金配置上的引导性进一步增强，意在避免资金过度流向房地产市场引发资源错配，同时也注重呵护真正需要买房居住的刚性需求，抑制局部投机需求。

另外，值得注意的是，四川、重庆、贵州、云南等省份的住宅商品房，尤其别墅、高档公寓销售面积呈逐年上升趋势，表明这些省份的住房改善性需求较大，近些年，这些省份经济与人口增长快速，增加了改善性住房新增需求；而川渝地区（四川、重庆）更是人口聚集的新兴地区，且城镇化水平也在迅速提升，居民收入日益提高，所以其改善性住房新增需求较强。而西部一些省份经济发展没有东部、川渝地区迅速，所以人口收入情况增长较慢，故改善性住房新增需求较低。

表7-4 分省份各类商品房销售面积

地区	住宅商品房销售面积（万平方米）			别墅、高档公寓销售面积（万平方米）			办公楼商品房销售面积（万平方米）		
	2018年	2017年	2016年	2018年	2017年	2016年	2018年	2017年	2016年
北京	526.76	608.78	981.37	63.14	88.8	153.44	75.78	108.34	413.86
天津	1140.73	1342.87	2521.87	88.09	75.09	161.35	37.46	43.28	31.06
河北	4714.42	5576.99	5899.72	35.07	93.22	71.6	110.63	144.11	126.59
山西	2215.59	2246.28	1881.51	53.16	30.02	18.88	32.61	42.6	38.62
内蒙古	1702.39	1726.16	2073.36	24.47	26.91	36.84	22.39	48.63	18.3
辽宁	3554.81	3797.05	3383.08	57.97	84.13	43.26	18.75	36.55	34.64
吉林	1813.82	1602.06	1630.72	34.08	34.09	31.46	50.83	51.15	37.87
黑龙江	1665.58	1868.14	1797.02	21.71	27.76	31.99	14.88	45.58	26.35
上海	1333.29	1341.62	2019.8	179.77	212.04	445.42	147.08	124.1	306.4
江苏	12040.68	12486.66	12657.66	659.43	679.26	782.24	278.73	385.97	265.68
浙江	7936.17	7669.7	7234.19	420.35	412.01	351.27	424.12	493.48	410.07
安徽	8901.25	7949.28	7506.87	98.77	107.39	116.57	169.39	179.47	185.35
福建	4781.58	4526.13	4134.46	182.37	146.14	104.45	304.59	354.25	181.16
江西	5389	4964.97	4140.55	134.63	108.08	82	119.18	140.69	87.53
山东	11755.37	11201.04	10598.58	191.1	238.94	200.43	274.48	273.36	196.41
河南	12482.88	11707.26	10137.13	64.5	94.34	90.56	224	236.9	173.35
湖北	8101.71	7363.67	6789.21	147.52	157.14	143.69	194.89	176.65	103.73
湖南	7997.94	7368.27	7190.66	190.05	165.26	137.36	135.75	147.77	99.96
广东	12075.1	13522.51	13021.97	492.65	543.25	534.57	604.45	659.4	399.15
广西	5589.89	4687.41	3864.01	102.79	66.03	65.56	117.3	81.57	50.27
海南	1298.82	2173.12	1417.09	80.29	217.86	154.03	39.83	18.1	9.47
重庆	5424.76	5452.65	5105.46	324.12	325.64	157.38	127.37	168.47	106.99
四川	9895.35	8786.61	7884.09	199.24	253.15	161.34	320.46	299.29	150.58
贵州	4441.44	3897.65	3426.96	114.28	93.41	68.88	89.28	113	86.08
云南	3643.93	3484.49	2933.1	324.35	292.94	200.36	110.97	110.58	108.92
西藏	62.1	44.96	71.16	1.04		2.76	0.93	2.14	1.07

续表

地区	住宅商品房销售面积（万平方米）			别墅、高档公寓销售面积（万平方米）			办公楼商品房销售面积（万平方米）		
	2018年	2017年	2016年	2018年	2017年	2016年	2018年	2017年	2016年
陕西	3545.6	3419.84	3012.61	46.74	82.27	50.46	218.14	153.11	70.72
甘肃	1437.95	1386.04	1478.81	9.65	12.7	6.83	16.59	29.25	44.75
青海	377.41	399.57	373.03	3.76	0.41	0.49	8.83	26.98	19.13
宁夏	887.97	870.28	830.22	17.76	24.89	15.31	19.14	16.29	7.15
新疆	1195.14	1316.7	1543.66	47.82	50.29	49.23	54.5	45.14	35.01

资料来源：国家统计局。

（二）分城市新增商品房需求分析

中小型城市新增商品房需求量加大。从新增商品住房销售面积看，2005—2019年，一、二线城市的房地产市场呈现较明显的周期波动，尽管三线和四线城市的市场周期性并不很显著。分时间段来看，2016年之前，一线城市的销售面积远高于二线、三四线城市；之后，二线城市的新建住房销量开始逐渐接近并超越一线城市，并且，三四线城市的新建商品住房销量与一二线城市的差距在缩小，显示全国的房地产市场重心在向中小城市下沉的趋势较为明显（见图7-2）。

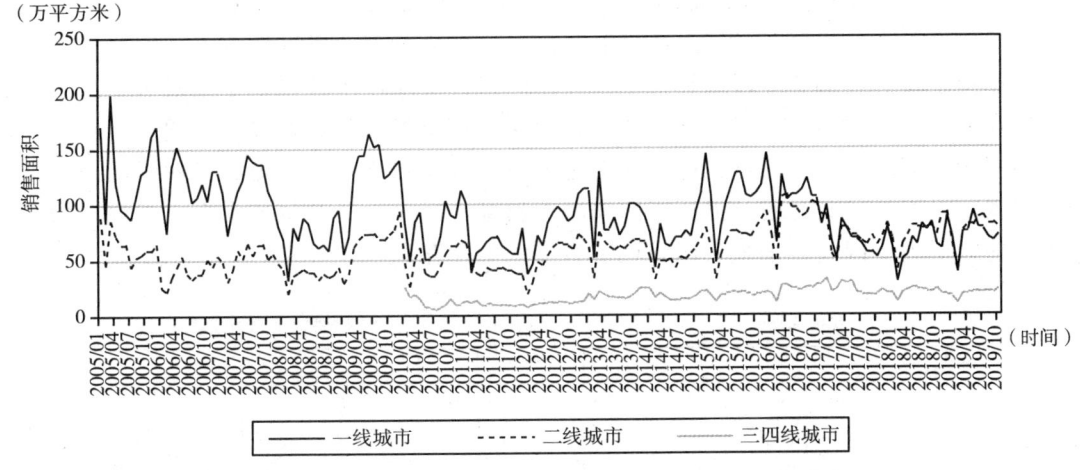

图7-2 不同规模城市的新建商品房销售面积

三、住房市场供需关系

出清周期（当期可售面积与近6个月月均销售面积的比值）反映市场供给和需求持平的时间。报告用新增商品住房出清周期反映住房市场供需关系，选取了全国东部、中部、西部50个样本城市，数据显示全国城市住房出清周期波动较为明显，最长达25个月，最短仅有5个月,平均在13个月左右。从图7-3可以看出,样本城市的新建商品住房销售平均去化时间在一年左右,具有一定的周期性特征,具体可以分为2006—2008年、2009—2011年、2012—2014年、2015—2017年四个波动周期,出清周期指标也在一定程度上反映了市场去化状况。

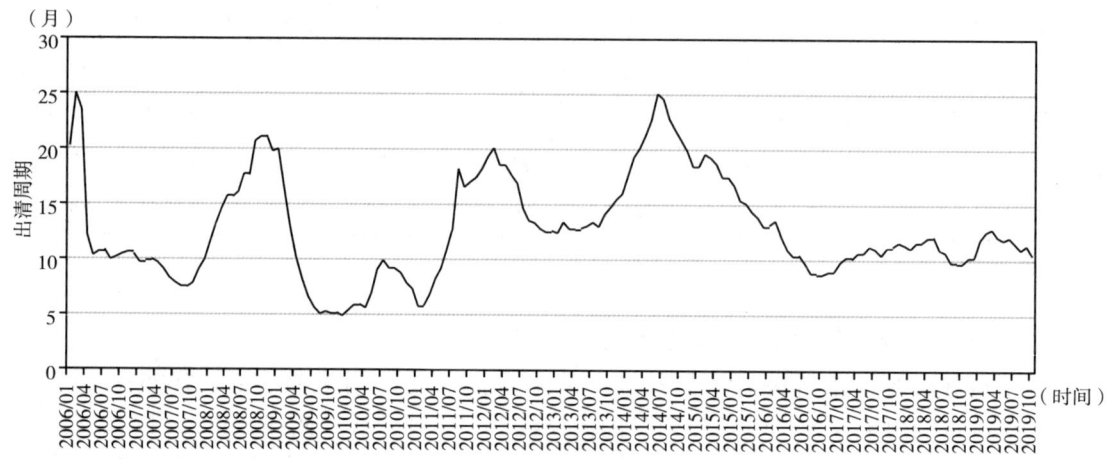

图7-3 新建商品住房出清周期

资料来源:搜房中指研究院。

一二线城市房地产市场的出清周期较为稳定,而三四线城市受2015年国家房地产"去库存"政策影响非常明显,商品住房销售速度明显加快,出清周期较一二线城市大为缩短(见图7-4)。在2017年12月的中央经济工作会议上,习近平总书记同时对房地产市场调控作了重点的部署。习近平总书记提出,促进房地产市场平稳健康发展,要继续关注去库存方面的相关内容,坚持分类调控,因城因地施策,重点解决三四线城市房地产库存过多问题。同时,一定要把去库存和促进人口城镇化结合起来,提高三四线城市和特大城市间基础设施的互联互通,提高三四线城市教育、医疗等公共服务水平,增强对农业转移人口的吸引力。因此,未来三四线城市将加大去库存。

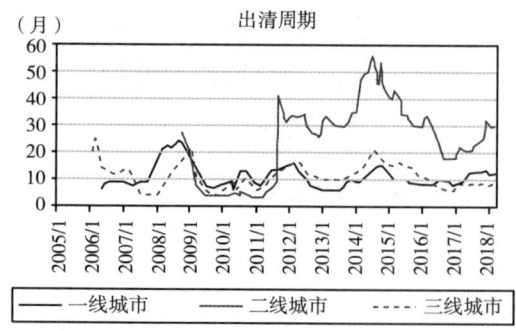 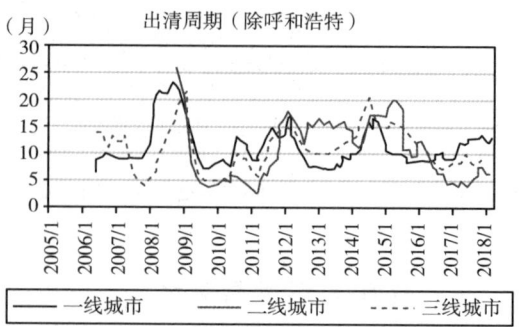

图7-4 一二三线城市新建商品房出清周期

资料来源:搜房中指研究院。

需要说明的是，呼和浩特市的住房市场出清周期近一年稳定在 50 个月左右（个别月份最高达 168 个月，数据异常），去化压力较大，出清周期长于其他三四线城市，不排除是受周边鄂尔多斯市的房地产市场影响。三四线城市的新建住房出清数据不完整，如果去除呼和浩特的影响，其他三四线城市平均出清周期则较为接近，与一二线城市走势图周期基本一致。

根据搜房中指研究院的数据，一线城市的北京、深圳和广州市，以及二线城市部分地区的城市，均出现了大致 3 个完整的波动小周期，分别是 2008—2011 年，2011—2014 年和 2015—2018 年，平均每个周期为 3 年，见图 7-5 和图 7-6。

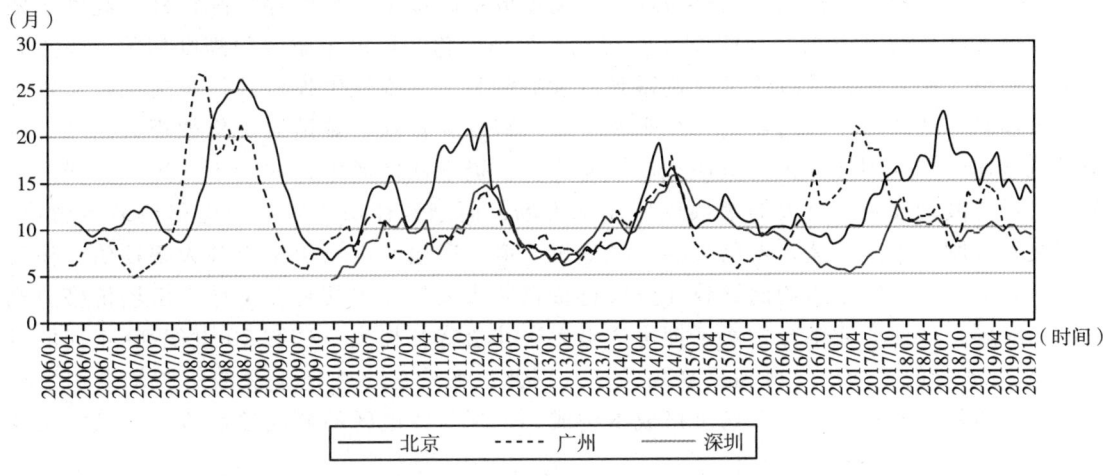

图 7-5　一线城市出清周期走势图

资料来源：搜房中指研究院。

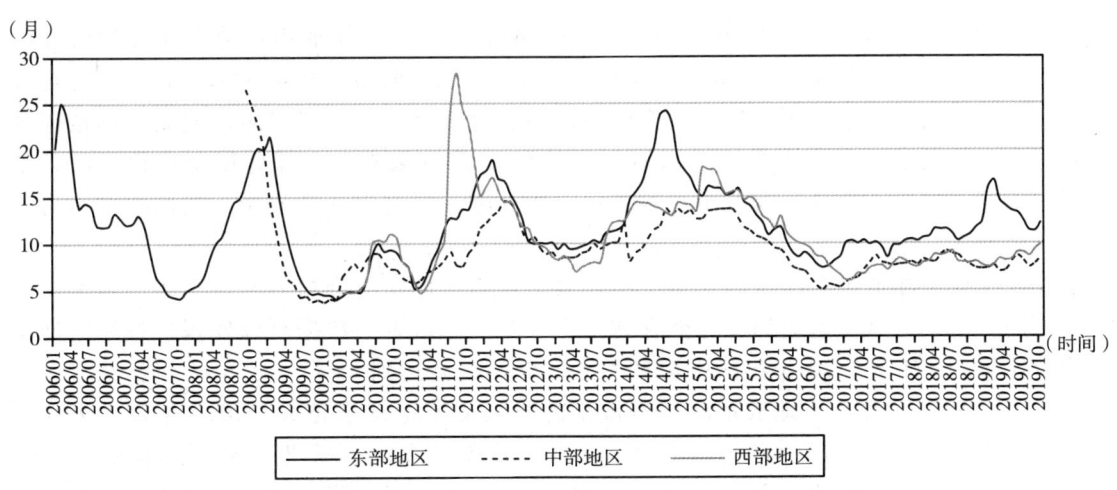

图 7-6　二线城市地区出清周期走势图

资料来源：搜房中指研究院。

三四线城市的新建住宅出清数据不完整，部分来看，去除部分异常值影响，走势也呈现两个周期，与一二线城市走势图周期基本一致。

综上所述，中国当前住房供需关系基本稳定，房地产市场逐步发展与完善。近几年，政府政策效果明显，居民住房投资与投机需求有所下降，一二线城市房地产市场需求逐渐趋于稳定，金融风险相对减小，但仍需要坚持"房住不炒"的基本底线。另外，由于三四线城市库存压力巨大，未来全国房地产市场重心将逐渐倾向中小型城市。

第二节 中国房地产市场价格分析

近两年，房地产价格上涨使得房地产市场形成了高价格、高库存、高杠杆、高度金融化和高度关联性的"五高"风险特征。房地产价格变化与国家金融风险高度相关。在买方市场，房价大幅上涨会导致住房投资得到巨大的刺激，逐步催生投机炒作行为。社会资本进一步涌向房地产市场，而购房资金来源主要依赖各类贷款，城镇居民贷款规模剧增，机构投机炒作的加入则导致机构负债规模快速增长，资本杠杆产生，并逐步加重。在居民消费端，房价波动催生了巨大的虚假住房需求市场，而刚性住房需求却没能得到有效解决，供需关系急剧不平衡，蕴含着巨大的金融危机。但当房地产市场价格出现大幅贬值，住房抵押贷款借款人会发生违约而导致商业银行贷款坏账风险。尤其是在房地产市场价格急剧下跌的时候，即使商业银行拍卖抵押房产也无法补偿贷款损失，这在20世纪90年代的日本以及2008年的美国已经得到反复的验证。因此，无论房价快速上涨或下跌均会引发严重的金融风险，分析房地产市场价格成本构成、全国与各地区的商品住房价格，及时发现潜在风险，具有重要意义。

一、房地产价格成本构成对比分析

表7-5列出了40个重点城市2013—2018年历年房价、住宅用地成交楼面地价以及地价占房价的比重（城市按2018年房价排序）。根据国家政策、资金多寡及企业能力与战略的不同，不同项目拿地到预售时间有所不同，多为8个月到1年时间，故表中的楼面地价数据采用的是上一年成交数据。由表可得，40个重点城市中，部分城市房价微跌，如上海、厦门等城市，部分一线城市尽管房价有所上涨，但增幅逐渐放缓。三四线城市房价上涨空间较大，风险较高。

在此主要关注地价占房价的比重，由于表中楼面地价和房价均为城市当年总体水平且来源不同，所以对该比重的估算可能存在一定误差。分析表中数据可以发现，各城市地价占房价比重逐年上升，2013年该比重多不足20%，最高达到26%，而2018年已经有许多城市超过30%，反映出土地成本对住房价格的影响程度也越来越大。2018年该比重超过30%的城市有北京、厦门、广州、南京、天津、杭州、温州、福州、济南、苏州、合肥、成都、南昌、大连、长沙、无锡、南宁、沈阳、乌鲁木齐、重庆，可以发现均为一线城市与二线较发达城市。

地方政府以经济为主导，以土地为核心的要素投入型、外延式、高杠杆、政府主导型的城镇化发展模式有其历史的必然性及合理性。但是，不得不正视的是，当前的中国已经步入了重要的转型期，基于土地增值收益的金融干预性城镇化发展模式会造成土地资源配

表 7-5　2013—2018 年 40 城市房价、上年楼面地价

单位：元/平方米

城市	2013 年			2014 年			2015 年			2016 年			2017 年			2018 年		
	房价	上年楼面地价	地价/房价	房价	上年楼面地价	地价/房价	房价	上年楼面地价	地价/房价	房价	上年楼面地价	地价/房价	房价	上年楼面地价	地价/房价	房价	上年楼面地价	地价/房价
北京	40342	6484	16%	37294	9670	26%	39437	14557	37%	57597	16670	29%	57768	23886	41%	59868	24749	41%
深圳	24910	5110	21%	28117	10649	38%	41494	25094	60%	44060	21301	48%	47996	28787	60%	53205	7342	14%
上海	29970	4983	17%	30520	6644	22%	35237	10348	29%	52142	10140	19%	50017	17629	35%	49446	9061	18%
厦门	23124	2825	12%	24843	11276	45%	25970	11532	44%	38883	6780	17%	47177	28761	61%	43565	25456	58%
广州	19208	2426	13%	18564	4976	27%	20016	10380	52%	22926	7560	33%	27578	9864	36%	32088	12479	39%
三亚	19094	3533	19%	19474	4056	21%	14390	5301	37%	14777	3255	22%	26235	3280	13%	31704	4949	16%
杭州	19131	4776	25%	16984	5666	33%	16080	5641	35%	19553	7134	36%	21929	13075	60%	28651	14737	51%
南京	17313	3814	22%	18099	5939	33%	18697	4351	23%	24867	7172	29%	25733	14105	55%	27568	11796	43%
福州	13841	1856	13%	13940	2444	18%	14577	3000	21%	19822	5945	30%	26771	7006	26%	24698	7718	31%
天津	14510	2320	16%	14961	3704	25%	15553	5043	32%	23220	5736	25%	22205	8799	40%	22188	10311	46%
宁波	15461	3419	22%	14350	3486	24%	12250	2835	23%	13857	3907	28%	17037	6535	38%	20313	5160	25%
温州	—	3034	—	—	3534	—	16873	4772	28%	17984	6045	34%	17992	7515	42%	19462	7026	36%
青岛	12822	1311	10%	12286	1112	9%	12384	1375	11%	13523	2210	16%	18142	1675	9%	18788	3445	18%
济南	9158	1592	17%	9340	1434	15%	9281	1718	19%	11667	1652	14%	15842	3404	21%	17674	6240	35%
武汉	8825	1817	21%	9239	2231	24%	10000	2266	23%	13875	3492	25%	16259	5044	31%	17586	4992	28%
苏州	10941	1969	18%	10980	3038	28%	12251	2778	23%	16181	4208	26%	15320	9447	62%	16943	8215	48%
石家庄	8639	1230	14%	8800	1232	14%	8986	1513	17%	14878	1601	11%	16979	1808	11%	15596	3290	21%
海口	6969	1295	19%	7416	2016	27%	7201	1802	25%	9589	1401	15%	11977	2216	19%	15024	3409	23%
合肥	7400	1658	22%	7825	2036	26%	8461	2857	34%	14983	3441	23%	14362	7738	54%	14217	6827	48%
郑州	8229	943	11%	8503	855	10%	8790	1411	16%	12091	1473	12%	12859	2271	18%	13582	2615	19%
成都	8597	1589	18%	8277	2088	25%	8213	2108	26%	8591	1970	23%	12034	2928	24%	13173	7164	54%

续表

城市	2013年 房价	2013年 上年楼面地价	2013年 地价/房价	2014年 房价	2014年 上年楼面地价	2014年 地价/房价	2015年 房价	2015年 上年楼面地价	2015年 地价/房价	2016年 房价	2016年 上年楼面地价	2016年 地价/房价	2017年 房价	2017年 上年楼面地价	2017年 地价/房价	2018年 房价	2018年 上年楼面地价	2018年 地价/房价
昆明	8664	1425	16%	8094	1184	15%	8202	1079	13%	8485	1262	15%	9771	1342	14%	12298	2508	20%
南昌	9208	1498	16%	9186	1800	20%	9212	1496	16%	9987	2124	21%	11396	3797	33%	12248	4739	39%
西安	6792	797	12%	6994	1153	16%	6450	1120	17%	6514	1166	18%	8880	1356	15%	12207	1770	14%
重庆	6896	1253	18%	6718	1391	21%	6289	1423	23%	6401	1224	19%	7197	1937	27%	12080	4736	39%
太原	8194	739	9%	8365	1116	13%	8118	1505	19%	8308	1746	21%	9695	2165	22%	11979	2158	18%
大连	10970	2054	19%	10182	2084	20%	9816	1989	20%	9854	1431	15%	10495	2834	27%	11893	4395	37%
兰州	8716	176	2%	9299	498	5%	8465	296	3%	9014	886	10%	9989	1192	12%	11636	2992	26%
无锡	7312	1451	20%	6979	1693	24%	6771	1528	23%	8300	1407	17%	9592	—	—	11030	8503	77%
长沙	6519	1161	18%	6401	1682	26%	6448	1377	21%	7601	937	12%	9873	1774	18%	10627	3533	33%
呼和浩特	6714	896	13%	5038	1473	29%	5462	1228	22%	6651	1000	15%	7957	1067	13%	10551	1220	12%
南宁	7052	1818	26%	6341	1200	19%	6748	1505	22%	7262	1423	20%	9515	2503	26%	10538	3485	33%
贵阳	5357	651	12%	5496	585	11%	5805	645	11%	6175	535	9%	7484	946	13%	9743	1737	18%
哈尔滨	7503	549	7%	8289	729	9%	9131	1167	13%	7624	1202	16%	8348	1547	19%	9622	2309	24%
长春	7229	1277	18%	6997	1332	19%	6770	1648	24%	6837	1549	23%	7482	1721	23%	9195	2514	27%
沈阳	8270	1379	17%	7990	1654	21%	7242	2001	28%	7242	1557	22%	7999	2247	28%	9005	4978	55%
乌鲁木齐	—	278	—	—	441	—	5745	349	6%	6662	679	10%	7250	973	13%	7979	3360	42%
西宁	—	419	—	—	496	—	4379	881	20%	6391	1050	16%	6531	1193	18%	7493	1863	25%
北海	—	346	—	—	344	—	4627	304	7%	4479	440	10%	5662	573	10%	6473	1713	26%
银川	5767	359	6%	—	411	—	4630	512	11%	5328	667	13%	4946	640	13%	5194	1244	24%

资料来源：安居客、中国指数研究院、中国建设工程造价信息网、Wind资讯。

置的扭曲，特别是地区金融风险的累积。中国的地区差异和发展不均衡的现实，使得金融风险在空间上表现更为复杂。而金融风险具有极强的联动性和自我增强的传播特性，一旦区域性风险突破可控边界，形成跨越区域范围的传染途径，就可能导致系统性的金融动荡。这在当前土地和房地产价格居高不下，地方政府融资平台过度负债，国家宏观经济日趋复杂的情况下，特别值得关注。

二、商品住房价格分析

（一）全国新建商品住房价格

全国住房销售价格在过去总体呈上升趋势（见图 7-7），从销量来看，2005—2019 年期间，50 个样本城市住房市场的销售面积平均 62 万平方米/月，2005 年个别月份最高达到 171 万平方米，近几年的销售波动幅度减小，趋于稳定。销售价格方面，整体呈明显的平稳上升趋势，2019 年 10 月平均售价达 16437 元/平方米，较 2005 年增长了 150% 以上。

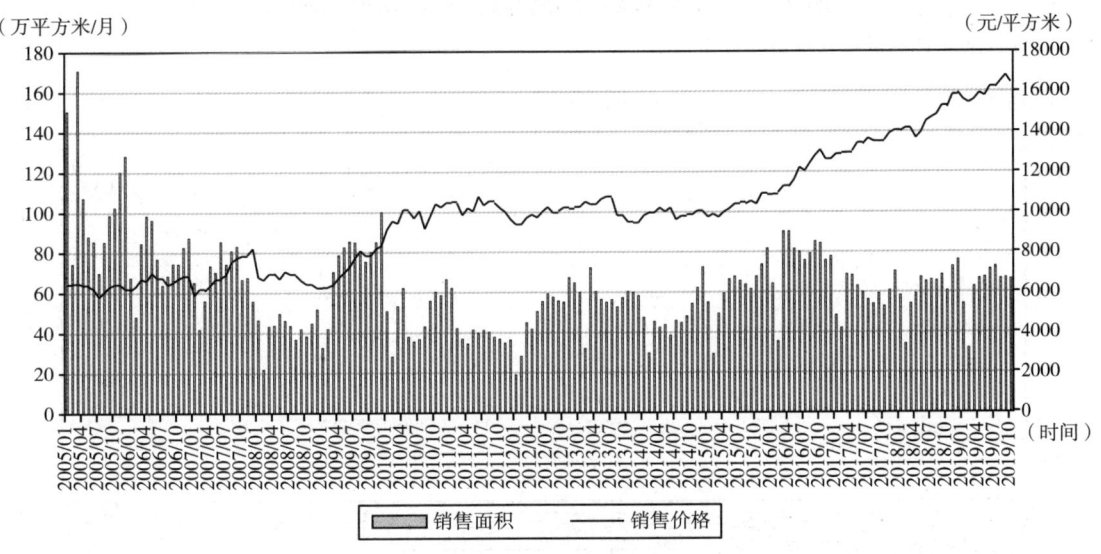

图 7-7 新建商品住房销售面积与价格

（二）不同规模和地区的住房价格分析

一、二、三线城市的新建商品住房销售价格表现出较大差异性。一线城市的住房价格仍处高位，涨幅也最大。2017 年销售价格接近 4 万元/平方米，近乎于 2005 年的 5 倍。但近两年，一线城市房价增长速度较 2017 年之前有所下降，受限地价、限房价等政策效果明显。二线城市销售单价和涨幅也较为明显，2018 年相较于 2005 年增长了约 3 倍，如图 7-8 所示。如果扣除三亚的影响，三四线城市的住房销售价格在统计期间上升幅度较小，变化不明显。三亚虽然被划入三线城市，但在 2010 年国际旅游岛的概念提出之后，三亚房地产市场房价一路飙升（见图 7-9）。

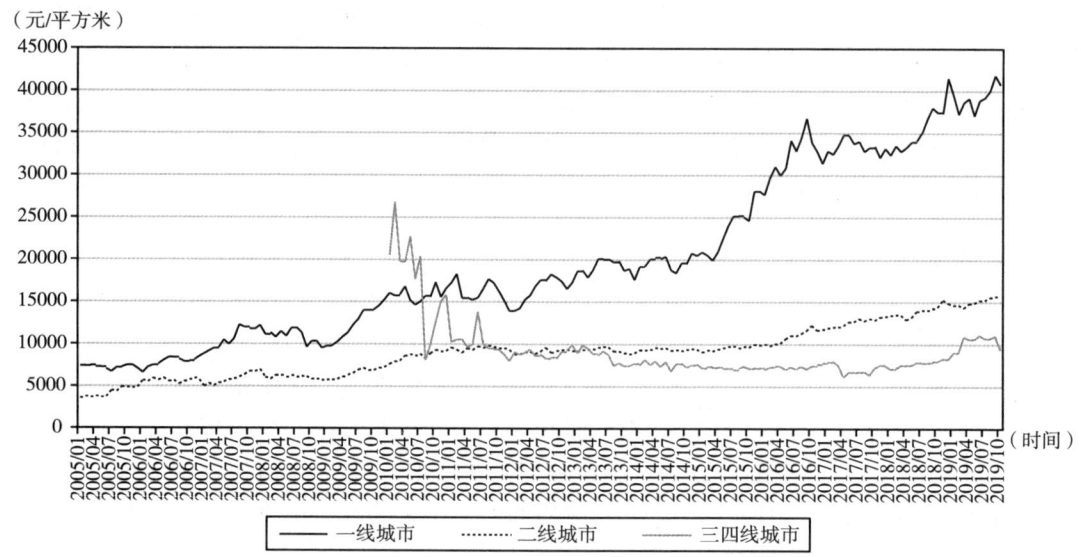

图7-8 不同规模城市的新建商品房销售价格

资料来源：中指研究院。

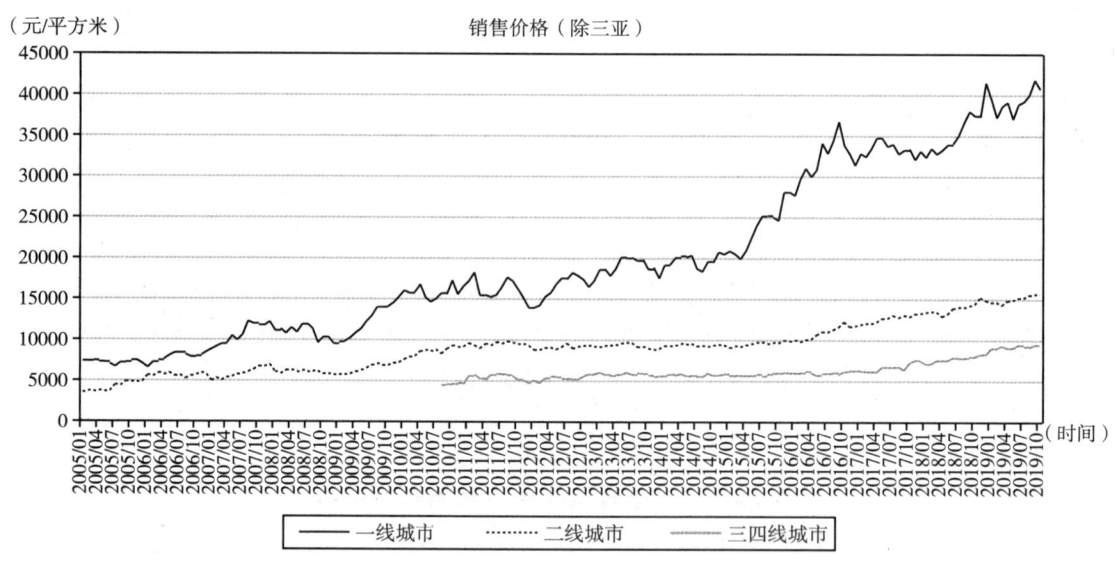

图7-9 不同规模城市的新建商品房销售价格

资料来源：中指研究院。

国家"去库存"政策对全国房地产市场影响明显，2015年后，一线城市的住房销售价格变化明显。其中，深圳的房价增速迅猛，最高增幅达120%，其次是上海和北京，增幅50%以上（见图7-10）。

二线城市，东部地区的二线城市住房销售价格增长较明显，中部和西部地区的二线城市则增长平稳。2015年至2019年，东部城市增长70%，中西部地区60%以上；东部地区城市的住房均价高于中西部城市约50%（见图7-11）。

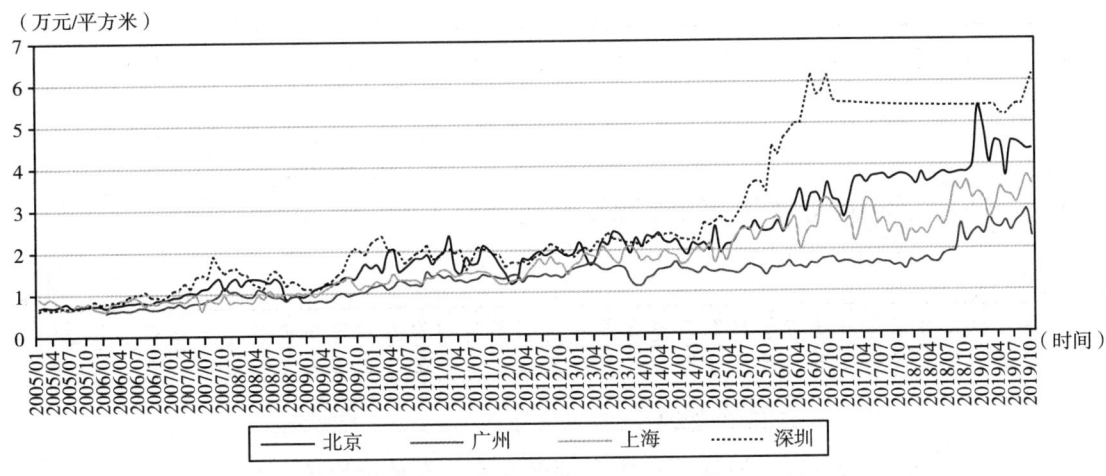

图 7-10　一线城市商品住宅均价走势

资料来源：搜房中指研究院。

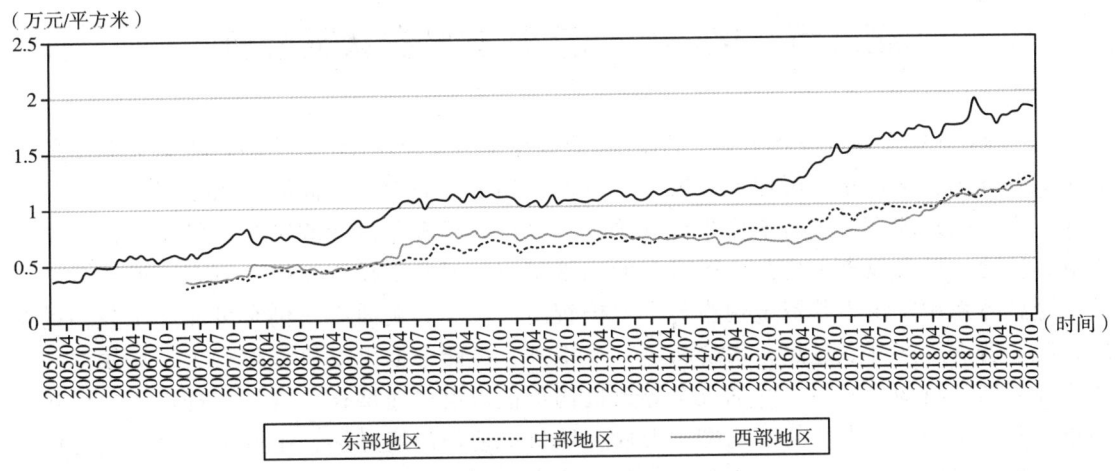

图 7-11　二线城市分地区商品住宅均价走势

资料来源：搜房中指研究院。

三四线城市，住宅销售价格在中、西部地区涨幅较小，波动性也较小，呈平稳发展的态势。然而，东部地区近两年价格波动大，且住宅价格明显高于中西部（见图 7-12）。

综上可得，一二线城市房价较为坚挺，但上涨空间较小，三四线城市房价上涨空间较大，有一定的风险。但由于一线城市房地产贷款总量与比例相对较高，呈稳态的房价说明当前金融风险相对可控。尽管三四线城市房价有较大的上涨空间，但由于其房地产贷款总量较小，杠杆率较低，对总体金融风险的影响较小。由此可得，稳一二线城市房价仍是防范金融风险的重要举措。

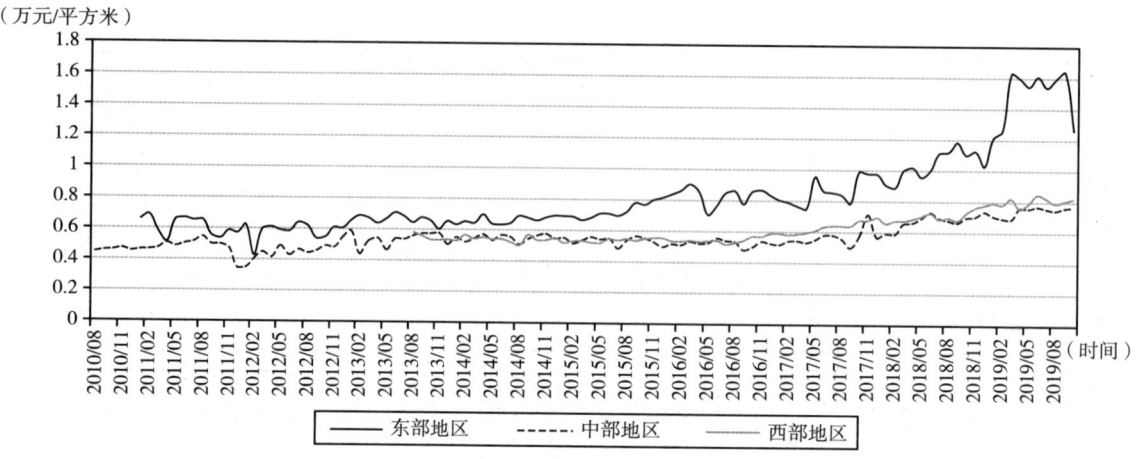

图 7-12 三四线城市分地区商品住宅单位均价走势

资料来源：搜房中指研究院。

第三节 中国房地产开发投资状况分析

从 1994 年住房制度改革开始，到后来的改革开放，中国经济开始启动投资驱动的增长模式并逐渐长期依赖，房地产开发投资规模得到了巨额增长，商品房供给得到了很好的补充，中国的房地产市场需求逐步得到满足。尽管近年来，由于政策与经济多方面因素的影响，房地产开发投资不再是中国重要的经济支柱，但开发投资规模一直在不断扩大，在整个金融体系中，由于其资金规模与占比仍较高，社会影响面广，仍有可能带来较高的金融风险。若房地产开发过热，房价将进一步推升，可能会催生投机炒作行为，城镇居民贷款规模剧增，机构投机炒作的加入会导致机构负债规模快速增长，资本杠杆产生，并逐步加重。并且由于地区发展的不均衡，形成大城市房地产市场过热，小城市房地产遇冷的不均衡市场格局，进一步拉大城市间发展的不均衡差距，资本集中涌向快速发展的一二线大城市，掏空三四线城市的发展基础。谋发展的小城市不得不大举土地财政，大规模举债谋求发展资金，进行透支式发展，地方金融风险剧增。本节将从房地产开发投资额、城市住宅土地开发、住宅项目开发周期三方面分析中国房地产开发投资状况。

一、房地产开发投资额情况

房地产开发投资额存在明显的省份差异，住宅投资额占比仍较高。表 7-6 为 2018 年按用途分房地产开发投资额，可以看出，住宅开发投资占总开发投资额仍较高，其他用途则占比非常小，表明住宅开发投资仍是房地产开发法人单位开发投资的主要交易活动。另外，东部省份与川渝地区的别墅、办公楼、商业营业用房投资额较高，这是由于这些省份经济发展速度较快，城市化水平较高，高收入人群占比较大，商业等较为发达，对这些用途的房地产需求较高。

表 7-6　　按用途分房地产开发投资额（2018 年）　　单位：亿元

地区	房地产开发投资额	房地产开发住宅投资额	房地产开发别墅、高档公寓投资额	房地产开发办公楼投资额	房地产开发商业营业用房投资额	房地产开发其他投资额
北京	3873.35	2026.06	246.68	522.16	315.03	1010.1
天津	2424.49	1863.5	92.3	59.44	146.17	355.38
河北	4476.4	3471.11	48.47	172.22	469.05	364.02
山西	1376.59	1033.76	17.44	36.77	153.15	152.9
内蒙古	882.85	641.99	8.79	18.63	140.72	81.51
辽宁	2599.27	1944.46	83.61	37.79	338.37	278.66
吉林	1175.88	841.02	33.92	53.19	179.85	101.83
黑龙江	944.4	647.77	10.3	31.16	160.75	104.73
上海	4033.18	2225.92	493.63	692.71	461.42	653.14
江苏	10982.34	8366.18	574.76	400.74	1198	1017.42
浙江	9944.93	7156.45	566.5	382.66	788.19	1617.63
安徽	5974.11	4563.41	97.18	186.96	794.09	429.65
福建	4940.34	3456.86	138.64	215.55	457.63	810.3
江西	2174.93	1590.64	50.02	76.4	343.83	164.05
山东	7552.97	5717.52	186.8	305.71	806.38	723.36
河南	7015.47	5387.62	86	251.17	781.11	595.58
湖北	4693.12	3464.59	102.81	241.74	552.47	434.32
湖南	3945.95	2764.48	89.98	124.16	590.65	466.67
广东	14412.19	9757.86	543.9	1178.9	1416.68	2058.76
广西	3004.13	2217.5	50.85	98.07	320.52	368.04
海南	1715.04	1310.51	116.69	37.45	171.04	196.05
重庆	4248.76	3012.65	221.34	104.81	564.66	566.65
四川	5697.87	3764.71	123.03	210.51	1000.63	722.02
贵州	2349.23	1557.85	52.77	85.85	422.26	283.27
云南	3247.23	2115.17	234.9	106.26	552.87	472.93
西藏	92.6	49.99	0.38	1.76	20.97	19.88
陕西	3534.67	2411.55	94.15	234.61	462.16	426.34
甘肃	1116.39	672.35	11.24	55.61	211.36	177.08
青海	351.82	215.89	0.51	16.44	71.31	48.18
宁夏	449.57	300.41	10.26	12.86	90.37	45.94
新疆	1033.44	642.48	31.18	44.03	195.43	151.5

资料来源：国家统计局。

二、城市住宅土地开发情况分析

(一) 全国及分线城市住宅土地开发情况

表7-7和图7-13是全国及分线城市出让的商品住宅用地中已开盘和已竣工的土地面积和比例。从统计数据中可以看出,过去十年间全国总共供应土地面积610541万平方米,其中有68.22%的土地面积已经开盘,已经竣工的土地面积有361304万平方米,占总供给土地面积的59.18%。城市分级别来看,一线城市过去十年的土地供应总面积为17665万平方米,其中已开盘土地面积为12596万平方米,占全部供给土地面积的71.30%,已竣工土地面积占比为63.78%。二线城市总供给土地面积为160461万平方米,其中开盘土地面积和竣工土地面积分别为111087万平方米和98462万平方米,分别占二线城市土地总供给面积的69.23%和61.36%。三四线城市2008—2017年的土地供给面积最多,共有313714万平方米,且三四线城市的开盘土地面积和竣工土地面积占总供应土地面积的比例均低于全国水平,分别为66.15%和56.26%。

表7-7　　2008—2017年供给的住宅土地开盘和竣工情况
（全国及分等级城市）

单位：万平方米

	供给土地面积	开盘土地面积	比例	竣工土地面积	比例
全国	610541	416490	68.22%	361304	59.18%
一线城市	17665	12596	71.30%	11267	63.78%
二线城市	160461	111087	69.23%	98462	61.36%
三四线城市	313714	207526	66.15%	176505	56.26%

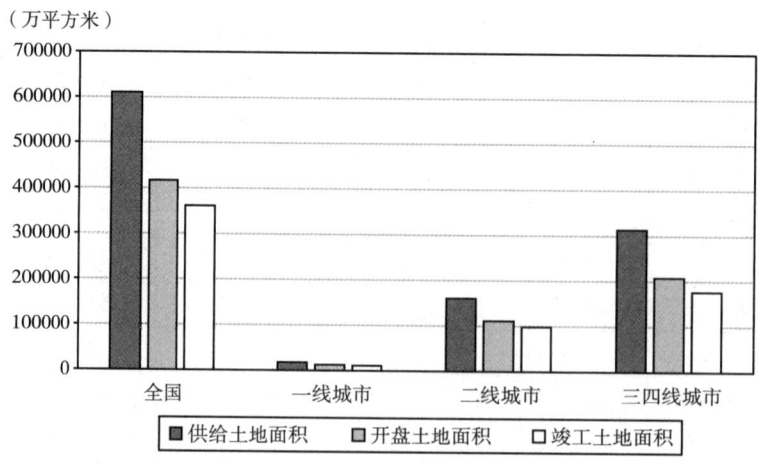

图7-13　2008—2017年供给的住宅土地开盘和竣工情况（全国及分等级城市）

(二) 40个重点城市住宅土地开发情况

表7-8是40个重点城市2008—2017年出让的商品住宅用地中已开盘和已竣工的土

地面积和比例，图 7-14 是相对应的图表。过去十年间 40 个重点城市中，天津市的土地供给面积最多，共有 12068 万平方米，其后依次是武汉市、沈阳市、上海市和大连市，北京市以 5092 万平方米的土地供应面积排名第 7，土地供应面积最少的是三亚市，仅有 336 万平方米。从各城市开盘土地面积占其供给土地面积的比例来看，大连市土地开盘比例最高，为 90.39%，呼和浩特市和无锡市分别以 85.80% 和 79.27% 位列第 2 名和第 3 名，深圳市的开盘比例最小，仅有 9.96%。在各城市竣工土地面积占其供给土地面积的比例方面，大连市以 84.21% 的竣工面积占比位居第 1 位，广州市、北京市和上海市的竣工土地面积与其总供给土地面积的比例分别为 61.75%、59.50% 和 54.53%。

表 7-8　　　2008—2017 年供给的住宅土地开盘和竣工情况
（40 个重点城市）　　　　　　　　单位：万平方米

城市	供给土地面积	开盘土地面积	比例	竣工土地面积	比例
北京市	5092	3578	70.26%	3029	59.50%
上海市	6514	4222	64.81%	3552	54.53%
天津市	12068	9448	78.29%	8732	72.36%
重庆市	3714	1368	36.83%	1788	48.12%
深圳市	425	42	9.96%	51	11.97%
广州市	2915	1925	66.03%	1800	61.75%
杭州市	4658	3001	64.41%	2581	55.40%
南京市	4718	2187	46.36%	2537	53.78%
武汉市	8588	5937	69.14%	5553	64.67%
成都市	5124	3095	60.41%	2749	53.66%
苏州市	4223	1767	41.83%	2033	48.14%
大连市	5768	5214	90.39%	4857	84.21%
厦门市	774	295	38.13%	345	44.56%
西安市	2370	906	38.24%	1115	47.02%
长沙市	3161	2494	78.91%	2082	65.89%
宁波市	3319	2069	62.35%	1649	49.68%
无锡市	2463	1952	79.27%	1717	69.72%
福州市	986	389	39.44%	470	47.64%
沈阳市	7657	1001	13.07%	1802	23.53%
青岛市	2637	1734	65.75%	1526	57.87%
济南市	4603	2898	62.95%	2308	50.14%
南昌市	3290	1395	42.40%	1689	51.34%
合肥市	3246	1714	52.82%	1464	45.10%
郑州市	2597	1129	43.49%	1326	51.05%

续表

城市	供给土地面积	开盘土地面积	比例	竣工土地面积	比例
太原市	2093	888	42.43%	1048	50.06%
石家庄市	2185	1099	50.29%	989	45.24%
长春市	4448	3379	75.96%	2889	64.93%
哈尔滨市	4386	636	14.50%	914	20.83%
呼和浩特市	1574	1350	85.80%	1216	77.23%
海口市	1001	577	57.59%	550	54.94%
南宁市	1937	963	49.70%	1197	61.80%
兰州市	1166	624	53.51%	501	42.95%
昆明市	4221	3094	73.31%	2768	65.57%
贵阳市	3389	2349	69.31%	1222	36.07%
西宁市	738	194	26.22%	268	36.34%
银川市	1609	431	26.77%	548	34.08%
乌鲁木齐市	2506	1561	62.30%	1376	54.91%
温州市	665	242	36.40%	176	26.45%
北海市	368	75	20.50%	75	20.50%
三亚市	336	231	68.78%	226	67.23%

资料来源：CREIS 中指数据－土地版 2008—2017 年数据，统计口径为仅统计市本级住宅用地。

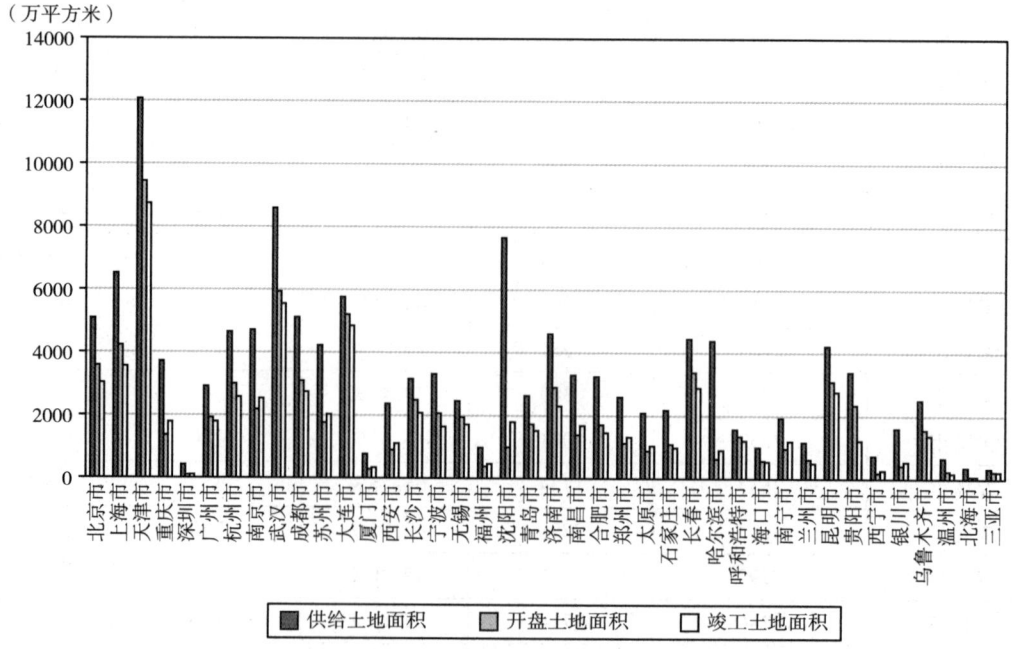

图 7-14　2008—2017 年供给的住宅土地开盘和竣工情况（40 个重点城市）

通过以上对住宅土地的开发情况的分析,可以得出以下几点:

第一,截至 2017 年年底,2008—2017 年供应的住宅土地中仅有 68% 的土地已开发并形成销售;第二,住宅土地的开发情况存在显著的城市差异;第三,2008—2017 年供应的住宅土地没有形成及时有效的住宅供给。

三、典型城市住宅项目开发周期分析

通过两种方式计算城市住宅项目的开发周期,一是将典型城市 2008—2017 年出让的商品住宅用地与其 2009—2017 年开盘销售的商品住宅项目匹配,计算从土地出让到项目开盘和项目竣工的时间;二是选取典型城市最近期上市的商品住宅项目样本,通过其关联地块的拿地时间,计算从土地出让到项目开盘的时间。

综合考虑一二线城市和东中西区域的平衡,选取了北京、上海、武汉、成都和西安五个城市作为抽样城市,将这五个城市 2008—2017 年出让的商品住宅用地中的受让单位和地块所在行政区与五个城市在 2009—2017 年开盘销售的商品住宅项目的开发商名称和项目所在行政区进行匹配,匹配结果如表 7-9 所示:五个城市中北京市匹配率最高,为 25.51%,其次是武汉市和成都市,其匹配率分别为 23.59% 和 21.74%,上海市和西安市匹配率较低,仅有 3.50% 和 3.28%。

表 7-9   典型城市住宅地块与住宅项目匹配结果

城市	地块数[①] (2008—2017 年)	项目数[②] (2009—2017 年)	匹配成功 地块数量	匹配率
北京市	588	1098	150	25.51%
上海市	1144	1332	40	3.50%
武汉市	1276	1253	301	23.59%
成都市	897	1872	195	21.74%
西安市	702	1027	23	3.28%

注:①该数据来源于 CREIS 中指数据-土地版 2008—2017 年数据,统计口径为仅统计市本级,住宅用地;
②该数据来源于 CREIS 中指数据-城市版 2009—2017 年数据。

项目的数据中包含项目开盘时间和项目竣工时间,利用地块与项目匹配成功的样本,计算这五个典型城市的项目开发周期,包括从土地出让到项目开盘和土地出让到项目竣工的时间。结果如表 7-10 所示:首先,从土地出让到项目开盘,五个城市平均周期为 46.60 个月,其中上海市的周期在五个城市中最短,仅有 38.95 个月,成都市的周期最长为 51.05 个月,北京市、武汉市和西安市的周期分别为 42.58 个月、44.96 个月和 42.87 个月,均小于五个城市的平均周期。从土地出让到项目竣工,成都市的周期依旧是五个城市中最长的,为 60.84 个月,高于五个城市的平均周期 53.73 个月;其余四个城市从土地出让到项目竣工的周期均低于平均周期,其中北京市的周期最短为 41.58 个月。整体来

看，五个城市从土地出让到项目开盘的平均周期比从土地出让到项目竣工的平均周期短了7.13 个月，其中除北京市外，其余四个城市从土地出让到项目开盘的周期均短于从土地出让到项目竣工的周期。在北京市，从土地出让到项目开盘的平均周期长于从土地出让到项目竣工的平均周期，而且，在150 个样本中，有3 成的项目的竣工时间早于开盘时间，可见，在北京存在着严重的"捂盘"现象。

表 7 – 10　　　　　　　　　典型城市土地开发周期[①]

城市	样本量	土地出让到项目开盘（月）	土地出让到项目竣工（月）
北京市	150	42.58	41.58
上海市	40	38.95	43.24
成都市	301	51.05	60.84
武汉市	195	44.96	53.36
西安市	23	42.87	47.48
小计	709	46.60	53.73

注：①根据城市2008—2017 年出让的商品住宅用地与2009—2017 年开盘销售的商品住宅项目匹配成功的项目信息计算所得。

为了进一步验证表7 – 10 结果的有效性，采取另一种抽样的方式核算土地开发周期。在选取的五个典型城市中，关注其最近期上市的商品住宅项目样本，通过其关联地块的拿地时间，计算从土地出让到项目开盘的时间。结果如表7 – 11 所示：整体来看，五个典型城市从土地出让到项目开盘的平均周期为53.44 个月，开发周期较长，并且开发周期波动很大，其中最短周期仅有14 个月，而最大周期长达134 个月，周期相差高达120 个月。不同城市间开发周期也存在着差异，五个城市中，成都市的平均周期最短，仅有30.67 个月；但是成都市的土地开发周期波动最大，最短开发周期仅有14 个月，最长开发周期为129 个月与其最短周期相差115 个月。上海市、武汉市从拿地到项目开盘的平均周期也较短，分别为52.56 和53 个月，均低于整体平均周期水平。其中，上海市最短开发周期（25

表 7 – 11　　　　　典型城市土地开发周期[①]（从拿地到开盘，月）

城市	样本量	平均周期	最小值	最大值
北京市	19	56.89	23	134
上海市	18	52.56	25	98
成都市	15	30.67	14	129
武汉市	20	53	17	126
西安市	15	74.06	47	112
小计	87	53.44	14	134

注：①该数据最近期上市的商品住宅项目样本，通过其关联地块的拿地时间，计算从土地出让到项目开盘的时间。

个月）与其最长开发周期（98 个月）相差 73 个月；武汉市的开发周期相差波动更大，为 109 个月。北京市的平均开发周期为 56.89 个月，波动性较大，最短和最长开发周期分别为 23 个月和 134 个月，相差 111 个月，仅次于武汉市，波动性在五个城市中排名第 2。西安市的平均周期在五个城市中最长，为 74.06 个月；就波动性来看，西安市的开发周期波动性是五个城市中最小的，其最短开发周期为 47 个月，最长开发周期为 112 个月，相差 65 个月。

两个原因导致表 7-11 中的开发周期比表 7-10 中的开发周期长：第一，表 7-10 中的样本仅包含 2008 年以后供给的地块，而在表 7-11 中开盘的项目关联的地块有 2008 年之前供应的；第二，对同一地块的住宅开发有可能是分期进行的，在表 7-10 中，只要匹配到开盘项目就认为该地块已进行开发销售，而表 7-11 的项目有可能不是该地块上的第一期住宅项目。

由此可见：第一，房地产项目开发周期长、开发周期波动性大；第二，房地产项目开发周期存在城市间的差异；第三，开发商囤地现象普遍存在且严重，土地供给没有形成有效的住宅供给。

综合以上关于房地产开发投资状况的分析，可以发现：目前中国房地产开发投资总量仍较大，且主要以住宅开发为主。另外，土地供给未能形成有效的住宅供给，开发商存在囤地现象。这一现象首先会造成大量土地资源闲置浪费，市场上可用于开发的土地比例减少，间接推高房价，引发较高的金融风险。其次，可能引起政府宏观调控政策"失灵"，使土地市场供求信息失真，供求关系恶化。

第四节　中国住房金融情况分析

在防范金融风险的大背景下，房地产企业由于债务杠杆水平较高，引起了宏观经济管理部门的高度重视。房地产行业的发展是负债率持续上升的过程，现在负债率已经达到较高风险水平。在这个过程中，中国经济地产化、地产高度金融化。一线城市及部分二线城市房地产市场呈现出较强的金融属性，并带来巨大的虹吸效应，使得经济进一步脱实向虚。房地产融资需求的很大一部分是通过影子银行体系获得，影子银行监管趋严、非标萎缩，而表内贷款又受资本金、行业政策制约，再融资难度增加，对于以资金链为生命线的房地产行业，整体债务风险增加。在近年去杠杆的背景下，不少行业的杠杆率有所下降，房地产业不仅没有下降，反而有走高的趋势。在此背景下，了解房地产金融情况，分析其带来的金融风险，具有重要意义。

一、房地产开发贷款情况分析

（一）房地产开发贷款基本情况

1. 房地产行业资本结构处于高负债水平。进入 2000 年以来，伴随着中国房地产市场的快速发展，房地产行业的资产负债率逐年升高。2000—2018 年间，房地产行业的资产负债率由 2000 年的 48.59% 增加到 2018 年的 79.78% 的高位，资产负债率在 19 年间仅 2007 年出现了 0.95 个百分点的微幅回落，其余年份行业的资产负债率均出现较大幅度的增加。房地产企业的资本结构由低杠杆向高杠杆发展，给企业的未来财务带来了债务隐患，房地产企业的财务风险上升。

带息债务/股东权益比是指企业短期借款、长期借款、应付债券等带息债务与所有者权益的比率，该指标用于衡量企业的债务水平。从带息债务/股东权益比看，房地产行业的带息债务/股东权益比在 2011—2018 年里快速上升。2001—2006 年的 5 年里，带息债务/股东权益比从 50.1% 增加到 67.3%，增长了 17.2 个百分点；2001—2011 年的 10 年里，带息债务/股东权益比从 50.1% 增加到 78.9%，增长了 28.8 个百分点。然而，在 2011—2017 年的 6 年里，房地产行业的带息债务/股东权益比从 78.9% 增加到 121.5%，增长了 42.7 个百分点，是 2001—2011 年 10 年里增长 28.8 个百分点的 1.48 倍，2018 年该指标有所回落，降至 116.70%，未来变化趋势仍有待观察检验。

总体而言，虽然房地产行业总体负债水平还处于可控范围之内，但房地产行业的资产负债率和带息债务/股东权益比过高过快，房地产行业的高负债值得关注和警惕（见图 7-15）。

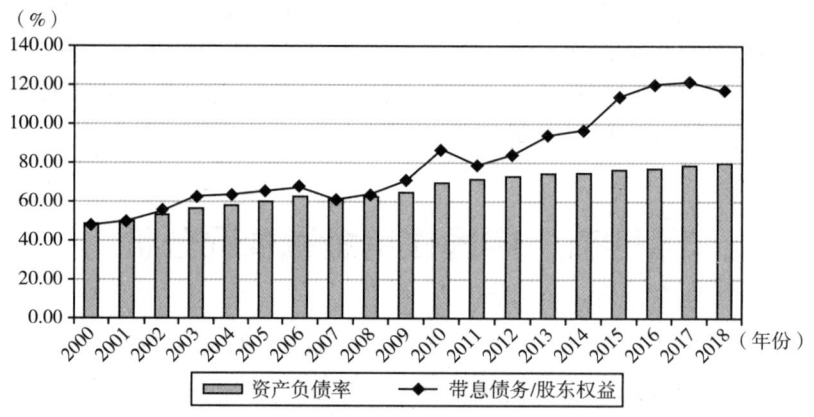

图 7-15 房地产行业资产负债率和债务权益比情况

资料来源：Wind 数据库。

2. 房地产行业持续加杠杆。房地产开发资金（房地产企业到位资金加各类应付款）按资金来源分包括 7 种：银行贷款、非银行金融机构贷款、利用外资、自筹资金、定金及预收款、个人按揭贷款、各项应付款（见图 7-16）。

在房地产开发资金中，类债务性的资金包括：银行贷款、非银行金融机构贷款、约 70% 的自筹资金、定金及预收款、各项应付款。由于房企除了从银行等金融机构获得房地产开发贷款外，还会通过发行债券、非标融资等各种各样方式获得债务融资，同时金融机构也偏好提供债务性融资。从债务性质资金占比看，2007—2018 年，债务性质资金占房地产开发资金占比保持在 76%—80% 的高位区间，债务性融资在房地产开发资金中占据着主要地位（见表 7-12）。

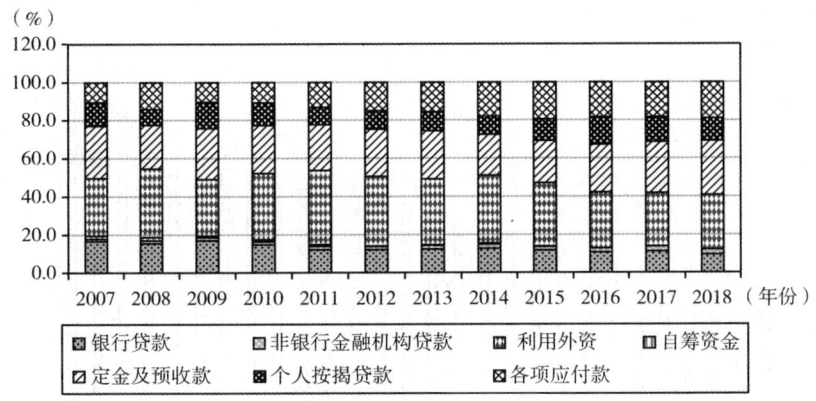

图 7-16 房地产企业开发资金来源分布情况

资料来源：Wind 数据库。

表 7-12 房地产开发资金债务占比情况

年份	房地产开发资产债务占比情况	年份	房地产开发资产债务占比情况
2007	76.82%	2013	79.07%
2008	79.16%	2014	79.24%
2009	76.50%	2015	78.56%
2010	76.56%	2016	76.63%
2011	78.23%	2017	78.45%
2012	78.93%	2018	79.34%

资料来源：Wind 数据库。

2007—2018 年绝大多数年份的债务融资占比要高于同期房地产行业的资产负债率。2018 年房地产行业的资产负债率处于 79.78% 的高杠杆水平，房地产开发资金的债务性资金占比比 2017 年继续上升 0.89 个百分点。

同时，从房地产开发贷款余额看（见图 7-17），进入 2017 年一季度以来，房地产开发贷款余额同比增长速度提升，同比增速从 2017 年第一季度的 7.4% 提升到 2018 年第四季度的 22.6%，处于高速增长水平；贷款余额则从 7.54 万亿元增长到 10.19 万亿元，增加了 2.65 万亿元，超过了 2017 年一季度前 8 个季度的增加额。由此看出，房地产行业在 2017 年第一季度至 2018 年第四季度加杠杆现象明显，"高负债+加杠杆"成为当前房地产行业新特征。

2010 年以来，房地产行业利润空间持续收窄。2018 年的销售利润率仅为 11.9%，相比 2010 年 19.9% 的销售毛利率水平下降了 40.2%。在行业利润率下降的趋势下，房地产行业高负债的资本结构及持续加杠杆的趋势明显（见图 7-18）。

（二）房地产开发贷款目前存在的主要问题及原因

总体来看，虽然中国的房地产开发贷款这几年的规模增速比较快，但开发贷款风险总

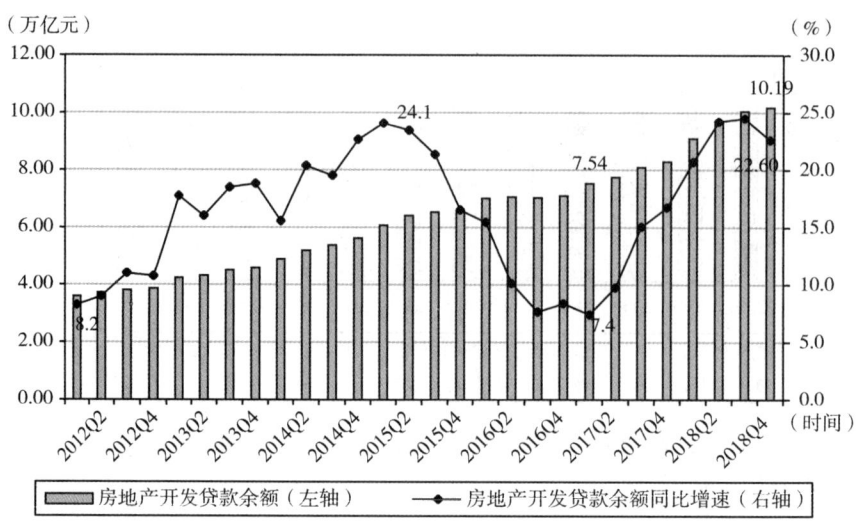

图7-17　2012年以来房地产开发贷款余额增长情况

资料来源：中央人民银行、Wind数据库。

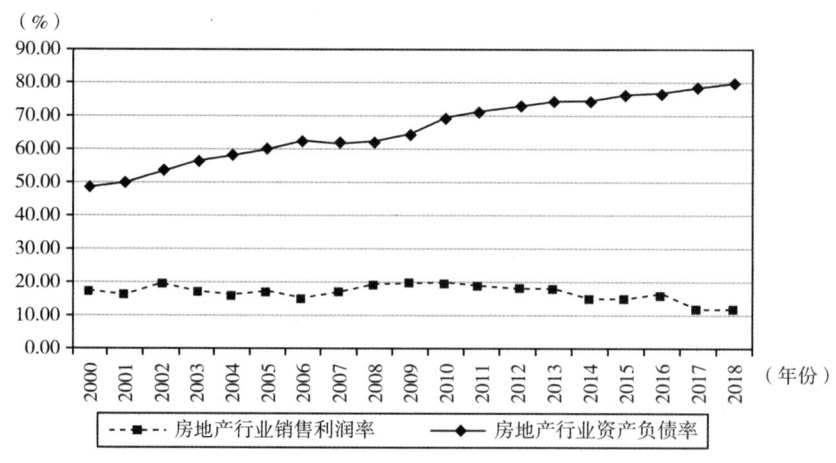

图7-18　房地产行业销售利润率和资产负债率

资料来源：Wind数据库。

体处于可控状态。表现在房地产开发贷款增速相对低于整体银行信贷增速，在银行业信贷中的占比在下降，由于央行最近几年针对金融风险采取的一系列有利措施，使得银行本身对房地产开发贷款控制的比较严，既进行总量控制，也采取开发商名单监控，到目前为止房地产开发贷的不良率不到1%，远远低于当年日本房地产泡沫时期超过10%的水平。

然而，必须认识到中国目前的房地产开发资金来源复杂，其中相当比例都来自于银行，行业的现实是房地产开发项目资金中平均超过8成资金都来自于银行，或者变相来自于银行。房地产开发项目涉及到拿地、施工、验收、销售等诸多环节和部门，其中可能出现风险的环节非常多，例如，项目资金筹集方式、项目施工组织、工程质量、工程材料、项目策划与营销、行政主管部门的行政监管等等，任何一个环节出现风险，都会导致项目资金出现连锁风险反应。房地产开发贷款存在资金来源风险、流动性风险等风险。

二、居民住房金融状况

(一) 居民住房金融基本情况

1. 全国个人住房贷款存量巨大,而增速放缓(见图7-19)。全国个人住房贷款存量规模巨大。2011年一季度以来,全国个人住房贷款余额逐季攀升。个人住房贷款余额从2011年一季度的6.48万亿元增长到2018年四季度的25.80万亿元,增长298.15%,同期,2018年全国国内生产总值为91.93万亿元,个人住房贷款余额占GDP比重为28.06%。

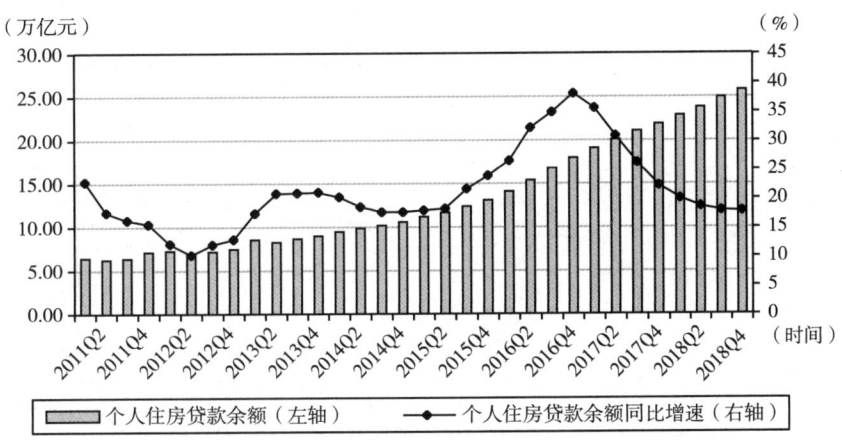

图7-19 2011—2018年全国个人住房贷款余额

资料来源:Wind数据库。

全国个人住房贷款增长速度放缓。2015—2016年,居民个人住房贷款余额迅速攀升,区别于2011—2014年10%—21%的均衡增长区间,2015—2016年个人住房贷款同比增速在18%—38%的增长区间,提速增长明显。而2017年一季度至2018年四季度,个人住房贷款同比增速连续8个季度回落,2018年第四季度个人住房贷款余额增速为17.8%,相比于2017年第一季度35.60%下降了50%,但2018年第四季度的同比增速速度仍然高于各项贷款同比增速,个人住房贷款增速仍然处于较高水平。综合来看,居民个人住房贷款存量巨大,贷款余额增速处于较高水平但有明显回落。

一线城市个人住房贷款情况仍然不容乐观。从一线城市看,随着2017年一线城市楼市调控的加码,一线城市新增个人住房贷款有所回落,但增量仍然巨大。2017年,北京个人购房贷款余额9664.5亿元,增幅比上年同期低25.2个百分点,但仍同比增长16.5%。同期,上海市本外币个人住房贷款同比少增加1823.62亿元,新增1529亿元,其中个人新建房贷款和再交易房贷款分别增加575.32亿元和953.49亿元。2018年,上海市新增个人住房贷款下降至585亿元,有较大回落。

但是在平均按揭成数上,一线城市偏高。上海银监局的数据显示,截至2016年年末,上海地区存量房地产相关的贷款合计占比达到39%;增量上,上海地区2016年新增个人住房按揭贷款占全市新增贷款的50%,高于全国总体水平。而深圳则是一线城市杠杆买房的代表,深圳平均按揭成数最高,2015年年末平均按揭成数达到65%,远高于北京、上海和广州。

2. 居民加杠杆购房,家庭财富向楼市转移(见图7-20)。居民加杠杆购房。2017年第一季度年以来,全国个人住房贷款余额增速连续8个季度超过商品房销售额增速,居民加杠杆购房趋势明显。2015—2016年,居民个人住房贷款余额的迅速增长,主要是由于2015—2016年商品房销售额的迅速增长,商品房销售额的迅猛增加是居民个人住房贷款快速增长的主要动力;不同于2015—2016年,2017第一季度年以来,商品房销售额增速已明显低于个人住房贷款增速,商品房销售额增长带来的贷款增加效应减弱,居民加杠杆购房成为个人住房贷款高速增长的推手之一。

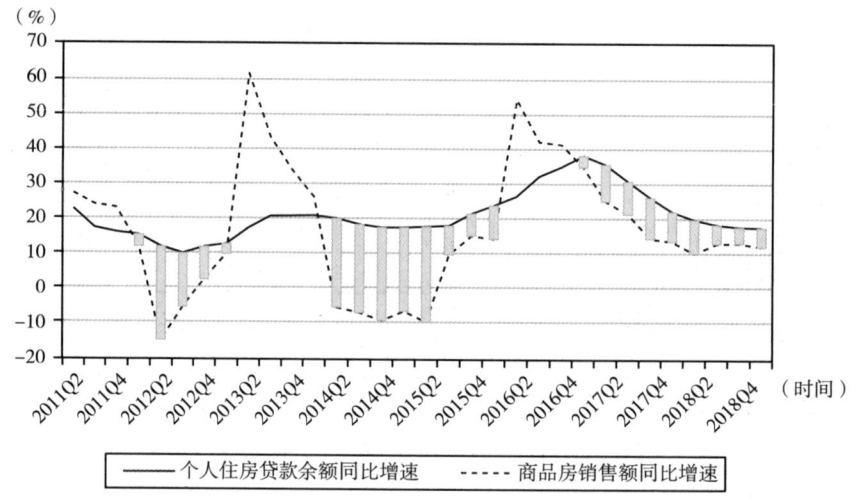

图7-20 个人住房贷款余额增长与商品房销售额对比情况

资料来源:Wind数据库。

2012年以来,全国房地产市场和居民的杠杆水平逐步升高。2012年一季度以来,房地产市场的杠杆水平逐季升高,全国房地产贷款占金融机构各项贷款的比重由19.2%上升至2018年第四季度的28.4%水平,增加了9.2个百分点,比同期美国不动产抵押贷款占银行信贷比重的33.7%低5.3个百分点(见图7-21)。

同期,居民的个人住房贷款占金融机构各项贷款的比重也从2012年一季度的12.8%上升至2018年四季度的18.9%,增加了6.1个百分点,居民的住房贷款占银行贷款百分比持续上升(见图7-22)。

2008年以来,中国经济的高速增长带动了居民收入的不断增加,以城镇单位就业人员工资总额为代表的居民收入经济指标表现出居民收入良好的增长势头。2008—2018年,城镇单位就业人员工资总额年复合增长率为13.47%,但同期个人住房贷款的年复合增长率为21.68%,比工资总额的年复合增长率高8.21个百分点,居民收入的增长不及居民住房贷款的增长,楼市居民杠杆水平上升。从个人住房贷款余额/城镇单位就业人员工资总额看,贷款/收入比从2008年的84.4%上升到2018年的182.1%,楼市居民端杠杆率攀升,值得警惕(见图7-23)。

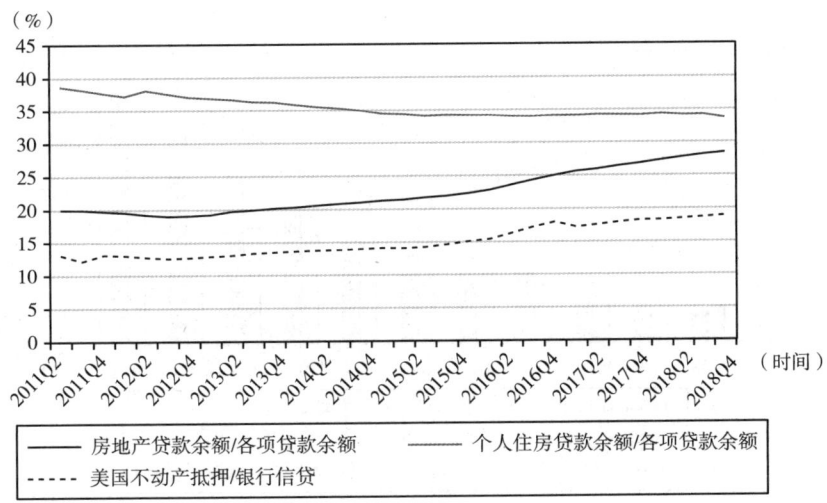

图 7-21 房地产贷款余额与个人住房贷款余额占比情况

资料来源：Wind 数据库。

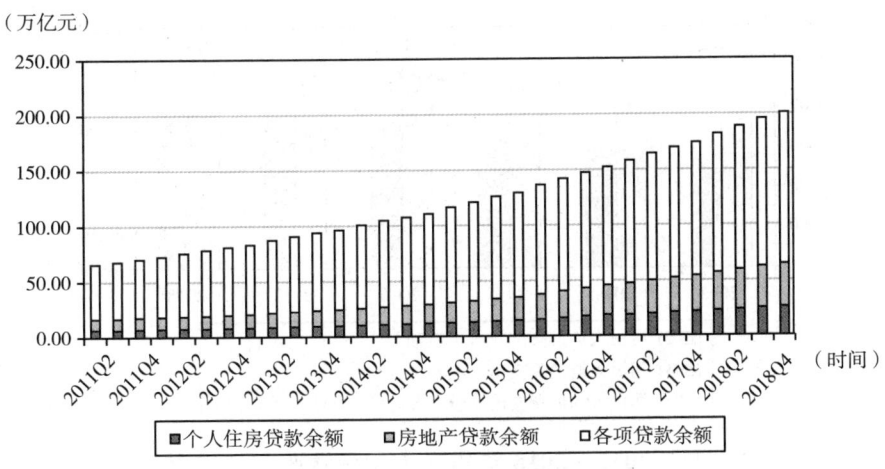

图 7-22 全国个人住房贷款情况

资料来源：Wind 数据库。

部分家庭财富向楼市转移。2013 年以来，全国居民人均消费支出占居民人均消费收入百分比逐渐降低，2018 年达到历史低值 70.33%，居民人均消费支出在居民人均消费收入的比例呈下降趋势（见图 7-24）。

虽然居民人均消费支出在居民人均消费收入的比例逐渐降低，但是 2015 年以来，居民收入的增长却没有有效转化为居民储蓄率的增长。从居民存款占比来看，居民部门的存款在各项存款中的占比自 2015 年以来逐年下降，并在 2017 年年末达到历史最低点 39.2%；从居民储蓄增速来看，2012 年以来下降幅度较大，从 2012 年的 16.7% 下降到了 2017 年的 7.7%，增速降至历史最低值。据 2018 年中国发展高层论坛报告，2010—2017 年，居民储蓄存款增长与可支配收入之比从 25.4% 下降至 12.7%。尽管 2018 年居民存款

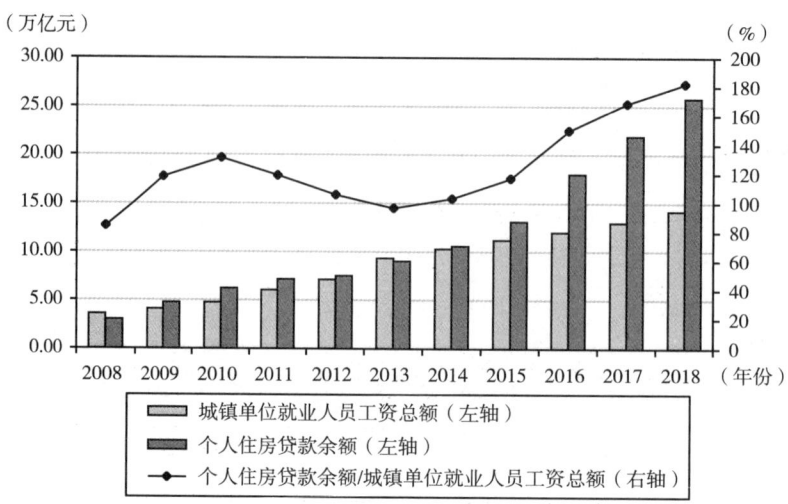

图 7 – 23　个人住房贷款与城镇单位就业人员工资总额情况

资料来源：国家统计局、Wind 数据库。

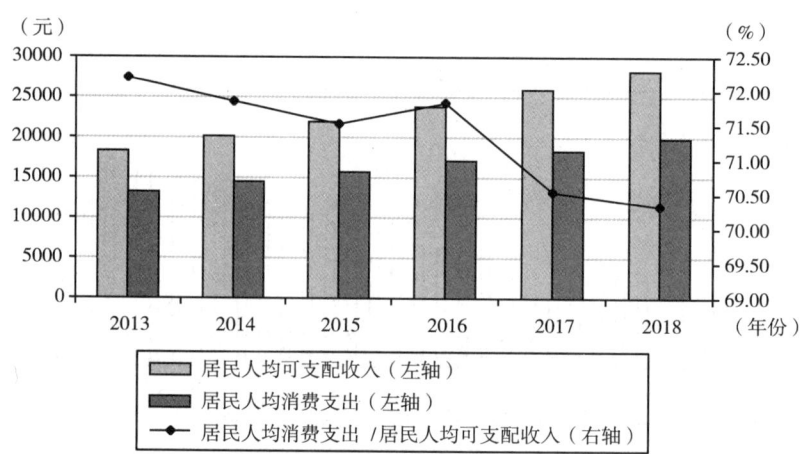

图 7 – 24　2013—2018 年居民人均消费收入与支出情况

资料来源：国家统计局。

占比与储蓄增速有所回升，但未来的变化趋势仍有待检验（见图 7 – 25）。

（二）居民住房金融领域可能存在的问题

总体而言，中国的居民个人住房抵押贷款属于安全级别相对较高的优质信贷业务。从国际对比研究看，有房产抵押的居民个人住房按揭在国外其他国家的违约率也是相对比较低的，例如，在日本房地产泡沫破灭前夕，以及美国次贷危机发生前，个人购房按揭杠杆率都达到了 100%。然而，违约率相对比较低并不意味着总体金融风险也很低，国际上几次比较著名的金融危机究其根源，都与住房抵押贷款风险紧密相关，例如，美国 20 世纪 80 年代的储贷危机，日本 20 世纪 90 年代因住房价格泡沫破裂导致的银行赤字危机，美国 2008 年次贷危机等都是从居民住房金融领域突发，然后快速向整个金融市场蔓延，甚至形成全球性的金融危机，对实体经济的杀伤力非常大。

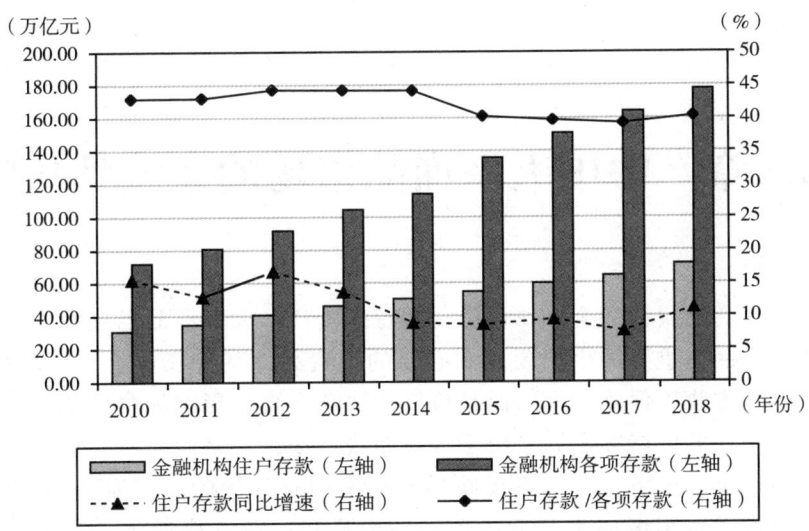

图 7-25　2010—2018 年金融机构住户存款与各项存款情况

资料来源：Wind 数据库。

目前，中国居民住房抵押贷款主要涉及三类风险：（1）利率风险。住房抵押贷款是典型的中长期贷款，与商业银行以短期为主的存款资金存在"存短贷长"的错配资本结构，如果市场利率发生大幅波动，无论是利率上浮还是下降，商业银行都面临风险敞口，尤其是因为利率下降导致的借款个人提前还款在美国、日本等欧美国家已经被列为银行风险之一。（2）房地产市场价格风险。这主要是指房地产市场价格出现大幅贬值，住房抵押贷款借款人发生违约导致的商业银行贷款坏账风险。（3）通货膨胀风险。目前中国住房抵押贷款总额占 GDP 的比重在 30% 左右（加上住房公积金部分），风险相对可控。但最近几年的增速明显过快，尤其目前房价上涨从一线城市向二三四线城市逐级传导，越来越多的居民的银行存款在搬家到楼市，居民家庭住房抵押贷款在快速增加，这些都将导致中国居民住房金融领域杠杆率和按揭率的进一步提升，这些现象值得主管部门的高度警惕。

第八章 中国大宗商品市场的系统性风险

作为同时兼具商品属性和金融属性的一类特殊资产，大宗商品已逐渐引起投资者的关注。首先，大宗商品是重要的生产要素和必要的消费品，是工农业生产活动的基础条件，也是经济发展的基本物质保障。大宗商品价格的波动会直接影响原材料成本，进而影响企业的正常经营和产业的可持续发展。由于存在期货市场，大宗商品交易往往效率较高，其价格波动能灵活地反映经济变化，是反映通货膨胀的有效指标。作为经济发展的晴雨表，大宗商品的价格波动也逐渐成为影响中国经济走势和产业结构调整的重要外部因素。其次，大量金融专业投资者将大宗商品作为重要的投资对象。一方面，大宗商品价格与物价水平高度相关，持有大宗商品资产可以抵御通货膨胀风险；另一方面，早期研究表明，大宗商品价格与股票价格之间的关联性较低，同时将这两种资产纳入投资组合可以分散投资风险。然而，大量资金在大宗商品市场和股票市场之间的流动，导致大宗商品市场与金融市场的关联性逐渐增加。特别是2004年以后，随着大宗商品指数投资的增加以及投机者在大宗商品市场参与程度的加深，大宗商品市场表现出"金融化"特征。大宗商品价格飙升、波动性增加，呈现前所未有的不稳定状态；投机因素、非理性因素在价格波动中起着越来越重要的作用；商品市场内部、商品市场与金融市场间的协同变动增加；商品价格对基本面的趋势性背离问题凸显，价格出现与供需脱节的过度同涨同跌。因此，了解和防范大宗商品市场的系统性风险十分重要。

中国大宗商品市场虽然起步晚但成长快，对宏观经济和金融市场的影响日益凸显。中国大宗商品市场诞生于20世纪90年代，至今只有短短30年的历史。1990年10月建成的郑州粮食批发市场标志着中国大宗商品市场雏形的诞生。在经历了野蛮式生长的头十年以后，郑州商品交易所、大连商品交易所、上海期货交易所被保留下来，并与2013年新成立的上海国际能源交易中心一起，构成目前中国大陆主要的4家大宗商品交易机构。截至2019年，共计上市68个大宗商品衍生产品，涵盖有色金属、贵金属、化工等10大商品板块。根据期货业协会公布的最新年度期货和期权交易量调查显示，上海期货交易所成为全球第十大交易所，2018年交易量为12亿份，大连商品交易所和郑州商品交易所目前分别是全球第十二和第十三大交易所，合约总交易量分别为9.82亿份和8.18亿份。研究中国大宗商品市场的系统性风险，有助于深入和全面的了解大宗商品市场的运行规律，有助于进一步防范由大宗商品市场带来的商品市场和金融市场联动风险，更有助于规范中国商品市场，保证中国经济的持续稳定发展。

因此，本章重点关注中国大宗商品市场的系统性风险。具体来说，第一节将简述中国大宗商品市场发展概况，描述中国大宗商品市场的运行特征；第二节将结合中国大宗商品市场特征，进行风险的测度；第三节将实证探讨中国大宗商品市场的系统性风险与宏观经济以及股票市场的溢出效应;第四节结合具体结论,提出有针对性地政策建议。

第一节 中国大宗商品市场运行情况

大宗商品指流通市场中交易量较大、可用于工农业生产与消费使用的物质商品,具备供需量大、价格波动频繁、产品易于分级和标准化、便于仓储运输的特点。中国的大宗商品市场规模目前居世界第一,发展迅速且体量大,因此,本部分重点介绍2019年中国大宗商品市场的整体运行状况。

随着中国大宗商品市场的发展,4家主要期货交易所先后推出了60余种可供交易的商品期货品种,使得中国大宗商品市场日趋完善和活跃。仍然以期货市场为例,截至2019年12月末,中国大宗商品期货(期权)上市情况如表8-1所示。

表8-1 各期货交易所及其交易品种情况(截至2019年12月27日)

交易所名称	品种数量	品种名称	所属板块
上海期货交易所	19	铜、铜期权、铝、锌、铅、镍、锡。	有色金属
		黄金、黄金期权、白银。	贵金属
		天然橡胶、天胶期权、纸浆、石油沥青	化工
		螺纹钢、线材、热轧板卷、不锈钢。	煤焦钢矿
		燃料油	能源
上海国际能源交易中心	2	原油	能源
		20号胶	化工
郑州商品交易所	25	一号棉、棉花期权、棉纱、白糖、白糖期权	软商品
		早籼稻、普麦、强麦、粳稻、晚籼稻	谷物
		甲醇、甲醇期权、PTA、PTA期权、尿素、纯碱	化工
		菜籽油、油菜籽、菜籽粕	油脂油料
		苹果、红枣	农副产品
		硅铁、锰硅	煤焦钢矿
		玻璃	非金属建材
		动力煤	能源

续表

交易所名称	品种数量	品种名称	所属板块
大连商品交易所	22	黄大豆一号、黄大豆二号、豆粕、豆粕期权、豆油、棕榈油	油脂油料
		胶合板、纤维板、聚氯乙烯	非金属建材
		玉米、玉米期权	谷物
		鸡蛋、玉米淀粉、粳米	农副产品
		苯乙烯、乙二醇、聚乙烯、聚丙烯	化工
		铁矿石、铁矿石期权、焦炭、焦煤	煤焦钢矿

资料来源：中国期货业协会。

一、2019 年中国大宗市场总体走势

近些年，大宗商品市场发展曲折前进，跌宕起伏，从 2016 年黑色系大宗商品市场的表现令人振奋之后，世界经济增速下滑的干扰就一直伴随着大宗商品市场的发展。2018 年的最后两个月，市场恐慌和价格下跌相伴出现、互为动力。也正是在这种经济下行压力增大、不确定性增强的环境下，大宗商品市场迎来了 2019 年的开端。

中国大宗商品现货市场的"金九银十"季节性规律在 2019 年只剩下"金九"。如图 8-1 所示，2019 年 2 月份，受春节后复产的影响，现货市场供需指数①为正，而在上半年的其他月份，现货的需求水平相对于供给都出现了下滑，并在 5 月份表现最为惨淡。该供需颓势一直持续到下半年的 9 月份，并出现了季节性需求拉动型的价格上涨。然而，在 9 月份冲高之后，商品现货需求又普遍转弱，价格下行。

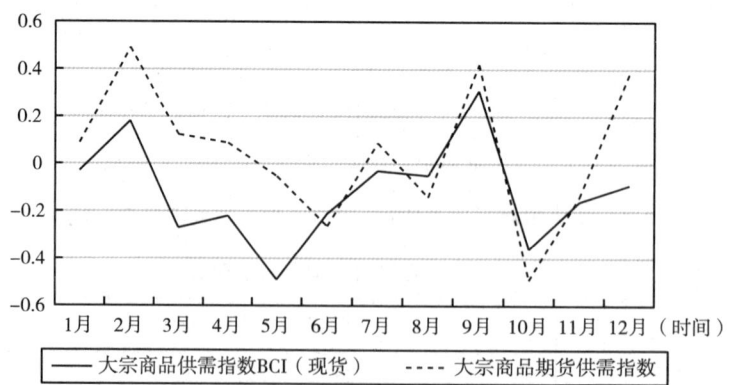

图 8-1 中国大宗商品供需指数 BCI（现货）和大宗商品期货供需指数

资料来源：生意社；中国期货业协会；Wind。

---

① 即大宗商品供需指数（Bulk Commodity Index，简称 BCI），是由生意社根据 8 大行业、100 种基础原材料的现货价格变化统计的，可以反映大宗商品现货市场供需关系。其计算公式为：BCI =（现货月度价格上涨品种数 - 现货月度价格下跌品种数）/现货商品总数，当 BCI > 0，反映制造业经济呈扩张状态；反之，制造业经济处于收缩状态。

为了对应地展示大宗商品期货市场的供需变化，本书采用相似的计算逻辑构建了大宗商品期货供需指数。该指数基于大连商品交易所、郑州商品交易所和上海期货交易所（含上海国际能源交易中心）的 57 种相对活跃的商品期货价格进行统计。如图 8-1 所示，在 2019 年第一季度，期货市场供需走强，并且在 2 月份受春节后复产的影响，有 39 种商品期货月平均价格上涨、11 种商品期货月平均价格下跌，商品期货供需指数达到 0.49。与现货市场相似是，商品期货市场在 5、6 月份供需形势走弱，并且在经历 9 月份季节性需求拉升后，也紧接着转为需求下行。而进入 12 月份后，商品期货和商品现货走势背向而行，期货市场平均价格上涨，需求增强。

从图 8-1 中可以直观看出，虽然商品期货价格波动更加明显，并且商品期货的平均相对需求程度更高，但考虑期现升贴水的影响，大宗商品供需指数（BCI）和大宗商品期货供需指数展现了相似的供需年度波动趋势。即 2019 年中国大宗商品市场波动频繁，尤其是在第二、三季度经济需求下行压力增大，并且春节复工和"金九银十"对大宗商品的需求利好作用也有弱化。

二、2019 年中国大宗商品市场各品种情况

与市场整体波动相似，2019 年各大宗商品板块及具体品种表现也是跌宕起伏，并且商品板块之间、具体品种之间也有所差异。考虑到大宗商品现货市场和衍生品市场的商品板块分类不同，为了更详细、更全面地展现 2019 年中国大宗市场的运行状况，本书分现货市场和衍生品市场两部分描述 2019 年大宗商品市场的具体表现。

（一）现货市场

中国大宗商品现货各板块的价格走势，可以通过中国大宗商品价格指数（China Commodity Price Index，简称 CCPI)[①] 来反映。

1. 农产品类。2019 年，农产品类商品现货价格持续走低，只有 4 月和 9 月价格基本稳定，11 月份小幅回升 1.18 点。截至 2019 年 12 月份，农产品类价格指数（现货）145.38 点，月环比下降 0.56 点，跌幅 0.38%；年同比下降 9.7 点，跌幅 6.47%；年内下降（与年初比）5.88 点，跌幅 3.89%。如图 8-2 所示，全年农产品类价格指数（现货）都处于 2016 年以来的同比最低水平。

但具体的农产品价格走势与农产品总指数又有所不同。例如，图 8-3 是 2016—2019 年全国粮油批发价格指数[②]中黄玉米的走势图。如图 8-3 所示，2019 年中国玉米价格波动较为平缓，基本可以分为两阶段：第一阶段是从春节后的 2 月中下旬到 7 月初。期间，玉米价格虽有小幅波动，但整体呈上升走势，从低点 124 涨至 134，涨幅 8.06%。究其原因，有两方面原因。一是大部分玉米都被贸易商从农户手中收购，市场主动供给不足；二是加工旺季继续拉动需求。第二阶段是从 7 月中旬到年底。在此期间，玉米价格呈缓慢的下降趋势。从供给角度来说，新玉米的上市以及政策粮拍卖导致供给宽裕；从需求角度来

[①] CCPI 是根据能源、钢铁、矿产品、有色金属、橡胶、农产品、牲畜、油料油脂、食糖等 9 大类别 26 种商品的周度现货价格计算的加权价格指数，并以 2006 年 6 月为基期。

[②] 全国粮油批发价格指数由全国 34 个省市、自治区和直辖市的数据整理，以 2008 年 12 月为基期（100）。

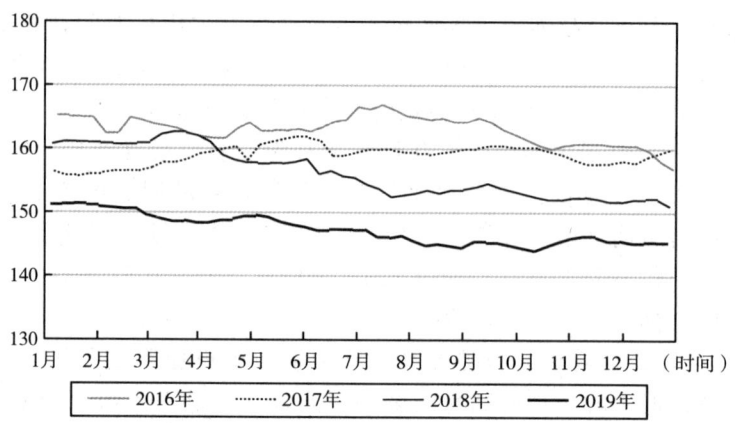

图 8-2 中国大宗商品价格指数（CCPI）：农产品类

资料来源：中国国际电子商务中心内贸信息中心。

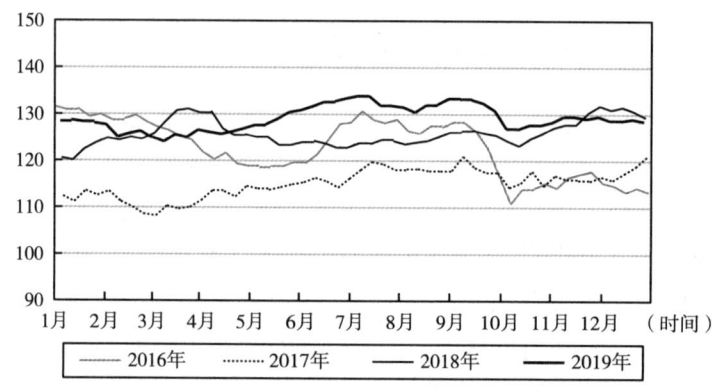

图 8-3 全国粮油批发价格指数：黄玉米

资料来源：Wind。

说，非洲猪瘟对市场影响较大，农户养猪积极性不高，玉米需求不足。

2. 能源类（见图 8-4）。2019 年能源类商品现货价格整体呈上涨趋势，年中第二、三季度价格持续下跌，其中，5—8 月份共下跌 13.7 点，降幅 11.32%。直到进入 9 月份，能源类商品现货价格才开始回升。截至 2019 年年末，能源类价格指数（现货）117.06 点，月环比上涨 4.12 点，涨幅 3.65%；年同比上涨 13.12 点，涨幅 12.62%；年内上涨 13.04 点，涨幅 12.53%，并创四年来新高。

与能源类大宗商品总体指数不同，动力煤现货价格稳中有降。如图 8-5 所示，2019 年秦皇岛的动力煤（Q5500）市场均价为 588.06 元/吨，与 2018 年的 593.05 元/吨相仿，年度价格波动较小。但是从年内来看，2 月份受春节影响，市场供需平淡，动力煤价格相对平稳。而在 3—5 月份期间，晋蒙矿难事故频发，煤炭供应偏紧，动力煤价格有所上涨，3 月和 4 月平均价格分别为 626.6 元/吨和 625.2 元/吨。在经历了 5 月和 6 月的市场调整和波动后，煤炭供应逐渐平稳，而制造业经济持续低迷，市场需求较弱，动力煤价格缓步下降。

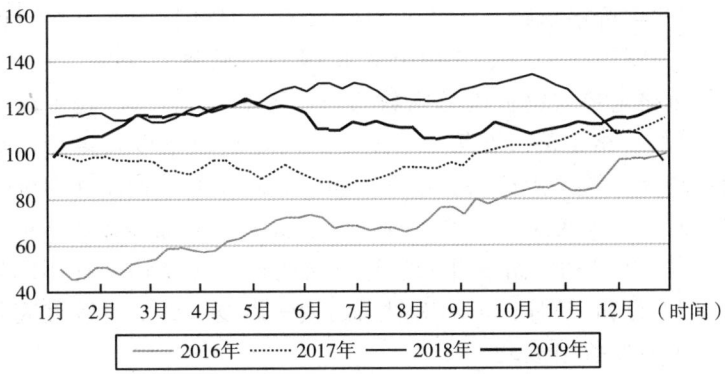

图 8-4　中国大宗商品价格指数（CCPI）：能源类

资料来源：中国国际电子商务中心内贸信息中心。

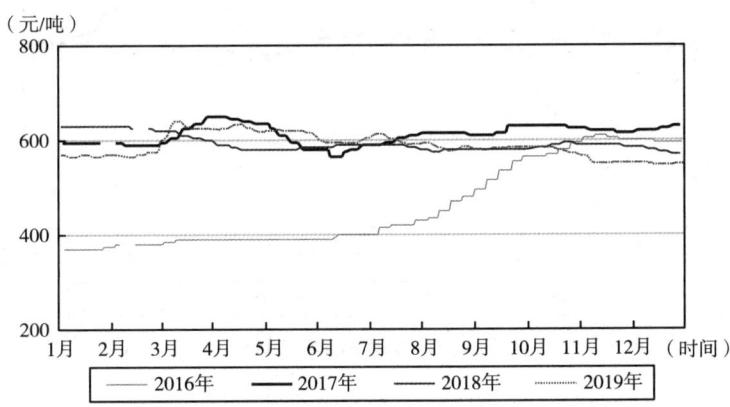

图 8-5　秦皇岛动力煤（Q5500）市场价

资料来源：Wind。

3. 钢铁类（见图 8-6）。2019 年钢铁类商品现货价格整体价格稳定，年初价格小幅上涨，而 6—10 月份继续下跌共 8.33 点，降幅 7.12%，"金九银十"的市场传统不再。截

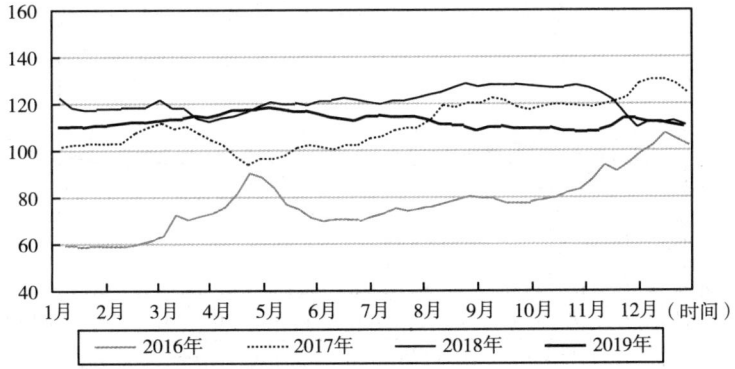

图 8-6　中国大宗商品价格指数（CCPI）：钢铁类

资料来源：中国国际电子商务中心内贸信息中心。

至 2019 年年末，钢铁类价格指数（现货）114.42 点，月环比上涨 0.54 点，涨幅 0.49%；年同比下降 0.46 点，跌幅 0.41%；年内上涨 1.19 点，涨幅 1.08%。

螺纹钢的现货价格走势与钢铁类总指数相似。图 8-7 展示的是中国主要城市的螺纹钢（HRB400）的平均价格走势。在第一季度，国内宽松政策以及港口、钢厂的低库存共同作用，供需相对均衡，螺纹管价格稳定在 4000 元/吨左右。而从 4 月初开始，由于先后受淡水河谷矿难和澳洲飓风灾害的影响，铁矿石价格大幅上涨。在成本的推动下，螺纹钢价格也因此水涨船高。7 月初，市场开始察觉供给过剩，螺纹钢库存不断增加，价格也因此一路下跌。而在 11 月和 12 月，市场对供需的摸索修复、钢厂补库和宽松的货币政策等多重影响导致螺纹钢短期价格波动。

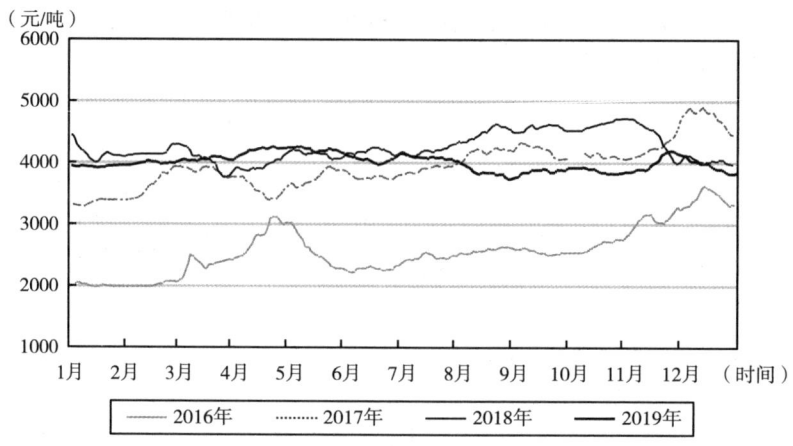

图 8-7 国内主要城市螺纹钢（HRB400）平均价

资料来源：Wind。

4. 有色金属类（见图 8-8）。2019 年有色金属类商品现货价格整体较为稳定，各月环比价格涨跌幅均不超过 3%，并且各月份的累计年内涨跌幅也均不超过 3.5%。截至 2019 年年末，有色金属类价格指数（现货）78.3 点，月环比上涨 0.54 点、年同比下降 0.46 点、年内上涨 1.19 点，全年价格均不高于 2018 年同期水平。

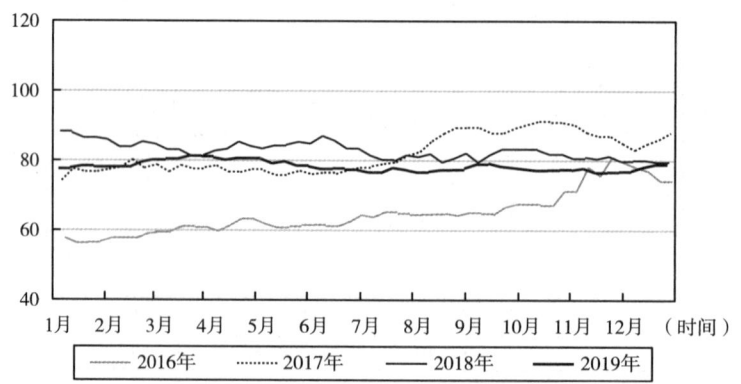

图 8-8 中国大宗商品价格指数（CCPI）：有色金属类

资料来源：中国国际电子商务中心内贸信息中心。

2019年铜现货与有色金属总指数相似,价格相对稳定(如图8-9所示),但根据年内走势,仍可以分为主要的四个阶段:第一阶段为3月份,为了应对全球经济下行压力,国家积极实行经济刺激政策,包括减税降费等积极的货币政策,铜价也因此小幅上升;第二阶段为4—6月份,此阶段铜价下跌,主要影响来自贸易摩擦加剧、制造业惨淡等外界需求端影响;第三阶段为7—10月份,此阶段,制造业经济持续低迷,但房地产和基建产业托底作用仍在,供需相对均衡,铜价小幅震荡;第四阶段为11—12月份,以美联储为代表的多国央行机构实行较为宽松的货币政策,国际和国内经济风向转好,制造业复苏,铜价有所上涨。

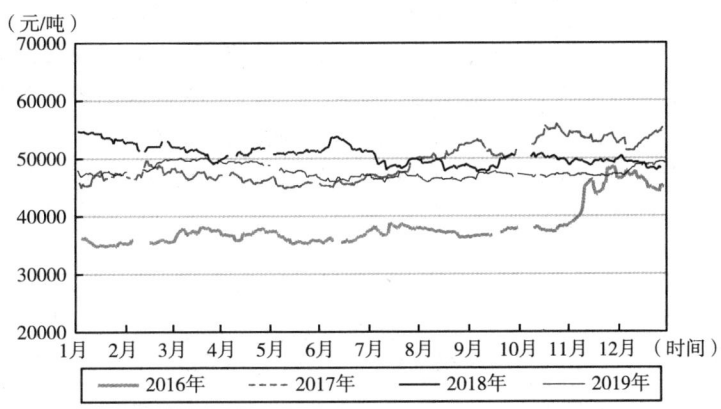

图8-9 国内铜(1#)现货平均价

资料来源:Wind。

5. 矿产类。如图8-10所示,在2019年年初和年末,矿产类商品现货价格波动较为平缓,但在4—7月份出现了反季节性价格上涨,7月19日矿产类大宗商品价格指数(现货)达到了157.45,创下历史新高。而随后在8月份,该指数大幅下跌18.88点,跌幅12.11%。截至2019年年末,矿产类价格指数(现货)129.9点,月环比上涨4.01点,涨幅3.19%;年同比上涨11.73点,涨幅9.93%;年内上涨8.06点,涨幅6.61%。

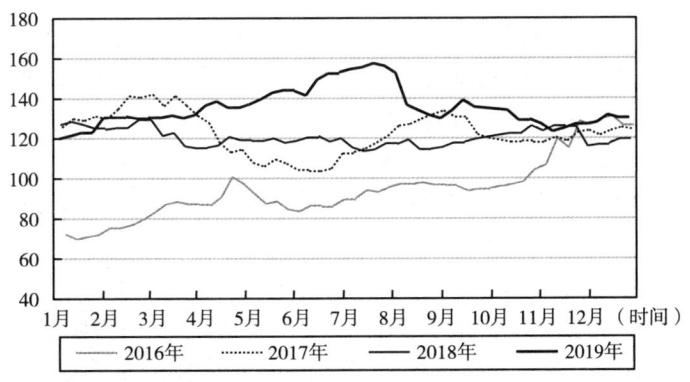

图8-10 中国大宗商品价格指数(CCPI):矿产类

资料来源:中国国际电子商务中心内贸信息中心。

铁矿石作为矿产类代表，现货价格走势与矿产类总指数极为相似。图8-11是2016—2019年中国铁矿石价格指数（CIOPI）的走势图①。直观可见，2019年中国铁矿石价格处于历史高位，并且波动较大，可分为具体几个阶段：第一阶段是从年初到2月中上旬，受钢厂春节前补库寻求提升以及1月底巴西矿难事故影响，铁矿石价格指数从256涨到326，涨幅27.34%。第二阶段到3月末。该期间，巴西矿难事故对市场的影响逐渐缓和，并且国内处于春节期间，需求转弱，价格有所小幅回落。第三阶段到7月末。这段时间铁矿石价格从307涨到442，涨幅43.97%，与历史同期价格相比表现出明显的反季节性特点。究其原因，一方面是3月下旬澳洲发生飓风灾害，对铁矿石的生产和运输造成巨大困难。从中国供给来源来看，无论是发货量和国内到港量都处于低位；另一方面，随着春节复工以及春夏需求高涨，需求端日益高涨。第四阶段到11月初。在这段时间，外国铁矿石供给以及国内到港量逐渐增多，同时国内进入需求淡季，供需基本面发生反转；另外，进入秋季后，各地限产增加，钢厂采购补库动机不足，铁矿石需求进一步下降。综上影响，铁矿石价格有较大幅度下跌。第五阶段到2019年年底。各地钢厂逐渐开始为春节补库，价格有小幅回升。

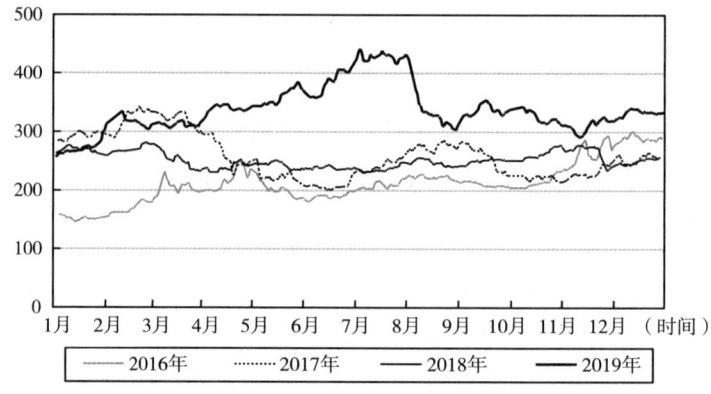

图8-11 中国铁矿石价格指数（CIOPI）

资料来源：Wind。

6. 油脂油料类（见图8-12）。从年度来看，油脂油料类商品价格指数（现货）年度振幅较小，整体处于近四年同期最低水平。而与其他现货商品板块不同的是，该板块指数上半年持续走低，截至7月12日，该指数年内累计下降9.93点；而在后半年，该板块商品价格震荡上升，截至2019年年末，油脂油料类价格指数（现货）167.52点，月环比上涨1.47点，涨幅0.89%；年同比上涨6.33点，涨幅3.92%；年内上涨8.54点，涨幅5.37%。

大豆现货价格走势与油脂油料类总体指数则不同。图8-13是2016—2019年全国大豆收购价格的走势图。从历史价格水平来看，2019年国内大豆市场萎靡严重，全年处于低迷态势。最主要的原因是受2017年政策引导，国内大豆种植总产量不断创下新高。根据

---

① 中国铁矿石价格指数（CIOPI）涵盖国产铁矿石和进口铁矿石两部分，以1994年4月份为基期（100）。

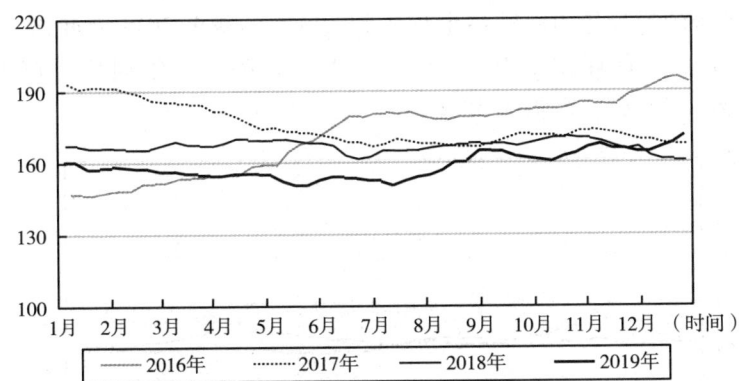

图 8-12 中国大宗商品价格指数（CCPI）：油脂油料类

资料来源：中国国际电子商务中心内贸信息中心。

国家统计局数据：2019 年中国大豆播种面积 1.40 亿亩，比上年增加 1382 万亩，增长 10.9%；大豆单产 129 公斤/亩，每亩产量比上年增加 2.7 公斤，增长 2.2%；大豆产量 362 亿斤（1810 万吨），比上年增加 43 亿斤（215 万吨），增长 13.3%。

从年度价格波动来看，2019 年中国大豆价格较为平稳，其中第一、四季度低位运行，第二、三季度价格相对较高。第一季度中美贸易谈判顺利，国储省储轮换大豆收购计划启动，国内大豆需求提升。但是农户的去库存、出售的热情也相对较高，因此大豆供给和需求相对平衡，价格相对稳定。第二季度因为农户去库已完成，而新粮又未上市，同时 5 月份中美贸易谈判进展不顺，进口大豆高涨，大豆价格稳步上升。第三季度中国继续进行临储大豆拍卖，增加市场供给，但新粮未上市，效果不佳，大豆价格维持高位。第四季度新粮集中上市，供给紧张相对缓和。同时中美第 13 轮经贸高级别磋商取得诸多实质性进展，大豆价格回落。

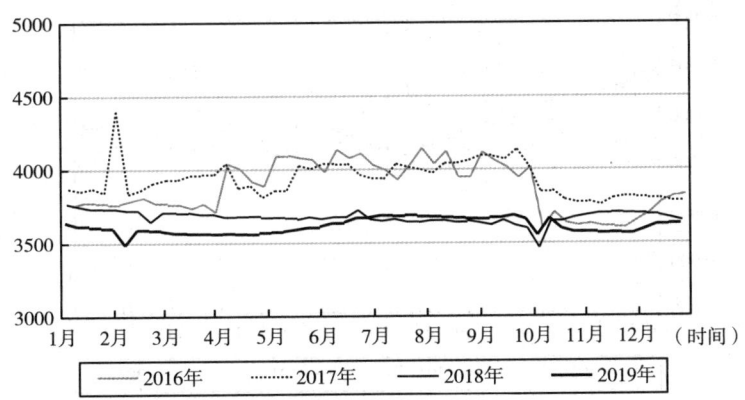

图 8-13 全国粮油批发价格指数：大豆

资料来源：Wind。

7. 橡胶类（见图 8-14）。2019 年橡胶类价格指数（现货）整体较为稳定，整体处于近四年同期最低水平，并且无明显季节性或假期影响波动，各月环比价格涨跌幅均不超过

3.1%,并且各月份的累计年内涨跌幅也均不超过 4%。截至 2019 年年末,橡胶类价格指数(现货)41.41 点,月环比上升 1.08 点,涨幅 2.67%;年同比下降 0.74 点,跌幅 1.75%;年内下降 1.58 点,跌幅 3.68%。

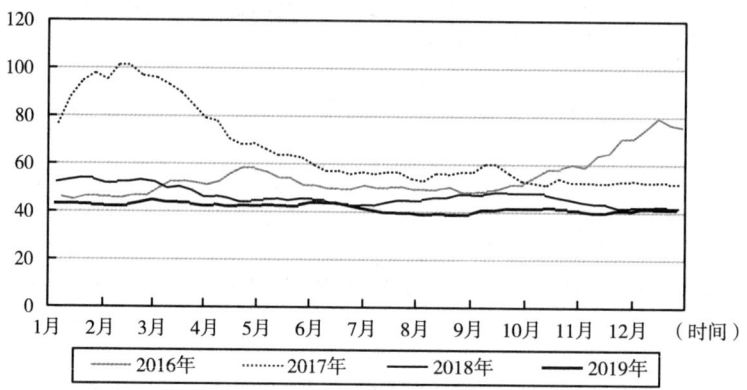

图 8-14 中国大宗商品价格指数(CCPI):橡胶类

资料来源:中国国际电子商务中心内贸信息中心。

天然橡胶与整体橡胶类现货的价格走势类似(见图 8-15)。2019 年中国天然橡胶受国内外以及供需两端多重影响,价格波动频繁,经历了三次较大幅度的上涨。第一阶段从年初到 3 月末,春节节后复工以及资本的进入和东南亚橡胶生产国计划削减 30 万吨天然橡胶出口量的消息,共同抬升了天然橡胶市场价格。第二阶段从 4 月初到 7 月末。海关严查混合胶进口、云南遭遇干旱割胶受阻、美联储暗示降息带动国际货币宽松预期,国内天然经历第二个小周期。第三阶段从 8 月初到年底,这阶段国内需求预期较好,东南亚先后经历台风和真菌性感染,国内天然橡胶价格稳步上升。

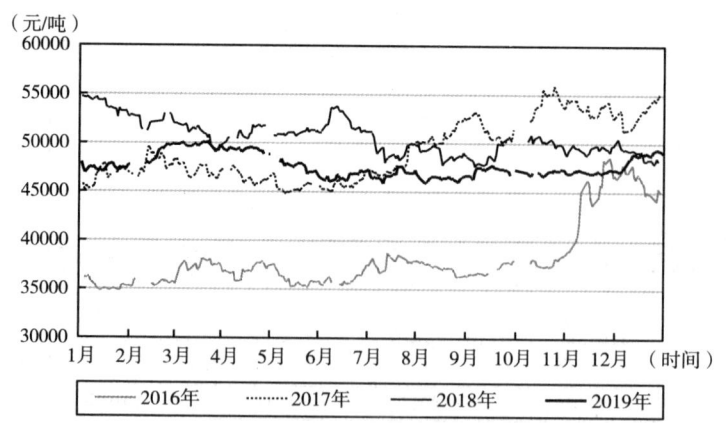

图 8-15 国内天然橡胶现货价格

资料来源:Wind。

8. 牲畜类(见图 8-16)。因为价格上涨幅度巨大,牲畜类商品板块是 2019 年,尤其是 2019 年下半年,大宗商品市场最受关注的商品板块之一。从 6 月初到 10 月底,牲畜类商品价格指数(现货)累计上涨 265.64 点,涨幅达 112.35%,并在 11 月初达到了创纪录的 502.08 点。虽然此后因为政府增大宏观调控力度，并向市场投放储备猪肉，缓解肉类供给紧张形势，但是该商品板块现货价格仍居历史同期最高水平。截至 2019 年年末，牲畜类商品价格指数（现货）441.11 点，月环比下降 26.04 点，跌幅 5.58%；年同比大涨 202.34 点，涨幅 84.74%；年内大涨 210 点，涨幅 90.87%。

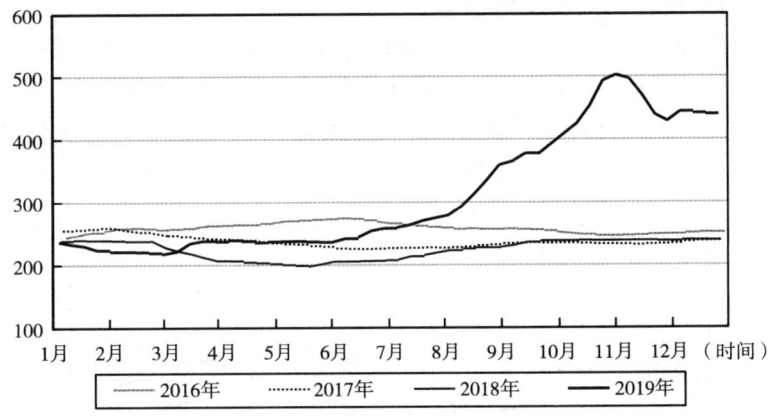

图 8-16　中国大宗商品价格指数（CCPI）：牲畜类

资料来源：中国国际电子商务中心内贸信息中心。

牲畜类现货中，猪肉价格涨幅最为显著。图 8-17 是屠宰企业对五花肉（猪肉）的平均收购价，统计样本为北京、上海、天津、黑龙江等 22 个省、自治区和直辖市的 600 余个大中小型生猪养殖场户。纵观 2019 年猪肉价格走势，可将其分为三个阶段：第一阶段为 2 月份，即 2019 年农历春节前后。春节前，受非洲猪瘟影响，养殖户存栏减少，积极抛售，而消费者又怀警戒之心，需求不高，导致节前猪肉价格小幅下降。随着节后市场预期转好，资本进入，猪肉价格小幅回升。整体来看，该阶段猪肉价格 2019 年处于低位维持状态。第二阶段为 3—10 月份。非洲猪瘟影响日渐扩大，国内生猪存栏量不断下滑，供应紧张导致猪肉价格持续攀升。尤其是进入 8 月份后，中秋节消费导致猪肉需求和价格涨

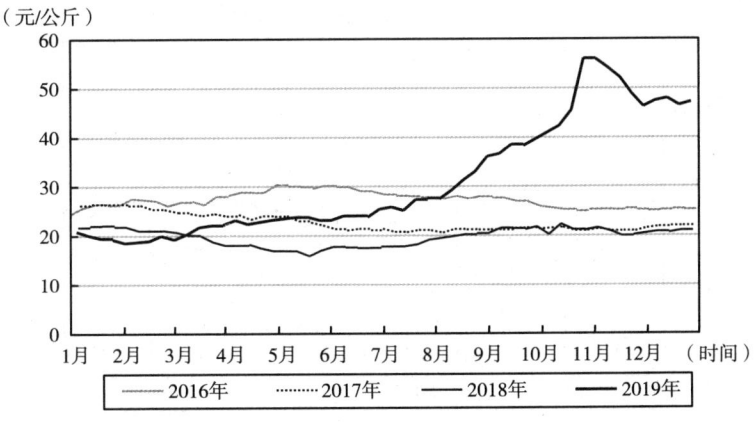

图 8-17　国内猪肉平均收购价

资料来源：Wind。

幅更大。第三阶段为 11—12 月份。超高肉价导致需求难以维系、国内供给力度增大，据农业农村部和国家统计局数据显示，2019 年 12 月份全国 400 个监测县，能繁母猪存栏环比增长 2.2%，连续 3 个月增长；2019 年年末全国生猪存栏 31041 万头，比第三季度末增长 1.2%（但同比下降 27.5%）、另外同时随着冷冻肉和进口肉的进入，市场供应紧张形势有所缓解，猪肉价格有较大幅度的回落。

9. 食糖类（见图 8-18）。2019 年，食糖类商品价格指数（现货）波动较为平缓，整体呈小幅上涨趋势，并且涨幅集中在 8、9、10 月份。截至 2019 年年末，食糖类商品价格指数（现货）113.16 点，月环比下降 5.95 点，跌幅 4.99%；年同比上涨 8.21 点，涨幅 7.82%，年内上涨 9.68 点，涨幅 9.35%。

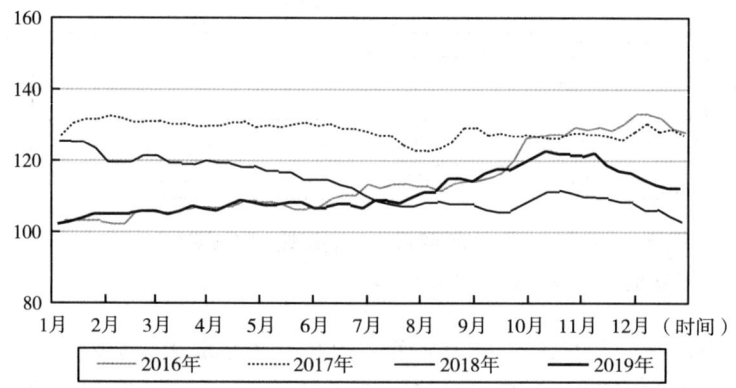

图 8-18　中国大宗商品价格指数（CCPI）：食糖类

资料来源：中国国际电子商务中心内贸信息中心。

白砂糖现货价格的走势与食糖类综合指数类似（见图 8-19）。根据广西糖网数据，2019 年，南宁白砂糖现货平均价格 5510 元/吨，年平均价格水平与 2018 年 5625 元/吨相近，但价格走势却与之相反。2019 年，白砂糖价格震荡上升，可分为四个阶段：第一阶段从 1 月份到 4 月中旬，国内白糖产量同比上升，而需求更加高涨，库存不断走低，白糖价

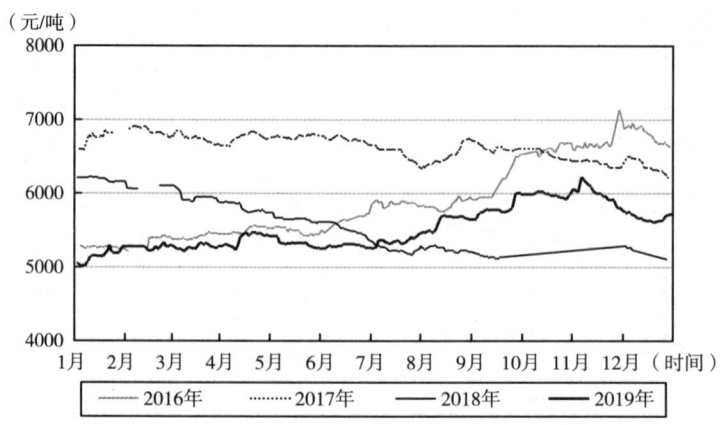

图 8-19　南宁白砂糖现货价格

资料来源：Wind。

格波动上升。第二阶段从 4 月中旬到 6 月份,此阶段白糖需求转弱,同时国际糖价下跌,进口糖对国内糖价造成进一步的下压影响。第三阶段从 7 月份到 11 月初,国际糖价开始回升,进口冲击影响转弱,国内和国际糖市价格齐头上涨。第四阶段从 11 月初到年底,广西大部分糖厂都已开榨,新糖集中上市,供给过剩,糖价回落。

(二) 衍生品市场

衍生品市场,主要是期货市场的价格走势,则可以通过 Wind(期货)商品大类指数来反映。

1. 非金属建材。如图 8-20 所示,2019 年非金属建材期货商品指数整体波动较小,上半年保持逐步小幅上涨趋势,在 7 月份达到了年中峰值 592.2,并超过去年同期水平。此后非金属期货指数进入多重影响导致的振荡期,其中 12 月份环比大幅上涨 88.49 点,涨幅达 15.05%。截至 2019 年年末,非金属建材板块商品指数为 676.51,年同比上涨 147.84 点,年同比涨幅 27.97%;年内上涨 138.92 点,涨幅 25.84%。

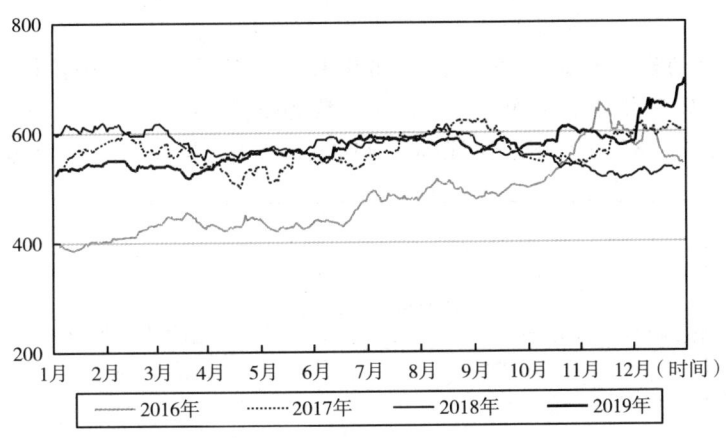

图 8-20 Wind 商品大类指数:非金属建材

资料来源:Wind。

以聚氯乙烯(Polyvinyl chloride,PVC)为例,2019 年国内 PVC 市场震动频发,但主要可以分为 4 段小周期(见图 8-21)。第一段为 2019 年年初到 3 月中旬,市场受春节假期的前后不同的影响,PVC 下游需求以及工厂开工率都发生转变,PVC 期货核心现货成交不温不火,期货价格在 6400-6600 元/吨上下小幅波动。第二阶段为 3 月中旬到 6 月初,天气回暖之后,下游基建需求大增,同时叠加东兴事故以及企业检修影响,PVC 期货价格大幅攀升至 7100 元/吨左右。随后,该阶段初的基本面发生转变,价格应声而下。第三阶段为 6 月初至 10 月中旬,这段时间本应是市场的旺季,但受环保因素影响,下游企业开工较少,PVC 价格逐步下跌。第四阶段为 10 月中旬到年底,因为前期的过度去库存以及限产影响加深,市场开始察觉到货源紧张,PVC 期现市场都有上涨反应,直到检修普遍结束,供应紧张形势才开始缓解。

2. 谷物。如图 8-22 所示,2019 年谷物期货商品指数稳定在 400 点附近,与近 4 年走势相比,在 4、5 月份有小幅的逆季节性上涨,在 4 月底达到了该年峰值 416.2 点,居历

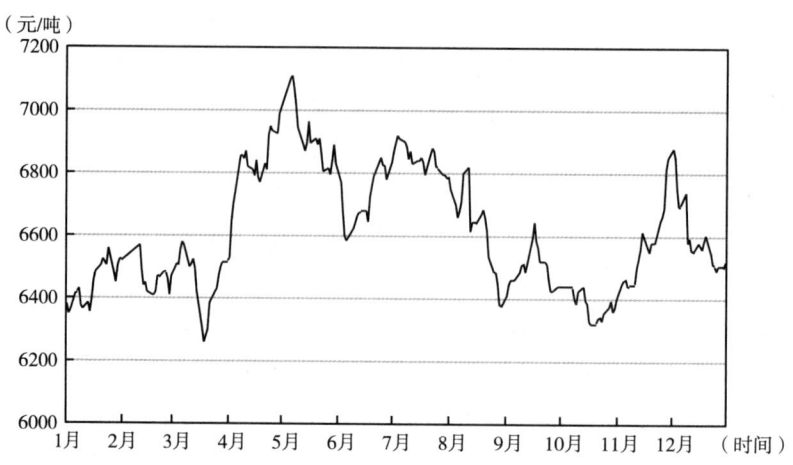

图 8-21　2019 年 PVC 期货连续活跃合约走势

资料来源：Wind。

史同期最高，较年初累计上涨 34.8 点，涨幅 9.12%。随后谷物板块价格保持逐步小幅下降趋势。截至 2019 年年末，谷物板块商品指数为 389.14，月环比下降 0.78 点，跌幅 0.2%；年同比上涨 2.87 点，年同比涨幅 0.74%；年内上涨 7.74 点，涨幅 2.03%。

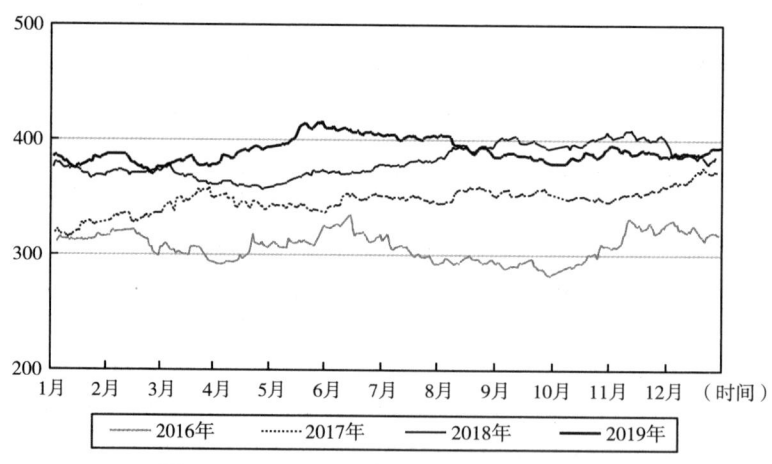

图 8-22　Wind 商品大类指数：谷物

资料来源：Wind。

以黄玉米期货为例（见图 8-23），2019 年玉米期货最明显的阶段特征就是从 3 月份到 5 月份的上涨和从 6 月份到 9 月份的下跌。从 2 月下旬开始，贸易商开始逐步从农户手中收购玉米，而拍卖粮时间推迟，同时随着开工旺季的需求增加，玉米期货价格步步攀升，最高至 2000 元/吨。而进入 6 月份之后，由于政策粮拍卖以及小麦收割产生的季节性压力，市场供应缓解。另外，随着非洲猪瘟的影响，生猪存栏量大幅降低，玉米需求与日剧下，进一步对玉米期现价格产生下压作用。

3. 贵金属。2019 年，贵金属期货价格指数整体呈上涨趋势，如图 8-24 所示，尤其是在 5—9 月份，该指数大幅上涨 195.26 点，涨幅 21.49%，并在 9 月初达到了创历史新

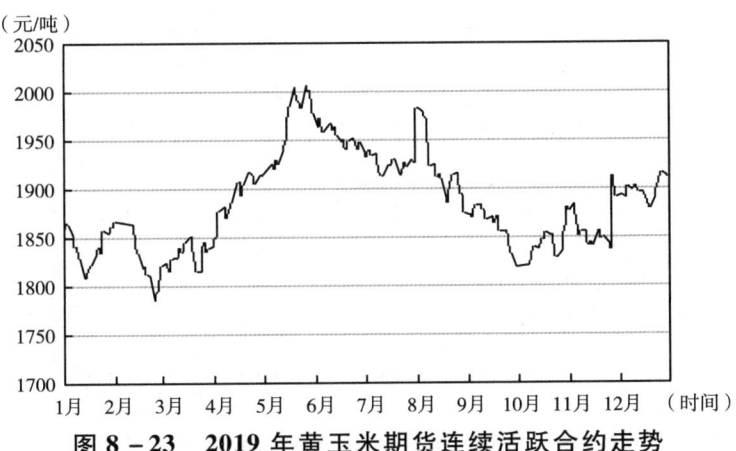

图 8-23　2019 年黄玉米期货连续活跃合约走势

资料来源：Wind。

高的 1173.36 点。在随后的第四季度，贵金属期货价格指数震动下降。截至 2019 年年末，贵金属期货价格指数为 1068 点，月环比小幅上涨 1.72 点，涨幅 0.16%；年同比大幅上涨 162.55 点，年同比涨幅 17.95%；年内上涨 145.37 点，涨幅 15.76%。

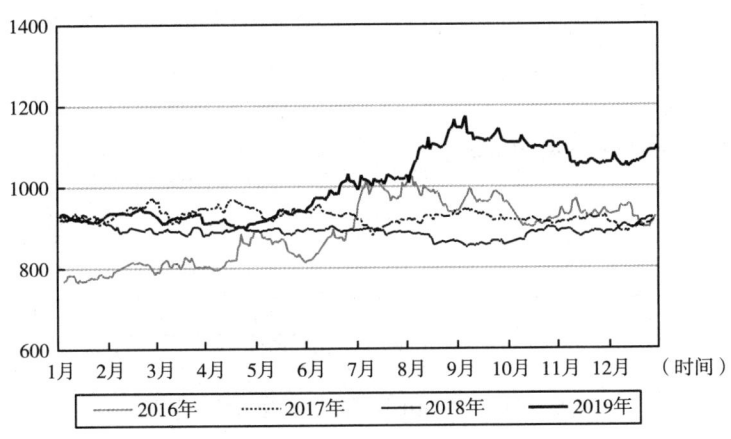

图 8-24　Wind 商品大类指数：贵金属

资料来源：Wind。

黄金期货作为贵金属期货板块的重要代表，较为全面地体现了贵金属期货板块 2019 年的活跃表现（见图 8-25）。2019 年，以美联储为代表的各国央行普遍实行降息政策，国内和国际货币形式相对宽松，9 月初，黄金期货价格创下了 6 年以来的新高水平，达到了 361 元/克。截至 2019 年 12 月 31 日，上海期货交易所黄金期货合约 2019 年全年累计成交量创历史新高，达到 9.24 万吨（双边），同比增长 186.58%；成交额 29.99 万亿元（双边），同比增长 238.91%。有机构分析师称，2019 年是黄金近十年来表现最好的一年。

4. 化工（见图 8-26）。2019 年化工板块期货表现较为惨淡，无论是从波动时间还是波动幅度上，该指数都是涨少跌多，整体保持小幅下跌趋势。截至 2019 年年末，化工板

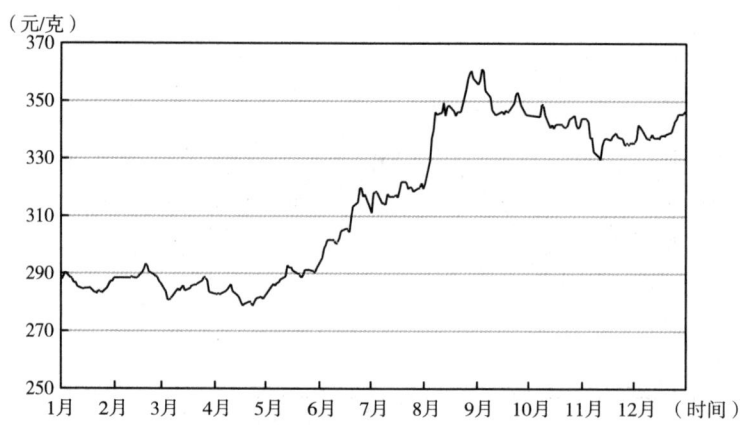

图 8-25　2019 年黄金期货连续活跃合约走势

资料来源：Wind。

块商品指数为 524.51，月环比上升 15.25 点，涨幅 2.99%；年同比下降 48.66 点，年同比跌幅 8.49%；年内下跌 54.62 点，跌幅 9.43%。

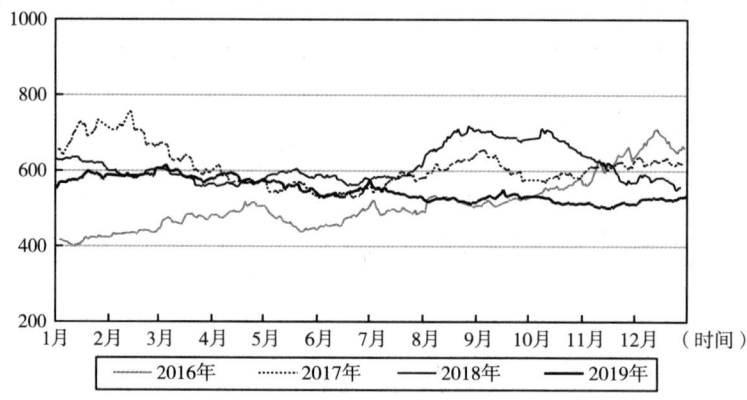

图 8-26　Wind 商品大类指数：化工

资料来源：Wind。

聚乙烯是化工期货板块中的代表性品种。最近几年，聚乙烯的期货市场表现都呈现明显的震荡下滑特点，而该特点在 2019 年表现得更加显著（见图 8-27）。究其原因，一方面，由于逐步推动经济转型、环保限产等措施的政策，下游企业开工率较低，国内需求不足；另一方面，国内和国外的聚乙烯的生产产能不断提升，同时进口冲击扩大，供给相对充足。

5. 煤焦钢矿。如图 8-28 所示，在 2019 年年初和年末，煤焦钢矿商品期货价格波动浮动较小，在上半年整体呈小幅上涨趋势，并且在 4—7 月保持了连续四个月的稳定上涨，居历史同期水平。但在 8 月份，该板块期货价格指数大幅下跌 95.84 点，并在随后的 9 月、10 月份累计下跌 139 点，累计跌幅达 19.04%。截至 2019 年年末，煤焦钢矿板块商品指数为 618.75，月环比上涨 22.4 点，涨幅 3.76%；年同比下降 40.12 点，年同比跌幅 6.09%；年内下跌 18.19 点，跌幅 2.86%。

煤焦钢矿期货板块中，铁矿石期货价格走势（见图 8-29）与铁矿石现货价格指数走

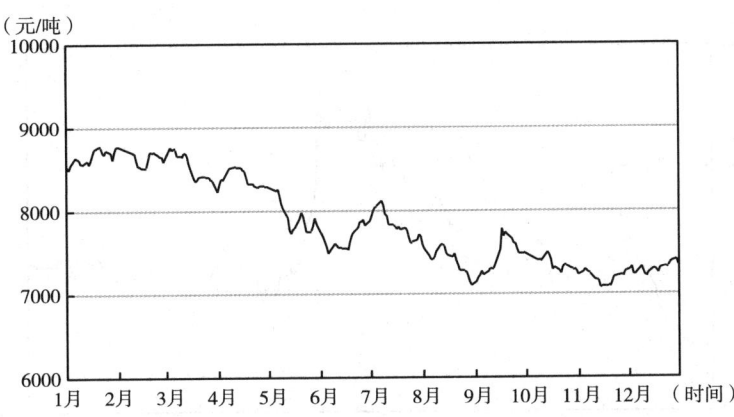

图 8-27　2019 年聚乙烯期货连续活跃合约走势

资料来源：Wind。

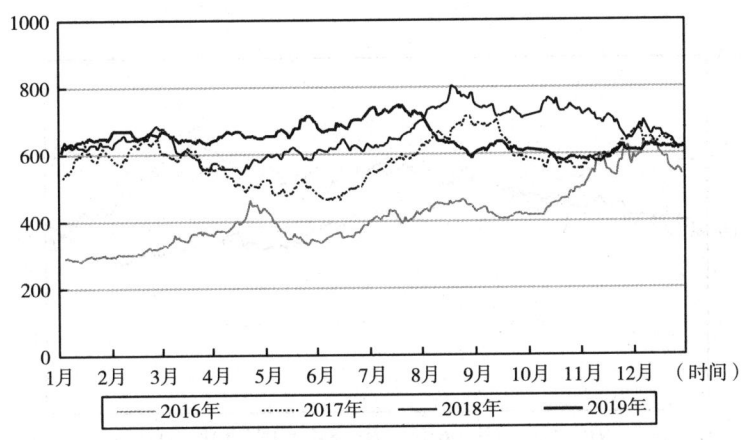

图 8-28　Wind 商品大类指数：煤焦钢矿

资料来源：Wind。

势图（图 8-11）基本重合，铁矿石期货市场表现及其影响机制可参考铁矿石现货市场分析部分。

6. 能源（见图 8-30）。与煤焦钢矿板块相似，能源类商品板块在前五个月保持了小幅上涨趋势，累计上涨 95.08 点，累计涨幅 10.04%。而在 5 月末及 6 月初，该板块期货价格指数大幅下跌 130.5 点，该下跌趋势一致持续到 11 月底，累计下跌 214.68 点，累计跌幅 20.6%。在随后的 12 月份，能源板块期货价格有小幅度回升。截至 2019 年年末，能源板块商品指数为 879.18，月环比上升 52.87 点，涨幅 6.4%；年同比下降 54.25 点，年同比跌幅 5.81%；年内下跌 67.66 点，年内跌幅 7.15%。

能源类期货中原油期货最为典型（见图 8-31）。在 2019 年的前五个月，中东地缘政治关系紧张，欧佩克的减产行动极大地提振了市场热情，国际和国内原油期货价格不断上涨，中国 INE 原油期货也在 5 月 13 日创下了 513.5 元/桶年内最高价，原油的大幅上涨，也带动能源大类指数节节攀升。随着空头影响凸显，市场悲观预期加剧，5 月下旬原油价

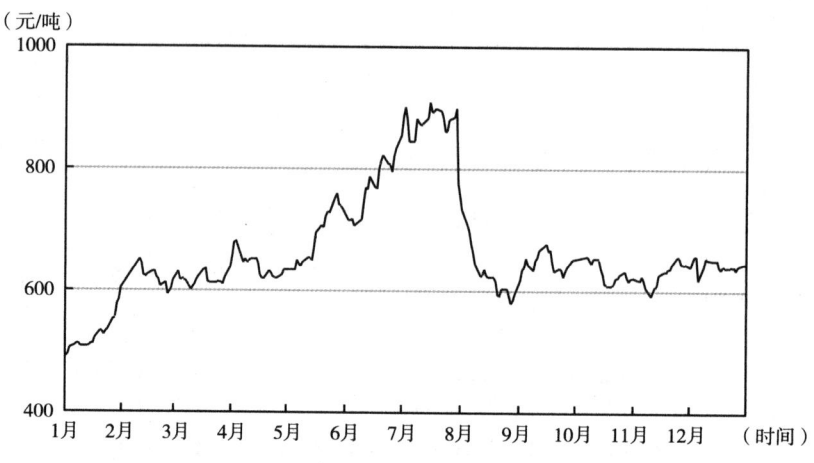

图 8-29　2019 年铁矿石期货连续活跃合约走势

资料来源：Wind。

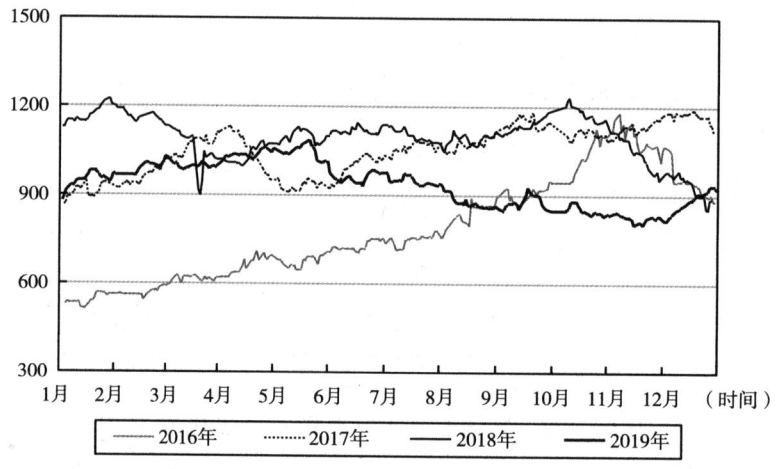

图 8-30　Wind 商品大类指数：能源

资料来源：Wind。

格大幅下跌。随后政治、市场、供需多方势力角力，国内原油价格震动小幅抬升。

7. 农副产品（见图 8-32）。除 5 月和 10 月小幅上涨外，2019 年农副产品板块期货价格整体呈下行趋势。截至 2019 年年末，农副产品板块价格指数为 911.07，月环比下降 60.43 点，跌幅 6.22%；年同比大幅下跌 316.31 点，年同比跌幅 25.77%；年内累计下跌 191.11 点，年内累计跌幅 17.34%。

以苹果期货为例（见图 8-33），2019 年年初，由于受 2018 年减产和 2019 年霜冻影响，苹果市场供应十分紧张，价格不断攀升，并创下了 11823 元/吨的高价。而随着 5 月份气温转升，西瓜等时令水果普遍上市，水果供应紧张的形势得到了大幅缓解，苹果价格也不断震荡走低。

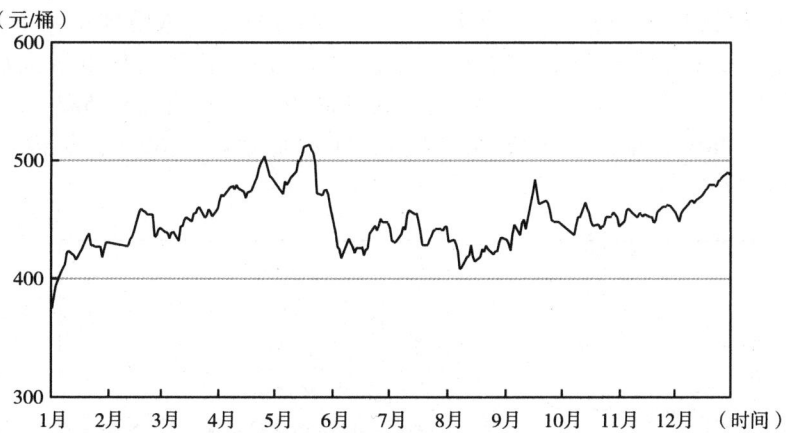

图 8－31　2019 年原油期货连续活跃合约走势

资料来源：Wind。

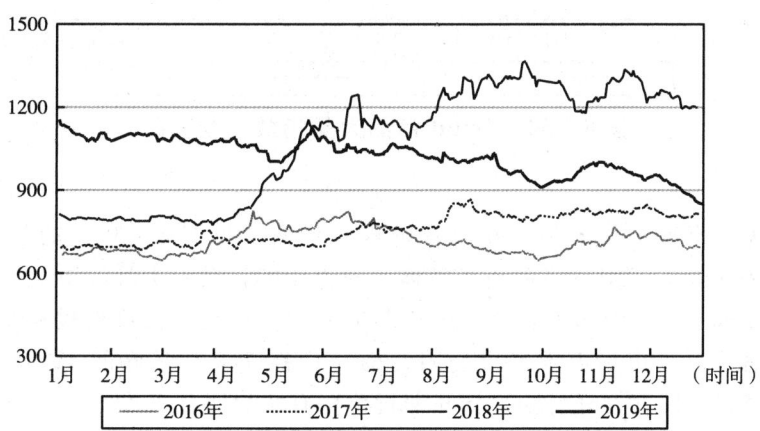

图 8－32　Wind 商品大类指数：农副产品

资料来源：Wind。

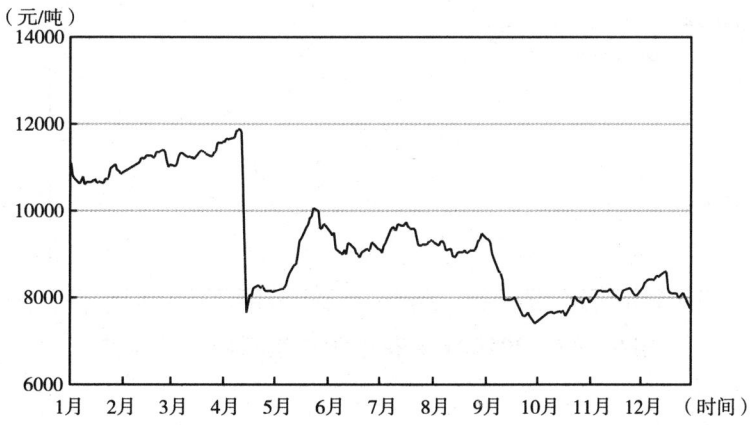

图 8－33　2019 年苹果期货连续活跃合约走势

资料来源：Wind。

8. 软商品（见图 8-34）。2019 年软商品板块期货价格指数整体小幅下降，并且年度降幅主要来自 4 月中旬到 6 月初的冲击，在此期间软商品板块期货价格指数累计下跌 90 点，累计跌幅 14.75%。截至 2019 年年末，软商品板块价格指数为 542.58，月环比下降 5.37 点，跌幅 0.98%；年同比下降 20.77 点，年同比跌幅 3.69%；年内累计下跌 22.2 点，年内累计跌幅 3.93%。

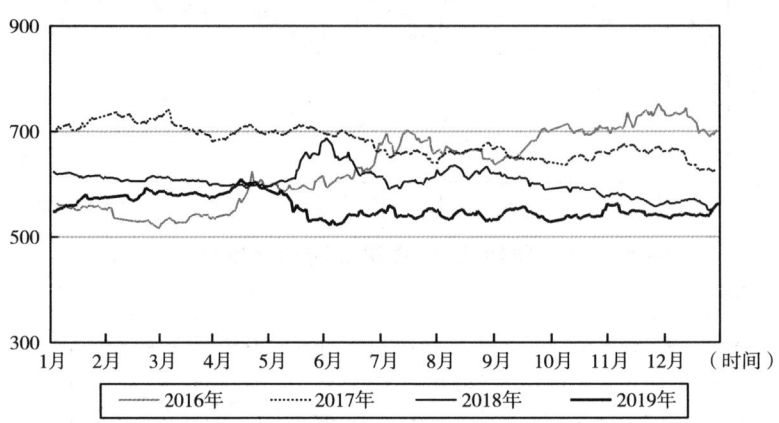

图 8-34　Wind 商品大类指数：软商品

资料来源：Wind。

从软商品大类指数走势图和棉花期货价格走势图（见图 8-35）的契合程度可以看出，2019 年棉花期货价格对软商品市场整体有较大影响。其中 1 月份至 4 月份，随着节后复产以及换季需求上升，纺织等企业对棉花需求加大，棉花期货价格震动小幅上涨。而 5 月份中美贸易恶化后，市场需求严重受阻，棉花价格跌至 9 月底的 12085 元/吨。随后，市场各方供需调整，库存管理变动，棉花期货价格有企稳回升走势。

图 8-35　2019 年棉花期货连续活跃合约走势

资料来源：Wind。

9. 油脂油料（见图 8-36）。2019 年油脂油料板块期货价格指数涨多跌少，整体呈震荡上升趋势。并且与历史同期相比，在 11 月和 12 月该指数还出现了逆季节性的上涨，超近三年同期水平。截至 2019 年年末，油脂油料板块商品指数为 1177.11，月环比上涨 23.58 点，涨幅 2.04%；年同比上涨 135.09 点，年同比涨幅 12.96%；年内上涨 125.56 点，涨幅 11.94%。

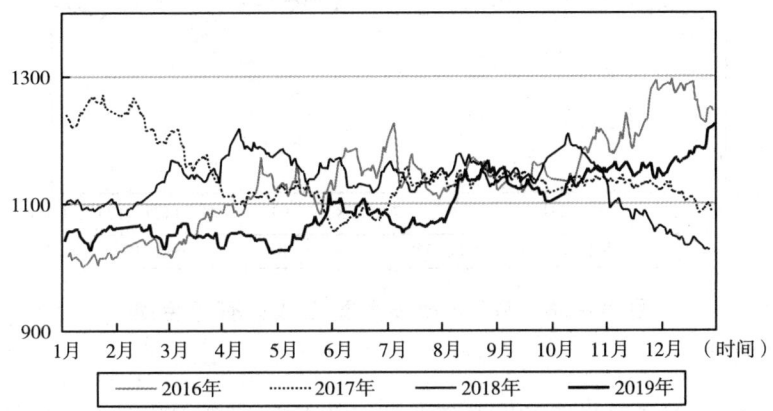

图 8-36　Wind 商品大类指数：油脂油料

资料来源：Wind。

豆粕期货走势与油脂油料总指数相似（见图 8-37）。虽然 2019 年南美气候适宜，大豆增产明显，并且国内受非洲猪瘟影响需求萎缩，但是美国大豆减产严重，并且其作用更甚，豆粕期货价格全年呈震荡上升趋势。

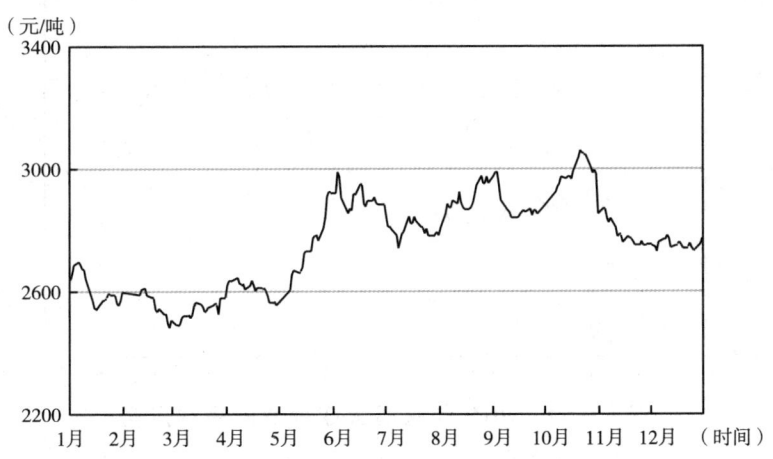

图 8-37　2019 年豆粕期货连续活跃合约走势

资料来源：Wind。

10. 有色金属。2019 年有色金属板块期货价格指数波动较为频繁，如图 8-38 所示，该板块指数在第一、三季度上涨，第二、四季度下跌，年度累计振幅较小，整体在 1300 点左右波动。截至 2019 年年末，有色金属板块商品指数为 1299.72，月环比下降 30.84 点，跌幅 2.32%；年同比上涨 2.37 点，年同比涨幅 0.18%；年内上涨 19.24 点，涨幅 1.5%。

沪镍是 2019 年有色金属板块的明星产品（见图 8-39）。在 2019 年第一季度，由于不

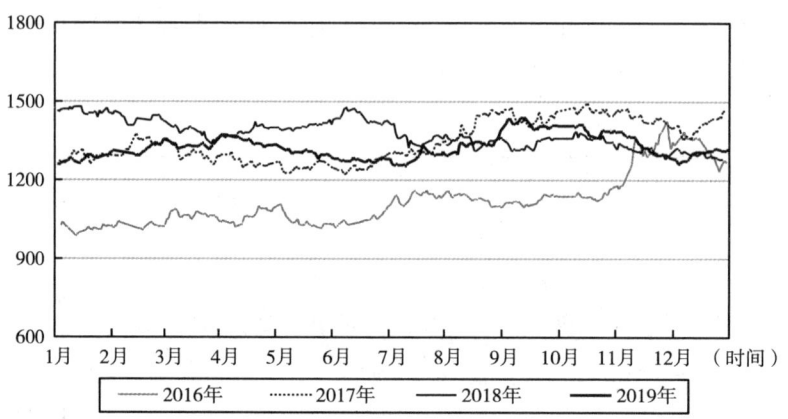

图 8 - 38　Wind 商品大类指数：有色金属

资料来源：Wind。

锈钢市场以及国家对新能源汽车补贴政策带来的电池用镍需求增加，沪镍价格逐步提升，在第二季度震荡回落。而进入 7 月，印度尼西亚禁矿的消息传出，市场对此反应剧烈，沪镍价格一路攀升至 9 月 4 日的 145670 元/吨。随后，由于印尼封矿前夕提前扩大出口，以及国内电池用镍预期下调，产能释放加快，国内镍库存并未告急，市场开始调整对镍供需的预期，沪镍价格也逐步回落。

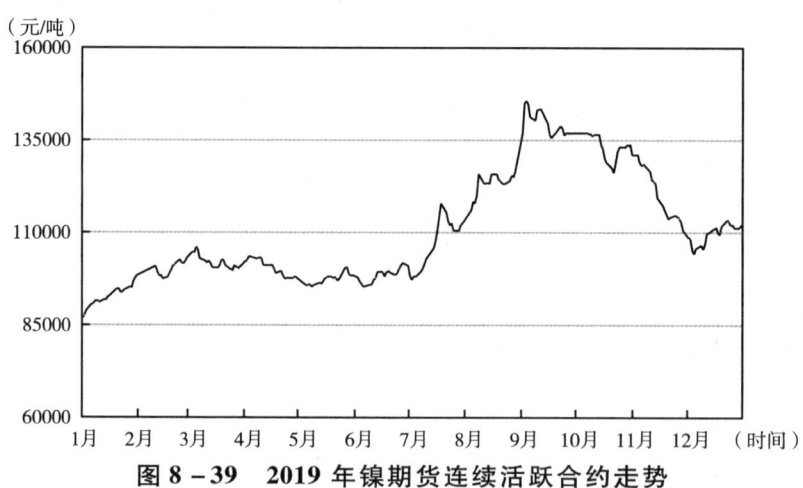

图 8 - 39　2019 年镍期货连续活跃合约走势

资料来源：Wind。

综上对各商品板块、各期现市场的发展进程和价格走势进行了细致的分析。可以看到，2019 年是中国大宗商品市场繁荣发展的一年，商品品种和市场规模不断扩大，市场体系不断完善。尤其得益于期货市场上新数量创历史新高，引入境外投资者的品种不断扩增，中国大宗商品市场投资套利以及风险规避作用逐步增强，国际化进程进一步加快。中国不同行业之间，行业上下游之间的联系更加紧密，联动趋势更加显著，各个商品互为依托、互为保障，相互依存的完整大宗商品体系日渐成熟。虽然 2019 年部分板块或商品受地缘政治、国际贸易关系、自然灾害以及政策导向等因素的影响，波动频发，市场不确定性风险仍存，但不可否认的是，中国大宗商品市场已有足够的经济韧性应对这些风险，并且对实体经济的服务功能也在不断强化。

第二节 中国大宗商品市场风险测度与国际比较

一、中国大宗商品市场风险

本研究使用相对半方差（Relative Semi-Variance，简称 RSV）作为中国大宗商品市场风险的度量方法，以中国大宗商品期货市场为例，研究中国大宗商品市场风险现状。

RSV 指标由 Feunou、Jahan-Parvar 和 Okou（2018）提出，上行方差代表了资产的上行风险，下行方差代表了资产的下行风险。他们还进一步指出，资产的下行风险往往比上行风险更重要，是 RSV 中的主要成分。具体来说，RSV 的构建方法如下：

$$RSV_t(\kappa) = RV_t^U(\kappa) - RV_t^D(\kappa) \tag{8-1}$$

其中，$RV_t^U(\kappa)$ 和 $RV_t^D(\kappa)$ 分别代表中国大宗商品的上行和下行已实现方差。在本研究中，收益率为中国大宗商品的日度收益率，上行和下行已实现方差则分别为正收益和负收益在一个月内的平方和：

$$RV_t^U(\kappa) = \sum_{j=1}^{n_t} r_{j,t}^2 I_{[i_{j,t} > \kappa]} \tag{8-2}$$

$$RV_t^D(\kappa) = \sum_{j=1}^{n_t} r_{j,t}^2 I_{[r_{j,t} \leq \kappa]} \tag{8-3}$$

其中，κ 为 0。

中国大宗商品期货市场总体情况，以南华商品期货综合价格指数为代表。分品种状况，考虑到中国大宗商品期货种类众多，将以各板块代表性品种为例。具体来说，本研究基于 Wind 板块分类，选取各板块 2019 年成交额 top 3 的品种为该板块代表性品种，包括：（1）能源板块的原油、燃料油、动力煤；（2）煤焦铁矿板块的铁矿石、螺纹钢、焦炭；（3）有色金属板块的镍、铜、锌；（4）贵金属板块的黄金、白银；（5）非金属建材板块的玻璃、纤维板；（6）化工板块的 PTA、天然橡胶、甲醇；（7）谷物板块的玉米、玉米淀粉；（8）软商品板块的白糖、棉花、棉纱；（9）油脂油料板块的豆粕、棕榈油、豆油；（10）农副产品板块的苹果、鸡蛋。市场指数和分品种期货数据均来源于 Wind。

中国大宗商品期货市场的风险（见图 8-40），自 2004 年以来出现过两次大幅增加的趋势，分别在 2008 年全球金融危机期间以及 2015 年中国股灾之后。在 2008 年之前，中国商品期货市场仍处于发展早期，上市的期货品种仅 18 种，且多在 2004 年以后才陆续上市，因此市场整体风险处于较低的水平。2008 年以后，受全球金融危机的影响，中国大宗商品期货市场也出现了前所未有的大幅下跌，市场下行风险突出（RSV 最低达到 -0.0087）。此次危机影响深远，市场恢复缓慢，中国大宗商品市场风险的大幅震荡一直持续到 2011 年年底，表现出明显的波动聚集效应。2012 年以后，又出现了小段低风险时期，在此期间上市的期货品种多达 29 种，中国大宗商品期货市场呈现出高速发展态势。2015

年中国股灾之后，中国大宗商品期货市场又出现一轮风险的上涨，但此次风险以上行风险为主（RSV 最高达到 0.0028）。股灾之后，随着各种有利政策的实施（例如，供给侧改革），市场逐渐回暖，中国大宗商品市场也在低位绝地反击，90% 品种都实现上涨。黑色系期货，特别是螺纹钢、铁矿石、焦煤、焦炭，表现最为突出，焦炭以 136.08% 的涨幅位居首位，焦煤也大幅上涨 108.32%，铁矿石、螺纹钢等的上涨也超过 70%。中国大宗商品市场风险的震荡形势在 2018 年之后逐渐趋于稳定，风险再次降低。

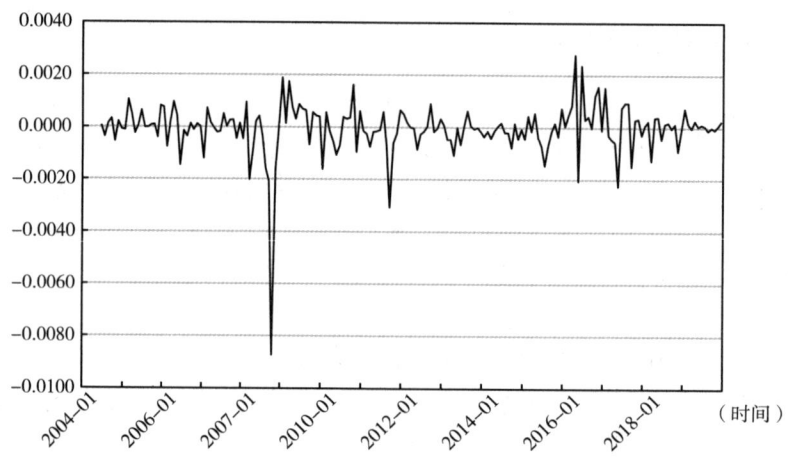

图 8-40　中国商品期货指数风险（RSV）走势

在 2015 年股灾之后表现抢眼的煤焦铁矿板块，在此期间风险震荡强烈，并且一直持续至今（见图 8-41）。在 2015 年股灾期间，铁矿石和焦炭受影响较大，也出现小幅下跌，表现出下行风险扩大的趋势（铁矿石 RSV 最低达到 -0.0141，焦炭 RSV 最低达到 -0.0120）。在 2016 年以后，随着供给侧改革等政策的提出，商品市场逐渐回暖，尤其是对于产能严重过剩的煤炭、钢铁行业影响重大，为相关期货商品基本面的边际改善

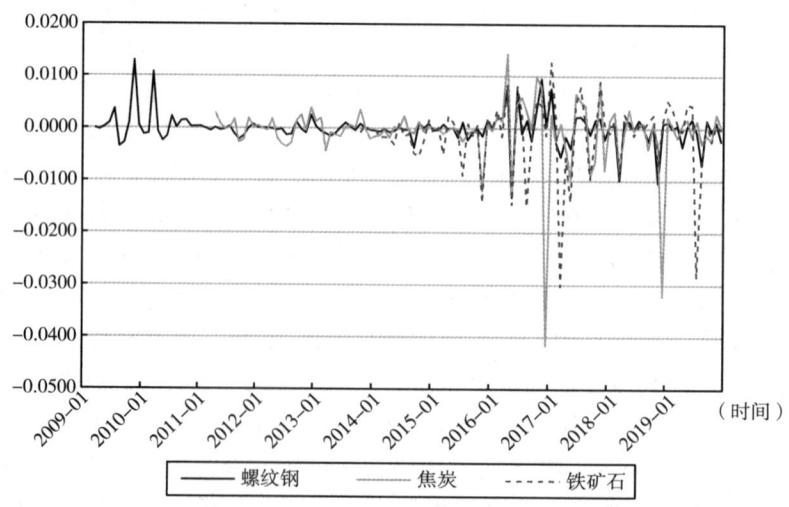

图 8-41　煤焦铁矿板块代表性品种风险（RSV）走势

提供了基础条件，铁矿石、焦炭、螺纹钢都表现出明显的上行趋势，上行风险增加（铁矿石 RSV 最高达到 0.0127，焦炭 RSV 最高达到 0.0143，螺纹钢 RSV 最高达到 0.0095）。自此以后，备受关注的"黑色系"商品铁矿石、焦炭、螺纹钢持续出现大涨大跌现象，上行风险和下行风险交叉出现，震荡明显。对比三种"黑色系"商品，螺纹钢的风险相对较低，波动较为平稳，其次为铁矿石，而焦炭的风险最大，风险震荡最为剧烈。2017 年第一季度，受到市场资金紧张、楼市密集调控和社会库存降幅趋缓等因素的影响，"黑色系"商品恐慌性下调，导致下行风险突出，焦炭和铁矿石的 RSV 前后达到历史最低水平。

能源板块同样在 2015 年中国股灾之后表现出明显上涨（见图 8-42）。能源板块中，表现最为突出的是燃料油。2015 年年末，燃料油价格飙升，表现出显著的上行风险（燃料油 RSV 最高达到 0.0646），这一上行风险持续到 2017 年年末。类似的，动力煤也在 2016 年表现出上行风险（动力煤 RSV 最高达到 0.0128），但风险波动幅度略小于燃料油。与 2015 年表现出的上行风险不同，燃料油在 2008 年和 2018 年分别出现了显著的下行风险。2008 年，受全球金融危机影响，燃料油下行风险最高达到 -0.0304。2018 年，全球经济放缓，加上中美贸易战对原材料价格的直接影响，燃料油再次出现突出的下行风险（RSV 最低达到 -0.0730）。动力煤和原油同样表现出下行风险，只是幅度相对较小。

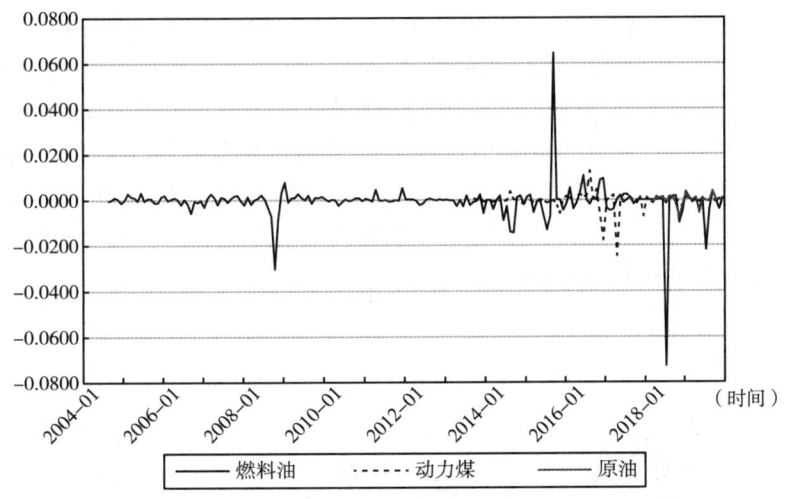

图 8-42 能源板块代表性品种风险（RSV）走势

在 2015 年股灾之后出现显著上涨的，还有有色金属板块（见图 8-43）。2016 年年末，铜和锌期货的上行风险达到最高（RSV 分别达到 0.0073 和 0.0056）。同一时期，上市不久的镍期货也表现出明显的风险震荡，并且持续至今。但相比这一时期的风险，有色金属板块在 2008 年经历了更为剧烈的波动。在 2008 年以前，铜的上行风险最高达到 0.0103。但随之而来的是 2008 年开始的剧烈下行风险，铜的下行风险最高达到 -0.0269，锌的下行风险最高达到 -0.0226。受全球金融危机的影响，这一下行趋势一直持续到 2011 年年末，有色金属板块的风险才逐渐趋于平稳。

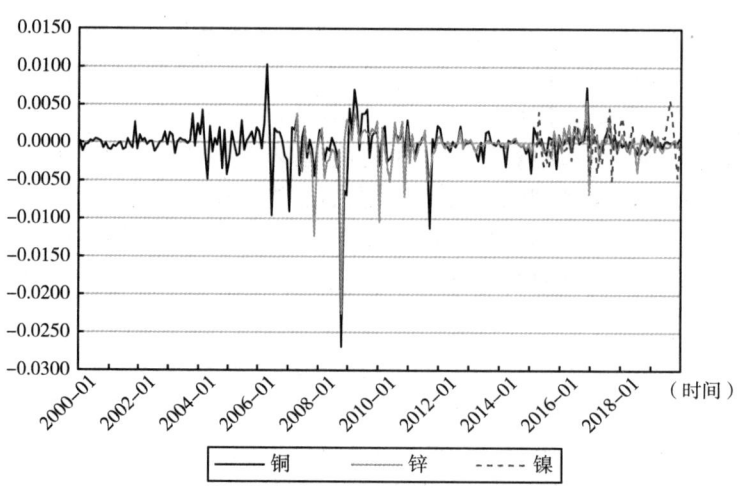

图 8-43　有色金属板块代表性品种风险（RSV）走势

贵金属板块也分别在 2008 年经历了剧烈的下行风险，并在 2015 年后出现显著的上行风险（见图 8-44）。黄金期货在 2008 年下行风险最高达到 -0.0103，而在 2015 年前后则以上行风险为主，上行风险最高达到 0.0030。与黄金类似，白银期货在 2015 年前后也出现明显的上行风险，最高达到 0.0052。但与其他板块不同，贵金属板块的商品，即黄金和白银，在 2013 年出现大幅下跌，下行风险突出（黄金 RSV 最低达到 -0.0083，白银 RSV 最低达到 -0.0134）。这与同时期欧洲债务危机和美国经济形势好转密不可分，欧债危机导致大量金融机构下调黄金预期价，同时美联储可能退出资产购买计划的消息，加重了黄金被大面积抛售的情况。可见，黄金、白银等贵金属价格受全球宏观经济环境影响显著。在 2016 年，全球宏观经济环境整体向好，主要经济体通胀预期回升，美联储持续加息，对于黄金期货价格负向冲击明显，导致下行风险持续增加。2017 年后，随着全球经济温和增长，黄金期货的风险水平也有所缓和。

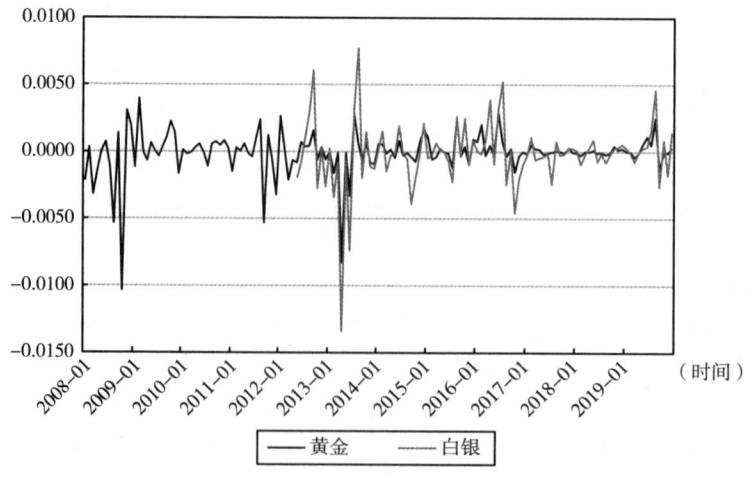

图 8-44　贵金属板块代表性品种风险（RSV）走势

在 2008 年全球金融危机的影响下，化工板块同样表现出显著的下行风险（见图 8-45）。PTA 表现最为明显，2008 年底 PTA 的下行风险最高达到 -0.0664，天然橡胶次之，其下行风险最高达到 -0.0186。而化工板块受股灾影响则较弱，仅甲醇表现出明显的下行风险（甲醇 RSV 最低达到 -0.0191）。与其他品种不同，从 2017 年开始，天然橡胶进入周期性的上行风险阶段，分别在 2016—2019 年的 8 月份出现阶段性的上行风险峰值，RSV 最高分别达到 0.0204、0.0432、0.0326、0.0095。这一阶段受到雨季影响，天然橡胶的供给周期性减弱，而从 2016 年开始下游汽车轮胎等需求不断增长，供不应求推动其价格上升，上行风险突出。

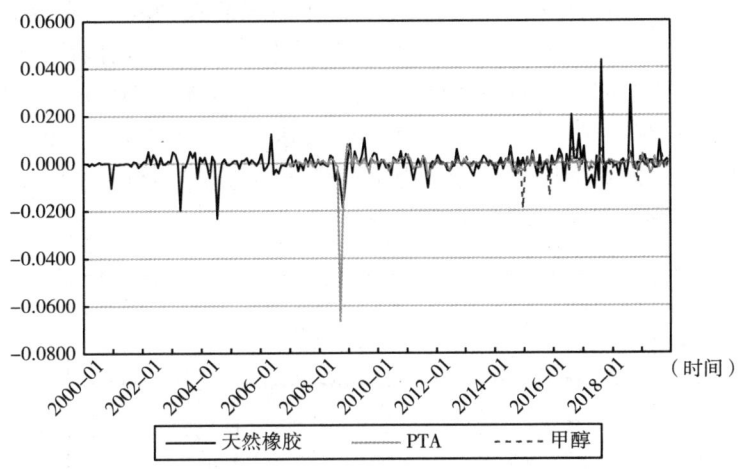

图 8-45 化工板块代表性品种风险（RSV）走势

与能源、金属、化工等工业类板块不同，农业类板块的风险波动普遍较大。一方面，油脂油料板块的风险受重大宏观事件的影响（见图 8-46），例如，2008 年全球金融危机，出现大幅度的下行风险，豆油 RSV 最低达到 -0.0118，豆粕 RSV 最低达到 -0.0128，棕榈油 RSV 最低则能达到 -0.0190。另一方面，豆粕还会受到季节性供给的影响，在多数年

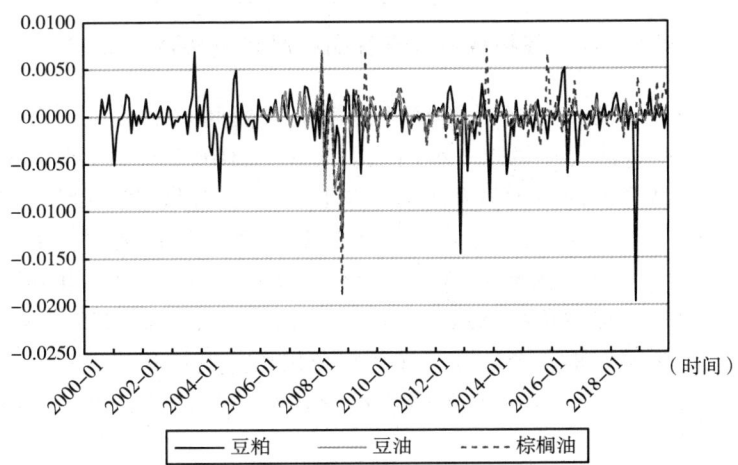

图 8-46 油脂油料板块代表性品种风险（RSV）走势

份的下半年11月份左右出现显著的下跌，下行风险飙升，豆粕 RSV 在 2012 年 11 月达到 -0.0145，在 2013 年 11 月达到 -0.0090，到 2016 年 11 月达到 -0.0052，而到 2018 年 11 月又降到 -0.0196。豆粕的这一特征，主要受到美国大豆价格的影响，在每年年初，美国大豆都会有一波下跌出现。与之相反的是，棕榈油则表现出周期性的上涨，在大多数年份的 8—11 月，上行风险飙升，棕榈油 RSV 在 2010 年 11 月高达 0.0024，在 2013 年 10 月甚至达到 0.0070，2015 年 11 月也高达到 0.0066。棕榈油的上涨，则普遍认为是上游供给减弱和下游生物柴油的需求上升共同作用所致。

谷物板块与工业类板块和油脂油料板块不同，在 2008 年金融危机过后不降反升，表现出明显的上行风险（见图 8-47）。玉米期货的上行风险在 2008 年最高达到 0.0076。这主要是由于危机期间生活必需品的刚性需求所致，当人们需求随着收入的下降而下降时，玉米等农产品的需求依然坚挺，价格不降反升。然而在 2015 至 2016 年，玉米和玉米淀粉期货都表现出了显著的下行风险，玉米 RSV 最低达到 -0.0278，玉米淀粉 RSV 也低至 -0.0173。谷物板块的这一下跌，普遍认为是替代产品进口导致国内玉米需求下降，同时下游猪出栏数量减少也降低了对谷物的需求所致。

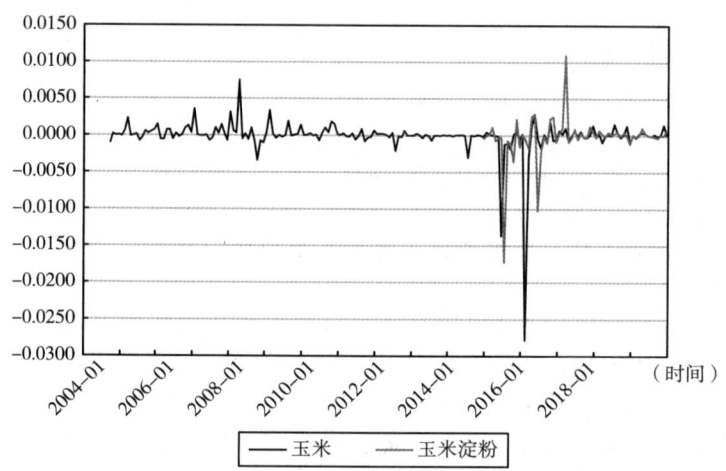

图 8-47　谷物板块代表性品种风险（RSV）走势

与谷物板块类似，软商品板块在 2008 年金融危机期间及之后也出现明显的上行风险（见图 8-48）。白糖期货的上行风险一度高达 0.0073。2010 年这种风险被全球宽松的环境推向峰值，棉花受灾减产的同时大量资金流入进行炒作，棉花期货 RSV 最高达到 0.0107。2011 年开始，纺织行业低迷导致棉花现货需求疲软，期货价格走低，下行风险持续。从 2012 年开始，棉花期货价格的大幅波动才开始趋于缓解。而在 2014 年年初，棉花期货却出现了突出的下行风险，棉花价格暴跌，棉花 RSV 最低跌至 -0.0259。普遍认为，棉花下行风险突增的原因，是前期棉花仓储政策导致棉花供给过剩而价格高企，同时国际替代品价格低廉，在这一背景下，在 2014 年前后由控价转补贴的政策，直接导致了棉花价格的暴跌。

农副产品板块上市时间相对较短，风险普遍趋于平稳，仅在个别时段出现风险的大幅上涨或下跌（见图 8-49）。鸡蛋期货在 2017 年表现出一次突出的上行风险，RSV 高达

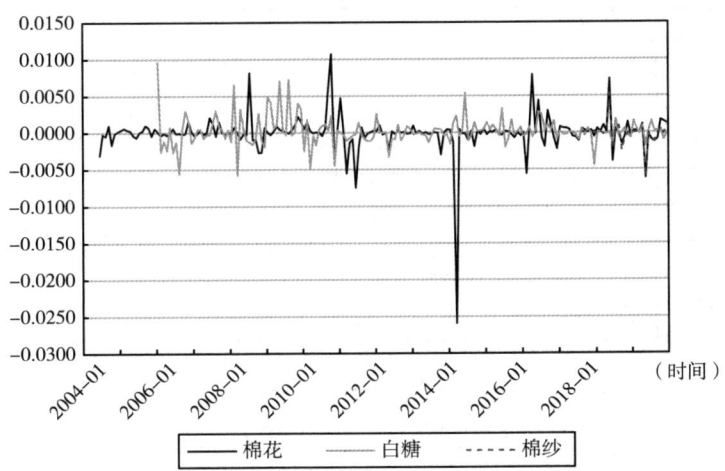

图 8-48 软商品板块代表性品种风险（RSV）走势

0.0928。市场普遍认为，该次上涨主要是因为前期禽流感等因素导致的供给下降，同时下半年随着中秋和春节的临近需求上升所致。而新上市的苹果期货，在上市后不久便表现出大幅度的下行风险，苹果 RSV 跌至 -1.1822。这次苹果期货的下跌，在经历了刚上市时的爆炒之后，出现的暴跌是对市场过度反应的调整。

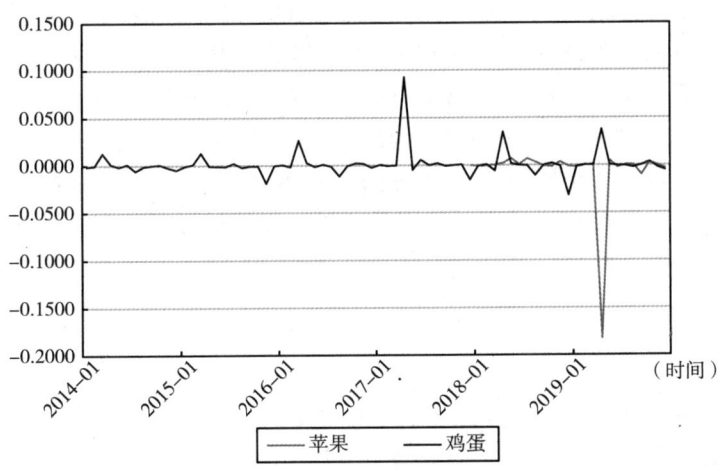

图 8-49 农副产品板块代表性品种风险（RSV）走势

非金属建材板块的上市时间同样较短，风险也同样相对平稳（见图 8-50）。玻璃期货的风险一直较为平稳，并未出现大幅的上升或下跌。而纤维板期货的风险则相对较大。在 2016 年，纤维板出现明显的下行风险，RSV 最低达到 -0.2108。纤维板期货的这一暴跌，可能与纤维板出口连续几年下降，需求持续低迷有关。而与之相反，在 2018 年年底至 2019 年，纤维板期货出现了显著的下行风险转上行风险的趋势，首先最低跌至 -0.1233，随后又升至 0.2027。

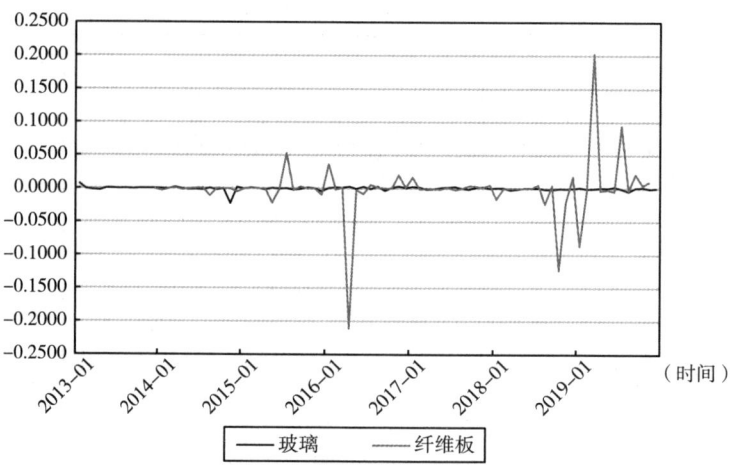

图 8-50 非金属建材板块代表性品种风险（RSV）走势

二、大宗商品风险的国际比较

（一）市场整体风险比较

中国大宗商品市场虽然起步较晚，但随着近十几年的飞速发展，现已初具规模，并正在逐步开放，与国际市场接轨。以中国大宗商品期货市场为例，其风险已表现出与国际大宗商品期货市场同步的特征（见图 8-51）。以 S&P GSCI 商品期货指数为例，中国大宗商品期货指数与该指数几乎表现出一致的上行或下行趋势。特别是 2008 年的下行风险，两者同时在 2008 年年底出现下跌，并在 2010 年年初出现小幅上行风险。随后，中国商品期货市场与国际商品期货市场都出现了一小段风险平稳时期。虽然 2015 年中国大宗商品期货市场受国内股灾的影响出现下跌，但随着国内市场的逐渐回暖，并且受到国际大宗商品市场的影响，又再次表现出两者的同涨同跌。以 RJ/CRB 商品期货指数为例，也能够发现类似的结论。

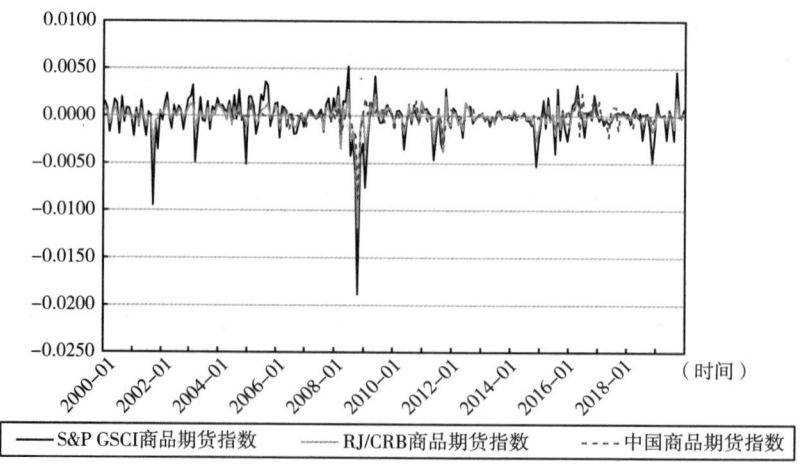

图 8-51 中国与国际商品期货指数风险比较

但与国际大宗商品期货市场不同的是，中国大宗商品期货市场的风险震荡幅度，要远远小于国际市场。无论是 2008 年国际金融危机之前的平稳时期，还是危机期间的市场大跌时期，亦或是危机之后的恢复时期，中国大宗商品期货市场的风险波动幅度一直低于国际大宗商品期货市场的风险。然而，2013 年之后，随着中国大宗商品市场的快速发展，中国大宗商品期货市场的波动幅度逐渐增加，达到与国际商品期货市场相当的波动。这一发展趋势表明中国大宗商品期货市场正在逐渐与国际市场接轨，市场风险受国际因素影响越来越突出。

（二）代表性品种比较

为了进一步对比中国大宗商品期货市场与国际大宗商品期货市场的风险，本研究将选取几个代表性品种进行具体的分析。这些代表性品种包括原油、铜、黄金、玉米、豆粕以及糖。

原油是国际大宗商品期货市场的最重要的商品之一，为了与国际接轨，中国在 2018 年也上市了原油期货。如图 8-52 所示，中国原油期货与国际原油期货的风险表现出同涨同跌的趋势，表明中国原油期货市场受国际市场的影响深远。但由于上市时间较短，市场开放程度尚低、限制较多，中国原油期货的风险波动幅度仍小于国际原油期货。

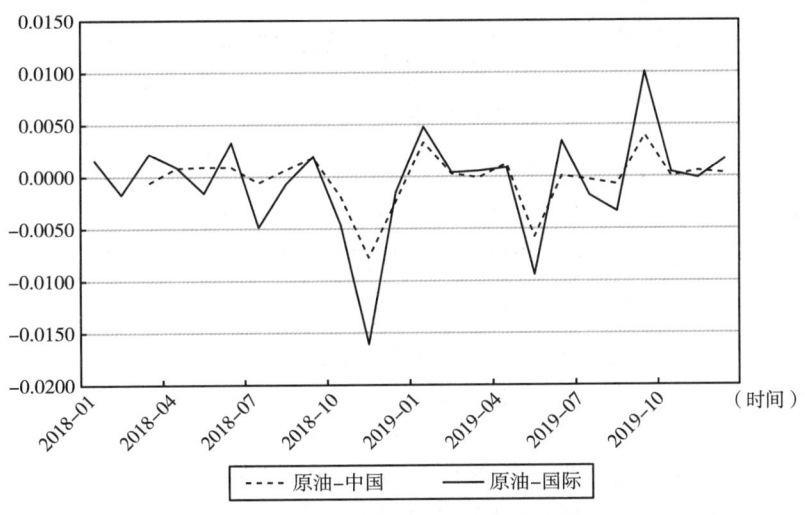

图 8-52 原油期货风险比较

与原油期货类似，中国铜期货与国际铜期货同样表现出一致的波动方向（见图 8-53）。进一步的，由于中国铜期货上市较早，国内铜期货市场相对成熟，与国际市场联系日益紧密，两者已表现出几乎同幅度的风险涨跌。

黄金期货是另一个在中国发展较为成熟的期货商品，因此，无论是风险的变动方向，抑或是风险的波动幅度，都几乎一致（如图 8-54）。特别是 2008 年金融危机以后，无论中国黄金期货还是国际黄金期货，都在 2012 年及 2013 年前后出现不同程度的下行风险，而在其他时期处于相对平稳的波动状态。

然而，与原油、铜、黄金等工业类商品不同，农业类商品的风险在中国大宗商品市场与国际大宗商品市场间表现出明显差异。如图 8-55 所示，中国玉米期货波动相对较小，

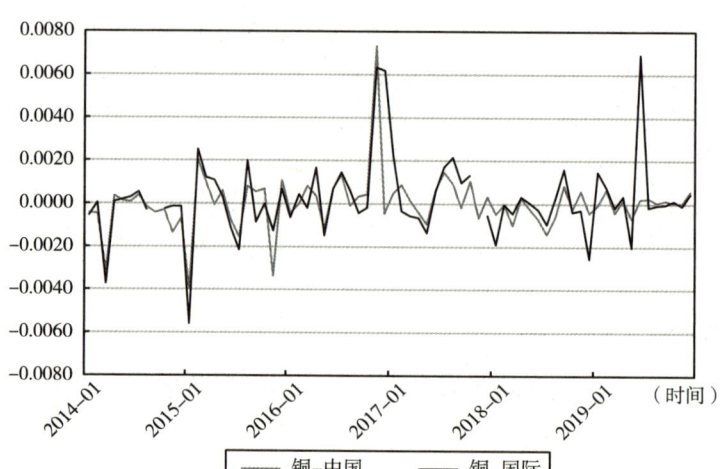

图 8-53　铜期货风险比较

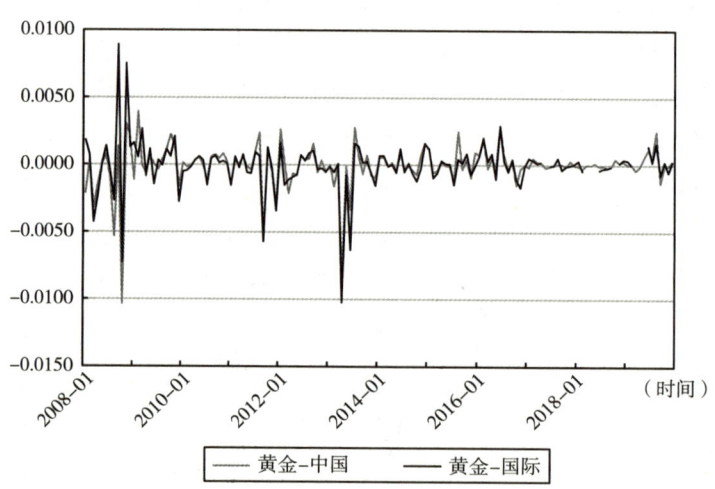

图 8-54　黄金期货风险比较

仅在 2015—2016 年期间表现出明显的下行风险。与之相反的是，国际玉米期货则具有更大的风险，其风险波动幅度持续高于中国玉米期货。同时，国际玉米期货的极端下行风险出现在 2013 年，远远早于中国玉米期货下行风险出现的时间。

类似的，中国豆粕期货与国际豆粕期货的风险波动特征也存在差异（见图 8-56）。虽然两个市场具有相同的低波动时期，但国际豆粕期货在下行风险出现时，波动幅度更大，并且持续时间更久。例如，在 2008 年全球金融危机后，中国豆粕期货市场在 2009 年已出现回暖趋势，而国际豆粕期货却再次出现极端下行风险。在 2014—2015 年期间的豆粕市场下行阶段，国际豆粕期货也表现出更为频繁和幅度更大的风险波动。

糖期货也存在类似的差异（见图 8-57）。中国糖期货和国际糖期货的风险虽然表现出同涨同跌的现象，但国际糖期货的风险波动幅度一直远大于中国糖期货。例如，2008 年普遍出现的下行风险，国际糖期货的下行风险远远大于中国糖期货，而后续反弹出现的上行风险也同样更明显。

第八章　中国大宗商品市场的系统性风险

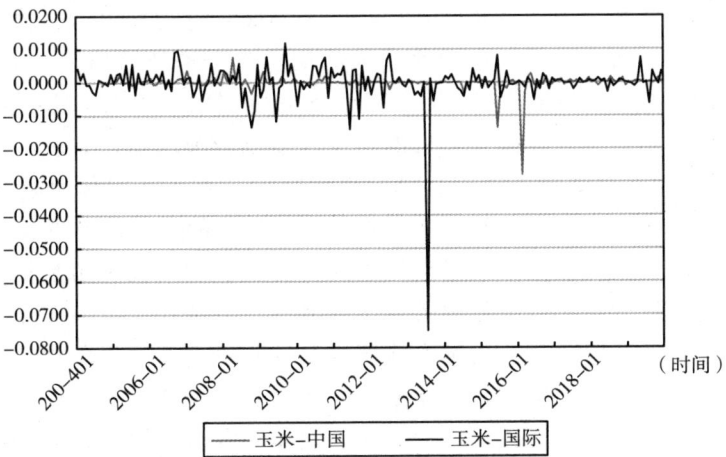

图 8-55　玉米期货风险比较

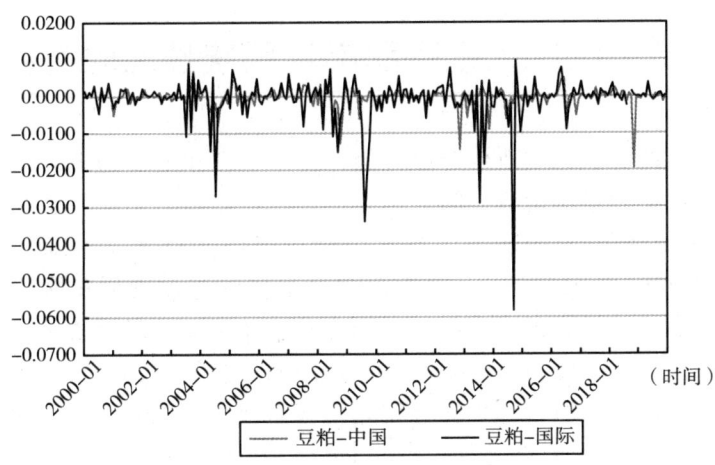

图 8-56　豆粕期货风险比较

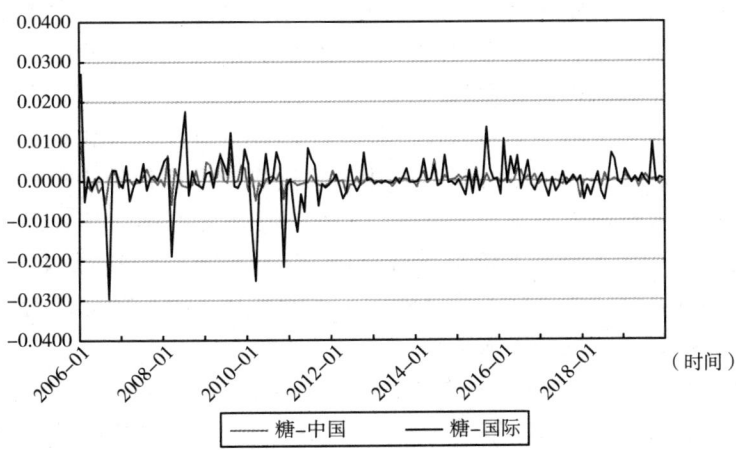

图 8-57　糖期货风险比较

综上所述，通过相对半方差（Relative Semi-Variance，简称 RSV）度量了中国大宗商品市场的系统性风险。研究发现，中国大宗商品期货市场的整体风险自 2004 年以来出现过两次大幅增加的趋势，分别在 2008 年全球金融危机期间、以及 2015 年中国股灾之后。两次危机都表现出突出的下行风险，随后的市场恢复都较为缓慢，表现出明显的波动聚集效应。在 2018 年之后又逐渐趋于稳定，风险再次降低。本章还具体分析了各板块代表性品种上市至今的风险表现，工业类品种普遍在 2008 年金融危机或 2015 年中国股灾前后表现出突出的下行风险，同时也受其自身市场供需冲击的影响，表现出独特的风险特征。而农业类品种则普遍风险较高，部分品种表现出明显的季节特征，也同样受其自身供需冲击的影响而表现出独特的风险。最后，本章将国内品种与对应的国际期货品种进行风险对比发现，原油、铜、黄金等工业类大宗商品期货表现出与国际期货品种同步的风险特征，并且这种同步特性随着市场的完善逐渐增加。而农业类大宗商品期货的风险在中国与国际市场间表现出明显差异，国际期货品种的风险要明显大于国内品种。

第三节　中国大宗商品市场系统性风险的影响

大宗商品是重要的工业和农业生产原材料，处于生产和消费的上游，因而，大宗商品市场运行状况与中国宏观经济运行之间必然存在着相互影响的关系。已有大量研究关注大宗商品与宏观经济之间的紧密联系。首先，宏观经济会影响大宗商品价格。Hamilton（2009）、Kilian（2009）的研究指出，新兴经济体的实际需求增加和增长预期上调推动了世界范围内的大宗商品需求，进而引起大宗商品价格上涨。卢锋和李远芳（2009）、韩立岩和尹力博（2012）、Ratti 和 Vespignani（2013）、谭小芬等（2014）一致认为，中国需求是推动大宗商品价格飙升的原因，中国经济增长可以解释全球大宗商品价格变动。其次，大宗商品价格也会反向作用于宏观经济。Cunado（2003）、Zoli（2009）发现，石油价格变化对欧洲国家通货膨胀有显著且长期的影响。刘平（2012）指出，大宗商品价格与中国通货膨胀之间存在强关系。张翔等（2017）认为，国际大宗商品价格冲击对中国宏观经济波动具有不容忽视的影响力。王擘等（2019）提出，国际大宗商品价格出现波动会通过贸易渠道和价格渠道传导到国内，进而影响总产出与国内价格水平，然后影响总消费与总投资，最后影响利率。由于中国大宗商品发展较晚，针对中国大宗商品对宏观经济影响的研究相对较少。胡秋灵、丁皞（2009）通过对中国两种农产品期货价格指数的研究发现，中国农产品期货价格指数与国内宏观经济变量（CPI、汇率及利率）具有因果关系。曹剑涛等（2018）通过研究中国大宗商品价格指数（CCPI）对宏观经济的影响发现，CCPI 波动在一定程度上能够解释除消费价格指数以外的主要宏观经济指标的变动情况，特别是对利率变动和生产价格指数变动有着较强影响。

2004 年以来，国际大宗商品价格的快速上涨和剧烈波动引起学术界和业界的高度关注，与此同时，中国大宗商品市场规模不断扩大的同时，商品价格波动剧烈也必然导致大宗商品市场系统性风险集聚。尤其在 2008 年全球金融危机、2010 年欧债危机和 2015 年中国股灾期间，大宗商品市场期货总指数和不同商品期货代表性产品的风险波动幅度均有飙升,表明大宗商品市场对金融市场重大事件做出了迅速反应,表现出了"金融化"特征。事实上,伴随着商品市场价格剧烈波动,金融资本大量投资于中国的商品期货已成为商品市场运作的新特点(殷剑峰,2008)。与国际商品期货市场相比,中国商品期货市场的金融化程度还比较低(尹力博和柳依依,2016)。但是随着证监会逐渐放开商品期货市场的准入限制,机构投资者大量进入,商品期货已成为一类主流投资资产进入投资者的资产组合,进一步强化了商品期货的金融属性。在此背景下,商品期货价格剧烈波动对同样处于资产组合的股票价格影响不容忽视。同时,大宗商品市场的系统性风险对于股票市场的溢出作用受到了业界和学术界的共同关注。

近年来,有相当数量的文献关注了中国大宗商品市场的金融化和价格波动问题,探讨了中国大宗商品价格决定机制和影响因素(殷剑峰,2008;谢飞和韩立岩,2012;韩立岩和尹力博,2012;郑尊信和徐晓光,2013;徐雪和罗克,2014)。同时也探讨了中国大宗商品市场金融化对于中国大宗商品与股票、债券等其他资产关系的影响(田利辉等,2015;钟腾和汤珂,2016;尹力博和柳依依,2016;梁巨方和韩乾,2017;李剑等,2018)。大多研究肯定了金融化对于商品市场和股票市场之间信息溢出和价格关联的强化作用。部分针对西方发达国家期货市场的研究则更为深入,探讨了以能源、金属等商品期货的价格水平和波动程度对于股票市场的影响作用(Arouri, Lahiani et al., 2011;El Hedi Arouri, Jouini et al., 2011;Creti, Joëts et al., 2013;Mensi, Beljid et al., 2013;Diaz, Molero et al., 2016;Christoffersen 和 Pan, 2018;Kumar, Pradhan et al., 2019)。

因此,本研究在以上文献的基础上,选择了考虑市场波动和风险非对称性质的 RSV 指标作为商品期货市场的风险度量,尝试考察中国大宗商品市场中的代表性期货商品及商品期货总指数的系统性风险对于中国宏观经济的影响,以及对于中国 A 股市场各类指数、各行业及个股收益率的溢出作用。

一、中国大宗商品市场系统性风险与宏观经济

(一) 中国大宗商品市场系统性风险与宏观经济变量基本情况

本小节主要介绍中国大宗商品期货数据与宏观经济变量的基本情况。首先,宏观经济的增长水平是关注的重点。工业增加值(IP)的变化可以度量中国经济增长水平。中国的经济发展,目前仍然主要依靠第二产业拉动,工业产值在整体经济中占比很高,因此工业增加值在现阶段仍然是中国经济整体发展水平的有效度量指标。除了宏观经济的整体发展水平,本研究还重点关注市场的通货膨胀水平,其中包括生产者价格(PPI)变动和消费者价格(CPI)变动。一个市场的通货膨胀水平,能够体现出市场发展的健康程度,过高或过低的通货膨胀,都不利于市场的可持续发展。因此,研究清楚中国大宗商品市场系统性风险对中国宏观经济整体发展和通货膨胀的影响,对中国经济的健康和可持续发展具有很高的理论和实践意义。受数据来源限制,工业增加值(IP)数据样本选取 2010 年 3 月至 2018 年 12 月,生产者价格指数(PPI)数据样本选取 1996 年 10 月至 2019 年 11 月,消费者价格指数(CPI)数据样本选取 1995 年 1 月至 2019 年 12 月。指标均为月度数据。工

业增加值（IP）数据来自 IMF 网站，生产者价格指数（PPI）数据来自国泰安数据库，消费者价格指数（CPI）数据来自国家统计局。

表 8-2 展示了各宏观经济变量的描述性统计情况。IP 数据共 106 个；IP 环比变动的平均值和中位数都接近于 0.65% 左右；数据的波动幅度较小，标准差仅 0.0266，说明经济整体波动幅度较小；但 IP 环比变动的偏度为正，约为 0.2424，说明经济增长的情况偏多；峰度较大，约为 19.5408，说明存在增长率较为集中的情况；从最大最小值还可以看出，IP 的变动也存在下降（最小值 -13.5%）或快速上升的情况（最大值 15.61%）。与经济增长情况相比，价格变动的相对平缓。PPI 数据共 277 个；PPI 的环比变动平均水平和中位数都为 0；波动幅度很小，标准差仅为 0.0086；正偏，偏度约为 0.1253，说明存在温和的通货膨胀；峰为 8.0166，说明 PPI 的变动比率也比较集中；PPI 变动的最小值为 -4.32%，最大值为 3.93%，说明 PPI 的变动范围不大。类似的，CPI 的变动也相对稳定。CPI 数据共 297 个；CPI 环比的平均值和中位数分别为 0.18% 和 0.10%；变动的波动范围很小，标准差仅为 0.0076；也略有正偏，偏度为 0.1654；数据也较为集中，峰度约为 3.4489；CPI 环比的变动范围比 PPI 更小，最小值为 -1.80%，最大值为 2.60%。

表 8-2　　　　　　　　　　　　　描述性统计

变量	N	Mean	Median	SD	Skewness	Kurtosis	Min	Max
IP 变动	106	0.0066	0.0064	0.0266	0.2424	19.5408	-0.1350	0.1561
PPI 变动	277	0.0000	0.0000	0.0086	0.1253	8.0166	-0.0432	0.0393
CPI 变动	297	0.0018	0.0010	0.0076	0.1654	3.4489	-0.0180	0.0260

大宗商品期货数据方面，本部分将使用大宗商品期货总指数（Wind 指数）和代表性商品的收盘价数据。代表性商品主要选取各板块中成交额排名前 3 的商品。另外，考虑到数据样本的长度，本报告剔除了上市时间在 2010 年以后的商品。最终选取的代表性大宗商品如下表 8-3。样本长度为上市月份至 2019 年 12 月。

表 8-3　　　　　　　　　所选择的代表性大宗商品列表

板块	品种名称	上市时间
煤焦钢矿	螺纹钢	2009/3/27
能源	燃料油	2004/8/25
有色金属	阴极铜	1995/4/17
	锌	2007/3/26
化工	天然橡胶	1995/5/16
	精对苯二甲酸（PTA）	2006/12/18
贵金属	黄金	2008/1/9

续表

板块	品种名称	上市时间
油脂油料	豆粕	2000/7/17
	豆油	2006/1/9
	棕榈油	2007/10/29
谷物	黄玉米	2004/9/22
软商品	棉花	2004/6/1
	白砂糖	2006/1/6

（二）中国大宗商品市场系统性风险与经济增长

为了实证探究中国大宗商品市场系统性风险对经济增长和通货膨胀的影响，本书使用 Sims（1980）提出的 VAR 模型。具体来说，模型构建如下：

$$\begin{cases} macro\_variable_t = \beta_{1.0} + \beta_{1.1} commodity\_RSV_{t-1} + \beta_{1.2} macro\_variable_{t-1} + \varepsilon_{1,t} \\ commdity\_RSV_t = \beta_{2.0} + \beta_{2.1} commodity\_RSV_{t-1} + \beta_{2.2} macro\_variable_{t-1} + \varepsilon_{2,t} \end{cases} \quad (8-4)$$

其中，模型的滞后阶数为 1（即 VAR（1）模型）[①]。$macro\_variable_t$ 具体包括 IP_growth_t、PPI_growth_t 和 CPI_growth_t，即工业增加值、生产者价格指数和消费者价格指数的环比变动。$commodity\_RSV_t$ 则包括中国大宗商品期货市场总指数以及代表性品种的 RSV。由于本研究关注的是宏观经济受到的冲击，因此，主要讨论模型（8-4）中的第一个方程的脉冲响应结果。另外，为了剔除其他可能因素的影响，本书还加入消费变动作为控制变量。模型使用 OLS 进行估计。

总体来看，中国大宗商品系统性风险的增加，在短期内将会抑制中国的经济增长。图 8-58 的结果显示，当受到一单位大宗商品市场总体风险的冲击时，IP 的变动在第一期取值为负，即 IP 将下降约 0.3%。这一结果表明，经济的增长在受到来自大宗商品市场系统性风险的冲击时，表现出增长率的下降趋势。大宗商品系统性风险上升导致经济增长的下降，可以通过生产成本增加的渠道实现。

从中长期来看，经济增长受到的影响将呈现波动下降的趋势，并会在半年左右消失。图 8-58 所示，第二期 IP 变动受到的影响由负变正，并且影响程度减少，约在 0.2% 左右；然而，这一影响在第三期又由正变负，程度进一步减弱。这一震荡下降的趋势维持到第六期后，逐渐趋于 0。经济增长所受影响的波动下降现象，往往是经济自我调节的结果。当经济受到大宗商品市场系统性风险冲击而出现增速下降时，企业将会从微观企业自身的现状出发，努力提高产出，使自身走出困境；与此同时，政府也会从宏观调控的角度出发，推出相关措施和政策，维持经济的稳定和增长。因此，经济增长受到的冲击将会逐渐

[①] 滞后阶数取 1，主要有以下两方面原因：第一，从经济含义上考虑，本书旨在讨论中国大宗商品市场系统性风险对宏观经济的影响，也即讨论前一期的中国大宗商品市场 RSV 对当期经济增长和通货通胀代理变量的影响，因此建模过程中仅考虑滞后 1 期的变量；第二，从数据量的角度考虑，更多的滞后期需要损失更多的数据自由度，尽量少的滞后期能够确保当前样本数据足够进行模型估计。

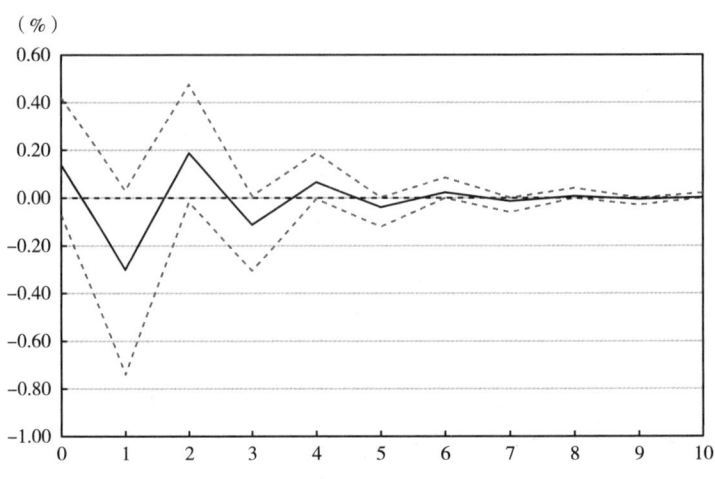

图 8-58　IP 变动对中国商品期货指数风险的脉冲响应

减弱，并最终消失。

针对具体的大宗商品进行分析，也能够得到类似的结论。图 8-59 展示了螺纹钢、燃料油、铜、锌、天然橡胶、PTA、黄金等工业类期货品种的系统性风险对经济增长（IP 变动）的脉冲响应结果。从图 8-59 中可以看到，大多数大宗商品的系统性风险对经济增长的冲击，在短期内（第 1 期）均表现出抑制作用。具体来说，螺纹钢的风险冲击使 IP 下降了约 0.5%，铜、锌和 PTA 的风险冲击使 IP 下降了约 0.2%，天然橡胶的风险冲击使 IP 下降了约 0.1%。这些冲击波动下降，在第 2 期由负变正，而第 3 期由正又变负，经过约 5-6 期逐渐减弱为 0。然而，燃料油和黄金的表现与其他工业类品种不同。从图 8-59 可以看到，燃料油和黄金的风险冲击，并未对经济增长产生显著影响，冲击的作用在第 1 期就直接降为 0。

从具体品种的上下游产业链出发能够看到，这些工业类大宗商品大多是工业生产的基础原材料，与经济增长密不可分。螺纹钢是房地产、桥梁、道路等基础设施建设和房地产建设主要原材料。在党的十九大提出"打好精准脱贫攻坚战"重要任务的时代大背景下，中西部地区的基础建设接棒了东部地区对螺纹钢的需求。同时，生产螺纹钢的上游产业为铁矿石和焦炭行业，因此，螺纹钢的需求和产量也直接影响着铁矿石和焦炭的生产。因此，螺纹钢在整个经济生产中一直占据着十分重要的地位。铜作为原材料，涉及的行业众多：铜可以用于生产电线、电缆，而需求庞大的电力系统是电线电缆的最主要终端客户；铜还可以用于生产空调设备，空调产业的迅猛发展为铜的需求提供了保障；以铜为原材料的产业还包括电子行业，近年来手机等智能设备的发展为电子行业带来了巨大的需求，从而带动了对铜的需求；消费铜的产业还包括交通运输和建筑等基础产业。中国是世界上最大的铜材加工制造中心，并且生产技术和生产规模均已达到世界先进水平，铜材加工产量、消费量均位居世界第一位，已成为世界上重要的铜材生产、消费和国际贸易大国。锌则主要是电力行业、建筑行业、汽车工业和家电行业的原材料。受益于这些行业对锌的主要产品镀锌板需求的上升，锌的市场也发展迅猛。以天然橡胶作为原材料的领域包括轮胎、鞋材、胶管、胶带、乳胶制品、其他橡胶制品等，其中，轮胎市场占最主要的地位，

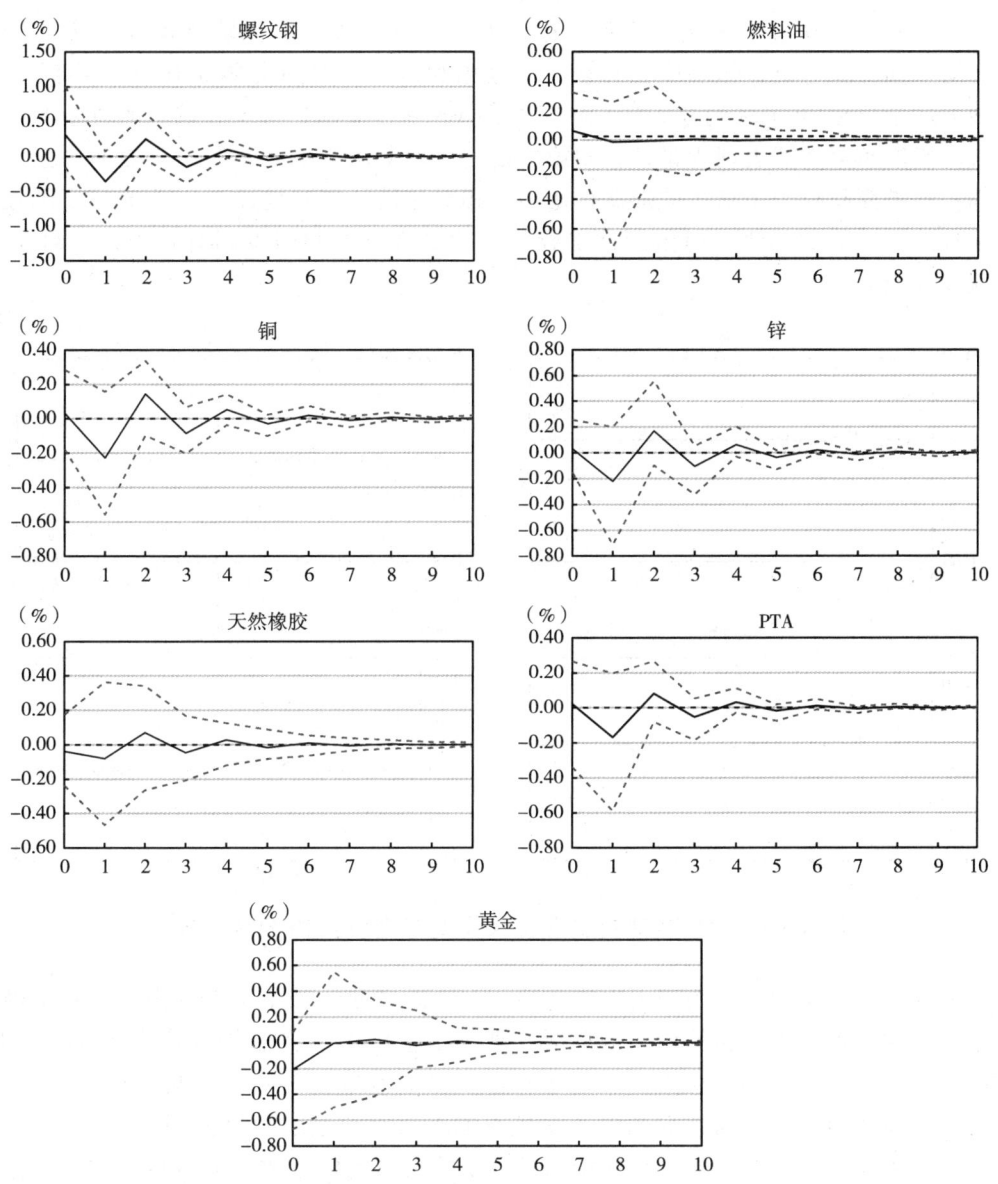

图 8-59　IP 变动对工业类大宗商品期货风险的脉冲响应

使用了接近 70% 的天然橡胶。PTA 则主要是纺织业和食品包装产业。接近 80% 的 PTA 用于聚酯纤维（俗称涤纶），是化纤行业中规模最大、分支最多的子行业，可用于制作化纤布、以及特种材料如防弹衣、安全带、轮胎帘子线、渔网、绳索、滤布及缘绝材料等。接近 20% 的 PTA 则用于生产瓶级聚酯，主要应用于各种饮料尤其是碳酸饮料的包装。燃料油则主要作为船舶等的燃料，但由于航运市场转弱、对含硫量的限制、以及原油进口相关政策的出台，燃料油的市场需求一直较弱。黄金不同于一般商品，它首先是一种投资品，其次才是制作首饰、以及部分工业和现代高新技术产业的原材料。

与工业类大宗商品相比，农业类商品对经济增长的影响相对较弱，甚至出现较为滞后的反应。从图 8-60 可以看到，豆粕、棕榈油、以及白砂糖的风险冲击对经济增长的冲击，在第 1 期表现为负，但幅度相对较小。豆粕和白砂糖的冲击导致 IP 下降不到 0.1%，棕榈油的冲击导致 IP 下降约 0.2%。而与之不同的是，豆油、玉米和棉花的风险冲击对经济增长的影响在第 1 期表现为正，直到第 2 期才出现负向影响。这一结果表明，豆油、玉米、棉花这类商品对经济增长的抑制作用表现相对滞后。与其他品种一致的是，风险冲击仍然呈现波动下降的趋势，但由于冲击较弱，冲击持续的时间也相对较短，大约在 3-4 个月就逐渐消失了。

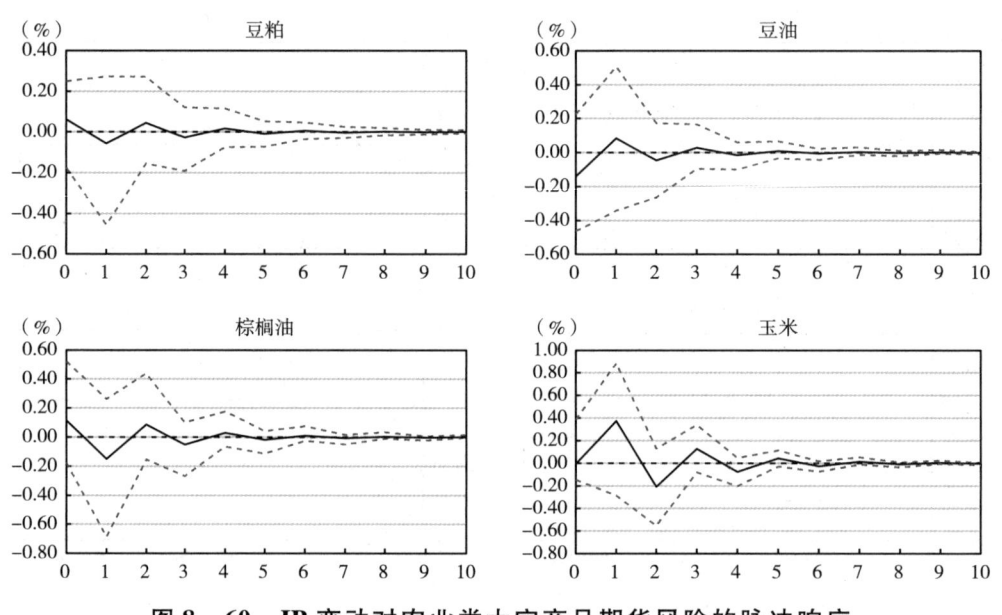

图 8-60　IP 变动对农业类大宗商品期货风险的脉冲响应

农业类大宗商品的这一表现，也与它们的上下游产业链密不可分。由于豆粕、棉花等农产品主要用于农业生产和消费，因此对工业增加值的影响自然相对较弱，且相对滞后。豆粕的主要用途是猪饲料的加工，对豆粕的需求很大程度上取决于生猪养殖产业。另外，豆粕是由大豆压制而成，因此豆粕的产量也影响着大豆市场。豆油则是烹饪、食品加工、以及工业和医药领域的原材料。烹饪用油是豆油消费的主要方式，消费量约占豆油总消费的 70%。除了直接食用，豆油可以用来制作多种食用油和酱料，如凉拌油、煎炸油、起酥油、人造奶油、蛋黄酱等，占豆油总消费量的 12% 左右。工业方面，豆油经过深加工，还可制甘油、油墨、合成树脂、涂料、润滑油、绝缘制品和液体燃料等，特别在制成生物柴油的需求方面增长强劲，豆油脂肪酸中硬脂酸可以制造肥皂和蜡烛，豆油与桐油或亚麻油掺和可制成良好的油漆。在医药方面，豆油有降低血液胆固醇、防治心血管病的功效，是制作亚油酸丸、益寿宁的重要原料。但豆油用于工业和医药产业的比例较低，因此与工业生产关系较弱。棕榈油与豆油类似，是世界"三大植物油"之一。棕榈油同样被广泛于餐饮、食品工业和油脂化工业。除了直接食用以外，在食品工业方面，棕榈油一般被加工成起酥油、人造奶油、氢化棕榈油、煎炸油脂、以及专用油脂等。在工业方面，棕榈油可以用来提炼皂类，也可以制造油脂化工类产品，如脂肪酸、甘油等，并进一步加工成各类衍生产品。以玉米作为原材料的下游产业中，60%左右为饲料，30%左右为工业。饲料消费主要由猪料、禽料为主，工业上则主要用来生产燃料乙醇。以棉花作为原材料的加工行业，主要是棉纺行业，其需求则受到衣着类商品、装饰用纺织品、产业用纺织品的影响。白糖则主要被用于餐饮行业，以食用为主。

（三）中国大宗商品市场系统性风险与生产者价格变动

与对经济增长的抑制作用不同，中国大宗商品市场系统性风险的上升将会导致通货膨胀。衡量通货膨胀，会同时考虑消费者价格指数和生产者价格指数。本小节首先讨论中国大宗商品市场系统性风险对生产者价格指数变动的影响。

中国大宗商品整体系统性风险的增加，将会使生产者价格上涨。从图8-61可以看到，受到一单位中国商品期货指数风险的冲击，PPI在第1期的响应为正，上升了0.3%。这一正向响应一直持续，但影响程度逐渐下降。PPI在第2期仅上升0.2%，第3期仅上升0.15%，第4期仅上升0.1%。影响持续时间较长，接近1年，只到第10期影响才逐渐下降为0。

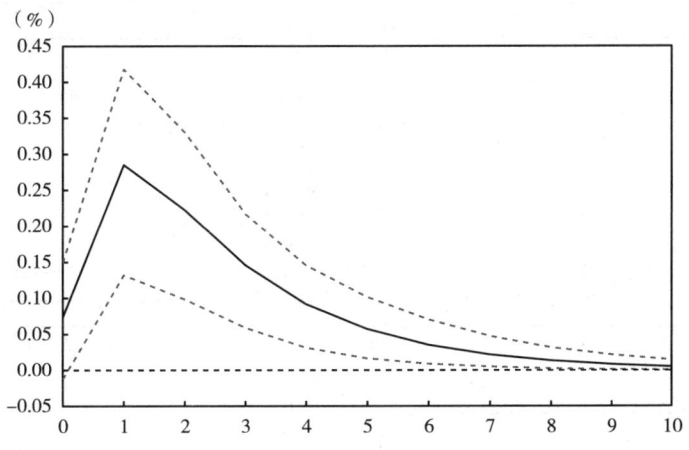

图8-61　PPI变动对中国商品期货指数风险的脉冲响应

大宗商品市场系统性风险的增加带来的大宗商品价格波动的上涨、以及增加库存的需求，引起了生产者价格的上涨。大宗商品是众多工业和农业生产加工企业的原材料，原材料价格的上涨，必然引起企业成本的增加。通常，企业成本的增加，会通过提高产成品价格的方式将这一费用转嫁给消费者，因此，生产者价格会出现上涨。同时，大宗商品本身也作为产成品进入市场，因此其价格的上涨将会直接影响生产者价格。

具体来讲，生产者价格指数所包含的商品有4000多种（含规格品9500多种），覆盖全部39个工业行业大类，涉及调查种类186个。其中所包含的具体商品类型包括燃料动力类、有色金属（材料）类、化工原料类、木材及纸浆类、建材类（如钢材、木材、水泥等）、农副产品类、纺织原料类、以及工控产品类。这些品类中，涵盖了大量工业类大宗商品及其所在的上下游产业链的产品。例如，螺纹钢本身属于建材类产品，其上游原材料中的焦炭也是大宗商品的一种，属于燃料动力类产品。燃料油自身属于燃料动力类产品，其上游原材料中的大宗商品原油也属于燃料动力类产品。铜属于有色金属品产品，其下游产品包括各种铜管、铜线、铜板、铜箔和铜基合金等则属于有色金属材料产品。锌同样属于有色金属产品,其下游产品包括各种锌基合金、黄铜、锌材属于有色金属材料产品,氧化锌则属于化工原料类产品。天然橡胶及其下游产品包括浓缩乳胶、标胶等都属于化工原料类产品。PTA 的上游是原油,属于燃料动力类产品,下游是聚酯(PET)和聚酯纤维,属于化工原料类产品,再下游是涤纶,属于纺织原料类产品。黄金也可以作为部分工业和高新技术企业的原材料。因此,这些大宗商品风险的增加,也会最终导致生产者价格的上涨。

从图 8-62 可以看到,工业类大宗商品价格的上涨,确实提高了生产者价格指数。螺

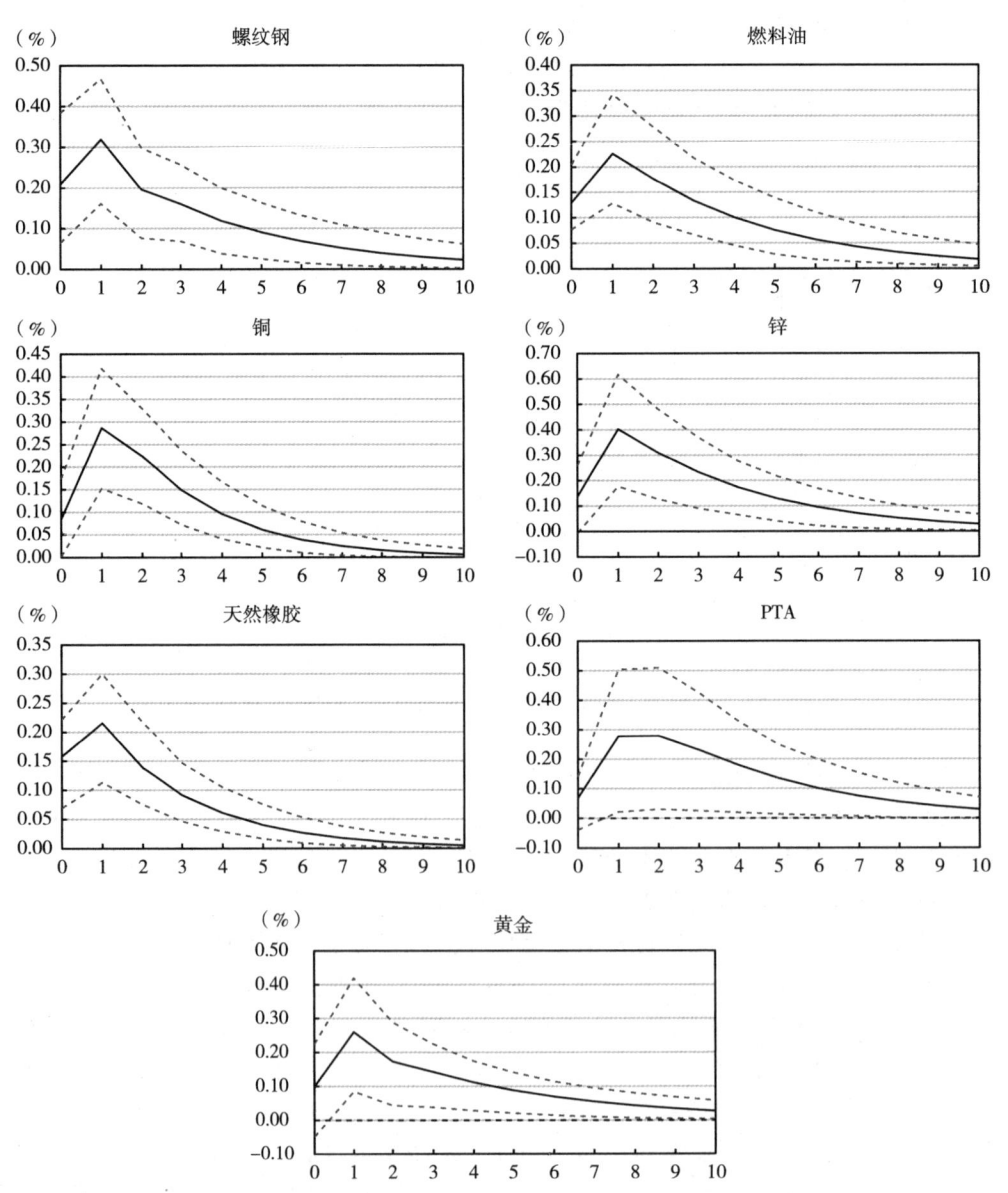

图 8-62 PPI 变动对工业类大宗商品期货风险的脉冲响应

纹钢风险的冲击，使得 PPI 上升超过 0.3%。燃料油风险的冲击，使得 PPI 上升约 0.25%。铜风险的上升，使得 PPI 上升月 0.3%。锌风险的上升，使得 PPI 上升 0.4%。天然橡胶风险的上升，使得 PPI 上涨超过 0.2%。PTA 风险的上升，使得 PPI 上升接近 0.3%。黄金风险的上升，也使得 PPI 上升超过 0.25%。在第 1 期的上升后，各类大宗商品的风险对 PPI 冲击都逐渐减弱，在第 10 期后逐渐减为 0。与大宗商品市场总体风险一致，各类大宗商品风险对 PPI 的冲击持续时间都相对较长，在接近一年的时间里才逐渐消失。

相比工业类商品，农业类大宗商品对生产者价格的影响相对较弱。如图 8-63 所示，除了豆油和棕榈油的风险冲击使得 PPI 在第 1 期分别上升超过 0.35% 和 0.4% 以外，其余品种的影响均远低于这一水平。豆粕的风险冲击，使得 PPI 上升约 0.15%。玉米的风险冲击，使得 PPI 上升不到 0.05%。棉花的风险冲击，使得 PPI 上升超过 0.1%。白砂糖的风险冲击，使得 PPI 上升约 0.15%。

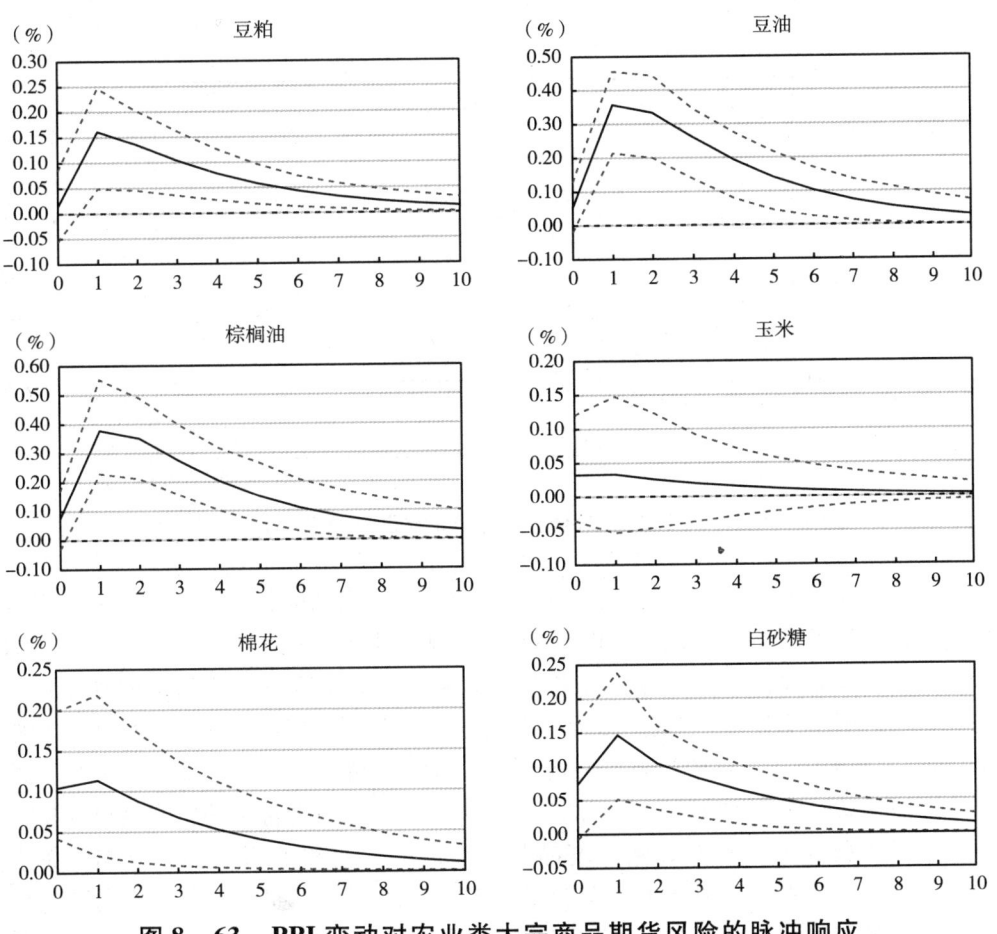

图 8-63　PPI 变动对农业类大宗商品期货风险的脉冲响应

农业类大宗商品的风险冲击影响相对较弱，主要是因为这类商品在生产者价格指数中的占比相对较小。生产者价格指数中与农业有关的类别仅农副产品和纺织原料。豆粕和豆油本身属于农副产品，其上游的原材料大豆也属于农产品。豆油还可以作为工业和医药领域的原材料，生产各类化工原材料。棕榈油自身属于农产品，其下游可以制造油脂化工类产品。玉米属于农产品，其下游产品玉米淀粉属于农副产品，玉米还可以用来生产乙醇作为燃料。棉花本身是农产品，其下游可以加工成棉纱等作为纺织原料。白砂糖则主要作为农副产品。因此，尽管部分农业类大宗商品可以进行工业加工，但往往比例较低，这一类大宗商品对生产者价格的影响极为有限。

（四）中国大宗商品市场系统性风险与消费者价格变动

本小节则重点讨论中国大宗商品市场系统性风险对通货膨胀的另一个重要指标，即消费者价格变动的影响。大宗商品市场整体风险的上升，同样会引起消费者价格指数的上升，但上升幅度较小，影响持续时间较短。从图 8-64 可以看到，一单位中国大宗商品期货市场系统性风险的冲击，使得 CPI 在第 1 期上升了约 0.05%。这一冲击的影响在第 2 期降为约 0.025%，并在第 4 期左右逐渐降为 0。

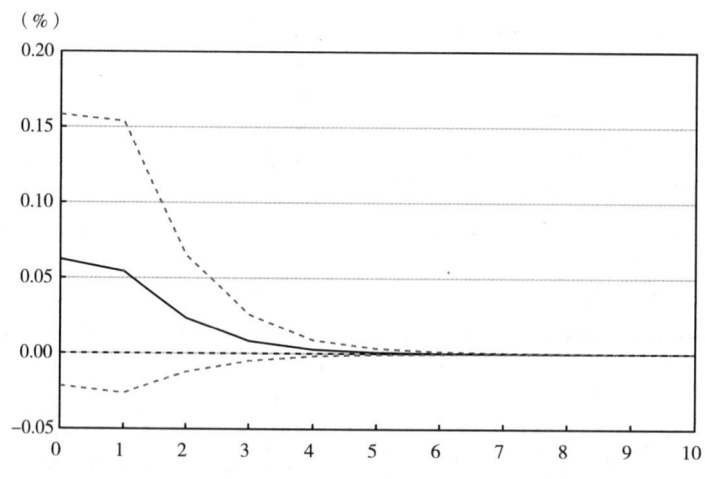

图 8-64　CPI 变动对中国商品期货指数风险的脉冲响应

大宗商品风险对消费者价格的推动作用，也是由于大宗商品价格波动的上升、以及增加库存的需求，导致了市场价格上升，最终体现为消费者端的价格上升。消费者价格指数，是一组代表性消费商品及服务项目的价格水平，涵盖全国城乡居民生活消费的食品烟酒、衣着、居住、生活用品及服务、交通和通信、教育文化和娱乐、医疗保健、其他用品和服务等 8 大类、262 个基本分类的商品与服务价格。由于大宗商品主要作为工业和农业生产的原材料，与终端消费品的联系相对较弱，因此市场整体风险对消费者价格的影响也相对较弱。

就工业类期货而言，大多数大宗商品与消费品并无直接联系。例如，螺纹钢、燃料油、锌均属于工业原材料，其下游产品也都属于工业产品或中间品。因此，这些大宗商品的风险冲击对消费者价格的影响相对较弱，并且持续时间很短。如图 8-65 所示，螺纹钢风险的冲击，在第 1 期仅使 CPI 上升超过 0.05%。燃料油和锌的风险冲击对 CPI 的影响接近于 0。并且，这一影响在第 2 期就迅速减弱为 0。

而天然橡胶的最终产品中，包括各类生活用品橡胶制品，如橡胶手套、安全帽、气球、鞋类等。PTA 的下游最终产品中包括服装和食品包装等。铜的终端消费品种则包括各类家用电器等。黄金的终端消费中包括饰品等消费品。因此，这几类大宗商品对消费者价格的影响相对强且持续时间较燃料油等更长。如图 8-65 所示，铜的风险冲击，使得 CPI 在第 1 期上升接近 0.05%。天然橡胶的风险冲击，使得 CPI 在第 1 期上升超过 0.1%。PTA 的风险冲击，也使得 CPI 上升接近 0.1%。黄金的风险对 CPI 的冲击则接近 0.05%。这些大宗商品风险的冲击对 CPI 的影响，一般都持续 3-4 个月，随后下降为 0。

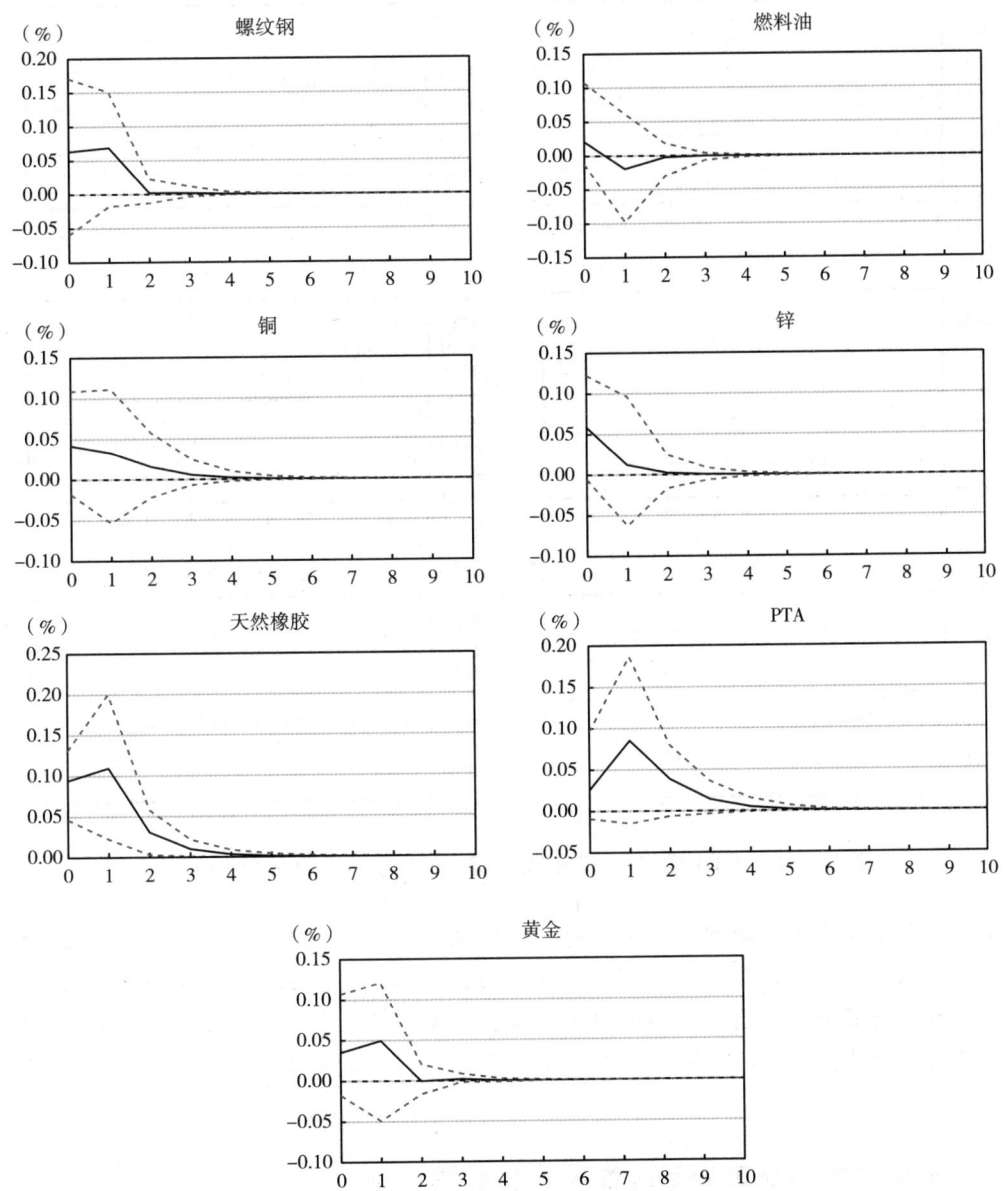

图 8-65　CPI 变动对工业类大宗商品期货风险的脉冲响应

与工业类大宗商品类似，农业类大宗商品对消费者价格也存在促进作用，且大多数品种持续的时间相对较长。如图 8-66 所示，豆粕的风险冲击，使得 CPI 在第 1 期上升不到

0.05%。豆油的风险冲击，使得 CPI 在第 1 期上升约 0.1%。棕榈油的风险冲击，也使得 CPI 上升约 0.1%。玉米的风险冲击，使得 CPI 上升超过 0.05%。棉花的风险冲击，也使得 CPI 上升超过 0.05%。但白砂糖的风险冲击对 CPI 的影响较弱，接近于 0。这些冲击一般能持续月 3-4 个月，随后下降为 0。

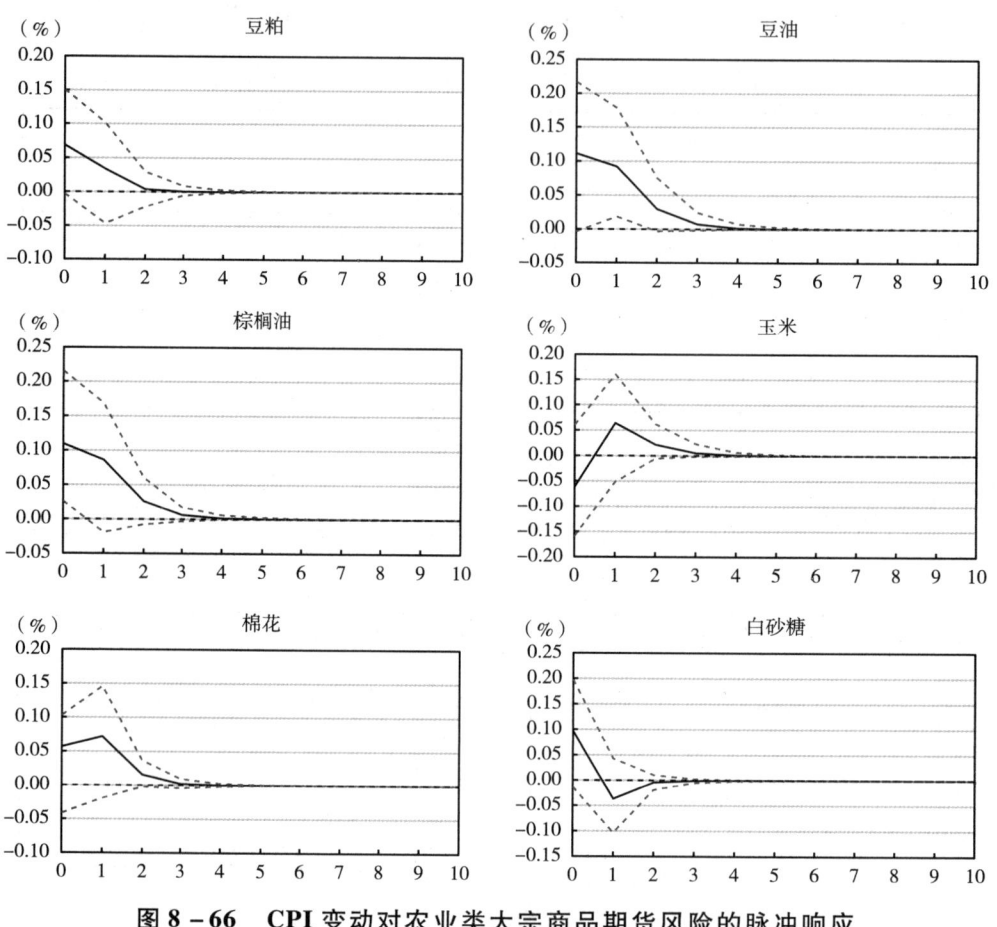

图 8-66　CPI 变动对农业类大宗商品期货风险的脉冲响应

农业类大宗商品多与消费品相关性更高。例如，豆油可以加工成为食品油、酱料和医药产品。棕榈油也可以作为食用油使用，还可以进一步加工成为食用油脂和皂类等消费品。玉米则本身就是一种粮食，还可以加工成为玉米淀粉。棉花则可以进一步加工成棉纱等，最终制作服装类消费品。因此，农业类大宗商品比工业类大宗商品对消费者价格的影响更为持久。

二、中国大宗商品市场系统性风险与股票市场

（一）大宗商品市场系统性风险与股票市场基本情况

本节的研究所使用的商品期货数据包括，2006 年 3 月—2019 年 12 月期间的商品期货市场总指数及各板块代表性品种的 RSV 数据。考虑到实证研究的科学性，本节剔除了期

货商品各板块 2019 年成交额 top 3 的品种中,上市年份在 2017 年后的原油、棉纱和苹果,以保证足够样本长度。

股票市场方面,本书选取了中国 A 股市场收益率数据,并对股票数据进行了如下处理:(1) 剔除 ST/ST* 状态下被特殊处理的公司以及每股净资产为负的公司;(2) 剔除当年 IPO 的公司;(3) 剔除公司财务数据存在异常,利润率大于 100% 或者小于负 100% 的公司。为了保证对股票市场有综合且全面的认识,本书涉及了市场指数、股票行业两个层面,数据均来源于 CSMAR 数据库。在市场层面本书选取了 6 个代表性指数,分别为上证综合指数、深证成分股指数、中小板指数、创业板指数(数据起始于 2010 年 6 月)、沪深 300 指数和中证 500 指数(数据起始于 2007 年 1 月)。表 8-4 的 Panel A 列示了各个指数月度收益率的描述性统计结果。在股票行业层面,本报告根据中国证监会 2012 年版的上市公司行业分类指引进行分类,并筛选出了在样本期内上市公司家数超过 20 的 10 个行业,分别为采矿业(B)、制造业(C)、电力、热力、燃气及水生产和供应业(D)、建筑业(E)、批发和零售业(F)、交通运输、仓储和邮政业(G)、信息传输、软件和信息技术服务业(I)、金融业(J)、房地产(K)和综合(S)。

表 8-4   描述性统计

变量	N	Mean	Median	SD	Skewness	Kurtosis	Min	Max
Panel A:指数收益率								
上证综指	168	0.0091	0.0077	0.0819	-0.2134	4.3825	-0.2463	0.2745
深成指	168	0.0128	0.0114	0.0885	-0.0932	4.0340	-0.2585	0.2793
中小板指数	168	0.0120	0.0107	0.0927	-0.0449	3.5336	-0.2564	0.2710
创业板指数	167	0.0134	0.0173	0.0916	0.0099	3.5211	-0.2527	0.2501
沪深 300	114	0.0102	0.0054	0.0941	0.2289	3.3999	-0.2653	0.2506
中证 500	155	0.0107	0.0130	0.0984	-0.0748	3.9431	-0.2820	0.3341
Panel B:行业收益率								
采矿业	168	0.0206	0.0179	0.1117	0.0641	3.9737	-0.3159	0.3659
制造业	168	0.0231	0.0217	0.1064	0.0759	3.8098	-0.2998	0.3496
电力、热力、燃气及水生产和供应业	168	0.0173	0.0177	0.1016	0.1418	4.6295	-0.2978	0.3986
建筑业	168	0.0202	0.014	0.1087	0.1780	3.6594	-0.2836	0.3857
批发和零售业	168	0.0195	0.0133	0.1033	0.1248	4.0073	-0.2898	0.3708
交通运输、仓储和邮政业	168	0.0159	0.0081	0.0966	0.0991	4.2902	-0.2877	0.3595

续表

变量	N	Mean	Median	SD	Skewness	Kurtosis	Min	Max
Panel B：行业收益率								
信息传输、软件和信息技术服务业	168	0.0272	0.0215	0.1211	0.2369	3.6078	-0.3264	0.4156
金融业	168	0.0287	0.0125	0.1150	0.7439	5.1388	-0.2627	0.4453
房地产	168	0.0237	0.0101	0.1152	0.3182	3.8952	-0.3021	0.4070
综合	168	0.0204	0.0174	0.1180	0.1433	3.7873	-0.2930	0.4581

图 8-67 和图 8-68 分别以上证综指和创业板指数为例，初步展示了股票市场指数收益率和中国商品期货总指数 RSV 在 2006 年 3 月到 2019 年 12 月间的情况。由图可见，与描述性统计结果一致，上证综指的收益率水平和波动水平均低于创业板指数。在与商品期货总指数的关系方面，两种不同市场指数的收益率均在 2008 年次贷危机、2010 年欧债危机和 2015 年股灾期间与商品期货总指数的 RSV 具有更明显的同步变动关系，并且变动程度也在这些金融事件期间表现得更为剧烈。同时，在大宗商品市场的系统性风险水平较低的其他时期，例如在 2017—2019 年期间，上证综指和创业板指数收益率与商品期货总指数 RSV 同样基本保持着同向变动的趋势。

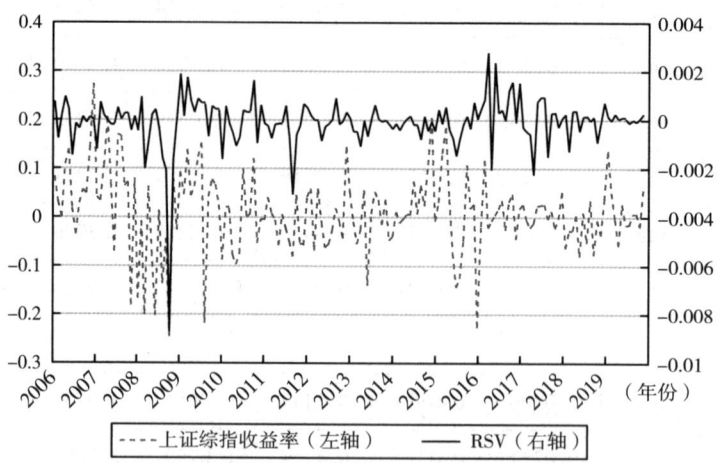

图 8-67　上证综指收益率（左轴）及中国商品期货总指数 RSV（右轴）

（二）大宗商品市场系统性风险与股票指数

为了更为严谨地验证大宗商品系统性风险与股票市场的关系，判断大宗商品 RSV 与股票指数收益率之间初步的正相关关系是否源自于大宗商品的系统性风险对于股票市场的溢出作用，本研究选用 Bollerslev（1986）提出的 GARCH（1,1）模型进行实证检验。该模型充分考虑了股票收益率序列具有的尖峰厚尾和波动丛聚性特征，修正了 OLS 回归模型

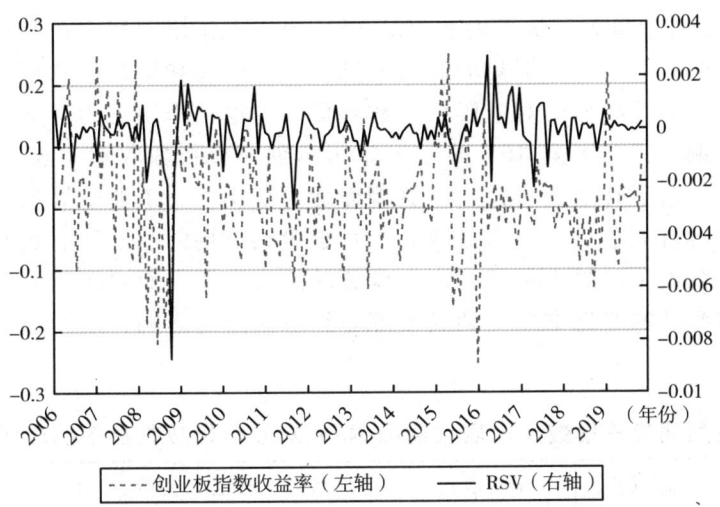

图 8-68 创业板指收益率（左轴）及中国商品期货总指数 RSV（右轴）

中误差项的自回归条件异方差问题。同时，考虑到中国商品期货和股票回报率均有顺周期特征，和经济周期同向变动（钟腾和汤珂，2016）。本书选择了中国的期限利差和信用利差①作为经济周期的代理变量，把二者作为控制变量加入模型，以此来排除大宗商品系统性风险与股票市场关系中来自经济周期的干扰。本书采用的 GARCH (1, 1) 模型的具体形式如公式（8-5）、公式（8-6）和公式（8-7）所示。

$$r_t = \delta_0 + \delta_1 RSV_{i,t} + \theta_1 Term_t + \theta_2 Credit_t + \varepsilon_t \quad (8-5)$$

$$\varepsilon_t = \sigma_t \Im_t, \Im \sim idd\ N(0,1) \quad (8-6)$$

$$\sigma_t^2 = \omega + \alpha \varepsilon_{t-1}^2 + \beta \sigma_{t-1}^2\ s.t.\ \omega > 0, \alpha > 0, \beta > 0, \alpha + \beta < 1 \quad (8-7)$$

其中，r 分别代表股票市场指数、股票行业和个股月度收益率；RSV 代表商品期货总指数和各代表性商品 RSV；Term 和 Credit 分别为期限利差和信用利差。系数 δ_1 反映了大宗商品系统性风险对于股票市场的溢出作用水平，本书的实证结果重点关注这一系数的大小及显著性水平。

表 8-5 列示了样本期间内，商品期货总指数及代表性商品 RSV 对各股票指数收益率溢出作用的实证结果。结果表明，在控制了经济周期之后，商品期货总指数 RSV 对于中国 A 股市场中的大多数指数均有显著为正的溢出作用，并且主板上市公司对于这种溢出作用更为敏感。公式（8-5）中商品期货总指数 RSV 的系数 δ_1 均为正，且对于上证综指、深成指、沪深 300 和中证 500 收益率的回归 t 值均在 1% 水平上显著。对于中小板指数收益率的溢出作用稍弱，但也在 5% 水平上显著。但是商品期货总指数 RSV 对于创业板指数收益率的溢出作用并不显著。由此，整体看来，大宗商品市场的系统性风险对于股票市场具有显著且正向的溢出作用，而且对于市值更高且成熟性更高的股票，这种正向溢出作用表现的更为显著。而对于市值水平最低且成长性最高的创业板公司，这种溢出作用虽然为

---

① 期限利差为 10 年期国债收益率减去 1 月期国债收益率；信用利差为 10 年期 AAA 评级企业债收益率减去 10 年期国债收益率。债券收益率数据来源于 Wind。

正,但是并未在统计上显著。从代表性商品 RSV 的溢出作用看,有色金属类的商品铜和锌、贵金属类的商品黄金、化工类的商品 PTA、天然橡胶和甲醇,软商品类的白糖及油料油脂类的商品棕榈油和豆油对于股票指数收益率的溢出作用更为显著,且同样均为正向作用。其中,铜、锌和黄金 RSV 的溢出作用对创业板指数收益率也在10%水平上显著,虽然仍然低于对于其他板块股票的显著程度。事实上,工业金属类商品为工业投入必须品,与经济运行关系更为密切,因此,对于股票市场的基本面有更直接的影响,因此,这类商品与股市关联更为密切,产生显著的溢出作用。而对于玉米、棉花和鸡蛋等农副产品或谷物商品的产出更多受到气候等非经济因素的影响,对于股票市场的溢出效果更弱。

表 8-5　商品期货总指数及代表性商品 RSV 对股票指数收益率的溢出作用

	上证综指	深成指	中小板指数	创业板指数	沪深300	中证500
期货总指数	24.153 *** [3.23]	26.674 *** [3.02]	17.441 ** [2.00]	10.422 [0.97]	25.529 *** [3.29]	21.834 *** [2.86]
燃料油	1.209 [1.09]	0.862 [0.58]	-0.693 [-0.61]	-1.412 [-0.84]	1.093 [0.83]	-0.681 [-0.49]
动力煤	1.339 [0.44]	1.591 [0.80]	1.923 [0.91]	2.776 [1.39]	1.217 [0.61]	1.866 [0.53]
镍	5.298 *** [3.40]	5.103 [1.11]	3.351 [0.66]	6.641 [1.42]	5.165 [1.55]	4.038 [0.91]
铜	8.761 *** [3.80]	8.859 *** [3.59]	4.724 * [1.94]	7.490 * [1.94]	9.081 *** [3.43]	9.712 *** [3.49]
锌	11.597 *** [4.32]	15.017 *** [4.69]	12.154 *** [3.77]	7.817 * [1.88]	13.642 *** [4.34]	11.989 *** [3.77]
黄金	9.334 ** [2.50]	11.437 *** [2.69]	12.115 *** [3.00]	9.041 * [1.86]	9.928 ** [2.39]	12.335 *** [2.92]
白银	2.907 [0.84]	4.796 [1.40]	1.743 [0.37]	-0.395 [-0.06]	2.99 [0.74]	2.201 [0.48]
玻璃	0.687 [0.75]	0.942 [0.86]	-0.632 [-0.13]	-2.62 [-0.61]	-2.56 [-0.42]	-2.347 [-0.37]
纤维板	0.008 [0.05]	0.014 [0.14]	0.014 [0.10]	0.012 [0.05]	0.01 [0.06]	0.011 [0.05]
铁矿石	0.684 [0.37]	-0.124 [-0.05]	-0.484 [-0.19]	-0.633 [-0.34]	0.352 [0.14]	0.329 [0.20]
螺纹钢	3.43 [1.04]	2.231 [0.61]	1.977 [0.61]	-2.238 [-0.55]	3.29 [0.81]	2.668 [0.90]

续表

	上证综指	深成指	中小板指数	创业板指数	沪深300	中证500
焦炭	1.805 [0.96]	1.96 [0.85]	1.141 [0.75]	1.491 [0.92]	2.01 [0.96]	1.655 [0.64]
PTA	5.340** [2.06]	5.349* [1.70]	6.182** [1.99]	3.434 [0.83]	5.896** [2.01]	6.881** [2.10]
天然橡胶	1.177* [1.95]	1.421** [2.07]	1.086 [1.45]	1.159 [1.05]	1.207* [1.80]	1.069 [1.50]
甲醇	4.324*** [2.82]	-1.709 [-1.30]	3.34 [1.09]	2.641 [0.83]	4.169** [2.22]	4.281** [2.51]
玉米	0.409 [0.10]	4.13 [0.84]	7.407 [1.36]	6.777 [0.68]	2.533 [0.52]	0.571 [0.10]
玉米淀粉	0.699 [0.20]	0.785 [0.19]	1.376 [0.17]	-0.208 [-0.02]	1.29 [0.41]	0.485 [0.07]
白糖	7.224** [2.29]	7.226* [1.69]	2.641 [0.62]	7.276 [1.12]	8.781*** [2.80]	6.08 [1.26]
棉花	3.482 [1.07]	4.459 [1.27]	4.445 [1.24]	4.056 [1.01]	4.479 [1.25]	2.687 [0.74]
豆粕	-1.972 [-1.63]	2.083 [0.74]	1.94 [0.98]	-0.476 [-0.21]	-1.082 [-0.60]	-0.138 [-0.08]
棕榈油	6.223** [2.05]	8.091** [2.26]	5.124 [1.62]	7.064 [1.29]	6.736** [2.07]	5.359* [1.65]
豆油	11.745*** [2.82]	12.833*** [2.79]	9.031** [2.29]	12.461 [1.54]	12.010*** [2.69]	11.516*** [2.73]
鸡蛋	-0.224 [-0.22]	-0.335 [-0.44]	-0.379 [-0.71]	-0.388 [-0.34]	-0.076 [-0.08]	-0.342 [-0.41]

注：表中所示为 GARCH（1，1）模型公式（8-5）中的系数 δ_1；中括号内为 t 值；* 为 $p<0.1$，** 为 $p<0.05$，*** 为 $p<0.01$。

中国商品期货市场的系统性风险对股票市场收益率的正向溢出作用可能通过以下两个渠道进行传导。第一，在资产配置方面，这种正向溢出作用可以反映出风险资产之间的联动关系。在商品金融化的背景下，以中国为代表的新兴经济体对于大宗商品需求迅速增加和商品期货指数化投资的兴起导致了大宗商品市场的系统性风险加剧。尽管机构投资者对于大宗商品交易参与增加，但是会理性地进行资产配置。在进行风险资产选择时，大宗商品的交易量与股票市场的交易量表现出显著负向关联（李剑、陈烨和李崇光，2018）。例如，2008年中国A股市场呈现量价齐跌的趋势，同期的商品期货市场则呈现量价齐升的态势。而在大宗商品市场系统性风险高涨时期，大量资金迅速进入股票市场，短期内交易资金的增加导致股票市场做出正向反应，同时交易呈现高度活跃状态。第二，在风险补偿方面，这种正向溢出作用可能是理性投资者对于高风险所要求的合理溢价。伴随着近些年世界范围内的金融危机频发，包括美国和中国在内诸多国家为了刺激经济出台了各类宽松政策，造成了世界范围内的流动性过剩问题持续存在。这种流动性过剩催生了商品价格泡沫，导致商品期货价格的迅速上涨和剧烈波动，提高了系统性风险水平。反映在实体经济层面，进行生产的上市公司面临更高的生产成本和投资风险。因此，风险厌恶的理性投资者需要更高的股票预期收益来补偿这一风险，导致大宗商品市场的系统性风险对于股票市场产生了正向溢出作用。

（三）大宗商品市场系统性风险与各行业股票收益率

表 8-6 列示了样本期间内，商品期货总指数及代表性商品 RSV 对不同行业股票收益率溢出作用的实证结果。结果表明，与股票指数的回归结果一致，在控制了经济周期之后，商品期货总指数 RSV 对于中国 A 股市场中上市公司数目较多的 10 类行业，包括采矿业，制造业，电力、热力、燃气及水生产和供应业，建筑业，批发和零售业，交通运输、仓储和邮政业，信息传输、软件和信息技术服务业，金融业，房地产和综合，均有显著为正的溢出作用。公式（8-5）中商品期货总指数 RSV 的系数 δ_1 均为正，且采矿和金融业股票平均收益率的回归 t 值在 1% 水平上显著，为 10 个行业中对溢出作用最为敏感的行业。而电力、热力、燃气及水生产和供应业和信息传输、软件和信息技术服务业对于溢出作用的敏感性稍弱，但是仍然在 10% 水平下显著。期货总指数 RSV 对其他 6 个行业的溢出作用则在 5% 水平下显著。由此，整体看来，大宗商品市场的系统性风险对于股票市场各个行业均显著且正向的溢出作用，尽管不同行业对于这种溢出的敏感程度并不完全一致。实际上，RSV 波动较高且对于股票市场影响程度较大的工业金属类商品都和采矿业息息相关，因此大宗商品的系统性风险对于采矿行业有更为显著的影响。同时，商品金融化又提升了大宗商品的金融属性，使得其投资属性相较于传统的套期保值作用有所提升，导致大宗商品的系统性风险更显著的影响到了金融行业。而信息传输、软件和信息技术服务业更多地依托于专利和无形资产进行生产，则受商品期货风险溢出的程度较弱。从代表性商品 RSV 的溢出作用看，有色金属类的商品铜和锌、贵金属类的商品黄金、煤焦铁矿类的商品焦炭、化工类的商品 PTA、天然橡胶和甲醇，软商品类的白糖及油料油脂类的商品棕榈油和豆油对于大多数行业的股票收益率均有显著为正的溢出作用。同时，动力煤、白银和螺纹钢等其他工业金属类的商品，对于采矿业与交通运输、仓储和邮政业的溢出作用虽然没有在统计上显著，但是其 t 值却明显高于考虑股票市场整体情况时的水平。这一结果同样由这些行业的特征所决定。

（四）大宗商品市场系统性风险与个股收益率

对于中国 A 股市场个股方面，本研究主要考虑了商品期货市场总指数 RSV 对个股收益率的溢出作用。本研究已经证实大宗商品市场系统性风险对于股票市场具有显著正向的溢出作用，并尝试探讨了这一正向溢出作用的传导渠道。同时，发现这种溢出作用在不同类型、不同行业的上市公司中存在明显差异。因此，在对于单个股票的溢出作用进行分析

表 8-6 商品期货总指数及代表性商品 RSV 对不同行业股票收益率的溢出作用

	采矿业	制造业	电力、热力、燃气及水生产和供应业	建筑业	批发和零售业	交通运输、仓储和邮政业	信息传输、软件和信息技术服务业	金融业	房地产	综合
期货总指数	42.912*** [4.73]	22.149** [2.24]	18.251* [1.91]	20.484** [2.15]	22.507** [2.25]	24.080** [2.54]	21.283* [1.87]	29.475*** [2.87]	25.298** [2.10]	26.386** [2.42]
燃料油	1.602 [1.04]	-0.156 [-0.09]	-0.362 [-0.27]	-0.784 [-0.50]	0.28 [0.17]	0.058 [0.04]	1.215 [0.68]	2.147 [1.57]	0.064 [0.04]	-0.061 [-0.03]
动力煤	6.465 [1.29]	3.335 [0.68]	3.907 [0.96]	4.722 [1.03]	5.037 [1.29]	6.128 [1.40]	6.415 [0.97]	5.28 [0.95]	6.294** [2.23]	4.463 [0.97]
镍	10.254*** [3.79]	6.107** [2.07]	5.103* [1.69]	6.463** [2.37]	6.520** [2.18]	7.088*** [2.67]	4.579 [1.44]	7.682** [2.29]	9.243*** [3.36]	5.554* [1.74]
铜	18.448*** [4.58]	12.746*** [3.71]	10.617*** [3.35]	12.826*** [3.61]	11.371*** [3.60]	12.323*** [4.09]	13.790*** [4.07]	15.603*** [4.44]	15.299*** [3.62]	15.086*** [3.69]
锌	18.448*** [4.58]	12.746*** [3.71]	10.617*** [3.35]	12.826*** [3.61]	11.371*** [3.60]	12.323*** [4.09]	13.790*** [4.07]	15.603*** [4.44]	15.299*** [3.62]	15.086*** [3.69]
黄金	15.180*** [3.57]	13.073*** [2.88]	11.426*** [2.74]	9.287* [1.89]	13.139*** [3.05]	10.356** [2.48]	15.893*** [3.28]	12.178** [2.32]	9.602* [1.75]	13.048** [2.56]
白银	5.857 [1.64]	2.241 [0.48]	2.51 [0.59]	1.408 [0.33]	4.007 [1.03]	4.641 [1.59]	0.683 [0.11]	3.851 [0.88]	2.773 [0.63]	3.777 [0.79]
玻璃	-0.552 [-0.09]	-1.94 [-0.31]	-1.663 [-0.39]	-1.339 [-0.41]	-2.097 [-0.31]	0.797 [0.28]	-4.843 [-0.72]	-7.114 [-1.64]	-0.005 [-0.00]	-2.294 [-0.31]
纤维板	0.012 [0.05]	0.011 [0.05]	0.003 [0.01]	0.006 [0.02]	0.011 [0.04]	0.008 [0.05]	0.013 [0.03]	0.016 [0.05]	0.008 [0.03]	0.01 [0.04]

续表

	采矿业	制造业	电力、热力、燃气及水生产和供应业	建筑业	批发和零售业	交通运输、仓储和邮政业	信息传输、软件和信息技术服务业	金融业	房地产	综合
铁矿石	2.16 [1.20]	0.581 [0.36]	0.532 [0.44]	0.083 [0.07]	0.436 [0.35]	0.52 [0.30]	0.401 [0.19]	1.471 [0.58]	0.52 [0.33]	0.768 [0.54]
螺纹钢	6.502 [1.54]	2.987 [1.08]	2.611 [1.04]	3.624 [1.21]	2.692 [1.07]	3.493 [1.30]	1.777 [0.57]	4.63 [1.31]	3.386 [0.95]	3.044 [1.02]
焦炭	3.096* [1.79]	1.569 [0.58]	1.569 [0.89]	1.879 [0.91]	1.146 [0.54]	1.586 [0.63]	1.847 [0.91]	2.666 [0.92]	1.843 [0.58]	1.799 [0.64]
PTA	9.223*** [2.66]	6.489* [1.84]	4.955* [1.66]	6.535* [1.72]	6.169* [1.90]	5.838* [1.92]	7.810* [1.90]	7.655** [2.07]	7.699* [1.85]	8.166* [1.85]
天然橡胶	1.730* [1.94]	1.530* [1.68]	1.393 [1.56]	1.836** [2.08]	1.704** [1.98]	1.486 [1.59]	2.683* [1.97]	1.784* [1.74]	1.441 [1.49]	1.814 [1.57]
甲醇	4.552*** [2.66]	5.242 [1.64]	3.695** [2.37]	4.109** [2.41]	4.902** [2.12]	4.335** [2.19]	5.15 [1.36]	7.350*** [3.36]	4.734*** [2.84]	4.138 [1.14]
玉米	-2.483 [-0.50]	5.639 [0.90]	3.29 [0.61]	2.69 [0.51]	3.307 [0.59]	4.367 [0.79]	9.776 [1.29]	4.444 [0.73]	-2.639 [-0.42]	3.303 [0.47]
玉米淀粉	3.063 [1.23]	-0.287 [-0.05]	1.625 [0.35]	2.054 [0.26]	-0.7 [-0.15]	1.826 [0.40]	-2.387 [-0.29]	4.348 [1.22]	0.329 [0.06]	-0.203 [-0.06]
白糖	8.737* [1.79]	6.664 [1.33]	8.671* [1.83]	7.778 [1.64]	6.817 [1.48]	9.363** [2.00]	4.575 [0.87]	11.596*** [2.60]	8.775* [1.75]	7.163 [1.44]
棉花	3.149 [0.67]	2.588 [0.48]	1.856 [0.32]	0.746 [0.18]	2.142 [0.38]	3.364 [0.76]	3.29 [0.56]	2.72 [0.50]	-0.783 [-0.16]	0.544 [0.09]

续表

	采矿业	制造业	电力、热力、燃气及水生产和供应业	建筑业	批发和零售业	交通运输、仓储和邮政业	信息传输、软件和信息技术服务业	金融业	房地产	综合
豆粕	1.529 [0.54]	0.695 [0.32]	0.226 [0.10]	-1.552 [-0.67]	1.481 [0.65]	1.733 [0.70]	3.724 [1.34]	1.947 [0.69]	-2.41 [-0.94]	-0.68 [-0.26]
棕榈油	8.548*** [2.53]	6.228* [1.78]	5.839* [1.85]	4.999 [1.36]	6.118* [1.83]	5.114 [1.54]	9.882** [2.46]	8.396** [2.33]	5.732 [1.37]	8.421** [2.13]
豆油	20.640*** [3.24]	10.971** [2.39]	10.961** [2.26]	8.938* [1.83]	12.770** [2.67]	11.185** [2.29]	12.635** [2.47]	12.099** [2.23]	12.444** [2.09]	13.857** [2.48]
鸡蛋	-0.329 [-0.38]	-0.445 [-0.69]	-0.231 [-0.29]	-0.188 [-0.23]	-0.463 [-0.54]	-0.148 [-0.20]	-0.739 [-0.41]	-0.418 [-0.45]	-0.067 [-0.07]	-0.349 [-0.39]

注：表中所示为 GARCH (1, 1) 模型公式 (8-5) 中的系数 δ_1；中括号内为 t 值；* 为 $p<0.1$，** 为 $p<0.05$，*** 为 $p<0.01$。

时，本书主要关注这种溢出作用的差异会产生怎样的效果。对于这种溢出作用更为敏感的上市公司股票能否获得显著的超额收益？这种超额收益又能否被其他风险因子解释？

为了探究以上问题，本书首先采用 GARCH（1,1）模型进行回归并获取个股收益率对商品期货总指数 RSV 的敏感性水平 δ_1；随后，根据每个股票对于溢出作用的敏感性水平从小到大平均分为 10 组，并对每一组股票计算等权平均收益率。为了探究不同分组下的股票能否获得显著的风险调整收益率，本书综合采用了 Fama 和 French（2015）五因子模型中的市场因子（MKT）、市值因子（SMB）、账面市值比因子（HML）、盈利因子（RMW）和投资因子（CMA）以及 Jegadeesh 和 Titman（1993）的动量因子（UMD），对于每个溢出敏感程度股票组合的超额收益分别进行如下回归：

$$R_{p,t} - r_{ft} = \alpha_0 + \beta_1 MKT_t + \beta_2 SMB_t + \beta_3 HML_t + \beta_4 RMW_t + \beta_5 CMA_t + \beta_6 UMD_t + \varepsilon_{p,t}$$
(8-8)

其中，$R_{p,t}$ 为资产组合的月度平均收益率，单位为%；r_{ft} 为无风险收益率，单位为%，本书采用一年期定期存款利率；α_0 为风险调整后的 Alpha，单位为%。

表 8-7 为 10 个不同溢出作用敏感性水平的投资组合收益率对于公式（8-8）的回归结果，其中 1 组为对于大宗商品市场系统性风险的正向溢出作用敏感性最弱的分组，而 10 组则为敏感性最强的分组。结果表明，在不同的敏感性分组中，只有对大宗商品市场的系统性风险溢出敏感性最弱的 1 组，经过 6 个因子进行风险调整后，其超额收益 Alpha 仍然在 5% 的水平下显著，t 值为 2.16，超额收益为 0.4013%。1 组具有显著的超额收益表明对于大宗商品市场的系统性风险越弱，股票市场上的系统性风险也越难解释这类股票的收益水平，间接反映出大宗商品市场和股票市场系统性风险的关联性。而其他敏感性水平更大的分组中，经过风险调整后的超额收益 Alpha 不再显著，其中，最小值为 6 组中的 -0.0081%。因此，对于大宗商品市场系统性风险更为敏感的股票，其超额收益越容易被股票市场的系统性风险所解释。

表 8-8 列示了样本期内不同分组水平下的敏感性水平均值（δ_1），股票组合平均收益率均值（R）和因子模型回归后的风险调整收益率（Alpha），以及不同分组间以上三个变量的差异。结果表明，敏感性最高组 10 和敏感性最低组 1 之间的 δ_1 差异为 61.0433，在 1% 水平上显著，其中 1 组的 δ_1 均值虽然为负，但是接近于 0。而不论是组合收益率还是风险调整后的超额收益率，其随敏感性水平的变化并非线性。10 组和 1 组的 R 和 Alpha 之差分别为 -0.2097% 和 -0.3814%，均没有显著差异；而 9 组与 1 组间 R 和 Alpha 的差异更大，分别为 -0.3303% 和 -0.5833%，且 Alpha 为在 5% 水平下显著。

三、小结

首先，本节实证探究了中国大宗商品市场系统性风险对经济增长和通货膨胀的影响。经济增长采用工业增加值的变动作为代理变量，通货膨胀采用生产者价格指数和消费者价格指数的变动作为代理变量，实证模型采用 VAR（1）。研究发现，中国大宗商品系统性风险的增加，在短期内将会抑制中国的经济增长，从中长期来看，经济增长受到的影响将呈现波动下降的趋势，并会在半年左右消失。针对具体的大宗商品进行分析，工业类商品与总指数具有类似特征，而农业类商品对经济增长的影响相对较弱，甚至出现较为滞后的

表 8-7　因子模型回归结果

	1	2	3	4	5	6	7	8	9	10
Alpha	0.4013** (2.16)	0.0806 (0.69)	0.0412 (0.42)	0.0493 (0.56)	0.0147 (0.15)	-0.0081 (-0.09)	-0.0770 (-0.87)	0.0318 (0.31)	0.0215 (0.19)	0.2235 (1.01)
MKT	88.4889*** (39.34)	93.7358*** (66.74)	95.1974*** (79.33)	94.6486*** (88.73)	97.3438*** (82.76)	97.7927*** (92.66)	100.2759*** (93.95)	100.5460*** (81.52)	103.5966*** (74.93)	109.4891*** (40.74)
SMB	67.2759*** (7.60)	58.5814*** (10.60)	54.7936*** (11.60)	53.8526*** (12.83)	49.2764*** (10.65)	49.8281*** (12.00)	46.1230*** (10.98)	39.2332*** (8.08)	36.5587*** (6.72)	18.4027* (1.74)
HML	-52.6248*** (-7.90)	-33.8698*** (-8.14)	-24.1482*** (-6.79)	-21.6387*** (-6.85)	-13.7267*** (-3.94)	-6.4224** (-2.05)	-3.5234 (-1.11)	-5.6611 (-1.55)	3.5755 (0.87)	7.5183 (0.94)
RMW	-7.8533 (-0.89)	-2.1949 (-0.40)	-7.8072 (-1.65)	-3.6466 (-0.87)	-10.1616** (-2.19)	-14.6669*** (-3.53)	-9.0142** (-2.14)	-12.1833** (-2.51)	-10.8323** (-1.99)	-12.7788 (-1.21)
CMA	-2.1728 (-0.24)	-0.8894 (-0.16)	-2.2984 (-0.48)	3.1622 (0.74)	0.3530 (0.07)	-5.1189 (-1.20)	2.7269 (0.63)	8.0219 (1.61)	-3.8242 (-0.69)	-1.0982 (-0.10)
UMD	3.9334 (1.09)	-0.6932 (-0.31)	-2.4445 (-1.27)	-5.8187*** (-3.39)	-5.9240*** (-3.13)	-6.3854*** (-3.76)	-9.7673*** (-5.69)	-11.6571*** (-5.87)	-11.7989*** (-5.30)	-12.5877*** (-2.91)
N	168	168	168	168	168	168	168	168	168	168

注：表中所示因子模型公式（8-8）的回归结果；括号内为 t 值，采用 Newey-west 稳健统计量；Alpha 单位为%；N 为样本数；* 为 p<0.1，** 为 p<0.05，*** 为 p<0.01。

表 8-8　分组统计结果

	1	2	3	4	5	6	7	8	9	10	10-1	9-1
δ_1	-1.1165	10.6226	16.4835	21.2753	25.5289	29.5811	33.8592	38.6042	45.4392	59.9268	61.0433*** [180.65]	46.5557*** [140.99]
R	2.3204	2.0158	1.9924	1.9974	1.9784	1.9843	1.9241	1.9895	1.9900	2.1107	-0.2097 [-0.49]	-0.3303 [-0.99]
Alpha	0.4013**	0.0806	0.0412	0.0493	0.0147	-0.0081	-0.077	0.0318	0.0215	0.2235	-0.3814 [-1.11]	-0.5833** [-2.29]

注：R 与 Alpha 单位为%；* 为 p<0.1，** 为 p<0.05，*** 为 p<0.01。

反应。与对经济增长的抑制作用不同，中国大宗商品市场系统性风险的上升将会导致通货膨胀。一方面，将会使生产者价格上涨，影响持续时间较长，接近1年，且对工业类商品的影响大于农业类商品。另一方面，同样会引起消费者价格指数的上升，但上升幅度较小，影响持续时间较短，且对农业类商品的影响稍强于工业类商品。

其中股票市场考察了股票指数、不同行业和个股三个维度。研究发现，从2006年3月到2019年12月的样本区间内，大宗商品市场的系统性风险对于股票市场指数、不同行业和个股收益率有正向溢出作用，并且对这种溢出作用的敏感程度随公司基本面特征和行业特征变化而有所差异。市值大、账面市值比高的主板上市公司对于溢出作用的敏感程度更高，采矿业和金融业的上市公司敏感性也高于其他行业公司。同时，对于不同板块的期货商品，由于与实体经济的关联程度和RSV的波动程度有所差异，对于股票市场的溢出作用也有所差异。与实体经济和股市关联更为密切工业金属类商品溢出作用更为显著，而农副产品或谷物商品溢出效果更弱。在个股层面，对于大宗商品系统性风险溢出作用敏感性不同的上市公司，其超额收益水平也有显著差异。尤其敏感性最弱的上市公司，股票市场的系统性风险也很难解释这类股票的超额收益。

第四节　中国大宗商品市场系统性风险的防范

一、研究结论

本书主要关注中国大宗商品市场的系统性风险及其影响，研究结论包括以下四点。

（一）中国大宗商品市场发展概况及2019年运行状况

2019年是中国大宗商品市场繁荣发展的一年，商品品种和市场规模不断扩大，市场体系不断完善。价格趋势方面，中国大宗商品现货市场的"金九银十"季节性规律在2019年只剩下"金九"，受春节后复产的影响，2019年2月份现货价格略有上涨，但随后便持续下滑，在5月份表现最为惨淡，该颓势一直持续到9月份出现了季节性需求拉动型的价格上涨，但在9月份之后又出现下行。期货市场与现货市场展现了相似的年度波动趋势，但期货价格波动更加明显。与市场整体波动相似，2019年各大宗商品板块及具体品种表现也是跌宕起伏，并且商品板块之间、具体品种之间也有所差异。

（二）中国大宗商品市场系统性风险特征

中国大宗商品市场系统性风险在危机时表现出下行风险突出、波动聚集的特征，2018年以后风险趋于平稳。分板块来看，工业类大宗商品表现出与总指数类似的特征，而农业类大宗商品则普遍风险较高，同时均受各商品自身供需冲击的影响而表现出品种特有的风险特征。与国际同类大宗商品对比发现，原油、铜、黄金等工业类大宗商品表现出与国际品种同步的风险特征，而农业类大宗商品的风险在中国与国际市场间表现出明显差异，国内品种的风险相对较弱。

（三）中国大宗商品系统性风险对宏观经济的影响

中国大宗商品系统性风险的增加，在短期内会抑制中国经济的增长，这一影响呈现波动下降的趋势，并会在半年左右消失。其中，工业类大宗商品与总指数具有类似特征，而农业类的影响则相对较弱和较为滞后。中国大宗商品系统性风险的增加还会导致通货膨胀，会使生产者价格上涨且持续时间较长，其中，对工业类大宗商品的影响大于农业类。同时也会引起消费者价格上涨，但上升幅度较小且影响持续时间较短，其中，对农业类商品的影响稍强于工业类商品。

（四）中国大宗商品系统性风险对股票市场的影响

大宗商品市场系统性风险对于股票市场指数、不同行业和个股收益率有正向溢出作用，并且对溢出作用的敏感程度随公司基本面特征和行业特征变化而有所差异。市值大、账面市值比高的主板上市公司对于溢出作用的敏感程度更高，采矿业和金融业的上市公司敏感性也高于其他行业公司。针对具体大宗商品，与实体经济和股市关联更为密切工业金属类商品溢出作用更为显著，而农副产品或谷物商品溢出效果较弱。对于大宗商品系统性风险溢出作用敏感性不同的上市公司，其超额收益水平也有显著差异，其中，敏感性最弱的上市公司具有无法被股票市场的因子模型解释的显著超额收益。

二、风险防范措施建议

（一）应尽快完善中国大宗商品现货和衍生品市场的建设

完善中国大宗商品现货及其衍生品的交易市场，增大市场活跃度，督促实现价格发现功能，从而在国际市场上争取定价权，否则，中国只能被动承受价格波动带来的风险。

（二）全面、深入展开对大宗商品市场风险传导机制的研究

研究清楚大宗商品市场内部、与股票市场、宏观经济、以及国际市场的风险传导机制，才能更好地制定相关政策、采取相关措施，来有效地降低和化解大宗商品市场的系统性风险。

（三）宏观经济和金融政策制定者应充分关注大宗商品市场风险

随着中国大宗商品市场的发展，宏观经济和金融政策制定者应充分关注大宗商品市场风险，并正视大宗商品市场风险对宏观经济和金融市场的溢出问题。当大宗商品市场风险出现非预期的过度波动时，可以进行适当的政策干预或窗口指导，在短期内削弱大宗商品市场风险对国内价格水平和经济金融活动的严重影响。

（四）监管部门应建立大宗商品风险预警机制和跨市场监管机制

监管部门应加强对大宗商品市场风险的监控，建立大宗商品风险预警机制，及时识别大宗商品市场风险对经济和金融市场的不利影响。同时也要注意建立及时有效的跨市场监管机制，抑制过度投机行为。

三、结语与展望

针对中国大宗商品市场系统性风险及其对宏观经济和金融市场的影响的深入研究,将有助于全面了解大宗商品市场的运行规律,进一步防范由大宗商品市场带来的与宏观经济和金融市场的联动风险,更有助于规范中国大宗商品交易市场,切实做到防范化解重大风险,使金融市场更好地服务实体经济,从而保证中国经济的持续稳定发展。

第九章 中国政府债务安全分析报告

第一节 中国政府债务安全的内涵与测度框架

政府债务问题是目前理论界与各国政府普遍关注的问题,当今世界各国政府面临着日益加剧的财政风险,爆发了许多的政府债务危机。近年来,中国政府性债务问题引起了社会各界的广泛关注,主要体现在地方政府隐性债务的快速增长与风险隐患。2005年之前,地方债务主要因财政收支存在缺口而被动形成,债务积累相对温和。随着城镇化的推进,地方政府开始主动进行债务融资以支持城市建设和基础设施投资。然而,由于1994年颁布的《中华人民共和国预算法》明文规定,"除法律和国务院另有规定外,地方政府不得发行地方政府债券",地方上形成了"地方政府—政府融资企业—银行、信托机构—资本市场等"的间接融资关系。2008年金融危机爆发后,为落实中央的宏观经济刺激政策,地方融资需求迅速增长,以融资平台为代表的隐性债务加速扩张。根据中华人民共和国审计署2011年第35号审计公告、2013年第32号审计公告,截至2013年6月底,全国地方政府性债务余额达17.89万亿元,相较于2010年年底的10.72万亿元增长了66.9%。财政部针对地方政府债券发行及其余额公布的数据显示,截至2019年年末,全国地方政府债券余额为21.12万亿元,仍以公开发行地方政府债券为主(占比82.87%)。考虑到地方政府依旧旺盛的融资需求、市场对政府兜底的预期,地方政府通过违规操作、隐性担保而形成的隐性债务不容忽视。根据中信建投证券研究部(2018)的测算,截至2018年9月,中国地方政府性债务合计规模约54万亿元。其中,显性债务余额17.16万亿元;隐性的地方政府融资平台债务余额合计37.19万亿元,包括城投债融资8.91万亿元,商业银行平台贷款15.68万亿元,非标融资渠道负债12.6万亿元。面对增长迅猛、体量庞大、关系错综复杂的地方政府性债务,研究其对实体经济的影响成为重要的课题。

一、中国政府债务安全的内涵

(一)政府债务安全的国际关注

20世纪90年代,学者陆续提出了"隐性债务"和"或有债务"的观点,拓宽了政府债务的口径。哈维·罗森(1992)首次提出"隐性债务"的概念,扩展了政府债务的范围,隐性债务是由政府对未来支付进行承诺而产生的,其额度为未来承诺的额度。Polackova(1998)进一步将政府债务区分为直接显性负债、直接隐性负债、或有显性负债、或有隐性负债①,并在此基础上发明了财政风险矩阵这一工具,历史上第一次将政府债务理论和风险理论结合起来,用于对政府债务进行全面的风险分析和评估。Polackova (1999), Sehick (2002) 等经过分析发现:为达到财政平衡,许多经济转轨的国家把大量政府活动转移到财政预算外,称之为"财政机会主义",这种机会主义行为多采用国家担保、直接贷款等形式,产生了大量隐性和或有债务,增加了长期公共融资的不确定性,威胁着长期财政稳定。欧债危机爆发后,也有一系列针对于政府债务的影响及其风险的研究。对于政府债务与经济增长的关系,多数证据表明过高的政府债务与经济增长存在着负向关系 (Rogoff & Reinhart, 2010; Reinhart et al., 2012; Woo & Kumar, 2015)。

(二) 中国政府债务问题的特点

与全球政府债务 (公共债务) 的研究趋势相比,中国政府债务存在着一定的特殊性,特别是地方政府债务问题。自从 1994 年分税制改革以来,地方政府财力与其承担的城市建设、公益项目建设与经营义务呈现明显的不对等性。2008 年全球金融危机发生以后,面对全球经济的衰退,为了防止经济增速过快下滑,中国出台了扩大内需、促进经济增长的十项措施和两年 4 万亿元的经济刺激方案。与此同时,央行和银监会提出了鼓励地方政府通过增加地方财政贴息、完善信贷奖补机制、设立合规的政府融资平台等多种方式,吸引和激励银行业金融机构加大对中央投资项目的信贷支持力度,支持有条件的地方政府组建融资平台,发行企业债、中期票据等融资工具,拓宽中央政府投资项目的配套资金融资渠道。在此背景下,各家商业银行加快了对基础设施建设等各个领域的信贷投放,融资平台在数量和规模上迅猛发展。

所谓地方政府投融资平台,实际上广泛包括地方政府组建的不同类型的城市建设投资公司、城建开发公司、城建资产经营公司等不同类型的公司,这些公司通过划拨土地等资产组建一个资产和现金流大致可以达到融资标准的公司,必要时再辅之以财政补贴等作为还款承诺,重点将融入的资金投入市政建设、公用事业等项目之中。这种融资平台公司在一定程度上解决了地方政府融资困难的问题,缓解了地方政府的债务风险。但由于地方融资平台举债的范围难以预计。另外,融资平台由于是以政府给予的土地等实物抵押,并且以政府的信用作为担保,银行等金融机构在资金提供给政府方面根本不严格审核,增加了政府债务的隐性负债。给地方政府债务出现危机埋下了隐患。

中国地方政府债务的特征主要体现为:

1. 规模巨大。依据审计署发布的结果,截至 2013 年年中,中国的地方政府债务就达到了 17.9 万亿元人民币。

2. 举债主体和方式多元化。举债的主体有融资平台公司、地方政府部分和机构、经费补助事业单位、公用事业单位和其他单位。从各个主体所借债务的总量上来看,融资平台司所借债务量最大,约占地方政府债务的 50%;举债方式包括银行贷款、发行债券、信托融资和向其他单位或者个人借款等方式。

3. 债务的隐蔽性。由于地方政府的债务类型很多,包括直接发生的债务和间接担保

---

① 直接债务是指在任何情况下都存在的可预测的债务,或有债务则是依赖于未来事件的发生;此外,还可以从法律上将政府债务分为显性债务与隐性债务。

带来的债务,地方政府还可能利用债务延期等多种形式规避债务规模的如实报道,使得我们在缺乏地方政府债务信息披露机制的当下,很难了解真实的地方债务规模。

二、中国政府债务安全的测度框架

本书在分析中国政府债务风险形成及其传导机制的基础上,结合西方传统信用风险模型与中国经济特质,利用微观融资平台公司的财务数据、地方政府的财政收支信息、房地产市场的周期性与经济发展变量,构建多维度的地方政府债务风险评价体系。同时,我们从现状风险分析扩展到未来风险应对,针对地方政府在城镇化进程加速过程中较大的资金缺口问题,设计适合中国财政体制与经济发展所需的地方政府最适债务规模与结构的估算模型,并提出有效化解政府债务风险,建立长期可持续的地方政府融资渠道的政策建议。我们计划从以下四个方面展开具体的研究(见图9-1):

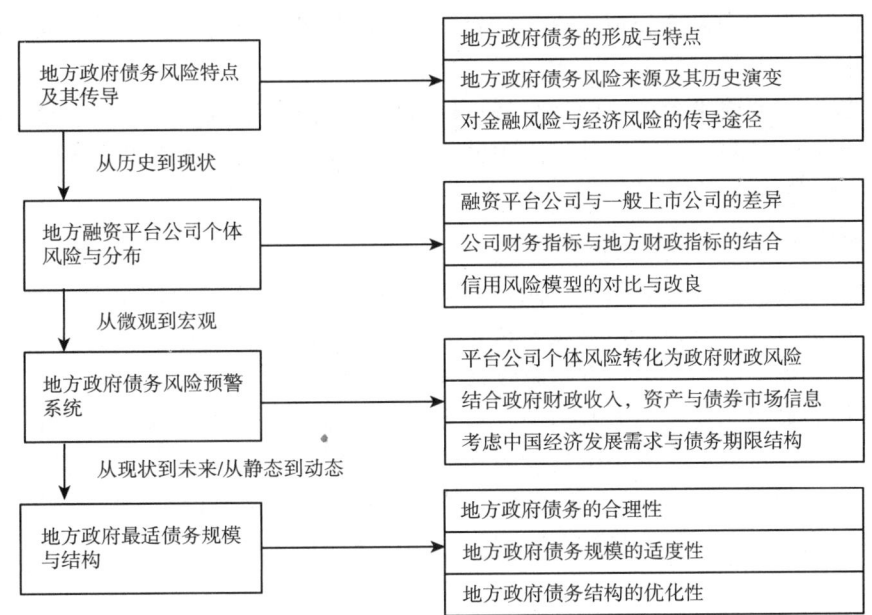

图9-1 中国地方政府债务安全的研究逻辑框架

资料来源:作者设计。

(一)地方政府债务的风险特点及其对系统性风险的传导途径

我们试图从地方政府债务的特点、风险来源、风险演变及其传导链条这几方面进行研究。

地方政府的债务风险可能转化为大范围的财政风险,财政风险指的是,在财政发展过程中由于某些经济社会因素影响,给财政运行造成波动和混乱的可能性,集中表现为巨额财政赤字和债务危机,它具有诱发空间广、传导性快、隐蔽性强、危害性大等特点。目前地方政府债务的风险分担机制不完善,在市场风险分担机制不完善情况下,市场主体之间的关系未厘清,市场风险往往向财政转移。由于债务的隐形性质,地方政府的被动负债严重,特别是在政府出具相关担保函的情况下,财政兜底功能显现,这样造成了财政支出压力，形成了财政风险。

除此之外，地方政府融资行为本身也可以引起金融风险，这种风险主要体现为金融调控风险。在地方政府大规模融资情况下，银行信贷资金增长迅速，造成货币投放过多，引起流动性过剩，可能带来资产或者原材料价格的上升，从而造成通货膨胀。

（二）地方融资平台公司个体风险与分布

要顺利评估地方平台公司的个体风险与分布，重点是处理地方政府投融资平台作为政府和企业混合体的双重属性。平台公司既是从事投融资及市政项目运营的经济法人实体，又是国有资本的经营运作者。这意味着，我们对地方政府投融资公司的信用评价不仅要考虑其作为市场主体的各项财务指标状况，同时也要考虑它与当地政府财政的紧密联系。虽然城投债的发行、审批与监管等环节与一般企业债券并没有不同。但事实上平台公司与我们一般的商业公司在运营目标、公司结构、管理体系等多方面都存在着巨大的不同，而使用现有针对一般企业的风险管理制度去应对我们的融资平台公司，显然无法准备识别出平台公司的风险并对其进行控制与分散。

对此，我们需要将平台公司的运行特点以及地方政府的财政收支结构综合考虑，综合利用微观与宏观的信息，对比多种风险预警模型的适用性，构建适用于评估中国地方政府平台公司风险的模型。

（三）地方政府债务风险预警系统

由于地方政府融资平台公司的信用风险和偿债能力与地方政府的财政状况紧密相关，因此，我们试图将平台公司的违约风险转化为地方政府的财政风险。地方政府债务的根本是地方政府以其能支配的未来地方财政收入（税收、公共事业项目收益等）作为担保，从债权人处借债。如果到期时地方政府可支配收入大于其债务规模，地方政府将偿还债务；如果到期地方政府可支配收入小于其债务规模，将发生地方政府违约，我们将基于中国特征变量改良 KMV 模型，通过纳入土地出让金、中央转移支付估计广义财政收入的增长与波动，针对中国经济发展特点估算预警阀值，结合债务期限结构等变量设计地方政府债务的风险预警模型。

（四）地方政府最适债务规模与结构

在目前的财政体制下，随着城镇化进程的加速，地方政府还面临着较大的资金缺口，十八届三中全会报告中提出"允许地方政府通过发债等多种方式拓宽城市建设融资渠道"，而财政部在 2014 年也下发了《2014 年地方政府债券自发自还试点办法》，批准北京、上海等十省区市试点地方政府债券自发自还，开启了中国市政债发行的实验。地方政府债务的问题在未来将更多地体现为债务规模的适度性、定价的合理性与监管的制度化等细节。

我们在对已有地方政府债务的风险水平及其分布研究的基础上，从政府的举债需求出发，结合西方风险模型与中国财政经济变量，利用地方政府的财政收入、资产和债券市场信息，设计出适合中国财政体制与经济发展所需的最适债务规模与结构的估算模型，并探讨合理控制地方政府债务规模，有效化解平台公司信用风险，建立长期可持续的地方政府融资渠道的政策建议。

第二节　中国政府债务的起源与特点

一、中国政府债务的概念辨析

（一）地方政府债务的相关概念辨析

1. 地方政府性债务、地方政府债务（官方新口径）及地方政府债券。1998 年，世界银行经济学家 Hana Polachova Brixi 提出了财政风险矩阵，将政府债务划分为显性直接负债、隐性直接负债、显性或有负债、隐性或有负债四类。其中，根据是否有明确的法律规定政府负有偿付责任，区分政府债务的显隐性；根据形成概率，将债务分为直接负债和或有负债。在关于中国政府债务的早期研究中，刘尚希和赵全厚（2002）、顾建光（2006）等均基于该框架对中国的政府债务进行了分类与估算。[①]

2008 年金融危机爆发后，在 4 万亿元财政刺激政策下，中国地方政府隐形债务不断攀升。为加强地方政府性债务管理、防范化解潜在风险，2011 年 2 月，国务院发布《关于做好地方政府性债务审计工作的通知》（简称《通知》），由审计署对全国政府性债务情况进行摸底。按照政府所承担的偿债责任，该《通知》明确将中国政府性债务划分为三类：（1）政府负有偿还责任的债务，包括由地方政府及其部门、融资平台等单位举借，确定由财政资金偿还，政府负有直接偿债责任的债务；（2）政府负有担保责任的债务，即由非财政资金偿还，因地方政府提供直接或间接担保，当债务人无法偿还债务时，政府负有连带偿债责任的债务；（3）政府可能承担一定救助责任的债务，指由相关企事业单位为公益性项目举借，用非财政资金偿还，地方政府虽未提供担保，但当债务人出现债务危机时，政府可能需要承担救助责任的债务。根据该《通知》，地方政府性债务的举债主体不仅仅局限于地方政府（含政府部门和机构），还包括经费补助事业、公用事业单位、融资平台公司及其他相关单位，基本覆盖了地方政府的各类债务[②]。目前，学界及金融机构对地方政府性债务的界定多沿用这一广义口径。

值得注意的是，为规范地方政府债务融资行为，2014 年 9 月发布的《国务院关于加强地方政府性债务管理的意见》（国发〔2014〕43 号，下称"43 号文"）中要求，"明确划清政府与企业界限，政府债务只能通过政府及其部门举借，不得通过企事业单位等举借"，并强调"剥离融资平台公司政府融资职能，融资平台公司不得新增政府债务"。2015 年 1 月 1 日新《预算法》实施后，地方政府债务统计的官方新口径主要包括地方政府债券及非政府债券形式存量政府债务两类，新增债务融资主体仅限于政府及其部门。其中，地方政府债券指地方政府直接发行的债券；非政府债券形式存量政府债务，指存量政

[①] 该部分内容基于龚强，王俊，贾珅. 财政分权视角下的地方政府债务研究：一个综述［J］. 经济研究，2011 (7)：144 – 156。

[②] 参考：张苏隽. 浅析地方政府性债务的认定与分类标准［EB/OL］. （2011 – 07 – 13）［2019 – 04 – 06］. http://www.audit.gov.cn/n6/n41/c19027/content.html。

府性债务中被依法认定为属于政府债务的部分，该类债务通过地方政府发行置换债的方式被不断置换至地方债的统计当中①。

尽管43号文及新《预算法》对中国地方政府债务给出了新的定义，但是结合当前学界商界的普遍做法及研究的适用性，本书选择包括融资平台债务在内的地方政府性债务作为研究对象。主要原因如下：其一，地方政府融资方式的转变需要过渡期，而出于实证的考虑，本次研究的时间范围集中于2009—2019年，受新政的影响较小；其二，在"国内'国有资源、国有资产、国有银行'三者共生的制度环境下（时红秀，2010）"，政府债务和非政府债务的边界实际上难以界定，市场上仍广泛存在政府兜底预期；其三，以融资平台债务为首的未被纳入官方统计的地方政府隐性债务体量庞大，很可能对当地经济活动产生重要影响。

2. 地方政府融资平台与城投债。根据原《中华人民共和国预算法》及《贷款通则》，地方政府不得发行债券、不得直接向商业银行借款。为满足城市建设所需的巨大资金需求，地方政府融资平台（又称"城投公司"）成为地方政府绕过法律限制、筹集大量资金的重要工具。

中国的地方政府融资平台公司出现于20世纪90年代，崛起于2008年的全球金融危机，面对全球经济的衰退，为了防止经济增速过快下滑，中国出台了扩大内需、促进经济增长的十项措施和4万亿元的财政刺激方案，其中只有1.18万亿元是由中央政府提供，余下的2.72万亿元需要由地方政府自主筹措。与此同时，央行和银监会提出了鼓励地方政府通过增加地方财政贴息、完善信贷奖补机制、设立合规的政府融资平台等多种方式，吸引和激励银行业金融机构加大对中央投资项目的信贷支持力度，支持有条件的地方政府组建融资平台，发行企业债、中期票据等融资工具，拓宽中央政府投资项目的配套资金融资渠道。在此背景下，各家商业银行加快了对基础设施建设等各个领域的信贷投放，融资平台在数量和规模上迅猛发展。

《国务院关于加强地方政府融资平台公司管理有关问题的通知》（国发〔2010〕19号）和财政部、发展改革委、人民银行、银监会《关于贯彻国务院关于加强地方政府融资平台公司管理有关问题的通知相关事项的通知》（财预〔2010〕412号）两个政策文件对地方政府融资平台做出了明确定义。地方政府融资平台公司是指"由地方政府及其部门和机构、所属事业单位等通过财政拨款或注入土地、股权等资产设立，具有政府公益性项目投融资功能，并拥有独立企业法人资格的经济实体，包括各类综合性投资公司，如建设投资公司、建设开发公司、投资开发公司、投资控股公司、投资发展公司、投资集团公司、国有资产运营公司、国有资本经营管理中心等，以及行业性投资公司，如交通投资公司等"。

（二）地方政府融资平台的风险与脆弱性

地方政府融资平台公司的迅速发展使得地方政府、银行以及整个经济体都面临着更大

---

① 根据国家统计局发布的《2018年国民经济和社会发展统计公报》，2015—2018年间置换债券累计发行12.2万亿元，全国存量地方政府债务置换工作于2018年基本完成。这意味着，未来财政部公布的地方政府债务数据与地方债口径将基本一致。

的信用风险，主要体现在以下几个方面：

1. 债务规模巨大。中信建投证券研究部（2018）的测算，截至 2018 年 9 月，中国地方政府性债务合计规模约 54 万亿元。其中，显性债务余额 17.16 万亿元；隐性的地方政府融资平台债务余额合计 37.19 万亿元。Ma（2013）估计了 2012 年地方政府平台公司可能出现坏账的规模达到 2.5 万亿元，其中 80% 需要由地方政府承担，余下的呆坏账由发放贷款的商业银行承担。以 2012 年的地方政府收入与债务为例：地方政府财政预算收入为 6.1 万亿元，来自中央政府的转移支付资金达到 3.2 万亿元，同时地方政府平台公司的债务达到了 6.97 万亿元，占到了地方政府财政收入的 75%，这也意味着如果平台公司大规模出现了运营困难或者资不抵债的情况，地方政府是捉襟见肘的。

2. 信贷结构错配。地方政府平台公司的债务有很大部分都是来自于银行贷款，截至 2013 年，以银行贷款形式存在的地方政府债务规模达到了 10.12 万亿元，占当年全社会银行信贷总额的 14%。一般而言，银行贷款多为短期流动性，但是平台公司利用这些贷款开展的项目则多为基础设施建设为主的长期投资，这类投资的资金回收期较长，当地方政府不能继续为这类债务延期（roll over）时，就会引发融资平台公司与商业银行的流动性问题。

3. 缺乏透明度以及难以监管。地方政府平台公司的债务大多数都是地方政府的显性或隐性债务，但是这些债务并没有被纳入财政预算的监管系统中。Lu 和 Sun（2013）也指出地方政府债务的不透明也给中国的宏观经济运行带来了极大的不确定性。由于统计标准、监管机构、评级结构等多方面的缺失，市场投资者、监管者以及学术研究者等主体很难对地方政府债务的具体规模与结构分布进行全面准确的评估。

4. 公司治理结构不健全。公司治理结构不健全也是地方政府平台公司的一大弊端。地方政府的官方常常也被任命为平台公司的法人贷款后者高管人员。一方面，这样的设计可以使得平台公司更便利地获得各类资源，但是另一方面，也使得债务风险难以被及时的识别、监控以及管理。

5. 违规融资以及债务资金的违规使用。虽然中央政府从 2007 年开始对地方政府平台公司的债务状况进行跟踪、控制与管理，但还是常有违规融资以及违规使用债务资金的情况发生。根据国家审计署（2013）的审计结果，地方政府违规通过 BT、向非金融机构和个人借款等方式举借政府性债务 2457.95 亿元，同时还有通过虚假违规注资或者虚假提供抵押品价值等行为的违规融资，虽然从 2010 年起，财政部就明令禁止地方政府将市政道路、公园等公益性资产和储备土地等以资本金形式注入到平台公司，但是截至 2013 年，仍然有 544.65 亿元的债务资金是以此违规形式获取的。对于已经获取的债务资金，也有不少地方政府并没有将其投入基础设施建设，而是违规地投入到了资本市场、房地产市场等。

6. 对于土地出让金的过度依赖。平台公司的债务过度依赖土地出让金使得其极易受到房地产市场景气程度的影响。地方政府所拥有的土地是作为平台公司资本金的保障，同时土地出让金也是平台公司债务的重要担保。截至 2012 年，地方政府用土地出让金共担保了其直接负债的 37%。当经济体运行良好的时候，土地的价值会上升，在土地规模不改变的情况下，抵押品价值上升，平台公司可以从商业银行获得更多的贷款；但是一旦经济出现下行趋势，土地价值下降，银行就会要求平台公司补充抵押品。地方政府被迫出售更多的土地使用权，供给的上升会进一步降低土地的价值，最终形成一个关于土地价值与抵押品的恶性循环。

（三）城投债债务口径与地方政府债务口径的联系与区别

城投债是指地方政府融资平台公司发行的债券，包括企业债、公司债、中期票据、短期融资券、非公开定向融资工具（PPN）等①。由于城投债大多在债券市场上公开发行与交易，数据较为透明，基于城投债相关数据研究地方政府性债务问题已成为学者及金融机构从业人员的普遍做法。需要注意的是，不可以用城投债债券的规模来代表地方政府债务，会严重低估债务规模，但是，我们可以利用融资平台发布的财务类信息去估计地方政府债务的真实水平。

二、中国政府债务问题文献综述

国内外关于地方政府债务的研究大致可以分为三类：债务的成因、影响、风险评估与管理。

（一）中国政府债务的成因

国外学者主要论述了地方政府举债的合理性和有效性。参考龚强等（2011）的综述，根据财政联邦理论②，社会需要政府在提供公共品方面有所作为，而地方政府对当地居民的偏好和需求更为了解，选民也有权选择最适合自己的税收－服务组合（Tiebout，1956；Stigler，1957）。因此，通过多层级的政府体系提供公共品比由单一的中央政府对所有公共支出做出决策更为有效（Musgrave，1959；Vo，2010）。从融资方式来看，通过地方政府借款为地方投资项目融资比使用当期的地方财政收入更为可取。原因包括：地方政府对基础设施建设投资带来的好处可以被几代人享用，从代际公平的角度，后代理应承担一部分成本（Oates，1972）；地方政府债券的资本市场评价可以促使地方政府加强政治责任（Ahmad，2006）等。

国内学者则结合中国实际，提出了以下几大债务成因：一是财权与事权不匹配。1994年分税制改革后，中国财权重心上移、事权下沉，加之融资渠道不畅，地方政府只得通过融资平台等不完全合规的方法进行变相融资，积累而成地方政府的或有债务（刘尚希和于国安，2002）。二是宏观刺激说。2008年金融危机后，为落实"四万亿元"刺激政策，地方政府依靠融资平台大规模举债以筹集配套资金（沈明高等，2010；魏加宁，2010；He等，2017）。三是地方官员任命及考核制度。周黎安（2004）指出，地方官员处于一场以任期内地方GDP增长为绩效指标的"政治锦标赛"中。为了向上级政府发出有关自己政绩的信号、谋求晋升，地方官员偏好可见的、可量化的、大型"资源密集型"工程（Guo，2009）。由于干部的任命、任期制度存在缺陷，地方官员一方面行为短期化、举债

---

① 根据中央国债登记结算有限责任公司的定义。
② 财政联邦理论（Fiscal Federalism）作为公共财政学的一个分支，是以新古典经济学为分析框架，探讨政府职能、财政工具如何在不同的政府层级间合理配置的学说（Oates，1999）。

大搞形象工程，另一方面不顾财政偿还能力和负债行为后果（陈本凤，2006）。四是预算软约束。时红秀（2010）认为，中国地方政府债务问题的根本原因在于"国有资源、国有资产、国有银行"三者共生的制度环境，作为债务人的各级地方政府与作为债权人的国有银行均无破产清算之忧，为财政危机金融化解、金融危机财政化解创造了条件。五是"政府兜底"的普遍预期。公众相信，为了维护社会稳定，当地方出现投资风险、金融风险时，地方政府必然会出面救助。由此形成了大量的地方政府道义债务（陈祝平，2005）。

（二）中国政府债务对宏观经济的影响

关于政府债务对宏观经济的影响，国内外已有不少学术研究。主要观点可以归为三类。

1. 政府债务不利于宏观经济增长。Bai 等（2016）认为，通过融资平台举债，地方政府得以获得更多的金融资源，而这些资源主要流向了与政府联系密切的企业（如地方国企、上市公司等），长期来看，可能会对生产率增长造成不利影响；Huang et al.（2017）基于中国 2006—2013 年间 261 个地级市政府债务数据分析指出，地方政府债务通过收紧民企的外部融资约束对民企的投资行为造成显著的挤出效应，但对国企的挤出效应不显著，从而导致信贷资源的非有效配置。

2. 地方债务对经济增长有一定的积极作用。徐建国和张勋（2013）分析认为，地方政府的负债主要投向周期长、外部性大的基础设施，由于中国基础设施依然落后，这些投资总体上具有经济合理性，而经济增长可以帮助消化债务；范剑勇和莫家伟（2014）研究指出，债务作为地方政府动用资金能力的体现，不仅表现为以直接投资的形式增加 GDP，还通过基础设施建设和压低工业用地价格双重渠道吸引工业投资，对当地工业增长起到杠杆作用；胡奕明和顾祎雯（2016）基于 2010—2013 年地方政府性债务审计数据发现，地方政府债务对经济增长的促进作用在经济不发达地区、高金融支持力度地区以及人口迁出地区更为明显。

3. 地方债务对经济增长的影响呈现倒"U"形关系。即政府债务余额占国内生产总值的比重未突破某一平衡点前，政府债务促进经济增长，一旦超过债务平衡点，政府债务将抑制经济增长（Reinhart 和 Rogoff，2010；胡翠和许召元，2011；吕健，2015；程宇丹和龚六堂，2015；陈诗一和汪莉，2016；毛捷和黄春元，2018）。

（三）中国地方政府债务的风险评估与管理

要顺利化解地方政府的债务风险问题，首先需要衡量风险的规模与结构，设计出相应的风险预警的机制和风险管理框架。

针对一般企业的信用风险预警模型的建立，国内外学者已经做出了大量研究。这类研究中基本都运用了企业的财务数据（Altman，1968，1983，2010；Ohilson，1980）。在对企业进行风险估算的方法论基础上，国内学者试图通过各种手段搭建适用于地方政府投融资平台的风险预警模型，包括模糊判别法、因子分析、主成分分析等方法。郭玉清（2011）深入分析了中国财政风险的产生机理、表现形式与传导路径，并在此基础上构建了中国财政风险预警与控制的框架。黄芳娜（2011）从中国现状与国际经济的对比，提出了中国地方政府债务管理的框架，强调举债权限管理、预算管理、风险管理与信息披露管理等环节。Ma（2013）全面地总结了地方政府财政风险监控的相关国际经验，并以一个假想中的发展中国家为例，制定了一套示范性的债务风险监控指标，还指出了能够促使该指标体系有效运行的相关措施和制度环境。

还有一些学者利用地方融资平台公司的数据对地方债务的风险及其预警展开了分析。考虑到缺少银行贷款违约的相关资料以及目前中国发行的城投债尚未出现违约的情况，林晓君（2011）将发行城投债的平台公司的主体信用评级（从 A + 到 AAA）作为信用风险的代理变量。翟定远（2012）考虑到影响平台公司的风险变量存在不确定性，采用了模糊数学的方法，确立风险因子指标体系，并在此基础上利用专家评测的方法明确各指标权重，搭建平台预警模型，确定各级因子的风险等级。周青（2011）结合微观、中观以及宏观三个层级搭建平台风险指标体系，在此基础上运用模糊综合评价法以及层级分析法搭建平台公司风险预警模型，并给出了该模型的实际运用。Tao（2015）基于 Z - score 模型，利用发债平台公司的数据，同时加入非营业收入考察地方政府对其的补贴和地方政府财政收入情况，建立了评估中国地方政府投融资平台的风险预警模型，并指出了地方债风险的异质性与严重性。

（四）地方政府债务规模及其可持续性研究

在目前的财政机制与城镇化发展的双重压力下，地方政府还有较大的资金缺口，因此文献上也有研究针对地方政府的适度债务规模及其可持续性做出了估计。

对于中国地方政府债务的可持续性问题，张海星（2006）运用资产负债表法，分析了中国地方政府债务可持续性。匡小平（2004）阐述了地方政府债务可持续性的理论，并在此基础上实证地分析了中国地方政府债务的可持续性。徐建国和张勋（2013）利用积累财政盈余的方法，将地方政府债务纳入，估算了中国政府的资产负债状况，认为虽然债务水平上升，但是风险总体可控。Zhang 和 Barnett（2014）考虑了预算外的财政活动（主要是地方基础设施建设）构建了中国地方政府的财政赤字序列，地方政府的债务与 GDP 之比在 2012 年达到了 45%。

在中国地方政府债务的最适（合理）规模方面，王召光（2013）考虑债务依存度与新增债务量，将情景分析加入债务收益与风险模型构建了中国地方政府债务最适度的定性模型。李婷婷等（2015）基于最新的审计数据，将 GDP、财政收入、应付利息作为解释变量，债务规模作为被解释变量，建立了政府债务适度规模的多元回归模型。匡小平和蔡芳宏（2014）则从预算机制的角度强调，应通过建立预算管理机制，遵从宏观经济目标与追求成本最小化的规则，规范地方债的举债规模。而国内学者利用西方信用风险评价模型对中国地方政府债务风险与规模问题也进行了相关研究（韩立岩等，2003；蒋忠元，2011；陈棋，2015）。

（五）文献综述小结

从研究回顾可以发现，西方学术界对政府债务的研究角度比较多元化，为地方政府债务风险的管理研究提供了许多理论支持。但这些文献研究的内容主要是理论政策性的，而且更多是从国家层面上进行研究，很少从地方政府角度去展开研究。

中国地方政府性债务的研究面临以下三点不足：首先，由于缺乏专门针对地方政府性债务的官方数据库，国内相关研究集中于宏观层面的讨论与定性描述，使用地级市数据做微观实证的文章比较有限。其次，在统计口径方面，范剑勇和莫家伟（2014）、毛捷和黄春元（2018）等实证文章虽纳入了城投债但并未考虑政府融资平台的信贷行为，由此可能造成对地方政府性债务的严重低估。最后，在研究领域方面，截至目前，探究中国地方政府性债务对企业、居民部门的影响的文献还很少。Tao（2015）、Huang 等（2017）利用地方政府融资平台发行城投债时披露的财务报表信息，构建地级市层面的政府债务数据，为隐性债务的统计与后续研究提供了新思路。本书拟沿用该方法，对地方政府性债务进行估算。

同时，我们将中国经济特征变量引入到西方传统信用风险模型中，利用微观融资平台公司的财务数据与宏观政府层面的财政数据，构建多维度的地方政府债务风险评价体系；最后，对于地方政府在城镇化进程加速过程中资金缺口的问题，我们还将设计适合中国财政体制与经济发展所需的地方政府最适债务规模与结构的估算模型，从综合立体的维度理解中国地方政府债务的过去、现状与未来。

第三节 中国政府债务风险的测度

一、中国地方政府债务规模估算及其分布

（一）中国地方政府债务规模估算方法

由于缺乏专门针对地方政府性债务的官方数据库，测算债务规模成为该领域实证研究的难点及关键点。基于前文对中国地方政府债务的构成与历史分析，我们借鉴 Tao（2015）、Huang 等（2017）的研究，纳入隐形债务，对地方政府债务的口径进行了扩充。我们利用 Wind 数据库搜集了 2135 家地方政府融资平台公司，这些公司在 2009—2019 年间曾经在债券市场上公开发行过企业债券，因此有义务向评级机构以及投资者披露自己当年以及至少前三年的财务及其相关信息。这种方法的好处在于：从数据的可得性看，地方政府融资平台发行城投债时披露的最近三年财务报表信息公开透明、易于获取；从数据的层级看，平台数据可加总至市、省、全国等层面，包含的信息更为丰富、便于开展微观实证研究。我们基于此获取了计算地方政府债务的原始数据，并采用三种代理变量对此进行衡量：

地方政府债务（窄口径）≈地方投融资平台债务（窄口径）=有息债务（窄口径）=短期负债+长期负债=短期借款+一年以内到期的非流动性负债+长期借款+应付债券。

地方政府债务（宽口径）≈地方投融资平台债务（宽口径）=有息债务（宽口径）短期借款+应付票据+一年以内到期的非流动性负债+其他流动负债+长期借款+应付债券

地方政府债务（总负债），本书以窄口径的有息债务为基准，后两种作为稳健性检验。最后，将各个平台债务数据按年份及平台所在城市加总至地级市层面，构建了 2009—2019 年间 287 个地级市及以上城市的地方政府性债务数据。

为说明本债务口径对地方政府债务统计的代表性，根据审计署（2010，2013），银行贷款加上发行债券占到了地方债务资金来源的80%，Tao（2015）对比发现该方法计算的地方政府债务规模，占到审计署（NAO）和银监会（CBRC）口径的80%以上，Huang等（2017）也验证了地级市地方融资平台债务与审计署公布的地方债务水平有65%相关。

（二）中国地方政府债务规模描述性统计

基于上述测算过程，将样本平台的债务信息按年份加总至全国层面，可得2009—2019年地方政府性债务余额的时间序列（见表9-1）。2009—2019年间中国地方政府性债务规模持续扩大。2009年年末债务总额为6.38万亿元，2019年年末债务总额增至44.6万亿元。该测算结果与审计署、相关文献、金融机构等的统计结果在数量级和时间趋势上基本一致①。从结构上看，债券占比不断攀升，从2009年的7.5%上升为2019年的46.63%。

表9-1　　　　2009—2019年全国地方政府性债务余额统计

年份	总债务余额（亿元）	债券余额（亿元）	贷款余额（亿元）	债券占比
2009	63816	4788	59028	7.50%
2010	84292	7432	76859	8.82%
2011	100325	11070	89255	11.03%
2012	128818	19217	109601	14.92%
2013	161465	26675	134790	16.52%
2014	203344	39320	164024	19.34%
2015	239030	52424	186606	21.93%
2016	277952	68855	209097	24.77%
2017	310706	81735	228971	26.30%
2018	385217	106972	278275	27.77%
2019	446328	194738	251590	43.63%

资料来源：作者根据Wind数据库整理所得。

注：债券=应付债券；贷款=有息债务-债券。

我们将平台债务数据加总至城市层面，对地方政府性债务问题进行更为丰富的讨论。参考相关研究资料②，债务规模、债务增速、负债率、债务率等是衡量地方债务水平或风险的主要指标。其中，负债率为年末政府债务余额与当年该地区生产总值的比率，用于衡量一定经济规模对政府债务的承载能力或经济增长对政府举债的依赖程度。国际上通常以

---

① 审计署统计显示，2010年年底全国地方政府性债务余额为10.72万亿元；2013年6月末，该数字为17.89万亿元。Huang等（2017）对地方政府融资平台债务的测算结果为，2009年年末为5.54万亿元，2013年年末为12.56万亿元。根据中信建投证券研究部的测算，截至2018年9月，地方政府融资平台债务余额合计37.19万亿元，其中城投债占比约23.96%。

② 详见中华人民共和国审计署2013年第32号审计公告。

欧盟《马斯特里赫特条约》规定的60%作为债务风险的参考值。债务率为年末政府债务余额与当年政府综合财力的比率，是衡量政府债务规模的又一重要指标，一定程度上反映了地方政府偿债压力和债务可持续性。政府综合财力，是衡量政府稳定的可支配收入的指标，通常包括政府一般公共预算收入、政府性基金收入、转移支付等。但考虑到数据的可得性，此处用公共财政收入代替。由于分母减小，本书对债务率的测算偏高。

表9-2为截至2019年年末按债务余额、负债率、债务率分别排名的前20位城市榜单。从城市层面来看，债务余额方面，直辖市、省会城市排名靠前。前五名依次为北京、天津、成都、重庆、上海，债务余额均突破万亿元。除4个直辖市外，前20名中还包括14个省会城市。汕尾、玉溪、保定、肇东、朔州等三四线城市债务存量较低，规模不到十亿元。

表9-2　2019年城市负债指标前20名

排名	债务余额		负债率		债务率	
	城市	规模（亿元）	城市	负债率（%）	城市	债务率（%）
1	北京市	24599	昆明市	187	西宁市	2480
2	天津市	19419	海口市	182	海口市	1978
3	成都市	14727	兰州市	176	兰州市	1850
4	重庆市	11425	贵阳市	173	南宁市	1568
5	上海市	10603	西宁市	149	昆明市	1521
6	南京市	10239	南宁市	132	贵阳市	1494
7	广州市	9248	成都市	121	成都市	1253
8	武汉市	8369	天津市	109	镇江市	1130
9	昆明市	8061	南京市	97	柳州市	1022
10	苏州市	5881	北京市	96	南京市	896
11	长沙市	5754	镇江市	86	湖州市	816
12	郑州市	5574	西安市	76	绍兴市	799
13	贵阳市	5473	湖州市	75	长沙市	774
14	南宁市	4904	南昌市	71	南昌市	767
15	西安市	4783	武汉市	70	西安市	746
16	杭州市	4073	郑州市	69	天津市	713
17	无锡市	4024	淮安市	68	石家庄市	707
18	兰州市	3987	柳州市	66	常州市	703
19	合肥市	3952	绍兴市	65	太原市	668
20	福州市	3858	重庆市	64	广州市	664

资料来源：Wind数据库，2018年《中国城市统计年鉴》。

注：总样本包括260个地级及以上城市。

负债率方面，如表9-3所示，省会城市负债率普遍偏高。昆明、海口、兰州、贵阳、西宁位居前五，负债率均超过140%。含这5座城市在内，前20名中有12个省会城市、3个直辖市。总排名后五位依次为保定、烟台、玉溪、肇东、汕尾，负债率不到1%。由于地方财政收入小于地区生产总值，各地债务率均高于负债率。但从城市排名来看，债务率与负债率的排名相仿。

分东、中、西部来看，西部地区负债率偏高，东部地区其次，中部地区负债率较为温和。平均而言，2018年年末东部地区负债率为35.67%，中部为28.50%，西部为51.49%。结构上，东部非省会二三线城市、中西部省会城市负债率相对较高。

表9-3　　　　　2019年年末分东、中、西部城市负债率前十名[①]

排名	东部地区		中部地区		西部地区	
	城市	负债率（%）	城市	负债率（%）	城市	负债率（%）
1	海口市	182	武汉市	70	昆明市	187
2	天津市	109	长沙市	61	兰州市	176
3	南京市	97	郑州市	69	贵阳市	173
4	北京市	96	合肥市	63	西宁市	149
5	镇江市	86	南昌市	71	南宁市	132
6	湖州市	75	长春市	34	成都市	121
7	淮安市	68	太原市	64	西安市	76
8	绍兴市	65	株洲市	48	柳州市	66
9	福州市	62	湘潭市	50	重庆市	64
10	常州市	59	赣州市	39	乌鲁木齐	63

资料来源：Wind数据库，2019年《中国城市统计年鉴》。

注：①参考国家统计局对中国东、中、西部地区的划分，东部地区包括北京、天津、河北、辽宁、上海、江苏、浙江、福建、山东、广东、海南11个省（直辖市）；中部地区包括山西、吉林、黑龙江、安徽、江西、河南、湖北、湖南8个省；西部地区包括内蒙古、广西、重庆、四川、贵州、云南、西藏、陕西、甘肃、青海、宁夏、新疆12个省（直辖市、自治区）。

总样本中包括东部地区的94个城市；中部地区91个城市；西部地区75个城市。

最后，我们从最窄的城投债口径回顾2019年的城投债违约情况。2019年城投企业未出现公募债券实质性违约。2018年33号文、40号文等政策文件下发后，城投企业从整体上融资状况呈现好转态势，偿债压力有所减轻，但部分地区城投企业信用风险事件持续发生，多家城投企业发生非标债务违约，不同地区城投企业信用状况分化加剧。2019年城投企业信用风险事件以中西部省份为主，如贵州省、湖南省、内蒙古自治区等，行政级别主要集中于区县级。2019年12月，内蒙古自治区呼和浩特经开区下属城投企业呼和经开"16呼和经开PPN001"出现兑付风险事件，虽然呼和经开最终并未发生债券实质性违约，但由此进一步暴露出城投企业信用风险的深化。

二、中国政府债务风险的测度

（一）中国政府债务风险的测度的数据来源

宏观层面的数据有助于我们了解中国地方政府债务的总体规模，但若要探究地方平台公司的个体风险大小及其结构与分布，我们还需要利用企业层面的财务数据。我们用 Wind 数据库搜集了 2135 家地方政府融资平台公司，这些公司在 2009—2019 年间曾经在债券市场上公开发行过企业债券，因此有义务向评级机构以及投资者披露自己当年以及至少前三年的财务及其相关信息。这些财务信息主要包括地方政府融资平台公司的资本结构、银行借贷规模、运营现金流及其与地方政府的关系。对比审计署（NAO）与银监会（CBRC）的数据，我们搜集的这 2135 家融资平台公司样本虽然从数量上看可能比较少，但是从债务规模上看，它们具有很好的代表性，我们将其与公开数据库的规模与结构进行比较。根据我们的数据库，地方融资平台的总直接债务（interest-bearing debt）规模在 2010 年 7.9 万亿元人民币，占到了银监会统计口径的 80%；总债务规模在 2012 年为 16.48 亿美元，占到了野村证券（Nomura）统计口径的 90% 以上。从分布上看，融资平台公司数量较高的省份多集中在东部地区，比如江苏、浙江和山东是前三位省份，东部 11 省占到了 55% 以上的融资平台公司。从时序上看，从 2010 年到 2012 年三年间，各个省份平台公司的数量和规模都有大幅增长，凸显了在此期间地方债务规模的迅速扩张。此外，从地方政府融资平台公司的行政类别上看，我们的样本中有 42% 是省级层面的平台公司，45.3% 是市级层面，12.8 是县级层面，对比银监会的 8215 个地方政府融资平台公司的样本，其中有 60% 是县级层面，34% 市级层面，只有 6% 是省级层面。一般而言，县级政府的财政能力较弱，财政收入也较为不稳定，同时根据审计署（2013）的报告，县级层面的地方政府融资平台公司是监管最弱也是最有可能出现违规行为的平台公司。

（二）地方政府融资平台公司个体违约风险评估模型

1. 地方政府融资平台公司个体违约风险评估模型与传统模型的区别。对于一般的企业，违约风险指的是企业违约无法偿还债权人的风险，主要取决于债务规模、债务期限结构与债务人的偿债能力，同时也与宏观经济风险、行业风险、政策风险等因素相关。在构建了微观企业层面的地方政府融资平台公司数据库之后，我们试图通过主成分分析法（PCA）和多元判别法（MDA）来识别每个地方政府融资平台公司的违约风险，但是它与针对一般企业的分析存在着以下几个方面的不同：

第一，根据传统的 PCA 方法来分析违约风险，必须有违约公司的数据，这样才能够识别高风险企业与低风险企业他们之间的财务状况差别。但是，针对地方政府融资平台公司，几乎不存在由于过度负债而无法偿还的情况，这意味着，不存在一个现有的指标来作为我们搭建风险识别与预警模型的依据。第二，地方政府融资平台公司的运营情况与偿债能力与当级政府有非常密切的关系，因此除了一些传统的财务指标，我们还必须要考虑当地政府的财政收支状况。第三，在传统分析中，公司所处的行业对于违约风险的预警具有重要意义，但是平台公司虽然在注册或者发行债券时有不同的行业，但事实上这些公司都是为了融资而设立起来的金融实体，几乎都集中在城市基础设施建设行业，因此，行业差异在我们接下来的分析中并不重要,相反,区域位置和所属地方政府的层级更能够帮助我们判别平台公司的违约风险。

2. 地方政府融资平台公司个体违约风险评估模型的构建。我们按照以下步骤进行实证的分析,第一步,介绍样本选取的规则与区别高风险与低风险企业的指标;第二步,我们利用主成分分析法对这些指标进行降维,同时最大限度地保留有用信息;第三步,在得到每个平台公司的综合评分之后,我们利用多元判别分析法找出判断高风险平台公司与低风险平台公司的阀值,并给出我们模型的预测效率矩阵;第四步,根据我们改进的预测模型进行样本外预测,进一步揭示平台公司的违约风险。

我们从构建的微观企业数据库中,根据资产规模、企业存续年限、区域以及所属的地方政府类别进行匹配,构建了一个平衡面板数据库,共选择了 484 个地方融资平台样本,由于这些平台公司不存在违约/破产记录或者特殊处理(special treatment)的记录,我们不能够按照传统的违约风险预警体系将此分为破产企业与非破产企业,因此,本研究将其定义为健康平台与不健康平台。使用债券评级对平台进行分类,每一类有 242 个平台。健康平台的主体评级为 AA 以上①(包括 AA + 和 AAA),相对不健康的主体评级为 AA 及其以下(包括 A、AA - 和 AA),这些平台被分为两组,第一组用于估算违约分界点,包括 132 个健康平台和 1322 个不健康平台。第二组用于估算预测模型的准确性,包括 110 个健康平台和 110 个不健康平台。

Altman(1968,2007)中使用的是三年前的财务数据去预测一般上市企业的违约率,我们也据此采用三年前的财务指标预测当年的风险。

3. 地方政府融资平台公司个体违约风险评估模型的指标选取。我们参考经典财务预警模型(Altman,1968,2007),并且考虑中国的财政制度和地方政府的财政收入初选了 12 个指标,包括 X1 留存收益/总资产(ROA),X2 净利润/销售收入,X3 负债总额/资产总额,X4 息税前利润(EBIT)/利息支出,X5 非营业收入,X6 收入/流动资产,X7 流动资产/流动负债,X8 应付债券,X9 流动负债,X10 资产,X11 地方财政收入赤字率,X12 运营资金流/有息债务,具体说明如下:

(1) 留存收益/总资产或 ROA,用 X1 表示。这一比率衡量每一资产单位的净利润,从而表明公司的盈利能力。ROA 较高的公司违约的可能性较小。

(2) 净利润/销售收入,或 X2。这个比率也叫做利润率,用来衡量公司的基本盈利能力。净利润也称为净收入或净收益,等于销售收入减去所有成本。

(3) 总负债/总资产,或 X3。这可以衡量公司的杠杆率。总负债包括预计一年内清算的流动(流动)负债和长期负债,包括长期贷款、应付债券和应付票据。通常,这个比率越高,违约的可能性就越大。

(4) 息税前利润/利息支出,或 X4。这是 ICR 的一个常规衡量标准,决定了一家公司支付未偿债务利息的难易程度。比率越低,公司的债务负担就越重。当比率小于 1 时,通常意味着公司的利润不足以支付未偿债务的利息,其债务将变得不可持续。

---

① 我们还在稳健性分析中调整了区分健康与不健康企业的评级阀值,分别为 AA + 与 A,对样本进行了重新的估计,估计结果与报告正文的结果区别不大,由于篇幅原因,在本项目书中没有单独列出。

(5) 营业外收入，或 X5。我们用这个比率来代表政府补贴。这是与高度依赖地方政府的政府金融实体打交道时考虑的重要比率之一。野村证券（Nomura）的报告（2013年）发现，政府补贴在地方政府融资平台的营业外收入中占很大一部分，约占80%。一方面，政府补贴越高，说明地方政府融资平台受到政府的有力保障，因此只要政府保持良好的信誉，地方政府融资平台就具有良好的信誉。另一方面，由于政府补贴可能无法持续，营业外收入增加表明偿债能力减弱。

(6) 收入/流动资产，或 X6。它也被称为流动资产周转率，它说明了公司流动资产（营运资本）产生销售收入的能力。它衡量公司的经营业绩，并有助于确定公司是否有效地利用其营运资本来创造预期的收入。

(7) 流动资产/流动负债，或 X7。这个比率显示了短期负债可以被现金覆盖的次数。它表达了公司用全部现金偿还短期债权人的能力。比率越高，表明短期偿债能力越好。这个比率的安全截止值是2。

(8) 应付债券，或 X8。这些构成了长期负债的重要组成部分。债券发行是除银行贷款外筹集资金的重要方式。由于我们的样本是利用债券市场信息构建的，因此有必要考虑这些信息。

(9) 流动负债（流动负债），或 X9。这些债务预计将在一年内清偿。它们包括短期贷款、应付账款和应付工资。流动负债金额越高，违约概率越高。

(10) 资产，或 X10。这个变量表示公司的规模。资产较多的公司通常持有较少的信贷风险。

(11) 财政收入/赤字比率，或 X11。这个比率是用财政缺口除以 GDP 来计算的。地方政府融资平台实际上不是独立的金融实体，它们的债务支付通常由当地政府的财务状况决定。地方政府融资平台有三种管理类型，但我们只能获得省级政府的财务信息。在现行分税制下，大多数省份都出现了赤字，它们依靠中央政府的财政补贴。一般来说，财政缺口越大，不确定性就越大，信贷风险也就越大。

(12) 经营现金流/有息债务比率，或 X12。经营性现金流量（OCF）是指企业从收入中产生的现金量，不包括与长期资本项目投资或证券投资相关的成本。有息债务通常不能延期，因此对公司来说是一个更为紧迫的负担。这个比率还衡量公司的偿债能力。

在描述性统计分析中（见表9-4），我们发现健康平台公司的负债与资产规模更大，利息覆盖率更好，并且非营业收入（主要来自地方政府的补贴）更高。

表9-4　　　　　　　　地方融资平台公司的分组统计性描述

变量	含义	低风险平台		高风险平台	
		Mean	St. dev.	Mean	St. dev.
X1	ROA	3.75	3.18	3.68	2.07
X2	Netprofit/sales revenues	26.48	25.96	37.48	78.13
X3	Total liabilities/total assets	51.07	15.15	46.02	13.23
X4	EBIT/interest expenses	89.10	763.87	85.91	486.87

续表

变量	含义	低风险平台		高风险平台	
		Mean	St. dev.	Mean	St. dev.
X5	*Non-operating income*	2.31	4.33	1.11	1.68
X6	*Revenues/liquid assets*	0.39	0.84	0.25	0.29
X7	*Liquid assets/liquid liabilities*	3.76	3.37	4.74	5.58
X8	*Bonds payable*	26.55	35.01	16.71	9.71
X9	*Liquid liabilities*	161.08	244.90	49.65	35.48
X10	*Assets*	414.78	526.00	185.32	105.78
X11	*Fiscal revenue/deficit ratio*	-0.08	0.06	-0.09	0.08
X12	*Operating cash flow/interest-bearing debt*	0.03	0.15	-0.03	0.18
	No. of observations	242		242	

资料来源：作者根据 Wind 数据库整理所得。

4. 地方政府融资平台公司个体违约风险评估模型的主成分分析。我们使用主成分分析法对以上指标进行分析，主成分分析法是一种常见的多元分析法，多用于当解释变量存在着相关关系的变量分析中，它的原理是从一系列相关的指标中提取出对核心问题最重要的信息，并将其表示为一组正交的变量，称之为主成分，这样可以避免重复信息所造成的多重共线性，并能保证预测的稳健性。

我们首先将这 12 个变量进行单位标准化，使用 KMO 检验测试这些财务指标是否适合进行主成分分析，发现存在信息的叠加，因此可以使用主成分分析减少变量的维度。根据主成分分析的结果，我们选取了影响最大的 6 个主成分，分别用 $Z1-Z6$ 表示，这些变量解释了信息的 87%。这六个主成分主要代表了以下的信息（见表 9-5）。

表 9-5　　　　　　　　　　主成分分析结果

Z1	38%	规模、短期债务规模、资本结构
Z2	14%	运作效率
Z3	11%	盈利性
Z4	9%	企业的覆盖面和流动性
Z5	8%	盈利性
Z6	7%	政府财政补贴

5. 地方政府融资平台公司个体违约风险评估模型的预测矩阵。接下来是运用多元变量判别分析法（Multivariate Discriminant Analysis，MDA）去判断以及预测健康平台与不健康平台，MDA 是一种线性的判别分析方法，它可以找到一种线性组合使得变量的组间的差距最大同时组内差异最小，也就是最大化组间方差与组内方差这一比率。判别分析法的

公式采取如下形式：

$$Z = \sum_i W_i Z_i \quad (9-1)$$

式（9—1）中，Z 为判别值（Discriminant Score），W_i 为权重，Z_i 为第 i 个主成分。Altman（1968）的经典文章使用财务指标求出 Z，被称为"Altman 的 Z"。我们的研究在这里的创新使用主成分作为 Z_i，因此每个平台公司都可以根据这个公式得到一个唯一的综合判别得分，根据 MDA，我们得出的判别分析结果如下：

$$Z = Z1 \times 0.2716 + Z2 \times 0.1415 + Z3 \times 0.1098 + Z4 \times 0.0888 + Z5 \times 0.0835 + Z6 \times 0.0731$$

然后，我们使用费雪标准（Fisher Criterion）来确定判断的阀值，该判别方法在统计学以及模式识别中被广发使用。根据对称性原则，我们通过求健康组和不健康组的 Z 值的算术平均，建立判别值 Z^*。$Z^* = 0.074$。比较每一个平台的 Z 值和 Z^*，如果 $Z > Z^*$，这个平台就是健康的，如果 $Z < Z^*$，这个平台就是不健康的。

最后，我们利用本研究建立的风险预警模型对估计组和预测组的企业分别估算出其违约风险。我们定义误将非健康企业识别为健康企业的错误为类型一错误，误将健康企业识别为非健康企业的错误为类型二错误，预测统计的结果如下，表明对于估计组，发生类型一错误的概率为 12.9%，发生类型二错误的概率为 14.5%，模型的预测准确性为 86.3%；对于预测组，发生类型一错误的概率为 14%，发生类型二错误的概率为 18%，模型的预测准确性为 84%（见表 9-6）。

表 9-6　　　　　　　　　　预测模型的准确性矩阵

Original value		Estimation group				Forcasting group			
		Predicted value		Total	Overall accuracy rate (%)	Predicted value		Total	Overall accuracy rate (%)
		H	L			H	L		
numbers	H	53	9	62	86.3	41	9	50	84
	L	8	54	62		7	43	50	
Percentage (%)	H	85.5	14.5	100		82	18	100	
	L	12.9	87.1	100		14	86	100	

资料来源：作者根据 Wind 数据库计算。

在利用 2010—2016 年的数据，建立了针对于中国地方政府融资平台公司特点的违约风险预警模型基础上，在样本内我们基于 2016 年的财务信息预测了 2019 年融资平台的风险。运用 2016 年的数据，临界值 Z^* 为 0.0165，显示 2019 年的风险较大。使用 PCA + MDA 方法对 30 个省份的平台风险进行预测，我们发现有 68% 的平台公司会被识别为非健康的平台公司，这些公司具有较高的违约风险，如果按照地区进行划分，西部省份出现高风险平台公司的比例更大，风险最大的省包括甘肃、河北、湖南、辽宁、贵州和江西，同时我们还发现虽然审计署报告中强调了县级平台公司的风险，但根据我们的预测结果，市级平台公司的风险也相对很高。

（三）地方政府融资平台风险预警

1. 风险预警——地方政府融资平台公司个体违约风险预测。在预测模型基础上，我们展开样本外预测。根据2016年的财务信息，我们利用这一数据预测2019年地方政府融资平台的信贷风险，并可以加总到地区层面进行微观与宏观风险的分析。删除了缺少财务信息的观察结果，最终得到628个地方政府融资平台公司，我们称之为样本2016。其中，314家被归为健康企业，其余被归为不健康企业。我们通过：（1）计算每个地方政府融资平台的判别Z得分；（2）使用Fisher准则来区分这两组地方政府融资平台；（3）预测信用风险来复制该过程。基于Fisher准则，我们发现健康组Z的平均值为0.133，而非健康组Z的平均值为 -0.101。根据对称性原理，判别分数 Z^* 的阈值被计算为0.0185。Z得分高于0.0185的地方政府融资平台被认定为健康企业，而Z得分低于0.0185的地方政府融资平台被归类为不太健康的企业，它们在2019年具有较高的信用风险和违约概率。此外，我们还按地区和行政类型分析了不太健康的公司。需要指出的是，本预测是在包含628个地方政府融资平台（占地方政府融资平台总数1/3）的平衡样本上进行的，因此，样本外预测可能低估了整体地方政府融资平台的信用风险。

2. 风险预警——省级地方政府债务风险指标。利用上述 PCA + MDA 模型，我们预测了样本外地方政府融资平台的违约风险，并将其信息加总到省级层面，（该方法也可以直接披露问题平台或者加总到市级层面评估其总体政府债务风险情况）。表9-7按省汇总了健康状况较差的地方政府融资平台的分布情况。第一列包含除西藏以外的30个省份，第二列列出了2019年样本中每个省份的地方政府融资平台数量，而第三列列出了这些公司的分布情况。第四列和第五列分别总结了各省健康状况较差的地方政府融资平台的数量和比例。在第六列中，我们总结了健康状况较差的地方政府融资平台在各省份地方政府融资平台总数中所占的份额。我们将该份额定义为该省份的"风险指数"，风险指数越高，信贷风险越高。

表9-7　　地方政府融资平台风险指数——省级层面统计

省份	总平台数	全国占比（%）	风险平台数	全国占比（%）	风险指数
安徽	20	3.15	14	3.61	73.16
北京	4	0.70	2	0.60	54.87
福建	20	3.15	12	3.01	60.97
甘肃	4	0.70	5	1.20	109.74
广东	22	3.50	2	0.60	10.97
广西	20	3.15	10	2.41	48.77
贵州	15	2.45	14	3.61	94.06
海南	4	0.70	2	0.60	54.87
河北	9	1.40	5	1.20	54.87
河南	24	3.85	17	4.22	69.83

续表

省份	总平台数	全国占比（%）	风险平台数	全国占比（%）	风险指数
黑龙江	11	1.75	10	2.41	87.79
湖北	33	5.24	24	6.02	73.16
湖南	24	3.85	24	6.02	99.76
吉林	9	1.40	7	1.81	82.30
江苏	110	17.48	72	18.07	65.84
江西	15	2.45	14	3.61	94.06
辽宁	20	3.15	19	4.82	97.55
内蒙古	9	1.40	5	1.20	54.87
宁夏	4	0.70	2	0.60	54.87
青海	4	0.70	2	0.60	54.87
山东	26	4.20	17	4.22	64.01
山西	7	1.05	5	1.20	73.16
陕西	15	2.45	12	3.01	78.38
上海	18	2.80	0	0.00	0.00
四川	37	5.94	22	5.42	58.10
天津	20	3.15	5	1.20	24.39
新疆	9	1.40	7	1.81	82.30
云南	15	2.45	10	2.41	62.71
浙江	77	12.24	39	9.64	50.17
重庆	26	4.20	22	5.42	82.30
全国统计	628	100.00	400	100.00	63.69

资料来源：作者根据 Wind 数据库计算所得。

我们发现，在大多数省份，健康状况较差的地方政府融资平台占到总数的一半以上。风险最大的六个省份是甘肃、河北、湖南、辽宁、贵州和江西，在这些省份，85%以上的地方政府融资平台被认定可能违约。这些省份中的大多数都有严重的财政赤字。同时，被认为不太健康（高风险）的地方政府融资平台数量排名前五的省份是江苏、浙江、湖南、湖北和重庆，而对江苏和浙江而言，可能是因为它们有更多的地方政府融资平台基数所导致。

3. 风险预警——不同行政级别地方政府债务风险指标。虽然地区差异很重要，但行政级别对地方政府融资平台的风险水平也很重要。表9－8 阐述了按行政管理类型划分的高风险的地方政府融资平台的分布情况。虽然一些研究报告发现县级的地方政府融资平台风险最高，但我们的预测显示，地级市的地方政府融资平台也有可能违约，风险率为 68.12%。

表 9-8　地方政府债务风险指标——融资平台行政级别类型

地方政府融资平台行政级别	总平台数	全国占比（%）	风险平台数	全国占比（%）	风险指数
省级	221	35.34	118	30.19	53.49
地级市	322	51.50	222	56.60	68.82
县级市	82	13.16	52	13.21	62.86
Total	626	100.00	392	100.00	100.00

资料来源：作者根据 Wind 数据库计算所得。

综上所述，我们构建了覆盖 80% 地方政府债务总额的企业级数据集，并将地方政府融资平台的财务绩效与地方政府财政信息相结合，来衡量地方政府债务的信用风险。根据研究结果，我们发现，2009—2019 年，中国地方政府融资平台的偿债能力有波动，但从 2015 年之后又出现明显恶化。利用 2016 年的信息预测 2019 年，我们发现 60% 的地方政府融资平台违约风险较高。东部省份的地方政府融资平台数量较多，但形态相对健康。按地区划分的风险比率意味着，西部省份的地方政府债务状况要糟糕得多。此外，虽然审计署（2013）指出县级违约的可能性更高，但是我们发现市级地方政府债务也具有高风险。

第四节　中国地方政府债务安全阈值的评估

一、地方政府债务安全阈值估算方法的特点

由于地方政府融资平台公司的信用风险和偿债能力与地方政府的财政状况紧密相关，因此，我们在这一章中将平台公司的违约风险转化为地方政府的财政风险，主要通过 KMV 模型估计地方政府的预期违约概率和其负债的安全阈值。

目前学术界对于地方政府债务风险的研究主要偏重于政策和技术层面，而一些大型投资银行、咨询公司在长期专注于企业债券方面的研究，针对债券信用风险评估，开发出了一些经典而实用的数量模型。如 CreditMetrics 模型、CreditPortfolio View 模型、CreditRisk + 模型、KMV 模型等。CreditMetrics 模型和 CreditPortfolio View 模型是较为传统的方法，基于商业银行或评级机构的历史记录就可以建立模型。而 CreditRisk + 模型是对 CreditMetrics 模型的替代，其优势在于输入数据少，计算速度快。KMV 模型则是对信用风险度量模型的一次历史性革新。因为它所采用的数据不是历史数据而是当下的股票市场数据，反映了与资产本身价值有关的所有信息，产生的结果不是"回顾过去"而是"展望未来"，计算出预期违约率，与现实更加接近。

二、地方政府债务安全阈值估算方法的说明

根据 KMV 模型的原理：公司持有人（股东）以公司所有权和未来资金收益权作为抵押

向债权人（债券持有人）借债。如果到期时公司价值大于其债务规模，股东将偿还债务，并收回公司控制权；如果到期时公司价值小于债务规模，则发生违约。一个企业破产的概率一方面取决于期初其资产的市场价值（A）与外部负债（B）之比，另一方面还取决于该资产市值的波动性（r_A）。地方政府债券的根本是地方政府以其能支配的未来地方财政收入（税收、公共事业项目收益等）作为担保，向债权人借债。如果到期时地方政府可支配收入大于其债务规模，地方政府将偿还债务；如果到期地方政府可支配收入小于其债务规模，将发生地方政府违约，因此，我们将KMV方法用于评估地方政府的财政能力，步骤如下：

（一）财政收入估计

假定地方政府的财政收入遵循随机过程 $A_t = f(Z_t)$，A_t 是 t 时刻政府财政收入，Z_t 为随机变量，$f(x)$ 为特定的函数。

当平台公司的对外负债到期（到期日为T）时，如果可用于为平台公司债务担保的地方财政收入 A_T 小于地方政府融资平台公司所承担的对外债务（B_T），地方政府有可能违约，地方政府违约的条件可以表示为预期违约概率EDF（Expected Default Frequency），用 p 表示为：

$$EDF = p = P[A_T < B_T] = P[f(Z_T) < B_T] = P[Z_T < f^{-1}(B_T)] \quad (9-2)$$

根据KMV模型的原理，可以得到外部债务到期时地方政府的违约距离（DD, Distance to Default）定义为

$$DD = \frac{A_T - B_T}{\sigma_r} \quad (9-3)$$

其中，σ_r 为地方政府财政收入的波动标准差。

（二）违约率与违约距离估计

如果我们假设地方财政收入符合标准正态分布，$Z \sim N(0,1)$，那么预期违约率和违约距离的表达式可以写成：

$$p = N(-DD) \quad (9-4)$$

假设地方政府的财政收入服从以下的随机过程：$dA_t = \mu A_t d_t + \sigma A dz_t$，$\sigma$ 为地方政府收入波动率，μ 为财政收入的增长率，dz_t 为维纳过程（Wiener Process，标准几何布朗运动）的增量。

由于地方政府的财政收入遵循对数正态分布，结合上式，我们可以将财政收入的增长和波动率表达为：

$$\mu = \left[\frac{1}{n-1}\sum_{i=1}^{n-1}\ln\frac{A_{i+1}}{A_i} + \frac{1}{2}\sigma^2 t\right]/t \quad (9-5)$$

$$\sigma = \sqrt{\left[\frac{1}{n-2}\sum_{i=1}^{n-1}\left(\ln\frac{A_{i+1}}{A_i} - \frac{1}{n-1}\sum_{i=1}^{n-1}\ln\frac{A_{i+1}}{A_i}\right)^2\right]/t} \quad (9-6)$$

经过迭代和简化，预期违约率（EDF）和违约距离（DD）可以由财政收入（A），对外负债规模（B）和地方政府财政收入的波动性 σ 来表示：

$$DD = \frac{\ln(A/B_T) + \mu T - \frac{1}{2}\sigma^2 T}{\sigma\sqrt{T}} \quad (9-7)$$

$$p = N\left[\frac{\ln B_T - \ln A - \mu T + \frac{1}{2}\sigma^2}{\sigma\sqrt{T}}\right] \quad (9-8)$$

三、地方政府债务安全阈值估算过程

我们根据以上表达式，运用中国地方政府财政收入的规模和波动，以及地方政府债务规模预测了 30 个省级地方政府的预期违约频率和违约距离。

（一）财政收入口径说明

根据中国现有的财政制度，狭义的地方政府的财政收入指的是地方财政一般预算内收入，主要是各种地方财税的收入；广义的地方财政收入除了一般预算内收入，还包括财政转移支付、税收返还收入、国债转贷收入、基金预算收入（主要是土地使用权转让费）[①]以及预算外收入。我们在初步估计中先采用的是狭义地方政府财政收入的定义，原因一，广义定义中许多项目目前只是在地方政府的年鉴中公布，由于统计口径不能完全一致，我们很难获取连续且准确的地方政府广义财政收入序列；原因二，广义定义中一些财政收入的项目不够稳定，很难被用于预测，比如，如果房地产市场繁荣，房价处于上升期间，那么基金预算收入就会更高，但一旦房价下跌，土地使用权出让费减少，该项就会迅速降低，依赖于这些项目的预测不够稳健。

（二）省级地方政府债务安全阈值估算

1. 财政收入预测。以北京市为例，我们首先运用一阶自回归模型 AR（1）以 1982—2017 年的实际数据为基础，预测了北京市 2018—2020 年的财政收入。此处的财政收入仅包括一般预算内收入，来自于国家统计年鉴，预测公式为：

$$A_t = 6.15 + 1.18 A_{t-1} \quad (9-9)$$

其中，A_{t-1} 为北京市财政收入的一阶滞后项。除了对财政收入进行预测，我们还需要确定其中有多少收入可以被用于地方平台公司的担保，为此我们从一般性财政收入中去除掉经常性财政支出[②]，这部分支出是地方政府为了运行公共部门的正常运行以及保证人民的基本生活所必须的支出，同时在 2014 年发布的第 43 号中央文件中，中央政府也强调地方政府平台公司的举债不可以被用于地方的经常性财政支出。在 2005—2012 年间，经常性财政支出平均占到了一般预算内财政收入的 55%，因此我们可以得到北京市在 2018—2020 年间的财政收入总额及其可以被用作担保的收入总额的预测值（见表 9—9）。

2. 财政收入增速与波动率计算。我们将预测出了可以被用于担保的财政收入 A 代入公式，可以得到财政收入的增速 μ 和波动率 σ（见表 9—10）。

[①] 在 2006 年之前，土地使用权转让使用费是单列的，在 2006 年，财政部宣布将其放入基金预算这一项中进行管理，但仍然不在一般预算内财政收入中。

[②] 财政支出可以被区分为经常性财政支出和资本性支出，一般性财政支出主要包括在教育、健康、社保、农业部分以及保障房等方面的支出。

表 9-9　　　　　　　　　　北京市财政收入预测值

财政预测值	2018 年	2019 年	2020 年
财政收入（亿元）	5892.4	6304.2	6682.4
可用于担保的财政收入（亿元）	2651.6	2836.9	3007.1

资料来源：作者根据 Wind 数据库计算。

表 9-10　　　　　　不同时间财政收入的增长率和波动率

	t = 1	t = 2	t = 3
μ	0.021	0.009	0.004
σ	0.119	0.084	0.071

资料来源：作者根据 Wind 数据库计算。

3. 地方政府违约距离与预期违约率分布。把上表的结果代入公式，我们可以得到北京市政府的违约距离 DD 和预期违约率 EDF，第一列是债务期限；第二列对外负债与资产的比率，即杠杆率；第三列是对外负债的规模；第四列为估计的违约距离（DD）；最后一列是预期违约概率（EDF）。违约距离越大或者预期违约概率越小说明地方政府发生违约或者破产的可能性越小，反之亦然（见表 9-11）。

表 9-11　　　　　　　借债限度和违约概率（北京）　　　　　　　单位：亿元

Debt maturity	D_t/A_t（%）	D_t	DD	p（%）
t = 1	0.9	2386.44	0.99	15.67
	0.8	2121.28	1.98	3.2
	0.7	1856.12	3.12	0.001
	0.6	1590.96	4.57	0.00
	0.5	1325.8	6.01	0.00
t = 2	0.9	2553.21	0.96	15.95
	0.8	2269.52	2.03	3.2
	0.7	1985.83	3.16	0.00
	0.6	1702.14	4.86	0.00
	0.5	1418.45	6.75	0.00
t = 3	0.9	2706.39	1.01	15.23
	0.8	2405.68	1.99	3.17
	0.7	2104.97	3.15	0.00
	0.6	1804.26	4.66	0.00
	0.5	1503.55	6.54	0.00

资料来源：作者根据 Wind 数据库计算。

KMV 公司根据历史数据得到了公司债券信用等级与预期违约率之间的关系，一般认为信用等级在标准普尔 BBB - 之上的公司债券是相对安全的，即它们的违约可能性极低。由于平台公司相对于一般公司的信用级别普遍更高，因此我们调高一级，即平台公司的评级应该至少在标准普尔 BBB 之上我们才认为它是相对安全的，对应这个等级的历史预期违约概率为 0.4%，违约距离为 3。因此，可以看出，无论债务期限是几年，北京市政府融资平台公司对外承担的总债务都不应该超过其可以用于担保财政收入的 70%，2019 年的对外负债规模应该低于 1986 亿元才是安全的。

4. 地方政府债务安全阈值估算的结果与分析。我们用同样方法和步骤对中国其他省级政府的合理负债率进行了估计，表 9 - 12 列出了 2019 年 31 个省份的最大安全负债率，结果表明：

（1）不同省份的最大安全负债率存在着显著差异。这也意味着地方政府的偿债能力存在着明显差异，总体上东部省份平均远高于中西部。

（2）2019 年安全的地方债务率应低于 39 万亿元。我们接下来纳入预算外收入对债务安全阈值进行一定的修正：除了一般预算内收入，地方政府最重要一部分财政收入来自于土地使用权转让费，在总体层面，财政部公布在 2013—2015 这 3 年，土地使用权出让金平均占到地方政府财政总收入的 50%（目前没有更新的数据，后期可以进一步调整，但方法仍然适用）。因此我们将可用于平台公司担保的全国地方政府收入增加 50%，保持不变的负债率，那么最大的负债规模则为 39 万亿元。对比第二节，我们估算的 2019 年中国地方政府债务为 44.6 万亿元，这个数值是政府债务估算的一个最高值，其中含有中长期的债务以及隐性债务。这意味着，事实上，地方政府的债务规模非常不乐观，总量已经达到了最大安全规模，不应该再继续扩张，如果我们不采取有效的风险识别、控制以及风险分散的措施，那么很可能会在财政收入最薄弱的地区发生由地方政府甚至于其上级政府为融资平台公司破产或者违约买单的案例。

表 9 - 12　　　　　　　省级地方政府债务安全阈值　　　　　　单位：亿元

省份	2019 年财政收入预测	可用于担保的财政收入	最大负债率（债务/收入）	最大债务规模估计
安徽	3048.67	1371.902	0.6	823.1409
北京	5785.92	2603.664	0.7	1822.565
福建	3007.41	1353.335	0.7	947.3342
甘肃	871.05	391.9725	0.4	156.789
广东	12105.26	5447.367	0.6	3268.42
广西	1681.45	756.6525	0.4	302.661
贵州	1726.85	777.0825	0.3	233.1248
海南	752.67	338.7015	0.5	169.3508
河北	3513.86	1581.237	0.6	948.7422

续表

省份	2019年财政收入预测	可用于担保的财政收入	最大负债率（债务/收入）	最大债务规模估计
河南	3766.02	1694.709	0.6	1016.825
黑龙江	1282.6	577.17	0.7	404.019
湖北	3307.08	1488.186	0.5	744.093
湖南	2860.84	1287.378	0.6	772.4268
吉林	1240.89	558.4005	0.6	335.0403
江苏	8630.16	3883.572	0.7	2718.5
江西	2373.01	1067.855	0.4	427.1418
辽宁	2616.08	1177.236	0.5	588.618
内蒙古	1857.65	835.9425	0.3	250.7828
宁夏	436.52	196.434	0.2	39.2868
青海	272.89	122.8005	0.3	36.84015
山东	6485.4	2918.43	0.7	2042.901
山西	2292.7	1031.715	0.6	619.029
陕西	2243.14	1009.413	0.6	605.6478
上海	7108.15	3198.668	0.7	2239.067
四川	3911.01	1759.955	0.5	879.9773
天津	2106.24	947.808	0.6	568.6848
西藏	230.35	103.6575	0.2	20.7315
新疆	1531.42	689.139	0.2	137.8278
云南	1994.35	897.4575	0.4	358.983
浙江	6598.21	2969.195	0.7	2078.436
重庆	2265.54	1019.493	0.5	509.7465
全国				260066.73

资料来源：作者根据 Wind 数据库计算。

第五节　中国政府债务安全的总结及其未来展望

政府债务问题是目前理论界与各国政府普遍关注的问题，当今世界各国政府面临着日益加剧的财政风险，爆发了许多的政府债务危机。近年来，中国政府性债务问题引起了社会各界的广泛关注。

自从 1994 年分税制改革以来，地方政府财力与其承担的城市建设、公益项目建设与经营义务呈现明显的不对等性。2008 年全球金融危机发生以后，面对全球经济的衰退，为了防止经济增速过快下滑，中国出台了扩大内需、促进经济增长的十项措施和两年 4 万亿元的经济刺激方案。在此背景下，中国地方政府债务的特征表现为规模巨大、举债主体和形式多元化以及债务的隐蔽性等方面。

本书在分析中国地方政府债务风险形成及其传导机制的基础上，结合西方传统信用风险模型与中国经济特质，利用微观融资平台公司的财务数据，地方政府的财政收支信息，房地产市场的周期性与经济发展变量，构建多维度的地方政府债务风险评价体系。同时，我们从现状风险分析扩展到未来风险应对，针对地方政府在城镇化进程加速过程中较大的资金缺口问题，设计适合中国财政体制与经济发展所需的地方政府最适债务规模与结构的估算模型，并提出有效化解地方债务风险，建立长期可持续的地方政府融资渠道的政策建议。

一、主要结论

（一）地方政府债务规模测算

2009—2019 年间中国地方政府性债务规模持续扩大。2009 年年末债务总额为 6.38 万亿元，2019 年年末债务总额增至 44.6 万亿元，占当年 GDP 的 45%。

（二）市级层面地方政府债务风险排名

我们提供了按债务余额、负债率、债务率分别排名的前 20 位城市榜单。从城市层面看，债务余额方面，前五名依次为北京、天津、成都、重庆、上海，债务余额均突破万亿元。负债率与债务率方面，省会城市负债率普遍偏高。昆明、海口、兰州、贵阳、西宁位居前五，负债率均超过 140%。含这五座城市在内，前 20 名中有 12 个省会城市、3 个直辖市。

（三）地方政府融资平台风险评估以及省级地方政府债务风险指标

使用 PCA + MDA 方法对 30 个省的平台风险进行预测，我们发现有 68% 的平台公司会被识别为非健康的平台公司，这些公司具有较高的违约风险，如果按照地区进行划分，西部省份出现高风险平台公司的比例更大。风险最大的六个省份是甘肃、河北、湖南、辽宁、贵州和江西，在这些省份，85% 以上的地方政府融资平台被认定可能违约。这些省中的大多数都有严重的财政赤字。同时，被认为（高风险）的地方政府融资平台数量排名前五的省份是江苏、浙江、湖南、湖北和重庆，而对江苏和浙江而言，可能是因为它们有更多的地方政府融资平台基数所导致。同时我们还发现虽然审计署报告中强调了县级平台公司的风险，但根据我们的预测结果，市级平台公司的风险也相对很高。

（四）地方政府债务安全阈值

根据 KMV 模型，我们估算了各级地方政府的违约率与违约距离，并反推出债务安全阈值，我们发现不同省份的安全阈值存在着显著差异，这也意味着地方政府的偿债能力存在着明显差异，总体上东部省份平均远高于中西部。2019 年地方政府债务安全阈值应低于

39 万亿元，对比实际债务数据，这意味着，地方政府的债务规模非常不乐观，总量已经达到了最大安全规模，不应该再继续扩张，并且如果我们不采取有效的风险识别、控制以及风险分散的措施，那么很可能会在财政收入最薄弱的地区发生由地方政府甚至于其上级政府为融资平台公司破产或者违约买单的案例。

二、政策建议

截至 2019 年，地方政府的负债率以及平台公司的债务规模总体可控，短期内并不会发生全国范围的债务危机。考虑到地方政府与中央政府财务上的密切关联，我们认为针对单独每一地区政府的"地方债务率"只能作为参考指标，实际上不能准确反映地方政府面临的债务存量风险。

另外，相关单位应在申请贷款与发行债务前对项目的未来资金流与担保的可靠性做出合理的评估，并设立专门的偿债基金，银行贷款审批的相关部门也可在批准贷款前对于贷款人以及还款担保人自身的信用、财务状况以及项目的可行性作出全面的评估，并对偿债基金的管理、项目的运行情况进行及时的监督。相关部门在对地方投融资平台及项目进行监督、评估时，不应该赋予地方财力过大权重，而应该严格针对平台以及项目本身的运营状况与效率进行评价。另外，完善地方融资平台融资的相关法律规定也是必不可少的风险防范措施，可在相关法律中对发债资格、发债额度、资金运用范围、信用评级以及债务偿还机制等作出明确的规定。

三、2020 年展望

2020 年是打好防范化解金融风险攻坚战的收官之年，牢牢守住不发生系统性风险，防范化解地方政府债务风险仍是各监管部门和地方政府的工作重点。2020 年年初爆发的新冠病毒肺炎疫情对经济造成了较大冲击，稳增长必要性进一步提升。在稳健的政策预期下，同时在严控新增隐性债务的基础上，地方政府，特别是地方城投企业作为地方政府基础设施建设的实施载体将更多的承担逆周期调节作用，城投企业融资状况预计将进一步呈现宽松态势。但另一方面，近年来中西部地区、低行政级别的城投企业之间信用风险事件持续发生，部分地区的部分城投企业存在信用风险聚集、深化的可能。预计 2020 年在整体改善的基础上，不同区域之间的城投企业仍将保持信用分化趋势，部分高风险地区城投企业的信用状况仍需持续关注。

第十章　外部冲击对中国金融安全的影响

本章探讨 2019 年外部冲击对中国金融安全产生的影响。国际经济金融形势依然复杂严峻，世界政治经济格局发生深度调整变化，外部不确定性的增加，使得中国经济金融体系面临的外部环境日趋复杂，影响中国金融安全。中国对外经济与金融关联是外部冲击影响中国金融安全的重要渠道，而 2019 年中国对外经贸关系以及跨境资本流动发生着结构性新变化。本章概述中国对外贸易、跨境融资和资本流动、外汇市场发展等对外经济金融关联的实践和改革新形势，分析外部冲击通过跨境资本流动、中美贸易摩擦、外汇市场波动对中国金融部门和非金融部门金融安全的影响，评估外部冲击对中国金融市场安全的综合影响，并展望中国应对外部冲击维护金融安全的宏观政策机制。

第一节　中国对外经济与金融运行情况

中国对外经济与金融关联是外部冲击影响中国金融安全的主要渠道。在当今世界政治、经济等处于深刻变革的背景下，国际金融体系蕴含了较大风险，伴随着中国经济结构逐步优化，经济换挡趋于平稳，金融深化改革和对外开放步伐加快，中国与世界的联系日益紧密，这势必会加剧外部风险对中国金融体系的渗透。外部冲击和内部风险因素的叠加会增加中国金融市场的流动性和脆弱性，造成金融体系结构失衡，从而对中国金融安全造成很大的威胁。本章第一节介绍中国对外贸易、跨境融资和资本流动（对外投资、跨境资本流入、外债等）、外汇市场（人民币汇率）发展的新形势，总结中国对外经济金融改革新发展，展望对外经济金融发展和改革前景。

一、中国对外经济与金融运行主要状况

2019 年，中国经常账户和非储备性质金融账户均维持小幅顺差，波幅收窄（见图 10-1）。2019 年上半年中国非储备性质金融账户余额为 454 亿美元，下半年快速转为逆差 77 亿美元，进而导致经常账户与非储备性质金融账户顺逆差格局由上半年的双顺差转化为下半年经常账户顺差、非储备性质金融账户逆差的局面。从细分账户看，下半年逆差原因除了直接投资和证券投资净流入明显衰减之外，更重要的是其他投资项净流出较多，主要是外资在人民币贬值预期加大情况下撤资造成的（见图 10-2）。

2019 年中国国际收支另一个重要特征是净误差与遗漏项金额再次回到高位，其很大程度上体现了地下资金的流动状况（见图 10-3）。受全球不确定性因素影响，2019 年，中国净误差与遗漏项净流出规模达到 1981 亿美元，同比增加 10.81%，打破近几年下滑态

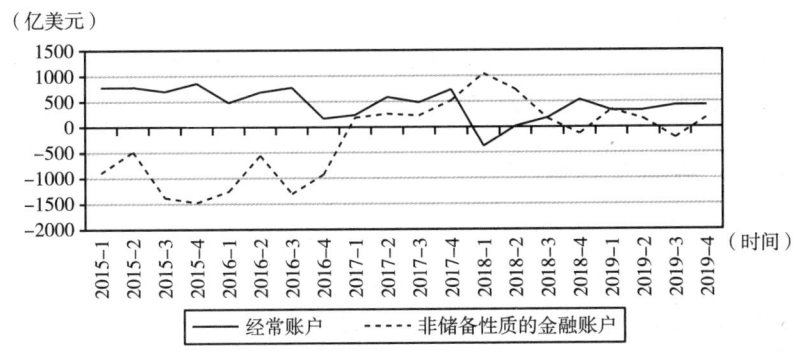

图 10-1　中国的季度国际收支格局

资料来源：Wind 数据库。

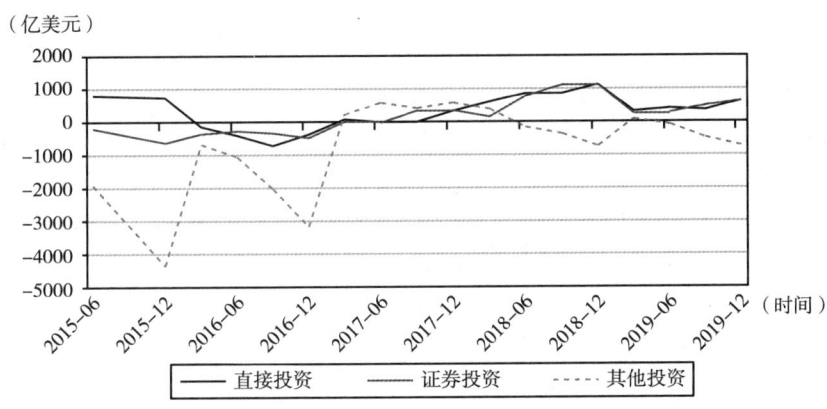

图 10-2　非储备性金融账户细分账户

资料来源：Wind 数据库。

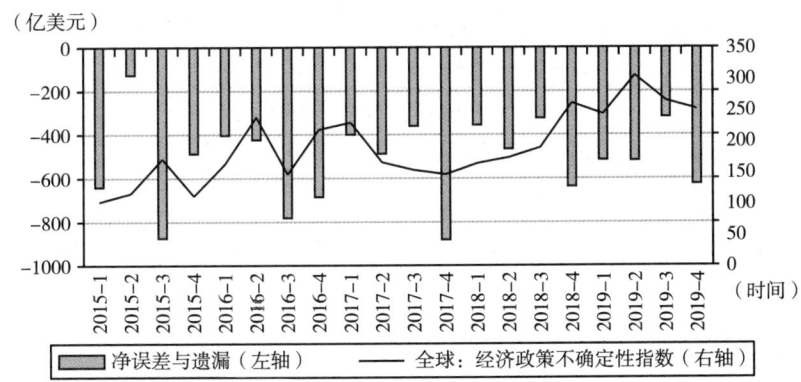

图 10-3　2015—2019 年季度全球不确定性和净误差与遗漏项

资料来源：Wind 数据库。

势，反弹明显。而且，2019 年上半年净误差与遗漏项净流出 1035 亿美元，创上半年净流出历史新高，与全球不确定性指数创新高相关。当然，下半年净误差与遗漏项净流出 945

亿美元，流出状况有所缓解。一方面中美两国贸易往来作为全球最重要的双边经贸关系，受两国第一阶段经贸协议预期影响，全球不确定性指数高位回落；另一方面人民币汇率在2019年震荡企稳，提振了市场投资者信心。

二、中国对外贸易发展情况

2019年，受全球经济复苏缓慢、贸易摩擦和地缘政治冲突不断、新兴经济体发展分化等因素影响，中国对外经贸关系面临异常严峻的挑战，经济承担着较大的下行压力。尽管面对众多外部不确定性因素，中国外贸仍然实现了总体平稳、结构优化的积极态势。

（一）对外贸易规模持续扩大，贸易依存度稳步下降

2019年，中国对外贸易规模和国际市场份额均创历史新高。进出口总额31.54万亿元人民币，增长3.4%。其中，进口14.31万亿元，增长1.6%，出口17.23万亿元，增长5.0%（见图10-4）。同时，中国出口额在世界上所占份额同样实现稳步提高。根据世贸组织最新统计，2019年前三季度，我国出口增速较全球高2.8个百分点，国际市场份额较2018年提高0.3个百分点至13.1%，某种程度上表明世界对中国的依赖程度提高以及中国经济具备较强的韧性。于此同时，中国外贸依存度（即进出口总额/GDP）逐年降低，2019年为31.84%，较上年同期下降1.34个百分点，体现了中国经济结构优化步伐持续稳步推进（见图10-5）。

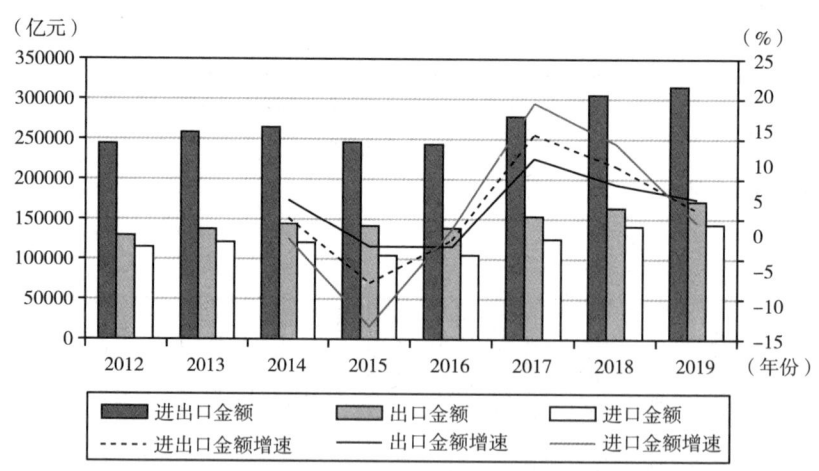

图10-4 2012—2019年中国进出口总额、进口额和出口额及增速

资料来源：Wind数据库。

（二）贸易余额双回升

2019年全年中国贸易余额突破自2015年开始的下降趋势，顺差幅度增长到34.6亿美元，接近2015年最高水平（见图10-6）。于此同时，货物贸易和服务贸易余额均恢复增长态势，实现双回升。其中，货物贸易余额自2015年以来首次出现增长，货物贸易顺差增长到26.27亿美元，服务贸易余额自2014年以来首次出现增长，服务贸易逆差减少到17.88亿美元。2019年中国主要对外贸易指标均实现逆势增长，更为重要的是经常账户表

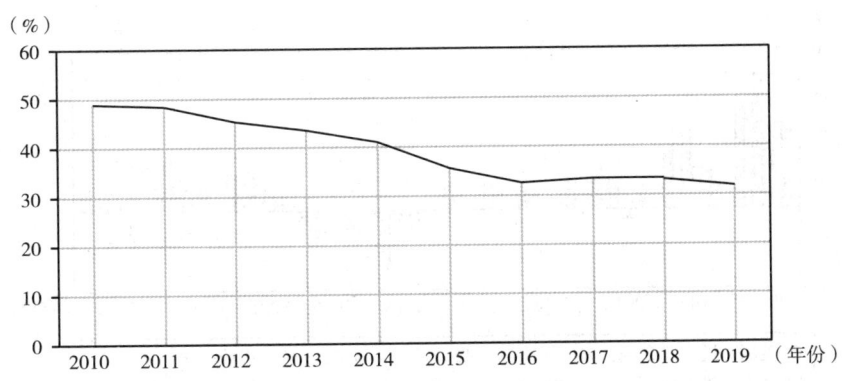

图 10-5 中国外贸依存度

资料来源：Wind 数据库。

现强于预期。但值得注意的是，贸易余额和经常账户余额的变化原因应结合进出口增速来看。自 2018 年开始受中美贸易摩擦影响，进出口总额、进口额、出口额增速（月度）持续走低，但在这个过程中进口额增速放缓更为严重，进而导致贸易顺差不降反增，而且以人民币计价的各项指标增速仍处于零增长之上。

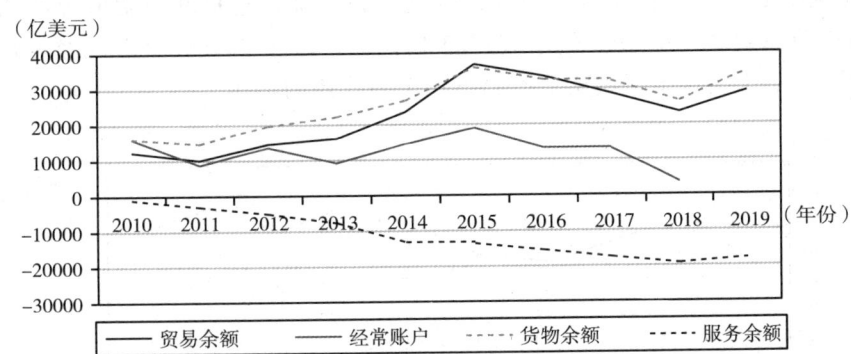

图 10-6　2010—2019 年中国主要对外贸易指标

资料来源：Wind 数据库。

（三）贸易分布更为优化

贸易质量取得新进展。从国别和地区来看，受国际经济疲软及贸易环境恶化的影响，中国对主要经济体进出口贸易总额增速均出现明显下滑，但是国际市场布局还是得到进一步优化（见图 10-7）。除了对美国的进出口贸易由于贸易战影响出现较明显负增长（-14.5%）外，对日本小幅下降（-3.9%），对欧盟贸易继续保持不错增长（3.4%）；在新兴经济体中，对东盟、拉美、非洲进出口分别增长 9.2%、3.3% 和 2.2%。正是美日等传统主要贸易关系之外贸易活动的带动，才使得中国全年进出口总额再创新高，抵御外部冲击的能力不断增强。从出口结构来看，2019 年对主要经济体贸易出现分化现象，如之前年份对主要经济体贸易增速同正或同负，2019 年对美日等发达经济体出现负增长，但对几个新兴或发展中经济体继续保持正增长。

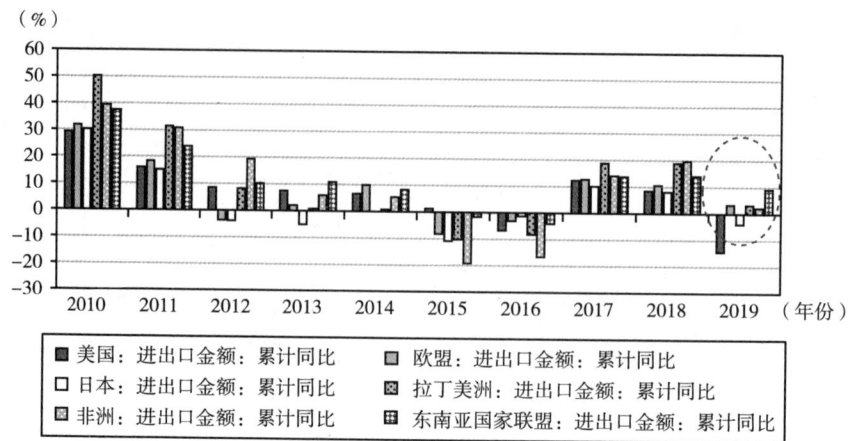

图 10-7　2010—2019 年中国对主要经济体贸易总额增速

资料来源：Wind 数据库。

（四）外贸对于 2019 年稳增长目标至关重要

作为中国经济的"三驾马车"之一，2019 年全年货物和服务净出口的 GDP 增长贡献率为 11%（见图 10-8）。外贸带动中国近两亿人口就业，进口环节增值税和消费税贡献 10% 的全国税收总收入。贸易差额为 4219.3 亿美元，增长 20%，是造成经常账户顺差的重要原因之一，对于实现国际收支平衡起到了至关重要的作用。

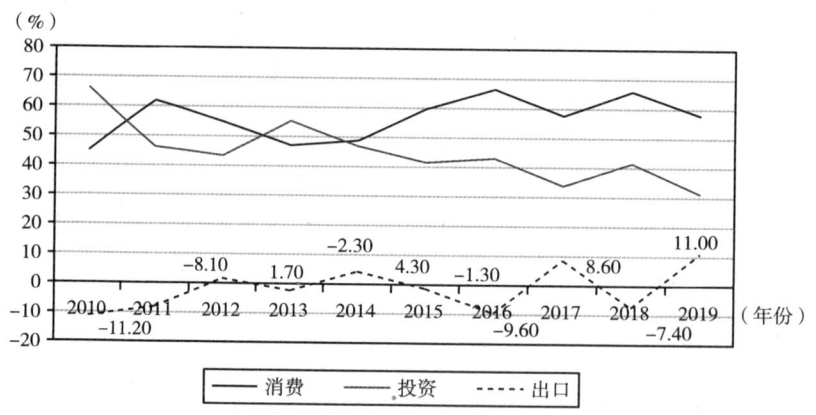

图 10-8　三大需求对 GDP 增长的贡献率

资料来源：Wind 数据库。

三、跨境资本流动总体稳定

（一）外商直接投资稳中有升

中国实际利用外资规模继续保持稳定增长，规模创历史新高为 1381 亿美元，随着对外开放进程加速以及国际影响力的不断提升，中国在利用外资方面仍存在较大潜力。根据联合国贸易和发展会议统计，2018 年年末中国 FDI 占 GDP 比重为 11.96%，同期全球平均水平为 37.9%，发达经济体平均水平为 42.26（见图 10-9 和图 10-10）。

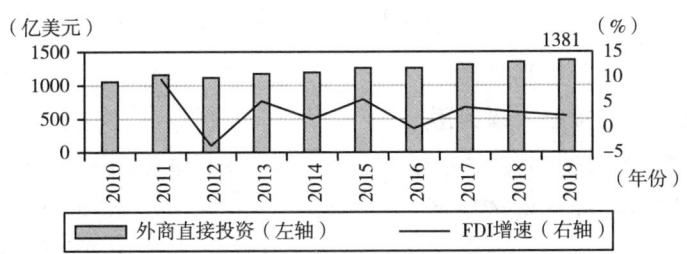

图 10 – 9　2010—2019 年外商直接投资流量

资料来源：Wind 数据库。

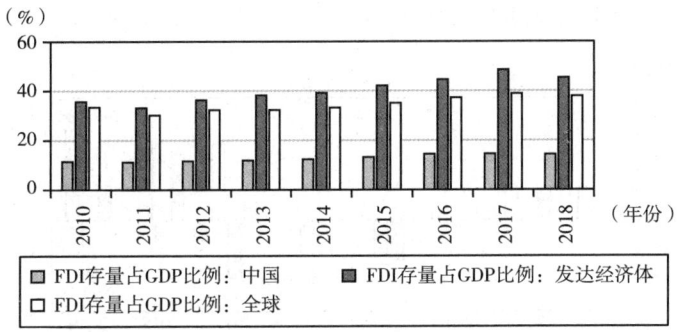

图 10 – 10　2010—2018 年 FDI 存量占 GDP 比例

资料来源：Wind 数据库。

（二）对外直接投资再次下滑，但相对可控

全年对外投资总额为 1171.2 亿美元，同比下降 18.12%，非金融类对外直接投资 1106 亿美元，同比下降 8.2%（见图 10 – 11）。对外直接投资呈现两个特点：第一，尽管对外直接投资规模出现大幅下滑，但是从非金融类对外直接投资数据来看，没有看出有大量企业转移现象，而且非金融类对外投资占比在 2019 年急剧增加，对外直接投资质量有所提高；第二，对外投资结构更加均衡，这点从商务部的统计数据可以发现，对外直接投资主

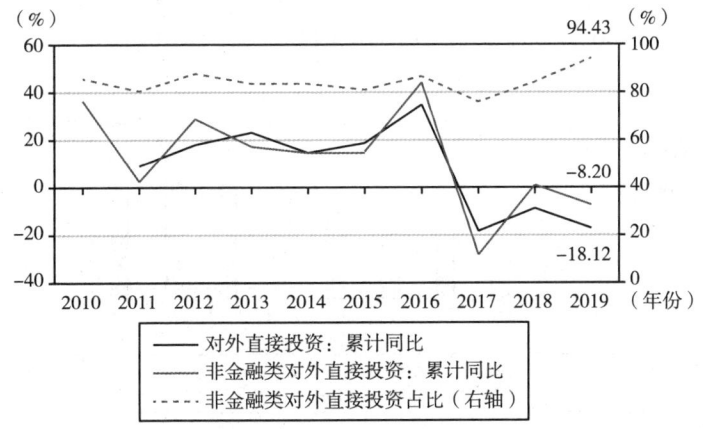

图 10 – 11　2010—2019 年中国对外直接投资增速

资料来源：Wind 数据库。

要流向租赁和商务服务业、制造业、批发和零售业。同时，对"一带一路"相关国家投资 150 亿美元，占比提高 0.6 个百分点。

（三）全年证券投资顺差大幅回落

2019 年，中国证券投资净额 579.48 亿美元，较 2018 年大幅下降 45.69%（见图 10 - 12）。其中，对外证券投资（资产净增加） - 894.19 亿美元，增加 67.12%；境外对中国证券投资（负债净增加）1473.66 亿美元，下降 8.01%。在证券投资结构方面，根据外汇局统计，境外对中国债券市场的资金投入主要是出于进行中长期资产配置的目的，而且目前中国资本市场中国际投资者的参与度很低，大概只有 2% - 3% 的水平，吸引境外资本的空间很大，这也将是未来资本市场对外开放的重要目标。

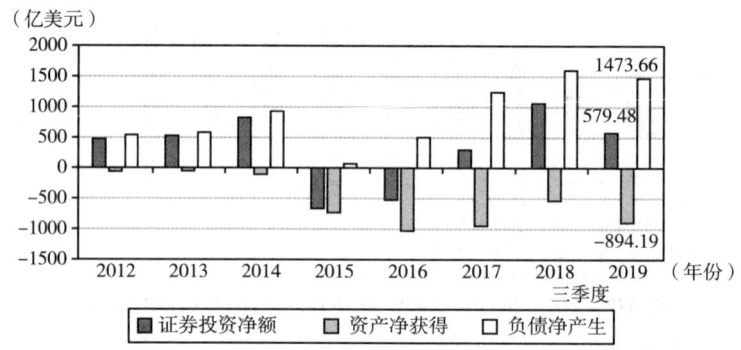

图 10 - 12　2012—2019 年三季度证券投资情况

资料来源：Wind 数据库。

（四）中国外债风险总体可控

截至 2019 年年末，中国全口径外债余额为 20573 亿美元（不包括港澳台地区对外负债，下同），其中短期外债余额为 12053 亿美元，占比 58.59%；中长期外债余额为 8520 亿美元，占比 41.41%（见图 10 - 13）。经计算，中国外债负债率为 14.33%，债务率为 77.80%，短期外债与外汇储备的比例为 39%，几项主要外债风险指标的国际公认安全线分别为 20%、100%、100%。因此，总体上中国外债风险仍可控。

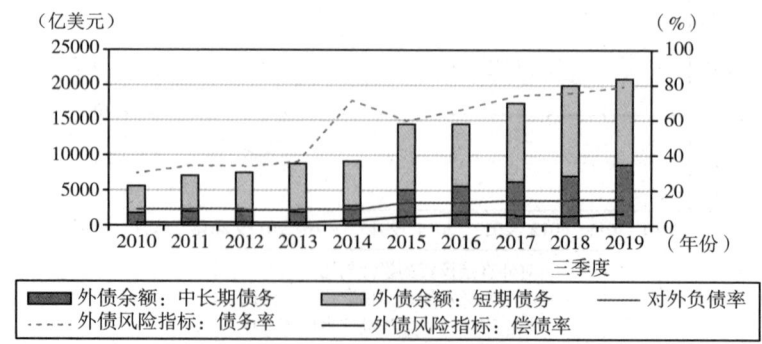

图 10 - 13　2010—2019 年三季度外债余额与主要外债风险指标

资料来源：Wind 数据库。

四、中国对外经济与金融改革新发展

中国金融改革深度广度得到进一步拓展,对外开放的步伐进一步加快。近年来,中国全面深化改革进入深水区,内部深层次改革离不开外部联系的推动,实现更高水平对外开放是深化改革的必经之路,因此国家高度重视对外开放工作,为全面贯彻金融改革和对外开放政策,国务统筹安排相关工作,各部门相继推出了一系列配套措施,推动金融业对外开放加速提效。

具体来看,2019年金融委推出11条金融业对外开放措施,银保监会推出12条银行保险业开放新举措,证监会针对资本市场推出"深改12条",外汇局取消QFII、RQFII投资额度限制等等,从机构和业务准入,再到市场开放,2019年金融管理当局共制定了30多条主要开放措施,同时叠加前期措施在本期正式实施,众多具有实质意义的开放措施渐次落地,涉及面广,涵盖银行、证券、保险、支付清算、评级等行业。这一系列全面系统的政策使得境外机构准入门槛明显降低,业务领域不断扩展。此外值得关注的是,2019年A股又相继被纳入富时罗素和标普道琼斯两大国际指数,中国债券先后被纳入彭博巴克莱全球综合指数、摩根大通全球新兴市场多元化指数等国际主要债券指数,且均具备较大的权重,截至2019年年末,国际投资者通过银行间债券市场持有的债券约2.2万亿元人民币,存量规模同比增长27%。中国股市和债市在2019年集中加入国际主流指数,推动了中国两大资本市场国际化程度持续提升,海外资本将中国市场资产纳入其"一篮子"投资组合渐成趋势,充分体现了境外投资者对于中国市场对外开放进程和中国经济的良好预期。同时,继"沪港通"和"深港通"之后,沪伦通在2019年正式开通,国际金融市场双向开放展现积极态势,是中国资本市场对外开放进程的一项至关重要的探索。

五、展望

回顾2019年,中国对外经济金融领域继续推进深刻变革,自2018年下半年开始,尤其是2019年,中国对外经济金融改革驶入快车道,呈现出开放速度快、力度大、范围广、成果显著的特点。

展望2020年,世界经济增速将继续减缓,仍处于后金融危机时代的深度调整期,全球经济发展面临着更多不确定性因素,中国对外经济与金融运行状况在政策利好、基本面承压、外部条件恶化的多重背景下恐难有进一步改善,稳字当头。因此,未来一年中国需要在各方面做好自己的事,深入贯彻各项方针政策,以实际行动保持国内稳定发展,同时为全球贸易增添信心。

一系列对外开放利好政策蓄势待发。2019年年底召开的中央经济会议明确指出,对外开放要继续往更大范围、更宽领域、更深层次的方向走。2020年年初,中美贸易谈判第一阶段的协议已经达成,取得阶段性成果。同时,多个管理部分集中释放对外开放的政策信号,继续深化股票、外汇、债券市场的改革,有序推进人民币国际化及资本项目开放工作,与此同时,地方各级部门也响应政策号召,加紧相关部署,以较快的速度实现金融开放政策落地,以更真诚的态度和更大的决心吸引境外机构进入中国市场,一些开创性开放政策还将在个别地区开展试点工作。由此可见,金融改革开放将继续稳步推进。

外贸方面保总量，提质量。关于 2020 年的对外贸易形势，笔者认为近期油价暴跌、股市崩盘以及全球疫情的持续发酵对于本已经疲软的全球经济来说无疑是雪上加霜，因此，中国 2020 年外贸发展面临的外部环境更加严峻多变。但随着中国深化供给侧改革进程加速推进，国内"六稳"政策措施继续实施见效，将有利于挺高市场主体活力，改善市场环境，优化外贸机构，预计 2020 年中国外贸总量有望持平，质量进一步提升。

近期全球史诗级事件频发，疫情全球泛滥、原油暴跌、美股熔断，甚至黄金这种主要避险资产也出现下跌，恐慌蔓延，全球不确定性剧增，持续时间以及影响深度很难确定。反观国内 A 股市场，由于之前估值较低，在全球范围内属于价值洼地，跌幅相对有限，再加之对外市场开放程度提高，境外投资者出于避险需要，可能会选择加大配置 A 股资产，因此，疫情过后不排除有强势反弹的可能性。同时，中国疫情防控实现初步胜利，目前重点防范二次输入风险，受疫情影响较重的第二、第三产业正逐步复工复产，各项经济指标有望在下半年实现快速反弹，最晚三季度也会得到较大恢复，目前尚未有充分证据表明中国经济中长期运行逻辑因为近期"黑天鹅"事件发生改变。当然，2020 年仍需要重点关注国际经济金融环境，继续深化金融供给侧改革。对内坚持以市场为导向，完善银行体系，建设多层次资本市场，丰富各类金融机构，提高金融服务实体的质量。对外坚持引进来与走出去协调推进，既丰富国内金融市场，又提高国内大型金融机构国际化水平，从而不断提高对外开放水平。此外需要注意在加速对外开放的过程中，要使得对外开放与内部金融改革之间步伐的匹配，加强风险防控和金融监管，同时做好应对全球金融市场动荡、甚至引发经济金融危机的准备。

第二节　全球金融稳定的主要挑战

2019 年国际经济金融形势依然复杂严峻，世界政治经济格局发生深度调整，外部不确定性的增加，使得中国经济金融体系面临的外部环境日趋复杂。影响和威胁全球金融稳定的风险因素，特别是全球贸易保护主义抬头，由美国挑起的经贸摩擦对全球及中国宏观经济和金融市场构成较大负面影响。而美国等主要发达经济体货币政策调整也可能通过影响全球流动性，进一步对中国等新兴市场经济体形成外溢效应。总体来看，国际贸易摩擦、英国脱欧等政治因素和宽松的经济政策带来的资产泡沫和潜在债务危机是威胁全球金融稳定的主要因素。

一、国际贸易摩擦

从 2018 年开始，国际协商请求和国际贸易争端发生频率大幅增加（见图 10 - 14）。除英国无协议脱欧问题对欧盟造成重大冲击以外，以美国为首的一些国家推行单边保护主义，打破了自由贸易的良好格局，导致了全球性的贸易增长放缓。2019 年，美国对中国、欧盟等国家和地区实施的贸易保护政策大大增加政策的不确定性，并进一步损害了商业信心和活动。根据 IMF 发布的国际贸易不确定性指数，2019 年该指数一度达到 107.9，而 2018 年同期该指数仅为 13.2。在国际贸易政策风险大幅上升的影响下，国际商业信心指数降至 99.3，达到 2015 年以来的最低水平。

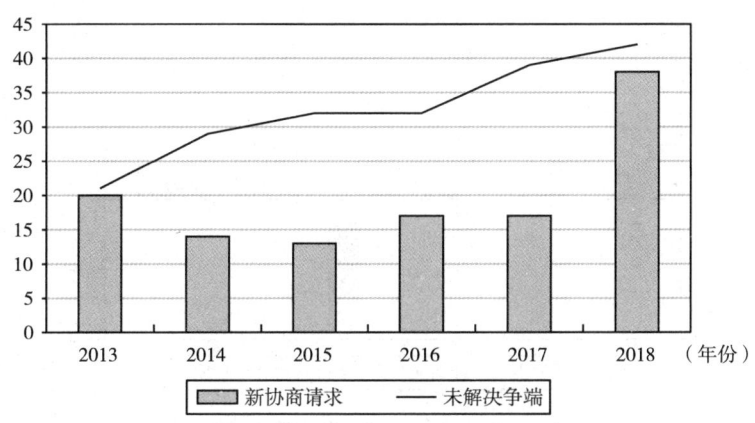

图 10-14 国际贸易摩擦情况

资料来源：World Bank；World Trade Organization。

虽然 2019 年全球货币政策整体宽松，但由于国际贸易摩擦等不利因素，宏观经济增长态势疲软，国际经济金融形势面临较大的下行风险。其中，发达经济体和新兴及发展中经济体（下文简称 EMDE）经济增速均出现下滑，但前者更为明显。美国、欧盟、亚太等重点国家及地区的经济增速下滑均在一定程度上与贸易摩擦密切相关。美国宏观经济金融环境的恶化主要可以归结为净出口和财政支出两个方面。前者受到美国对中国、欧盟等采取的贸易保护政策影响，在 2019 年二、三季度分别拖累美国 GDP 0.7%、0.1%。与此同时，美国采取的贸易保护主义政策也导致拉美地区丧失大部分经济援助。由于美国、中国是拉美地区的前两大贸易伙伴，其贸易额占拉美地区贸易总额的 62%，在美国采取单边保护主义、中美贸易摩擦持续的环境下，拉美地区全年的经济增速仅为 0.1%。与拉美地区类似，欧盟地区经济增速的持续下降也和中美贸易争端密切相关。欧盟委员会发布的《秋季经济展望报告》将其列为致使出口导向型成员国出现经济下降的主要原因。除此之外，英国脱欧的不确定性对相关地区的投资和消费产生的抑制作用也是影响经济增长的重要原因。

投资者的悲观预期进一步导致投资行为的减少，通过净出口和资本流动渠道作用于汇率水平，新兴及发展中国家在预期效应下受到的影响尤为严重。另外，由于中国、美国是世界前两大经济体，二者对全球 GDP 的贡献率将近 40%，其贸易摩擦对全球市场存在广泛的外溢影响。除扩大商品管制种类、提升部分大宗商品关税以外，一些贸易保护措施已经涉及技术领域，对全球制造业造成了极大的负面冲击。企业一方面受投资意愿缩减影响难以融入充足资金，另一方面产销活动也受到限制，在双面夹击下生存空间缩窄。相当一部分企业或将选择缩减产能等被动举措防止库存积压，而这可能会造成更为长期的产出下降和经济低迷，形成恶性循环。

二、宽松的经济政策

在 2019 年，各国普遍采取了较为宽松的经济政策以应对经济的持续下行。除产业政策向制造业倾斜以外，多数国家采用了扩张性的货币及财政政策。如图 10-15 所示，在零基准线以上代表扩张性政策，以下代表紧缩性政策。

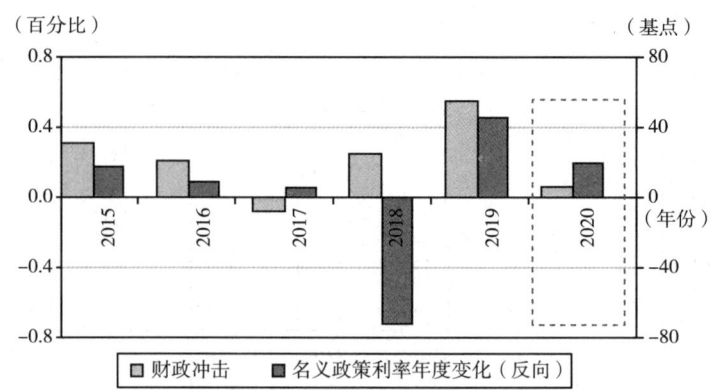

图 10-15　全球货币政策及财政政策

资料来源：Bank for International Settlements；Consensus Economics；International Monetary Fund；World Bank。

从财政政策来看，中国、欧盟等财政盈余充足的国家及地区采用了减税降费、发行专项债等措施激励消费，扶持制造业发展。美国、日本则受累于较重的财务赤字，造成财政政策发挥空间较小。从货币政策来看，由于各国经济持续下行，短期内扩张性货币难以引发通胀，因此主要国家及地区的央行均放松了货币政策。比如，美联储在 2019 年前 10 个月下调了 3 次联邦基准利率，并将对资产负债表的缩减转为扩张；欧洲央行宣布重启量化宽松政策，并将存款利率下调 0.1%；中国下调了 LPR、MLF 利率。一些 EMDE 国家及地区也对政策利率进行了下调。

在投资者对实体经济需求较弱的背景下，宽松的经济政策使得更多的资金流入金融市场，增加了经济金融化程度。但是金融市场的改善主要体现在发达经济体上。同时，考虑到较低的市场利率水平，投资者选择将大量资金投向具有高回报的股票市场。以 2017 年为基期的高盛财务状况指数显示，在排除中、美两个近期波动的较大的国家后，发达经济体的金融环境指数在 2019 年基本与 2017 年持平，大型发达经济体的股市在 2019 年秋季继续上涨，核心主权债券的收益率也从 9 月低点开始回升（见图 10-16）。由于一些国家

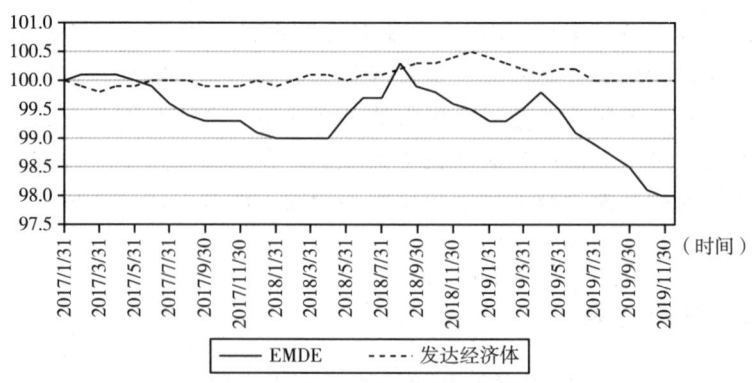

图 10-16　不同经济体金融环境

资料来源：Bloomberg；World Bank。

及地区已经多次降息甚至已经处于负利率状态,未来的货币政策操作空间较为有限。如果宽松的货币政策难以为继,股价回调可能会导致泡沫的破裂,对全球金融市场的稳定造成严重干扰。

对于 EMDE 国家,由于其信用评级较低,在全球避险情绪升温的情况下,投资者倾向于将资金投向更为安全的发达经济体的金融市场,因此,EMDE 国家的股票市场、债券市场都承受着较大的资金流出压力,资金净流入量远低于 2010 年年初到 2017 年年末的平均水平(见图 10 – 17)。较大的资本外流也导致 EMDE 国家的汇率水平从 2019 年 7 月份开始出现明显下跌。

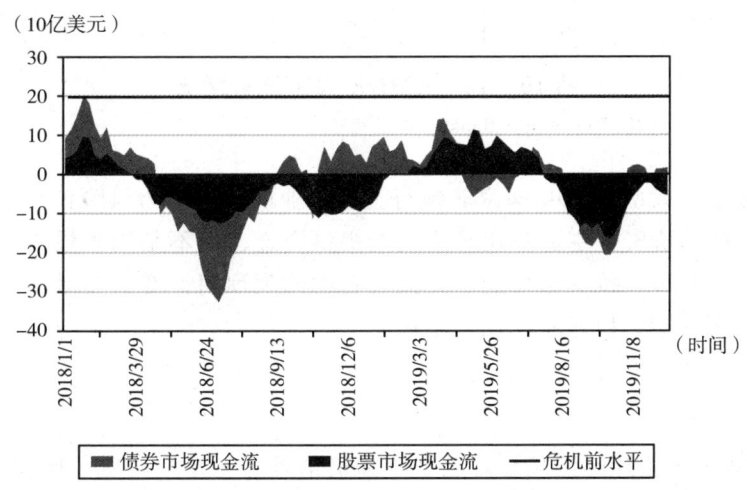

图 10 – 17 EMED 国家金融市场

资料来源:Institute of International Finance;World Bank。

宽松货币政策导致的低利率环境不仅可能造成资产泡沫,还可能造成债务成本的下降,鼓励进一步的债务积累。由于发达经济体大概率维持低利率水平,为获取更高的资金回报,贷款人倾向于向主权风险溢价更高的 EMDE 国家提供资金。这使得 EMDE 国家的债务负担加重。如图 10 – 18 所示,目前 EMDE 国家的政府债、公司债、外币债务占 GDP 的比重均已超过 2008 年金融危机时的水平,这其中蕴含的风险不容忽视。

债务高企带来的风险可以从融资主体和投资主体两个角度分析。首先,从 EMDE 国家的角度来看,随着外币债务的增加,这些国家汇率水平对美元汇率变动的敏感性将会提升。如果未来全球避险情绪持续升温或是发达国家利率水平上升,资金将流向发达经济体,造成 EMDE 国家货币的贬值。2019 年 11 月,美元指数较年初上涨达 1.8%,在经济下行阶段美元的强势表现还有可能更为突出。由于 EMDE 国家以外币计价的债务呈上升趋势,这样,如果本币持续贬值,EMDE 国家的偿债负担将会显著上升。另外,如前文所述,EMDE 国家正在增加对发达经济体的股票投资。这种行为将会增加 EMDE 国家与国际金融市场的联动程度。由于 EMDE 国家的金融市场本身较为脆弱,这可能会进一步加快金融风险的扩散速度。

从投资者角度来看,EMDE 国家的债务风险可能高于其初始预期,导致投资者承受损

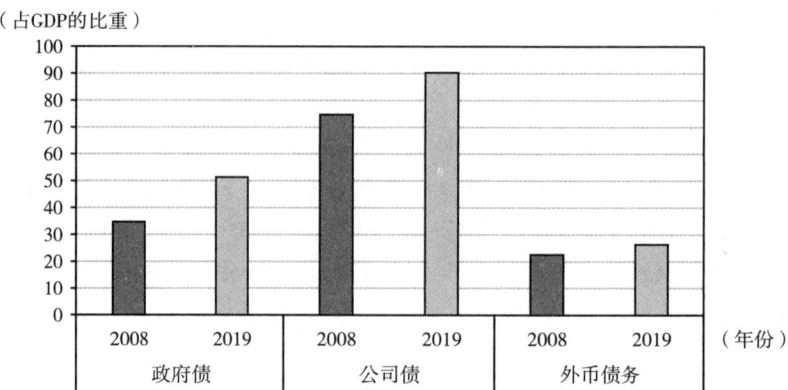

图 10-18　EMDE 国家债务情况

资料来源：Kose 等（2017）；World Bank。

失。调查结果显示，大型 EMDE 国家非银行金融行业的偿付能力风险正在增加，而且新兴市场经济体最近的信贷资金主要被用来为消费提供资金，而不是用于投资。因此，债务的增长与经济的增长并不一致。这可能引发投资者的悲观预期，增加其对现有债务可持续性的担忧并扩大负面反馈，积累系统性金融风险。

三、展望

在 2019 年年末，国际经济局势不断产生积极信号。一是中美贸易摩擦出现缓和迹象。中美年末达成第一阶段贸易协议，美国承诺分阶段降低对华产品关税。二是社会对英国"无协议退出欧盟"的担心也出现了减弱。这种积极信号对商业情绪的提振体现在 PMI 上，使得制造业 PMI 在 2019 年末走出紧缩区间。同时，服务业 PMI 也依然保持在 50 枯荣线以上，证明经济的确存在好转趋势。根据国际货币基金组织的预测结果，在 2020 年，全球 GDP 增速将达到 3.3%。因此，可以预期在 2020 年，国际宏观经济形势有望出现触底反弹。

值得注意的是，虽然经济形势的确存在好转迹象，但是一些可能影响经济和金融稳健运行的风险因素仍然需要引起充分重视。除了上文提到的中美贸易摩擦、英国脱欧等现存政治不确定性因素以外，地缘政治紧张局势的蔓延（尤其是美国和伊朗之间）、美国向其他国家发起的贸易保护政策等还可能会引起新的社会动荡，加剧大宗商品价格的波动，影响国际贸易。同时，EMDE 国家近期自然灾害频发，这也增加了政府部门的财务负担，威胁着新兴及发展中经济体对全球经济的拉动能力。

第三节　跨境资本流动与中国金融安全

中国金融业双边开放步伐不断加快，跨境金融活动规模持续扩大但波动性随之增强，成为外部冲击威胁中国金融安全的重要潜在通道。本章第三节介绍中国跨境融资和资本流动的新格局，梳理并分析全球经济与金融环境对中国资本流动的潜在影响，分析跨境资本流动对金融部门以及非金融部门金融安全的影响。

一、跨境资本流动持续双向波动新格局

近年来，中国跨境资本流动出现双向波动的新常态，且波幅加大，2019 年跨境资本流动再次呈现双向波动新格局。2007 年之前，中国资本和非储备性质金融账户呈现顺差态势。自 2007 年至 2019 年第 4 季度，资本和非储备性质金融账户出现三轮大规模的资本净流出，打破其长期顺差的局面，且其波动幅度不断加大。2007 年全球金融危机爆发前后，中国首次出现大规模的资本外流。2007 年第 4 季度和 2008 年第 4 季度，分别出现 266 亿美元与 468 亿美元资本净流出；2011 年第 4 季度至 2012 年第 3 季度期间，出现 3 次资本净流出，规模累计超过 1000 亿美元；继 2012 年第 4 季度到 2014 年第 1 季度资本与金融账户逐渐恢复净流入态势之后，2014 年第 2 季度至 2016 年第 4 季度，连续 11 个季度出现资本净流出，并在 2015 年第 4 季度创下 1503 亿美元逆差的历史记录。2017 年第 1 季度至 2019 年第 3 季度，中国资本和非储备性质金融账户基本呈现净流入趋势，但是 2019 年第 1 季度以来，受贸易摩擦等不利因素驱动，中国资本和非储备性质金融账户差额逐渐下滑，2019 年第 3 季度出现 235 亿美元资本净流出，第 4 季度恢复至顺差 158 亿美元（见图 10 – 19）。由此可见，中国资本与金融账户长期顺差的局面已被跨境资本双向震荡波动的新态势所代替。

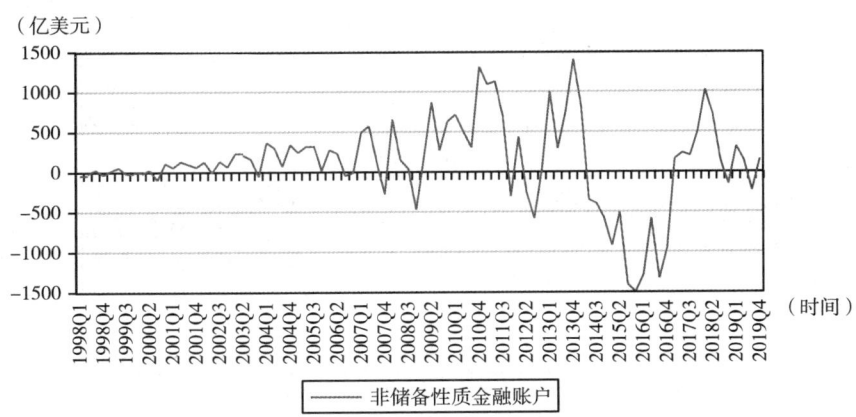

图 10 – 19 中国资本和非储备性质金融账户差额（亿美元）

资料来源：国家外汇管理局，国际收支平衡表。

从资本和非储备性质金融账户各个项目来看，2007 年以来跨境资本流动出现逆差的主要原因在于其他投资项出现巨额逆差，部分时期当期直接投资流入净额和证券投资流入净额环比下降也助推资本净流出态势。其他投资包括贸易信贷、贷款、货币与存款以及其他资产等四大类。自 2007 年以来，其他投资项出现四轮大规模的逆差，2007—2008 年，2012—2013 年年初以及 2014 年第 2 季度至 2016 年第 4 季度，2018 年第 2 季度至 2019 年第 3 季度，发生时间基本与资本与金融账户逆差同步（见图 10 – 20）。

形成其他投资项下四轮逆差的原因则更为复杂。四次逆差形成期间，其他投资项下各

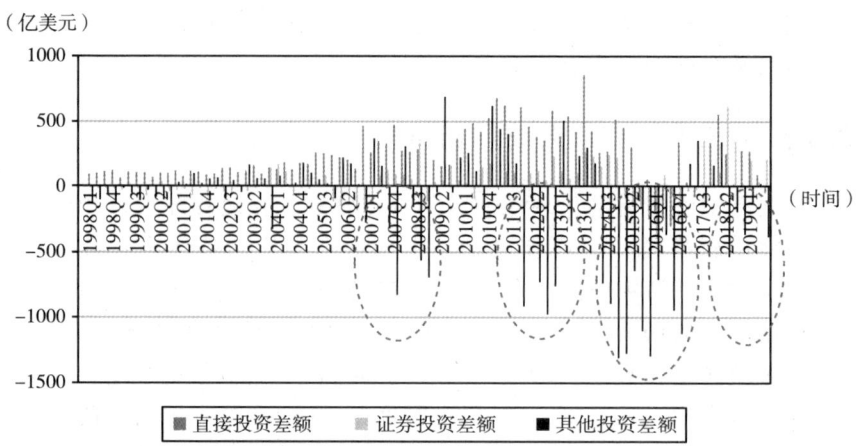

图 10 – 20　中国资本与金融账户差额构成（亿美元）

资料来源：国家外汇管理局，国际收支平衡表。

类其他投资基本均出现不同程度的净流出，不过资本流出形式主导因素有所差异（见图 10 – 21）。总体而言，其他投资项波动的加剧，是形成资本与金融账户差额波动的主要推手。这类资本流动的特征为：期限短、波动频率高、难以监管。随着这些资本出现大规模流入、流入骤停以及大幅流出等情况，人民币汇率、物价水平、资产价格的稳定性都将受到影响，从而威胁宏观经济与金融的稳定。

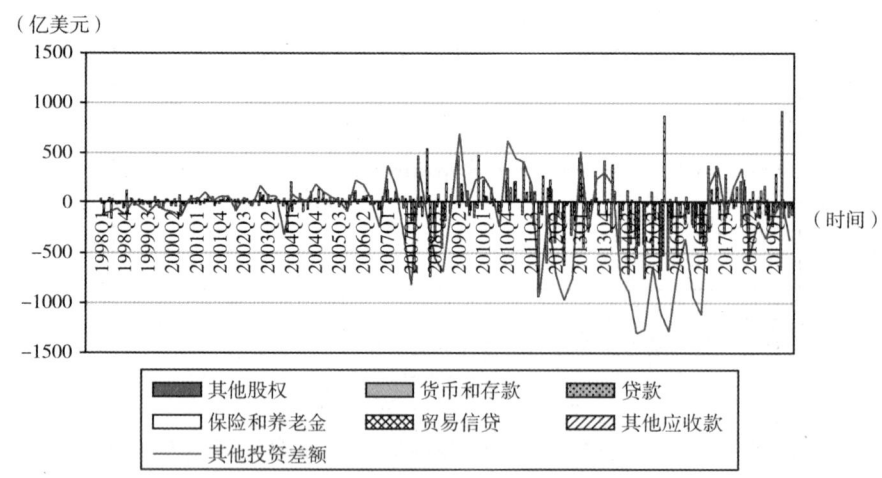

图 10 – 21　其他投资差额及构成

资料来源：国家外汇管理局，国际收支平衡表。

2015 年第 3 季度之前中国直接投资项长期保持顺差态势。2009 年第 2 季度至 2015 年第 1 季度，中国吸引的外商直接投资以及对外直接投资规模出现双向增长（见图 10 – 22）。2014 年，中国吸收外商直接投资流量规模达到 1280 亿美元，超过美国成为全球外商直接投资第一目的国。中国对外直接投资流量在 2012 年成为世界第三大对外直接投资国，仅位于美国和日本之后。直接投资差额长期呈现逐年扩大的趋势。金融危机后，扩大趋势被打破，2008 年、2009 年以及 2012 年直接投资差额收窄，2015 年 3 季度至 2017 年 3 季度甚至遭遇一轮大规模的资本净流出，而这主要由对外直接投资规模增长快于外商直接投资流入所致。2019 年，中国双边投资规模持续收缩，直接投资差额由正转负，国际经济不确定性风险陡然上升。直接资产通常直接流入实体经济，投资期限长，有助于弥补国内资本不足，带来技术外溢等。虽然相比于证券投资和其他投资，直接投资波动较小，但是其同样也可能带来负面影响。例如，直接投资来源本身可能具有不稳定性。此次金融危机后，发达经济体释放大量流动性并引发直接投资规模在 2010—2011 年飙升，而后续流动性下降可能导致直接投资流入不稳定，引发资金链断裂，危害产业发展等。此外，直接投资中也可能隐藏波动性更强的短期资本（热钱）。

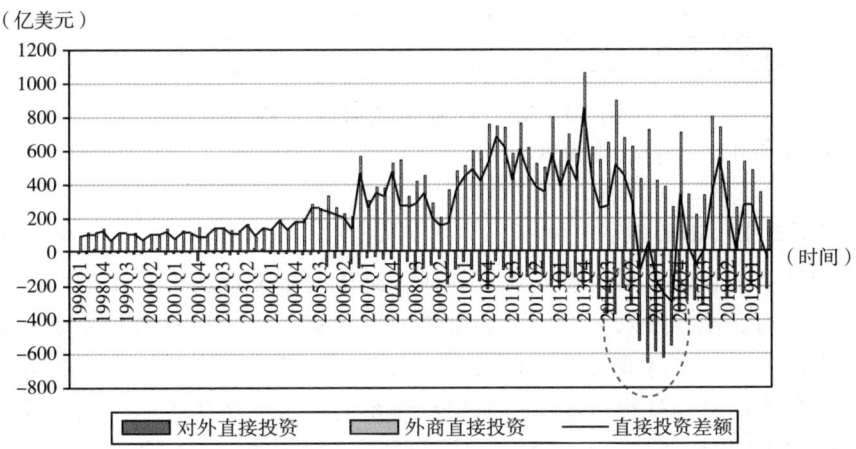

图 10 - 22　直接投资差额及构成

资料来源：国家外汇管理局，国际收支平衡表。

证券类投资长期走势与资本账户资本流动走势相反，2007 年前该项目曾出现大规模债券类资本净流出，2007 年至 2014 年该项目长时间内基本保持稳定的顺差态势（除少数季度出现小规模逆差外），但是在 2015 年第 1 季度至 2017 年第 2 季度间经历了一轮大规模的证券投资净流出，2019 年以来证券投资净流入基本平稳，始终保持净流入趋势（见图 10 - 23）。同时，受到政策管制约束，证券类投资规模相对较小，但随着金融开放步伐的不断推进，今后中国的跨境证券资本流动波动幅度可能不断加大。总体而言，这类资产波动性较大，多为短期资金驱动，应长期进行资金流动监测。

二、跨境资本流动对金融部门金融安全的影响

随着中国金融开放步伐的不断推进，中国资本账户开放程度不断加深，对跨境资本流动的限制大大减少，中国与世界金融市场的联系愈加紧密，金融市场对外部冲击高度敏感，金融市场异常波动风险不容忽视。外部经济、金融冲击对中国的跨境资本流动变化尤其是短期资本流动影响更加强烈，对国内宏观经济稳定带来重大考验。国际资本流动的大幅波动对金融系统的冲击将增加系统性金融风险，由于金融系统内部各个子系统相互关联，当某一个子系统发生问题时会加剧整个金融体系的脆弱性，引发系统性金融风险。

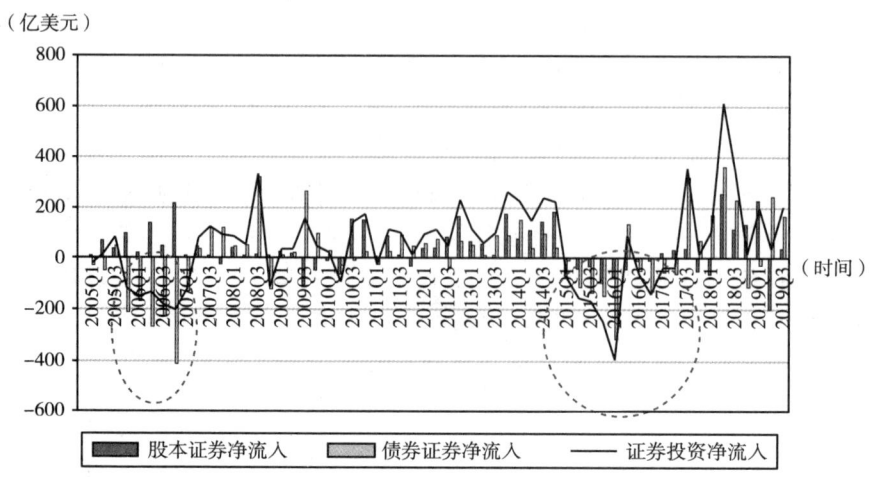

图 10-23 证券投资差额及构成

资料来源:国家外汇管理局,国际收支平衡表。

(一)对商业银行的影响

商业银行是中国金融体系的重要承载主体,跨境资本流动将直接影响中国的银行资产负债表规模和结构。银行贷款是银行最为重要的一类资产,银行贷款的安全性和流动性在一定程度上决定了银行扩展业务、开拓资产和营业的规模,所以当银行存在着大量跨境贷款业务时,国际资本流动就很可能对商业银行体系的稳定性产生冲击。当国际资本以银行贷款的形式流入中国时,将导致中国银行体系的外币资产和外币负债均有所增加,增加银行流动性和风险承担意愿,而当资本流入下降甚至反转时将会增加银行体系的流动性风险和信用风险,甚至引发银行业危机。国际资本流动也会影响中国商业银行的资产负债表结构,银行对外负债的增加伴随着对外资产的增加,但是对于新兴经济体而言,银行的外币负债要比外币资产增加得快,净外部负债的增加会扩大商业银行的国内贷款,同样会增加银行的流动性和信用风险。从趋势上看,2015 年后中国跨境银行资本流入的上升趋势与中国商业银行资产负债表持续扩张趋势相一致(见图 10-24)。

(二)对证券市场的影响

中国证券市场双向开放步伐不断推进,"沪港通"制度、"沪伦通"制度等相继落地,明晟指数、富时罗素、彭博巴克莱 BBGA 等国际主要权益或债券指数相继将中国资产纳入其中。证券市场的适度开放有利于消除金融抑制、优化金融结构,进而促进经济增长,但是跨境证券资本流动的强波动性会加剧金融脆弱性,甚至引发金融危机。2015 年以来,中国证券资本流动的波动幅度不断加大,国际证券资本流动冲击会引发证券市场价格和收益波动,进而通过财富效应影响实体经济。Pierre-Richard Agenor(2001)发现证券市场开放期间大量外国资本流入国内,会产生货币扩张与通胀压力,从而带来升值压力与经常账户逆差。Demirguc-Kunt 和 Detragiache(1998)对 53 个发达和发展中国家研究后发现,金融自由化可能增加一国的金融脆弱性并导致危机的发生。北向资金代表了相对成熟的投资者的股票资产配置行为,其流向是中国大陆投资者股票资产配置的重要参考标准。从北

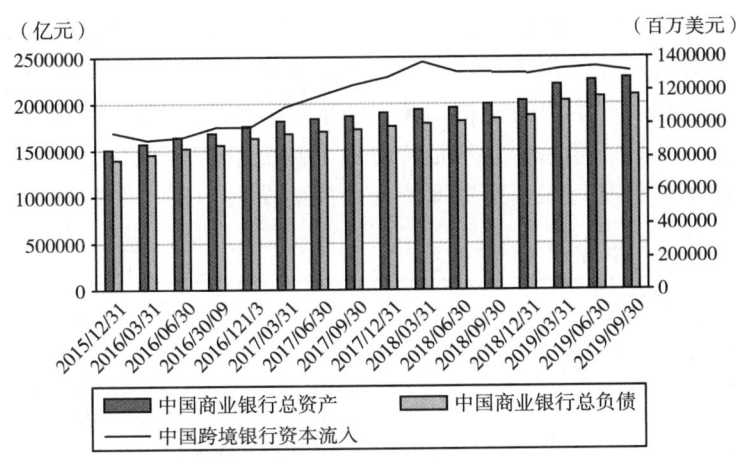

图 10-24 跨境银行资本流入与商业银行资产负债表

资料来源：Wind、BIS。

向资金净流入额与上证综指变化之间的关系来看，北向资金净流入额的剧烈波动一定程度上推动了上证综指的波动，尤其是在 2019 年 1 月至 6 月这一轮上证综指上升—下跌周期过程中，北向资金的驱动作用尤为明显（见图 10-25）。

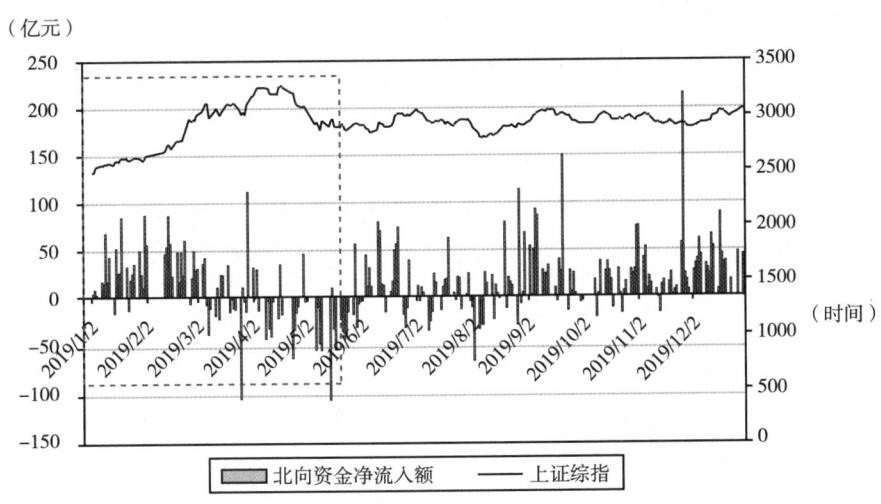

图 10-25 北向资金净流入额与上证综指

资料来源：Wind。

（三）对外汇市场的影响

国际资本流动的大幅波动会造成汇率的波动，资本流入剧增，外汇供大于求，本币面临升值压力；当资本剧烈流出时，外汇供小于求，导致本币面临贬值压力。赵进文和张敬思（2013）揭示了人民币升值导致短期资本流出，货币供给剪刀差扩大，股票价格下跌，从而短期资本继续流出，使人民币产生贬值压力，短期资本又会逢低流入，货币供给剪刀差缩小，股票价格上涨，由此形成循环的动态演化过程。朱孟楠和刘林（2010）通过构建

VAR模型研究了国际短期资本流动、汇率、股价和房价之间的动态关系，发现短期资本流入会导致人民币升值，并促使股价和房价上涨，而人民币升值和股价上涨又引起短期资本再流入，恶性循环进而催生国内经济泡沫。跨境证券资本流动作为国际短期资本流动与汇率变动高度相关，跨境证券基金尤其是跨境股票基金净资本流入变化周期与汇率变化周期基本一致，验证了汇率与国际短期资本流动之间的动态关系（见图10-26）。

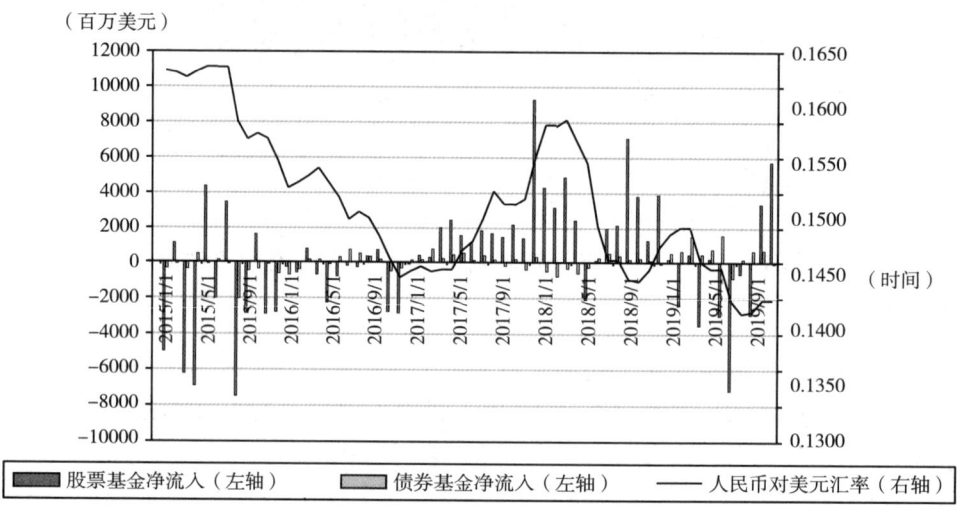

图10-26 跨境证券基金净流入与人民币兑美元汇率

资料来源：EPFR、Wind。

三、跨境资本流动对非金融部门金融安全的影响

跨境资本流动剧烈波动对房地产领域风险积聚、物价水平波动、货币政策独立性等造成重要影响，可能会在短期内加剧宏观变量的双向波动，对长期经济增长造成冲击。

（一）对房地产市场的影响

流入中国的跨境资本中有相当部分流入房地产市场，获得资产增值收益，跨境资本流入也在一定程度上推动中国房地产市场价格暴涨，给宏观调控带来一定的困难。一旦升值预期有所改变，它们也将会撤离房地产市场，导致房地产市场的不稳定。Caballero和Krishnamurthy（2006）指出新兴市场国家由于金融体系发展不健全，国际短期资本过快流入不仅容易催生资产价格泡沫，还会使得经济主体低估泡沫的风险。

（二）对物价水平的影响

国际资本流动会通过外汇占款的形式影响中国的货币供给，进而影响短期内物价水平变化，国际资本也可以通过直接进入相关市场影响物价变动。

（三）对货币政策独立性的影响

汇率安排弹性较低的国家，为了维持汇率稳定，在面临国际资本剧烈波动时会丧失货币政策独立性，跟随美国等发达国家调整货币政策，货币当局稳定汇率的干预将对内部经济运行造成干扰，进而影响实体经济。

（四）对经济增长的影响

资本自由流动可以通过降低本国资本成本、推动本国与外国居民风险分担等渠道促进经济增长，但是跨境资本流动剧烈波动可能会导致资源配置的扭曲，阻碍生产力的提高，放大随之而来的反转效应。孙俊和于津平（2014）通过构建 DSGE 模型模拟不同的资本账户开放路径对中国宏观经济的影响，发现如果对外商直接投资过度开放，但对本国金融机构的对外证券投资进行严厉监管，可能会使宏观经济陷入"低增长、高波动"陷阱。韩剑等（2015）发现国际资本流入激增对国际资本流动的中断具有直接影响，新兴经济体频繁遭遇这种激增和中断会放大经济周期的波动幅度。

第四节 中美贸易摩擦与中国金融安全

一、中美贸易摩擦：发展历程及现状

贸易摩擦是指某些国家一方面为限制他国商品流入国内市场，通过构建贸易关税或非关税壁垒保护本国产业，另一方面为争夺他国市场，又通过外汇贬值或优惠政策倾销本国产品，属于单边主义策略，后续可能会引发两国之间的一系列报复措施。贸易摩擦通常包括由反倾销、反补贴、保障措施引起的贸易摩擦。

中美双边贸易关系自 1979 年建交之后飞速发展，一直以来，两国对彼此的贸易依存度都较高，美国是中国的第二大贸易合作搭档，而中国是美国最大的贸易合作搭档。尽管双方一直或多或少地存在一些贸易摩擦，但是对大局并不构成影响。然而，自 2017 年 1 月美国总统特朗普上台以来，中美贸易摩擦日益加剧，特朗普高举贸易保护主义大旗，频繁使用关税和非关税等贸易保护措施制裁中国企业（见表 10-1）。2018 年 1 月 22 日，美国对中国太阳能电池板等产品征收重税，正式开启了中美之间的贸易摩擦。2018 年 2 月 4 日，中国针对美国高粱等农产品发起倾销调查，正式对美展开反击。2018 年 3 月 22 日，美国威胁对中国钢铝等进口商品加收 500 亿美元至 600 亿美元新关税，并限制中国在美国的投资。2018 年 4 月 2 日，中国对 128 种美国商品加征 30 亿美元关税。2018 年 4 月 3 日，美国称将对 1300 种中国商品加征 25% 的关税。次日，中国宣布对美国 106 种进口产品加征 25% 的关税。与此同时，美国掐断了中兴的芯片供给，使得中兴立刻陷入休克状态。2018 年 5 月 7 日，双方元首通电话，15 日中国高级代表团访美，20 日双方发表联合声明，同意贸易战暂时搁置。2018 年 6 月 15 日，美国继续对中国征收高关税，定于 7 月 6 日生效，中国采取对等措施在同日生效。2018 年 9 月 18 日，美国宣布对 2000 亿美元中国商品加收 10% 关税，于 9 月 24 日生效；中国宣布对 600 亿美国商品加征关税，也于 9 月 24 日生效。2018 年 12 月 1 日，阿根廷 G20 峰会，双方元首会面，达成休战协定。2019 年 5 月 15 日，美国将华为列入黑名单，对华为禁售芯片。但华为没有像中兴那样屈服，相反，得益于华为的后备计划，反而让华为越战越勇。2019 年 9 月，美国将原本定于中国国庆节

生效的加税政策，退后半个月，避过中国国庆节，释放了一定的善意，双方谈判出现了新曙光。2019年12月双方确定会在2020年1月签署第一阶段贸易协定。2020年1月15日，双方在白宫签署第一阶段经贸协议。

表 10-1　　　　　　　　　　　中美贸易战进程表

时间	事件
2017年8月	美国针对中国展开"301"调查
2018年1月	美国对中国太阳能电池板等产品征收重税
2018年3月	特朗普宣布对钢铁和铝制品分别加征25%和10%的关税
2018年4月	中兴受制
2018年5月	中美双方第一次达成"停战"协议
2018年6月	第二轮贸易战打响
2018年9月	双方开始第三轮加征关税
2018年12月	G20会议，双方达成休战协定
2019年5月	美国对华为出手
2019年9月	美国释放善意，贸易战出现转机
2019年12月	双方确定会在2020年1月签署第一阶段贸易协定
2020年1月	中美签署第一阶段经贸协议

目前，中美贸易战停留在双方签署第一阶段经贸协议阶段，这一协议的签订并不意味着一劳永逸地解决了中美贸易摩擦问题，仅仅是缓和了双方的矛盾。据白宫官网，"第一阶段"协议涉及的主要内容包括关税、农业、金融服务业和货币以及知识产权四个方面（见表10-2）。此外，争端解决机制取得进展但并未对外公布具体内容。特朗普表示欢迎中国留学生赴美，支持中资企业在美投资。但是，该协议并未解决华为等多家被制裁企业和政府机构的问题，25%和15%的关税并未全部取消，因此，中美经贸磋商之路仍很漫长。

表 10-2　　　　　　　　　　　第一阶段经贸协议主要内容

协议指向	主要内容
关税	暂停原定2019年12月15日要加征的关税，并将2019年9月1日生效的对华加征关税税率从15%降至7.5%
农业	中方将购买价值约400亿—500亿美元的农产品，特别是加大对猪肉和大豆的采购
金融服务业和货币	中国扩大包括银行在内的金融服务机构对外开放，并在外汇市场透明度和市场自由度方面达成协定
知识产权	中国加强对来自美国的知识产权保护

截至中美双方签署第一阶段经贸协议，中美贸易战已持续两年之久。回想起特朗普参与竞选时承诺过的税改和贸易保护，不难理解这次贸易战因何而来，2017 年特朗普推进了税改，2018 年特朗普打响了贸易战的第一枪。其开展贸易战的直接目的在于以中美贸易严重失衡迫使中国进一步对美开放市场，深层次目的在于试图重演 20 世纪 80 年代美日贸易战以遏制中国复兴，经过了改革开放后的中国的综合国力一直在不断增强，从贫穷落后的国家成长为世界第一贸易大国、第二大经济体，逐渐与美国形成 G2 格局，威胁了美国的霸主地位。此外，中美贸易严重失衡责任不在中国，主要原因在于美元国际储备货币地位、美国过度消费的低储蓄模式、全球价值链分工以及美国对华高新技术出口限制等。

二、中美贸易摩擦对非金融部门金融安全的影响

（一）中美贸易摩擦对企业进出口的影响

就非金融部门而言，中美贸易摩擦对中国进出口和经济增长均带来负面冲击，叠加世界经济周期下行外需低迷导致制造业投资下降，经济下行压力较大。微观层面来看，这场持续两年之久的贸易战使得部分产业的相关及关联企业受到较大冲击，企业的经营受到影响，极有可能导致其资金周转不开最终破产清算，降低行业景气度。分行业来看，受贸易摩擦影响，制造业板块跌幅较大，其中劳动密集型产业首当其冲，其他与中美贸易摩擦相关的行业也受到了不同程度的影响。从证监会行业分类看，制造业、采矿业、建筑业以及交运仓储行业受到影响较大。

美国从中国的进口前三大类产品分别为：电机电气类、机械器具类以及纺织服装等劳动密集型消费品，这三类产品合计占美国从中国进口全部商品比重通常超过 70%，美国从中国进口依赖度较高的行业主要集中在雨伞、玩具、羽毛制品等其他劳动密集型产品。从美国对华加征关税的商品清单分布行业来看，在 500 亿美元、2000 亿美元商品清单中，美国对华征收关税主要集中于高科技制造业、传统重工业制品及半成品，而 3000 亿美元商品清单则涵盖玩具、衣服、鞋帽等大量消费品。美国对华加征关税导致中美贸易数据全面下滑。如表 10－3 所示，2019 年全年中美进出口累计 5412 亿美元，较 2018 年下降 14.6%；其中出口 4185 亿美元，下滑 12.5%；进口 1227 亿美元，下滑 20.9%。中国对美进口则在上半年一直保持高压态势，1—6 月进口环比下降幅度均在 25% 以上，但下半年后受非洲猪瘟影响，中国逐渐放宽对美肉类进口，进口环比下降幅度放松至 20% 以下。而在出口方面，除了 2—3 月受春节影响比较异常外，其余月份数据都出现下降，特别是 9 月 1 日，美国对华 3000 亿美元输美产品中第一批加征 15% 关税措施正式实施后，中国对美出口进一步下滑，降幅达到两位数以上。此外，部门再分配也对全球价值链和国际贸易结构产生影响。电子和机械部门可提供很好的例证，因为其在全球贸易中占据重要地位（约占世界进口的 20%）。中国最终将不再是向美国出口电子产品和机械最多的国家，其他亚洲国家、加拿大和墨西哥将取代中国。例如，在墨西哥，新企业大量进入电子行业将大幅增加从其他地方特别是中国进口中间产品。

表 10-3　　　　　　　2019 年中国对美国进出口数据及环比　　　　　　单位：亿美元

月份	对美出口	对美进口	出口环比	进口环比
1 月	365.416	92.423	-2.40%	-41.20%
2 月	226.658	79.437	-28.25%	-26.17%
3 月	318.242	113.206	4.20%	-25.72%
4 月	313.564	103.421	-12.96%	-26.17%
5 月	376.804	107.871	-3.88%	-26.54%
6 月	392.833	93.593	-6.87%	-31.42%
7 月	388.548	108.807	-6.22%	-17.75%
8 月	373.047	103.503	-15.29%	-21.40%
9 月	364.709	105.871	-22.29%	-16.82%
10 月	357.943	93.719	-16.20%	-14.21%
11 月	355.789	109.699	-22.93%	3.63%
12 月	344.095	112.276	-14.06%	7.48%

资料来源：中国统计局。

此外，中美贸易战的进展将影响汇率的短期走势。通常来说，本币升值，有利于进口，不利于出口。从 2018 年年初美国对中国开战贸易战至今，美元兑人民币汇率虽有震荡，但美元整体处于贬值趋势，人民币处于升值状态。尤其是在每轮美国政府宣布加关税后，美元都会出现一定程度贬值。因此，整体来看，有利于中国进口，不利于中国出口。

自 2020 年 1 月 15 日中美正式签署"第一阶段协议"，中美贸易摩擦进入缓和期，但短期内也难有进一步进展，此前 2000 亿美元商品从 2019 年 6 月提高关税，其对中国出口的影响或将延续至 2020 年年中，但考虑到当前外需存在边际改善，出口增速进一步走低空间较为有限，因此中国出口增速或在年中前维持弱势，下半年有所回升。进口方面，由于第一阶段协议中要求中国显著加大对美国商品进口量，因此后续进口整体或强于出口，贸易顺差或再度转降，上半年净出口对经济的带动作用或偏弱。

（二）中美贸易摩擦对企业投融资的影响

中国资本市场上，向来有小微企业融资难的问题，受中美贸易摩擦的影响，目前民营企业的投融资变得更加困难。一方面，受中美贸易摩擦的影响，中国金融市场遭受极大的波动，股票市场持续暴跌。股市的暴跌使得中国资本市场的投融资功能直接受到了严重的冲击，整个市场严重悲观。股票市场的暴跌不仅影响到金融市场，而且导致持有股票的居民和企业财富严重缩水。居民家庭财富在股市暴跌下也不断地下降，消费能力减弱，对企业投资的意愿降低。民营企业股价的下跌直接引发了上市公司市值的波动。如果股价波动始终处于不稳定状态或下降趋势，将会损害投资者和管理层的信心，使民营企业在融资中面临风险。另一方面，中美贸易摩擦对金融机构造成严重影响，降低其向民营企业提供融资的能力。银行作为民营企业主要的贷款来源，银行整体跌幅也远超大盘。加之受传统因素的影响，民营企业发展规模小，经营风险高，并且部分民营企业存在信用问题，民营企业融资需求的特点与银行供给贷款的特点不相符合，存在供给侧的问题，因此银行对民营企业支持力度不足。受中美贸易摩擦的外部因素影响加上民营企业自身发展不足的内部因素影响，民营企业融资变得更加困难。

三、中美贸易摩擦对金融部门安全的影响

金融市场与实体经济密不可分，作为贸易保护主义行为的代表，中美贸易摩擦不仅会对中美两国的进出口企业，制造业以及两国实体经济造成重要影响，也会对金融业造成不可忽视的冲击。接下来将从银行业、证券业、保险业这三大主要金融行业来论述中美贸易摩擦对金融部门的影响。

（一）中美贸易摩擦对证券市场的影响

贸易摩擦对证券业的冲击最为明显直接。中美两国是目前全球经济体量最大的两个国家，两国间的贸易摩擦必然会给投资者带来担忧情绪，从而影响证券价格波动。A股市场对贸易摩擦相关信息反映迅速，2018年3月22日美国发起"301"调查，随后A股下跌3.39%；同年5月19日中美发布联合声明，宣布暂停贸易战，投资者预期上升，21号开盘A股上涨0.64%；5月29日，美国单方面推翻磋商共识，A股下跌2.53%；2018年6月15日，美方宣布对中国加征关税，而后A股市场跌幅达3.78%。可以看到，贸易摩擦会增加A股市场不稳定性，加大股市下跌风险。2019年，随着中国相应反制措施的实行，国内资本市场改革的推进，市场信心逐渐回稳，贸易摩擦对中国资本市场的影响趋于收敛，A股整体表现开始好于美股，中美贸易摩擦也开始缓和。

关于债券市场，央行货币政策调控是债市走势的"驱动力"，投资者对政策的预期反应构成短期市场波动因素。随着贸易摩擦的升级，中国的收入效应为负向，表明贸易摩擦冲击将影响中国经济稳定发展。比较德国、日本的应对策略：一是负面警示，日本实施的是持续的宽松货币政策，导致流动性过度投放，进而引发"泡沫"破灭；二是正面借鉴，德国实施的是阶段性的宽松货币政策，盯住通胀，紧货币，推动产业发展，调结构。当前中国央行应参考德国的政策路径，当前时期应继续采取稳健中性的货币政策，积极应对主要经济体央行加息缩表和全球货币政策外溢性日益增强的影响。面对中美贸易摩擦，考虑到贸易摩擦短期对经济的剧烈冲击，初期资金面会保持相对宽松，严厉的金融监管措施有可能暂缓，但是中长期中国利率水平难以维持持续下行趋势，利率债的利率以"先下后上"的趋势为主，可能会受投资者情绪影响而出现阶段性的震荡。

（二）中美贸易摩擦对保险业的影响

贸易摩擦会影响企业的现金流以及盈利情况，进而对保险业产生冲击。从负债端看，关税上升会提高企业的生产成本，使得企业盈利减少，职工收入下降，这会降低企业及个人对保险的需求。从资产端看，企业预期盈利的减少会影响到股票、债券、期货等市场，从而使得保险企业的投资收益受损。但要注意到的是，中国经济对外贸易依存度近年不断下降，2019年中国外贸依存度降至不到33%，其中出口依存度降至不到18%，而由于贸易摩擦预期的影响，许多企业也通过转移生产线，转换出口策略等方式降低关税影响，因

此中美贸易摩擦不会导致中国经济严重衰退。同时，中国政府采取了如减税降费、定向支持中小企业等一系列积极措施来为企业减轻负担。2019年5月29日，财政部出台政策，将保险企业的手续费及佣金支出在企业所得税前扣除比例，提高至当年全部保费收入扣除退保金等后余额的18%，进一步减轻了保险行业的负担。因此，贸易摩擦不会对保险部门安全产生较大冲击，保险企业应抓住相应政策机遇，加强资产负债管理，减小贸易摩擦对企业的影响，谋求发展。

（三）中美贸易摩擦对银行业的影响

贸易摩擦对银行业的影响主要有以下几个方面：首先，贸易摩擦形成的悲观预期影响国内外金融市场和商品市场，从而直接影响到商业银行的相关资产业务，同时影响商业银行在证券市场的估值。其次，贸易摩擦会通过关税、贸易壁垒等手段对相关行业尤其是制造业产生消极影响，进而影响到商业银行的信贷和贸易业务，增加商业银行贷款违约风险。再者，贸易摩擦使得人民币对美元贬值预期增大，这不仅会影响商业银行的结售汇和国际贸易业务，也会引起资本外流，从而影响到中国房地产市场估值，对商业银行的房地产业务产生冲击。对比沪深300指数和银行业板块收益率，可以看到，贸易战以来银行业板块收益率有所下降，2018年年初至2018年11月，其围绕沪深300指数上下波动，从2018年12月至2019年9月，银行业板块持续低迷，收益率跌至谷底，其后有所回升（见图10-27）。

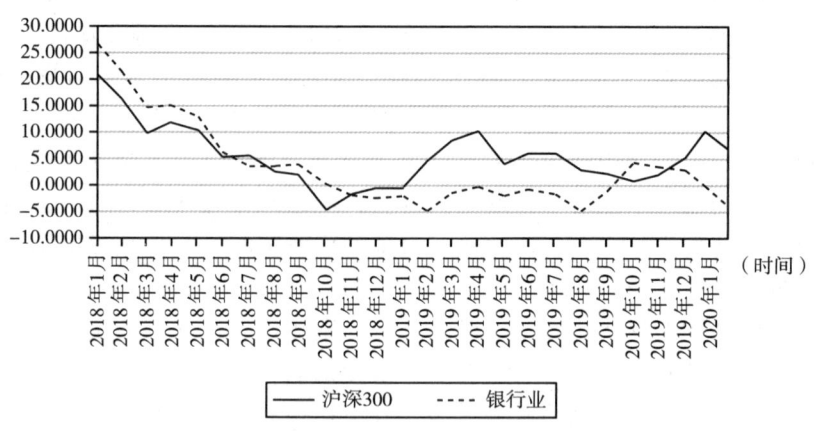

图10-27 沪深300和银行业板块收益率

资料来源：Wind。

（四）中美贸易摩擦对外汇市场的影响

对外汇市场而言，2019年中美贸易摩擦对外汇市场和跨境资本流动的影响是总体可控的，影响依然有限。根据第二部分内容，中国外贸增长、利用外资、企业跨境融资、企业对外投资和个人购汇均较为稳定。目前人民币汇率仍保持在合理区间内的双向波动，中美贸易摩擦一定程度影响了人民币汇率的短期走势。在双方签署的第一阶段协议中，汇率部分提出"每一缔约方应达到并维持由市场决定的汇率制度；双方应避免竞争性贬值"等条款，可以认为汇率部分的表述是在IMF框架下作出的，"第四条款磋商"是IMF的规定动作，即根据 IMF 章程第四条款规定，IMF 每年会派出工作小组到成员经济体调研，就经济政策、经济发展进行磋商，中国央行有较大把握符合 IMF 汇率形成机制要求，本次协议中汇率条款与直接要求日元升值的广场协议有本质区别。但是中美关系缓和既改善了国际收支预期，也改善了经济基本面预期，因此目前汇率处于升值趋势中。

第五节 外汇市场波动与中国金融安全

金融服务全球化、资本跨境流动波动加剧，促使外汇市场波动与金融体系稳定运行之间的联系更加紧密。2019 年中美贸易摩擦成为影响人民币汇率波动的最主要因素，跨境资本流动频繁且剧烈，对金融部门和非金融部门的金融安全都产生一定程度的影响。

一、人民币汇率形势

2019 年中美贸易摩擦持续升级，人民币兑美元汇率整体大幅贬值，8 月一度呈现"破 7"现象（见图 10-28）。2019 年人民币汇率从年初的 6.848 跌至年末的 6.9762，主要经历升值—贬值—贬值三个阶段。2019 年 1—2 月人民币兑美元汇率呈现升值趋势，至 2 月末升值至 6.6901，人民币兑 CFETS 篮子货币汇率指数升值 2.0%。政府通过减税和加大地方政府专项债发行力度实施积极的财政政策，货币政策上降准降息，中国经济度过快速下降期，基本面向好市场信心增加，中美利差扩大，人民币升值。3—4 月进入较为稳定的平台期 2019 年 5 月初至 5 月下旬，人民币兑美元汇率急剧贬值。进入二季度，中美贸易摩擦再度升级，5 月 10 日美国表示对 2000 亿美元中国出口美国的商品提高关税，并且开始对华为等高科技企业进行制裁，国际收支情况恶化。在外汇市场上，人民币贬值压力导致资本净流出。2019 年 7—8 月再度出现急剧贬值，并直接触发人民币汇率"破 7"。这一阶段人民币持续走弱的原因主要在于，二季度 PMI 指数均在 50% 以下，经济下行压力增大，基本面承压。同时 2019 年 8 月，美国宣告称对 3000 亿美元中国输美国产品加征关税，市场应声下跌。

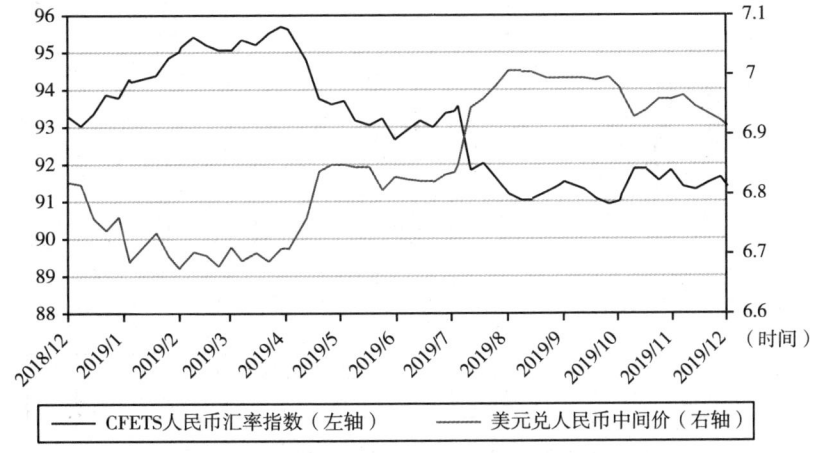

图 10-28　2019 年人民币汇率走势

资料来源：国家外汇管理局官网。

人民币对一篮子货币略有贬值。2019年上半年基本保持稳定，6月末CFETS人民币汇率指数为92.66，较上年末小幅贬值0.66%。2019年年末继续贬值到91.39，较上一年度贬值1.76%。

二、国际环境对人民币汇率波动的影响

金融全球化使得发达国家和发展中国家的金融市场连成一体，在创新金融交易模式、降低投资成本等方面形成正向效应，但也使得各国的外汇市场更加紧密，更加脆弱。相应的，国际政治环境的变化也会对人民币汇率产生影响。近年来世界经济增速放缓、全球贸易活动萎缩，继续用货币政策和财政政策工具进行刺激的效果已经不大，世界范围内出现逆全球化和贸易保护主义现象，国际环境的不稳定性对人民币汇率也产生影响。2016年英国公投脱欧之后，全球开启避险模式，中国与欧盟之间的贸易联系也受到不确定性影响，人民币存在贬值压力。

在"美国优先"的政治理念推动下，美国在世界范围内开始贸易保护措施，其中就包括中美贸易战。中美之间的贸易摩擦不仅仅是经济领域的纷争，更是带有政治色彩。中美贸易战期间，中国出口受阻，货物贸易顺差减少，2018年3-11月中美贸易摩擦持续升级，人民币汇率呈现贬值趋势，2018年年末双方开始谈判，一直到2019年年初，人民币汇率均呈现升值趋势，2019年5月谈判破裂，美国加征关税，人民币汇率又出现新一轮贬值趋势。贸易恶化，贬值可以改善经济状况，心理预期引导经济体自动调节。当跨境资本净流出成为一种趋势性状态时，人民币汇率有可能整体呈现贬值趋势。如图10-29所示，2019年跨境资本呈现流出趋势，1月银行代客涉外收入23595亿元，银行代客涉外支出20788亿元，境内银行代客涉外收付款顺差2807亿元，呈现跨境资本偏流入状态。2019年3—9月境内银行代客涉外收付款差额均为负数，到年末小幅回升至顺差806亿元，相比年初同比减少71.28%。从银行结售汇情况来看，2019年全年结售汇差额为-4011亿元，资本净流出。除1月、5月和12月小幅回升以外，其他月份银行结售汇均为逆差。

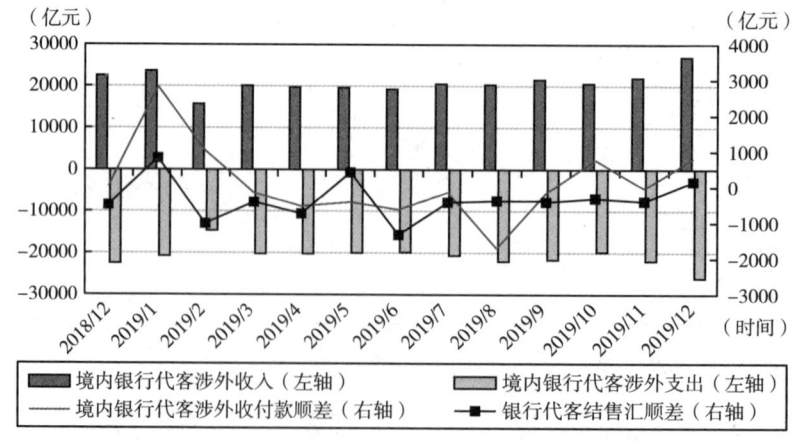

图10-29 2019年跨境资本流动情况

资料来源：国家外汇管理局。

美国货币政策调整会对人民币汇率产生溢出效应。美元是全球经济中最重要的货币，美元指数的变动会对全球市场产生联动效应。美联储的货币政策具有透明性、预期性，世界各国会对议息会议发出的信号进行解析，从而预测未来政策走向。2018年以来，美联储货币政策从非常规化向常规操作转变，但是对于不同经济环境展现起伏不定的加息节奏和缩表步骤，人民币汇率也会在动态中不断调整。2019年10月美联储议息会议决定降息25个基点，利率区间下调至1.3%—1.175%，降息后人民币兑美元上涨，短暂回至1∶7以内。

资本流动对人民币汇率波动影响较大，中国资本市场开放程度不断增大，用利率平价理论来分析人民币汇率的变化逐渐试用。当中美利差扩大时，国内利率水平升高吸引资本流入，本币需求增加供给减少，人民币汇率升值。汇率存在适应性预期，在利率推动人民币升值时，人们会存在一个远期贬值的预期，将导致未来人民币需求减少，人民币贬值。从实体经济的角度分析，利率升高不利于国内企业投资。生产成本上升，生产积极性下降，导致经济增长速度下降，整体形势变差影响国际竞争力，最终影响投资、出口等项目，进而使得人民币汇率贬值。在具体分析时，需要测算利率提升的贬值效应和升值效应的大小，决定到底结果如何。

三、外汇市场波动对非金融部门金融安全的影响

外汇市场波动将会通过汇率、利率等途径传导到实体经济部门，对企业的生产经营以及居民的生活消费产生影响。分析外汇市场波动对非金融部门的金融安全影响，对于制定宏观经济政策、开发风险对冲工具尤为重要。

（一）外汇市场波动对企业部门金融安全的影响

根据中国海关总署年度统计数据2019年中国进出口贸易总额31.54万亿元，同比增长3%，出口贸易和进口贸易额分别增长5%、2%，近年来基本扭转了2015—2016年进出口贸易为负的情况（如图10-30所示）。中国进出口贸易数量额巨大，极易受到贸易摩

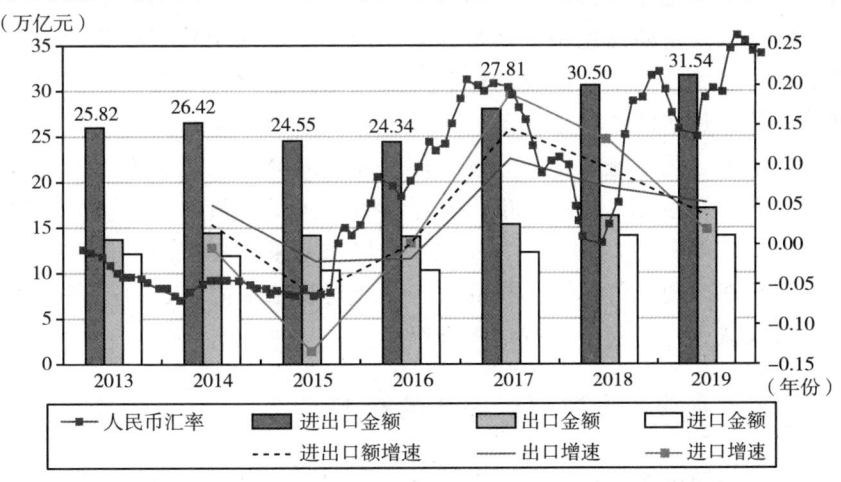

图10-30　2013—2019年中国货物贸易进出口额情况

资料来源：海关贸易总署。

擦以及汇率波动的影响。外汇市场波动会产生金融风险，主要包括交易风险、折算风险和经济风险，对企业的财务状况和经营产生影响。当企业进出口业务进行资金回收时，会出现交易日和结算日汇率不一致的情况，造成实际收益率不及预期，危害企业收益。在实际经济运行中，外汇市场的波动会影响出口产品的价格，从而改变企业生产经营决策。汇率风险对出口商品的价格产生负面影响，企业若是继续维持生产和出口，即相当于生产的变动成本增加，利润空间遭到侵蚀。在支出转换机制下，企业可能会做出减少生产数量的决策，但是由于固定成本和沉没成本的存在，同样会产生风险。生产商品的数量降低，相当于浪费工厂、生产设备等资源，固定资产均摊成本增加，同时为了应对危机，增加销售人员、技术人员，造成企业的沉没成本增加，不利于短期经营。

2019年人民币整体呈现贬值倾向，会对成本以美元计价的企业产生负面影响，即进口原材料比例较高的行业会受到汇兑损失的影响。企业进口产品和原材料，在账目上会产生应付票据或是应付账款，当人民币处于贬值区间时，应付成本上升，如造纸行业，进口国外木浆等原材料，在中国境内销售。同时，人民币贬值，外币负债以人民币计价是会变得更高，航空、通讯等综合外币负债较高的行业会产生汇兑损失。

（二）外汇市场波动对居民金融安全的影响

近年来汇率市场化改革进程不断推进，人民币汇率波动更具有弹性，对居民收入分配和居民消费产生影响。外汇市场波动会通过消费渠道影响居民部门，在给定的收入水平下，国内外商品相对价格波动，进而影响居民的消费行为。汇率波动对居民消费的直接影响体现在贸易渠道上，当人民币贬值时，国外商品变得更加昂贵，此时会转移一部分国外消费，但是当商品缺乏需求弹性时，居民需要承担人民币贬值对其造成的货币损失。一个非常明显的例子就是出境旅游，当制定了出境游计划时，居民不太可能随时放弃，这样将承担人民币贬值带来的旅游成本的上升。外汇市场波动使得居民手中的财富发生价值变化，通过间接的财富效应使得消费行为发生变化。中国居民的消费行为普遍较为保守，外汇市场波动带来的不确定性使得居民的消费行为变得更加谨慎，降低消费额。同时，居民会根据手中的财富以及预期信息制定消费计划，但是这种预期具有滞后性。例如，当期外汇市场波动增大，居民预期下一期波动还会更加，因此会留有风险保障，但是外汇市场的变动是瞬息万变的，过多的汇率干扰不利于居民消费水平的提升。

外汇市场波动对居民金融安全的影响还体现在收入分配上。一方面工资具有刚性，其调整是缓慢的具有周期性的，当外汇市场波动导致人民币贬值时，物价的上涨会领先于工资的变动，导致收入差距扩大。另一方面城乡居民收入来源具有差异性，农村更加依靠农产品，当人民币汇率出现升值时，国外的农产品相对价格下降，出口受限，使得农村收入降低，可支配收入减少，不利于消费结构升级。

四、外汇市场波动对金融部门安全的影响

金融部门与实体经济密切联系，所以说外汇市场波动不仅会影响金融部门的安全，还会间接影响实体行业，具有双边叠加效应。中国金融机构加速扩张，金融市场不断扩大对外开放，更易受到外汇市场波动的影响。

(一) 外汇市场波动对金融机构安全的影响

商业银行是中国最主要的金融机构，国际金融化程度不断提高，中国上市商业银行外汇敞口日渐扩大。经济与金融的全球化使得商业银行更多地参与外汇业务，这样当汇率波动时会对银行汇兑损益产生影响。截至2019年3季度，36家沪深A股上市银行有5家银行汇兑净收益为负，其中工商银行汇兑损益为-50.15亿元。外汇敞口扩大，汇率市场的波动就牵扯着银行经营的安全，对汇率风险管理提出了更高的要求。中国商业银行的外币资产中以美元为主，以2019年人民币汇率兑美元相应走弱来看，会对银行经营产生不利影响。商业银行为参与外汇市场交易，需要持有外汇资产，当外汇市场上人民币升值时，交易商需要更多地外国货币兑换人民币从而达成交易，因此企业的外汇贷款需求将增加，外汇存款将减少，最终导致商业银行外汇贷款余额上升，资产负债结构发生改变，增大流动性风险管理难度。

外汇市场波动对进出口企业的生产经营产生影响，间接影响金融机构的信贷业务。当汇率波动对特定的行业产生负面影响时，企业经济利润下降导致未来还款能力下降，使得信贷资产质量下降，增大了银行等金融机构的风险。中国商业银行风险管理能力较为薄弱。1994年中国实行盯住美元的汇率政策，到2005年汇改之后，中国才开始引入参考一篮子货币，直到2014年，人民币汇率的长期单边浮动效应开始显现。在长期稳定的汇率环境下，金融机构的风险管理意识不足。现阶段人民币双边波动幅度不断增大，对汇率风险管理能力提出了更高的要求，在制度上加强内部风险控制制度，完善组织构架，通过开发金融衍生品不断提高对冲能力。

(二) 外汇市场波动对金融市场安全的影响

国际金融市场波动对国内金融市场的影响逐步较强，外汇市场是重要的传导途径。受国际资本流动的影响，人民币汇率与国内金融市场的联动性不断加强。近年来，中国投资者对全球资产配置的意愿不断增强，以规避汇兑损失，实现资产保值增值，QDII基金规模不断上升。外汇市场的波动会对QDII收益产生影响，当人民币升值时，QDII投资将会受损，境内投资者把资金在海外投资，若人民币升值，撤回时外币兑换成人民币将会导致损失。2019年中国QDII规模不断上升，三季度末达到884.14亿元，环比增长10.08%（如图10-31）。QDII是开放式的基金，其净额会受到汇率实时波动的影响，应该做到统筹协调市场，防范风险的过度传染。

2014年、2016年中国分别开启"沪港通"和"深港通"，两地实现互联互通，2019年末"沪股通"和"沪港股通"成交金额分别为26888亿元、8905亿元，"深股通"和"深港股通"成交金融分别为38422亿元、9441亿元（如图10-32）。市场规模不断扩大，汇率波动会对金融市场产生更大的影响，2015年7月中国股市出现断崖式下跌，一般来说汇率下降，人民币升值时，股市价格下跌。首先汇率波动会影响企业的经营生产，从而导致股票价格和债券价格波动。当人民币升值时，境内进口原材料厂商的利润会降低，导致其股价下跌，人民币双向波动使得企业效应与金融市场之间的"共振"更加明显。2019年中国汇率受国际环境影响变化较大，股票市场波动增大，上证指数年涨跌幅为22.30%，深证成指年涨跌幅为35.89%。

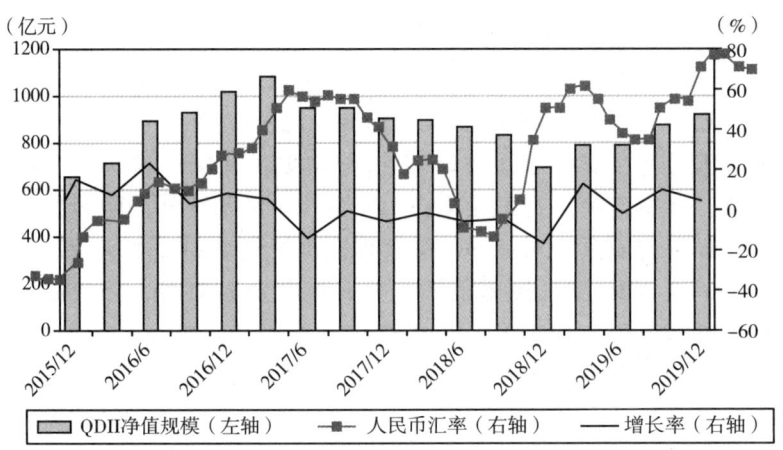

图 10-31 QDII 基金规模变化情况

资料来源：中国证券投资基金业协会、Wind。

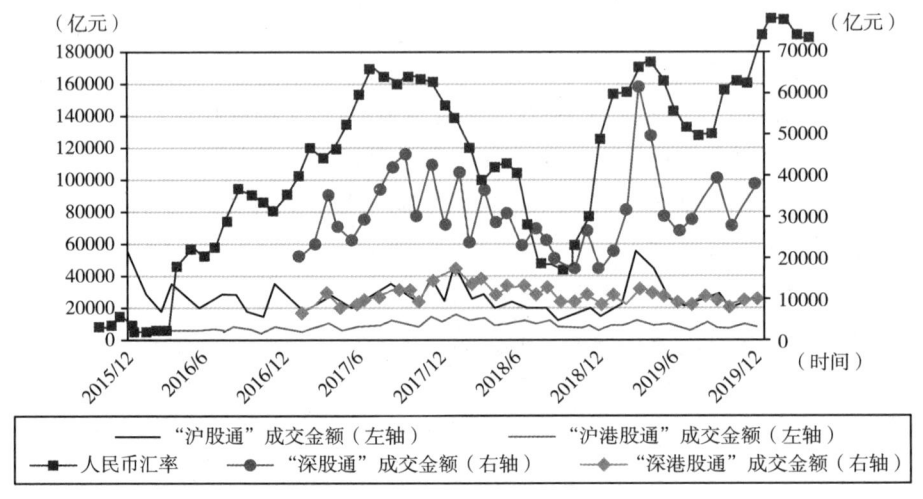

图 10-32 2015—2019 年"沪股通"及"港股通"成交金额

资料来源：中国证券投资基金业协会。

中国金融市场开放时间较晚，发展迅速，存在运行机制不健全、法律体制不完善、操作工具不完备的问题，面临外汇市场波动等因素冲击时，难免会对整个金融体系产生作用，极易产生经济的连锁反应。

第六节 外部冲击对中国金融安全的综合影响及应对机制

建立应对外部冲击风险的防范和化解机制，是保持中国金融体系基本稳定，保持人民币汇率在合理均衡水平上基本稳定的重要保障。第六节围绕国际经验和中国实践，介绍外部冲击风险的应对机制，主要讨论系统性风险评估和监测体系、以及宏观审慎政策框架。

一、系统重要性国别风险评估和监测

本节基于VAR模型和方差分解模型估计来自主要经济体的外部冲击对中国金融市场安全的影响程度及重要性。基于数据可得性以及经济体的金融市场规模,本部分选取美国、英国、加拿大、瑞士、法国、德国、日本、韩国、新加坡、澳大利亚10个经济体作为分析对象,以这些经济体金融市场风险作为该经济体冲击的代理变量,考察国别外部冲击对中国金融市场风险的影响程度。

在基本模型中,我们以各经济体的主要股票市场指数收益率作为研究对象。基于VAR模型及方差分解模型,获得一个标准差的外部冲击对中国股票市场日收益率的脉冲影响。为了进行直接比较,我们按年进行分组建模,并将脉冲后四期的影响大小求取平均值,得到的结果如图10-33和表10-4所示。

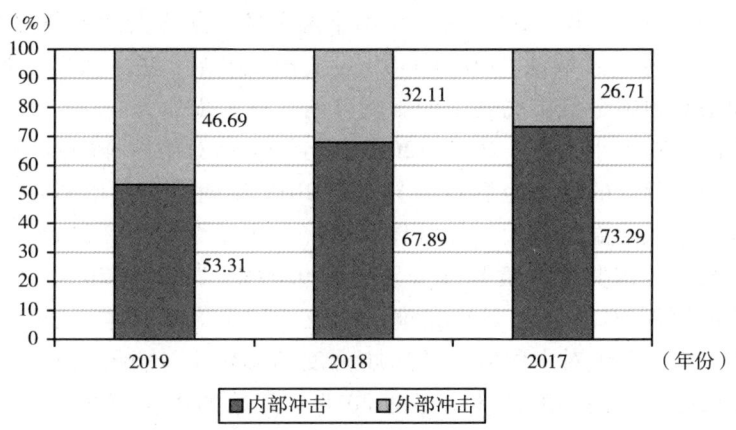

图10-33 2017—2019年内部和外部冲击对中国金融市场风险的影响程度

资料来源:Wind及作者估计。

表10-4 国别外部冲击对中国股票市场金融安全的影响程度及排序

	2019年		2018年		2017年	
	风险溢出程度	排序	风险溢出程度	排序	风险溢出程度	排序
中国	53.31%	1	67.89%	1	73.29%	1
美国	11.74%	2	2.28%	8	1.90%	6
瑞士	9.57%	3	8.08%	2	5.36%	3
德国	6.25%	4	3.20%	5	1.73%	7
英国	5.37%	5	0.69%	11	0.88%	9
韩国	3.33%	6	1.92%	9	1.01%	8
新加坡	3.22%	7	2.69%	7	0.80%	10

续表

	2019 年		2018 年		2017 年	
	风险溢出程度	排序	风险溢出程度	排序	风险溢出程度	排序
法国	2.73%	8	3.32%	4	0.69%	11
澳大利亚	1.88%	9	5.25%	3	8.12%	2
加拿大	1.56%	10	1.50%	10	1.92%	5
日本	1.04%	11	3.17%	6	4.29%	4

资料来源：Wind 及作者估计。

2017—2019 年，中国股票市场金融风险主要来源于国内，但国内冲击的贡献力度逐年减小，从 73.29% 下降到 53.31%，国外冲击的贡献力度逐年上升，从 26.71% 上升到 46.69%（见表 10-4 和图 10-33）。这与中国金融市场不断增大对外开放直接相关。伴随 2020 年 1 月 1 日起中国正式取消 QFII 和 QDII 投资额度限制，进一步扩大股票市场对外开放程度，外部冲击对中国金融市场安全的影响可能会进一步加大。

从国外冲击的影响大小来看，2017—2019 年各经济体对中国金融市场风险的冲击大小程度存在差异，冲击程度的排序也存在差异。就 2019 年而言，影响程度排在第一位的美国，对中国股票市场风险溢出最大的经济体，解释中国股票收益率波动的 11.74%；欧洲经济体瑞士、德国和英国其次，贡献度分别达到 9.57%、6.25% 和 5.37%；亚洲经济体韩国和新加坡贡献度在 3% 左右；最后是澳大利亚、加拿大和日本，贡献度不足 2%。而在 2018 年和 2017 年，美国对中国股市的影响力度相应较小，贡献度在 2% 左右，瑞士和澳大利亚反而是贡献度最高的经济体。伴随 2018 年开始的中美贸易摩擦，中国股票市场对美国的股市波动的敏感程度进一步加剧。

二、应对外部冲击的金融安全维护政策

中国扩大对外开放从贸易领域向金融领域不断深化，金融市场对外开放正进入全新阶段，中国与国际金融市场联系广度和深度都将不断提高。在过去十多年里，中国资本账户开放取得了显著的进展，正进入加快开放的新阶段。根据国际货币基金组织（IMF）关于资本账户开放的分类，目前 40 个资本账户项目中，中国只有 3 项仍然实行严格的控制，其余项目已经实现基本开放或部分开放。《中国金融稳定报告（2019）》指出，中国金融改革的深度广度将会进一步拓展，对外开放的步伐只会加快不会放缓。2020 年 3 月 30 日，中共中央国务院发布《关于构建更加完善的要素市场化配置体制机制的意见》，进一步强调主动有序扩大金融业对外开放，稳步推进人民币国际化和人民币资本项目可兑换，逐步推进证券、基金行业对内对外双向开放，有序推进期货市场对外开放。这些都意味着，中国金融市场正越来越多地融入到全球金融市场当中，跨境证券、银行、期货交易等将成为越来越重要的金融活动。金融对外开放加快进一步增加了外部冲击通过跨境资本流动、跨境贸易、人民币汇率等渠道对中国金融市场稳定性产生的影响不容忽视，这进一步凸显了应对外部冲击的重要性。

与此同时,中国跨境资本流动在 2008 年全球金融危机后开始呈现双向波动的新常态,已成为中国宏观经济运行和金融风险管理中不可忽视的一部分;人民币汇率弹性不断提高,外汇市场风险进一步增大;贸易摩擦冲突不确定性仍然很高。跨境资本双向震荡波动、人民币汇率波动以及贸易摩擦,无疑进一步扩大了外部冲击可能对中国经济金融平稳运行产生的影响。特别是,2020 年伊始,新冠肺炎疫情冲击使得跨境资本流动管理更为复杂,任务更为艰巨。新冠肺炎疫情引起全球范围内经济停摆与金融市场震荡,新兴经济体跨境面临大规模资本波动压力,疫情后最高资本流出规模已远超过 2008 年全球金融危机最糟糕时期(Brooks et al., 2020),其中中国资本流出规模最大。伴随疫情的有效控制以及美国经济金融企稳,美国极端货币政策带来的无限量流动性将从美国流向新兴经济体,增大资本流动剧烈波动风险,加剧中国金融市场波动的风险。

如何充分预判金融市场进一步开放、国际贸易摩擦、非常规的国际宏观经济政策对中国金融安全的影响,如何预判疫情冲击通过跨境资本流动波动、国际贸易等带来的风险隐患和识别风险来源,如何建立和健全宏观政策调控机制,综合利用货币政策、宏观审慎监管和资本管制政策,应对和化解外部冲击带来的金融风险,是摆在我们面前的一项重大而艰巨的任务。

展望 2020 年,更需要深入研究疫情冲击对宏观经济、跨境资本流动、国际贸易以及双边经贸关系等产生的影响以及由此产生的金融风险,同时探究兼顾金融稳定和促增长保就业的政策协调工具,细致研究不同资本流动管理政策工具对维持金融稳定和保增长的作用效果,并进一步探究国际政策合作和国内支出增减型政策的协调作用,为疫情冲击背景下的金融安全维护提出政策建议。

专题一 首都金融安全分析

本专题报告结合宏观与微观视角，对2019年北京市金融安全进行了系统评估。具体从宏观经济运行、金融整体运行、金融机构运行、金融产品交易以及金融安全预警系统运行五个方面进行了分析。这样设计的出发点在于，金融安全问题不只是金融机构或金融市场的个体问题，而是金融和经济的系统性问题。金融风险的暴露不仅会危及单个金融机构、金融市场和金融业，还会威胁到实体经济，损害宏观经济的健康运行。与此同时，宏观经济和金融市场的发展又会对单个机构产生影响。因此，必须结合宏观分析和微观分析，才能全面把握金融安全状况。分析结果表明：2019年北京市金融发展处于平稳状态，金融结构得到优化，金融风险得到一定化解，金融系统稳定性有所上升，首都金融安全状况良好。

第一节 北京市宏观经济运行情况

金融内生于宏观经济，一方面，金融安全会影响宏观经济的运行；另一方面，宏观经济运行状况又成为决定金融安全的大环境。基于此，本专题将首先从宏观经济运行的视角，分析北京市社会经济发展水平、财政健康状况、企业经营效益以及居民消费情况，以整体把握经济规模、经济结构、风险抵御能力等可能影响金融安全的宏观经济因素。

一、社会经济运行平稳

2019年，北京市经济总体平稳运行，经济总量不断扩大，经济发展稳中提质，深入贯彻落实高质量发展要求，经济发展质量进一步提高，经济结构进一步优化，发展韧性进一步增强，财政总体情况健康良好，保持了经济社会的平稳可持续发展。

（一）经济稳步持续增长

从经济总量来看，2019年，北京市全市实现地区生产总值35371.3亿元，占全国生产总值的3.6%，同比增长6.1%，与全国增速持平（见专题图1-1）。分产业看，三大产业实现增加值的增速分别为-2.5%、4.5%、6.4%，第三产业对经济增长的贡献率达到87.8%，经济结构进一步优化。分行业看，产业发展质量和效益继续得到提升和增强，高技术产业增加值占全市生产总值的24.4%，比上年同期高0.2个百分点；战略性新兴产业增加值占全市生产总值的23.8%，比上年同期高0.1个百分点，金融业实现增加值6544.8亿元，同比增速为9.5%，占地区生产总值比重为18.5%。

从人均水平来看，2019年年末，全市常住人口达2153.6万人，以此计算的地区人均生产总值为16.4万元，同比增长7.2%；全市居民人均可支配收入67756元，同比名义增长8.7%，比全国低0.2个百分点。其中，城镇居民人均可支配收入73849元，同比增长8.6%。从收入构成看，收入结构不断优化，全市居民人均工资性收入41214元，同比增长9.4%，比全国高0.8个百分点；全市居民人均经营净收入1201元，与上年同期持平，比全国低8.1个百分点；全市居民人均财产净收入11257元，同比增长6.1%，比全国低4.0个百分点；全市人均转移净收入14084元，同比增长9.5%，比全国低0.4个百分点。

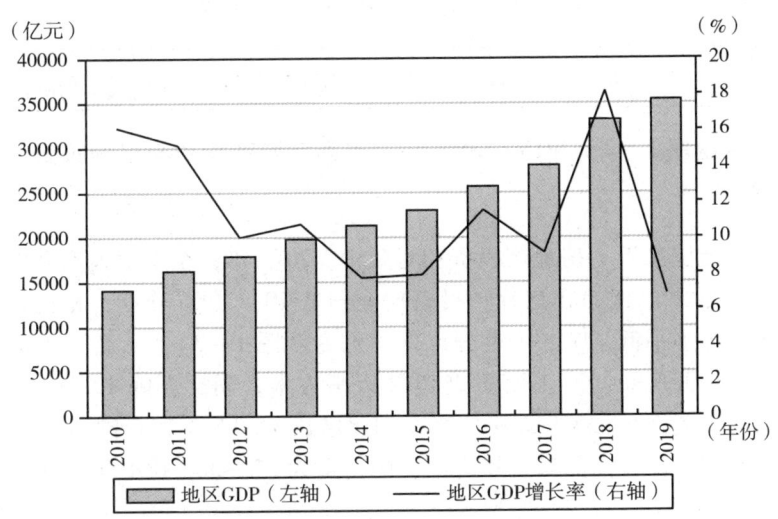

专题图1-1　2010—2019北京市地区生产总值及其增长率变化

资料来源：北京市统计局。

（二）投资结构持续优化

2019年，北京市固定资产投资（不含农户）同比下降2.4%，比全国低7.8个百分点。尽管固定资产投资总规模有所回落，但投资结构得到优化。主要表现在以下三个方面：

第一，惠民生和高科技相关投资快速增长。租赁和商务服务业增长1.6倍，卫生和社会工作投资增长49%，文化、体育和娱乐业投资增长77%。高科技相关投资增长强劲。科学研究和技术服务业增长27%，高技术制造业固定资产投资占制造业总投资的54.0%，比上年同期高1.6个百分点。

第二，民间投资相对增速上升。2019年全年民间投资增速为-1.9%。尽管绝对增速仍处于负值，但相对于固定资产投资来看，民间投资相对增速仍然相对较高。2019年固定资产投资完成额增速仅为-2.4%，民间投资增速高出了0.5个百分点。其中2019年6月末，民间投资累计同比增速（33.6%）更是高出了固定资产投资（14.7%）达18.9个百分点。与2018年相比，较2018年的-11.2%回升了9.3个百分点，而固定资产投资完成额增速仅回升7.9个百分点。这表明，投资增速的回升过程中民间投资增速的表现相对整体投资更为强劲（见专题图1-2）。

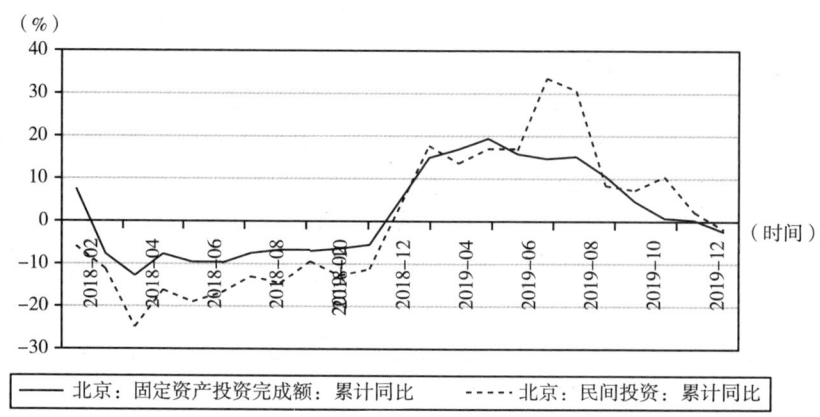

专题图 1-2　2018—2019 北京市固定资产投资与民间投资

资料来源：Wind。

第三，从全国范围来看，房地产投资相对减少。2019 年，全市房地产开发投资同比下降 0.9%。从全国范围来看，北京市房地产投资比全国低 10.8 个百分点；相比之下，北京市固定资产投资仅比全国水平低了 7.8 个百分点（详见专题图 1-3）。从新开工面积和销售面积来看，房地产开发企业房屋新开工面积 2073.2 万平方米，同比下降 10.7%，比全国低 19.2 个百分点。商品房销售面积 938.9 万平方米，同比增长 34.9%，比全国高 35.0 个百分点，其中，保障性住房销售面积占商品房总销售面积的比重为 37.3%，比上年高 5.5 个百分点。

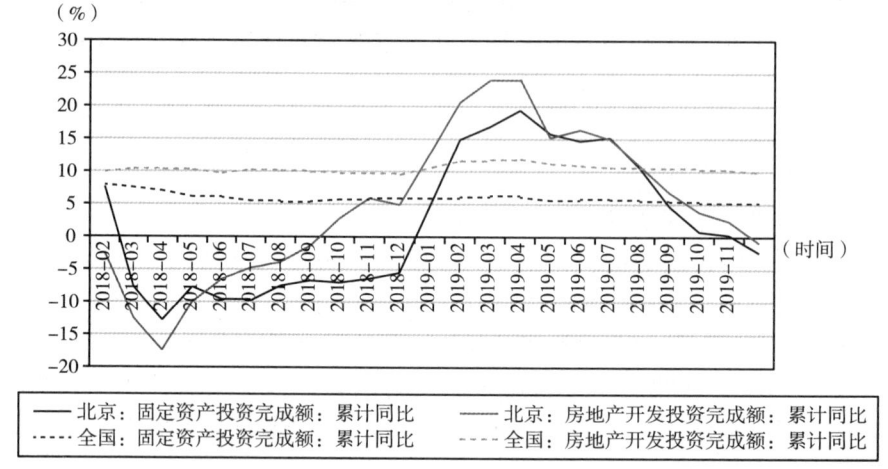

专题图 1-3　2018—2019 北京市和全国固定资产投资与房地产开发投资情况（月度）

资料来源：国家统计局。

二、企业经营效益向好

（一）工业生产稳步增长，生产效益稳步提升。

从工业增加值指标来看，2019 年北京工业企业生产有序，产量稳步增长。2019 年年末，全市规模以上工业增加值按可比价格计算比上年同期增长 3.1%。分经济类型看，国有企业增加值与上年同期持平，股份制企业增长 5.6%，"三资"企业增长 0.6%；分行业看，医药制造业增加值比上年同期增长 6.2%，计算机、通信和其他电子设备制造业增长 9.9%，汽车制造业增长 2.7%，通用设备制造业下降 7.7%，专业设备制造业增长 8.5%，电力、热力生产和供应业增长 8.2%。

在产量增长的同时，企业效益进一步提升，资产负债表得到改善。全市规模以上工业企业实现销售产值 19424.3 亿元，比上年同期增长 3%；实现营业收入 22856.4 亿元，比上年同期增长 4.8%，比全国高 1.0 个百分点；实现利润总额 1683.5 亿元，比上年同期增长 6.7%（见专题图 1-4），比全国高 10.0 个百分点。分行业看，医药制造业实现利润总额 210.4 亿元，同比增长 4.6%；计算机、通信和其他电子设备制造业实现利润总额 184.5 亿元，同比增长 80.9%。全市规模以上工业企业资产负债率 42.47%，比上年同期下降 3.9%（见专题图 1-5），比全国低 3.7 个百分点。

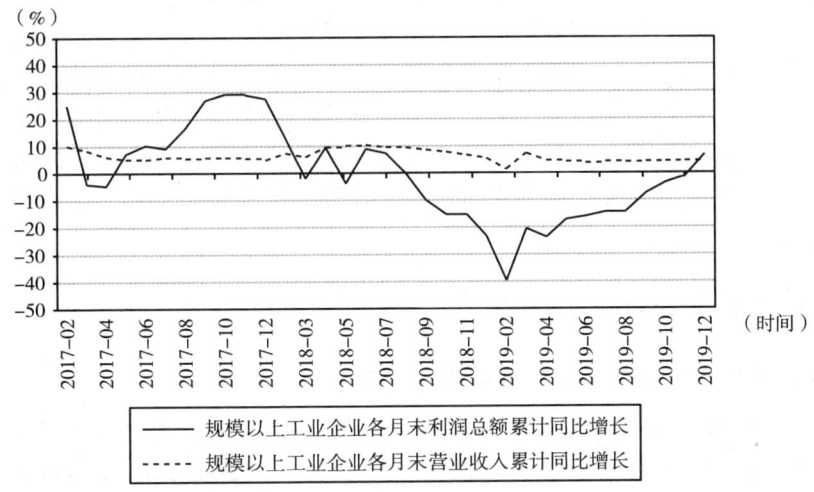

专题图 1-4 2017—2019 北京市规模以上工业企业利润总额和营业收入变化

资料来源：国家统计局。

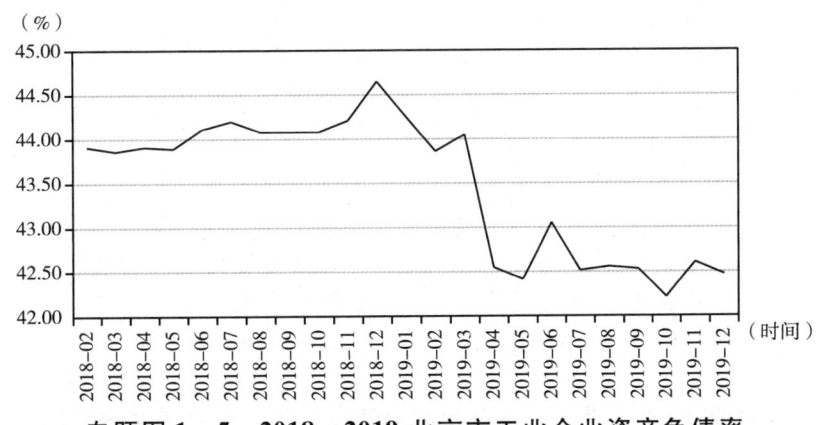

专题图 1-5 2018—2019 北京市工业企业资产负债率

资料来源：国家统计局。

（二）企业信用债发行增速放缓，债务违约情况有所好转

2019 年，北京市信用债发行共 2011 只，同比增长 16.4%，增长率较 2018 年 50.8% 大幅下降；发行金额 4.4 万亿元，同比增长 24.4%，增长率较 2018 年 38.2% 也明显回落。

2019 年，北京市违约债券 18 只，同比下降 10%；违约债券余额约 252.9 亿元，同比上涨 52.6%，但增速相比于 2018 年的 224.9% 大幅下降。如专题表 1-1 所示，民营企业和公众企业是 2019 年北京市企业违约中占比较高的企业类型；相比于 2018 年，国有企业违约的情况大幅下降。

专题表 1-1　2018—2019 年北京市各类企业债务违约情况

	违约债券只数		违约发行人个数		违约债券余额（亿元）			
	2018	2019	2018	2019	2018	占比	2019	占比
中央国有企业	6	2	1	2	58.0	35.0%	26.2	10.4%
地方国有企业	1	0	1	0	15.0	9.1%	0	0
民营企业	9	7	4	4	77.5	46.8%	78.5	31.0%
公众企业	0	7	0	1	0.	0	134.0	53.0%
上市公司	4	2	3	1	15.2	9.2%	14.2	5.6%
总计	20	18	9	8	165.7	100%	252.9	100%

资料来源：Wind。

三、居民消费稳步提升

（一）居民消费价格稳中有升，涨幅温和可控

2019 年，北京市全市居民消费价格总水平同比上涨 3.3%，涨幅比上年高 1.2 个百分点，比全国低 1.2 个百分点（参见专题图 1-6）。八大类商品和服务项目价格"六升二降"：食品烟酒类价格上涨 9.1%，衣着类价格上涨 0.3%，居住类价格上涨 0.5%，生活

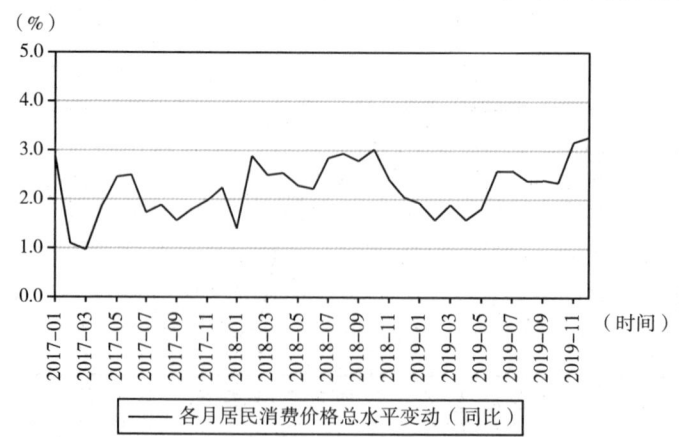

专题图 1-6　2017—2019 年北京市居民消费价格总水平变化

资料来源：北京市统计局。

用品及服务类价格下降 2.0%，医疗保健类价格上涨为 13.4%，交通及通信类价格下降 1.1%，教育文化和娱乐类价格上涨 0.1%，其他用品和服务类价格上涨 4.28%。

（二）居民消费水平稳步增长，服务性消费潜能不断释放

从全社会消费来看，消费增速较往年有所反弹，服务性消费占比上升。2019 年，全市实现社会消费品零售总额 12270.1 亿元，同比增长 4.4%。尽管近年来全社会消费品零售总额增速逐步回落，但 2019 年首次出现了反弹，社会消费品零售总额较上年回升 1.7 个百分点（详见专题图 1-7）。如果考虑市场总消费，则消费涨幅更大。全年实现市场总消费额 27318.9 亿元，比上年增长 7.5%。从内部结构看，服务性消费额 15048.8 亿元，增长 10.2%；社会消费品零售总额 12270.1 亿元，增长 4.4%。社会消费品零售总额中，限额以上批发和零售企业实现网上零售额 3366.3 亿元，增长 23.6%，占社会消费品零售总额的 27.4%；限额以上批发和零售业企业实现的日用品类、家用电器和音像器材类、文化办公用品类零售额分别增长 25.7%、21.5% 和 6.4%。

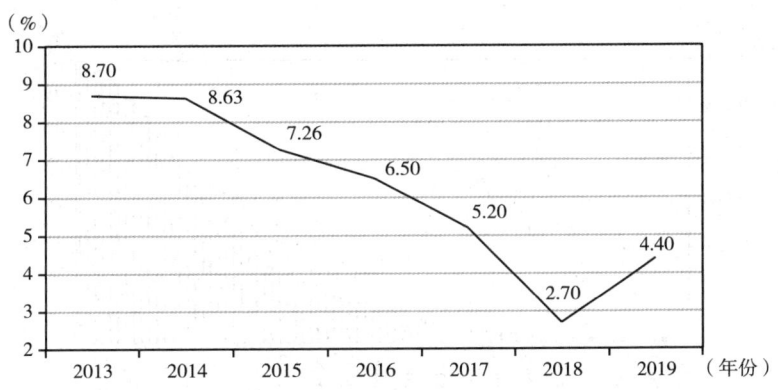

专题图 1-7 2013—2019 年北京社会消费品零售总额

资料来源：国家统计局。

从人均消费来看，不仅消费支出稳步上升，而且消费结构持续优化。2019 年，全市居民人均消费支出 43038 元，同比增长 8.0%，涨幅较 2018 年高出 1.5 个百分点（详见专题图 1-8）。其中，城镇居民人均消费支出 46358 元，同比增长 8.0%。与此同时，消费需求结构持续优化，服务性消费对总消费增长的贡献率达 72.7%。从八项消费构成看，生活用品及服务、医疗保健及文娱消费快速增长，全市居民人均食品烟酒支出同比增长 5.3%，人均衣着支出同比增长 2.5%，人均居住支出同比增长 11.6%，人均生活用品及服务支出同比增长 0.6%，人均医疗保健支出同比增长 14.2%，人均交通及通信支出同比增长 4.4%，人均教育文化和娱乐支出同比增长 7.8%，人均其他用品和服务支出同比增长 6.7%。2019 年，全市居民人均服务性消费支出同比增长 9.6%，餐饮、文化娱乐等服务性消费快速增长，比商品性消费支出高 3.5 个百分点。

（三）居民部门杠杆率有所回落，消费潜力提升

2019 年 12 月末，北京市住户人民币贷款余额 1.9 万亿元，同比上升 7.0%，较 2019

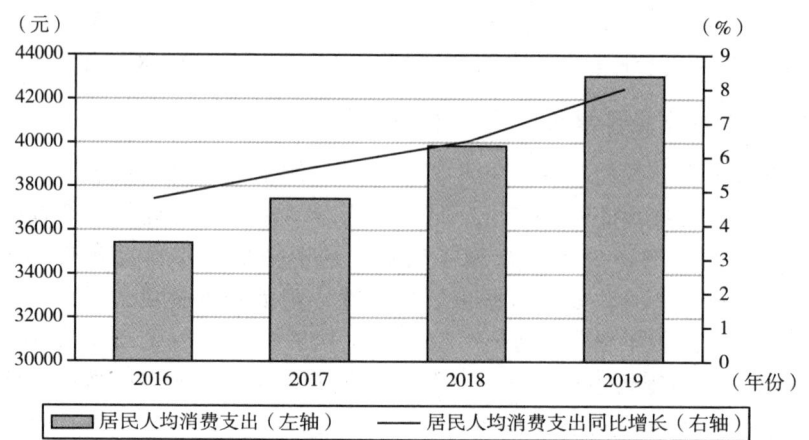

专题图1-8 2016—2019年北京市居民人均消费支出变化

资料来源：国家统计局。

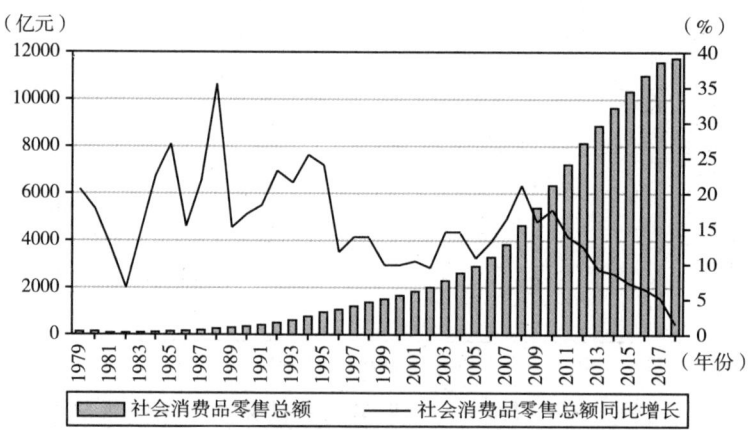

专题图1-9 1979—2018年北京市社会消费品零售总额变化

资料来源：北京市统计局。

年初增加1115.7亿元。居民杠杆率为53.7%[1]，同比下降1.2%。以可支配收入衡量居民债务水平的话，贷款收入比为130.2%[2]，同比下降2.8%（详见专题图1-10）。

四、财政健康状况良好

（一）财政收支平稳增长，结构优化

2019年北京市财政收入平稳增长，支出结构进一步优化，民生重点领域支出加大。2019年，北京市财政收支平稳运行。全年地方公共财政收入5817.1亿元，同比增长0.54%，顺利完成调整后的预算目标，比上年同期低6.0个百分点（详见专题图1-11）。

---

[1] 此处的居民杠杆率用人民币住户贷款余额/GDP计算得出。
[2] 此处的贷款收入比用人民币住户贷款余额/可支配收入计算得出。

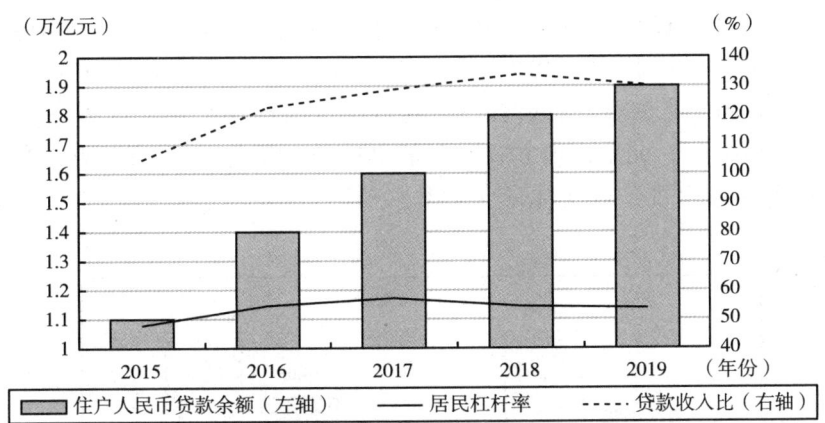

专题图 1-10 2015—2019 年北京市住户人民币贷款余额、
居民杠杆率和贷款收入比变化

资料来源：北京市统计局。

2019 年 1—11 月，全市地方财政税收收入 3391.8 亿元，信息服务业和金融业增值税增长成为财政收入增长的重要力量，由于响应中央号召，顶格实施"六税两费"等一系列减税降费政策，企业所得税和个人所得税收入均出现下降。全年地方公共财政支出 7031.0 亿元，支出规模与上年持平，大力压减一般性支出，节约更多资金用于支持重点改革及民生支出，其中，教育保障支出 381.4 亿元，养老保障支出 13.2 亿元，住房保障支出 31.3 亿元。

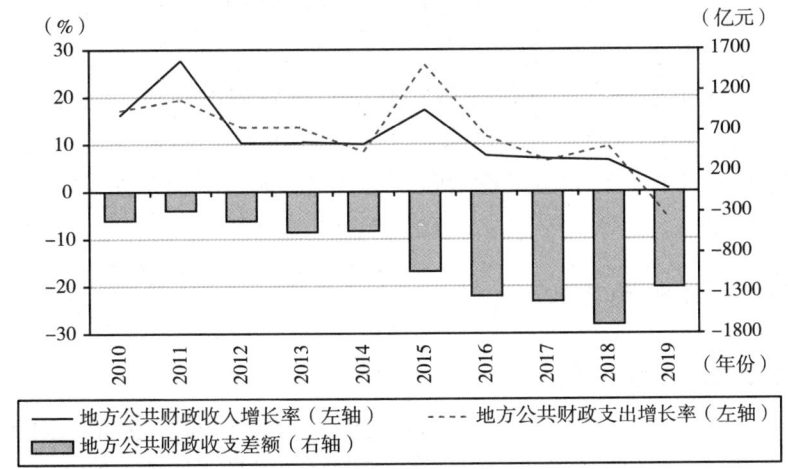

专题图 1-11 2010—2019 年北京市地方公共财政收支变化

资料来源：北京市财政局。

（二）债务负担保持稳定，健康可控

北京市政府债务负担适度，财政空间较为充足，财政可持续性良好。根据北京市审计局公布的数据，2019 年年末北京市政府性债务余额 4964.06 亿元，较 2018 年年末 4248.89

亿元上升 16.9%。考虑 GDP 的进一步增长，债务负担并没有明显增加。2019 年北京市地方政府负债率（地方政府债务与 GDP 之比）为 14.03%，仅较 2018 年上升 1.2 个百分点。与全国相比可以看到，北京市政府债务负担远低于全国平均水平，且 2019 年相对债务负担进一步减轻。2018 年，北京市地方政府负债率低于全国 7.17 个百分点，2019 年这一差距进一步拉大至 7.47 个百分点（详见专题图 1 - 12）。

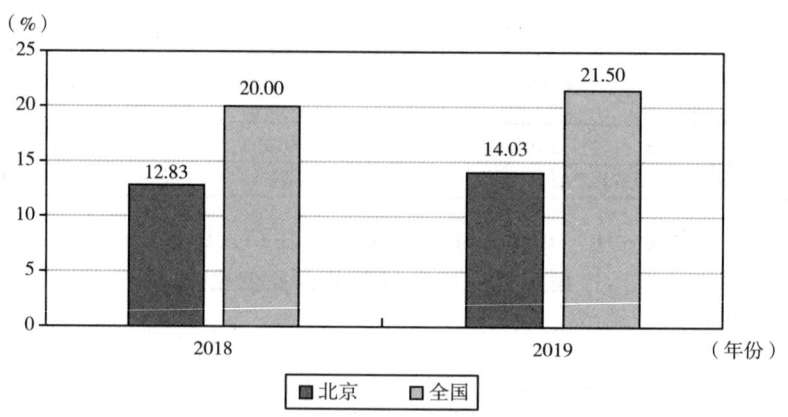

专题图 1 - 12　2018—2019 年北京地方政府负债率
资料来源：作者根据北京市审计局、北京市统计局、国家统计局和财政部公布的数据计算得到。

第二节　北京市金融整体运行情况

本节将结合宏观金融指标，整体评估北京市金融发展的规模、结构、趋势和波动情况。基于存款、贷款和社会融资规模的分析表明，2019 年，北京市金融运行态势整体向好，存贷款保持稳步增长，存款稳定性增强，贷款投向和社会融资结构持续优化，金融系统整体运行安全稳健。

一、金融机构本外币存款

（一）存款余额稳步增长

2019 年年末，北京市金融机构本外币存款余额为 171062.3 亿元，同比增长 8.9%，比全国高 0.3 个百分点，比上年同期低 0.1 个百分点（详见专题图 1 - 13）。其中，人民币存款余额为 164349.5 亿元，同比增长 9.3%，比全国高 0.6 个百分点，比上年同期高 0.2 个百分点，全年新增额为近三年最高。其中，人民币非金融企业存款余额同比增长 6.8%，比上年同期高 5.5 个百分点；人民币非银行业金融机构存款余额同比增长 14.4%；人民币住户存款余额同比增长 14.8%，比上年同期高 2.6 个百分点，达到近五年来的同期最高增速。2019 年以来，人民币存款增速从年初的 -1.04% 迅速升至 7 月份的 4.59% 后迅速回落，并在年底下降到 -3.95%。外币存款余额为 962.2 亿美元，同比下降 0.9%，比上年同期低 4.3 个百分点。

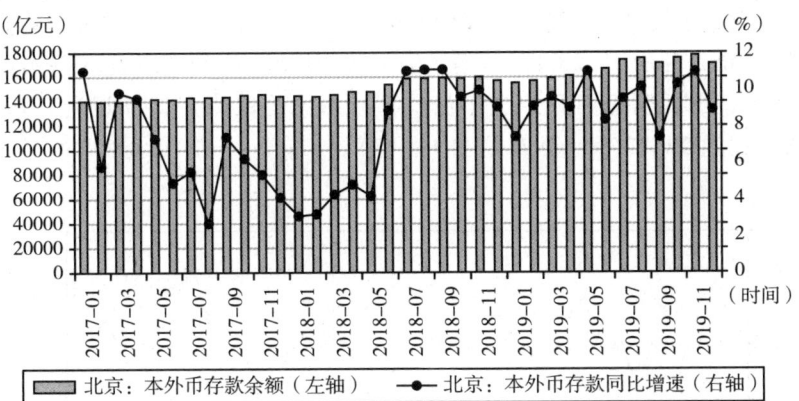

专题图 1-13　2017—2019 年北京市金融机构本外币存款变化

资料来源：中国人民银行。

（二）存款稳定性上升

在存款余额稳步上升的同时，定期存款以及住户存款占比也同步上升，这使得金融机构存款稳定性上升，金融安全得到进一步稳固。

第一，住户存款和非金融企业存款中定期存款占比处于上升趋势。定期存款在一定时期内不会被提取，是金融机构可以长期利用的资金，金融机构不必为随时应付存款人的提取而保持充足的存款周转金。利用这部分稳定性存款，金融机构也能更好地服务于实体经济。2015 年，住户存款和非金融企业存款中的定期存款比重都出现了明显下降，此后处于较低区间。自 2019 年以来，这一现象得到明显改善。2019 年年末，住户存款中定期存款占比达到 61.3%，比 2018 年年末上升 2 个百分点；非金融企业存款中定期存款占比达到 66.9%，比 2018 年年末上升 0.8 个百分点（见专题图 1-14）。

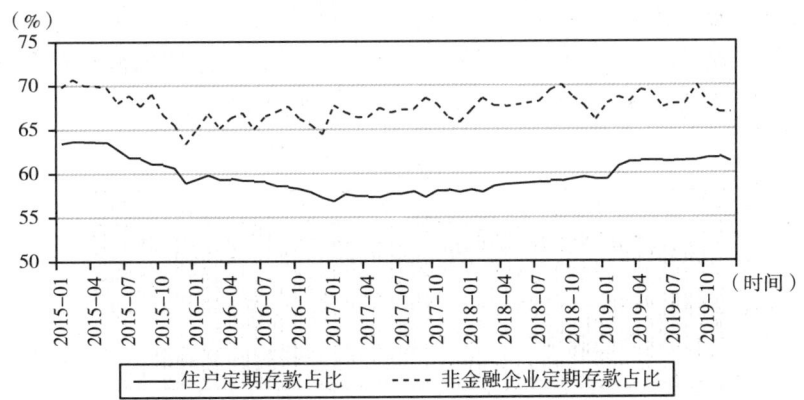

专题图 1-14　2015—2019 年北京市住户和非金融企业存款中定期存款占比

资料来源：中国人民银行。

第二，全市存款余额中住户存款占比上升。在可贷资金市场中，住户部门是最重要的资金盈余方和资金供给者。相比之下，企业部门通常面临资金短缺，企业部门持有的存款也多用于日常经营，稳定性相对较差。2015年以来，北京市住户存款在总存款中占比出现了回落，由2015年2月的23.28%下降至2015年7月的19.74%，此后基本维持在21%左右。进入2019年，出现明显回升，全年住户存款占比均保持在21%以上，截至2019年12月，住户存款占比达22.72%（见专题图1-15）。

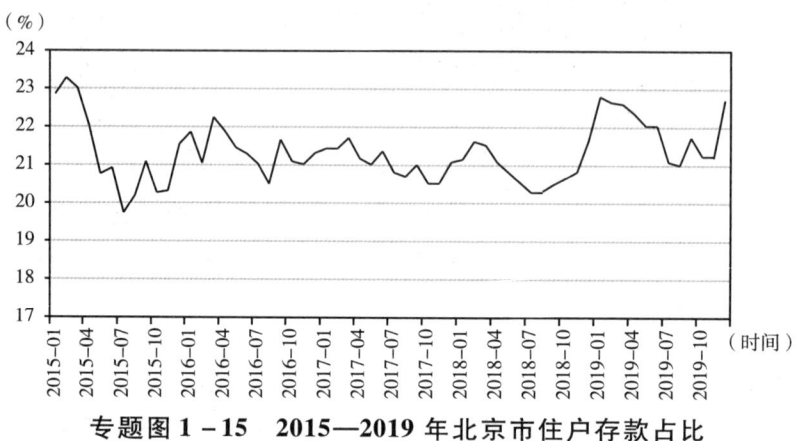

专题图1-15　2015—2019年北京市住户存款占比

资料来源：中国人民银行。

二、金融机构本外币贷款

（一）贷款增速保持较快水平

相比2018年，2019年全年北京市贷款保持稳定较快增长。2019年年末，北京市本外币贷款余额为76875.6亿元，同比增长9.1%，比上年同期高7.7个百分点（见专题图1-16）。其中，人民币贷款余额为73575.9亿元，同比增长10.2%，比上年同期高4.9个百分点。其中，人民币非金融企业及机关团体贷款余额同比增长11.2%；人民币非银行业金融机构贷款余额同比增长41.0%；人民币住户贷款余额同比增长7.0%，比上年同期低1.5个百分点；住户短期贷款余额同比增长18.9%，比上年同期低6.6个百分点；住户中长期贷款余额同比增长5.2%，比上年同期低1.2个百分点。

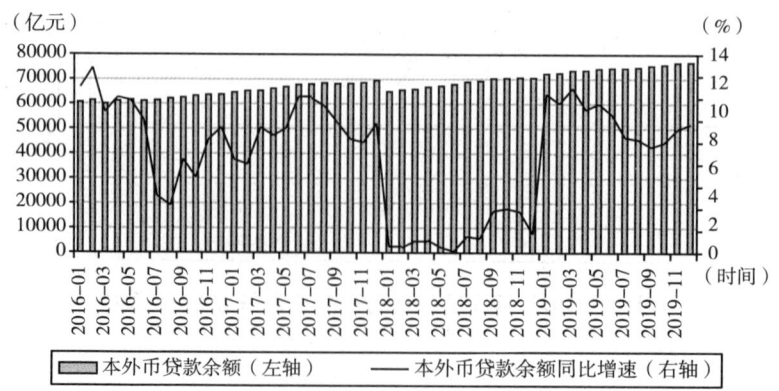

专题图1-16　2016—2019年北京市本外币贷款余额及增速

资料来源：中国人民银行。

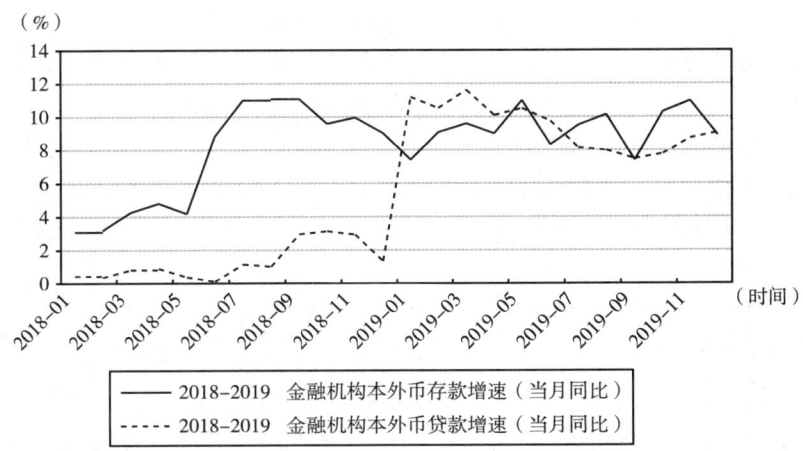

专题图 1-17　2018—2019 北京市金融机构本外币存贷款增速变化

资料来源：中国人民银行。

（二）贷款结构持续优化

普惠小微贷款保持高速增长，余额同比增长 32.4%，比同期各项贷款增速高 22.2 个百分点；高新技术产业贷款增速也较高，人民币贷款余额（不含票据融资）同比增长 19.2%；文化创意产业新发放贷款大幅增加，新发放人民币贷款同比增长 29.3%；人民币房地产贷款余额同比增长 4.5%，比上年同期低 1.4 个百分点。外币贷款余额为 473.0 亿美元，同比下降 12.7%，比上年同期高 30.0 个百分点。

三、社会融资规模

（一）社会融资规模增速放缓

在金融去杠杆的持续影响下，2019 年北京市社会融资规模有所下降，但是相比前几年的大起大落，2019 年全年保持较为稳定的状态（见专题图 1-18）。2019 年，北京市社会融资规模增量为 14629.7 亿元，占全国社会融资规模增量的 5.7%，比上年同期下降

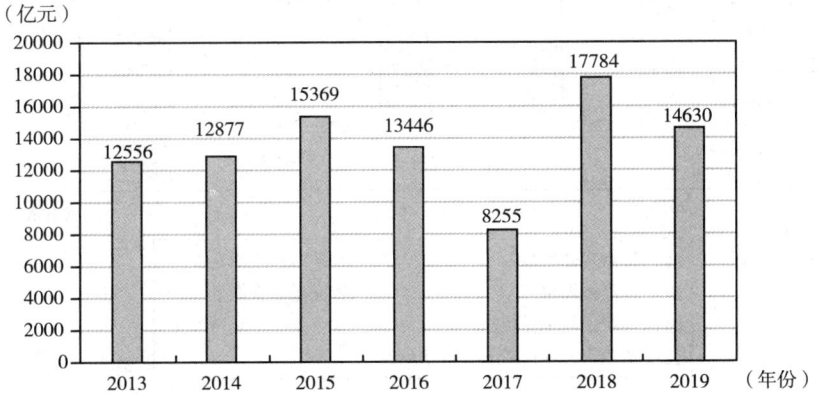

专题图 1-18　2013—2019 年北京市社会融资规模年度增量

资料来源：中国人民银行。

17.7%（见专题图 1-19）。其中，人民币贷款增量为 6489.4 亿元，同比下降 14.3%，占全市社会融资规模增量的比重为 44.4%，比上年同期高 1.8 个百分点；外币贷款增量为 119.9 亿元，同比增长 136.4%，占全市社会融资规模增量的比重为 0.8%，比上年同期高 2.7 个百分点；企业债券融资增量为 6974.7 亿元，同比下降 0.4%，占全市社会融资规模增量的比重为 47.7%，比上年同期高 8.3 个百分点；非金融企业境内股票融资增量为 485.5 亿元，同比增长 25.5%，占全市社会融资规模增量的比重为 3.3%，比上年同期高 1.1 个百分点。

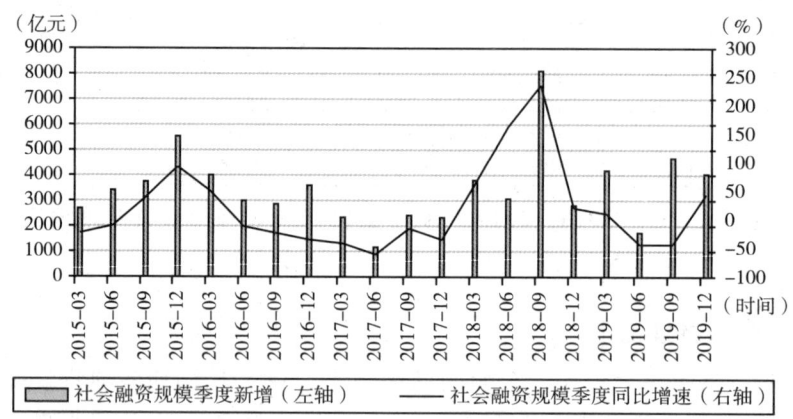

专题图 1-19　2015—2019 年北京市社会融资规模季度变化

资料来源：中国人民银行。

（二）融资结构优化，潜在风险下降

受金融监管及地方债务规范等多种因素的影响，较高风险融资项目规模持续下降，融资结构得到优化，金融系统风险进一步下降（见专题图 1-20）。2019 年，委托贷款、信

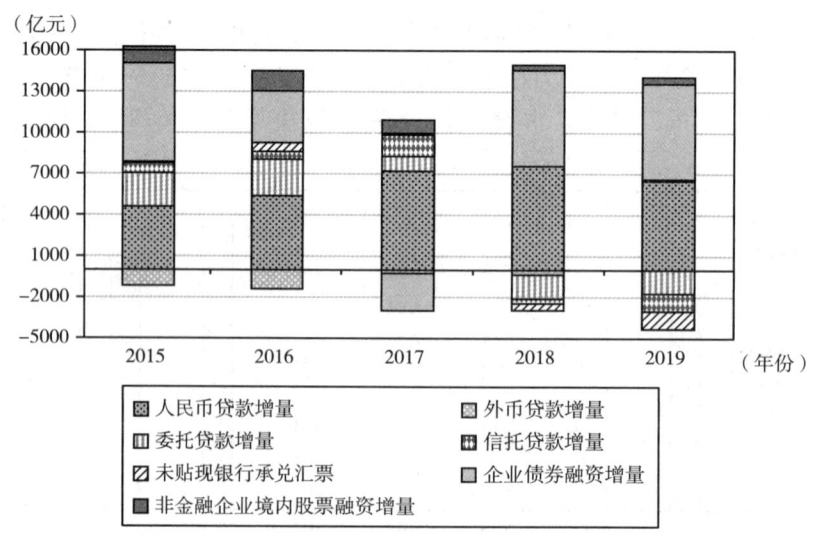

专题图 1-20　2015—2019 年北京市社会融资规模构成

资料来源：中国人民银行。

托贷款和未贴现银行承兑汇票融资规模持续收缩,分别较上一年减少 1729.64 亿元、1289.58 亿元和 1295.38 亿元。这些项目融资的减少一定程度上由风险更为透明、可控的企业债券融资和股票融资弥补,在控制风险的同时较好地支持了实体经济的融资需要。

第三节 北京市金融机构运行情况

近十年来,北京市金融机构数量增长迅速,金融运行整体平稳,国际金融中心的职能不断增强,国际影响力持续提升。根据《北京市 2019 年度全市金融运行情况》统计,2019 年,北京金融业实现增加值为 6544.8 亿元,同比增长 9.5%,占地区生产总值的 18.5%,而北京市在 2019 年 9 月在全球金融中心(GFCI)排名中也上升至第 7 位。

总体而言,2019 年,北京市银行业运行情况良好,违约风险较低,盈利能力较强,在安全性逐渐提升的同时,不断增强对实体经济的支持,普惠金融不断推进,服务水平明显提高,市场健康运行;保险行业治理有效,保险深度与保险密度不断提升;证券期货市场逐步发展,越来越成为实体经济重要的资金来源渠道,小额贷款机构增长迅速,为小微企业发展提供信贷支持。

一、银行业金融机构运行情况

(一)银行业整体运行情况

北京市辖银行业金融机构的资产负债总额在近年来增长迅速,截至 2019 年年末,金融机构资产总额 26.25 万亿元,同比增长 8.62%;负债总额 25.02 万亿元,同比增长 8.68%;各项贷款余额 10.33 万亿元,同比增长 9.31%;各项存款余额 18.55 万亿元,同比增长 9.49%;不良贷款余额 564 亿元。

随着监管的加强,北京市金融机构本外币存贷比有着下降的趋势(见专题图 1-21),最低存贷比逼近 0.42,安全性逐渐增强,2015—2019 年间平均存贷比 0.46,显著低于全国金融机构本外币存贷比 0.74。

(二)银行机构运行情况

银行运行的安全状况包括两个方面:首先,是银行运行的风险状况,包括各项风险指标。其次,是盈利能力,作为抵御风险能力的指标。根据总部位于北京市的国有银行、股份制商业银行、以及部分地方商业银行的信息,可以发现:(1)北京市商业银行的贷款违约风险较低,盈利能力较强;(2)北京市商业银行,特别是股份制商业银行,对于财务风险和流动性风险的管控还可以进一步加强。

1. 违约风险。在贷款违约风险方面,如专题表 1-2 所示,截至 2019 年年末,总部位于北京的国有商业银行不良贷款率分布于 1.4% 上下,邮政储蓄银行的不良贷款率最低,为 0.86%;总部位于北京的股份制商业银行相比于国有银行来说相对违约风险要高一些,不良贷款率平均约为 1.6%;而地方性商业银行的不良贷款率则都低于 1%,处于相对安全的水平。总体而言,北京市的商业银行不良贷款率基本都低于同期全国商业银行的不良

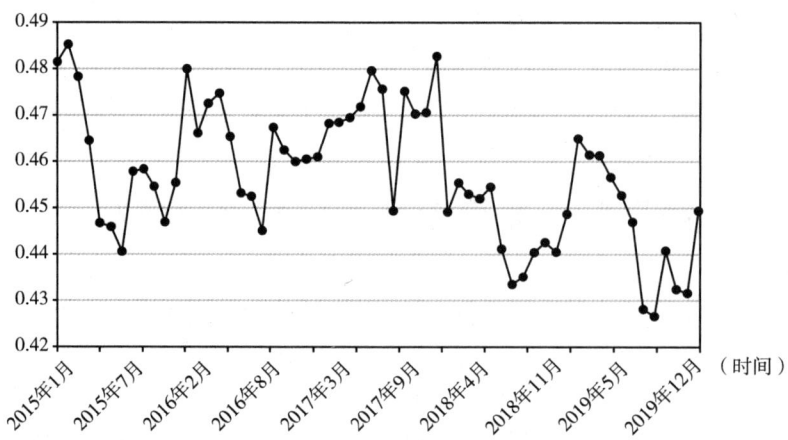

专题图 1-21 2015—2019 年北京市金融机构本外币存贷比

资料来源：中国人民银行统计调查司、中国人民银行营业管理部。

贷款率 1.86%，违约风险较低。

就拨备覆盖率而言，2019 年年末，全国商业银行的拨备覆盖率平均为 186.1%。如专题表 1-2 所示，除中国银行外，所有国有商业银行都超过平均水平，邮政储蓄银行更是达到了 389.45%；股份制商业银行除北京银行外均低于全国平均水平，稳健程度相对较低，但都还是在 140% 以上，相对比较安全。其中华夏银行相对值得关注，其不良贷款率和拨备覆盖率在股份制商业银行中都处于弱势水平；地方性商业银行拨备覆盖率都超过了300%，非常稳健。总体而言，北京市商业银行的贷款违约率较低，在全国银行中处于领先水平。

专题表 1-2 总部位于北京市的商业银行 2019 年年末违约风险和财务风险指标

	违约风险指标		财务风险指标	
	不良贷款率	拨备覆盖率	资本充足率	杠杆率
国有商业银行				
中国农业银行	1.40%	288.75%	16.13%	7.09%
中国工商银行	1.43%	199.32%	16.77%	8.31%
中国银行	1.37%	182.86%	15.59%	7.43%
中国建设银行	1.42%	277.69%	17.52%	8.28%
中国邮政储蓄银行	0.86%	389.45%	13.52%	5.06%
股份制商业银行				
中信银行	1.65%	175.25%	12.44%	6.71%
中国光大银行	1.56%	181.62%	13.47%	6.83%
华夏银行	1.83%	141.92%	13.89%	7.68%

续表

	违约风险指标		财务风险指标	
	不良贷款率	拨备覆盖率	资本充足率	杠杆率
民生银行	1.56%	155.50%	13.17%	6.87%
北京银行	1.40%	224.69%	12.28%	6.68%
地方性商业银行				
北京农商银行	0.95%	398.24%	15.87%	—
北京顺义银座村镇银行	0.40%	620.57%	14.91%	—

资料来源：各大银行官网公示。

2. 财务风险。从财务风险来看，大型商业银行的资本充足率在2019年年末，全国平均水平约为16.31%。从专题表1-2中可以看到，总部位于北京的国有商业银行，只有工商银行和建设银行高于平均水平，特别是中国邮政储蓄银行，其资本充足率相对较低，与股份制商业银行相仿。全国股份制商业银行同期资本充足率约为13.42%，专题表1-2中所列出的总部位于北京的银行只有光大银行和华夏银行高出平均数。北京市地方性商业银行的资本充足率均高于14%，这显著高于全国同期城商行的平均数12.70%。

从杠杆率来看，所有商业银行的杠杆率均高于5%，能够达到银保监会4%的要求。全国同期商业银行的杠杆率平均约为6.90%，除邮储银行外，国有商业银行的杠杆率普遍高于平均数，但股份制商业银行只有华夏银行高于平均数。此外，中国邮政储蓄银行的杠杆率只有5.06%，远低于其他银行的平均水平。总体来看，北京市商业银行的财务风险处于可控状态，但在全国的商业银行中处于稍落后于平均水平的状态。

3. 流动性风险。流动性风险也是商业银行面临的重要风险。2019年年末全国商业银行平均存贷比为75.40%。从专题表1-3中可以看到，总部位于北京的商业银行中，股份制商业银行基本都追求较高的利润，从而有着较高的存贷比，均高于85%；而地方性商业银行非常稳健，存贷比在50%左右；国有商业银行则居中，基本处于平均水平。

专题表1-3　总部位于北京市的商业银行2019年年末流动性风险指标

	流动性风险指标		盈利能力指标	
	存贷比	流动性覆盖率	ROA	ROE
国有商业银行				
中国农业银行	72.05%	125.60%	0.90%	12.43%
中国工商银行	72.95%	121.89%	1.08%	13.05%
中国银行	82.62%	136.36%	0.92%	11.45%
中国建设银行	79.17%	154.83%	1.11%	13.18%
中国邮政储蓄银行	55.26%	233.84%	0.62%	13.10%

续表

	流动性风险指标		盈利能力指标	
	存贷比	流动性覆盖率	ROA	ROE
股份制商业银行				
中信银行	98.99%	149.27%	0.76%	11.07%
中国光大银行	89.87%	125.12%	0.82%	11.77%
华夏银行	113.05%	113.95%	0.78%	10.61%
民生银行	96.77%	—	0.87%	12.40%
北京银行	94.59%	134.25%	0.81%	11.45%
地方性商业银行				
北京农商银行	53.29%	121.78%	0.89%	14.69%
北京顺义银座村镇银行	51.84%	—	1.42%	19.74%

资料来源：各大银行官网公示。

从更为直接的流动性监管工具——流动性覆盖率来看，2019年年末全国商业银行该指标的平均水平为146.63%。而专题表1-3中的数据则表明，虽然大部分北京市的商业银行都高于监管要求100%，但是基本都低于全国平均水平。也就是说，对于流动性风险的控制，北京市商业银行在全国相对处于落后的状态。

4. 盈利能力。一个银行能够抵御各种风险的能力，最终取决于其盈利能力。从资产收益率的角度来看，总部位于北京市的国有商业银行平均资产收益率为0.93%，高于全国商业银行平均资产收益率0.87%；总部位于北京的股份制商业银行平均资产收益率为0.81%，低于同期全国股份制商业银行资产收益率0.86%。

从净资产收益率来看，国有商业银行则高于股份制商业银行，而地方性商业银行依然相对较高。2019年，全国商业银行全年的ROE平均水平为10.96%。总部位于北京市的国有商业银行平均净资产收益率为12.64%，总部位于北京的股份制商业银行平均资产收益率为11.46%，而2019年北京农商银行和顺义银座村镇银行净资产收益率更是达到了14.69%和19.74%，可以看出，北京市商业银行的盈利能力在全国处于相对较好的水平。

二、其他各类金融机构分析

（一）保险机构

截至2019年年末，在京保险法人机构共有68家，保险分公司112家，机构数量均居全国第一。2019年保单件数147329万件，保险业原保费收入2076亿元，同比增长5.76%，原保险赔付支出同比增长14.24%；保险深度5.87%，大致与上一年度保持相同水平；保险密度9639.67元/人，同比增加1346.57元/人，在2009—2019年间保险密度持续长，而在2000年时，北京市保险密度仅为684.9元/人，增加了1.57倍（见专题图1-22）。

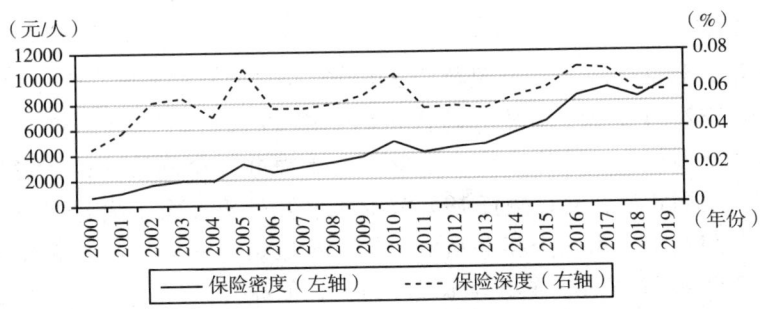

专题图 1-22 2000—2019 年北京市保险深度与保险密度

资料来源：根据北京市统计年鉴计算。

财产保险保费收入增长迅速，2010 年至今增长了 1.41 倍，2019 年财产险原保费收入 512 亿元，同比增长 21.1%，全国原保费收入同比增长 12.18%。全国财产险保费收入同比增长 8.16%，其中车险业务保费收入 268 亿元，同比降低 1.45%，非车险保费收入 244 亿元，同比增长 61.8%，非车险业务占比已达 47.65%，财产保险结构性调整趋势明显，财产保险赔付支出 269 亿元，同比增长 9.39%，全国财产险赔付支出同比增长 10.25%。人身险保费收入 1622 亿元，同比增长 18.34%，人寿险保费收入 1163 亿元，同比增长 17.44%，全国人寿保险保费收入同比增长 9.8%；意外伤害险保费收入 58 亿元，同比下降 10.08%，全国意外伤害保险保费收入同比增长 9.3%；健康保险 401 亿元，同比增长 26.4%，全国健康保险保费收入同比增长 29.7；人身险赔付 719 亿元，同比增长 17.34%，全国人身险赔付同比下降 0.13%（见专题表 1-4）。

专题表 1-4 2011—2019 年北京市保险业经营情况 单位：亿元

项目	2019 年	2018 年	2017 年	2016 年	2015 年	2014 年	2013 年	2012 年	2011 年
保费收入	2076	1793.3	1973.2	1839	1403.9	1207.2	994.4	923.1	820.9
人身险业务	1622	1370.7	1568.8	1469.7	1059.2	892.5	706.4	656.1	588.4
人寿保险	1163	990.3	1208.4	1101.6	778.2	708.7	570.8	554.3	505.8
意外伤害保险	58	64.5	58.6	44.9	37.7	34.6	29.9	21.7	16.2
健康保险	401	315.9	301.8	323.2	243.3	149.2	105.7	80.1	66.3
财产险	512	422.7	404.4	369.2	344.7	314.8	288	267	232.6
车险	268	271.9	272.2	261.5	243.6	224.1	205.3	183	158.7
非车险	244	150.7	132.2	107.8	101.1	90.7	82.7	84.1	73.8
人身险赔付支出	719	629.4	577.7	596.6	506.6	407.2	318.2	286.2	232.8
人寿保险	450	383.5	365.3	367.3	300	224.6	152.9	133.9	113.8
财产保险赔付支出	269	245.9	212.5	229.3	206.6	182.7	165.3	152.3	119

资料来源：中国银行保险监督管理委员会北京监管局。

(二)期货机构

截至2019年,北京辖区上市公司数为346家,自2015年来增长了82家,全市新增47家,共计融资882.54亿元;其中在境内市场上市29家,融资686.67亿元,含科创板上市12家,科创板开板当日北京上市企业家数与上海并列全国第一;在境外上市18家,其中香港10家、美国8家,共计融资195.87亿元;新三板方面,截至2019年年末,北京新三板挂牌公司存量1187家,全年募集资金43.54亿元,占全市场融资规模16.5%。上市公司总市值139278.59亿元,同比增长20.24%;证券公司共有18家,数量在近几年保持稳定不变;证券公司营业部641家,自2015年来增加293家,较上一年增加98家;基金管理公司34家,自2015年以来增加了9家,较上一年增加2家;基金管理数1317个,是2015年基金管理数的2.25倍,同比增长12.95%;辖内期货公司19家,2015年来数量较为稳定,期货营业部112家,2015年以来增加了16家,比上一年度增加了4家(见专题表1-5)。证券公司资本实力逐渐增强,2018年净资本同比增长4.6%,资产总额同比减少1.1%,期货公司全年期货代理交易额同比增长7.2%,基金公司管理基金年末资产净值同比增长13.4%。

专题表1-5 北京辖区证券期货市场概况(2015—2019)[①]

日期	2019年	2018年	2017年	2016年	2015年
上市公司					
数量(家)	346	316	306	281	264
上市公司总市值(亿元)	139279	115834	—	122303	133059
上市公司流通市值(亿元)	119458	103082	137764	107585	115451
上市公司本年累计募集资金(亿元)	5399	3424	122449	4469	2221
证券期货经营机构					
证券公司数(家)	18	18	18	18	18
证券营业部数(家)	641	543	477	422	348
基金管理公司数(家)	34	32	32	31	25
管理基金数(只)	1317	1166	1065	836	585
辖区期货公司数(家)	19	19	19	19	20
辖区期货营业部数(家)	112	108	102	95	96

资料来源:中国证券监督管理委员会北京监管局。

注:①表中时点数为截至2019年年末的数据。

(三)小额贷款机构

2010年以来,小额贷款公司数量增长迅速,2010年只有为数不多的20家小贷公司,实收资本19.38亿元,贷款余额18.78亿元,2011—2013年间小额贷款发展增长最为迅速,实收资本最高年增速达32.22%,贷款余额增速最高达到28.9%。截至2019年9月,小额贷款余额 139.68 亿元，同比下降 9.87%。而截至 2019 年 12 月末，北京市小额贷款机构共有 130 家，十年间增加了 5.5 倍，实收资本 173.34 亿元，增加了 7.94 倍（见专题图 1-23）。

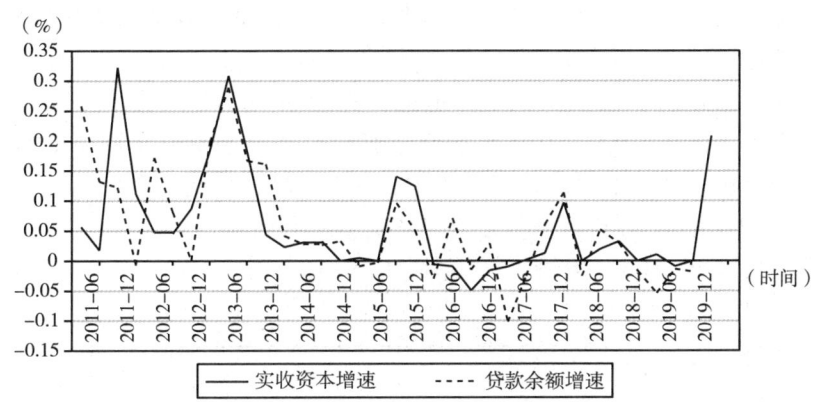

专题图 1-23　2011—2019 年北京市实收资本和小额贷款增速
资料来源：Wind。

（四）其他金融机构情况

截至 2019 年 12 月，北京市市融资性担保机构 62 家，实收资本 594.93 亿元；区域性股权市场（"四板"）累计挂牌展示企业数 5149 家，累计融资额 355.71 亿元；典当行 377 家，注册资本金 124.73 亿元；融资租赁公司数量 216 家，注册资本金 742.17 亿元；商业保理公司 63 家，注册资本金 70.3 亿元；地方资产管理公司 2 家，注册资本金 22 亿元；开展信用互助的农民专业合作社 3 家，交易场所 31 家。

第四节　各类金融产品交易情况

在过去的 20 年间，北京市经济迅速发展，证券市场为北京市实体经济提供了强力的资金支持，金融机构数量不断增长，证券市场交易额逐年上升。尽管股票、基金交易额在这期间各有跌宕起伏，总体来说，北京市证券市场交易额稳步增长，证券市场交易额，包括股票、基金、债券交易额年均增长率都在 40% 以上。2019 年北京市全年证券交易额达到 946426 亿元，较上年增长 3.8%，相比于 2000 年时的 14727.2 亿元，增长了 64 倍，在 2000—2018 年期间平均年增长 40.1%，并在 2017 年首次突破了 100 万亿元。证券市场资金账户数，从 2000 年年初的 115.2 万户发展到 2017 年的 967.7 万户，已然增加了 6.4 倍。

截至 2019 年，北京披露的募资金额 1653.9 亿元，同比增长 263%，占全国 15.1%，募资金额大幅上涨的主要原因是国资背景基金的集中募集。投资方面，2019 年北京市股权投资市场投资案例 1998 起，同比下降 30.5%，投资金额 1857.94 亿元，同比下降 42.5%，平均投资额 1.14 亿元，北京投资活跃度虽有所下降，但仍居全国首位。退出方面，2019 年北京市股权投资市场共发生 570 笔退出事件，同比下降 2.7%。

一、北京市股票交易情况（见专题图 1-24）

2000 年以来，北京市股票市场交易额呈波浪式上涨，北京市股票交易额增长较快，分别在 2007 年、2010 年、2015 年达到高峰，股票交易额分别达到 76476.3 亿元、100366 亿元、453359.2 亿元。同时，波动性也十分地强，在 2006—2007 年期间，北京市股票市场交易额增长了 4 倍，而在 2015—2016 年期间，股票市场交易额又下降了 54%，总体上来说，北京市股票交易额是在上涨的，年平均增长率 45.23%。截至 2019 年年末，股票市场交易额达到 185027 亿元，同比增长 23.44%。在此期间，全国股票市场最高增速 409.08%，最高跌幅 49.91%，年平均增长率 46.32%。

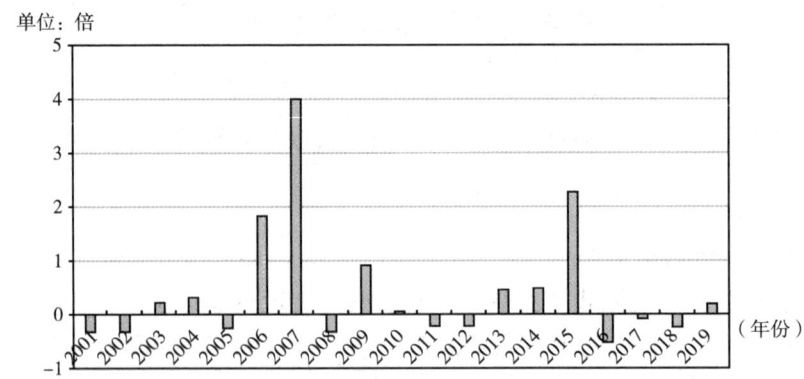

专题图 1-24　2001—2019 年北京市股票交易额增速

资料来源：北京市统计年鉴。

二、北京市基金交易情况（见专题图 1-25）

北京市基金交易额波动较大，2000 年年初时，基金交易额为 376.2 亿元，截至 2019 年年末，基金交易额 25041 亿元，较 2000 年年初增长了 66.56 倍，较上年同期下降了 0.41%，最高年增长率是 2005—2006 年期间的 411.4%，最大跌幅是 2007—2008 年期间，基金交易额下跌 51.47%，在 2000—2019 年期间年平均增长率 31.03%。

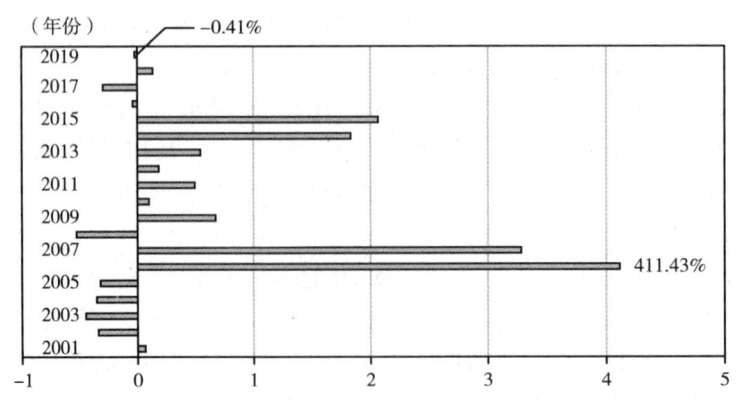

专题图 1-25　2001—2019 年北京市基金交易额增速

资料来源：北京市统计年鉴。

三、北京市债券市场情况（见专题图 1-26）

相比于股票和基金交易，债券交易额的增长相对较为稳定，2000 年时债券交易额为 4825.91 亿元，截至 2017 年，债券交易额达到 293247.9 亿元，增长 59.77 倍，债券现货交易 4956.29 亿元，同比增长 11.19%，债券回购 288017.34 亿元，同比增长 22.47%。最高年增长是 2010—2011 年期间的 351%，在此期间全国交易所债券市场成交金额年增幅是 183.64%，年平均增长 50.8%，而全国交易所债券市场成交金额平均年增速为 41.9%。

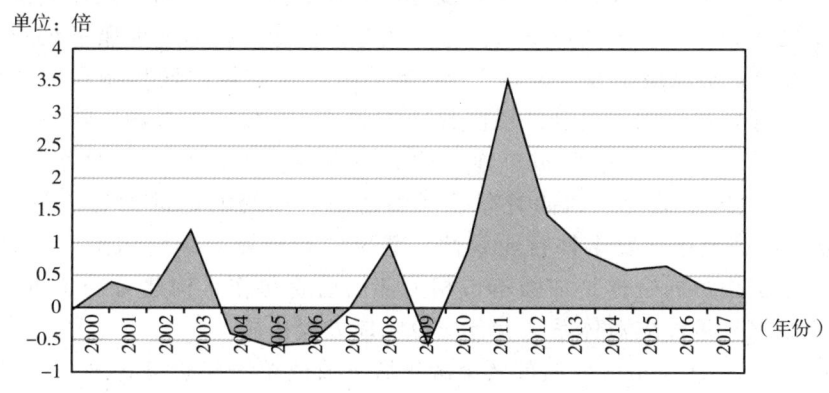

专题图 1-26　北京市债券交易额增速[①]

资料来源：北京市统计年鉴。

注：①北京市统计年鉴自 2018 年开始便不再公布债券交易额的统计数据。

第五节　北京市金融安全预警系统运行情况

北京作为国家金融管理部门、金融企业总部、大型国际金融组织和重要金融基础设施所在地，维持金融安全预警系统的良好运行和做好金融突发事件的应急处置工作，对于维护首都金融安全稳定意义重大。金融领域风险点多面广，隐蔽性、复杂性、突发性、传染性、危害性强，如金融安全预警系统运行不畅，发生重大金融突发事件应对处置不当，将对首都经济金融安全和社会和谐稳定造成巨大影响，甚至迅速波及全国其他地区、相关行业领域，触发系统性金融风险。

一、法规框架

2008 年 4 月 30 日，北京市正式发布《关于促进首都金融业发展的意见》，强调进一步优化金融监管环境，提升监管服务质量，形成科学有效、信息通畅、预警及时、监管到位的监管体系。进一步优化金融安全环境，规范和加强本市政府外债风险管理工作。配合金融管理部门建立和完善风险监测信息系统、金融监管和金融稳定协调机制、金融风险预警机制。

2009年3月21日，北京市发布实施《北京市人民人民政府关于金融促进首都经济发展的意见》，强调要强化金融风险管理，切实维护金融安全稳定，监测金融风险，发挥金融对社会风险的预警作用。成立金融专项应急指挥机构，加快研究制订金融突发事件应急预案，协同处置金融风险。

2018年10月22日，北京市发布《关于首都金融科技创新发展的指导意见》的通知，强调加强金融科技基础设施建设，加强金融科技领域数据安全、网络安全、系统安全能力建设，积极维护国家金融安全，依法保护个人隐私。积极防控金融科技风险，充分运用大数据、金融云、区块链等手段，建立完善覆盖各类金融科技业态的风险监测预警系统，积极争取监管部门监管科技相关政策试点。推动在北京金融科技与专业服务创新示范区探索"沙盒机制"和"金融风险管理实验区"，完善金融科技监管协同机制和沟通渠道，建立金融科技监管国际合作机制，提升区域监管科技水平，有效防范金融风险。

2018年9月4日，北京市发布实施《北京市金融突发事件应急预案》（简称《预案》），强化了金融风险监测、风险评估、风险防范、预警响应的内容。值得一提的是，《预案》还重点考虑金融突发事件行业属性，坚持"管行业必须管风险"，与中央金融监管部门在京派驻机构协同合作，加强本市相关部门监管协作，构建分级负责、分类处置、综合协调的金融突发事件应对体系，完善应急响应处置措施。

2019年11月14日，北京市发布《金融领域开放改革三年行动计划》，强调优化金融安全稳定环境，落实北京市金融监管协调机制，建立监管信息共享目录，逐步扩大信息共享深度和广度，加强金融监管协调与配合，增强监管合力，维护首都金融稳定。（完成时限：2019年12月；责任单位：人行营管部、北京银保监局、北京证监局、市金融监管局。）

二、组织框架

北京市的金融监管及风险防范、化解和处置，主要由北京市地方金融监督管理局来执行。主要涉及到四个处："地方金融机构监管一处"主要负责的对象为北京辖区内小额贷款公司、融资担保公司、开展信用互助的农民专业合作社等机构；"地方金融机构监管二处"负责对象为北京辖区内区域性股权市场、投资公司、社会众筹机构、地方各类交易场所等机构；"地方金融机构监管三处"则负责对北京辖区内典当行、融资租赁公司、商业保理公司、地方资产管理公司的监管工作；而"金融风险管理处"，则主要负责建立健全北京市金融风险监测、预警和防范工作体系，研究提出具体实施细则和操作办法，并推动互联网金融规范健康发展，统筹推动互联网金融领域的风险处置工作。

专题二　中国系统性金融风险指数

第一节　中国金融压力指数

金融压力是指金融市场和金融机构预期损失的变动和不确定性对金融体系所造成的影响和冲击，这种冲击在金融体系本身的脆弱状态中不断集聚为压力，一旦压力达到一个极限，就会引发系统性的金融危机。金融压力指数（Financial Stress Index，简称 FSI）能够较好地反映整个金融体系由于不确定性和预期损失变化所承受的总体风险压力水平。通过定量分析模型，找出金融危机发生的条件和能够预测该条件的一组经济金融变量，并通过监测这一系列可测经济金融变量对金融危机进行早期预警，以防范金融危机的发生，确保金融体系安全稳健地运行。金融压力指数的作用，一方面可以准确反映和测度一国金融系统所承担的风险压力状况，为实时监控金融风险、防范金融危机提供了量化工具；另一方面也能深入探究金融压力与宏观经济的动态传导效应，为政策制定者有针对性地制定不同金融压力时期的宏观经济政策提供参考。

一、中国金融压力指数构建

（一）指标选取与数据来源

金融系统主要由金融市场、金融中介和金融基础设施三部分组成。而受数据可得性和操作可行性的约束，实际构建金融压力指数时很难囊括金融系统所有方面的信息，往往选择金融系统中最为重要的部分。本报告结合中国金融体系的特点，将中国金融压力指数构建指标的来源限定为以下两个方面：（1）中国金融系统中占主导地位的 5 个部分——银行部门、股票市场、债券市场、外汇市场和房地产市场；（2）反映金融发展和金融宏观环境的 5 个维度——金融机构经营情况、金融机构资产负债压力、利率环境、人民币国际化进程和金融基础设施建设。具体指标为：

银行部门：银行间同业拆借加权平均利率、银行间债券质押式回购加权平均利率、隔夜 SHIBOR、金融机构各项贷款余额同比增长率、金融机构各项存款余额同比增长率、存贷比、M2/M1、M2 同比增长率。

债券市场：1 年国债到期收益率、10 年期与 1 年期国债债券收益率息差、月度 10 年期中美国债到期收益率息差。

外汇与外贸：人民币实际有效汇率指数、美元兑人民币平均汇率、官方外汇储备同比增长率、货币当局国外负债占外汇储备比例、进口金额同比增长率、出口金额同比增长率。

房地产市场：房地产开发投资完成额累计同比增长率、房地产开发自筹资金累计同比增长率、房地产开发资金来源累计同比增长率、房屋新开工面积累计同比增长率、房屋竣工面积累计同比增长率、土地购置费累计同比增长率、国房景气指数。

股票市场：上证综指市盈率、上证综指收益率、上证综指收益率标准差、上证综指换手率。

金融机构经营情况：损失贷款比例、不良贷款比例、商业银行流动性比例、商业银行核心一级资本充足率、银行业资产负债率、保险公司保费收入增长率、证券公司净利润增长率。

金融机构资产负债压力：货币当局对国外资产负债率、货币当局总资产增长率、存款性公司国外资产负债率、存款性公司对其他存款性公司资产负债率、存款性公司对其他金融机构资产负债率。

利率环境：中国金融条件指数、1年期理财产品预期年收益率、1—2年信托产品预期年收益率、全体产业债信用利差中位数。

人民币国际化进程：人民币国际支付全球货币排名、人民币国际支付全球市场份额、央行人民币货币互换规模、跨境贸易人民币业务结算金额当月值。

金融基础设施建设：支付系统业务笔数、银行结算账户数、公募基金数量、全国期货成交量、QFII投资额度、私募股权和创业投资上市数量、存管证券只数、股票发行人家数。

受数据可得性限制，本报告所选数据样本区间为2010年1月至2019年12月，所有指标数据均来源于Wind数据库，数据基准频率为月度，部分季度数据按照quadratic - match average 或 quadratic - match sum 转换为月度数据之后进行分析。对于上述指标体系，本报告按照正向、逆向和中性指标对其分类之后，选择经验累积分布函数（CDF）转换方法，利用原始数据经验累积分布函数对应的百分位值替代原有指标，克服量纲对分析结果的影响。

（二）指数构建

1. 分部门压力指数的构建

基于标准化后的指标数据，本报告首先采用CIRTIC客观赋权法赋予每个指标一定的权重，并计算得到加权的子市场指数。CIRTIC法基于指标波动性，同时考虑了指标之间相关性对权重的影响。该方法的权重计算方法为：

$$W_i = \frac{C_i}{\sum_{i=1}^{n} C_i}$$

$$C_i = \sigma_i \sum_{j=1}^{n} (1 - corr_{ij})$$

其中，$corr_{ij}$ 表示指标 i 和 j 之间的相关性，σ_i 表示指标 i 的标准差。

基于上式可以得到单指数的构建公式：

$$FSI_{k,t} = \sum_{i=1}^{n} W_i \times X_{i,t}$$

其中，$X_{i,t}$ 表示单指数构建时采用的指标 i 在 t 时刻的值。

2. 综合压力指数的构建

在构建单指数的基础上，本专题二使用复合式系统压力指标方法（CISS），引入时变权重，从风险形成的纵向和横向维度构建金融压力指数，体现非理性行为范式下金融压力的内生性特征。

具体而言，在纵向维度上，本方法建立 10 个子系统指数与采购经理人指数（PMI）的二维结构向量自回归模型，通过计算子系统指数一个单位标准差正向冲击下产出滞后 12 期的累积响应函数值，并除以所有子系统指数冲击下的累积响应函数之和，进而得到真实冲击权重 S_i，刻画由于经济主体情绪和认知偏差及其顺周期行为而导致风险向实体经济的溢出效应产生的真实冲击权重。在横向维度上，本专题二选择步长为 12 的移动窗口期，计算 10 个子系统指数在 t 时刻的时变相关系数 $\rho_{ij,t}$，并建立时变相关系数矩阵 C_t，刻画压力在不同金融部门之间传染效应产生的权重。最后，金融压力指数可以由子系统指数向量、真实冲击权重向量与时变性相关系数矩阵运算得到，即矩阵运算为：

$$FSI_t = (fsi_t \times S_i) \times C_t \times (fsi_t \times S_i)'$$

其中，$fsi_t = [FSI_{1,t}, \cdots, FSI_{5,t}]$ 为 t 时刻子系统指数向量，测算得到 $S_i = [0.08, 0.16, 0.10, 0.01, 0.14, 0.09, 0.27, 0.04, 0.02, 0.10]$。

基于上述指数构建方法，本专题二最终得到 2010 年 1 月至 2019 年 12 月期间的金融压力指数结果（见专题图 2-1）。本专题二将金融压力指数高于均值程度大于一倍标准差时认定为历史上高金融压力的时期，图中红色横线为金融压力指数警戒线。

（三）总体金融压力状况（见专题图 2-1）

全年金融压力先升后降。2019 年全年，中国整体金融压力指数呈现先升后降的趋势，总体维持在警戒线以下。前四个月受到金融机构运行压力的影响，指数逐渐走高至年内高点 0.36，之后逐渐缓释回落至年末的 0.21。金融压力由前两年的快速积累转向高位释放，防范化解金融风险攻坚战取得关键进展。影子银行和交叉金融风险持续收敛，银行业全年处置不良贷款约 2 万亿元，影子银行规模较历史峰值压缩 16 万亿元。金融市场乱象得到有效整治，全年处罚银行保险机构 2849 家次，罚没合计 14.50 亿元，年末实际运营网贷机构 248 家，较年初下降 76%，机构数量、借贷余额及参与人数连续 18 个月下降。严防

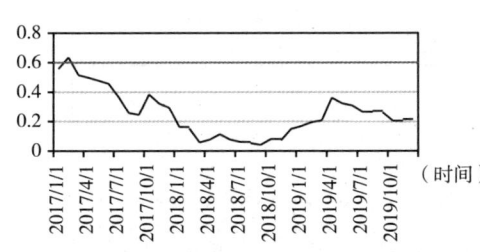
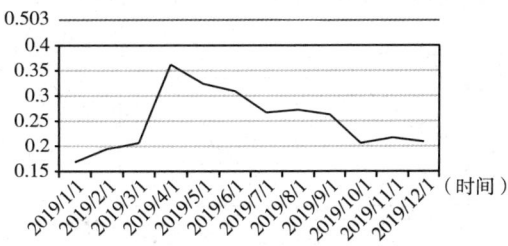

专题图 2-1 整体压力指数

（左图为 2017—2019 年时序图，右图为 2019 年各月时序图，下同）

信贷资金违规流入房地产市场，房地产贷款增速同比下降 3.30 个百分点。未来，要继续做好风险防控工作，稳妥处置高风险机构、化解隐性债务风险、有效防范化解外部冲击风险，坚决打赢防范化解金融风险攻坚战。

（四）分部门压力状况

1. 银行市场压力持续上升（见专题图 2-2）。2019 年，中国银行市场整体压力整体处于历史警戒线附近，从年初的 0.664 震荡上升至年末的 0.74，压力水平较高。受消费者理财观念的影响，银行业的存款相关指标在 2019 年进一步放缓，2019 年年末的商业银行存款增长率以及存贷比相较于 2017 年初分别下降 17.80% 和 10.50%；另外，为了解决中小企业的融资问题，人民银行提高了对市场的货币供给，2019 年年末的 M2/M1 相较于 2017 年年初下降 20.70%，流动性进入银行间市场导致利率下行，2019 年 12 月的隔夜、3 月期和 1 年期 Shibor 较去年同期分别下行 51.20、16.90 和 40.40 个基点，银行系统具有流动性泛滥的趋势。同时，银行业系统性风险的防范机制收到了良好效果。5 月 24 日，中国人民银行和银保监会联合接管存在具有严重信用风险的包商银行，打破了刚性兑付，防止了风险在银行间系统的蔓延，银行业压力也由 5 月份的 0.71 加速下行至 6 月份的年内低点 0.611。

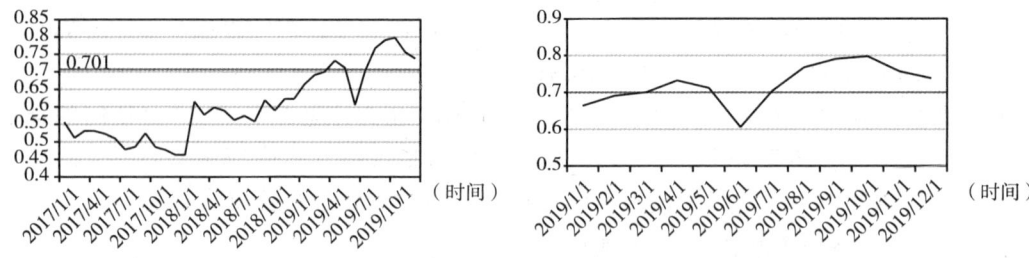

专题图 2-2 银行部门压力指数

2. 债券市场压力再现上升势头（见专题图 2-3）。2019 年，中国债券市场压力整体处于警戒线水平以下，但呈现出上升趋势，从年初的 0.23 上升至年末的 0.43。2019 年全年颁布了多项关于债券市场的监管政策，核心目的在于阻断流动性风险的传递和扩散，让债券市场进一步回归到融资与风险定价的功能。这些政策保证了市场压力处于较低水平，不会出现大幅度的提升。但受债券或发行主体违约影响，与债券相关的利率大幅上扬，导致市场压力出现上升趋势。2019 年全年违约债券 179 只，违约金额 1444.08 亿元，较 2018 年分别上升

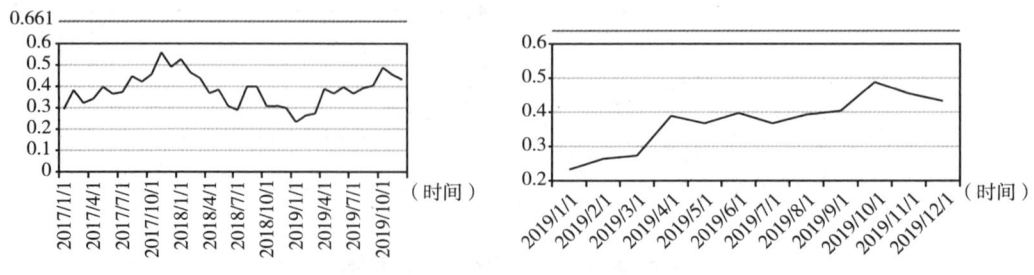

专题图 2-3 债券市场压力指数

35.91%和17.72%。受此影响，2019年的长短期国债利差月度均值较2017年和2018年分别上升32.99和2.84个基点，2019年末中美利差相较于年初上涨89.62个基点。

3. 外汇与外贸压力维持在高位（见专题图2-4）。2019年，中国外汇与外贸压力整体处于历史警戒线附近，由年初的0.638小幅上升至年末的0.681。影响中国外汇与外贸压力的因素主要是中美贸易战。美国政府于2017年8月开始的中美贸易战恶化了中国的出口环境，对中国的进出口和汇率稳定产生了持续的影响。2019年以来，中美贸易战经历了从升级到缓和的过程。美方于5月10日宣布将对2000亿美元中国输美商品加征关税上调至25%，且于8月6日将中国列为"汇率操纵国"，直接导致人民币对美元即期汇率于8月26日收创11年半新低。年末，中美两国重启谈判，围绕第一阶段贸易协定反复磋商，最终于12月13日形成第一阶段贸易协议文本，贸易战得到缓和。受此影响，2019年中国月均出口增长率0.38%，远小于2018年的11.19%；中美进出口累计5412亿美元，较2018年下降14.60%。美元兑人民币汇率较2018年平均上升2849个基点，上升4.20%。

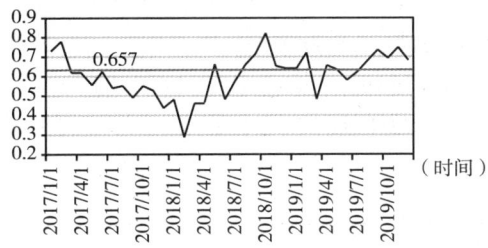 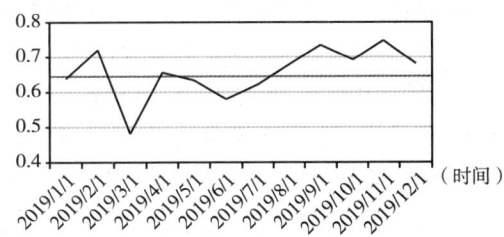

专题图2-4 外汇与外贸压力指数

4. 房地产市场压力从高位回落（见专题图2-5）。2019年，在维稳总基调和全面因城施策方针下，中国房地产市场压力从年初的高点0.978回落至年末的0.685，市场压力得到有效释放。前4个月，"稳定地价、稳定房价、稳定预期"是主要调控目标，多地在1月份颁布了建设租赁住房试点方案，发改委在4月份发文要求符合条件的城市放宽落户限制，维护房地产市场的稳定。另外，房地产市场的严监管并未放松。银保监会于5月份发文全面收紧房地产融资渠道，限制表内外资金直接或变相用于土地出让金融资，整治通过影子银行渠道违规流入房地产市场的资金，禁止房地产企业的变相提供融资。年末的中央经济工作会议提出，要坚持房住不炒，全面落实因城施策，稳地价、稳房价、稳预期的长效管理调控机制，促进房地产市场平稳健康发展。这一系列调控政策取得了显著效果。2019年末，百城住宅价格指数同比增速较2017年年初和2018年年初分别下降15.51%和

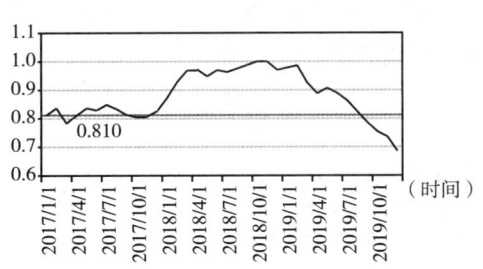 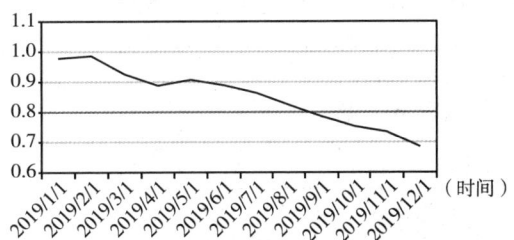

专题图2-5 房地产市场压力指数

3.66%；土地购置费增速较 2018 年初和 2019 年初分别下降 21.15% 和 31.25%；百城土地成交面积 12 亿平方米，同比下降 6.90%，且在 2019 年 12 月出现了 -40.70% 的负增长；二三线城市的成交面积同比增速为 -3.00% 和 -12.30%；前 11 个月，百城土地成交流拍率 15.10%，较 2018 年同期上涨 2.90%；国有土地使用权出让收入同比增长 8.10%，较 2018 年大幅收窄 20.80%。目前，中国房地产市场压力处于下降趋势，但仍处于相对高位，未来仍需严格执行"住房不炒"的宏观经济政策，严控房地产市场风险。

5. 股票市场压力持续下降（见专题图 2-6）。2019 年，中国股票市场压力处于历史较低水平，全年平均压力值 0.08，相比 2018 年的 0.15 呈现下降趋势。2019 年股票市场的多项改革为市场稳中向好的发展提供了重要的制度保障。4 月份颁布的退市新规将扰乱市场秩序、触及退市标准的企业坚决清出市场，沪深两市全年共有 18 家公司通过多种渠道实现退市，规范了市场行为。从 5 月份开始，A 股纳入 MSCI 指数并三次扩容，为市场提供了近千亿的增量资金；6 月 13 日科创板正式开板并试点注册制，为二级市场投资者投资科技企业提供了全新的渠道。受上述因素影响，2019 年全年，上证综指、深圳成指和创业板指分别上涨 22.30%、44.07% 和 43.79%；年化波动率分别为 18.01%、23.22% 和 25.98%，较 2018 年分别下降 8.83%、3.52% 和 7.13%；年末市盈率分别为 14.05、26.04 和 55.30，较 2018 年末分别提升 16.28%、58.33% 和 39.45%；A 股市场日均成交金额为 5202.78 亿元，较 2018 年上涨超过 40%。

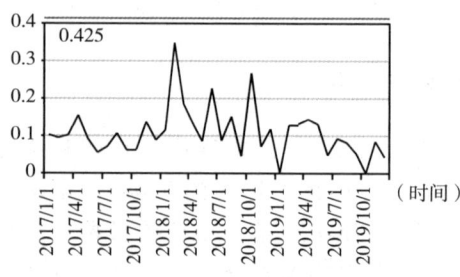 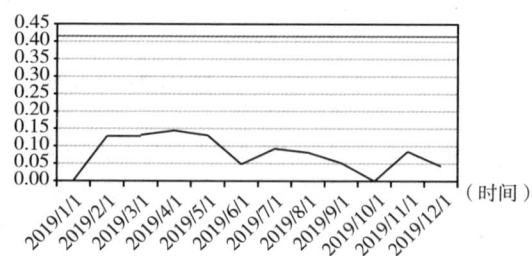

专题图 2-6　股票市场压力指数

6. 金融机构运行年内承压（见专题图 2-7）。2019 年，中国金融机构运行压力整体维持在警戒线以下，但在年中呈现出先升后降的趋势。商业银行流动性比率从第二季度年内低点 55.77% 回升至年末的 58.46%，一级核心资本充足率也在二季度出现低点 10.71%。二季度以后，监管力度有所加强，金融机构经营业绩也有所好转。监管机构于二季度加强地产信托的监管，导致第三季度投向房地产的信托资金余额环比下降 5.05%，

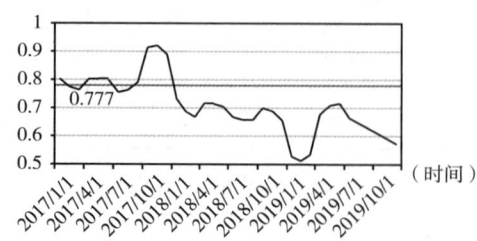 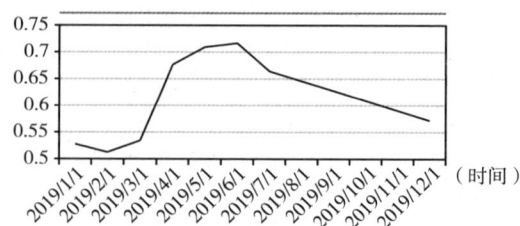

专题图 2-7　金融机构经营压力指数

显著降低了信托机构运行风险。在资管去通道的大背景下,2019 年的券商资管规模大幅回落,全年发行产品 5687 只,相比 2018 年全年和 2017 年高峰期分别下降 21% 和 44%。保险公司保费收入 4.26 万亿元,较 2017 年和 2018 年分别上升 15.33% 和 11.48%。证券公司净利润 3268.78 亿元,同比增长 63.81%。

7. 资产负债端压力持续下降(见专题图 2-8)。2019 年,金融行业资产负债端压力持续下降,金融压力指数从年初的高点 0.35 回落至年末的 0.04,金融去杠杆取得显著进展。货币当局年末国外负债 841.77 亿元,同比下降 32.45%,年末政府存款 32415.13 亿元,同比上升 13.84%。其他存款性公司国外资产和负债分别同比变化 5.61% 和 -21.71%,对居民和非金融机构的债权和债务分别同比变化 14.46% 和 9.13%。全年金融部门杠杆率有所回落,资产方杠杆率由 2018 年末的 60.60% 下降到 55.80%,负债方杠杆率由 60.90% 下降到 59.40%,降幅分别为 4.80% 和 1.50%。

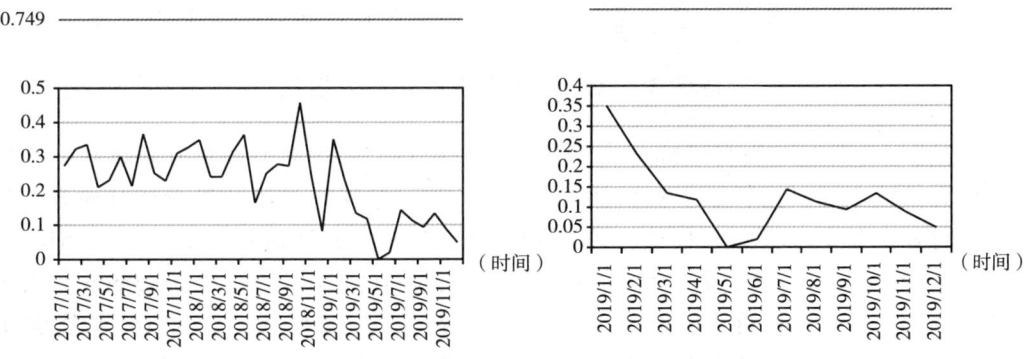

专题图 2-8 资产负债端压力指数

8. 利率环境小幅承压(见专题图 2-9)。2019 年,利率环境压力指数总体呈现上升趋势,但仍保持在警戒线以下,年内高点为 10 月份的 0.40。在稳健货币政策环境下,年末中国金融条件指数为 -0.80,相比于 2018 年年末的 -0.30 进一步下降,融资环境进一步宽松。另外,理财端收益率持续下降,投资者理财收益小幅承压。2019 年末理财产品预期年化收益率和信托产品预期年化收益率分别为 4.15% 和 7.46%,相较于 2018 年年末分别下降 40.90 和 68.60 个基点。年末互联网宝宝类理财产品年化收益率 2.63%,相比于 2017 年和 2018 年年末分别下降 1.28 和 1.22 个百分点。

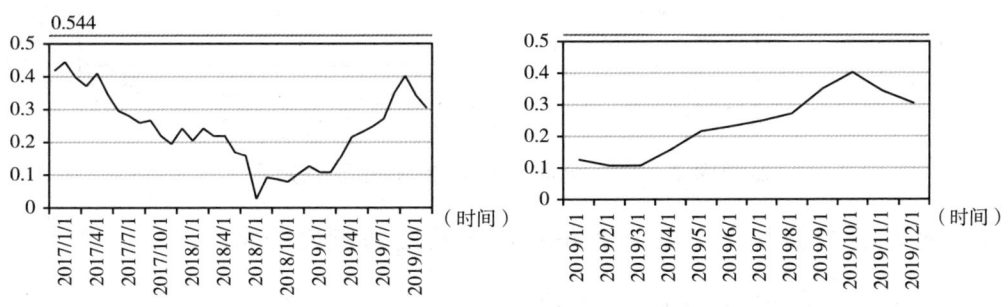

专题图 2-9 利率环境压力指数

9. 人民币国际化进程稳定推进（见专题图 2-10）。2019 年，人民币国际化压力指数维持低位震荡，年内高点仅为二月份的 0.25，远小于压力警戒线 0.44，人民币国际化进程平稳推进。全年人民币国际支付全球货币排名维持在 5~6 位，平均人民币国际支付全球市场份额为 1.93%，相较于 2018 年上升 0.09 个百分点，全年跨境人民币结算金额 197000 亿元，相比于 2018 年增长 21.74%，其中全跨境贸易人民币业务结算金额 60400 亿元，相较于 2018 年增长 16.72%。

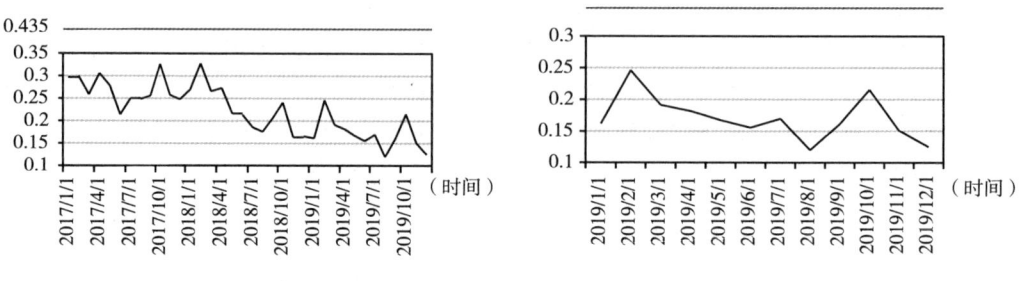

专题图 2-10　人民币国际化压力指数

10. 金融基础设施建设持续向好（见专题图 2-11）。2019 年，中国金融基础设施建设金融压力持续下降，显著低于 0.51 的警戒线水平，金融基础设施建设持续向好。2019 年全年支付业务笔数 1751.49 亿笔，较 2017 年和 2018 年分别增长 209.37% 和 51.68%；银行结算账户 113.52 亿个，较 2017 年和 2018 年分别增长 20.769% 和 11.389%。人民银行全年共处理各类业务越 177 亿笔，涉及金额约 5130 万亿元，较 2018 年分别增长 15.30% 和 14.30%。全年支持债券发行登记超过 15 万亿元，托管债券约 65 万亿元，完成债券结算近 1500 万亿元。QFII 投资额度从 2017 年的 971.59 亿元提升至 2019 年的 1113.96 亿元，增幅 13.60%；公募基金数量从 2017 年的 4841 只提升至 2019 年年末的 6544 只，增幅 30.14%。2019 年 4 月，金融行动特别工作组（FATF）认可了近年来中国政府在反洗钱工作方面取得的积极进展，中方代表也于 2019 年 7 月 1 日至 2020 年 6 月 30 日期间接任 FATF 主席一职。

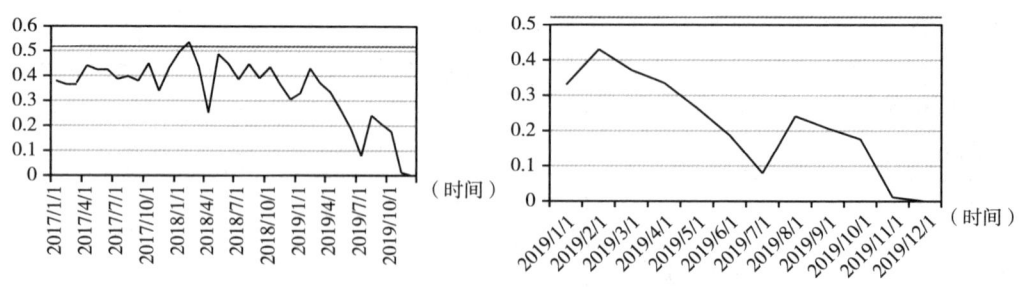

专题图 2-11　金融基础设施建设压力指数

二、金融压力指数与宏观经济联动效应及压力测试分析

（一）金融压力与宏观经济的联动效应

本报告采用时变参数向量自回归（TVPVAR）模型分析金融压力指数与宏观经济运行

之间的动态关系，选择数据和指标为2010年1月至2019年12月反映制造业生产的采购经理人指数（PMI）和工业增加值（GYZJZ），以及反映物价变动的消费者价格指数（CPI）和生产价格指数（PPI）。时变参数向量自回归模型具有非线性结构、参数和扰动项方差随时间变化等特征，能够良好地刻画经济变量之间的复杂结构。在参数设置时，本报告假定参数的方差协防矩阵对角元素服从伽马分布，滞后期为3期即一个季度，进行10000次MCMC算法抽样得到待估参数结果如专题表2-1所示。

专题表2-1　　　　　　　　　　TVPVAR参数估计结果

参数	均值	标准差	Geweke值	无效因子
$(\sum_\beta)_1$	0.014	0.008	0.060	154.830
$(\sum_\beta)_2$	0.005	0.001	0.003	55.310
$(\sum_\alpha)_1$	0.005	0.001	0.000	26.490
$(\sum_\alpha)_2$	0.005	0.002	0.970	32.500
$(\sum_h)_1$	0.188	0.058	0.994	70.840
$(\sum_h)_2$	0.006	0.002	0.370	45.120

其中，Geweke数值均小于95%的临界值1.96，表明模型参数显著，参数服从后验分布假设。无效因子的值远小于10000，说明MCMC的抽样效果很好，模型能够很好地刻画金融压力指数与宏观经济运行之间的动态关系。

从变量之间脉冲响应专题图2-12可以看出，经济的发展对金融压力指数具有一定的抑制作用。当采购经理人指数上升一个标准差时，金融压力指数会当期下降1%，且这种抑制作用会一直持续到4个月之后。工业增加值上升一个标准差，则金融压力指数会在当期上升0.5%，但这种影响会在4个月之后消失。当CPI上升一个标准差时，金融压力指数会在当期下降0.4%，但在两个月之后上升0.5%，之后一直维持正向的影响。当PPI上升一个标准差时，金融压力指数会在当期上升超过0.25%，且这种正向冲击会持续一个季度。上述结果说明，制造业的良好发展以及制造业产品物价的稳定有助于降低中国金融系统的整体压力水平。

另外，金融压力也对宏观经济的表现具有抑制作用（见专题图2-13）。当金融压力指数上升一个标准差时，采购经理人指数会在两个月之后下降0.35%，且这种负向冲击会一直维持到一年以后；工业增加在在一个月之后会上升0.35%，但这种正向影响仅维持两

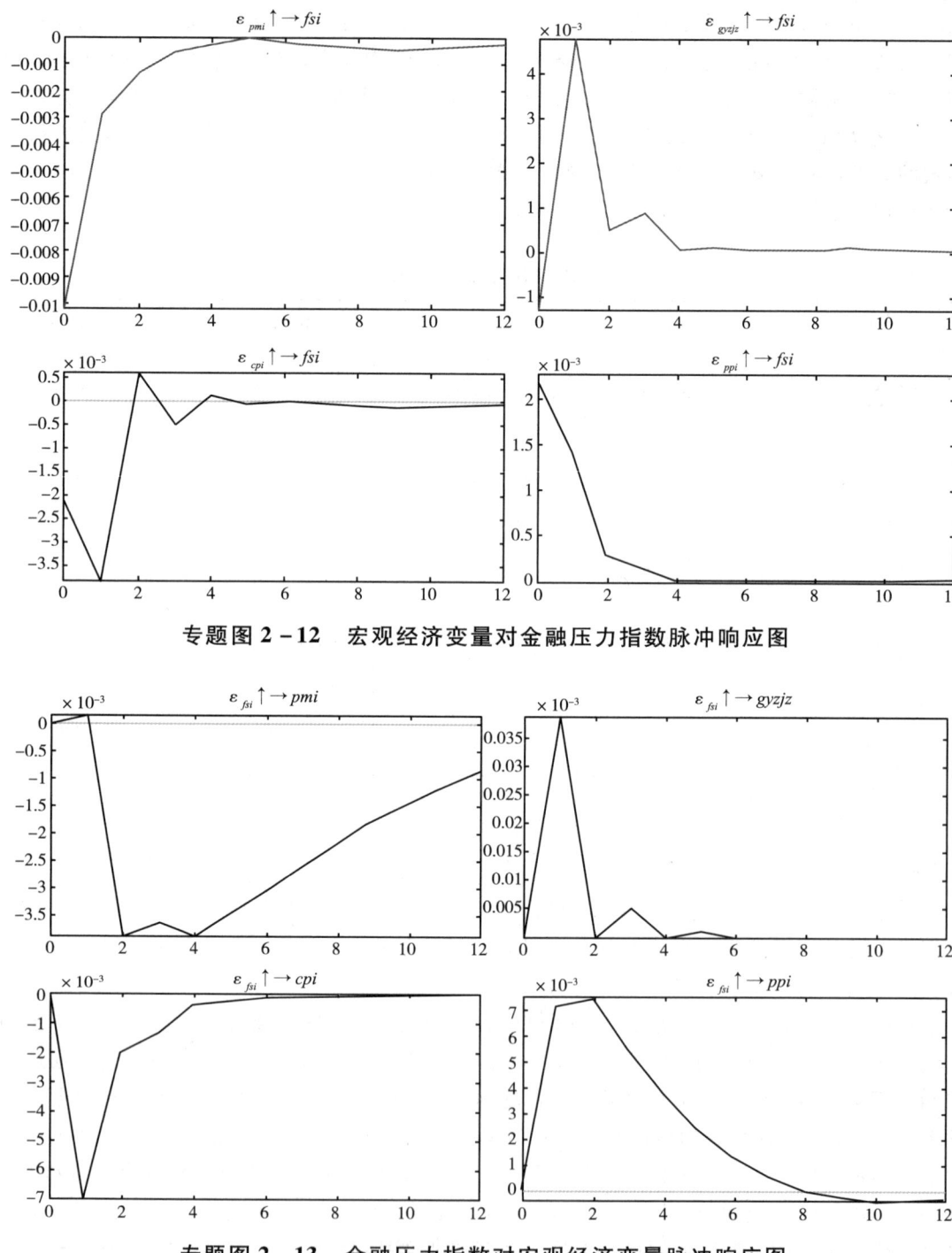

专题图 2-12　宏观经济变量对金融压力指数脉冲响应图

专题图 2-13　金融压力指数对宏观经济变量脉冲响应图

期；CPI 会在下一期下降约 0.7%；而 PPI 会在一个季度以后上涨 0.7%。这说明，金融压力的上升会抑制制造业的发展，同时也会导致工业品物价水平的上升，会在一定程度上导致供给型通货膨胀。

根据上述金融压力指数与宏观经济变量的联动效应，本专题二预测2020年上半年金融压力情况。具体而言，考虑未来半年宏观经济向好（经济指标持续恢复至近三年最优值）、宏观经济衰退（经济指标持续回落至近三年低点）以及一般情况（经济指标在当前范围内小幅变化），并基于3期滞后宏观经济数据和金融压力指数进行下一期滚动预测。结果见专题图2-14。

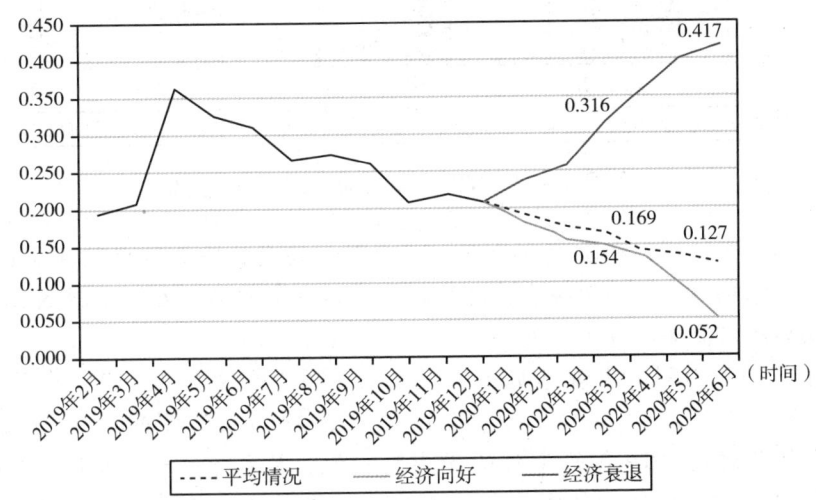

专题图2-14 2020年上半年金融压力指数预测图

若经济发展持续向好，经济结构进一步转型升级，经济发展质量持续提升，金融压力指数在未来半年也会持续下降，3月份和6月份的预测值分别为0.1549和0.052。但若经济发展受到冲击的影响进入衰退阶段，工业生产停滞，物价持续高涨，则会导致金融压力指数的大幅度攀升，3月份和6月份的预测值分别为0.316和0.147，超过2019年高点且逼近0.503的历史警戒线。

（二）金融压力指数压力测试

宏观经济的发展与金融压力水平具有联动作用，为了进一步分析宏观经济发展的不同情形对金融压力的影响，本报告在此进行宏观压力测试分析。具体而言，本报告首先设置多个宏观经济指标在2019年的极端变化情形，并根据上文估计得到的TVPVAR参数，利用2019年各月变化后的宏观经济指标重新估计2019年各月的金融压力，得到不同宏观冲击下金融压力的变化情况。在压力情景的设置上，本书选择采购经理人指数、消费者物价指数和工业增加值三个指标，以反映制造业发展和物价水平的极端变化对金融压力的影响。在冲击程度的设置上，分别设置轻度冲击（恶化5%）、中度冲击（恶化10%）和重度冲击（恶化20%）三个维度。对得到的每月压力估计结果计算均值，得到整体的压力测试结果见专题图2-15。

从冲击指标方面来看，相对于物价水平而言，当制造业发展水平恶化时，金融压力上升幅度更大，其中又以采购经理人指数冲击的影响最大，三种程度的冲击下分别具有0.274、0.298和0.346的平均压力水平，远大于0.25的原始值；物价冲击对金融压力的

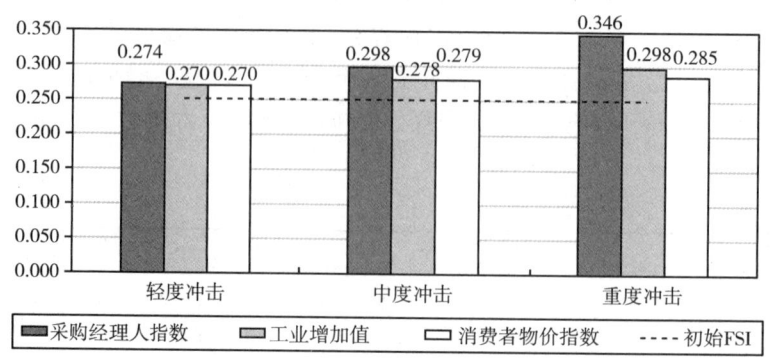

专题图 2-15 2019 年总体压力测试情况

影响较小。上述结果说明，在防范和化解重大金融风险时，应该重点关注制造业的发展，坚实推进供给侧结构性改革，解决实体经济融资难融资贵问题，发挥金融服务实体经济的能力，保障实体经济高质量稳定发展。

对于每个月的压力测试表现（见下专题图 2-16、专题图 2-17、专题图 2-18），本专题二以原始金融压力指数 2010 年 1 月至 2018 年 12 月期间的月度平均涨幅（8.43%）为基础建立 2019 年每个月的压力警戒值：$FSI_{warning,t} = 1.0843 \times FSI_t$，进一步分析宏观经济冲击对金融压力的影响。从下面三个图可以看出，对于采购经理人指数的三种冲击基本都会导致金融压力超过警戒线，仅 2019 年二季度在轻度冲击情形下通过压力测试（未超过警戒线）；对于工业增加值而言，仅在轻度冲击下有六个月份通过压力测试；对物价指数而言，轻度冲击和中度冲击下都可以通过压力测试，但重度冲击下无法通过测试。总体而言，制造业的冲击会导致金融压力上升更大幅度，而物价的冲击对金融压力的影响较小。

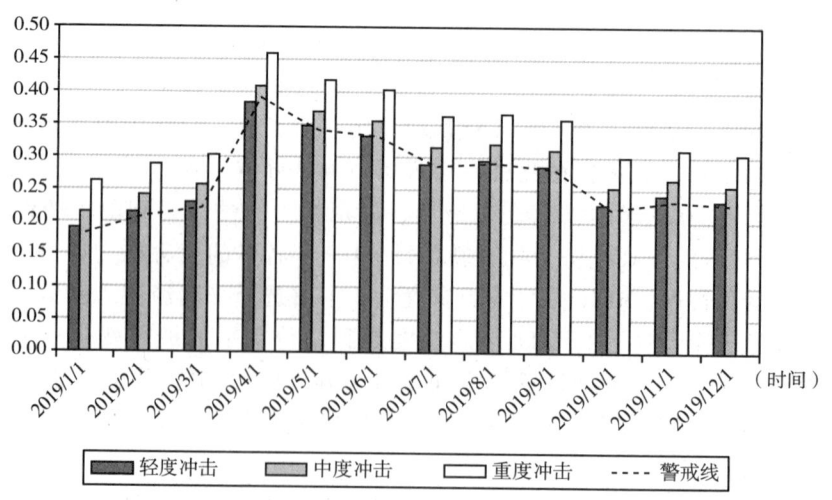

专题图 2-16 采购经理人指数冲击压力测试结果

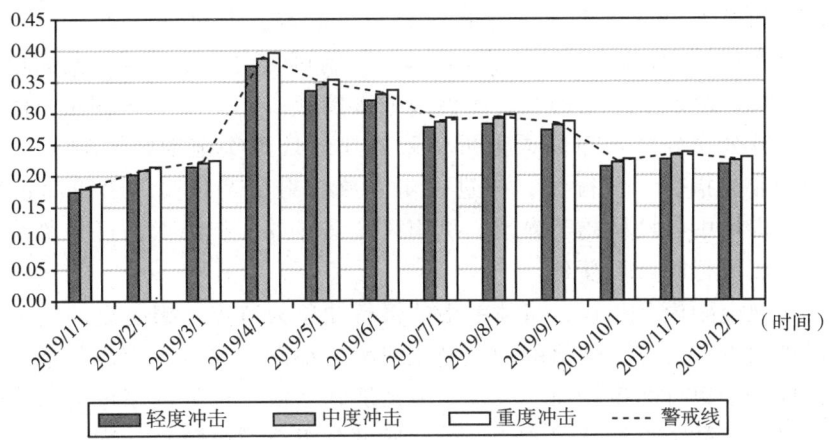

专题图 2-17 工业增加值冲击压力测试结果

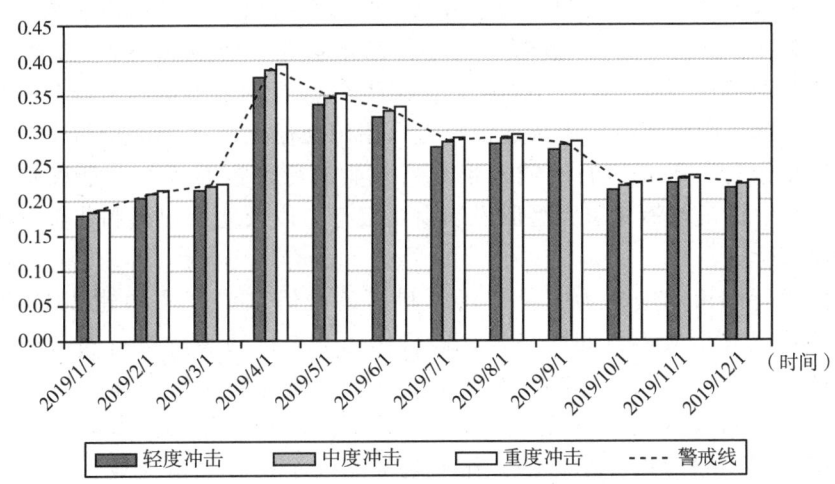

专题图 2-18 消费者价格指数冲击压力测试结果

注：图中三个柱形分别表示轻度冲击（恶化 5%）、中度冲击（恶化 10%）和重度冲击（恶化 20%）下各月的金融压力测试结果；折线表示金融压力警戒线；灰线柱形表示该情形下该月份的压力测试并未超过警戒线，通过压力测试；而空白柱形表示该压力测试结果超过警戒线，未通过压力测试。

第二节 基于风险传染的中国系统性金融风险指数

一、中国金融系统风险传染性的度量

（一）2019 年中国银行间市场传染性情况

中国金融系统以银行业为主导，银行体系主体丰富。2019 年共有包括邮储银行等 8 家商业银行成功上市，募集资金合计 621.98 亿元；截至 2019 年 12 月共有 33 家银行在 A 股

成功上市。商业银行上市可以有效补充其核心一级资本，但对全行业尤其是中小银行而言，核心一级资本仍较为稀缺。2019 年 5 月包商银行因大量资金被明天集团违规占用而出现严重的信用危机，触发了法定的接管条件被依法接管；6 月 17 日全国银行间同业拆借中心与中央结算结算公司分别发布《同业拆借回购违约处置实施细则》和《中央结算公司担保品违约处置业务指引（试行）》，以进一步释放金融市场风险。由包商银行引发的风险事件使得同业市场中各机构趋于谨慎，机构风险偏好进一步降低，可见单家银行的流动性危机可能会经由银行间市场蔓延。

与传统的宏观金融模型相比，将体系中的银行抽象为节点，银行之间的关系抽象为连线，危机的传染则可以对应于网络的动态变化情况。在没有政府的救济的情况下，假设风险的传染渠道仅限于银行间市场而不涉及实体经济，当银行损失额超过清偿资本时银行倒闭；在模拟一个或者数个银行倒闭的情景中，通过分析金融风险在不同主体间积聚、传导的过程即可评估各主体的传染性。

为识别近年来中国银行系统的传染性情况，我们选用银行资产负债表数据构建银行的双边债务头寸矩阵。因为 2019 年各银行的年报尚未披露，所以从 Wind 数据库中选择 33 家 A 股已上市银行 2019 年三季报的数据生成 2019 年银行同业拆借网络。包括中国工商银行、中国农业银行、中国银行、中国建设银行、中国交通银行和邮储银行等 6 家大型国有商业银行，华夏银行、平安银行、浦发银行、兴业银行、招商银行、浙商银行、光大银行、民生银行和中信银行等 9 家大型股份制商业银行，以及北京银行和紫金农商银行等 18 家城商行和农商行。

假设中国银行间市场网络为完全市场，利用最大信息熵算法构建 2019 年中国各银行主体的关联情况并形成银行间网络。将银行作为节点，边表示银行间市场不同主体的拆借关系；两家银行间的交易量越大则他们之间的边将越粗、颜色越深，而当银行在银行间市场中的总交易量越大，传染性越强，则该节点的规模越大。专题图 2 - 19 为 2019 年中国银行间市场网络的拓扑结构图，用灰色节点表示国有股份商业银行、白色节点表

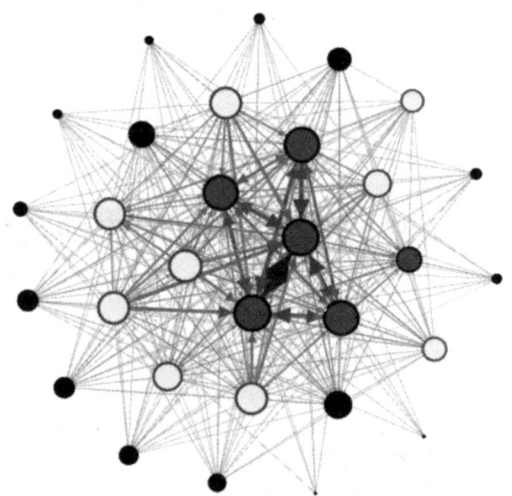

专题图 2 - 19　2019 年中国 A 股上市银行的银行间市场拓扑结构图

示大型股份制商业银行、黑色节点表示城商行等其他银行。从图中不难发现中国银行间市场网络存在少量交易量非常大的节点和大量交易量较小的节点；国有商业银行与其他银行的关联性最强，部分城商行如上海银行、北京银行的关联度和大型股份制商业银行相似。

假设银行系统性风险的诱导因素是单个银行的倒闭，取损失率为 0.8；用不同银行倒闭后在第一次冲击中所造成的金融体系剩余机构破产的数目度量该机构的传染性大小，结果见专题图 2-20。结果表明国有商业银行传染性强于大型股份制商业银行和其他银行，而大型股份制银行的传染性又存在较为明显的差异。

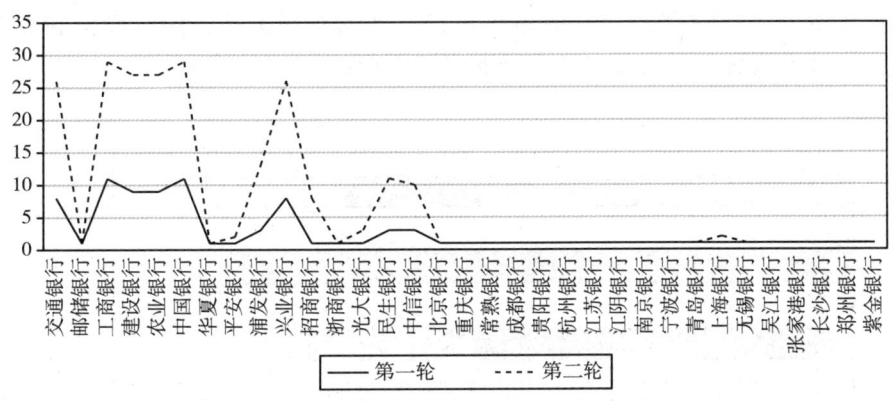

专题图 2-20　2019 年中国 A 股上市银行的银行间市场传染情况

具体看来，国有控股银行传染性按大小排列依次为中国工商银行、中国银行、中国建设银行、中国农业银行、中国交通银行和邮储银行，且前五家银行破产后首轮冲击中便会使得金融体系中 1/3 左右的银行陷入危机，而邮储银行的危机不容易蔓延至其他的上市银行；这表明五大行是中国金融体系的重要支柱，维持国有商业银行的稳定是确保不发生系统性重要金融危机的重要前提。大型股份制商业银行传染性按从大到小排列依次为兴业银行、浦发银行、民生银行、中信银行、招商银行、光大银行、平安银行、广发银行和华夏银行；其中因为兴业银行的同业业务较为发达，当其发生系统性风险而破产时也将会影响剩余近 1/3 的金融机构，而广发银行、华夏银行等银行的传染性则较低。

进一步考虑单家银行倒闭对整个金融体系的综合影响，假设当银行倒闭引发其他银行倒闭时，政府任由危机扩散而不进行救助。用危机传导轮数和最终倒闭银行总数度量各银行的传染性。结果表明当任由危机发展而不救助时，前五大国有商业银行的破产均会使 80% 左右的上市银行破产进而使得整个金融体系崩溃；而大型股份制商业银行中兴业银行的流动性危机也传染超过 3/4 的上市银行，浦发银行、民生银行、中信银行的危机则可能传染至近 1/3 的上市机构。此外，需要注意的是部分城商行如上海银行的破产也具有一定的传染性，但其危机仅会使得一两家关系较为密切的银行偿付困难而并不会引发系统性金融危机。因此，当国有商业银行、大型股份制商业银行出现流动性危机时，政府应立即对其进行救助，避免初始破产冲击对整个金融体系造成不可逆转的灾难；同时也应密切关注部分传染性强的城市商业银行的经营状况。

(二) 2017—2019 年上市银行传染性变化情况

为识别近年来中国银行系统的传染性变化情况，选用上市银行 2017—2018 年的年报数据进行补充与比较分析。分类别银行间市场平均资产和负债情况见专题图 2-21 和专题图 2-22，无论是银行间市场资产还是负债，国有控股银行平均值均远超过大型股份制银行和其他银行。资产方面，2017 年因中国人民银行维持稳健中性的货币政策基调，银行间市场出现紧平衡格局，国有商业银行等主体银行间市场资产处于较低水平；而 2018 年银行间市场整体平稳运行，市场建设稳步推进，国有商业银行和大型股份制商业银行平均资产有所上升。2019 年银行间市场运行较为平稳，三季度均值即接近 2018 年全年平均水平。负债方面，自 2017 年起各类别银行间市场负债总和均有所上升，国有股份制商业银行负债规模增幅超过大型股份制商业银行和城商行等其他银行。

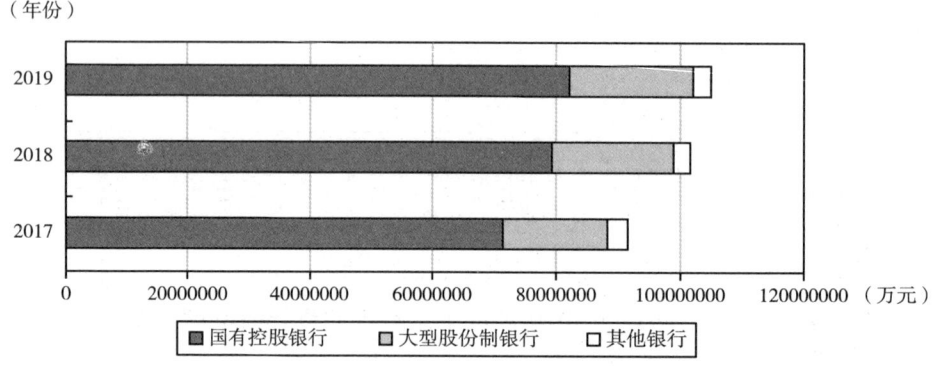

专题图 2-21　分类别银行间市场资产情况

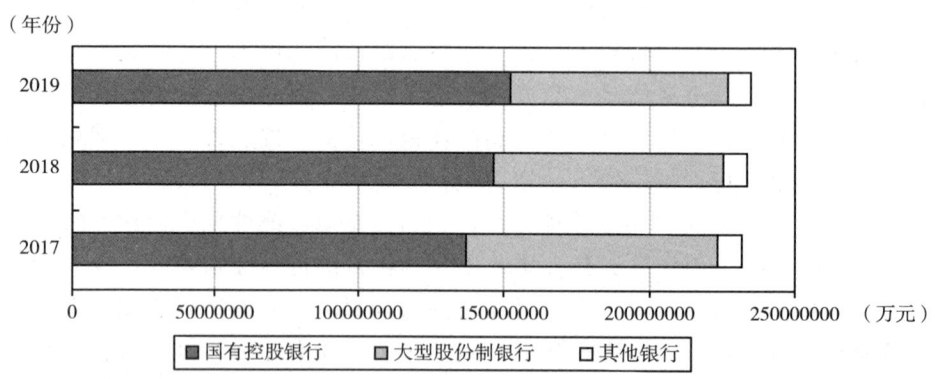

专题图 2-22　分类别银行间市场负债情况

银行抵御风险的能力可以用银行的清偿能力即银行实收资本与银行间资产负债的比值来衡量；银行的清偿能力越大，与风险银行的联系越小，其被传染的可能性越小。2017—2019 年国有控股银行、大型股份制商业银行和其他银行的平均清偿能力见专题图 2-23。为避免自身传染，城商行等其他银行在自身资本限度内较少参与银行间市场业务，其清偿能力始终保持在较高水平；近年来为防范系统性风险的发生，城商行等中小型银行进一步提高自身的清偿比率。国有大型商业银行的清偿能力先降后升，而大型股份制商业银行的清偿能力持续增加；这表明在确保自身风险可控的前提下，大型股份制银行在适当增加银行间市场业务以获取更充足的利润，其传染性有所增加。

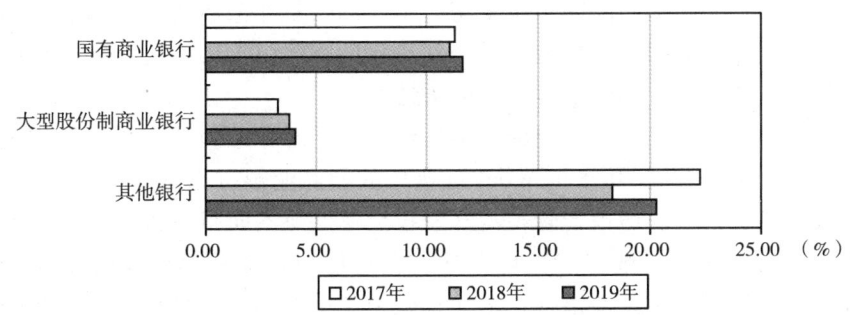

专题图 2-23　分类别各银行平均清偿能力变化情况

考虑 2017—2019 年单家银行倒闭对整个金融体系的综合影响，当任由危机发展而不救助时，最终倒闭银行总数见专题图 2-24。结果表明 2017—2019 年中国银行的系统传染性趋势大致相同，国有商业银行传染性大于大型股份制商业银行与城市商业银行等其他银行，而股份制商业银行的传染性存在明显差异。近年来浦发银行、光大银行、民生银行、和中信银行的传染性有一定下降，交通银行和招商银行传染性有所反弹，中国农业银行的传染性有所上升。因此应更密切地关注除邮储银行外的大型国有商业银行以及同业业务较活跃的大型股份制商业银行的经营情况。

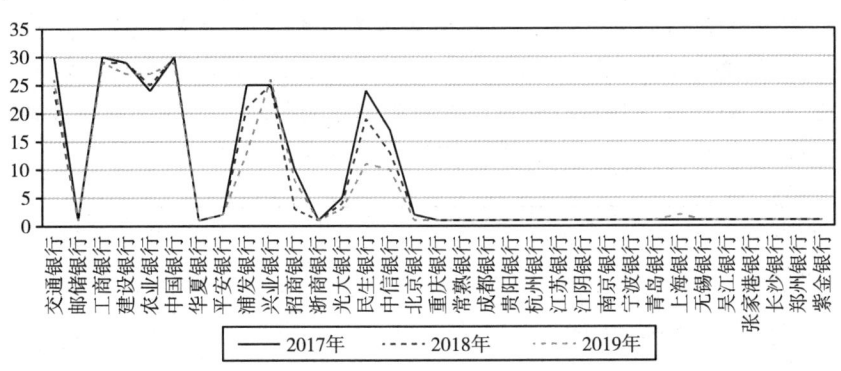

专题图 2-24　2017—2019 年上市银行传染性变化情况

二、中国系统性金融风险指数构建

（一）2019 年不同金融部门传染溢出情况

2019 年中美贸易摩擦不断升级，国内不同经济部门面临相似的宏观冲击。与此同时，中国金融市场不断扩大开放，不同金融部门之间的联系越发密切：2019 年 1 月 14 日，国家外汇管理局公告称 QFII 总额度增加至 3000 亿美元；2019 年 3 月 24 日，央行行长易纲表示 2019 年将推出五大金融开放措施，在信托、商业银行、证券、保险等各部门均进一步加大开放力度。

银行破产尤其是国有商业银行的破产会导致整个银行体系出现危机；和银行部门内部的传染类似，不同部门间会计层面的资金流动联系以及经济层面的业务往来等可能使得部门内部的危机溢出。经济部门间联系越紧密，单一部门受冲击后的溢出效应越明显。因此可以通过研究部门之间的联系程度考察系统性风险的跨部门传染情况，分析出哪些部门之间容易发生传染，从而寻找切断危机蔓延的方法。

为识别中国金融行业间不同部门的传染性情况，同时考虑到近年来中国房地产行业金融属性日益明显，本书选用 2019 年 Wind 行业指数如商业银行指数、多元金融服务指数、资本市场指数、保险指数、房地产管理与开发指数等反映不同行业资产的收益率情况：商业银行指数涉及商业银行、城市信用合作社、农村信用合作社等吸收公众存款的金融机构、非银行金融机构以及政策性银行；多元金融服务指主要从事类金融活动和金融衍生品交易的行业，包括信托、期货、典当等；资本市场指数、保险指数、房地产管理与开发指数则分别反映证券经营和登记公司、保险公司和房地产公司的情况。

从专题图 2-25 可以看出，2019 年年初中美一系列经贸高级别磋商使得中美贸易摩擦有所缓和，2 月 15 日公布的 1 月份社会融资数据超市场预期，两相作用下股市回暖，资本市场行业指数大幅上升，其余行业指数也有所上涨；2019 年 4 月，受宏观经济政策由宽松转向中性影响，证券行业指数有所回落，商业银行与房地产行业指数也小幅下降；2019 年 5 月 31 日全球收益率倒挂现象加剧，引发衰退担忧，各行业指数进一步下行。2019 年 8 月央行公布 LPR 形成机制细节，释放宽松信号，资本市场行业指数有所上升。综合来看，资本市场指数因股市的杠杆作用变化剧烈，各部门的收益率情况具有一定的关联性：2019 年以来资本市场指数和商业银行指数的相关系数为 0.59，与多元金融服务的相关系数为 0.84，与房地产管理与开发行业指数的相关系数接近 0.9；商业银行行业指数与保险行业指数相关系数为 0.88；此外房地产管理与开发行业指数与多元金融服务行业指数的相关系数为 0.81，超过其与商业银行行业指数的相关系数 0.57。

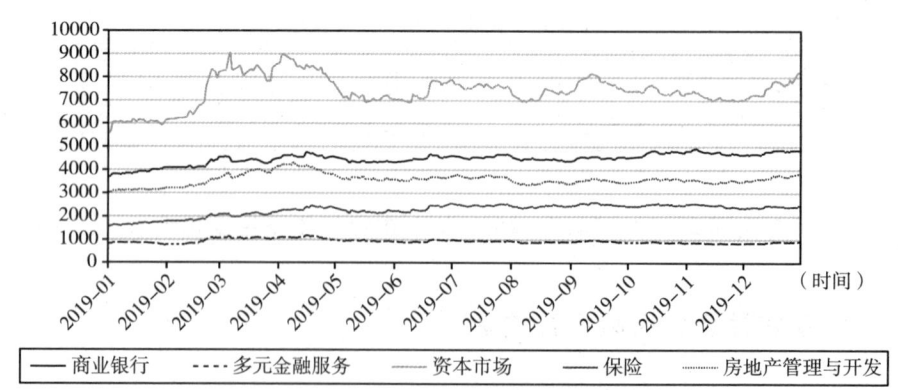

专题图 2-25　2019 年 Wind 行业指数

资料来源：Wind 数据库。

用主成分分析的方法研究商业银行、多元金融服务、资本市场、保险和房地产管理与开发等五部门之间风险传染的可能性。使用 2014 年 1 月 2 日至 2019 年 12 月 31 日的 Wind 行业指数，以 3 年为窗口逐日滚动计算各主要成分的解释力度，结果如专题图 2-26 所示。结果表明首要因素即可解释超过 80% 的整体风险,远超过其他因素,这说明这五个行业十分紧密,由其中一个行业如资本市场爆发的风险很可能迅速蔓延至其他的行业。从时间维度上看,2019 年年初,第一主成分的解释力度略有上升,自 2019 年 3 月起,第一主成分解释力度逐渐下降,第二主成分解释力度稳步上升,这表明不同行业间公共风险暴露有所分散、行业传染性有所降低。

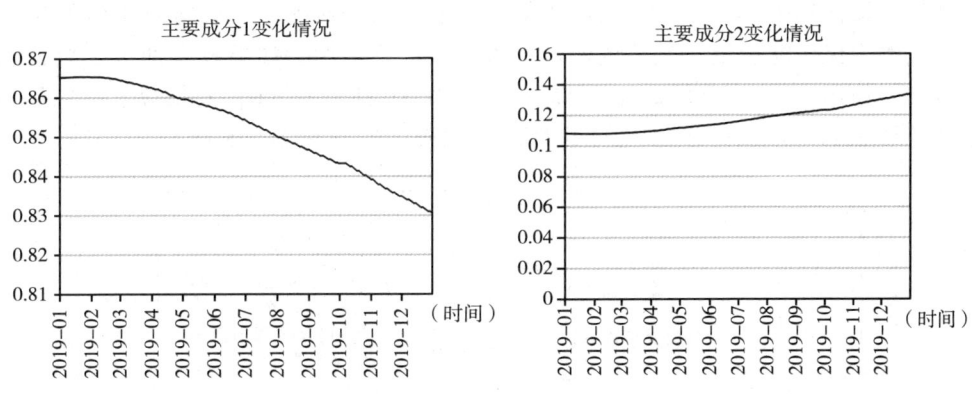

专题图 2-26　2019 年主成分 1 和主成分 2 的解释力度变化情况

进一步比较首要因素对应的特征向量的元素,结果如专题图 2-27 所示。我们发现各元素的分布差异较大,其中证券业风险传染性远超其他行业,商业银行和房地产管理与开发行业对应的元素比较相似,保险业和多元金融服务业对应的元素类似;这说明商业银行和房地产业之间联系比较紧密,更加可能发生跨部门传染;同样保险业和多元金融服务业之间发生系统性风险传染的可能性也很大。因此需要密切关注房地产行业的危机向商业银行传染的风险。

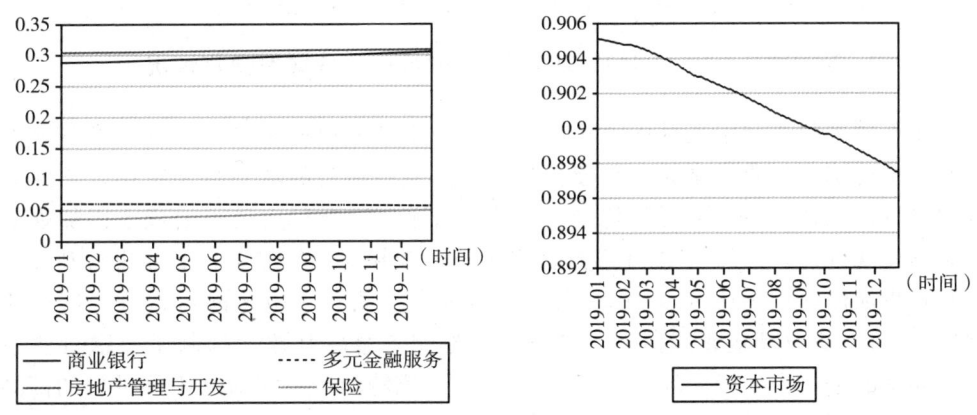

专题图 2-27　2019 年各部门特征向量值变化趋势

(二) 2017—2019 年不同金融部门传染性变化情况

为防范化解系统性金融风险,2017 年开启了金融行业的严监管。2018 年风险逐渐暴露,为避免经济下行压力进一步加大,监管有所放缓。2019 年在打破同业刚性兑付方面成效显著，金融风险进一步释放；另一方面商业银行政策有所放开，工商银行等全国性银行的理财子公司获准筹建，商业银行理财业务兼具公募、私募和信托的部分特点，这也使得商业银行与资本市场风险暴露更为趋同，其传染性有所增强。

用资产协方差矩阵的若干特征向量可以对资产全部波动进行解释，定量描述不同市场之间的联系程度；分摊率越高说明风险暴露越集中，冲击在部门之间的蔓延越快，从而系统性风险的传染性越强；反之，传染性越低。但是高的分摊率并不意味着必然发生金融危机，因为分摊率仅仅能衡量金融系统面对冲击时候的稳定性，如果没有冲击发生，则危机也不会爆发。使用2014年1月2日至2019年12月31日的Wind行业指数，以三年为窗口滚动逐日计算2017年以来分摊率的变化情况，结果如专题图2-28所示。

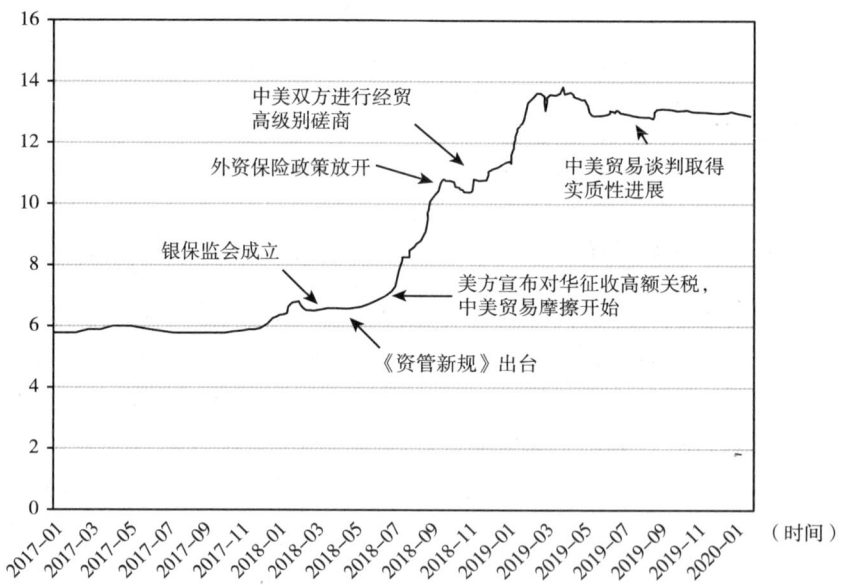

专题图2-28　2017—2019年金融行业总分摊率变化情况

金融业不同部门之间传染性的大小与宏观经济事件密切相关：2017年互联网金融的迅猛发展继续给传统金融业带来大量颠覆性的改变，金融部门的联系越发密切，与此同时影子银行的兴盛也加强了不同部门的传染；在此背景下，金融稳定委员会成立以加强政府对金融行业的宏观调控。2018年4月银监会和保监会合并为银保监会，商业银行和保险机构的协同监管更加便捷；2018年4月27日，央行发布《关于规范金融机构资产管理业务的指导意见》，标志资管新规正式落地，这进一步控制了金融乱象，抑制了金融行业不同部门之间分摊率的进一步上升。2018年7月，美国总统特朗普决定对从中国进口的商品大规模征收关税并限制中国企业对美投资和并购活动，中美贸易摩擦正式拉开序幕；随着中美贸易摩擦的逐步升级，中国金融行业各部门受此影响分摊率大幅上升，行业间的传染性也波动上升。2019年1月至3月期间，中美一系列经贸高级别磋商使得中美贸易摩擦有所缓和，在此预期下，分摊率增幅放缓，各行业的传染性有所降低；然而随着后续谈判不如预期，分摊率进一步上升，这表明此时这三个行业的风险暴露最集中，并且发生跨部门传染的概率最大。10月10日至11日，中美经贸团队进行第十三轮经贸磋商，美国终止2500

亿美元关税上调，中美谈判取得实质性进展，此时金融行业共同风险暴露减少，分摊率逐步平稳，甚至有所下降。

第三节　中国系统重要性金融机构的识别与监管

系统重要性金融机构（Systemically Important Financial Institutions，SIFIs）的理念最早见于国际清算银行（BIS）联合国际货币基金组织（IMF）、经济合作与发展组织（OECD）发布的报告，强调"太大而不能倒（too big to fail）"的金融机构可能带来系统性风险，影响国内、国际金融市场，并对实体经济造成冲击。金融稳定理事会（FSB）联合IMF及BIS发布的SIFIs评估指引中，将规模（资产、交易、金融服务的规模）、可替代性（在危机情况下仍能提供金融服务）、系统关联性（与系统内其他机构各业务维度的关联程度）等三个方面作为衡量系统重要性的核心维度。

近年来，中国在借鉴国际经验的基础上，不断完善宏观审慎政策框架，进一步加强金融监管协调。各监管部门提出相应评价及监测体系，持续推进各金融子行业的风险监测工作，微观层面则对系统重要性金融机构制定特别监管要求以引导其稳健经营。本部分尝试利用具备有效性和时效性等优点的系统重要性计量方法，对近年中国银行部门及整体金融行业中机构的系统重要性进行评估，以此为基础探讨微观层面的系统性金融风险监测和SIFIs监管。

一、中国银行部门系统重要性机构排名

中国上市银行总资产在金融行业上市机构中占比超过80%，中国经济社会对于银行业的依赖程度也很高，银行部门对实体经济的风险溢出可能性更大，对于系统重要性银行（SIBs）的识别与监管在中国尤为重要。

（一）系统重要性机构的识别方法

金融机构系统性风险贡献度的度量方法可用于评价机构的系统重要性，主要有三大类：指标评价法、网络分析法、市场模型法。金融市场呈现出信息来源多元化、交易结构复杂化的特点，基于市场数据的衡量方法可提高风险监测的前瞻性和准确性。认可度较高的方法包括边际期望损失（MES，Acharya et al.，2012）、条件在险价值（CoVaR，Adrian and Brunnermeier，2011）及SRISK指标（Brownlees and Engle，2010）等。陈湘鹏等（2019）的研究指出SRISK综合反映规模、杠杆率、关联度等三个层面信息，该指标更适用于中国微观机构的系统重要性评估。

SRISK指标衡量各金融机构在危机状态下的资本短缺（Capital Shortfall），而单个机构的SRISK在系统内部的占比（即 $\%SRISK_{i,t} = SRISK_{i,t} / \sum_j SRISK_{j,t}$）则可以衡量其系统性风险贡献度或系统重要性。基于SRISK指标的定义，该指标的计算基于金融机构负债（Debt）、权益资产市值（Equity）、监管要求的资本计提比例（k）、长期边际期望损失（LRMES）：

$$SRISK_{i,t} = \max[0, E_{t-1}(CapitalShortfall_i \mid Crisis)]$$
$$= \max[0, E_{t-1}(k(Debt_i + Equity_i) - Equity_i \mid Crisis)]$$
$$= \max[0, k\,Debt_{i,t} - (1-k)(1 - LRMES_{i,t}) \times Equity_i]$$

长期边际期望损失可以利用经验方法基于短期边际损失（MES）进行估计：

$$LRMES_{i,t} = 1 - e^{(-18 \times MES_{i,t})}$$

对于 MES 的估计则可采用 "DCC - GARCH - 非参数核密度估计" 的三步方法对所需参数进行逐一计算，包括市场指数收益率和机构权益资产收益率的条件标准差、二者的动态相关系数、标准化残差项。

（二）中国银行部门机构系统重要性评估

考虑方法的可执行度、数据来源可得性及指标有效性，本部分尝试利用 SRISK 指标评估中国银行机构的系统重要性。对于 SRISK 指标的计量，我们选择权益资产市值收益率作为目标变量，对应的评估对象为样本期内的上市银行。截至 2019 年年末，共有 38 家国有大行、股份制银行、城商行、农商行等银行机构上市，但部分银行上市时间较晚，我们仅将在 2017 年之前上市且在 2017—2019 年区间内有完整上市数据披露的 24 家机构纳入样本，参见专题表 2 - 2。

专题表 2 - 2　　　　　　系统重要性银行评估对象

机构类别	样本数目	上市机构简称
国有商业银行	5	工商银行、建设银行、农业银行、中国银行、交通银行
股份制商业银行	8	中信银行、兴业银行、浦发银行、民生银行、光大银行、平安银行、招商银行、华夏银行
城商行/农商行（区域性商业银行）	11	北京银行、江苏银行、上海银行、南京银行、杭州银行、宁波银行、贵阳银行、无锡银行、苏农银行、常熟银行、江阴银行

本部分将万得二级行业指数中的"银行指数"作为银行部门的系统代理变量，获得银行个股和银行指数在样本期内日度收盘价，并计算对数收益率，建立 DCC - GARCH 模型估计二者动态相关系数、各自的条件标准差及标准化残差序列，将"系统收益率在 -2% 以下"为风险条件计算日度 MES。由于个股财务数据的获得频率为季度，我们计算季度平均 MES 以获得季度 LRMES 值。假设单个机构的债务水平在未来一个季度内保持不变，计算个股月频总市值的季度均值作为机构的权益资产市值，设置资本计提比例为 8%，由此可以获得季度 SRISK 指标值。在进行单个机构的系统重要性评估时，我们计算各机构年度平均 SRISK 指标的系统内占比（%SRISK），此百分比数值越高代表机构的风险贡献度越高，因此其系统重要性排名越靠前。基于 SRISK 指标，2019 年中国银行部门上市机构的系统重要性排名详见专题表 2 - 3。

从系统重要性评估结果可以看到：（1）就机构类别而言，国有商业银行、股份制商业银行、区域性商业银行等三个类别机构的系统重要性依次递减，且与银行规模高度相关。（2）五大国有商业银行的系统重要性位居评估对象前五名，而 FSB 公布的 2019 年全球系统重要性银行列表中，中国银行、工商银行、农业银行、建设银行也依次上榜，但该评估

专题表 2-3　2019 年度中国银行部门上市机构的系统重要性排名

机构简称	上市代码	最新报告期总资产（万亿元）	平均 LRMES	% SRISK	系统重要性排名
工商银行	601398.SH	30.43	0.3799	0.1463	1
建设银行	601939.SH	24.52	0.4303	0.1436	2
农业银行	601288.SH	24.87	0.3427	0.1430	3
中国银行	601988.SH	22.61	0.3458	0.1406	4
交通银行	601328.SH	9.93	0.3780	0.0697	5
中信银行	601998.SH	6.46	0.4490	0.0473	6
兴业银行	601166.SH	6.98	0.4779	0.0462	7
浦发银行	600000.SH	6.79	0.4557	0.0446	8
民生银行	600016.SH	6.27	0.3480	0.0431	9
光大银行	601818.SH	4.72	0.4670	0.0340	10
平安银行	000001.SZ	3.71	0.6190	0.0249	11
招商银行	600036.SH	7.31	0.5496	0.0222	12
华夏银行	600015.SH	3.02	0.3819	0.0205	13
北京银行	601169.SH	2.68	0.3757	0.0178	14
江苏银行	600919.SH	2.07	0.3981	0.0151	15
上海银行	601229.SH	2.19	0.4322	0.0124	16
南京银行	601009.SH	1.33	0.5177	0.0096	17
杭州银行	600926.SH	0.98	0.4472	0.0069	18
宁波银行	002142.SZ	1.24	0.5751	0.0054	19
贵阳银行	601997.SH	0.55	0.5150	0.0038	20
无锡银行	600908.SH	0.16	0.5437	0.0011	21
苏农银行	603323.SH	0.13	0.5912	0.0007	22
常熟银行	601128.SH	0.18	0.5752	0.0006	23
江阴银行	002807.SZ	0.12	0.5095	0.0006	24

同时考虑跨境业务和国际金融市场参与度等因素，因此具有跨境业务优势的中国银行具有更高的系统重要性；工商银行的长期预期资本损失（LRMES）并非最高，但其规模相较其他几家国有大行具有明显优势，其系统重要性相应也为最高；建设银行资产总值略低于农业银行，但其 LRMES 指标显著更高，因而 SRISK 指标排名靠前；五大行中规模最小的交通银行则有最低的系统重要性。（3）股份制银行的系统重要性排名整体低于五大行，与两类别机构的规模相对关系一致。可以注意到，招商银行虽然为几大股份制银行中资产规

模最大的机构,且 LRMES 值也相对较高,但其 %SRISK 值则在此类别中排名靠后,可能的解释为招商银行债务规模相对较低(2019 年三季度总负债与总资产比例约为 91.74%,低于此类别机构的平均负债率),对应保持了较低的杠杆水平。

利用相同的方法,本部分分别评估 2017 年、2018 年、2019 年的上市银行系统重要性,年度排名的动态变化参见专题表 2-4。据此可以看到:(1)国有商业银行系统重要性排名中,工商银行自 2017 年的第三名,跃居 2018 年的第一名,并且在 2019 年继续维持,其他几家银行的系统重要性序关系保持不变。(2)股份制银行中,各机构的 %SRISK 值排序变化则更为频繁,其中招商银行系统重要性逐年下降,而规模最小的华夏银行重要性则始终为最低。(3)区域性商业银行中,有明显规模优势的北京银行、江苏银行、上海银行和南京银行的系统重要性稳居类别前列。

专题表 2-4　　2017—2019 年度银行部门机构系统重要性排名

系统重要性排名	2017 年	2018 年	2019 年
1	建设银行	工商银行	工商银行
2	农业银行	建设银行	建设银行
3	工商银行	农业银行	农业银行
4	中国银行	中国银行	中国银行
5	交通银行	交通银行	交通银行
6	兴业银行	兴业银行	中信银行
7	中信银行	民生银行	兴业银行
8	民生银行	中信银行	浦发银行
9	浦发银行	浦发银行	民生银行
10	招商银行	光大银行	光大银行
11	光大银行	招商银行	平安银行
12	平安银行	平安银行	招商银行
13	华夏银行	华夏银行	华夏银行
14	北京银行	北京银行	北京银行
15	江苏银行	江苏银行	江苏银行
16	上海银行	上海银行	上海银行
17	南京银行	南京银行	南京银行
18	宁波银行	宁波银行	杭州银行
19	杭州银行	杭州银行	宁波银行
20	贵阳银行	贵阳银行	贵阳银行
21	无锡银行	无锡银行	无锡银行
22	常熟银行	常熟银行	苏农银行
23	苏农银行	苏农银行	常熟银行
24	江阴银行	江阴银行	江阴银行

银行部门各类别机构%SRISK 值 2017—2019 年的动态变化情况如专题图 2-29 所示。可以看到五大国有商业银行的总体风险贡献度维持在高位,在 2017 年下半年快速提升至 64% 以上,并在 2018 年一季度达到最大的 66% 水平,随后则逐渐下降至略高于 64% 的占比。股份制商业银行的 %SRISK 由 30% 以上下降至 2019 年年末的 28.41%,而城商行与农商行系统性风险贡献度则由 6% 以下波动上升至高于 7% 的水平。

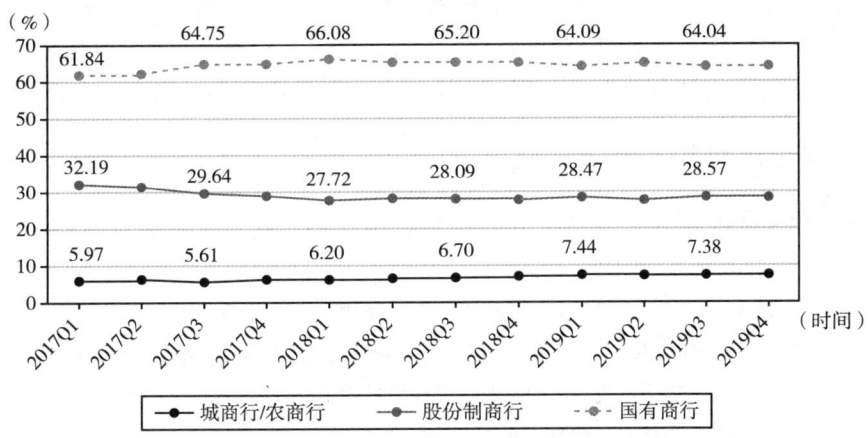

专题图 2-29　2017—2019 年各类别银行机构季度 %SRISK 占比

上述动态变化特点一定程度反映了相对规模较小的城商行或农商行系统重要性正逐步上升。2019 年中报数据显示,样本内上市城商行和农商行的总资产规模相对 2017 年增速高达 17.35%,规模占比提高至 5.13%,而国有大行和股份制银行规模增长仅分别为 13% 和 11%。同时随着城市信用社和农村信用社改制推进、小微金融和普惠金融业务重要性快速提升,此类机构表现出规模扩大和业务拓宽的趋势。对于机构监管而言,在对于大型商业银行保持必要的监管关注度之外,也应对区域性商业银行等执行更有针对性的管理措施。

(三) 影响银行系统重要性的因素分析

我们基于各年度上市银行 %SRISK 指标与其他指标的相关关系简要分析对机构系统重要性产生影响的因素。我们主要考虑机构规模、杠杆情况、经营安全性和市场估值等几个因素,对应选择机构总资产规模、杠杆率、不良资产率、市值与权益资产账面价值比指标,参见专题表 2-5。

专题表 2-5　系统重要性影响因素的相关系数及均值统计

	指标与 %SRISK 相关性			2019 年指标均值	
	2017 年	2018 年	2019 年	%SRISK Top 5	All Sample
总资产	0.9886	0.9839	0.9857	22.10(万亿元)	6.95(万亿元)
杠杆率	0.2991	0.4012	0.3280	7.22	6.64
不良资产率	0.1814	0.1881	0.1898	1.44	1.43
市值权益比	-0.4004	-0.1801	-0.3138	0.68	0.80

可以看到，规模因素仍是系统重要性的决定性因素，各年度总资产规模与之相关系数高达 0.98 以上，且排名前五的机构总资产均值显著高于整体平均水平；杠杆水平也与系统重要性排名表现出较高的正相关性，杠杆率越高系统重要性可能也更靠前，2019 年榜前五家机构的平均杠杆率为 7.22；银行部门的不良资产率表征机构的经营安全性，该指标也与系统重要性机构表现出一定的正相关关系；以市值权益比为代表的估值变量则与机构%SRISK 表现显著的负相关性，因此市场估值水平高的机构具有较低的系统重要性，当然这类机构通常具有规模小、成长性高的特征。系统重要性机构表现出资产规模大、杠杆水平高、不良率高、估值水平低的特点，对于 SIFIs 的识别和监管也可以在相关方面予以关注。

二、中国金融机构系统重要性排名

本部分使用 SRISK 的风险度量方法对中国上市金融机构进行系统重要性评估。评估对象为 2017 年之前上市且在 2017—2019 年有完整上市数据披露的 24 家银行、6 家保险公司、34 家证券公司和资产管理公司、及 16 家金融租赁和金融控股公司等机构，共计 80 家。在进行 SRISK（%SRISK）指标计算时，以中证全指金融指数作为金融系统代理变量，此外计算方法、参数设定、参数估计模型、数值频率均与上一部分一致。

专题表 2-6 列示了 2017—2019 年中国系统重要性排名居于前 50 的上市金融机构。2019 年，上市银行的系统重要性排名顺序与上一部分单独评估系统重要性银行的结果基本一致，银行部门的机构也整体居前，国有大型商业银行仍然表现出最高的系统重要性；上市保险公司中，资产规模最大的中国平安具有最高的系统重要性，其他部分保险公司的系统重要性顺序为：中国人寿、中国太保、新华保险等；上市证券公司中，系统重要性最高的机构为海通证券，但其在整体排名中仅位于第 26 名，其他部分证券公司的系统重要性顺序为：广发证券、中信证券、光大证券、东方证券、华泰证券等。

专题表 2-6　2017—2019 年系统重要性排名前 50 的上市金融机构

系统重要性排名	2017 年	2018 年	2019 年
1	建设银行	工商银行	工商银行
2	工商银行	建设银行	建设银行
3	农业银行	农业银行	农业银行
4	中国银行	中国银行	中国银行
5	交通银行	交通银行	交通银行
6	兴业银行	兴业银行	兴业银行
7	中信银行	民生银行	浦发银行
8	民生银行	浦发银行	中信银行
9	浦发银行	中信银行	民生银行
10	招商银行	招商银行	招商银行
11	光大银行	中国平安	光大银行

续表

系统重要性排名	2017 年	2018 年	2019 年
12	中国平安	光大银行	中国平安
13	平安银行	平安银行	平安银行
14	华夏银行	华夏银行	华夏银行
15	北京银行	北京银行	北京银行
16	江苏银行	江苏银行	江苏银行
17	上海银行	上海银行	上海银行
18	南京银行	中国人寿	中国人寿
19	中国人寿	南京银行	南京银行
20	宁波银行	宁波银行	宁波银行
21	杭州银行	杭州银行	杭州银行
22	新华保险	中国太保	中国太保
23	中油资本	中油资本	中油资本
24	贵阳银行	新华保险	新华保险
25	中国太保	贵阳银行	贵阳银行
26	西水股份	海通证券	海通证券
27	渤海租赁	渤海租赁	中航资本
28	无锡银行	常熟银行	渤海租赁
29	常熟银行	西水股份	无锡银行
30	江阴银行	无锡银行	常熟银行
31	苏农银行	中航资本	苏农银行
32	天茂集团	中信证券	广发证券
33	越秀金控	江阴银行	江阴银行
34	海通证券	苏农银行	天茂集团
35	中航资本	华泰证券	中信证券
36	中信证券	天茂集团	光大证券
37	华泰证券	光大证券	东方证券
38	光大证券	兴业证券	华泰证券
39	兴业证券	东方证券	申万宏源
40	东方证券	广发证券	西水股份
41	广发证券	越秀金控	国泰君安
42	国投资本	国投资本	兴业证券

续表

系统重要性排名	2017 年	2018 年	2019 年
43	东吴证券	东吴证券	越秀金控
44	申万宏源	申万宏源	招商证券
45	招商证券	招商证券	国投资本
46	国海证券	国海证券	东吴证券
47	五矿资本	五矿资本	五矿资本
48	长江证券	长江证券	国海证券
49	东北证券	东北证券	东北证券
50	国泰君安	国泰君安	长江证券

从近三年金融机构系统重要性排名来看，银行部门机构的系统重要性整体排在列表前列，表明中国金融系统中银行机构具有最高的风险贡献度，其中国有大型银行、全国股份制商业银行、区域性商业银行的系统重要性依次递减，与银行机构的规模序关系基本一致。另外，机构规模较大的几家保险公司如中国平安、中国人寿等也有相对较高的系统重要性。证券公司、金融控股公司等其他多元金融业机构的系统性风险贡献度则相对较低。

从系统重要性机构行业分布（见专题图 2-30）来看，2019 年 24 家上市银行、6 家上市保险公司全部位于系统重要性排名前 50 名，34 家上市证券及资产管理公司中仅有约一半居于前 50。

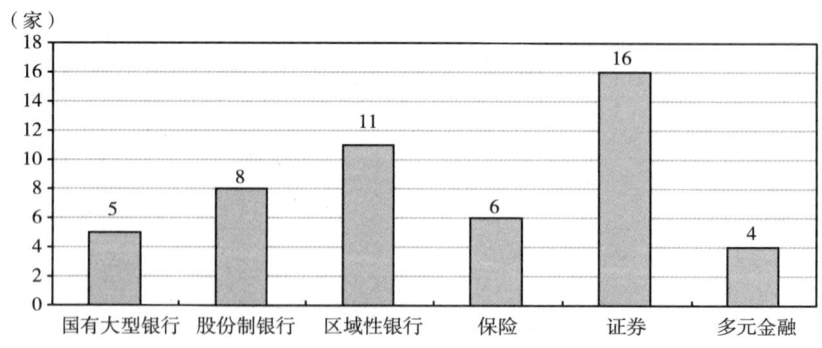

专题图 2-30 2019 年系统重要性前 50 名金融机构数目的子行业分布

从 2017—2019 年的季度 %SRISK 变化（专题图 2-31）可以看到，银行部门的系统性风险贡献度在 93%-96% 区间内波动，表明中国金融系统性风险主要来源于银行机构。在非银行金融机构中，保险机构的系统重要性显著高于证券公司等其他金融机构。在 2018 年，银行机构的 %SRISK 数值进入下行阶段，对应非银行金融机构的风险贡献度有所提升，而之后银行与非银部门的系统重要性则发生反向变化，2019 年银行部门的系统重要性快速上升。

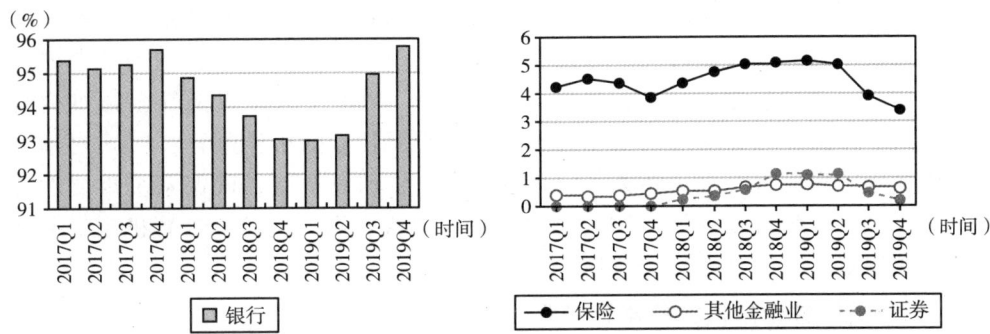

专题图 2-31　2017—2019 年各类型金融机构 %SRISK 指标季度序列

三、系统重要性机构的监管

(一) 系统重要性金融机构的监管框架

随着宏观审慎监管理念在国际范围的推崇，对系统重要性金融机构的监管成为国际金融监管改革的核心议题。二十国集团（G20）委托金融稳定理事会搭建 SIFIs 监管框架，后者于 2011 年 11 月发布了《针对系统重要性金融机构的政策措施》报告，初步构建了管理"与 SIIFs 相关系统性风险和道德风险"的政策框架，主要提出了以下几个方面的内容：(1) 化解机构危机的管理措施的国际标准；(2) 可处置性评估、恢复计划、处置计划的监管要求；(3) 系统重要性银行的附加资本要求；(4) 对 SIFIs 风险管理、数据管理、内部控制等方面更严格有效的监管措施。上述框架下的具体政策措施安排可参见专题表 2-7 列示的三份基础性报告。

专题表 2-7　SIFIs 监管的部分基础性报告

发布主体	报告名称	主要内容
FSB 2011/10	《金融机构有效处置机制的关键要素》 (Key Attributes of Effective Resolution Regimes for Financial Institutions)	化解机构危机以避免系统性影响的处置机制，包括：处置计划的治理架构、处置工具、法律保障、资金筹措、恢复计划、跨境合作的法律框架等。
BCBS 2011/10	《G-SIBs：评估方法与附加损失吸收能力要求》 (G-SIBs: Assessment Methodology and the Additional Loss Absorbency Requirement)	(1) 对不同风险级别 G-SIBs 的附加资本要求：最低组为风险加权资产的 1%，最高组为 3.5%； (2) 满足附加资本要求的可用工具。
FSB 2011/10	《SIFI 监管的强度与有效性》 (Intensity and Effectiveness of SIFI Supervision)	提高 SIFIs 监管强度、有效性、可靠性的建议，涉及：监管独立性、监管资源、监管技巧、集团和并表监管、持续和综合监管、宏观审慎监管等。

为完善中国系统重要性金融机构监管框架，防范系统性风险，有效维护金融体系稳健运行，中国人民银行、中国银行保险监督管理委员会、中国证券监督管理委员会联合发布的《关于完善系统重要性金融机构监管的指导意见》，明确了系统重要性金融机构监管框架和政策导向，并提出主要通过两条途径完善系统重要性金融机构监管：（1）对系统重要性金融机构制定特别监管要求。相关部门采取相应审慎监管措施，确保系统重要性金融机构合理承担风险、避免盲目扩张；（2）建立系统重要性金融机构特别处置机制，推动恢复和处置计划的制定，开展可处置性评估。

（二）系统重要性金融机构的监管思路

对于系统重要性金融机构加强监管并引导其稳健经营，是加强服务实体经济、防控金融风险、深化金融改革大背景下的重要举措。基于金融机构系统重要性的识别，可以为SIFIs监管提供以下思路：

1. 对系统重要性金融机构的识别和评估可利用及时性和有效性更高的方法，为监管判断及时提供定量和定性信息。我们基于市场法对中国金融机构的系统性风险贡献度进行评估，可以看到各机构、各类别、各子行业的系统重要性动态变动，因此提高评估频率、拓宽数据渠道、综合利用多种方法具有一定必要性，以对监管对象开展更为及时的、有针对性的审慎监管措施，对评估流程和方法也应进行及时的调整和完善。

2. 在确定系统重要性机构名单的基础上加强对其风险特征的监测和控制。影响系统重要性的因素至少包括机构规模、机构自身风险和系统关联度等，对系统重要性机构相关风险特征的变化予以及时关注，有助于对系统稳定性和风险状况进行整体把握。以系统重要银行为例，2019年作为识别对象的上市银行总资产规模增速为5.96%，明显低于上一年度的6.45%，另外各银行2017年杠杆率平均为6.43，而2019年为6.64，机构规模扩张放缓、杠杆水平上升，可能隐含着盈利能力、风险抵御能力、经营安全性等下降的风险。

3. 系统重要性与机构规模高度相关，大型商业银行为系统重要性机构监管的首要对象。系统重要性金融机构列表中，商业银行整体居于前列，且2019年银行部门的系统重要性也相对各子行业有所上升。大型国有商业银行和股份制银行的稳健经营对于防范系统性金融风险至关重要，有必要开展额外的、个性化的监管要求或经营指导。

4. 中小型金融机构系统重要性有所上升，对具备系统重要性特征的区域性银行等也应加强必要的监管要求。近年区域性商业银行作为发展小微金融、普惠金融的主力金融力量，规模快速扩张、业务日趋丰富，系统重要性也相应提升。但由信用社等形式转制而来的此类机构可能存在公司治理薄弱、业务运作不规范等问题，因此其系统性重要性提升伴随着不少风险点。对此类机构应制定有针对性的改革和监管要求，引导其正确发挥基础金融服务的职能，及时化解和处置风险，避免对系统稳定性造成影响。

5. 为完善系统重要性金融机构监管框架，应根据各行业发展特点对非银部门系统重要机构的评估制定客观、可比的标准，在现有治理框架下加强跨部门的监管协调。虽然包括保险业、证券业机构在内的非银部门系统重要性相对低于银行部门，但随着中国金融市场结构完善、金融业务丰富创新，金融系统内跨行业关联性快速提升，因此分类施策的同时推动监管协调，对于防范系统性风险十分必要。

参考文献

[1] 巴曙松. 地方政府融资平台的发展及其风险评估 [J]. 西南金融, 2009 (09): 9-10.

[2] 白雪梅, 石大龙. 中国金融体系的系统性风险度量 [J]. 国际金融研究, 2014 (06): 75-85.

[3] 曹剑涛, 贺瑛, 王胜桥. 我国大宗商品价格波动与宏观经济运行关系研究 [J]. 价格理论与实践, 2018 (08): 94-97.

[4] 曹沁. 我国银行理财产品对金融运行和宏观经济的影响研究 [D]. 中央财经大学, 2018.

[5] 曾裕峰, 温湖炜, 陈学彬. 股市互联、尾部风险传染与系统重要性市场—基于多元分位数回归模型的分析 [J]. 国际金融研究, 2017 (09): 86-96.

[6] 陈国进, 黄伟斌, Tribhuvan Puri. 宏观长期风险与资产价格: 国际比较与中国经验 [J]. 世界经济, 2014 (06): 51-72.

[7] 陈棋. 《基于 KMV 模型的我国地方政府债务风险评价》[M]. 厦门大学, 2014.

[8] 陈松林. 新金融环境下金融安全的动态控制 [J]. 广西金融研究, 2002 (06): 48-50.

[9] 陈忠阳, 刘志洋. 国有大型商业银行系统性风险贡献度真的高吗——来自中国上市商业银行股票收益率的证据 [J]. 财贸经济, 2013 (09): 57-66.

[10] 党超. 国际资本流动对我国商业银行体系稳定性影响研究 [J]. 山西财经大学学报, 2017 (06): 39-50.

[11] 丁志凤. 《我国地方政府融资平台风险防范问题研究》[M]. 华中师范大学, 2011.

[12] 范剑勇, 莫家伟. 地方债务、土地市场与地区工业增长 [J]. 经济研究, 2014 (01): 41-55.

[13] 符莉. 现实金融安全问题研究 [J]. 财经问题研究, 2002 (09): 26-28.

[14] 顾海兵, 夏梦. 基于国家经济安全的金融安全指标的选取研究 [J]. 国家行政学院学报, 2011 (05): 52-56.

[15] 顾建国,《2019 中国信息安全回顾和展望》报告, 国家网络与信息安全信息通报中心.

[16] 郭玉清. 逾期债务、风险状况与中国财政安全—兼论中国财政风险预警与控制理论框架的构建 [J]. 经济研究, 2011 (08): 38-50.

[17] 韩剑,陈继明,李安娜. 资本流入激增会诱发突然中断吗?——基于新兴市场国家的实证研究 [J]. 金融研究, 2015 (03): 36-50.

[18] 韩立岩,尹力博. 投机行为还是实际需求?——国际大宗商品价格影响因素的广义视角分析 [J]. 经济研究, 2012, 47 (12): 83-96.

[19] 韩立岩,郑承利,罗雯,杨哲彬. 中国市政债券信用风险与发债规模研究 [J]. 金融研究, 2003 (02): 85-94.

[20] 郝毅,梁琪. 境内外人民币外汇市场极端风险溢出研究 [J]. 国际金融研究, 2017 (09): 76-85.

[21] 何德旭,娄峰. 中国金融安全指数的构建及实证分析 [J]. 金融评论, 2012, 4 (05): 1-14+122.

[22] 何德旭,郑联盛. 从美国次贷危机看金融创新与金融安全 [J]. 国外社会科学, 2008 (06): 21-31.

[23] 何杨,满燕云. 地方政府债务融资的风险控制—基于土地财政视角的分析 [J]. 财贸经济, 2012 (05): 45-50.

[24] 胡秋灵,丁皞. 中国农产品期货价格指数与宏观经济变量波动关系分析 [J]. 统计与决策, 2009 (24): 99-102.

[25] 胡援成,张文君. 地方政府债务扩张与银行信贷风险 [J]. 财经论丛, 2012 (03): 59-65.

[26] 黄德龙,文凤华,杨晓光. 投资者情绪指数及中国股市的实证 [J]. 系统科学与数学, 2009 (01): 1-13.

[27] 贾晓俊,李孟刚. 中国金融安全指数合成实证分析 [J]. 当代财经, 2015 (01): 55-65.

[28] 姜富伟, David Rapach, Jack Strauss, 涂俊, 周国富. 中国股票市场可预测性的实证研究 [J]. 金融研究, 2011 (09): 107-121.

[29] 姜洪,焦津强. 国家金融安全指标体系研究 [J]. 世界经济, 1999 (07): 9-16.

[30] 蒋海,苏立维. 中国金融安全指数的估算与实证分析: 1998-2007 [J]. 当代财经, 2009 (10): 47-53.

[31] 蒋忠元. 地方政府债券发行过程中的信用风险度量和发债规模研究——基于 KMV 模型分析江苏省地方政府债券 [J]. 经济研究导刊, 2011 (19): 61-62.

[32] 匡小平,蔡芳宏. 论地方债的预算约束机制 [J]. 管理世界, 2014 (01): 173-175.

[33] 雷家骕. 政府结构与国家经济安全 [J]. 中国改革, 1999 (08): 6+5+7-9.

[34] 李怀珍. 建立金融安全机制 强化金融安全 [J]. 中国金融, 2000 (09): 28-29.

[35] 李剑,陈烨,李崇光. 金融化与商品价格泡沫 [J]. 管理世界, 2018, 34 (08): 84-98.

[36] 李婷婷,赵树宽,戴志敏. 基于审计结果的地方政府性债务适度规模研究 [J]. 审计研究, 2015 (03): 35-40.

[37] 连平. 美国经济政策如何影响人民币汇率 [J]. 中国经济报告, 2018 (07):

78-80.

[38] 梁巨方, 韩乾. 商品期货可以提供潜在组合多样化收益吗?[J]. 金融研究, 2017 (08): 129-144.

[39] 梁勇. 对外开放与维护我国的国家经济安全[J]. 学术月刊, 1999 (07): 11-16.

[40] 林晓君.《地方政府融资平台的风险评估——以某省份为例的考察》[M]. 复旦大学, 2011.

[41] 刘昌义. 何为不确定条件下的贴现理论与递减贴现率[J]. 经济学家, 2015 (03): 65-73.

[42] 刘沛, 卢文刚. 金融安全的概念及金融安全网的建立[J]. 国际金融研究, 2001 (11): 50-56.

[43] 刘平. 大宗商品价格波动对通货膨胀影响的实证研究[J]. 统计与决策, 2012 (08): 164-167.

[44] 刘锡良, 孙磊. 金融结构视角中的金融安全论[J]. 经济学动态, 2004 (08): 78-82.

[45] 刘永芳. 企业集团财务公司现状及发展方向分析[J]. 企业改革与管理, 2019 (07): 158+163.

[46] 刘志洋, 宋玉颖. 商业银行流动性风险与系统性风险贡献度[J]. 南开经济研究, 2015 (01): 131-143.

[47] 柳妞. 我国私募股权投资风险管理研究[D]. 武汉理工大学, 2012.

[48] 卢锋, 李远芳, 刘鎏. 国际商品价格波动与中国因素——我国开放经济成长面临新问题[J]. 金融研究, 2009 (10): 38-56.

[49] 罗慧英, 南旭光. 突变理论在金融安全评价中的应用研究[J]. 海南金融, 2007 (03): 51-53.

[50] 马丹, 陈紫露. 人民币实际汇率对收入不平等的非对称影响研究:基于NARDL模型的实证检验[J]. 世界经济研究, 2020 (02): 47-58.

[51] 全国信息安全标准化技术委员会大数据安全标准特别工作组.《人工智能安全标准化白皮书(2019版)》报告, 全国信息安全标准化技术委员会.

[52] 赛迪智库,《量子计算发展白皮书(2019)》报告, 赛迪智库电子信息研究院.

[53] 申艳玲. 国际贸易理论与实务:清华大学出版社, 2008

[54] 沈明高, 彭程, 龚橙. 地方融资平台远虑与近忧[J]. 中国改革, 2010 (05): 38-42.

[55] 沈悦, 谢勇, 田嫄. 基于FSI的中国金融安全实证分析[J]. 金融论坛, 2007 (10): 14-18.

[56] 审计署, 2011:《全国政府性债务审计结果》, 2011年第35号公告, http://www.audit.gov.cn/n1992130/n1992150/n1992500/3432077.html.

[57] 审计署, 2013:《全国政府性债务审计结果》, 2013年第32号公告, http://www.audit.gov.cn/n1992130/n1992150/n1992500/3432077.html.

[58] 盛世华严企业管理公司，《2019－2025年中国信息安全行业发展前景与机遇预测研究报告》．

[59] 孙俊，于津平．资本账户开放路径与经济波动——基于动态随机一般均衡模型的福利分析［J］．金融研究，2014（05）：48－64．

[60] 谭小芬，刘阳，张明．国际大宗商品价格波动：中国因素有多重要——基于1997－2012年季度数据和VECM模型的实证研究［J］．国际金融研究，2014（10）：75－86．

[61] 田利辉，谭德凯，王冠英．我国大宗商品期货市场存在羊群行为吗？［J］．金融研究，2015（06）：144－158．

[62] 王莉．我国小额贷款公司可持续发展问题研究［D］．辽宁大学，2014．

[63] 王擎，李俊文，盛夏．国际大宗商品价格波动对我国宏观经济影响的机制研究——基于开放经济的两国DSGE模型［J］．中国软科学，2019（06）：35－49．

[64] 王艺林．汇改进程中人民币汇率波动对中国金融安全的影响研究［D］．浙江大学．2019．

[65] 王元龙．关于金融安全的若干理论问题［J］．国际金融研究，2004（05）：11－18．

[66] 王镇，郝刚．投资者情绪指数的构建研究——基于偏最小二乘法［J］．金融理论与实践，2014（07）：1－6．

[67] 吴婷婷．后危机时代中国金融国际化发展趋向展望——基于金融安全的视角［J］．技术经济与管理研究，2011（09）：54－58．

[68] 吴亚非，李新友，禄凯，《信息安全风险评估》［M］．清华大学出版社，2007．

[69] 肖卫国，尹智超，陈宇．资本账户开放、资本流动与金融稳定——基于宏观审慎的视角［J］．世界经济研究，2016（01）：28－38．

[70] 谢飞，韩立岩．投机还是实需：国际商品期货价格的影响因素分析［J］．管理世界，2012（10）：782．

[71] 徐建国，张勋．中国政府债务的状况、投向和风险［J］．南方经济，2013（01）：14－34．

[72] 徐雪，罗克．中国黄金期货市场价格发现功能的实证分析［J］．管理世界，2014（11）：172－173．

[73] 叶莉，陈立文，韩冰．我国金融安全评价体系及应用研究［J］．价值工程，2007（10）：150－153．

[74] 易志高，茅宁．中国股市投资者情绪测量研究：CICSI的构建［J］．金融研究，2009（11）：174－184．

[75] 殷剑峰．商品市场的金融化与油价泡沫［J］．中国货币市场，2008（11）：36－41．

[76] 尹力博，柳依依．中国商品期货金融化了吗？——来自国际股票市场的证据［J］．金融研究，2016（03）：189－206．

[77] 张红力．金融与国家安全［J］．金融论坛，2015，20（05）：3－17．

[78] 张天顶，吕金秋．人民币汇率变化与波动对我国上市企业出口贸易的影响研究［J］．经济与管理评论，2020（01）：113－123．

[79] 张翔，刘璐，李伦一. 国际大宗商品市场金融化与中国宏观经济波动 [J]. 金融研究，2017（01）：35-51.

[80] 赵洪彪，《信息安全策略》[M]. 北京：清华大学出版社，2004.

[81] 赵进文，张敬思. 人民币汇率、短期国际资本流动与股票价格——基于汇改后数据的再检验 [J]. 金融研究，2013（01）：9-23.

[82] 郑建华.《智慧城市建设与信息安全》[EB\OL]. 人民网-理论频道，http://theory.people.com.cn/n1/2018/0911/c40531-30286591.html.

[83] 郑文. 企业集团财务公司风险管控研究 [D]. 福州大学，2018.

[84] 郑尊信，徐晓光. 基于库存视角的货币政策与商品价格动态演变——来自上海期货市场的实证检验 [J]. 经济研究，2013，48（03）：70-82.

[85] 智研咨询集团，《2017-2023年中国信息安全行业深度调研及投资前景分析报告》.

[86] 中国密码学会，《中国密码学发展报告（20,18）》[M]. 中国质检出版社，中国标准出版社，2019.

[87] 中国汽车金融报告，2018.

[88] 中国人民银行金融稳定分析小组.《中国金融稳定报告（2019）》[M]. 北京：中国金融出版社，2019.

[89] 中国信息通信研究院中国通信标准化协会，《区块链安全白皮书》报告，中国信息通信研究院

[90] 钟腾，汤珂. 中国商品期货投资属性研究 [J]. 金融研究，2016（04）：128-143.

[91] 朱孟楠，刘林. 短期国际资本流动、汇率与资产价格——基于汇改后数据的实证研究 [J]. 财贸经济，2010（05）：5-13.

[92] Adrian, T. and M. Brunnermeier. CoVaR [J] American Economic Review, 2016, 106 (7): 1705-1741.

[93] Agénor, P. R. Benefits and costs of international financial integration: theory and facts. The World Bank. 2000.

[94] Altman, Edward, and Gabriele Sabato. 2007. Modeling Credit Risk for SMEs: Evidence from the US Market. Abacus 43 (3): 332-357.

[95] Altman, Edward, John Hartzell, and Matthew Peck. 1995. A Scoring System for Emerging Market Corporate Bonds. Salomon Brothers High Yield Research. June.

[96] Altman, Edward. 1968. "Financial Ratios, Discriminant Analysis, and the Prediction of Corporate Bankruptcy". Journal of Finance 23 (4): 589-609.

[97] Altman, Edward. 1988. "Default Risk, Mortality Rates, and the Performance of Corporate Bonds. Research Foundation, Institute of Chartered Financial Analysts, Charlottesville, VA.

[98] Andersen T G, Bollerslev T, Diebold F X, et al. The distribution of realized stock returnvolatility. [J] Journal of Finacial Economics, 2004, 61 (1): 43-76.

[99] Andersen T G, Bollerslev T. Deutsche Mark-Dollar Volatility: Intraday Acticity Pat-

terns, Macroeconomic Announcements, and Longer Run Dependencies [J]. Journal of Finance, 1998, 53 (1): 219 – 265.

[100] Arouri, M. E. H., A. Lahiani and D. K. Nguyen (2011). Return and volatility transmission between world oil prices and stock markets of the GCC countries. Economic Modelling, 28 (4): 1815 – 1825.

[101] Bai J., and S. Ng., 2008. Forecasting economic time series using targeted predictors. Journal of Econometrics, 146 (2): 304 – 317.

[102] Baker M, and J. Wurgler, 2006, Investor Sentiment and the Cross - Section of Stock Returns. Economic Management Journal, 61 (4): 1645 – 1680.

[103] Baker, M., and J. Wurgler, 2007, Investor sentiment in the stock market. Journal of Economic Perspectives 21: 129 – 152.

[104] Baker, S., Bloom, N., and S., Davis, 2016. Measuring economic policy uncertainty. Quarterly Journal of Economics, 131 (4), 1593 – 1636.

[105] Bansal, R. and A., Yaron, 2004, Risks for the Long Run: A Potential Resolution of Asset Pricing Puzzles. Journal of Finance, 59 (4): 1481 – 1509.

[106] Black, Fischer, and Myron Scholes. 1973. "The Pricing of Options and Corporate Liabilities". Journal of Political Economy 81 (3): 637 – 654.

[107] Bollerslev, T. (1986). Generalized autoregressive conditional heteroskedasticity. Journal of Econometrics, 31, 307 – 327.

[108] Caballero Ricardo J. and ArvindKrishnamurthy. Bubbles and Capital Flow Volatility: Causes and Risk Management [J]. Journal of Monetary Economics, 2006, 53: 35 – 53.

[109] Campbell, J., and S. Thompson, 2008, Predicting the equity premium out of sample: Can anything beat the historical average? Review of Financial Studies 21: 1509 – 1531.

[110] Chen, J., Jiang F., Li H., and W. Xu. 2016. Chinese stock market volatility and the role of U. S. economic variables, Pacific – Basin Finance Journal, 39: 70 – 83.

[111] Christoffersen, P. and X. Pan (2018). Oil volatility risk and expected stock returns. Journal of Banking & Finance, 95: 5 – 26.

[112] Clark, T., and K. West, 2007, Approximately normal tests for equal predictive accuracy in nested models. Journal of Econometrics 138: 291 – 311.

[113] Corradi, V., Distaso, W., and A., Mele. 2013, Macroeconomic determinants of stock volatility and volatility premiums, Journal of Monetary Economics, 60 (2): 203 – 220.

[114] Creti, A., M. Joëts and V. Mignon (2013). On the links between stock and commodity markets' volatility. Energy Economics, 37: 16 – 28.

[115] Cuñado, J., F. Pérez De Gracia (2003). Do oil price shocks matter? Evidence for some European countries. Energy Economics, 25 (2): 137 – 154.

[116] DeLong J B, Shleifer A, and L. H Summers, 1990, Noise trader risk in financial markets. Journal of Political Economy, 98 (4): 703 – 738.

[117] Demirgüç – Kunt, A., & Detragiache, E., The determinants of banking crises in

developing and developed countries [J]. Staff Papers, 1998, 45 (1), 81 – 109.

[118] Diaz, E. M., J. C. Molero and F. Perez de Gracia (2016). Oil price volatility and stock returns in the G7 economies. Energy Economics, 54: 417 – 430.

[119] El Hedi Arouri, M., J. Jouini and D. K. Nguyen (2011). Volatility spillovers between oilprices and stock sector returns: Implications for portfolio management. Journal of International Money and Finance, 30 (7): 1387 – 1405.

[120] Fama EF, and J D. Macbeth, 1973, Risk, Return, and Equilibrium: Empirical Tests. Journal of Political Economy, 81 (3): 607 – 636.

[121] Fama, E. F., & French, K. R. (2015). A five – factor asset pricing model. Journal of Financial Economics, 116, 1 – 22.

[122] Goyal, A., and I. Welch, 2008, A comprehensive look at the empirical performance of equity premium prediction. Review of Financial Studies 21: 1455 – 1508.

[123] Hamilton, J. (2009). Causes and consequences of the oil shock of 2007 – 08. NBER Working Paper No. W15002.

[124] Heytens, Paul, and Cem Karacadag. 2001. "An Attempt to Profile the Finances of China's Enterprise Sector". IMF Working Paper no. 01/182. Washington, D. C.: International Monetary Fund.

[125] Huang D, Jiang F, Tong G, and G Zhou, 2019, Are Bond Returns Predictable with Real – Time Macro Data. Working Paper.

[126] Huang D, Jiang F, Tu J, and G Zhou, 2015, Investor Sentiment Aligned: A Powerful Predictor of Stock Returns. Review of Financial Studies, 28 (3): 791 – 837.

[127] Jegadeesh, N., & Titman, S. (1993). Returns to buying winners and selling losers: Implications for stock market efficiency. Journal of Finance, 48, 65 – 91.

[128] Kealhofer, Stephen. 1996. Measuring Default Risk in Portfolios of Derivatives. KMV Corporation, San Francisco, California. Unpublished.

[129] Kelly B, and S Pruitt, 2015, The three – pass regression filter: A new approach to forecasting using many predictors. Journal of Econometrics, 186 (2): 294 – 316.

[130] Kilian, L. (2009). Not All Oil Price Shocks Are Alike: Disentangling Demand and Supply Shocks in the Crude Oil Market. American Economic Review, 99 (3): 1053 – 1069.

[131] KMV Corporation. 1993. Credit Monitor Overview. San Francisco, California.

[132] Kumar, S., A. K. Pradhan, A. K. Tiwari and S. H. Kang (2019). Correlations and volatility spillovers between oil, natural gas, and stock prices in India. Resources Policy, 62: 282 – 291.

[133] Lu, Yinqiu, and Tao Sun. 2013. "Local Government Financing Platforms in China: A Fortune or Misfortune?" IMF Working Paper no. 13/243. Washington, D. C.: International Monetary Fund.

[134] Ludvigon, S. C. and S., Ng, 2009. Macro Factors in Bond Risk Premia. Review of Financial Studies, 22, 5027 – 5067.

[135] Ma, Jun. 2013. "Hidden Fiscal Risks in Local China". Australian Journal of Public Administration 72 (3): 278-292.

[136] Mensi, W., M. Beljid, A. Boubaker and S. Managi (2013). Correlations and volatility spillovers across commodity and stock markets: Linking energies, food, and gold. Economic Modelling, 32: 15-22.

[137] Newey W, and K, West, 1987. A simple, positive semi-definite, heteroskedasticity and autocorrelation consistent covariance matrix. Econometrica 55 (3), 703-708.

[138] Nomura. 2013. China's Heavy LGFV Debt Burden. Nomura Global Markets Research Asian Special Report. 24 September.

[139] Ohlson, James. 1980. "Financial Ratios and the Probabilistic Prediction of Bankruptcy". Journal of Accounting Research 18 (1): 109-131.

[140] Rapach, D., J. Strauss, and G. Zhou, 2010, Out-of-sample equity premium prediction: Combination forecast and links to the real economy. Review of Financial Studies 23: 821-862.

[141] Ratti, R. A., J. L. Vespignani (2013). Liquidity and crude oil prices: China's influence over 1996-2011. Economic Modelling, 33: 517-525.

[142] Reinhart, Carmen M., Vincent R. Reinhart, and Kenneth S. Rogoff. 2012, "Public Debt Overhangs: Advanced-Economy Episodes since 1800." The Journal of EconomicPerspectives. 26 (3): 69-86.

[143] Rogoff, Kenneth, and Carmen Reinhart. 2010. "Growth in a Time of Debt." American Economic Review 100 (2): 573-578.

[144] Schwartz, Gerd, Ana Corbacho, and Katja Funke. 2008. Public Investment and Public-Private Partnerships: Addressing Infrastructure Challenges and Managing Fiscal Risks. New York: Palgrave Macmillan.

[145] Scott, James. 1981. "The Probability of Bankruptcy: A Comparison of Empirical Predictions and Theoretical Models". Journal of Banking and Finance 5 (3): 317-344.

[146] Timmermann, A, 2006, Forecast combinations. In Handbook of Economic Forecasting, Vol 1, ed. G. Elliott, C. Granger, and A. Timmermann. Amsterdam: Elsevier.

[147] West, Robert. 1985. "A Factor-analytic Approach to Bank Condition". Journal of Banking and Finance 9 (2): 253-266.

[148] White H, Kim T H, Manganelli S. VAR for VaR: Measuring Tail Dependence Using Multivariate Regression Quantiles [J]. Journal of Finacial Economics, 2015, 187 (1): 169-188.

[149] Wong, Christine. 2011. The Fiscal Stimulus Program and Public Governance Issues in China. OECD Journal on Budgeting 2011 (3): 1-21.

[150] Woo, Jaejoon, and Manmohan S. Kumar. 2015. "Public debt and growth." Economica, 82. 328: 705-739.

[151] Zhang, Yuanyan, and Steven Barnett. 2014. "Fiscal Vulnerabilities and Risks from

Local Government Finance in China". IMF Working Paper no. 14/4. Washington, D. C. : International Monetary Fund.

[152] Zoli, E. , 2009. Commodity price volatility, cyclical fluctuations, and convergence: What is ahead for inflation in emerging europe? Washington, IMF.